생명윤리와 법

법철학연구 총서 3

생명윤리와 법

한국법철학회

고 봉 진 엮음

세창출판사

국립중앙도서관 출판시도서목록(CIP)

생명윤리와 법 / 편자: 고봉진 -- 서울 : 세창출판사, 2013
p. ; cm. --

ISBN 978-89-8411-440-1 93360 : ₩31000

의료 윤리[醫療倫理]

510.19-KDC5
174.2-DDC21 CIP2013024974

서 문

한국법철학회가 편찬하는 학술지인 「법철학연구」에 게재된 '생명윤리와 법' 관련 논문은 지금까지 30편에 달합니다. 그 중에서 16편을 선정하여 이번에 한 권의 책으로 엮게 되었습니다. '생명윤리와 법' 전 영역을 아우르지는 못했지만, 이 책에서 저자들은 '생명윤리와 법'의 주요 문제를 빠짐없이 다루고 있습니다.

오늘날 생명과학의 발전은 우리의 삶에 많은 변화를 초래하였고, 인류에게 새로운 윤리적·법적 문제를 야기하고 있습니다. 각 학문의 영역에서 연구자들은 문제해결방안을 찾고 있으며, 학문 간의 학제적 연구 또한 진행하고 있습니다. 생명과학의 윤리적·법률적·사회적 타당성을 모색하는 것은 다양한 학문들이 함께 협력해야 할 중요한 과제가 되었습니다. 이 책에서도 의학, 철학, 법학이 융합된 '생명윤리와 법'의 일면을 확인할 수 있습니다.

어떤 책이든 그 나름의 역사가 있기 마련인데, 이 책의 출판은 「법철학연구」에 '생명윤리와 법' 관련 논문이 상당한 분량 쌓였기에 가능했습니다. 훌륭한 논문을 써주신 저자 선생님들께 감사드립니다. 또한 이 책은 한국법철학회의 『법철학연구 총서』 사업이 직접적인 계기가 되어 출판될 수 있었습니다. 『법철학연구 총서』 사업을 추진해 주신 이상돈 한국법철학회 회장님께 감사드립니다.

현재까지 『생명윤리와 법』(법철학연구 총서 3)을 포함하여 『한국 법질서와 법해석론』(법철학연구 총서 1), 『권리와 인권의 법철학』(법철학연구 총서 2)이 출판되었습니다. 『법철학연구 총서』가 법철학 연구자의 연구 성과를 알리고, 관련 연구자들과 널리 소통할 수 있는 통로가 되었으면 합니다.

끝으로 『생명윤리와 법』(법철학연구 총서 3)을 흔쾌히 출판해 주신 세창출판사 이방원 대표님, 임길남 상무님과 편집 작업에 수고해 주신 강윤경 선생님께 감사를 표합니다.

2013년 11월

엮은이 고봉진

차 례

제1부 | 생명윤리의 이론적 기초

제2부 | 생명의 시작과 끝

제3부 | 생명윤리의 제 문제

제1부 | 생명윤리의 이론적 기초

_박은정

생명 · 과학 · 정의

_최경석

생명윤리에서 윤리적 허용가능성 담론과 법제화

_김학태

현대 의학에 있어서의 생명의 시간과 인간의 존엄

_Eric Hilgendorf(김영환, 홍승희 역)

남용된 인간의 존엄

—생명윤리논의의 예에서 본 인간의 존엄이라는 논증점의 문제점—

생명 · 과학 · 정의

박 은 정*

Ⅰ. 시작하면서

필자는 지난 십여 년에 걸쳐서 생명공학의 광범위한 적용으로 야기되는 사회적 · 윤리적 · 법적 문제들에 관심을 가져 왔다. 법학자로서 발표자가 이러한 문제에 특별히 관심을 가지게 된 데는 정당한 사유가 있다. 한 마디로 발표자에게는 생명공학에 의해 야기되는 생명윤리의 문제가 상당히 법적으로 다가온다. 생명에 대해 지금껏 인류가 합의해온 고귀한 윤리가치가 존엄이라고 한다면, 이 존엄은 바로 헌법을 정점으로 하는 법이 요구하는 가치규준이기도 하다. 이런 의미에서 생명윤리는 법가치와 만난다(실질적 정의). 가치적인 측면에서만 아니라 절차적 측면에서도 생명윤리는 법에 근접해 온다. 알다시피 법이 지니는 최대의 강점은 적정 절차라는 요소에 있다. 법사고의 진수인 이 절차적 정의는 생명공학의 적용에 따르는 윤리적 갈등을 해결하는 데도 기여할 수 있다. 우리 모두가 절대적으로 확신한다는 의미에서의 가치에 대한 합의가 점점 빈약해지고 있는 오늘날과 같은 가치상대주의 분위기에서, 생명윤리 문제도 합의에 이르는 절차에 승복하는 타협적 형태로 해결될 가능성이 커지고 있기 때문이다(절차적 정의). 한 가지 더 있다. 고래로부터 법은 개별 사례를 염두에 두고 이를 올바르게 해결하기 위한 지혜를 쌓아 왔다. 그런데 생명윤리도 오늘날 첨단과학기술이 야기하는

* 서울대학교 법학전문대학원 교수.

다양한 개별상황과 사례에 적용할 올바른 기준을 추구하는 문제로 떠오르고 있다. 요컨대 응용윤리로서의 생명윤리는 생명에 개입하는 기술로 생기는 이런저런 상황들에 대처할 올바른 행위원리를 추구하는 것이다(구체적 정의).

과학기술은 어느덧 우리 사회발전의 중심부에 들어와 있다. 물론 지구전체로 보면 예컨대 아직 전화를 걸어보지 못한 사람도 지구인구의 절반을 넘는다. 그러나 이 시대 중심부의 사회발전의 동력은 과학기술의, 과학기술에 의한 동력임을 부인할 수는 없을 것이다. 그런데 우리사회는 과학기술 황금시대에 이르도록 과학기술 문제를 민주주의나 인권, 사회발전 등과 같은 의제와 연관지어 진지하게 공론화한 적이 거의 없다. 그러면서 과학기술의 향상은 저절로 '공동선'에 기여하는 것으로 받아들였다. 따라서 일반인들은 과학적 진리와 전문가적 권위를 신뢰하고 그에 따른 기술성과를 누리는 것으로 만족했다. 요컨대 실험실은 민주주의 바깥에 머물러 있었다.

우리나라를 위시하여 중국, 일본 등 동아시아 사람들은 대체로 기술과 진보에 대해 우호적 · 수용적이다. 이 지역에서 자연주의 운동이나 생태주의 운동이 크게 성공적인 것 같지는 않다. 예컨대 유전자조작 식품의 수용도에 대한 여론조사 결과를 보더라도 이 지역의 사람들은 유럽이나 북미 사람들에 비해 더 긍정적인 태도를 가지고 있는 것으로 나타난다. 또한 이 지역에서 과학자와 기술자들에 대한 국민들의 신뢰 또한 상당히 높은 것이 사실이다. 이 점은, 과학의 권위를 받아들이면서도 일반인들에게 과학자에 대한 '프랑켄슈타인 박사'의 이미지가 남아 있는 서구 과학선진국과 다른 점이다.

오늘날 첨단 과학기술의 대명사로 불리는 생명공학은 평범한 사람들의 가장 큰 관심사인 건강이나 식량문제에 직결되어 있으며, 유전자조작식품, 생식보조기술, 배아 및 줄기세포연구, 유전자 진단과 치료, 생명복제 등의 형태로 우리 몸과 생태환경 깊숙이 침범해 들어오고 있다. 우리는 치료, 예방, 연구, 복지라는 이름으로 그 어느 때보다도 우리의 몸에 대한 각종 개입에 쉽게 노출되는 시대로 들어서고 있다. 생명공학은 오늘날 정치중심부의 큰 관심사이기도 하다. 국민들에게 변화와 부(富)에 대한 언질을 주고 싶어하는 야심찬 정치지도자들이 첨단생명공학이 가져올 긍정적 효과에 매력을 느끼는 것은 당연하다. 생명공학은 산업화와 직결되어 있고, 또 생명산업으로 말할 것 같으면 60억 지구인들이 다 고객이 되는 셈이다. 반면 이 기술의 적용과 관련하여 예측하기 어려운 부정적 효과에 주목하는 일군의 연구자들과 지식층들은 생명공학이 야기할지 모를 새로운 위협적 측면들을 경고하고 있다.

미리 말하지만 필자는 오늘날 첨단생명과학기술의 사회적 · 윤리적 · 법적 영향을 둘러싼 대립과 갈등에 처해 낙관도 그렇다고 비관도 하지 않는다. 필자에게 확실해 보이는 점은 생명과학기술의 확산으로 새롭게 제기되는 문제들은 적어도 21세기 전반부 동안 사회정의의 핵심쟁점이 되리라는 전망이다. 그런 만큼 과학기술의 발전을 가로막지 않으면서도 생명산업의 부메랑 효과를 미리 산정해 이에 대처하게 하는 일은 연구자들의 피할 수 없는 몫이라고 생각한다. 생명과 생태에 개입하는 과학기술의 긍정적인 효과는 비교적 예측이 쉬운 반면, 부정적 효과는 예측이 어려우며 아주 복합적으로 나타난다는 점 때문에도 학문공동체의 공조는 그 어느 때보다도 절실히 요청된다.

필자는 다른 어느 지역보다도 특히 아시아에서 생명공학을 산업적 · 상업적으로 광범위하게 이용할 가능성이 높다고 보고 있다. 알다시피 아시아는 과도한 인구, 자원 부족, 환경오염, 사막화, 물 부족 등으로 심각한 지역 갈등과 긴장의 잠재적 요인을 안고 있다. 아시아의 정치 지도자들은 이러한 심각한 문제들에 처해 국민들에게 생활양식이나 습관을 변화시키고 경제발전 양식을 변화시키자고 호소하기보다는, 과학기술의 단기적 성과를 활용하려는 쪽으로 나아가기 쉬운 것이다. 이러한 우려에서 필자는 생명공학의 사회적 영향을 종합적으로 다루는 국가기구의 설립필요성을 여러 차례 밝힌 바 있다. 또한 생명과학기술의 광범위한 적용으로 야기될 새로운 문제점들은 국경을 넘어서고 현세대를 넘어서는 문제인 만큼, 물과 땅과 바람으로 이어져 생명자원을 공유하면서 살아갈 수밖에 없는 아시아 · 태평양지역 연구자들과 정책결정자들의 전향적인 태도가 필요하다고 본다. 이 점에서 생명과학기술이 건강, 환경, 사회경제적 상황, 종교윤리적 가치 등에 미치는 영향, 기술적 난점 및 규제책, 국가간 생물자원 이동 등의 문제들을 상설적 의제로 다루는 아 · 태지역 차원의 기구 설치 또한 필수적이다.

따지고 보면 지난 한세대 동안의 커다란 이슈들 —예컨대 핵무기경쟁, 환경오염, 제3세계의 빈곤, 난민 문제 등— 중에서 정치중심부나 정부기구를 위시한 거대조직에 의해 먼저 쟁점으로 제기된 것은 거의 없다. 이 모든 이슈들은 한결같이 소수의 지식층, 시민자원활동가들에 의해 제기되어 사회의 주목을 끌게 되고, 이에 따라 국가적 대처기구가 만들어지고, 이윽고 국제적인 문서까지 탄생하게 되는 과정을 거쳤다. 필자는 생명공학이 야기하는 사회문제도 같은 길을 걷게 되리라고 생각한다.

필자는 생명공학이야말로 인간의 정체성에 대한 물음을 함축하고 있다고 생각한다. 생명에 관련된 과학과 기술은 직접 사람을 대상으로 삼지 않더라도 인간과 관련되어 있을 수밖에 없다. DNA는 하등 미생물에서부터 인간에 이르기까지 모든 생명체들이 공통으로 가지고 있는 보편언어이다. 그러기에 생명물질에 관한 하찮은 기술적 개입도, 근원적으로는 인간의 실존적 불안을 부르는 것이다. 더구나 20세기 후반의 생명과학기술은 인문정신의 위기와 함께 윤리와 문화에 관한 담론체계들이 지리멸렬해 보이는 가운데서 세계를 강타하고 있다. 어쩌면 지금의 사회구조와 제도에 대한 실망감, 더 나은 제도를 위한 상상력의 결핍, 개혁허무주의 등의 요인들은 우리 시대 사람들로 하여금, 마치 사회제도의 불확실성을 생물학적 확실성으로 보상받기라도 하려는 듯이 분자생물학이나 유전학과 같은 과학지식과 그 응용에 집착하도록 하는 측면도 없지 않다. 그럼에도 불구하고 동시에 우리 인간은 우리가 결코 생물학적 존재로만 환원될 수 없다는 것을 스스로 깨닫기에, 실존의 물음과 불안은 더욱 깊어 가는지도 모른다.

법학자로서 필자는 평소에 법을 가르치는 일은 참으로 중요하고 두려운 일이라고 생각해 왔다. 왜냐하면 그것은 다른 사람의 운명에 크나큰 영향을 미치는 일에 관한 가르침이기 때문이다. 이제 필자는 과학기술을 가르치는 일이 바로 그러하다고 생각한다. 과학기술이 인간과 사회제도에 점점 큰 영향을 미치는 이 세기에서 과학을 어떻게 가르치고 연구하는가의 물음은, 우리가 어떻게 살아야 하는가 라는 물음과 정녕 분리될 수 없다고 생각한다.

II. 첨단생명과학이 가져온 변화

1. 생명관의 변화

흔히 우리는 환경에 둘러싸여 산다고 말할 때 그것은 통상 '자연환경'을 일컬었다. 그러나 오늘날은 어떤가? 우리는 지금 '자연환경'에 둘러싸여 있다고 말하기보다는 오히려 '기술환경'에 둘러싸여 있다고 말해야 맞을 것이다. 우리를 둘러싸고 있는 것은 대자연이 아니라 전력 등 각종 에너지, 첨단기기, 고속정보망들이다. 도심거리에는 누구 말대로 가로수보다 자동판매기의 수가 더 많을 지경이다. 골짜기(valley)라는 단어를 들으면 물이 흐르는 골짜기 대신에 아마도 실리콘벨리를 곧장 떠올리는 사람도 적지 않을 것이다. 전자정보기술이 우리를 외부적으로 둘러싸는 경식(硬式) 환경을 이루고 있다면 유전자조작식품, 시험관수정, 산전 유전자진단, 유전자치료, 생명복제 등을 가능케하는 생명과학기술은 우리를 내면적으로 은밀히 둘러싸는 연식(軟式) 환경이 되어가고 있다.

최근 생명공학과 유전학, 의학의 눈부신 발전으로 생명에 개입하는 기술이 늘어나고 또 그 활용 속도가 엄청나게 빨라지면서, 생명에 관한 문제에서 정신적으로나 도덕적으로 길잡이 역할을 해 온 사람들, 이를테면 윤리학자, 종교인, 법률가 등의 영향력은 날이 갈수록 쇠퇴하고 있다. 한 마디로 전통적인 생명관은 도전받고 있다.

우선 전통적인 생명관은 형이상학이나 감수성, 정서적 느낌 따위를 동반하는 어떤 의미 있고 가치 있는 것에 대한 본질직관에 뿌리박고 있었다.[1] 생명은 일의적으로 정의할 수 없다고 보는 이러한 형이상학적 생명관념은 오늘날 생명현상을 분자메커니즘 혹은 염기서열로 환원시키는 유물론적 생명관념이나, 생명을 에너지와 정보의 결합으로 설명하는 공학적 생명관념의 도전을 받고 있다. 한 마디로 과학주의가 생명개념에 남아있는 형이상학적 잔재를 빠르게 걷어내고 있는 것이다(과학적 생명주의).

첨단생명과학은 또 생명을, 특정한 목적으로 개입 내지 조작하는 시점에서 산출되는 현상을 중심으로 주목시킴으로써, 생명의 전체적인 발생, 생성, 소멸과정을 인내심을 가지고 지켜보면서 생명을 어떻게 다루는가를 중심으로 문제삼던 전통적인 관찰태도를 약화시키고 있다.[2] 생명현상을 산출을 중심으로 보게 되면, 자연히 산출자 혹은 산출과 관련한 결정당사자들의 인식관심이 우선하기

---

1) 생명은 내면적이고, 영혼이 깃들고, 일회적이고, 역동적이고, 체험에 의해서만 이해될 수 있는 초합리적인 어떤 것이기 때문에 일의적으로 정의할 수 없다고 본 견해로는 예컨대 Will T. Blackstone, "The Search for an Environmental Ethic," Tom Regan(ed.), *Matters of Life and Death*, Temple University Press, Philadelphia, 1980, 301면.

2) 이러한 제네로센트리즘(Generocentrism)의 경향에 대해서는 David Heyd, *Genethics*, University of California Press, Berkely and Los Angeles, 1992, 96면 이하 참조.

쉽다(산출자 중심주의). 반면 그 전체적인 과정을 다루는 데에 중심이 놓이게 되면, 생명은 제3자를 포함하여 보다 많은 사람들의 인식관심하에 놓이게 된다.

전통적인 생명관은 자연생명과 인간생명 그리고 우주생명을 통합적인 어울림의 관계로 보면서, 모든 생명을 무엇보다도 생태적 연관 속에서 이해해 왔다. 개체는 전체 속에, 또 전체는 개체 속에 있기에 생명의 연속성, 순환성, 관계성, 무궁성, 다양성이 강조되었다. 이러한 생명관은 경인(敬人), 경천(敬天), 경물(敬物)로 이어지는 우리나라의 전통 생명존중사상이나, 땅이나 바위도 영성을 지닌 생명체로 보는 풍수학에도 잘 드러나 있다.[3] 그런데 생명에 대한 기술적 · 기능적 개입가능성이 확대되면서 생명의 생태적 연관성은 어느 면에서 부차적으로 보여지게 되었다. 유전자'재조합', '녹아웃', 핵'이식' 등의 표현은 생태적 고리의 잠정적 차단을 시사하고 있다. 생명적 관심과 생태적 관심의 분리는 예컨대 생명복제기술과 관련하여, 인간복제는 절대 안되지만 동물복제는 상관없다, 고등동물의 복제는 문제가 있으나 하등동물의 복제 혹은 식물복제는 문제될 것이 없다는 등의 논의분위기에서도 나타난다(생명의 생태적 연관성 약화).

생명의 '존엄'이냐 아니면 생명의 '질'이냐 식의 택일화법의 대두도 첨단생명공학적 성과의 확산과 무관하지 않은 것으로 보인다. 대체로 과학기술을 적극적으로 이용하고자 하는 사람들은 생명 혹은 삶의 질을 거론하고, 이에 비해 기술의 남용을 우려하는 사람들은 존엄가치를 강조한다. 사실 '존엄' 요청과 '질'의 제고는 어느 한 편의 우위를 인정하는 식으로 해결할 성질의 문제는 아니다.[4] 그런데도 과학기술사회의 분위기에서는 존엄성 개념은 "고도의 불명확성"과 "강한 감정성" 때문에 남용의 위험을 안고 있는 것처럼 비치고, 반면 과학기술적 지식은 삶의 질을 개선하는 데 가장 가치 있는 도구로 비치게 만드는 것이다(질 우선주의).[5]

---

3) 수운(水雲) 최제우(崔濟愚)의 시천주(侍天主) 사상이나 해월(海月) 최시형(崔時亨)의 양천주(養天主) 사상에 대해서는 이경숙 · 박재순 · 차옥숭, 『한국생명사상의 뿌리』, 이화여자대학교 출판부, 2001, 76면 이하 참조. 홍익인간이라는 개념도 "삼라만상이 생명공동체임을 체득한 인간"이라는 의미를 포함한다.

4) 이러한 대립구도에서 생명의 존엄에 기초한 생명관은 생명성의 기준을 확대하며("태아나 배아도 잠재적 생명력을 지닌 존재다"), 그래서 평등지향적, 의무론적으로 나타난다. 반면 생명의 질에 기초한 생명관은 생명성의 기준을 축소하고, 차등적 · 효용주의적으로 나타난다.

마지막으로 막강한 생명개입기술이 가능해지면서 생명문제와 관련한 의사결정에서 목적과 수단의 전도현상이 나타나고 있는 점이다. 특정한 행위를 결정할 때 우리는 일반적으로 추구할 만한 특정 목적을 대전제로 삼고 —질병을 치유해야 한다— 이를 달성하기 위한 수단들을 소전제로 삼았다. 그래서 다양한 수단들 중에서 —병원에 간다, 약국에 간다, 참는다, 이식수술을 받는다— 어느 것을 선택하는 식으로 행위결정이 이루어 졌다. 그런데 막강하고 다양해진 수단이 등장하면서, 오히려 이 자명해진 수단이 대전제가 되고 목적은 오히려 선택사항인 소전제로 내려오는 식으로 행위결정구조가 전도되고 있는 것이다.[6] 말하자면 이미 소유하게된 강력한 기술적 가능성과 그 효용성에 비추어 무엇이 바람직한가, 무엇을 해야 하는가를 결정하게 되는 것이다(수단과 목적의 전도).

필자는 전통적 생명관의 이러한 변화 방향을 도전과 위협으로 느끼면서 법학적 혹은 사회과학적 지식체계에 입각하여 '생명의 위기' 담론을 만들고 싶은 생각은 없다. 새로운 지식의 증가로 인해 그만큼 늘어나게 된 무지에 처해 학자가 자신의 전문성의 성채를 보호하려는 것만큼 큰 악도 없다고 생각하기 때문이다. 실험실에서 생물학자, 유전학자 혹은 의과학자들이 형이상학의 도움을 받지 않고 생명을 완전히 이해하려는 노력은 마땅히 필요하고 지금도 계속되고 있다. 금세기 생명공학의 약진에 처해, 공학에 의한 윤리학의 '찬탈'을 염려하거나, 사회과학의 '생물학화'를 경계할 필요는 없다. 어쩌면 그런 식의 위기감은, 새로운 변화에 부응하여 우리가 철학적 성찰과 그에 따른 대안제시 작업을 제대로 하지 못한 데서 비롯된 것이라고 생각한다.

생명의 이치를 깨닫는 데는 과학이라고 부르는 방식 이외도 다른 방식이 있다는 말은 예나제나 평범한 진리에 속한다. 이런 관점에서 보면 염려스러운 것은 최근 '과학적 생명주의'에서 엿보이는 '과학적 조급증'이다. 최근 생명과학분야 종사자들의 속도경쟁은 우려되는 바가 없지 않다. 생명현상이든 사회현상이든, 인내심을 가지고 그 다양성과 복잡성을 살피면서 숙고를 거듭해야 하는 것이 학문의 기본자세가 아닐까?

사회적 지식뿐 아니라 자연세계에 대한 지식의 영역에도 편견이 있을 수 있

5) E. Hilgendorf(Hrsg.), *Wissenschaftlicher Humanismus. Texte zur Moral und Rechtsphilosophie des frühen logischen Empirismus*, Freiburg, 1998.

6) 이마미치 도모노부, 『에코 에티카』, 정명환 역, 솔, 1993, 127면 참조.

다는 사실을 인정하는 자세 또한 필요하다고 생각한다. 과학적 이론의 생산에 젠더가 영향을 미친다는 페미니스트 생물학자들의 주장을 빌지 않더라도, 과학자들이 세우는 가정은 기본적으로 상수가 아니라 변수로 머문다. 우리는 모든 탐구행위는 실재에 대해 더 개연성있는, 다른 대안에 비해 더 받아들일 만한 해석을 도모하는 정신활동임을 인정하지 않을 수 없다. 이런 면에서 보면 철학과 과학의 차이는 하나가 희랍어, 그리고 다른 하나가 라틴어에서 유래한다는 차이밖에 없는 것이다. 예컨대 배아줄기세포연구를 금지하는 것은 학문연구의 자유를 제한하는 처사라고 과학자들이 항의한다는 사실 자체가, 과학적 실천과 사회적 실천이 별개가 아니라는 것을 말해준다. 결론적으로 자연과학의 영역에도 '지식의 자기성찰적 거소'는 필요하며, 과학이 사회에 미치는 영향이 커지는 때일수록 더욱 그러하다. 그렇다면 생명의 또다른 베일이 벗겨지면서 새로운 과학적 생명관을 받아들여야 하는 이 시점에서 우리에게 필요한 것은, 자연과학도든, 인문사회과학도든, 좀 더 유연한 지식구조로 마음을 열어 두는 자세이다. 연구공동체가 스스로를 더 개방하고 학문영역의 유연화 요구에 더 다가감으로써, 우리는 지금까지는 생각하지도 못했던 새로운 물음을 해결할 새로운 지식구조를 창출할 수 있게 될 것이다.

2. 과학연구활동의 의미변화

오늘날 널리 적용되고 있는 첨단기술 중에서도 생명공학분야는 거의 모든 활동이 기본적으로는 연구라는 이름으로 진행되고 있는 점이 특징이다. 즉 체외수정이니, 유전자치료니, 생명복제니 하는 분야들은 대부분 과학적 정보를 획득하는 연구활동의 일환으로 일반인들에게 소개되고 있다. 그러면서도 동시에 이 활동은 현실적 요구를 염두에 두고 무엇인가를 끊임없이 만들면서 곧장 우리 현실의 일부를 바꾸는 위력을 발휘하고 있다.

최근 첨단생명과학 연구활동에서 두드러지는 현상은 이 분야에서 전통적으로 구분되던 범주들, 즉 '과학'과 '기술', '연구'와 '치료', '기초'연구와 '응용'연구 사이의 구분 경계가 점점 희미해지고 있다는 것이다.

우선 '과학'과 '기술'개념에 대한 전통적인 구분이 어렵게 되어 가고 있다. 분자생물학과 의학, 유전학분야에서 오늘날 과학지식의 획득과 기술적 수단화가 동시에 일어나고 있기 때문이다. 일반적인 통념에 따르면 학문으로서의 과학연구는 자유롭게 진행되어야 하는 반면 그 연구성과의 기술적 적용은 통제될 수 있다고 본다. 이는 '과학'과 '기술(혹은 '공학')'은 구별된다는 전제를 깔고 있다. 말하자면 '과학'은 자연현상에 대한 순수한 이해의 문제이며 그런 점에서 과학자들의 전담사항인 데 비해, '기술'이나 '공학'은 그렇게 이해된 지식을 인류복지와 사회발전을 위하여 이용하는 문제이기 때문에, 사회가 인문학자나 사회과학자들의 도움을 받아 결정할 사항이라는 것이다. 지금까지 지배해온 이러한 통념은 과학자들의 무한정한 연구의 자유를 정당화시키는 논법으로도 쓰였다.

마찬가지로 '실험(혹은 '연구')'과 '치료' 사이의 구별도 실제로는 점점 어려워지고 있다. 오늘날 치료목적의 '실험'을 인정하기 위해서 쓰이고 있는 '실험적 치료' 혹은 '치료적 실험'이라는 말을 떠올려 보면 알 것이다. 의학과 생명과학의 경계가 없어지면서, 실험자가 곧 의사가 되기 때문에 과학적 연구와 치료를 구별하는 데는 더 어려움이 따른다. 근본적으로 따져보면 연구와 치료는 그 속성상 동일인에 의해서 행해질 수가 없다. '연구'가 연구자와 연구대상자 사이의 비인격적 · 객관적 관계를 전제한다면, '치료'는 치료자와 피치료자 사이의 유대와 신뢰관계를 전제한다. 질병을 치료하는 의사가 질병이라는 공동의 적을 무찌르기 위해 환자와 굳은 동맹을 약속한다면, 연구자로서의 의사는 그렇지 않다.[7] 그러나 오늘날 의학공리주의의 분위기에서 '실험적 치료' 혹은 '치료적 실험'의 범주는 점점 더 넓어지고 있다.

'기초'연구와 '응용'연구의 구분도 말처럼 쉽지는 않다. 의학에서는 일반적으로 '기초'연구는 새로운 지식수립을 위한 연구, 작용메커니즘을 이해하기 위한 연구, 기술발달을 위한 연구 등을 일컫는다. 그러나 예컨대 유전자에 대한 개입가능성이라는 과학적 원리가 확립되고 나면 기술적 적용은 불가피해진다. 즉 기초연구에서 기술적용으로 가는 길이 아주 빨라서 어떤 경우에는 기초연구가 이미 기술적 적용이라고 말할 수밖에 없다. 그렇기 때문에 이런 연구에서 이미 이론적 분석은 중립적이거나 몰가치적이기가 힘들게 된다. 인체와 인체산물들을 직접 연구대상으로 삼고 있는 분야에서는 더더구나 이론적 연구가 곧장 응용영역으로

---

7) 이에 대해서는 Otto E. Guttentag, "The Physician's Point of View," *Science* vol. 117, 1953, 209면.

넘어가는 추세가 나타나고 있다.

III. 생명공학을 둘러싼 다양한 논쟁들

"누구를 위한 과학인가," "누가 과학을 모르는가," "누가 과학을 두려워하는가." 첨단 생명과학을 염두에 두고 최근 쓰여진 정기간행물 기획기사들의 이러한 표제들은, 과학적 이슈를 둘러싸고 저마다 이해관계나 추구하는 가치에 따라 인식을 아주 달리할 수 있음을 시사한다. 일찌기 '과학적'이라는 단어는 갈등에 종지부를 찍을 수 있는 객관성, 중립성, 확실성을 상징하는 말이었다. 그러나 이제 과학은, 과학자들이 원하든 원하지 않든, 그 스스로 갈등의 한 요인으로 등장하고 있는 것이다. 특히 생명공학시대로 접어들면서 과학에 대한 인식과 관심상의 차이는 점점 커지고 있으며, 매 이슈마다 아주 극단적으로 대립하는 경우도 허다하다. 어떤 사람들은 생명공학이 의학적, 복지적 혜택을 가져온다고 보는가 하면, 또 다른 사람들은 이 과학기술이 그 출발부터 상업적 이해관계에만 매여 있다고 본다. 예컨대 유전자 치료를 유익하다고 보는 사람들이 있는가 하면, 자연에 대한 무모하고 위험한 개입이라고 경고하는 사람들이 있다. 유전자 진단으로 노동자의 건강을 보호할 수 있다고 주장하는 사람들이 있는 반면에, 이런 기술의 적용이 작업환경을 개선하는 사회적 책임을 회피하는 구실을 줄 뿐이라고 주장하는 사람들도 있다. 인식상의 차이는 용어의 차이로도 가늠된다. 실험실의 연구자들이 '조직'이라고 부르는 것을 낙태 반대자들은 '태아' 혹은 심지어 '아기'라고까지 부른다. 정부의 관리가 유전자'재조합'식품 혹은 유전자'변형'식품이라고 부르는 것을 소비자운동 단체들은 유전자'조작'식품이라고 부른다.

생명공학의 적용을 둘러싼 이러한 논쟁들의 종류는 아주 다양하다. 우선 도덕적 관점의 논쟁이 있다. 도덕 논쟁 안에서도 의무론적 입장과 공리주의적 입장이 서로 다르게 나타난다. 전자의 입장에 서는 사람들은, 예컨대 배아 연구나 태아조직 사용은 설사 임상적 이익이 크다고 하더라도 생명과 인간존엄을 경시하는 경향으로 흐를 수 있기 때문에 도덕에 반한다고 본다. 그러므로 이런 류의 도덕 논쟁은 연구자들이 제기된 비판에 따라 연구의 관행을 바꾼다 하더라도 쉽게 끝나지 않는다. 이에 비해 공리주의적 입장에 서는 사람들은 다소간 절충의 여지를 둔다. 즉 기술에 잠재된 오용 가능성에 비해 치료상의 혜택이 크다면 생식의학이나 유전자연구의 적용은 도덕에 반하지 않는다고 보는 것이다. 현재로는 도덕 논쟁에 가담하는 사람들 중에 의무론적 입장에 서는 사람들이 우세한 편이고 보면, 도덕 논쟁만으로는 치료상의 혜택을 들어 기술을 옹호하는 쪽과 오용 가능성만을 보고 반대하는 쪽을 화해시키기 힘들다고 하겠다.

도덕적 이슈의 중요성을 절대적으로 강조하게 되면, 도덕 논쟁은 왕왕 종교 논쟁으로 번지기도 한다. 즉, 기독교 입장에 따르면 인간을 포함한 모든 피조물의 생명은 신의 창조 행위의 결과이기 때문에, 이에 대한 인위적 개입은 그것 자체가 독신적이다. 반면, 기독교 사상이 생명 현상에 대한 일체의 인위적 개입을 반기독교적이라고 보았는지에 대해 의문을 표시하는 신학자도 없지 않다. 그러나 전체적으로 볼 때, 불교와 유교를 포함하여 종교계가 생명개입 기술에 저항하는 강력한 전선을 형성하고 있는 것은 분명하다.

생명에 대한 인위적 개입을 둘러싼 논쟁은 자연법 논쟁으로도 나타난다. 국가의 실정법보다는 자연법이 우위에 놓인다고 보는 사람들은 자연성을 해치는 행위를 자연법에 반한다고 본다. 그래서 낙태, 유전자 조작, 생명복제 등은 자연적 경과에 대한 인위적 개입을 뜻하므로 허용될 수 없다는 것이다. 그러나 규범적 기준으로 제시된 자연개념을 무엇으로 보느냐에 따라 ―우주 질서? 신적 질서? 인간의 이성적 본성? 아니면 충동적 본성?― 자연법도 이론적 갈래가 참으로 다양하다. 따라서 무엇이 자연법이 명하는 바인가는 주장하는 사람마다 다르게 나타날 수밖에 없다.

생명공학의 적용을 둘러싸고 권리 논쟁도 중요한 비중을 차지한다. 권리의 관점에서 벌어지는 논쟁에는 대개 법률가들이 참여하고 있다. 예컨대 생식보조기술을 이용하여 아이를 얻고자 하는 사람은 출산의 권리 혹은 프라이버시의 권리를 누리고자 한다. 과학자들도 과학 연구의 자유에 대한 권리를 들고 나올 것이다. 반면, 노령의 여성이 기증받은 난자로 자녀를 출산시킨다면, 성장할 때까지 돌봐줄 부모를 가질 수 있는 아이들의 권리는 침해될 것이다. 서로 충돌 여지가 있는 권리들을 공익의 관점에서 형량하는 작업은 법률가의 몫이지만 어쨌거나 이 형량작업은 점점 어려워져 가고 있다.

생태주의 논쟁도 빼놓을 수 없다. 어떠한 형태의 것이든 생명을 가진 것들을 자연스럽게 존재하도록 유지하는 체계를 수호하고자 하는 제레미 리프킨(Jeremy

Rifkin) 같은 사람들은, 지구적 규모의 생태적 환경 위기에 대처하기 위해서는 '인간중심주의'로부터 '생물권(biosphere)중심주의'로 전환하지 않으면 안 된다고 주장한다.[8] 이들 진영은 인간사회중심의 자연보호 내지 생태보호의 차원인 '사회국가'를 넘어 '자연국가', '녹색국가'로 가는 정치적 변형을 요구하기도 하며,[9] 최종 목표를 '생태자치연방'에 두기도 한다.

사회구성주의 논쟁도 주목을 요한다. 사회구성주의에 따르면 과학지식은 발명 혹은 발견되는 것이 아니라, 사회적으로 구성되는 것이다. 이 진영의 사람들은 과학기술에 대한 사회학적 · 정치경제적 분석을 통해 생명의 상품화 구조와 이에 따른 위험사회 구조를 밝히고자 한다. 이들에 따르면 과학적 지식의 형성과정은 시대와 문화를 초월하는 것이 아니라 사회문화적 산물이며, 과학자들의 개인적 이해관계와도 얽혀 있다. 이 논쟁은 과학기술의 대중화에 기여하는 바가 컸다.[10]

입법 논쟁도 있다. 이 논쟁은 생명공학이 야기하는 사회적 갈등을 해결하는 데 있어서의 법의 역할에 대한 상반된 입장들을 반영한다. 생명공학이 야기하는 갈등과 논란에 대해 시급한 대책과 함께 확실한 기준이 필요하다고 생각하는 사람들은, 이 분야의 심각한 사회윤리적 관심사를 시급히 법화(法化)할 것을 지지한다. 반면, 법이 할 일과 도덕이 할 일이 구분되어 있다고 보는 사람들, 그리고 법 자체에 내재하는 한계 때문에 생명공학이 안고 있는 윤리적 갈등이나 사회 문제를 법으로 해결하는 데는 많은 문제점이 따른다고 보는 사람들은 섣부른 법의 개입을 경계한다.

여성주의 논쟁도 빼놓을 수 없다. 여성주의 논쟁에 가담하는 사람들은 생명현상을 다루는 과학기술이 성적 불평등과 억압의 한 기재가 아닌지에 관심을 가진다. 그러나 이들 진영도 철학적 혹은 윤리적 관점에 따라 견해의 차이가 상당하다. 즉 어떤 여성주의자들은 생명공학 기술을 적극적으로 이용하여 여성의 실질적 평등과 해방을 앞당기자고 주장한다. 반면, 또 다른 여성주의자들은 인공수정이니, 유전자 진단이니 하는 이슈들이 궁극적으로 사회구성원들을 통제하고,

8) 제레미 리프킨, 『생명권 정치학』, 이정배 옮김, 대화출판사, 1996, 457면.

9) 클라우스 미하엘-아비히, 『자연을 위한 항거』, 박명선 옮김, 도요새, 2001.

10) 김환석, "과학기술의 민주화란 무엇인가," 참여연대 과학기술 민주화를 위한 시민모임 편, 『진보의 패러독스—과학기술의 민주화를 위하여』, 당대, 1999, 16면 이하.

특히 예속된 성인 여성을 더 예속시키는 사회로 가게 만들 것이라고 우려하면서 생명공학 기술 적용을 거부한다.

지금까지 생명공학을 둘러싼 도덕 논쟁, 종교 논쟁, 권리 논쟁, 생태주의 논쟁, 사회구성주의 논쟁, 입법 논쟁, 여성주의 논쟁들을 간략하게 살펴보았다. 흥미 있는 점은, 논쟁을 펼치는 사람들은 저마다 자신들의 주장을 정당화하기 위해 과학적 전문지식을 경쟁적으로 이용하고 있다는 사실이다. 이러한 상황에서 기술 적용을 둘러싸고 과학자들 사이에 드러나는 —각종 데이터상의, 주요 쟁점상의, 대안상의— 의견 불일치도 점점 늘어나고 있다.

이러한 다양한 논쟁들 중 어느 하나에 의존하여 문제를 해결할 수 없다는 것은 자명하다. 결론적으로 과학기술이 우리 삶에서 핵심적인 역할을 할수록, 이전보다 더 다양한 시각으로, 그리고 더 많은 사람들의 참여를 보장하면서 과학기술 문제를 논해야 할 필요성은 더 커진다. 과학의 복잡성으로 인해 과학기술의 효율성을 재는 척도도 다양해지고 있기 때문이다. 또한 마찬가지로, 다원화된 사회에서 자기 정당성을 추구하는 이익집단들도 다양해지고 있기 때문이다. 이러한 정황은 불가피하게 생명과학의 문제 차원을 생명정의의 그것으로 옮겨 놓는다.

Ⅳ. 생명정의를 위하여

생명에 관한 한 우리는 지금까지 생명보호 요청으로 만족했다. 그러나 생명공학시대에 이르러, 우리는 생명체의 생존기반이 침해되어서는 안 된다는 의미의 생명보호 차원을 넘어 생명정의를 생각해야 하는 시점에 이르게 되었다. 과학사에서 생명복제, 유전자조작식품, 인간배아연구 같은 생명공학기술만큼 아주 짧은 기간 안에 대중적 관심을 크게 불러일으킨 과학기술도 드물 것이다. 또한 생명공학기술에서만큼 과학논쟁이 곧장 정치논쟁으로 비화하는 예도 드물 것이다. 우리 사회에서도 정부가 당초 2001년 10월에 생명윤리관련 법안[11]을 국회에

11) 과학기술부는 지난 2000년 11월 인문사회학자, 시민 · 종교단체, 의학사, 생명공학자 등으로 구성된 생명윤리자문위원회를 발족시켰다. 이 위원회는 생명윤리 확보를 위한 입법사항으로서 국가생명윤리위원회의 설치, 인간배아 연구와 활용, 생명복제와 종간교잡행위, 유전자치료, 동물의 유전자변형연구와 활용, 인간유전체 정보연구와 활용, 생명특허의 허용범위

상정하기로 했었으나 일부 생명공학계 및 관련 산업계와 정치권의 반대에 부딪혀 주춤하자, 70여 개의 시민사회단체들이 공동캠페인단을 조직하여 생명윤리기본법 제정을 촉구하는 백만 명 서명운동을 벌이는 등 범시민행동에 돌입하고 있다. 사실 과학논쟁, 기술논쟁은 어느 면에서 오늘날 가장 드라마틱한 정치적 논쟁의 하나에 속한다. 특히 생명공학으로 넘어오면서 과학적 개념이나 방법을 둘러싸고 '좋은 과학'과 '나쁜 과학', 과학의 '좋은 사용'과 '나쁜 사용'을 구분해야 한다는 목소리는 점점 뚜렷해지기 시작했다. 그러나 누가 '좋은 과학'과 '나쁜 과학'을, 누가 과학의 '좋은 사용'과 '나쁜 사용'을 구분할 수 있을 것인가? 과학자? 정치집단? 일반대중?

지난 1999년 6월 헝가리 부다페스트에서 "21세기를 위한 과학: 새로운 다짐"이라는 주제로 열린 세계과학회의는 그 개최 의의를 다음과 같이 밝힌 바 있다. "과학은 현재 신뢰와 투자, 윤리 측면에서 난관에 직면해 있으며, 이는 과학계와 정부, 기업, 그리고 일반대중이 과학이 제공할 봉사와 약속에 대해 공감대를 가질 때에만 해결할 수 있다."[12] 이러한 공감대 형성으로 가는 길이 생명정의를 실현시키는 길임은 말할 것도 없다. 이를 위한 시안으로 필자는 다음과 같은 10가지 근원적인 물음을 던진다. (1) 생명공학은 '위험사회'를 초래하는가? (2) 생명공학은 시장의 지배를 받는가? (3) 생명공학은 '유전자 이데올로기'를 낳는가? (4) 생명공학은 더 많은 법을 필요로 하는가? (5) 생명공학은 인권을 침해할 여지가 있는가? (6) 생명공학은 민주주의에 도전하는가? (7) 생명공학은 윤리와 화해할 수 있는가? (8) 생명공학은 가족 가치를 포함한 공동체 가치를 훼손시키는가? (9) 생명공학은 성의 해방과 평등에 기여하는가? (10) 생명공학은 세계평화에 위협적인가?

등의 사항들을 검토하여 생명윤리기본법(가칭)의 골격을 만들어 지난 11월 말에 대정부 건의안으로 제출한 바 있다. 그 골격의 내용은, 1) 대통령소속 국가생명윤리위원회 설치, 2)체세포핵이식술을 이용한 인간개체복제와 인간배아복제 금지, 3) 동물복제 및 동물유전자변형연구 허용, 4) 잉여배아를 대상으로 하는 배아간세포연구 허용, 5) 국가생명윤리위원회 산하 인간배아관리특별위원회 설치, 6) 국가배아보관센터 운영, 7) 인간과 동물의 종간교잡행위 금지, 8) 생식세포, 수정란, 배아, 태아 및 체세포에 대한 우생학적 목적의 유전자치료 금지, 9) 유전정보를 이용한 고용, 보험 등에서의 차별금지, 10) 생명윤리기본법이 금지하는 연구로부터 나온 기술 및 제품의 특허 불인정 등으로 요약할 수 있다.

12) www.unesco.org/general/eng/programmes/science/wsc.

필자에게는 여기서 이러한 물음들을 개별적으로 다룰 시간은 주어져 있지 않다.[13] 다만 오늘 모임이 학제적 교류의 장임을 염두에 두고, 앞서 말한 공감대 형성을 위해 사회과학의 진영에서 좀더 강조하고 싶은 문제를 중심으로 몇 가지 언급해 보기로 하겠다.

1. 인권에 대한 새로운 도전

지나온 세기동안 인권에 대한 장애와 위협 요인들은 가난, 차별, 편견, 부정부패, 테러 등이었다. 이제 21세기를 맞이하는 이 시점에서 인권에 대한 새로운 도전은 과학과 기술로부터 오고 있다. 생명과학기술의 적용에 따른 인권문제의 논의 시각은 전통적인 시각과는 여러 면에서 차이가 있다. 요컨대 생명공학시대에 들어서면서 인권의 패러디임 전환이 요청되고 있는 것이다.

첫째, 우선 새로이 제기되는 인권이슈는 대부분 과학 연구라는 관심사와 연관되어 있다. 여기에는 물론 벤처기업에서 대기업에 이르기까지 생명과학기술 개발에 박차를 가하고 있는 기업 연구소의 이해관계도 녹아 있다. 그런 의미에서 생명윤리 내지 생명인권 문제는 바로 연구윤리, 기업윤리의 문제이기도 하다.

둘째, 지금까지의 인권이슈가 대개 기왕에 자행된 혹은 자행되고 있는 인권침해 사례와 경험에 대한 반응이었다면, 생명공학시대의 인권문제는 다분히 예방적 성격을 띤다. 예컨대 인간게놈(genome) 연구나 배아연구 등과 관련한 인권이슈는 문제가 되는 역사적 인권유린 사례 때문이 아니라, 문제가 될 수 있는 방향으로의 발전을 예방하기 위한 관점에서 논의되어야 하는 것이다.

셋째, 지금까지 인권논의와 그에 따른 인권 정책은, 국내적으로든 국제적으로든, 중요한 기본 도덕가치에 대한 사회성원들 간의 합의를 바탕으로 성사되었다. 그러나 생명과학기술 적용에 따른 새로운 인권 논의에서는 그 점을 기대하기가 점점 어렵게 되어가고 있는 것이다. 왜냐하면 이 기술은 심각한 윤리적인 문제를 안고 있는 동시에 건강과 복지를 돕기 위한 기술이기도 하기 때문이다. 요컨대 '복지'와 '윤리'의 조화를 꾀하기 위한 절충 내지 설자석 타협은 불가피한 것

---

13) 이에 대해서 자세히는 박은정, 『생명공학시대의 법과 윤리』, 이화여자대학교 출판부, 2000, 40면 이하 참조.

처럼 보인다. 생명윤리적 관심사가 대부분 입법요청으로 귀결되는 경향도 이와 무관하지 않다.

넷째, 인권과 관련한 취약집단(the vulnerable groups)을 확정하기가 어렵다는 사실도 생명공학시대의 인권논의가 전통적인 논의구조와 다른 점이라고 볼 수 있다. 전통적 인권이슈에서는 인권유린의 위험에 처할 수 있는 취약집단이 누구인지가 비교적 분명했다. 예컨대 어린이, 정신장애자, 수형자, 소수 인종, 외국인, 여성, 문맹자 등이 그에 속했다. 그러나 예컨대 유전자 조작식품의 경우, 위해성 여부가 판정되지 않은 한 결과적으로 국민 전체가 실험대상자라고 볼 수 있다. 또 유전자 치료가 확대된다면, 일반환자들이 취약집단에 들어갈 수도 있게 된다. 연구 및 치료와 관련하여 취약집단을 학대와 착취로부터 보호해야 한다는 것은 최대의 인권적 관심사이다. 그런데 문제는 이 취약집단이 당대의 첨단 과학기술의 성과를 누리기를 원하는 소비자로서의 시민 일반일 수 있다는 데 있다.

다섯째, 인권에 대한 전통적 도발과 위협은 주로 정치권력으로부터 나온 데 반해서, 인권에 대한 새로운 도전은 기술을 상업화하려는 민간기업이나 기술 적용을 원하는 일반시민들로부터도 나온다. 오늘날 첨단생명과학이나 의학에 대한 기대 욕구는 국가 못지않게 민간 쪽에서도 강하게 나타나고 있다.

여섯째, 생명과학기술 적용으로 야기되는 인권문제는 국민국가 단위에 한정되지 않는다는 특성을 지닌다. 인권에 관한 한 우리는 세계법에 구속된다라는 말은 생명과학기술의 적용에 이르러 실감을 더해가고 있다. 국민국가 단위를 넘어서는 인권규범 제정에 실패한다면, 예컨대 배아 줄기세포 복제나 유전자 치료가 가능한 나라로의 '유전자 관광'은 새로운 풍속도가 될 것이다.

일곱째, 생명공학은 인권의제에 관한 한 국가 단위를 넘어서는 데서 더 나아가 현세대를 넘어서도록 만든다. 생명 내지 유전물질에 대한 개입은 어떤 형식으로든 우리로 하여금 다음 세대에 대한 배려, 그들을 위한 정의로운 저축의 문제를 지나칠 수 없게 만든다.

2. 생명공학 연구의 '중상주의화' 경향

대다수의 사회구성원들은 지금까지 과학자들은 공공재의 산출자로서 과학을 이해관계로부터 차단시키는 행위규범의 지배를 받고 있다고 믿어 왔다. 이런 행위규범은 생명공학 분야에서는 잘 작동하지 않는 듯하다. 다른 분야와 달리 이 분야에서는 유난히 시장적 효율성에 대한 관점이 연구 활동 및 연구 시설을 지배해가고 있다. 생명공학은 대량생산 기술이라는 점에서 처음부터 시장을 목표로 하고 있다. 이 점에서 생명공학은, 위험의 개연성이 높으면서도 대량생산 기술과는 무관한 원자력 기술과는 다르다. 생명공학에서 중요한 연구분야에 속하는 생명복제(cloning)에서 '복제'의 이미지는 바로 대량생산이다. '복제인간'에 대한 사람들의 연상은 어느 부부가 그토록 원한 한 아이가 아니라, 군대 사열식에서처럼 수천 명이 똑같은 표정과 동작으로 움직이는 모습이다.

생명공학의 이 대량생산 가능성은 효용 지향성과 맞물려 시장형성 요인을 배가시킨다. 대부분의 사람들은 의학적 목적이 아닌 다른 목적으로 유전자 조작 등의 기술이 쓰이는 것에 대해서는 강한 거부감을 가진다. 그러나 막상 구체적인 편익의 사례를 제시하면, 사람들은 금방 태도를 바꾼다. 예컨대 유전공학 기술 자체를 거부하는 사람도 구체적인 응용 분야로 들어가서 가족에게 유전자 치료를 받게 하겠느냐고 물으면, 곧장 적극적인 편익 추구의 자세로 돌아서기 마련이다.

생명공학 분야의 이러한 시장 형성 요인은 어느 면에서 보건욕구의 경우보다 크다고 볼 수 있다. 생명에 관한 한 목적과 수단은 구별해야 한다는 전통적 행위기준의 전도현상도 필경 시장의 약진의 결과이다. 각종 연구프로젝트가 주로 투자 효과의 측면에서 평가되는 '연구의 중상주의화' 경향은 유전공학이 본격화된 1990년대 들어 특히 더 뚜렷해졌다. 연구결과의 즉각적인 산업화 경향은 이 분야의 연구분위기를 아주 배타적으로 만들고 있다. 즉 연구결과를 서로 자유로이 교환하고 일찍 발표하던 전통적인 연구관행과 풍토를 무너뜨리고 있는 것이다. 이러한 비밀유지 분위기에 따라 과학공동체가 잠재적인 위험을 제때에 인식하여 토론함으로써 이에 대처할 수 있는 여지도 그만큼 좁아지게 된 셈이다. 민간 상업자본에 의존하는 기업연구소는 기본적으로 길게 내다보는 연구 대신에 상업적으로 유용한 단기연구과제에 매달리기 마련이다. 그러므로 원칙적으로는 미래에 대한 고려와 간접피해를 염두에 두면서도, 구체적으로는 이익산정에 따른 결정을 앞세우게 된다. 산학협동체제에 따라 대학이 어느 의미에서 대기업의 싱크탱크화되면서 국가에 의해서가 아닌 기업에 의한 연구의 자유에 대한 위협도 커지고 있다.[14)]

3. '유전자 이데올로기'의 문제

유전공학에 대한 폭발적인 수요와 함께 "너의 행위는 유전자의 명령이다"라는 식의 사고가 빠른 속도로 번지고 있다. 1970년대까지만 해도 이런 생각은 유전자결정론이나 생물학주의를 신봉하는 몇몇 극단적인 사회생물학자들의 책에서나 나오는 주장이었고, 그만큼 사변적이었다. 그러나 1990년대에 들어와 유전공학이 본격적인 성과를 쏟아놓으면서, 이러한 견해는 일반인의 사고와 생활 태도에까지 은연중에 파고들고 있는 것이다.

인간을 규정하는 요소로 유전자를 중시하는 과학적 경향의 대중적 영향력은 예나 지금이나 엄청나다. 심각한 유전적 질병 이외에도, 행위나 성격, 지능에 영향을 미칠 가능성이 있는 유전형질을 발견했다는 전문가들의 발표는 필요 이상으로 언론의 주목을 받고 있다. 극도의 경쟁 사회 체제에서는, 개인이든 집단이든, 질병보다는 오히려 행위나 성격, 지능에 관여한다는 유전자를 이용하는 데 더 관심을 가질 법하다. 정상인이라도 기왕이면 근육을 강화시키고, 능률을 향상시키고, 기억력을 향상시킬 수 있다면, 남보다 앞서 가는 데 그만큼 유리하다고 생각할 것이기 때문이다. 자기운명을 끊임없이 극복하고자 하는 존재가 우리 인간일진대, 어쩌면 누구의 표현대로 원죄에 대한 세속적 동의어처럼 들리는 '나쁜 유전자'라는 말을 듣는 순간 사람들은 오로지 이를 극복하기 위한 수단을 찾는 이외에 무엇을 생각할 것인가.

유전학적 성과를 다방면으로 활용할 수 있다는 생각은 사회문화적 맥락을 생물학화하는 사고와 이어지기 쉽다. 특히 오늘날처럼 인문학의 위기와 도덕적 불확실성, 그리고 이에 따른 가치관의 혼란이 돋보이는 시대 분위기일수록 '과학적 사실'이라는 수치상의 확실성은 그만큼 매력을 더할 수 있다. 『이기적 유전자』와 같은 유전자 결정주의자들의 책이 잘 팔리는 이유도 여기에 있을 것이다.

정치권력이 출생, 사망, 생식력과 같은 인간의 생명 과정에 관한 지식에 친화력을 보여 왔다는 역사적 증거는 뚜렷하다. 생물학적 지식이 우생학이라는 이름으로 누군가를 혹은 어느 집단을 특이한 인간 및 집단으로 분류하는 데 이용됨

---

14) 김환석, "양의 복제, 시민의 침묵—생명공학에 대한 사회학적 성찰," 『녹색평론』 통권 제34호, 1997 5-6월, 114면 이하.

으로써 사회적으로 제거, 분리, 차별, 억압, 인종 청소가 자행된 역사의 예들은 드물지 않다. 인간에게 가해지는 권력행사 방식은 한 사회를 중심층과 주변층으로, 한 종족을 상위 종족과 하위 종족으로 나누는 갈등과 투쟁의 담론으로 기록된다. 생물학적 유전학적 지식과 그 응용 욕구는 다른 종족으로부터 우리를, 적으로부터 사회를 보호해야 한다는 권력의지와 곧잘 결합하여 생물정치학을 탄생시킨다. 바로 그와 같은 결합을 염두에 두고 미셸 푸코는 "생물권력"[15]이라는 표현을 썼다.

생체관리 기술이 권력 기술로 이어져, 급팽창하고 있는 인간의 유전 정보가 권력 효과의 극대화에 기여하게 되리라는 푸코류의 진단에 전적으로 동의하지 않는다 할지라도, 유전학적 예측 능력의 향상은 인간의 분류 능력의 향상을 뜻한다는 사실을 우리는 가벼이 지나쳐서는 안 된다. 물론 치명적인 유전인자가 후대에 계승되는 것을 막기 위한 노력까지 유전자 이데올로기의 혐의를 씌우는 짓은 무책임하다. 어쨌거나 유전자연구의 성과를 이용하는 문제는 충분한 사회적 합의와 오용방지를 위한 확실한 제도를 갖추지 않으면 논란과 의혹이 사라지지 않을 것이다. 다양한 신상정보에 대한 기대는 한 사회 안에 깊숙이 뿌리박은 차별관행과 밀접히 연관되어 있다. 특히 우리나라 사람들은, 지금 그가 누구이며, 무슨 일을 하는가보다는, 그의 출신과 집안내력에 더 호기심을 보이는 경우가 많다. 첨단생명공학의 유전학적 기획은 ―더 나은 삶의 조건, 더 좋은 건강, 더 연장된 수명, 더 똑똑한 아이!― 이 세기전환기의 전 지구적 경쟁 분위기와 맞물려 있다. DNA가 특히 우리사회에서 놀라울 정도로 짧은 기간 안에 대중적 관심을 불러일으킬 수 있게 된 것도, 국토가 좁고 경쟁의식이 팽배한 우리사회의 정서와 맞물려 있다는 생각도 해본다.

부모들은 다양한 유전자 검사를 출산 계획의 일부로 활용할 가능성이 크다. 그리고 공공정책이 공중보건의 이름으로 유전자 검사를 확대시키는 방향으로 나아갈 가능성도 커지고 있다. 첨단 생명공학을 이용한 생식술 및 신생아 관리는 이미 우리 일상의 일부로 되고 있다. 우리나라에도 조만간 출산, 보험, 고용, 승진 등에서의 유전정보 오 · 남용을 막고 유전정보를 보호하기 위한 법률이 제정

15) 미셸 푸코, 『사회를 보호해야 한다』, 1976, 콜레주 드 프랑스에서의 강의, 박정자 옮김, 문예신서, 1997, 281면.

될 것이다. 남에게 해를 끼치지 않는 한 유전학적 성과를 적극적으로 이용할 헌법적 권리를 주장하는 사람들, 그리고 심지어는 자녀의 "유전적 향상권"을 주장하는 사람들의 목소리도 본격화될 것이다. 가족주의, 교육열, 경쟁적 사회구조 등을 떠올려 볼 때 자녀의 유전적 향상권에 대한 주장은 우리나라에서 곧 불붙게 될지도 모른다. 유전정보와 관련한 이해당사자들 —보건당국, 가족, 배우자, 교육기관, 고용자— 의 '알권리'에 우선하여, '모를 권리', 즉 원하는 것보다 더 많이 알아야만 하지 않을 권리를 우선시키자는 주장도 대두되고 있다. 그러나 이런 소극적 · 방어적 권리는 현실적으로는 설 자리가 넓을 것 같지 않다.

인간의 유전적 차이에 따른 인간의 분류 내지 향상 기술의 적용은 은연중에 한 사회의 관용의 폭을 점점 좁히는 데 영향을 미칠 수 있다. 만약 각종 생식보조술과 산전 유전자 진단술로 비정상적인 자녀의 출산을 기술적으로 막을 수 있었음에도 불구하고, 어느 부모가 그의 자유로운 결정권에 따라 특정한 장애를 지닌 자녀를 출산하는 행위는 어떻게 받아들여지게 될까? 기술사회의 분위기는 알게 모르게 그들의 행위를 무책임하다고 생각하는 방향으로 흐르게 되지 않을까? 생명의 분류 내지 향상 기술이 신뢰를 받는 만큼, 받아들일 수 있는 정상의 범위는 좁아지고 반면 받아들일 수 없는 비정상의 범위는 넓어질 것이다. 자녀들이 '건강한 가계를 지닐 양도할 수 없는 권리'를 가져야 한다면, 결함을 갖는 사람들을 받아들이고 그들을 돌봐준다는 인도정신과 사회적 적극성은 점점 손상될 것이다. 기술적으로 비정상이나 허약을 피할 수 있다고 생각하게 되면, 장애자에 대한 비관용은 만성질환자, 노령자들에게까지 확대될 수 있다. 그들 역시 사회에 부담을 지우는 존재라고 생각될 법한 것이다.

4. 전문성의 독과점구조

과학기술은 처음부터 끝까지 비전문직을 배제시키는 독점구조 속에서 움직일 수 있게 되어 있다. 첨단성이 두드러지는 생명과학기술 쪽으로 넘어오면서 이 현상은 더욱 뚜렷해지고 있다. 첨단생명과학에 가장 많이 의존하고 있는 의과학은 좋은 예를 제공한다. 의료라는 전문집단은, '임상병원'을 중심으로 외부의 개입 없이 '연구', '훈련', 그리고 '응용' 과정이 상호 연계되어 조직적으로 한 울타리 안에서 이루어지는 특수한 자율적인 제도망을 구비하고 있다. 생명과학 분야에서 기술이 개발되는 순간 이미 그 기술을 기정사실화시키는 정책이 대두되는 것도 그런 전문성의 구조 때문이다. 기술적 성과의 적용이 이루어진 후에 그에 대한 논의가 유발되는 셈이니, 누구 말대로 흡사 법이 효력을 발휘한 후에야 비로소 법에 대해서 심사숙고하는 식이다. 즉 생명공학분야는 공공정책이 세워지지 않은 것은 물론이고 사회적 합의문제도 미처 제기되지 않은, 따라서 일반인들에게는 그 진상도 제대로 알려지지 않은 가운데 이미 그 연구성과가 적용되고 집행될 수 있는 메커니즘의 지배를 받고 있는 것이다.

이러한 전문성의 독과점 구조는 기술적용에 따르는 부정적인 파생효과마저도 상쇄시킬 수 있다. 왜냐하면 과학기술은 특정한 위험을 유발하는 원인이면서도 위험이 무엇인가를 정의하기도 하며, 또 위험에 대한 해결책의 원천이 되기도 하기 때문이다. 정책 결정을 둘러싸고 갈등이 생겼을 때, 전문지식은 중요한 정치적 자원으로 작용하는데, 지식에 대한 접근 가능성을 독점하고 결정을 정당화하는 데 쓰이는 자료에 대해 문제제기를 할 수 있는 권한을 가진 쪽은 바로 과학집단인 것이다.

이러한 전문성의 독과점 구조에서는 일반인들은 효용과 합리성을 대변하는 전문집단 내지 과학기술관료층의 기준에 맞추어 끊임없이 눈높이를 올려야 한다는 압력을 받게 된다. 자신의 수준과 정서에 맞는 기술을 이용할 권리가 침해되고, 외부에서 정한 기준을 좇아가야 하는 생활환경에 노출되는 것이다. 최근 각종 생식보조기술 덕분에 불임부부, 그 중에서도 특히 여성들의 출산과 관련한 자율적 결정권이 확대된 것도 사실이지만, 이는 다른 한편으로 엄청난 시간과 돈, 그리고 필경 건강의 손상까지 감수하면서 불임여성들이 기술의 필연성을 받아들일 수밖에 없는 모습일 수도 있다.

과학기술은 소수에 의한 독점구조 속에서 발전해 왔기 때문에, 비민주성은 어느 면에서 과학기술의 본질이었다고도 말할 수 있다. 그러나 과학기술이 대부분의 사회성원들의 생활을 지배하는 중요한 힘이 되면서 이제는 이 분야에도 참여민주주의의 요청이 일기 시작하고 있다. 정치 민주화와 경제 민주화에 이은 과학기술 민주화는 우리나라에서도 최근 '과학기술 민주화를 위한 모임'이나, '생명안전윤리 연대모임' 등 시민운동의 형태로 일기 시작하고 있다.

5. 기술발전의 불균형의 심화

지금의 과학기술 발전은 어느 면에서 보면 지난 1, 2차 세계 대전, 그리고 그 이후의 냉전을 거치면서 강대국들이 힘의 우위를 목표로 과학자원을 경쟁적으로 동원한 결과라고도 볼 수 있다. 즉 미국을 선두로 엄청난 투자와 함께 과학연구자에게 무한정의 자율을 인정한 —만행에 가까운 인체실험도 그러한 분위기의 산물이었다— 대가이기도 한 것이다. 연구자들 사이의 반학문적인 비밀유지 분위기도 이런 냉전구도에서 파생된 것이기도 하다. 냉전이 끝났다는 이 시점까지도 주권은 누군가의 말대로 '핵주권', '미사일주권', 그리고 이윽고는 '유전자주권'으로 이어질 전망이다.

기술발전의 불균형은 유전공학으로 넘어 오면서 더 심화되고 있다. 핵기술이나 미사일기술이 전쟁 등 예외적인 상황을 더 염두에 둔 것이라면, 생명공학은 일차적으로는 의료나 식량 등, 일상생활에 적용되는 기술이기 때문에 기술불균형으로 인한 남북갈등이나 상대적 박탈감은 더 심각해질 수 있다. 최근 특정 인종집단 내지 지역주민에 대한 선진국 기업들의 집단유전학 연구나 인간 게놈 프로젝트에 대해 제3세계에서 '흡혈귀 프로젝트'니, 생물자원약탈이니 하면서 처음부터 거세게 저항하는 분위기는 이를 반영해 준다.

연구결과를 비평화적인 목적에 사용할 위험에 대한 경고는 생명공학에 의존한 생물무기의 효율성 때문에 점점 커지고 있다. 최근 생물학 무기에 관한 영국의 한 보고서는, 인종에 따라 질병에 대한 저항력이 상이한 데 착안하여 유전자 연구를 통해 특정 인종만 살상하는 생물학 무기를 개발할 수 있음을 시사하고 있다. 특정 농작물이나 동식물에 대한 파괴도 물론 가능할 것이다. 생명공학 내지 유전공학에 의해 제작될 새로운 전쟁도구들은 값이 비교적 저렴할 수 있기 때문에, '강자들의 무기'뿐만 아니라 '빈자들의 무기'도 될 것이다. 그렇게 되면 이른바 기술우위, 힘의 우위 논리에 의한 평화유지의 주장도 허구가 되고 말 것이다.

6. 생명물질에 대한 사소유권의 확대 추세

연구의 보호 장치였던 특허를 발명품에 대한 순전한 사유화 장치로 만드는 경향은 생명공학 쪽으로 넘어오면서 더 두드러지고 있다. 설사 과학자가 사리사욕에 매임이 없이 순수히 연구에 매진하여 성과를 내고 싶다고 하더라도, 연구 결과의 경제적 독점을 가능하게 하는 특허 등의 제도가 있는 이상, 지식의 사유 재산화는 구조적으로 피할 수 없게 되어 있는 셈이다. 더 나아가 G-7 등, 서방 기술 선진국은 과학자가 직접 기업을 세워서 운영하거나 기술을 판매하는 경우 학문적 연구 성과를 더 많이 낼 수 있도록 제도적으로 지원해 주고 있다. 말하자면 기초 연구에서 상품화까지가 온라인 시스템으로 가동할 수 있도록 해놓은 셈이다. 이에 따라, 아인슈타인의 상대성 원리처럼, 옛날에는 이론에 붙던 과학자의 이름은 이제 특허의 소유자로 남겨지게 되었다.

남보다 먼저 특허를 출원해야 한다는 압력을 받지 않는 첨단생명과학자는 아주 드물 것이다. 유전적으로 변형된 생명체나 DNA염기서열 등, 일정한 기법으로 인체로부터 분리해낸 생체조직에 대한 특허 확대는 최근 미국을 중심으로 당연시되어가고 있다. 인간유전자를 위시하여 인류의 공동유산에 해당하는 생명물질에 대한 특허는 특허법상의 기술적 요건 충족의 문제 이전에, 여러 가지 근본적인 철학적 성찰이 요구되는 문제이다. 인간의 유전자 염기서열이야말로 고유한 것이다. 인간에 관한 정보를 얻을 수 있는 무수한 대상들 중에서도 DNA야말로 인간에 관한 한은 유일하고도 결정적인 정보이기 때문이다. 이러한 정보의 내용이 과학적으로 밝혀진다면 인간이면 누구나 이 정보에 접근할 수 있어야 한다. 또한 인간유전자의 염기서열은 엄청나게 거대한 자원이자 생물정보로 이루어져 있는 만큼, 이것을 가지고 과학자들은 대를 이어 수많은 유용한 발명품들을 만들어 낼 수 있다. 그리고 아직 알려지지 않은 유전자기능을 다각도로 밝히고 사람들의 건강에 도움이 되는 이런저런 발명품들을 만들어 내는 데는 오랜 시일이 걸릴 것이다. 이런 엄청난 과학의 보고를 당대의 기술적 척도와 상업적 유용성의 잣대로 누군가가 소유하는 체제하에 둔다는 것을 당연시하는 태도는 기업적 · 시장적 이해관계를 무비판적으로 받아들인 것이라고 볼 수밖에 없다.

자연에 있는 생명물질에 대한 특허를 인정하게 되면 우리는 결국 '발견'이 아닌 '발명'에 대해서 특허를 부여하기로 하는 기존의 특허법의 기본원리를 포기하는 것이 된다. 인체로부터 분리된, 기능이 알려진 유전자 염기서열은 설사 자연에서 발견되는 것이라 하더라도 인간의 기술개입에 의해 분리시킨 것이기에 발견이 아닌 것으로 본다는 말은 형용의 모순에 불과하다. 또한 생명공학물질의 특허를 인정하게 되면 특허법의 근간인 이른바 물질특허와 방법특허의 구분 체계도 결과적으로 무의미해지고 만다. 왜냐하면 생명물질에서는 방법의 특허의 효과가 생물체의 필연적인 특성상 제품특허에 연장되어 미칠 수밖에 없게 되어 있기 때문이다. 즉 유전자가 확인, 정화, 분리 재생산되는 과정을 보호하는 특허가 유전자 자체 그리고 그 이용가능성에까지 미치게 됨으로써, 결국 유전자의 생산, 수입, 판매에 대한 절대적 · 배타적 권리를 만들어 내는 것이다.

V. 마치면서

우리 60억 인구 모두가 가지고 있는 DNA 때문에, 우리는 우리가 인간이라는 이유 하나만으로 가지게 되는 인권과 인간존엄에 대해 다시 한 번 성찰할 모처럼의 기회를 얻게 되었다. 더 나아가 우리가 미생물과 공유하고 있는 DNA 때문에 우리는 우주적 생명공동체에 대해 성찰할 모처럼의 기회 또한 얻게 되었다. 우리의 논의가 어떤 방향으로 귀결될지는 아직은 짐작하기 어렵다. 그러나 인간정신사에 비추어 보면 우리는 낙관적인 전망을 하지 못할 이유가 없다. 위기에 처해 인간정신은 더한층 고양되어 왔기도 하기 때문이다.

새로운 생명공학기술의 적용과 관련하여 우리 동시대인들이 느끼는 막연한 윤리적 · 실존적 불안 때문에 낯선 기술적 개입을 곧장 인간존엄에 대한 침해로 규정하려는 태도는 물론 편협하다고 본다. 그러나 생명개입기술로 위험이 증대되는 것은 분명하며, 그렇기 때문에 이에 대처하는 토론은 필수적이다. 사실 우리가 살아가는 과학기술사회는 위험을 구조적으로 산출하는 '위험사회'이다. 위험의 산출구조가 우리의 생활기반이 된 사회에서 위험불감증만큼 무모한 것도 없고, 그렇다고 반과학주의만큼 무책임한 태도도 없다. 특히 우리 사회는 위험사회의 성격이 강하다. 선진국형 위험사회 증후군에 우리 특유의 성장지상주의와 안전불감증이라는 후진국형 위험사회 증후군이 겹쳐 있다는 점에서, 우리사회를 "복합 위험사회"라고 부르는 학자도 있다.

지금 우리에게 우선 필요한 것은 생명의 안전 및 윤리를 확보하고 각종 영향평가를 가능케 하는 방향으로의 법제정비이다. 법학자로서 발표자는 생명공학의 안전 및 윤리 확보를 위한 각종 지침 내지 법 제정을 누누이 강조한 바 있다. 그러나 다른 한편으로 입법이 가지는 내재적 한계 또한 인정하지 않을 수 없다. 상식적으로도 법이 모든 위험으로부터의 절대적 안전을 꾀한다는 것은 처음부터 불가능하다. 위험사회의 복잡성, 불확실성, 불안정에 대응하여 법은 나름대로 변화를 시도하고 있기는 하지만, 생명과학에 대처하는 생명입법은 다분히 절충적이고 계량적인 모습을 띠면서 아직은 '상징입법'[16]의 수준에 머무르고 있다.

생명과학 기술과 그 응용에 따른 제반 문제에 대처하는 법에 관한 한, 우리가 모범으로 삼을 만한 일목요연하고 일관된 체계를 가지고 있는 나라는 아직 없다. 그리고 이 분야가 그러한 체계를 가능하게 하는지도 의문이다. 실제로 생명개입 기술과 그 응용이 야기하는 사회 문제에 대한 구체적 규제 양상은 각 국가의 역사적 · 문화적 배경과 생명에 대한 도덕관에 따라 다양할 수밖에 없다. 그러나 새로운 과학기술 발전에 따르는 문제들을 그에 상응하는 '과학법' 혹은 '의학법'으로 대응할 수 있다는 과학법 낙관주의는 금물이다. 생명공학이 야기하는 문제가 윤리위원회를 필요로 한다는 것도, 그만큼 이 분야의 문제가 간단하지 않나는 것을 뜻한다.

생명윤리와 생명정의의 물음에 처해 그러므로 필자는 법이론적 논증력을 넘어서는 차원을 남겨두고 싶다. 생명윤리와 생명정의는 근원적으로 고통에 대한 감수성의 문제라고 생각한다. 그러므로 이 문제는 이론적 · 철학적 논증력이나 문학적 상상력을 동원하는 데서 나아가, 근원적으로 남의 아픔에 대한 깊은 헤아림, 바로 감수성으로 다가가지 않으면 안 된다고 생각한다. 생명을 가진 존재가 죽는 것을 보면 사람이건, 버러지건 우리에게 절로 슬프고 아연한 마음이 드는 것은 우리에게 이런 헤아림이 있기 때문일 것이다. 그러고 보면 사군자를 그리면서 지조와 정절을 새기는 식으로 자연과 윤리를 결합시킬 줄 알았던 우리 선조들의 삶의 태도에는 서구의 분석논리의 관점에서 보면 원시적인 사고로 여겨질지 모르니 실은 생명존중사상이 배어 있는 것이다.

마지막으로 발표자는 생명공학분야는 기본적으로 공공적 성격을 띠어야 한다는 점을 강조하고 싶다. 그러므로 이 영역은 설사 산업화된다 할지라도, 경쟁원리와 영리를 내세우는 재래의 기업 이데올로기와는 근본적으로 다른 기업정신과 기업윤리에 의해 움직여야 한다. 또한 생명공학 연구는 사회와 지구적 환경에

16) 상징입법은 대체로 행위의 합법성 여부를 둘러싸고 사회적, 정치적 갈등이 심할 때, 규범의 실효성과는 상관없이 시도하는 입법이다. 이에 대해서는 박은정, 앞의 책, 45면 이하 참조.

대한 책임감 없이, 무제한의 호기심과 학문적 자유를 누려온 종래의 연구태도와는 다른 연구윤리를 가진 과학자들이 종사하는 영역이어야 한다. 생명자원을 다루는 연구자들은 전문성과 합리성을 독점하겠다는 사고를 버리고, 자신들이 전문지식과 기술 이상의 지혜를 탐구하는 정신 활동자라는 것을 깊이 인식할 필요가 있다. 생명과 생태 영역에서 연구자의 사명은 이론에만 머물지 않고 궁극적으로는 바람직한 공론을 만드는 데까지 이르러야 한다. 그리하여 사회 구성원들의 합의하에 연구자 및 생산자들에게 합리적인 제재를 가함으로써 윤리와 안전 문제를 해결하는 일에 과학자들이 앞장서야 한다. 이와 함께 정부의 생명공학 정책은 종래 육성 일변도의 정책과는 달리 안전과 윤리를 고려하는 정책이지 않으면 안 된다. 안전과 윤리 문제는 생명공학 육성책에 부수되는 현상이 아니라, 건전한 생명공학 육성을 위한 전제에 해당한다. 마지막으로 생명공학의 성과를 이용하는 소비자인 일반시민들에게도 일대 각성이 요구된다. 생명공학시대를 살아갈 시민들은 이제, 과학기술을 생활의 편익과 혜택으로만 여기면 되었던 종래의 타성적 무사고(無思考)로부터 벗어나지 않으면 안 된다. 오늘날 거의 모든 시민들이 과학소비자의 위치에 있음을 감안할 때, 이들이 친생태학적으로 생활양식을 바꾸는 일대 의식전환 운동에 동참하는 일은 더할 수 없이 중요하다. 그리하여 분별력 있는 시민은 과학 생산자와의 인식의 괴리를 좁히려고 끊임없이 노력하는 동시에, 우리가 원하지 않는 삶의 방향으로 과학이 흘러가지 않도록 지켜볼 줄 아는 시민이지 않으면 안 된다.

생명윤리에서 윤리적 허용가능성 담론과 법제화

최 경 석*

Ⅰ. 머리말

의 · 생명과학의 발달은 많은 새로운 윤리적, 법적, 사회적 문제를 야기하였다. 이러한 문제들에 대한 사회적 관심이 증대되는 가운데, 국내에서도 학제적 연구 분야로서 생명윤리학에 대한 학술적 논의가 활발해졌고, 대학에서는 관련 강좌들이 개설되었으며, 사회적으로는 여러 위원회와 기구들이 설립되었다. 그러나 생명윤리 담론이 활발히 전개되었어도 의견의 일치를 발견하기는 쉽지 않으며, 일반인이나 학생들은 잘못된 윤리 상대주의적 시각만 확산되는 경향도 있다.

필자는 이와 같은 현상은 생명윤리 담론의 특성에 대한 정확한 이해가 결여되었기 때문이라고 판단하며, 또한 생명윤리의 문제들이 의학, 법학 및 철학에 제기하는 새로운 도전적 질문들에 대한 논의가 부족한 것에도 기인한다고 생각한다. 아울러 생명윤리의 쟁점들이 그 동안 개별 학문들이 유지해 온 전통적인 연구 주제나 방법만으로는 해결할 수 없는 문제들을 야기하기 때문이기도 하다.

이와 같은 취지에서 필자는 우선 생명윤리 쟁점들이 지닌 논제상의 특성을 분석해 보고자 한다. 필자는 '윤리적 옳음'이란 용어가 다의적으로 사용되고 있음을 지적하고, 생명윤리의 논제들은 많은 경우 '윤리적 허용가능성'에 대한 담론임을 주장할 것이다. 아울러 '윤리적 허용가능성' 즉 '윤리적으로 허용가능하다'라는 말이 무엇을 의미하는지 그리고 어떤 행위들이 이런 범주에 속하게 될 것인

* 이화여자대학교 법학전문대학원 교수.

지 분석할 것이다.

나아가 윤리적으로 허용되는 행위로 인정되는 경우라 하더라도 이것만으로는 법제화의 충분한 조건이 될 수 없음을 지적하고자 한다. 윤리적 이견을 보이는 생명윤리 문제는 해당 행위가 윤리적으로 허용되는 행위로 인정된다 하더라도 법과 윤리의 상이함으로 인해 법제화를 위한 별도의 검토가 필요함을 지적할 것이다. 아울러 법제화의 필요성이 인정되었다면, 생명윤리 문제의 정치적 특성으로 인해, 민주적 의견수렴과정이 충분히 진행되어야 한다는 점과 의·생명과학의 급격한 변화를 수용할 수 있는 법제화가 타당함을 몇 가지 사례와 함께 주장하고자 한다.

II. 생명윤리에서 윤리적 허용가능성 담론의 특성

1. '윤리적으로 옳음'의 다의성

우리는 행위를 윤리적 관점에서 '해야 하는 행위'와 '하지 않아야 하는 행위'로 흔히 구분한다. 그리고 전자에 대해서는 '윤리적으로 옳음(ethically right)'이란 가치 속성을, 후자에 대해서는 '윤리적으로 그름(ethically wrong)'이란 가치 속성을 부여한다. 그런데 행위에 대한 이러한 이분법적 사고는 윤리적 담론에 등장하는 많은 행위들을 포섭하지 못한다. 왜냐하면 윤리적 담론의 대상이 되는 행위들 중에는 '윤리적으로 권장되는 행위'가 존재하기도 하고, '윤리적으로 허용되는 행위'도 존재하기 때문이다.

윤리적으로 권장되는 행위는 자선을 베푸는 것과 같이 윤리적인 의무로까지 인식되지는 않지만 윤리적으로 바람직하다고 판단되는 행위를 의미한다. 그리고 '윤리적으로 허용된다'라는 것은 '윤리적으로 그르지 않은 행위로서 윤리적으로 정당화된다'는 것을 의미한다. 예를 들어, 응급 환자를 태우고 병원 응급실로 달려가던 중 차나 보행자가 없는 도로에서 신호를 위반하고 질주하는 행위는 윤리적으로 그른 행위라기보다 윤리적으로 정당화되는 행위라고 판단될 것이다. 우리가 윤리적으로 권장되는 행위와 윤리적으로 정당화되는 행위에 옳음과 그름이란 윤리적 가치속성을 부여해야 한다면, 이들 행위들에는 '윤리적으로 옳음'이란 속성이 부여되어야 할 것이다.

이런 점에서 '윤리적으로 옳음'이란 속성은 윤리적으로 '해야 하는 행위', '권장되는 행위', '허용되는 행위' 모두에 적용되는 매우 다의적인 용어임에 유의할 필요가 있다. 흔히 구체적인 행위를 염두에 두지 않고, '윤리적으로 옳은 행위가 무엇인가?'라는 질문에 답할 때에는 윤리적으로 해야 하는 행위 즉 적극적인 윤리적 의무에 대해서만 주목하는 경향이 있다. 하지만 구체적인 행위에 대해 '윤리적으로 옳은가?'라는 질문을 던지는 경우에는 위와 같이 행위들의 폭넓은 분류 속에서 해당 행위가 윤리적 의무인지, 권장되는 행위인지, 허용되는 행위인지 따져볼 필요가 있다.[1)]

2. 생명윤리 쟁점의 윤리적 특성과 윤리적 허용가능성의 범주

위 논의에서의 구분은 생명윤리에서 쟁점이 되는 많은 윤리적 쟁점들의 특성을 이해하는 데 도움을 준다. 많은 경우, 생명윤리의 주요 쟁점들은 '윤리적으로 해야 하느냐?'라는 측면에서 '윤리적으로 옳으냐?'라는 문제를 다루는 것이 아니며, '윤리적으로 권장되느냐?'라는 측면에서 '윤리적으로 옳으냐?'라는 문제를 다루는 것은 더더욱 아니다. 필자는 생명윤리의 주요 쟁점들은 '윤리적으로 허용되느냐?'라는 측면에서 '윤리적으로 옳으냐?'라는 것을 따지는 문제인 경우가 많다고 본다.

예를 들어, 낙태라는 쟁점에서 우리는 '낙태를 해야 하는가?'가 아니라, '낙태

---

1) 필자는 행위들을 '해야 하는 행위'와 '하지 않아야 하는 행위'로 구분하는 이분법에서 출발했기 때문에 '윤리적으로 옳음'과 '윤리적으로 그름'이란 가치 속성을 기준으로 사고를 전개했다. 그러나 우리가 행위들에 '윤리적으로 좋음(ethically good)'과 '윤리적으로 나쁨(ethically bad)'이란 가치 속성을 부여해야 하는 경우를 생각해 보더라도, 우리의 행위들이 윤리적으로 '좋음'과 '나쁨'이란 이분법으로 깔끔하게 정리되지 않음은 마찬가지이다. 윤리적으로 '권장되는 행위'와 '해야 하는 행위'에는 '윤리적으로 좋음'이란 속성이 부여될 것이고 '하지 않아야 하는 행위'는 '윤리적으로 나쁨'이란 속성이 부여될 것이다. 그러나 '윤리적으로 허용되는 행위'는 윤리적으로 나쁜 행위는 아니지만 윤리적으로 정당화되는 행위여서, 굳이 윤리적으로 '좋음'과 '나쁨'의 속성을 부여해야 한다면 '좋음'이란 속성이 부여될 것이다. 필자의 이와 같은 견해는 생명윤리의 쟁점들을 다루는 데 있어 전통적인 규범윤리학의 양대 이론인 의무론과 공리주의 각각은 우리의 행위들을 윤리적 관점에서 섬세하게 구분해 내지 못할 것이란 입장과 맥을 같이 하고 있다.

가 윤리적으로 허용되는가?'가 논제의 핵심이다. 따라서 '낙태를 하지 않아야 하는가?'와 '낙태가 허용되는가?'가 논란의 핵심이며, 부속되는 질문으로 '낙태가 허용된다면, 어느 경우에 낙태가 허용되는가?'가 쟁점이 된다. 안락사나 연명치료중단의 문제에 있어서도 논쟁의 성격은 유사하다. '안락사나 연명치료중단을 해야 하는가?'가 아니라, '안락사나 연명치료중단이 윤리적으로 허용되는가?, 허용된다면 언제 허용되는가?'가 핵심적인 논제이다. 보조생식술을 둘러싼 비배우자간 생식세포 기증, 결혼하지 않은 남녀의 보조생식술 이용, 동성애자의 보조생식술 이용, 자궁대리모 이용 등의 문제 역시 이런 형태의 행위를 '해야 하는가?'가 문제의 핵심이라기보다 이런 형태의 행위를 '윤리적으로 허용해야 하는가?', '허용한다면 어느 경우에 허용해야 하는가?'가 논란의 핵심이다.

그렇다면 우리는 어떤 행위들에 대해 '윤리적으로 허용가능하다'고 판단하는지 좀 더 구체적으로 살펴 볼 필요가 있다.[2] 첫째, 해당 행위가 윤리적인 문제와 관련을 맺고 있지 않아, 그 행위가 윤리적으로 옳은 것인지 그른 것인지 판단할 수 없기 때문에 윤리적으로 허용가능한 행위로 분류되는 경우가 있을 수 있다. 예를 들어, 우리가 오른손으로 밥을 먹어야 하는지, 왼손으로 밥을 먹어야 하는지는 윤리적인 문제가 아니어서 어느 손을 사용하든 윤리적으로 허용된다. 이런 행위는 사실상 '윤리적으로 무관한 행위'이다.[3] 이 경우조차 '윤리적으로 허용된다'라고 부를 때, '윤리적으로'라는 표현이 사용되는 것은 윤리적으로 검토했다는 것을 의미할 뿐, 특별히 윤리적으로 유의미한 의미를 지니고 있어서는 아니다. 굳이 의미를 부여하자면 윤리적으로 그른 행위는 아니기 때문에 허용된다는 의미를 지닐 뿐이다.

둘째, 윤리적으로 허용되는 행위들 중에는 해당 행위가 윤리적인 사안과 관련되기는 하지만, 윤리적으로 그르다고 판단하기는 어렵고, 나름 그 행위를 윤리적으로 정당화하는 이유가 있다고 판단되는 행위들이 있다. 필자는 이것을 '윤리적으로 정당화되는 행위'라고 부르고자 한다. 이와 같이 해당 행위가 '윤리적으

2) '윤리적으로 허용가능하다'는 판단이 내려졌다고 해서 '법적으로 허용가능하다'는 판단이 내려지는 것은 아니므로 이 문제에 대해서는 'III. 법제화 문제'에서 논의하기로 하겠다.

3) 우리 사회가 우측으로 통행해야 하는지, 좌측으로 통행해야 하는지 결정하는 것도 마찬가지이다. 사회적으로 통용되는 규칙이나 규범 중에는 이와 같이 윤리적인 문제에 해당하지 않는 규칙이나 규범이 존재한다.

로 정당화되는 행위'여서 윤리적으로 허용가능한 행위로 판단되고, 나아가 윤리적으로 옳은 행위로 분류되는 행위들이 존재한다.

그런데 지금까지 윤리적으로 허용가능한 행위를 논의함에 있어 윤리적으로 허용가능하다는 판단의 주체에 대해서는 특별히 언급하지 않은 채 논의를 전개해 왔다. 우리가 판단 주체들 사이의 이견까지를 고려하는 경우, 다음과 같은 세 번째 성격의 행위들 역시 사회적으로는 '윤리적으로 허용가능한 행위'로 보아야 할 것이다.

셋째, 해당 행위가 '윤리적으로 그르다'는 견해가 입증되거나 사회적으로 공유되지 않아, 윤리적으로 허용가능한 행위가 존재한다. 대부분의 생명윤리의 쟁점에서 거론되는 행위는 이런 종류의 행위들에 해당한다. 해당 행위의 윤리적 옳고 그름에 대한 판단에 대해 사회 구성원 사이에 서로 이견이 발생하여, 어떤 사람들은 윤리적으로 그르다는 판단을 내리지만, 어떤 사람들은 윤리적으로 그른 것은 아니고 나름의 정당화 근거를 지닌 행위로서 윤리적으로 허용되는 행위라고 판단하는 경우이다. 따라서 많은 경우, 생명윤리의 쟁점에 대한 의견 대립은 해당 행위가 윤리적으로 그른 것이라는 입장과 윤리적으로 해야 하는 것은 아니지만 윤리적으로 정당화된다는 점에서 윤리적으로 허용된다는 입장 사이의 대립이라 하겠다.

그런데 이런 대립이 해소되지 못하는 것은 서로 어느 한 쪽을 합리적으로 납득시키지 못하기 때문이다. 따라서 해당 행위가 윤리적으로 그르다는 것이 확정적이지도 않고, 윤리적으로 허용된다는 것도 확정적이지 않다. 그러나 이런 경우 사회적으로는 '윤리적으로 허용된다'는 결론을 잠정적으로 받아들이는 것이 타당하다. '잠정적으로'라고 표현하는 이유는 해당 행위가 그르다는 인식이 보편적으로 공유되기 전까지 유지되는 잠정적인 결정이기 때문이다.

비록 '잠정적으로'하는 단서를 붙이고는 있지만 위와 같은 행위가 윤리적으로 허용된다고 결론 내리는 것은 서로 의견이 대립했음에도 불구하고 해당 행위가 윤리적으로 허용된다고 주장하는 쪽에 손을 들어주는 것처럼 보인다. 이런 인상에도 불구하고 위와 같은 행위를 사회적으로는 '윤리적으로 허용되는 행위'라고 판단해야 한다는 근거는 필자가 다원주의를 인정하고 관용을 수용해야 한다는 입장을 받아들이고 있기 때문이다. 그렇다면 왜 다원주의를 인정하고 관용을 수용해야 하는 것일까?

3. 이성적 불일치와 윤리적 허용가능성

현대 사회는 전통적 사회에 비해 서로 다른 세계관과 인생관이 한 사회 내에 공존하고 있다. 이성적인 사람들(reasonable person) 사이에서 세계관이나 인생관과 같은 포괄적인 믿음 체계가 단지 하나만 존재하지 않고 다수가 존재한다는 것을 존 롤즈(John Rawls)는 '이성적 다원주의(reasonable pluralism)'라고 불렀다.[4] 아울러 그는 다원주의 사회에서 관용(toleration)을 강조한다.[5] 그는 논리적 잘못과 선입견 등이 극복되었다하더라도 '판단의 부담(burdens of judgment)' 때문에 이성적인 사람들 사이에 이견이 발생할 수 있다고 말하고, 이를 '이성적 불일치(reasonable disagreement)'라고 불렀다.[6]

생명윤리의 많은 쟁점들은 다원주의 사회에서 경험하게 되는 이성적 불일치의 문제인 경우가 많다. 이와 같은 이성적 불일치에 직면하여 현실적으로 불일치를 해결할 수 있는 방법은 관용에 기초하여 서로의 믿음을 존중하거나 합의(consensus)에 도달하는 방법밖에 없다.

관용에 기초하여 서로의 믿음을 존중하는 것은 종교의 자유를 인정하는 우리 사회의 결정에서 잘 드러난다. 다양한 종교적 믿음체계들이 존재하는 상황에서 비록 자신이 옳다고 생각하고 지지하는 종교가 있고, 다른 종교는 잘못된 것이라고 판단한다하더라도 해당 종교가 잘못된 것임을 입증하지 못하는 한, 우리

---

4) J. Rawls, *Political Liberalism*(Columbia University Press, 1996), 36면. 흔히 'reasonable'은 '합당한'으로 번역되고 있다. 그러나 필자는 'reasonable disagreement', 'reasonable pluralism' 등과 같은 롤즈의 개념은 'reasonable person'들 사이의 의견 불일치 그리고 이들이 인정하는 다수의 포괄적인 믿음체계의 존재를 의미하는 것이므로, 핵심적인 개념은 'reasonable person'에 기초하고 있다고 본다. 그러나 이것을 번역함에 있어 '합당한 사람'이란 번역어보다는 '이성적인 사람'이란 번역어가 더 자연스럽다고 판단하여 다른 번역어에서도 '이성적인'이란 수식어를 통일적으로 유지하고자 한다. 또한 롤즈에게 있어 'rational'과 'reasonable'의 차이는 롤즈의 개념에 따라 해석해야 하는 전문용어이기에 단순히 우리 언어의 의미만으로 그 개념을 다 담을 수는 없으며, 이들 용어를 '합리적인'과 '합당한'으로 구별하여 번역한다 하여도 '합리'와 '합당'의 구별이 명확해지는 것은 아니기 때문이다. 최경석, "생명윤리에서 법, 도덕 및 윤리의 역할과 한계,"『이화여자대학교 법학논집』(제15권 제4호, 2011), 157면, 주40을 재인용.

5) J. Rawls, 위의 책 (주 4), 58면.

6) J. Rawls, 위의 책 (주 4), 55면. 판단의 부담에 대해서는 56-57면 참조.

가 취할 수 있는 것은 관용이다. 여기서 관용은 다른 믿음체계를 자신이 수용해야 한다는 것이 아니라 다른 사람들이 해당 믿음 체계를 수용하는 것을 금지하지 않는다는 것을 의미한다. 그런데 관용이 요청된다고 하여 해당 믿음 체계를 옳다고 생각해야 한다는 것을 의미하지 않고, 자신이 해당 믿음체계가 지닌 문제점이라고 생각하는 것을 합리적으로 논의하는 것조차 금지하는 것은 아니다.

위의 논의는 사회적으로는 '윤리적으로 허용 가능한 행위'로 인정해야 하는 행위들의 경우에도 마찬가지로 적용된다. 해당 행위가 윤리적으로 그른 것이라는 견해를 입증하지 못하는 한, 우리가 취할 수 있는 태도는 관용이다. 그런데 관용이 요청된다고 하여 모든 사회구성원들이 해당 행위가 윤리적으로 정당화된다고 생각해야 한다는 것을 의미하지 않는다. 우리가 관용에 의해 수용하고 있는 것은 해당 행위가 윤리적으로 그릇된 것임을 납득시키지 못하는 한, 사회적으로는 해당 행위를 허용하는 길밖에 없다는 것이다.

따라서 엄밀히 말해 위와 같은 행위는 '사회적으로 허용된다.'고 인정하는 것이지 '윤리적으로 허용된다.'고 인정하는 것은 아니다. 사회적으로 허용되는 행위는 이런 이유에서 앞서 두 번째 범주에서 언급했던 윤리적으로 정당화되는 행위와는 차별성을 지닌다. 사회적으로 허용되는 행위에 대해서도 '윤리적으로'라는 용어를 부가하여 '사회적으로는 윤리적으로 허용가능한 행위'라고 말하는 것은 해당 행위가 윤리적으로 검토되었고 윤리적으로 그르다는 판단을 확정할 수 없다는 의미를 지닐 뿐이며, 해당 행위가 '윤리적으로 정당화되었다'는 의견을 모든 사회구성원이 보편적으로 공유하고 있다는 의미까지 부여하는 것은 아니다.

위와 같은 설명에도 불구하고, 이러한 결론은 해당 행위가 윤리적으로 그르다고 주장하는 입장에 선 사람들에게는 부당하게 보일 수 있다. 그러나 그렇다고 하여 윤리적으로 그르다는 입장을 이 문제에 대한 사회적 결론으로 정하는 것은 사회 구성원 모두에게 어느 한 입장 즉 '해당 행위가 그르다'는 입장을 강요하는 폭력에 해당한다. 그 결과, 개인적으로는 해당 행위가 정당화되는 행위여서 윤리적으로 허용된다고 생각하는 사람들에게조차 해당 행위를 허용하지 않게 된다. 반대로 해당 행위가 사회적으로 허용된다고 결정하는 경우, 이 결정은 해당 행위가 모든 사람들에게 윤리적으로 권장되거나 해야 하는 행위라고 말하는 것이 아니라, 해당 행위의 정당성을 주장하는 사람들에게 그 행위가 허용된다는 것을 의미한다. 따라서 윤리적으로 그릇된 것이라고 생각한 사람들에게까지 자신의 행동을 변경하도록 강요하는 일이 발생하지는 않는다.

결국 정리하자면, 윤리적 의견 대립에도 불구하고 사회적으로 허용되는 행위에 대해 '사회적으로는 윤리적으로 허용된다'고 판단하는 것은 '이성적 다원주의를 하나의 사실로 받아들일 때, 해당 행위에 대한 이견은 이성적 불일치로서, 최소한 어느 하나 이상의 포괄적인 믿음체계 안에서 해당 행위가 윤리적으로 그른 것은 아니며 윤리적으로 정당화되는 근거가 제시되고 있고, 해당 행위가 윤리적으로 그르다는 견해가 입증되거나 윤리적으로 그르다는 중첩적 합의(overlapping consensus)가 존재하지 않기 때문에, 해당 행위가 그르다는 것이 입증될 때까지 우리 사회가 잠정적으로 윤리적으로 허용된다고 판단한다.'는 것을 의미한다.[7)]

4. 논의의 메타윤리적 함의

필자가 제시한 위 설명에 대해 메타윤리학적 관점에서는 반실재론적 견해를 전제하는 입장이라는 비판이 있을 수 있다. 사실상 위와 같은 견해는 메타윤리학적 입장에서 도덕실재론을 적극 수용하고 있지 않다. 왜냐하면 도덕실재론의 입장에서는 이성적 불일치라는 개념을 받아들이려 하지 않을 것이기 때문이다. 루이스 포이만(Louis P. Pojman)과 제임스 피저(James Fieser)에 따르면, 도덕실재론

7) 필자의 이런 입장이 윤리 상대주의(ethical relativism)와 어떻게 다른지 의문이 들 수 있다. 윤리 상대주의는 기술적(descriptive) 윤리 상대주의와 규범적(normative) 윤리 상대주의로 구별될 수 있다. 기술적 윤리 상대주의는 문화 및 사회에 따라 윤리규범이 다르다는 것으로서 기술적 상대주의 또는 문화 상대주의(cultural relativism)로 불린다. 사실상 이런 종류의 상대주의는 윤리의 근본원리나 도덕성 자체가 개인이나 사회 또는 문화에 따라 상대적이라는 주장까지 담고 있는 것은 아니기에 윤리학적으로 그다지 위협적인 상대주의는 아니다. 우리가 경계해야 하는 상대주의는 규범적 윤리 상대주의로서 도덕 또는 윤리 그 자체가 개인이나 사회 또는 문화에 따라 다르다는 입장이다. 필자의 입장은 규범적 윤리 상대주의를 함축하지 않는다. 우리는 이성적인 사람들 사이에서 의견 일치를 보이는 즉 중첩적 합의에 해당하는 많은 윤리 규범들이 존재하고 있음에 유의할 필요가 있다. 사회적으로는 윤리적으로 허용된다고 잠정적으로 판단하는 관용은 규범적 윤리 상대주의를 전제하지 않는다. 이러한 관용이 요구되기 위해 어떤 요구조건들이 충족되어야 하는지 주목할 필요가 있다. 이러한 조건들은 정당화를 요구하기에 기술적 윤리 상대주의처럼 단순히 다르다는 사실만을 인정하지 않으며, 중첩적 합의 또는 공유된 믿음에 주목함으로써 규범적 윤리 상대주의처럼 윤리 또는 도덕이 정립될 수 있는 근거 자체를 부정하지 않는다.

은 다음과 같은 세 가지 주된 요소로 구성된다. 첫째, 도덕 원리는 객관적 타당성을 지니며 사회적 용인 여부에 의존하지 않는다는 도덕 원리에 대한 객관적 요소, 둘째, 윤리적인 옳음과 그름에 대한 도덕 판단은 참 또는 거짓으로 평가될 수 있는 확언을 포함한다는 인지적 요소, 셋째, 도덕적 사실이 실제로 존재한다는 형이상학적 요소가 있다.[8] 따라서 도덕실재론자들에게는 필자가 '중첩적 합의'를 언급하는 것은 마치 윤리적 옳고 그름에 대한 도덕 판단이 합의에 기초하고 있는 것처럼 이해하는 견해를 드러내고 있다고 비판할 것이다.

필자가 이와 같은 비판이 예상됨에도 불구하고 반실재론적 도덕 구성주의[9]에 해당하는 필자의 메타윤리학적 입장을 드러내며, 논의를 전개하는 것은 메타윤리학에서의 도덕실재론과 반실재론의 논쟁 중 필자가 지지하는 반실재론적 도덕 구성주의의 입장을 전제하지 않더라도 중첩적 합의가 지닌 실천적 중요성이 매우 크기 때문이다.[10] 아울러 위와 같은 이해가 생명윤리 담론이 안고 있는 복잡한 문제를 해결하는 데 도움을 준다고 판단했기 때문이다. 나아가, 매우 상식적인 견해를 대변하는 것처럼 보이는 도덕실재론이 생명윤리의 영역에서도 도전을 받고 있다는 점, 그리고 이것이 메타윤리학의 영역에서는 하나의 이론에 불과하다는 점, 그리고 이런 도덕실재론의 입장에서 생명윤리의 담론을 해결하고자 하는 것은 한편으로는 윤리적 횡포이거나 자신의 가치관에 대한 지나친 확신으로 인해 다른 가치관을 지닌 사람들에게는 하나의 폭력으로 작용할 수 있다는 점

8) 루이스 포이만, 제임스 피저, 『윤리학: 옳고 그름의 발견』(박찬구, 류지한, 조현아, 김상돈 옮김, 울력, 2010), 400면 참조.

9) 롤스는 자신의 입장을 '구성주의'라고 부르며, 도덕은 발견되거나 창조되는 것이 아니라 구성되어야 할 것으로 본다. 그리고 이런 주장의 동기는 인식론적인 것이 아니라 실천적이고 사회적인 것이다. 정원규, "도덕실재론에 대한 비판적 고찰," 『철학논구』(제22집, 서울대학교 철학과, 1994), 114면 참조. 황경식, 『사회정의의 철학적 기초』(문학과 지성사, 1985), 209-211면 참조.

10) 필자는 중첩적 합의에 해당하는 도덕 규범들이 윤리적 문제들을 실천적으로 해결하는 데 매우 중요한 의미를 지닌다고 본다. 이러한 규범들은 톰 비첨(Tom L. Beauchamp)과 제임스 칠드리스(James F. Childress)가 언급했던 '공통 도덕' (common morality)을 구성할 것이다. 그들은 '공통 도덕'이란 개념을 소개하며 자신들의 규범윤리학에 대한 이론과 생명윤리에 대한 이론을 정초하는데, 그들에 따르면 '공통 도덕'이란 도덕적으로 살고자 하는 모든 인격체들에 의해 공유되는 규범들의 집합이다. T. L. Beauchamp, J. F. Childress, *Principles of Biomedical Ethics*(6th edition, Oxford University Press, 2008), 3면 참조.

을 지적하고자 했기 때문이다.

지금까지는 이성적 불일치의 문제에 직면하여 관용으로 문제를 해결하는 측면에 대해 논의했다. 그러나 이성적 불일치를 인정하고 새로운 합의를 찾는 방법 역시 모색될 필요가 있다. 이런 점에서 의견 대립과 관련하여 대립의 양상에 주목할 필요가 있다.

대립의 한 양상은 예를 들어, '어떤 낙태는 허용된다.'는 주장과 '모든 낙태는 허용되지 않는다.' 즉 '모든 낙태는 금지된다.'라는 주장과의 대립이다. 또다른 대립의 한 양상은 구체적인 개별 사안에 대한 대립으로서, 예를 들어, 구체적인 상황에서의 낙태행위가 윤리적으로 허용된다는 주장과 윤리적으로 금지된다는 주장 사이의 대립이다.

전자의 경우, 전칭명제의 형태로 금지를 주장하는 입장은 예외적인 상황을 허용하고 있지 않다는 점에서 절대주의적 입장을 견지하고 있고, 그만큼 강력하고 포괄적인 논거를 제시해야 할 것이다. 현실적으로 이것은 대단히 부담스러운 입장이다. 생명윤리 담론에서 이런 입장에 선 사람들은 그만큼 자신들이 커다란 입증의 부담을 안고 있음에 유념할 필요가 있다. 그리고 여기서 '입증'이란 단순히 자신들이 지지하는 가치관 내에서의 입증만이 아니라 다른 가치관을 지닌 타인을 합리적으로 설득할 수 있는 논거를 제시해야 한다는 것을 의미한다.

후자의 경우, 개별판단에 대한 논쟁이라 어느 쪽이 입증의 부담을 더 지고 있다고 말하는 것은 무의미하다. 그러나 이 경우 어느 개별적인 상황에서 해당 행위의 종류가 허용되는지 우리가 논의할 수 있는 가능성을 열어 놓고 있다. 이런 점에서 해당 쟁점과 관련하여 일정 유형의 행위에 대해 합의할 가능성이 있다. 이러한 대립은 해당 쟁점의 행위 유형의 문제에 대해 개별적인 사안에 따라 윤리적 허용가능성을 포함하여 윤리적 옳음과 그름을 다르게 부여할 수 있다는 입장 사이의 대립이다. 따라서 모든 개별사안에 대해 서로 대립되는 판단을 내리지 않는 한, 일부 사안에 대한 일치된 의견을 찾아낼 가능성이 높다. 그리고 이와 같은 일치된 의견은 잠정적으로 나마 우리 사회에서 일정 부분 해당 쟁점의 행위 유형에 대한 중첩적 합의를 형성하고 이것이 잠정적인 사회 규범으로 받아들여질 가능성이 존재한다. 따라서 가능한 한 합의가 도출될 수 있도록 하기 위해서는 논제가 세분화되고 구체적 사례를 중심으로 논의가 전개될 필요가 있다.[11)]

Ⅲ. 법제화 문제

1. 윤리적 규범과 법세화

윤리적으로 허용되는 행위를 법제화하는 문제를 살펴보기 위해 우선 전통적으로 법과 윤리의 관계에 대한 잘못된 견해부터 살펴보기로 하자. 전통적으로 법과 윤리의 관계에 대해서는 "법은 도덕의 최소한"이란 옐리네크(G. Jellinek)의 표현에 영향을 많이 받아 왔지만, 이와 같은 견해는 다음과 같은 한계를 드러내고 있다. 첫째, 윤리와 법은, 버나드 거트(Bernard Gert)에 따르면, 모두 공적 체계이긴 하지만, 전자가 비형식적 공적 체계(informal public system)인 반면, 후자는 형식적 공적 체계(formal public system)라는 특성을 지닌다.[12] "법은 도덕의 최소한"이라는 시각은 이러한 차이점에 주목하지 못하는 한계를 지니고 있다.[13] 둘째, 위 명제는 다원주의 사회에서 생명윤리의 문제와 같이 윤리적 이견을 보이는 사안에 대한 법률 제정의 원칙으로 기능하기에는 한계를 지닌다.

예를 들어, 형법에 반영된 윤리적 규범과 같이, 윤리적으로 보편적인 합의를 보이는 명제들로서 윤리적으로 해야 한다거나 윤리적으로 해서는 안 된다는 것에 의견 일치를 보이는 규범들이 법률로 제정되는 데에는 큰 어려움이 존재하지 않는다. 물론 윤리적인 합의를 보이는 도덕규범들이라 해도 모두 법률에 포함시켜야 할 필요는 없고, 그것이 바람직한 것도 아니다. 윤리와 법이 공동체 구성원들의 행위를 규제하는 측면에서 유사성을 지니고 있다하더라도, 윤리와 법은 상이한 규제 방식을 갖고 있고 상이한 사회적 기능을 수행한다. 다만 윤리라는 비형식적인 공적 체계보다는 법이라는 형식적인 공적 체계에 의해 다루어질 필요가 있다고 판단되는 행위에 대해서는 법의 영역에 포섭하여 운영할 필요가 있다.

금지되는 행위는 그 행위가 사회에 미치는 해악의 심각성 때문에 흔히 법적

11) 최경석, "생명윤리에서 법, 도덕 및 윤리의 역할과 한계," 『이화여자대학교 법학논집』(제15권 제4호, 2011), 160-161면 참조.

12) B. Gert, *Morality: Its Nature and Justification*(Oxford University Press, 2005), 3면과 11면 참조.

13) 상세한 내용에 대해서는 최경석, 위의 글(주 11), 149-155면의 논의 참조.

으로도 금지하는 경우가 많다. '살인하지 않아야 한다.'와 같은 규범이 대표적이다. 또한 해야 하는 것에 있어서도 몇몇은 법으로도 규정되고 있다. 채무이행에 대한 것이 그 한 예이다. 그러나 곤경에 처한 사람을 도와주어야 한다는 것과 같은 규범은 비록 보편적인 윤리규범으로 인정되고 있다하더라고 윤리적으로는 권장되는 행위에 해당하기 때문에, 법률로 제정하는 것이 일반적인 현상은 아니다. 소위 '착한 사마리아인법'의 제정에 대한 뜨거운 논쟁이 존재하는 것은 바로 이러한 어려움을 방증하고 있는 것이기도 하다.

이처럼 설사 윤리적인 합의를 보이는 문제에 대해서도 법제화 여부는 단순한 문제가 아니다. 일반적으로 법제화 여부는 법제정의 취지와 법제정 목적 달성의 실효성 등 윤리와는 다른 입법적·정책적 고려사항 또는 그 실현을 위한 제도적 고려사항들이 검토된 후 결정되어야 할 문제이다.

2. 윤리적 허용가능성 문제에 대한 법제화

윤리적으로 허용가능하다는 범주에 해당하는 행위에 대한 법 제정의 문제는 보다 복잡한 문제를 야기한다. 윤리적 규범과 법제화의 관계에 대한 앞선 논의는 윤리적으로 허용되는 행위라 하더라도 법제화 여부는 그 필요성 여부부터 신중하게 검토할 필요가 있다는 것을 알려준다. 많은 경우, 윤리나 도덕이라는 비공식적 공적 체계만으로도 해당 행위가 충분히 규율될 수 있다면 법제화하지 않는 것이 일반적일 것이다.

예를 들어, 앞서 언급한 것과 같이, 응급환자를 이송하는 과정에서 교통법규를 위반하는 경우, 윤리적으로는 정당화되는 행위여서 윤리적으로 허용되는 행위라 판단된다하더라도 우리는 이런 행위의 유형을 도로교통법에 반영하지는 않을 것이다. 이런 종류의 행위는 설사 윤리적으로 허용되는 행위라는 인식이 보편적이라 하더라도 해당 유형의 행위를 도로교통법에 반영하는 것 자체가 도로교통법의 취지를 훼손하기 때문이다. 해당 행위는 비록 도로교통법을 위반하는 것이어도 윤리적으로는 정당화된다는 것을 보여주는 행위일 뿐이다. 이 사례를 통해 유념해야 하는 것은 윤리적으로 허용되지만 법을 위반한 행위가 존재할 수 있다는 것이다.[14)]

그렇다면 생명윤리의 담론에서 주로 논의되는 윤리적 허용가능성의 경우에는 어떠한가? 생명윤리 담론에서 언급되는 윤리적으로 허용가능한 행위란 윤리적 의견 대립을 보이는 가운데 다원주의 사회의 관용 원칙에 호소하여 사회적으로 허용됨이 인정되는 행위라고 앞서 설명하였다. 이런 종류의 행위들을 굳이 법이란 틀 안에 포섭하여 규율하고자 한다면, 해당 행위가 단지 윤리적으로 허용된다는 것을 넘어서서 규율의 사회적 필요성과 법제정 목적의 실현가능성이란 별도의 맥락에서 법제정의 정당성이 검토될 필요가 있다.

예를 들어, 대리모에 대해 현행법의 규정이 없어 최소한 비상업적 대리모에 대한 법률제정을 시도하는 경우, 과연 법률제정이 필요한 것인지 여러 각도에서 숙고할 필요가 있다. 불임의 고통 중에 있는 여성과 가정의 어려움만을 우선적으로 고려할 경우, 비상업적 대리모에 대한 규정은 그 필요성이 절대적이라고 볼 수 있다. 하지만, 비상업적 대리모를 일정 조건 하에서 허용한다하더라도 상업적 대리모를 어떻게 규제할 것인지, 나아가 어떻게 관리할 것인지에 대한 대책이 마련되어 있지 않았다면, 비상업적 대리모를 허용하는 제도가 과연 법제정 목적에 따라 운영될 수 있을지 의문이다. 비상업적 대리모를 허용하는 법률제정이 사회적으로는 상업적 대리모를 음성화시키고 현재보다 더 큰 부작용을 만들어 내지는 않는지 검토할 필요가 있다.

윤리적 허용가능성이 인정되더라도 법률제정은 별도로 신중히 검토되어야 한다는 이유는 법이 형식적 공적 체계로서 지니는 특성들에 기인한다. 법은 실효성과 운용 가능성 등을 갖추어야 한다. 아울러 시행에 뒤따르는 관련 제도의 정비와 행정력의 구비도 고려되어야 한다.

예를 들어, 의사조력자살의 문제와 관련하여 존 애라스(John D. Arras)는 중요한 관점을 제시한 바 있다. 그는 의사조력자살이 윤리적으로 정당화되는 사례가 존재할 수 있음에도 불구하고 의사조력자살의 법제정에는 반대한 바 있다. 그 이유는 의료보험제도가 상업적 소비재처럼 구입되는 미국의 경우, 의사조력자살을 허용하는 법률 제정과 시행으로 야기되는 오 · 남용을 막을 수 없다고 판단했기 때문이다.[15] 의료보험에 가입되지 않은 수 천만 명의 가난한 국민들이 존재하

---

14) 해당 사안과 관련하여 법리적으로는 비록 도로교통법을 위반했다하더라도 긴급피난에 의해 위법성이 조각될 것이다.

15) J. D. Arras, "Physician-Assisted Suicide: A Tragic View," *Journal of Contemporary Health Law and Policy* (13, 1997), 361-389면. Bonnie Steinbock, John D. Arras, and Alex

는 미국의 상황에서는 의료보험제도가 정비되지 않는 한, 자율성이라는 미명하에 의사조력자살을 요청할 가능성이 높다고 판단했기 때문이다. 그는 법률이 제정되지 않아 처벌의 위험이 있는 상황에서도 의사조력자살을 감행한다는 것은 오히려 그만큼 환자의 입장에서는 보다 강한 자율성이 발휘되어야만 하고, 의사의 입장에서는 환자의 판단이 자율적 판단이었고 의사 자신도 최선을 다했다는 확신이 선 경우였을 것이라고 생각한 것 같다. 절박한 상황에 처한 사람들이 처벌의 위험을 감수한 경우 의사조력자살을 택하도록 하는 것이 어설픈 법제화로 인해 오·남용이 발생하는 것보다는 낫다는 입장이라 하겠다.

필자는 윤리적 이견을 보이는 생명윤리의 쟁점에 대한 문제는 법제화하지 않아야 한다는 견해를 주장하는 것은 결코 아니다. 이상의 예를 통해 강조하고자 하는 것은 어떤 행위가 사회적으로는 윤리적으로 허용되는 행위라고 판단되었다고 하여, 이것이 항상 법제화를 통해 해당 행위를 허용해야 함을 함축하는 것은 아니라는 점을 강조하고자 할 뿐이다. 법제화의 필요성에 대한 사회적, 제도적, 법적 타당성이 검토되고, 법률 제정의 필요성과 제정 후의 실효성 등에 대한 신중하고 충분한 검토를 거쳐 제정 여부를 결정해야 한다는 점을 다시 강조하고자 한 것이다.[16)]

3. 법제화에 따른 주요 고려사항

생명윤리 쟁점들 중 어떤 행위가 사회적으로는 윤리적으로 허용되는 행위라 판단되었고, 해당 행위에 관한 법제화 필요성 역시 충실하게 검토되어 법제화하기로 결정했다면, 다음과 같은 사항에 대한 진지한 검토 또한 필요하다.

첫째, 윤리적 의견 대립을 보였던 문제가 법률로 제정되는 경우, 해당 사안이 지닌 정치적 성격 때문에 민주적 절차에 따른 의견수렴이 반드시 선행되어야 한다. 마크 브라운(Mark B. Brown)은 생명윤리의 문제가 왜 쉽게 정치화되는지

John London (ed.), *Ethical Issues in Modern Medicine: Contemporary Readings in Bioethics* (7th edition, McGraw Hill, 2008), 477-483면에 재수록.

16) 이런 점에서 김할머니 사건에 대한 대법원 판결 이후 연명치료중단 및 사전의료지시에 대한 입법 노력이 더 가속화되고 있다. 이런 노력이 필요하다는 것을 부인하지는 않지만, 입법 후 발생할 수 있는 오·남용을 막기 위한 제도적 정비 역시 함께 추진되어야 할 것이다.

논의한 바 있다.[17] 다른 사안들도 마찬가지이겠지만, 생명윤리의 경우, 법제화는 해당 행위의 금지 및 허용 등에 따라 일반시민이나 환자, 피험자, 의료인 및 연구자 등의 이익이 달라지기 때문에 당사자들의 이해관계가 첨예하게 대립하는 정치적 쟁점이 되기 쉽다. 우리는 여기서 '이익'이란 단순히 경제적인 이익만을 의미하는 것으로 이해해서는 안 된다. 윤리적 의견 대립이란 대체로 인생관 및 세계관과 같은 가치관의 충돌이기에 일종의 사상적 대립과 유사한 경우가 많다. 따라서 자신의 가치관에 부합하는 법률내용이 제정되느냐 그렇지 않느냐는 어떤 측면에서는 경제적 이익보다 더 중요한 이익에서 변화가 발생하는 문제일 수 있다.

따라서 사안의 복잡성이 충분히 드러날 수 있도록 이해 당사자들의 의견을 충분히 듣고 쟁점을 논의하는 심의 민주주의(deliberative democracy)의 이념을 수용할 필요가 있다. 이런 측면에서 생명윤리 담론이 한 사회에서 어떻게 전개되고, 어떻게 의견들이 수렴되며, 어떻게 의사결정이 진행되는지는 한 사회의 민주주의가 어느 정도 성숙되어 있는지 가늠해 볼 수 있는 척도이기도 하다. 의견수렴의 대상이 되는 사람들의 범위는 사안에 따라 다르겠지만, 학회 등의 전문가 그룹과 시민 의견을 대변하는 그룹, 해당 정책을 시행해야 하는 정부의 의견이 수렴될 필요가 있다. 학회 등의 전문가 그룹에서도 의사나 과학연구자 중심의 학회와 생명윤리 관련 학회의 입장이 다를 수 있기 때문에 다양한 분야의 전문가 의견을 고려해야 할 것이다.

그러나 아직 학회의 자율적인 전문직 윤리가 정착되지 못하고, 많은 규정들이 정부 주도로 진행되는 한국의 현실을 생각할 때, 법률제정은 그만큼 신중하게 진행되어야 한다. 따라서 폭넓은 의견 수렴 과정을 통해 단순히 법률제정에 대해 논의하는 것뿐만 아니라 학회의 자율적 규제방식이 확산되는 방식에 일조하는 방식으로 법률이 제정될 필요도 있다.

폭넓은 의견 수렴 절차를 통해 법률에 담겨야 하는 것은 이상적으로는 사회적 합의의 내용이다. 사회적 합의를 제대로 거치지 않았다면 언젠가는 다시 이견을 절충하는 방식으로 법제화가 진행될 수밖에 없다. 「생명윤리 및 안전에 관한 법률」에서도 이러한 절충안이 발견된다. 2005년 시행된 동법은 당시 커다란 사

17) M. B. Brown, "Three Ways to Politicize Bioethics," *The American Journal of Bioethics* (Vol. 9, No.2, 2009), 44면.

회적 쟁점이었던 체세포복제배아연구를 일정 요건 하에서 허용하였다. 하지만 황우석 스캔들 이후 연구의 핵심이라 할 만한 소위 '신선난자'의 사용이 제한되는 조치가 2007년 개정된 시행령에 반영되었다.[18] 연구자들 입장에서는 법령이 법과 모순되는 입장을 견지하고 있다고 비판하겠지만, 이러한 조치는 결과적으로는 체세포복제배아연구에 대한 우리 사회의 이견이 절충되는 과정이었다고 평가될 수 있다. 그러나 당시 법률안과 시행령안 각각에 대해 얼마나 충분한 의견수렴을 거쳐 민주적으로 결정된 것이었는지에 대해서는 의문이 든다.

둘째, 법제화를 하더라도, 어떤 내용을 법률에 담을 것이고, 어떤 내용을 하위법령에 담을 것인지 결정하는 입법기술적인 측면의 고려 역시 대단히 중요하다. 「생명윤리 및 안전에 관한 법률」은 너무 상세한 내용을 법률로 규제하는 경향이 있다. 국민의 기본권을 제한하는 내용이 아닌 한, 현재 법률에 담긴 많은 내용들은 하위법령에 담길 필요가 있다. 「생명윤리 및 안전에 관한 법률」과 같이 기본적으로 의·생명과학의 연구에 대한 목적, 절차 등을 규율하는 법률이라면, 규제 내용을 직접적으로 법률에 담기보다는 규제를 자율적으로 결정하는 의사결정 방식이나 운영 방식을 법률에 담는 것이 바람직하다. 예를 들어, 과학적 타당성이 의심되어 금지하고 있는 유전자검사 항목과 배아 및 태아를 대상으로 허용되는 유전자검사 허용 항목을 시행령에 하나하나 열거하며 허용하거나 금지하는 방식은 열거 방식의 접근법이 지닌 비효율성이란 문제를 야기할 뿐만 아니라 기관생명윤리심의위원회의 자율적 의사결정을 전면적으로 차단하고 있다는 문제점 또한 드러내고 있다. 물론 지나치게 상세한 내용을 법률에 담으면서 정부 주도적인 규제 방식을 취하는 것은 국내 전문가 그룹이 자율적인 규제를 수행할 만큼 성숙되지 못했다는 판단과도 무관하지 않을 것이다. 하지만 현실적인 효용성도 없이 지나친 간섭주의로 흐르는 것보다는 자율적인 규제 체제가 성숙할 수 있도록 제반 여건을 조성하는 데 보다 큰 노력을 기울이는 것이 장기적으로는 더 바람직하다.

뿐만 아니라 태아를 대상으로 하는 유전자검사 항목은 모자보건법과 조화롭게 규정된 것도 아니다. 태아의 유전적 질환이 직접적으로 낙태의 정당한 사유로

---

18) 「생명윤리 및 안전에 관한 법률 시행령」 제12조의3에서는 '체세포핵이식행위의 제한'이란 표제어와 함께 체세포복제배아연구에 이용될 수 있는 난자의 조건을 열거하고 있다.

인정되지도 못하는 상황에서 위와 같이 유전자검사 항목을 열거하는 것이 무슨 의미가 있는지 의문이다. 현실적으로 태아 대상 유전자검사는 불법적인 낙태를 조장하는 데 이용될 뿐이다.

셋째, 급격한 과학 발전을 반영할 수 있는 입법이 필요하다. 어떤 내용을 어떻게 담아낼 것이냐를 결정하는 것도 중요하지만 과학 발전에 따른 변화를 감안할 수 있는 체제를 담아내는 것도 중요하다. 「생명윤리 및 안전에 관한 법률」 제20조의4에서 줄기세포주는 체외에서 연구 목적으로만 이용할 수 있다고 규정하고 있다.[19] 이와 같은 줄기세포주의 체내 이용 제한은 임상용 배아줄기세포주의 개발이 2008년 개정 당시 요원하다고 판단했던 데 기인한다. 그러나 2010년 미국은 배아줄기세포의 임상시험에 돌입했고, 국내 모 병원에서는 이를 수입하여 임상연구를 수행하고자 했다. 배아줄기세포를 이용한 임상연구를 허용하는 전년 개정안이 마련되었음에도 불구하고, 현행법의 '줄기세포주 이용'을 줄기세포주로부터 특성화시킨 줄기세포의 이용은 배제하는 방식으로 해석하여 국내 연구 역시 허용한 사례가 있었다. 연구 허용과 관련하여 제시된 법률 해석의 옳고 그름에 대한 논란과는 별도로 이 사례는 법률의 제정이나 개정을 통해 과학의 변화를 신속하게 반영하는 데에는 한계가 있음을 드러낸 사례이다. 이런 관점에서 태아를 대상으로 하는 유전자치료를 금지하는 현행법에 대해서도 우려되는 점이 있다. 과학의 발전을 고려한다면 이러한 금지는 언젠가는 분명히 개정되어야 할 내용이기 때문이다. 과학이 발전하면 그 때 개정하면 된다는 사고방식으로는 위와 같은 사례에서 드러난 문제점을 극복할 수 없다.

끝으로 생명윤리의 쟁점을 다루는 법률은 전문분야의 법률이란 점을 감안하여 입법기술적 측면을 담당할 법률전문가의 기여뿐만 아니라 의학, 법학, 윤리학 등 해당 분야의 전문적 내용을 담당할 전문가들의 적극적인 참여와 기여를 통해 제정되어야 함을 강조하고자 한다.

「장기 등 이식에 관한 법률」이 2010년에 개정되면서 제21조에 뇌사 판정시각을 사망시각으로 한다는 규정이 신설되었다. 이러한 개정으로 예전에 장기적출 시각을 사망시각으로 기록함으로써 발생했던 장기적출 의사의 심리적 부담이

19) '줄기세포주'라는 명칭은 배아줄기세포주나 전세계적으로 아직 수립된 바는 없지만 체세포복제배아줄기세포주에 적용된다.

줄어들게 되었다. 그러나 이러한 개정은 여전히 심폐사를 법적 사망기준으로 삼고 있다고 해석되는 현행법의 정합성을 손상시키고 있다. 이러한 문제점은 동법의 개정시 법률전문가의 검토가 부족했던 탓은 아니었는지 의심하게 한다.

또한 「생명윤리 및 안전에 관한 법률」에 자주 등장하는 '등'의 표현은 법률의 명확성을 해치고 있다.[20] 규약적 정의로 사용되는 '유전정보 등'이나 '유전자검사기관 등'이란 표현은 연구자나 실무자가 법의 내용을 정확히 해석하는 데 어려움과 혼란을 야기한다. 아울러 현실을 반영하지 못하고 제정된 법률내용은 여러 가지 문제점을 야기하는데, 유전자검사를 기본으로 생각하고 제정된 내용이 유전자연구나 유전자은행에도 적용된 문제점이 그것이다. 예를 들어, 현행 「생명윤리 및 안전에 관한 법률」은 '유전자검사기관 등'의 사용으로 인해 유전자검사 결과에 대한 열람청구권의 보장을 유전자연구에도 적용하는 문제점을 낳기도 한다. 이와 같은 문제점은 법률내용이 현실적으로 어떻게 적용될 것인지에 대한 정확한 시뮬레이션이 부족했던 탓이기도 하지만, 현장의 전문가들이 법률제정 과정에 적극적으로 참여하여 기여하지 못한 결과이기도 하다.

Ⅳ. 맺음말

필자는 생명윤리 담론의 윤리적 특성에 대해 논의하기 위해 우선 '윤리적 옳음'이란 용어가 다의적이라는 점을 지적하였고, 이어 생명윤리 담론의 주요 논제들이 윤리적 허용가능성에 대한 논의임을 지적하였다. 윤리적으로 허용되는 행위라는 것도 여러 유형이 존재할 수 있음을 지적하였고 특별히 다원주의 사회에서 발생하는 이성적 불일치에 대해 관용해야 한다는 사실에 근거하여 사회적으로 허용되는 행위들이 존재함을 지적하였다.

아울러 사회적으로는 윤리적으로 허용되는 행위로 인정되는 경우라 하더라도 해당 행위를 법제화하는 데에는 윤리적 차원이 아닌 법적, 행정적, 사회적 차원의 고려가 있어야 함을 강조하였다. 또한 입법 필요성이 인정되어 법률을 제정

---

20) 특히 유전자검사를 정의하는 제2조 제6호가 대표적이다. 그 내용은 다음과 같다. "'유전자검사'라 함은 개인의 식별, 특정한 질병 또는 소인(素因)의 검사 등의 목적으로 혈액·모발·타액(唾液) 등의 검사대상물로부터 염색체·유전자 등을 분석하는 행위를 말한다."

하는 경우에는 생명윤리 담론의 특성상 더욱더 민주적인 의견수렴절차를 걸쳐 법률내용이 결정되어야 함을 강조하였고, 법률과 하위법령에 어떤 내용을 담아야 할 것인지에 대해서도 입법기술적인 측면이 신중히 검토되어야 할 뿐만 아니라, 의 · 생명과학의 급속한 변화와 발전이 쉽게 반영될 수 있는 체제 역시 고려되어야 함을 강조하였다. 아울러 법률제정 과정에 법률전문가와 해당 분야의 전문가가 함께 참여해야만 현실적으로 운용 가능한 법률이 제정될 수 있음도 지적하였다.

법제화와 관련된 필자의 견해는 단지 생명윤리의 문제를 직접적인 규율대상으로 하는 몇몇 법률들에만 국한되지 않는다. 예를 들어, 아직도 우리 민법은 보조생식술의 변화를 충분히 반영하지 못한 채, 다양한 해석론만을 만들어 내고 있다. 보조생식술의 발달로 부와 모의 결정이 복잡해지고 가족의 개념이 다양하게 변하하는 현실을 접하면서도, 여전히 과거에 만들어진 법률조항의 해석을 통해 현실의 복잡한 문제를 해결하고자 하는 것은 한계에 직면할 수밖에 없다. 향후 민법 개정시 변화된 과학기술이 야기하는 문제들에 현명하게 대처할 수 있는 법조항의 개정 또는 신설이 필요하며, 이를 위해 앞으로 관련 전문가들의 충분한 의견수렴과 전문 학자들 사이의 충분한 토론이 활발히 진행되길 기대해 본다.

현대 의학에 있어서의 생명의 시간과 인간의 존엄

김 학 태*

Ⅰ. 들어가는 말

인간은 이 세상의 모든 사물 중 가장 고귀한 존재로서 인정된다. 인간이 가장 고귀한 존재라는 사실은 그 이유가 확실히 밝혀져야만 인정되는 그러한 명제가 아니다. 그 자체로서 존귀한 존재로 인정되며 이는 본질적 의미로서, 평가하는 방법이나 기준 등에 의하여 다르게 변하는 가변적인 관계가 아니라, 역사와 장소를 초월하여 항상 불변의 진리로 존재하는 사실의 문제이다. 이러한 고귀한 존재로서의 인간의 가치는 법적 관계에서도 그 진가를 발휘하여 자연법과 실정법의 모든 영역에서, 그리고 사회와 국가의 최고법인 헌법에서도 가장 기본적이고 본질적이며, 또한 핵심적인 진수로서 모든 법적 관계의 시원적 효력을 가지는 것으로 평가된다. 따라서 모든 국가의 헌법체계에서 이러한 인간의 존엄과 가치를 중심으로 하여 헌법적 관계가 형성되어 있다. 예를 들어 우리 헌법에서는 제10조에서 "모든 국민은 인간으로서의 존엄과 가치를 가지며, 행복을 추구할 권리를 가진다. 국가는 개인이 가지는 불가침의 기본적 인권을 확인하고 이를 보장할 의무를 진다"라고 규정하고 있으며, 제12조에서는 인간의 신체의 자유를 보장하는 규정을 두는 등, 인간의 기본적 인권을 명시적으로 보장함으로써 인간의 생명보호를 당연한 기본 전제로 받아들이고 있으며, 독일헌법인 기본법에서는 제1조에서 "인간의 존엄은 불가침이다. 이를 존중하고 보장하는 것이 모든 국가적 권

* 한국외국어대학교 법학전문대학원 교수.

력의 의무이다"라고 규정하고 있다. 즉 인간의 가치는 인간 생존의 가장 기초가 되는 생명에 관한 권리를 부인할 수 없으며, 생명이 없는 인간의 자유와 권리 또한 상상할 수 없기 때문이다. 생명권은 인간존엄의 핵심적인 것으로서 그 어떠한 경우에도 침해되어서는 안 될 절대적인 것으로서 평가된다.

그러나 근자에 와서는 의학을 비롯한 과학기술의 상상을 넘어서는 발달로 인하여 인간의 존엄을 침해하는 많은 시술, 실험 그리고 연구들이 이루어지고 있으며, 앞으로도 이러한 현상은 더욱더 가속화되어 갈 전망이다. 특히 생명공학의 발달로 인하여 인간생명의 시간적인 관계로서의 패러다임이 변해가고 있으며, 이와 같은 과정 속에서 인간생명의 존엄과 가치는 무너지고, 합리성, 효율성 그리고 기능성 등의 관점에 의하여 인간의 존엄과 가치로서 지켜야 할 마지막 한계마저 무너져 가고 있는 현실의 모습을 자주 접하고 있다. 인공수정, 인간유전공학, 복제인간 등에 의한 인간의 출생에서부터의 인간생명의 인위적 조작에 따른 인간존엄의 침해 및 이의 가능성에서부터, 뇌사와 장기이식, 안락사문제 등 인간생명의 종기에 이르기까지의 각종의 현상들은, 인간의 존엄과 가치라는 절대적인 명제를 과학기술의 발달에 따른 합리성의 요청으로 바꾸어가고 있으며, 이러한 현상의 해결을 위한 시급한 방안들이 요구된다고 할 수 있다.

본 논문에서는 인간의 존엄과 생명을 침해하는 의학 등 과학기술의 위험성과 한계를 주로 인간의 생명권보호라는 대립된 관점에서 조명하여, 현실적인 현상들의 존재성과 함께 법규범의 범주에서의 의미와 적용, 한계 등을 모색해 보고자 한다. 현대사회의 특징이라 할 수 있는 과학만능주의, 기술만능주의의 사고 속에서 범할 수 있는 인간존엄의 침해를 최소화하고, 한편으로는 법만능적 사고 속에서 나타날 수 있는 정체된 규범의 틀에서 현상의 모든 실체를 제한하려는 역기능의 모순을 벗어나, 상호 대립된 관계 속에서 어느 한 가지의 측면에서 맹목적으로 비판하고 폄하시키는 방식이 아닌, 양 측면의 합리적인 조화와 발전적인 지양의 측면을 찾아서 인간존엄의 참 모습을 오늘의 현실과 앞으로 다가올 미래의 예상 속에서 새롭게 다져볼 수 있는 계기가 될 수 있으리라고 확신한다.

II. 인간의 존엄과 가치

1. 인간존엄의 철학적 · 윤리적 고찰

헌법의 모두에는 인간의 존엄을 보장하는 규정으로 시작한다. 이러한 우리 헌법의 모습은 인간의 존엄과 가치를 보장함을 헌법질서의 출발점으로 하려는 것일 뿐 아니라, 또한 헌법질서의 중심점으로 하려는 의지를 표현하는 것으로 이해할 수 있다. 독일의 기본법에서도 이러한 의미에 따라 제1조 제1항에서 인간존엄의 불가침을 천명하고 있는데, 이는 과거의 전근대적인 시대에 있어서의 비인간화에 대한 항거로서 이룩한 시민혁명 및 계몽주의 사상에 입각한 자유민주주의, 그리고 인문주의의 전통에서 비롯된다고 할 수 있다.[1] 이러한 헌법적인 인간존엄의 보장은 이제 더 이상 국가를 위한 인간으로서가 아니라, 인간을 위한 국가의 책무로서 이해될 수 있으며, 다른 헌법규범과 마찬가지로 정신사적으로는 유럽법문화의 지평으로부터 그리고 또한 이러한 지평에서 존재하는 이성적인 인간상을 전제로 한다고 할 수 있다.[2]

기독교적인 관점에 따르면 인간은 신의 형상을 통하여 다른 피조물과는 뚜렷하게 구별되는 의미가 인정된다고 하면서[3] 인간의 존엄은 불가침으로 보호되어야 한다고 강조한다. 인간은 신의 창조물로서 인간의 정신이 또한 신에 의하여 창조되었기 때문에 이러한 인간의 개인성이 존중되어야 한다고 주장한다. 이는 곧 기본적으로 개개인의 인격권을 보장하는 것으로 이러한 기본 입장으로부터 인간의 존엄의 의미가 나타나게 된다고 한다. 따라서 '육체적이고 정신적인 삶을

---

1) 이러한 인간 존엄의 평가에 관하여는, Stern, Staatsrecht §58 II 1 c; Benda, *Gefährdung der Menschenwürde* (1975), S. 8ff.; Podlech, *Alternativ Kommmentar zum GG, Art. 1 I* Rdn. 9; Zippelius, *Recht und Gerechtigkeit in der offenen Gesellschaft* (1994), S. 242.

2) Verdoß, "Die Würde des Menschen als Grundlage der Menschenrecht," in; *Europäische Grundrechte-Zeitschrift* (1977), S. 207ff.; Häberle, *Das Menschenbild im Verfassungsstaat*(1988).

3) Honecker, *Modernes Freiheitsethos und christlicher Glaube* (1981), S. 278ff.; Böckenförde/Spaemann(Hrsg.), *Menschenrechte und Menschenwürde* (1987), S. 165, 280f., 302ff.

신장하고 개발할 수 있는 기본적 권리'의 보호가 인간의 존엄을 보장하는 실질적인 권리로서 인정된다.

인간의 존엄에 대한 기독교적 관점이 신앙적 토대에서 각인되어 있기 때문에 그 구체적인 내용들이 일반적으로 평가되는 사회도덕적인 관점에 따른 그것과는 차이를 가지게 되지만, 헌법적인 규범으로 실현되는 모습으로서는 공통적인 의미 평가를 가진다고 할 수 있다. 문제는 기독교인뿐 아니라 비기독교인들에게도 동일하게 적용되는 법질서에 기독교적 입장에 따른 의미 부여가 실질적인 역할을 할 수 있느냐 하는 점이지만, 종교적인 관점으로부터 정의의 모습에 부합되는 것으로 대다수의 사람들로부터 콘센스를 얻게 된다면, 헌법규범의 인간의 존엄과 가치의 개념에 대한 평가가 의미를 가질 수 있다.

인간의 존엄에 대한 우리 사회문화에 각인되어 있는 두 번째의 중요한 의미는 인간의 이성으로부터 연역되는 도덕적 자기결정(moralische Selbst bestimmung)을 할 수 있다는 점에 있다. 인간의 존엄이 우리의 이성적 가치구조에서 스스로 근거지어진다는 사상은 이미 고대시대, 특히 스토아 철학에서 비롯된다. '인간은 본성적으로 자유이고 스스로가 목적이다' 라는 사상으로부터 알 수 있고, 중세시대의 철학자인 토마스 아퀴나스도 이성적 본성으로서의 인간의 자유 ―다양한 가능성 사이에서 선택할 수 있는― 를 강조하였다.[4] 이러한 이성으로부터 연역되는 도덕적 자율성(moralische Autonomie)은 그 후 칸트 윤리학의 중심개념이 되어, 칸트는 개개인의 양심에 따라 올바르게 결정과 선택을 할 수 있는 도덕법칙에 모든 일반적인 법칙들이 정렬되는 것으로 설명하였다. 그 어떤 아무것도 복종되어지는 법칙은 존재하지 않고 스스로 존재한다는 명제 속에서 이성적 본질의 존엄성이 평가된다고 하였다. 모든 가치를 결정해 주는 그와 같은 자율적인 도덕적 법칙에 따라서 무조건적이고 비교할 수 없는 의미를 부여할 수 있다고 하였으며, 결국 자율성은 인간 및 모든 이성적인 본질을 존엄하게 만드는 근거가 된다고 강조하였다.[5] 또한 칸트에 의하면 인간은 인격을 소유하고 있기 때문에

---

4) Zippelius, *Rechte und Gerechtigkeit in der offenen Gesellschaft* (1994), S. 243.

5) Kant *Grundlegung zur Metaphisik der Sitten, in: Kant-Werke, Bd. VI* (1968), S. 69; 이규호 역, 『도덕형이상학원론, 영구평화론』(박영문고, 1974), 88면; Zippelius, *Recht und Gerechtigkeit in der offenen Gesellschaft* (1994), S. 244; Stern, *Das Staatsrecht der Bundesrepublik Deutschland Bd III 1. Allgemeine Lehren der Grundrechte* (1988), S. 8.

자율적으로 자기의 존재를 실현하며 자기의 행위를 입법하는 도덕적 자유를 지닌 존재로 파악된다. 즉 인간은 모든 타인의 의지로부터, 심지어는 신의 의지로부터도 독립된 자율적 존재로서 도덕적 법칙의 주체가 된다는 것이다. 그리고 이러한 인간의 '도덕적 자율성'이 바로 인간, 즉 모든 이성적 존재의 존엄의 근거가 된다고 한다. 이 때 인간의 존엄성은 인간이 하나의 존재로 되기 위한 유일하고 절대적인 실질적 윤리가치를 의미하기 때문에[6] 어느 누구에 의해서도 침해되어서는 안 되는 것으로 파악된다. 따라서 인간 상호간의 관계는 서로서로 목적으로 존중되는 관계에 놓여 있어야 하며, 이처럼 인간 상호간의 존중원칙은 인간질서의 최고의 존재형식인 동시에 인간행위를 구속하는 최고의 윤리규범으로 나타나게 된다고 한다. 이러한 의미에서 칸트는 "너는 인간성을 그것이 너 자신이든 혹은 어느 다른 인격에 있는 것이든 항상 동시에 목적으로 존중할 것이며, 결코 단지 수단으로 취급해서는 안 된다"고 강조하였다.[7]

따라서 모든 사람 개개인의 양심에 따른 결정의 능력이 존중되어야 하며, 또한 모든 사람들 스스로 단지 수단으로서가 아니라 목적으로서 존중되어야만 한다. 칸트는, "모든 사람은 그 어떤 다른 사람들로부터 —타인으로부터 혹은 심지어 자기 스스로로부터— 단지 수단으로서가 아니라 언제나 동시에 목적으로서 존중되어야 하며, 이러한 점에서 인격을 가지는 주체로서의 인간의 존엄과 가치가 인정된다"고 주장하였다.[8]

---

6) Welzel, *Naturrecht und materielle Gerechtigkeit* (4. Aufl., 1962), S. 170.

7) Kant *Grundlegung zur Metaphisik der Sitten, in: Kant-Werke, Bd. VI* (1968), S. 61; 이규호 역, 『도덕형이상학원론, 영구평화론』(박영문고, 1974), 77면.

8) 칸트의 이러한 기본사상이 오늘날 헌법상의 인간의 존엄과 가치를 부여하는 기본 이념으로 이끌어지게 되었음을 부인할 수 없다. 그러나 한편으로 인간의 존엄을 정확히 해석하려는 이러한 입장은 쇼펜하우어가 지적한 바와 같이 많은 문제에 봉착하게 된다. 모든 칸트 사상가들이 말하는, 인간은 결코 단지 수단으로서가 아니라 그 자체 목적으로서 다루어져야 한다는 사상은 비록 매우 의미심장한 것으로 평가될 수 있지만, 그러나 반면에 매우 추상적이고 불확정적이며 또한 간접적인 요구에 지나지 않기 때문에, 이를 현실적으로 실현시키기 위해서는 특별한 해석이나 결정 및 수정이 요구되므로, 결국 불충분한 것으로서의 문제를 내포한다고 비판된다. Schopenhauer, *Die Welt als Wille und Vorstellung, Bd.* 1, S. 477. 더욱 자세히는 Hoerster, "Zur Bedeutung des Prinzips der Menschenwürde," in: JuS (1983), S. 93ff. 또한 칸트의 자율성에 근거한 존엄성 파악은 지나치게 도덕적 인격의 자율성만을 절대적 목적으로 고찰하였으므로 경험적 인간의 사회성을 경시하고 있다는 점과, 사회공동체를 개인의 도덕적 완성의 수단으로서만 파악함으로써 국가고유의 가치적 평가가

2. 인간존엄의 헌법적 고찰

헌법규범에서의 인간의 존엄은 앞에서 살펴본 바와 같은 기독교적, 철학적 혹은 목적론적 인간존엄의 개념이 추상적인 이념으로 간단하게 설정되는 것이 아니라, 법적 해석의 방법에 따라 추론되어야 한다. 민주주의적인 법해석의 방식에 따르면, 헌법의 제정작업에 참여하는 대표자들이 공동체의 지배적인 정치적인 입장이나 사회윤리적인 가치평가의 모습을 헌법으로 실현시키는 것으로 이해된다. 즉 그들 대표자는 정당하고 합리적인 방법으로 국민 전체의 콘젠스에 기초하여 헌법규범을 실현시킨 것이라 할 수 있다. 따라서 인간의 존엄을 보장하는 규성의 의미해석에 있어서도, 헌법제정의 주체에 대하여 인간존엄의 불가침이라는 모습을 상상케 하고, 또한 당시의 시대적인 관점에 따라 사회공동체 내에서 다수가 헌법적으로 그러한 모습에 일치하는가 등을 고려하여 판단하게 된다. 이러한 해석 방식으로 평가할 때에 나타나는 최소한의 내용은, '모든 사람이 자기의 독자적인 양심에 따라 결정할 수 있는 능력이 존중되어야 하고 ―이는 각자가 옳은 것으로 여기는 모든 것을 실현시켜야 함을 의미하는 것은 아니다― 이로부터 모든 사람은 스스로가 단지 수단으로서가 아니라 언제나 항상 스스로가 목적으로서 다루어져야 함'을 의미한다. 이와 같이 해석되는 인간의 존엄은 인간을 단지 수단으로 비하시키는 많은 경우들, 예를 들어 차별대우, 명예훼손, 권리박탈, 강제노역, 노예화, 테러 및 대량학살 등에 의하여 침해되는 것으로 평가될 수 있다. 따라서 헌법규범에서 규정하는 인간의 존엄은, 역사적이고 문화적인 전통의 관점으로부터 평가되어, 인간존엄의 침해에 대하여 대응할 수 있는 것에 대한 규범화 및 선언화의 의미를 가진다고 할 수 있다.[9] 작금에 적용된 법이 정당성의 기초가 현재의 규범현실의 근저에 놓이게 되고, 또한 사회공동체의 지배적인 콘

결여되고 있다는 점, 그리고 인간존엄의 실현이 현존하는 여러 가지 다양한 사회적 조건들에 의하여 가변적일 수 있다는 점 등을 고려하지 않고 있다는 비판도 제기될 수 있다. 한편 인간존엄의 추상적인 평가 및 전통적인 입장에서의 보장적 규범으로서의 가치관계로부터 벗어나 인간존엄의 본질을 모든 개개인의 양도할 수 없는 고유가치로 인정하여, 구체적으로 현실과의 관계속에서 파악하려는 시도에 관하여는, Hilgendorf, "Die mißbrauchte Menschenwürde," in: *Jahrbuch für Recht und Ethik* (1999), S. 137ff.: 김영환, 홍승희 역, "남용된 인간의 존엄,"『법철학연구』(제3권 제2호, 2000), 259면 이하를 참조.

9) Benda, *Gefährdung der Menschenwürde* (1975), S. 15.

젠스에 따른 정의관념이 헌법규범을 해석함에 있어서 결정적인 역할을 담당하게 되므로, 헌법규범에서의 인간존엄의 의미를 해석함에 있어서도 동일한 원칙이 적용될 것이다.[10)]

인간존엄의 보장을 해석하기 위한 기준점은 또한 헌법규범의 텍스트에서 체계적 해석을 통하여 얻을 수 있다. 인간존엄의 보장이라는 기본권의 체계는 그 핵심을 사회공동체 내에서 자유롭게 신장시킬 수 있는 인간의 인격성과 그 가치에서 찾게 된다. 여기에서는 많은 개별 기본권들이 인간존엄의 보장의 의미에서 이해될 수 있으며, 개개인의 인간존엄의 내용을 구성하는 것으로 해석된다. 따라서 헌법상의 차별대우금지, 자유로운 인격신장의 보장 및 개개인의 생명과 신체의 불가침성, 신앙, 양심, 종교의 자유, 의사표현의 자유, 우편·통신비밀의 보장, 사생활 및 주거의 불가침성의 보호 등이 인간의 존엄을 보장하기 위한 핵심영역으로 인정되어 모든 개인들의 사생활의 절대적 보장을 요구한다. 모든 인간이 단지 국가적 처분이나 절차의 대상으로 전락되어서는 안 된다는 의미는, 또한 법적인 존엄과 존중의 대상이 되어야 함을 표현한다고 할 수 있다.

다른 한편 기본권 규정의 내용 형성으로부터 해석학적 순환의 방법으로 인간존엄의 보장이 어떻게 이해되어야 할 것인가에 관한 귀납적 추론이 이끌어진다. 다른 헌법규범들이 이러한 인간존엄의 보장을 구체화시키는지의 여부 혹은 어떤 관점에 따라 구체화시키는지의 여부의 모습은 모든 헌법규범들의 체계적 관계에서 해석학적으로 고찰되어야 한다. 이러한 체계적 해석의 접근에 의하여 인간존엄이라는 개념에 관한 핵심적인 내용에 이르게 되는바, 다른 법익이나 목적을 위해서가 아니라 인간 스스로를 위하여 요구되는 독자적 가치를 보장함이 필수적이라 할 수 있으며, 이를 존중하는 것이 바로 도덕적 자기결정권을 존중하는 것으로서 해석된다. 이는 사회공동체 내에서 타 구성원을 고려함이 없이 임의적으로 모든 양심에 따른 결정을 실현시킬 수 있다는 것을 뜻하는 것이 아니라, 타 구성원과 평등하게 생활하며 같은 평등가치를 고려하여 개인의 자유와 결정을 존중하는 것이라 할 수 있다. 따라서 타인의 삶이나 가치를 고려하지 않는 자유는 이처럼 인간 존엄에 따른 도덕적 자기결정권의 보장과 일치되지 못한다.[11)]

---

10) 이러한 관점에 따라서 인간존엄의 헌법규정의 의미를 해석하는 입장으로는, BVerfGE 34, 288ff.; BVerfGE 45, 229.

11) 독일연방헌법재판소도 독일 기본법상에서의 인간상에 관하여 다음과 같이 평가하였다.

다른 한편 인간존엄의 개념이 가지는 불명확성과 추상성 때문에 그것의 의미해석과 평가에 관하여 다양한 방법이 제시될 가능성이 매우 많고, 아울러 충분히 근거지어지지 못한 해석이 제시되기도 한다. 따라서 개인적인 편견이나 혹은 일부 집단의 이해관계에 의한 해석 평가로서 헌법적 개념을 훼손시킬 위험이 상존하기도 한다. 예를 들어 생명공학에 따른 생명의 인위적 조작, 인간복제, 안락사, 장기이식 등 최근에 나타나는 생명공학 분야에서의 인간의 존엄을 둘러싼 논쟁뿐 아니라, 당사자 동의하에 사용되는 거짓말탐지기의 문제 등도, 인간의 존엄을 침해하는지의 여부와 어느 정도로 위반되는가에 대한 상반된 견해들이 나타날 위험이 존재한다.

인간존엄의 개념평가를 넓게 파악하면 할수록 필연적으로 더욱더 가변적인 모습으로 나타나게 되며, 단지 부분적인 정의 평가에 의하여 해석되기 쉽게 되며, 또한 불가침의 인간존엄의 개념은 그 의미가 더욱 변화되는 현상으로 나타나게 된다. 그러나 또한 인간존엄의 보장이라는 개념을 확장시켜 해석하는 것과 마찬가지로 범위를 축소시켜 국민의 대표기관인 의회의 고유한 권한으로 한정시킬 수도 있다. 이 경우 의회의 다수결의 원칙을 통한 규정의 해석이 가능하게 되어 사회적 의미변화에 따라 탄력적으로 수정이 가능한 장점을 가지게 된다.

인간존엄의 보장이라는 추상적 개념을 구체화시키기 위해서는 입법자, 판례, 법학 그리고 민주주의적 의사형성 과정이 함께 작용하게 된다. 입법과 판례를 통한 제도적 구체화 및 학문과 민주주의적 의사형성을 통하여 시대에 적합하고 탄력적으로 적용할 수 있는 구체화 과정에서, 인간존엄의 보장이라는 개념의 핵심에는, 무엇보다도 인격성의 독자적 가치의 존중, 도덕적 자기결정권의 보장 그리고 또한 사생활의 평온의 보장, 비인간적 긴박한 상황에서의 아무런 보호조치 없이 방치하지 않음이 관련된다고 할 수 있다.

"기본법에서의 인간상은 사회구성원과의 관계로부터 분리된 주권적 개인을 의미하는 것이 아니다. 기본법에서는 공동체와 관계된 그리고 공동체에 따른 제한된 의미에서, 개개인이 가지는 독자적인 가치를 침해함이 없이 개인과 공동체 사이에서의 갈등을 해소하여야 한다."고 판시하였다. Vgl. BVerfGE 4, 15ff.; 65, 44.

3. 현대 과학기술시대에 있어서의 인간의 존엄

현대사회의 가장 큰 특성은 과학기술의 비약적인 발달에 있다. 과학기술은 괄목한 만한 발전을 이룩하고 있어서 늘 새로운 분야에서 그리고 새로운 사상에서의 많은 변화를 요구하게 된다. 과학기술의 발달은 인간의 생활을 편리하게 하고 인간의 노력을 덜어주는 동시에 인간생활을 풍요롭고 윤택하게 해주는 것이 사실이지만, 그러나 다른 한편으로는 인간 생활을 근본적으로 변화시킬 수 있는 가능성을 항상 수반한다. 과학기술의 발달로 나타날 수 있는 이러한 역기능은 결국 인간을 과학기술에 종속하게 만들어, 결국에는 인간의 존엄성을 침해시키고 인간을 비인간화로 이끌 수 있다는 매우 위험한 결과를 가져올 수도 있다.[12] 지난 20세기 후반에는 이러한 위험의 모습이 주로 핵물리학, 환경오염, 정보통신 등의 분야에서 두드러지게 나타나는 것으로 인식되어 이에 대한 많은 논의가 있어 왔지만, 이러한 분야에서보다 더욱더 인간존엄의 본질 자체를 침해할 수 있는 위험이 상존하는 분야는 아마도 인간의 생명과 관련된 분야라고 할 수 있다. 생명공학의 발달에 따른 인간복제의 가능성이 처음으로 제기된 지 불과 얼마 안 되어 이제는 현실화된 동물복제, 거의 불가피한 사실로 예측되는 인간복제의 현실 및 게놈프로젝트[13]의 성과로 인간의 뇌세포의 구조가 완전히 밝혀짐으로써, 어떤 개인이나 집단의 이념이나 의도 또는 목적에 따라 마음대로 특정한 기능을 가지고 있는 인간의 생명공학적 대량생산이 현실적인 사실로 우리에게 다가오게 되었다. 만일 이처럼 생명과학기술이 아무런 윤리적 또는 규범적 척도 없이 무분별하게 실험되거나 혹은 직접 인간의 생명이나 신체에 적용된다면, 인간을 과학기술의 단순 생산물로 전락시켜 버리는 인간파괴가 자행될 수 있다.

이제 과학기술의 발달에 따른 인간의 존엄과 가치의 보장이라는 대 명제는 새로운 전환을 시도해야 한다. 지난 20세기 후반의 관점은 과학의 발달에 따른 인간 생활의 향상과 풍요에서 과학연구의 자유로운 보장에 치중했지만, 오늘날의 생명공학시대에는 더 이상 과학의 발전에 따른 혜택과 풍요가 문제가 아니라

---

12) 양승두, "과학기술의 발전과 법을 통한 인간존엄성의 보장," 『저스티스』(제29권 제3호, 1996), 29면 이하.

13) 이에 관하여, 특히 인간게놈과 인권에 관한 보편선언에 대하여는 박은정, 『생명공학시대의 법과 윤리』(2000), 157면 이하를 참조.

과학의 위험으로부터 인간의 생명과 신체의 불가침성을 보장하는 입장으로 바뀌어야 한다.[14] 우리는 현대의 첨단 생명과학기술이 우리의 삶에 가져다 줄 수 있는 위험을 새롭게 인식하여야 한다. 인간의 생명은 과학기술의 발달을 통해 대량생산이 가능하고 언제든지 대체될 수 있는 획일적인 생산품에 불과한 것이 아니라, 오직 개개인만이 가지는 고유한 가치와 인격이 항상 깃들여 있는 존엄의 상징인 것이다.

이하에서는 이러한 관점에 따라, 현대과학기술의 발달에 따른 인간의 존엄과 가치의 보장이 어떤 현실적인 문제에 봉착되고 있는지에 관하여 살펴본다. 특히 생명공학적인 분야에서 인간 생명의 시간적 관계에 따라 현실의 문제점을 살펴보고 이에 대한 해결책을 모색해 보도록 한다.

Ⅲ. 생명공학에서의 인간의 존엄

1. 인간 배아와 관련된 문제점

지난 1978년 인류 최초로 시험관 아기가 탄생한 이래로 생명공학기술의 눈부신 발달은 인간 생명의 탄생과정에 인위적 개입을 가능하게 만들었고,[15] 이에

14) 이러한 관점에서 박은정 교수는 생명공학 시대의 인권 패러다임의 변화를 심도있게 고찰하였다. 박은정, 『생명공학시대의 법과 윤리』(2000), 119면 이하를 참조. 또한 121면 각주 3)을 참조.

15) 사람의 임신에 있어서 자연적인 남녀간의 성관계를 통한 자연임신에 반하여 인위적인 조작으로 임신시키는 방법을 인공수태(artificial reproductiv technology, ART)라 하며, 인위적인 조작의 개입방법에 따라 인공수정(artificial insemination), 체외수성(in vitro fertilization), 미세수정(microinsemination) 등으로 나누어진다. 인공수정은 정액을 체외에서 처리한 후 여성의 생식기 내로 주입해 주는 방법으로 질내, 자궁경관내, 자궁강내, 난관내, 복강내 등으로 다양한 경로를 통해 시술이 가능하나 특별한 적응이 되는 경우를 제외하고는 대체로 자궁강내 인공시술이 시술된다고 한다. 체외수정은 여성의 체내에 난자와 정자가 만날 수 있는 통로가 막혔거나 장애가 생겼을 때, 이를 해결해 주기 위한 방법으로 난자를 체외로 채취하여 이를 시험관이나 배양접시에서 정자와 만나도록 하여 발생한 초기배아를 자궁내로 이식하여 착상시키는 방법이다. 미세수정은 체외수정의 방법과 근간은 같으나 체외로 채취된 난자를 수정하는 데 인위적인 조작을 가하는 점에서 체외수정과 구별되는 방법이다. 이에 대하여는 손영수, "위기의 생명을 위한 통합적 정의"(한국외대 박사학위논문,

따라 생명에 대한 경시나 생명의 도구화 같은 인간 생명의 존엄을 위태롭게 할 수 있는 많은 문제점을 함께 가져오게 되었다. 생명유전공학의 발달은 불임의 극복, 인류의 질병치료, 건강의 증진을 위하여 반드시 요청되지만, 반면에 인간 생명의 생성과정으로서의 배아에 대한 유전자조작 등에 의한 침해의 부작용도 좌시될 수 없는 이율배반적인 문제점을 함께 가지고 있다.

이러한 문제가 본격적으로 등장하게 된 계기는 1997년 2월 23일에 있었던 복제양 돌리의 탄생으로부터 비롯된다. 종전에는 생명공학 연구가 주로 동식물의 품종개량을 통해 인류의 식량문제를 해결할 수 있는 장점으로, 그리고 또한 희귀 의약품을 대량으로 생산하여 유전병이나 불치의 병을 치료할 목적으로 이루어졌기 때문에 아무런 윤리적, 법적 문제를 제기하지 않았지만, 인간복제의 가능성이 열리면서 이제 이 문제는 새로운 법적 규제의 대상으로 부상하게 된 것이다.[16)]

배아에 대한 침해행위는 크게 두 가지의 유형으로 나타난다. 첫번째로는 생명에 대한 인위적인 조작행위에 의하여 나타나는 현상을 들 수 있는데, 불임치료에 이용되고 남는 잉여수정란을 나중에 배이식을 위하여 냉동 보존하거나, 폐기하거나, 실험에 이용하는 과정에서 발생할 수 있다. 실험실에서는 배아의 분화과정을 이용하여 수 개의 일란성 배아를 만들 수 있고, 유전자를 이식하는 방법을 이용하여 인간을 인위적으로 만들어 낼 수 있다. 인간복제의 경우에는 실험목적

2001), 7면 이하 참조; 문국진, 『생명윤리와 안락사』(1999), 72면 이하 참조. 인공수태는 불임이라는 신체적 결함을 과학기술의 도움으로 해결할 수 있는 점에서 긍정적으로 평가되어 특별한 윤리적, 법적 문제를 제기하지 않는다고 할 수 있다.

16) 인간복제의 문제로써 윤리적, 법적 논쟁의 불씨를 불러일으키게 된 이른바 생명공학 기술의 중심에는 핵치환술에 의한 인간복제의 문제와, 배아간 세포치료술의 허용문제이다. 전자의 방법은 핵분열을 통하여 채취된 동일한 클론세포를 다양한 종에 접합시키는 것으로 인간복제로 사용될 소지가 많다는 점에서 문제가 되며, 후자는 핵치환법을 사용하여 배아 기존세포에 다른 유전형질을 소지한 이종세포의 핵에 이식하여 새로운 유전형질로 발전시키는 방법이다. 이 방법은 심각한 유전적 질병을 치료할 수 있을 뿐 아니라, 새로운 유전형질을 만들어 내므로 당사자 후손들의 유전적 질병의 원천적인 방지에도 도움을 주는 방법으로 평가된다. 그러나 마찬가지로 인위적인 조작에 의한 인간복제라는 윤리적, 법적 문제를 제기한다고 할 수 있다. 이에 관하여는 정규원, "체세포 핵치환술에 의한 인간배아 복제에 대한 법적 고찰," 『생명윤리』(한국생명윤리학회, 2000), 21면 이하 참조; 신동일, "생명윤리의 형법적 보호," 『형사법연구』(한국형사법학회, 2001), 125면 이하 참조.

이나 상업적 목적에 따라 모델로 설정한 인물의 유전자를 취하여 동일한 인간을 만들어 내는 방법으로, 수 개의 수정란에 원하는 유전자를 이식하여 유전적 형질이 같은 인간을 대량으로 만들 수 있고, 또 복제된 배아를 냉동 보존하여 수십 년 후에 배이식함으로써 모델인간과 똑같은 인간을 양육할 수 있게 된다. 또한 인간과 동물의 생식세포에 의한 수정란을 형성하는 문제도 발생할 수 있는데, 사람과 동물의 중간이나 혹은 혼합형질을 가진 존재가 탄생될 수 있다. 즉 키메라 동물의 탄생이 그러한 모습일 것이다.[17] 둘째로는 신체에 대한 유전자 치료의 문제로서, 이러한 체세포에 대한 유전자 이식은 시험관에서 생식세포 이외의 문제가 되는 세포에 정상 유전인자를 넣고 배양한 후 태어나 사람에게 다시 주입하여 유전인자를 치료하는 데 이용된다. 그러나 새로운 유전자의 이식이 세포분화 과정에 대하여 어떤 영향을 미치는지는 아직 분명하지 않으며, 특히 어떤 부정적인 영향, 예를 들어 심각한 후유증으로서 신체질환이나 또는 정신질환을 야기시키는지에 대하여도 예측하기 어려운 문제이다.

2. 배아에 대한 법적 보호의 가능성

최근의 생식의학기술과 생명공학의 비약적인 발전은 인간 배아의 인위적인 조작과 활용을 통한 각종의 의료적 시술을 가능케 하였고, 이에 따라 종전의 형법적 보호의 대상이었던 태아의 단계 이전에서의 배아[18] 보호의 필요성이 새롭

---

17) Gröner, "Klonen, Hybrid- und Chimärenbildung unzer Beteilgung totipotenter menschlicher Zelle," in: Günther/Keller(Hrsg.), *Fortpflanzungsmedizin und Humangenetik* (1991), S. 315ff., 장영민, 『생명공학의 형법적 한계』(1994), 88면 이하 참조.

18) 인간의 생명은 남자의 정자와 여자의 난자가 만나 수정이 이루어지면서 시작된다고 하는 데 이론이 없는 것 같다. 수정란의 염색체는 세포분열 준비를 하여 수정 후 약 30시간에 걸쳐서 유사분열을 하여 2개의 세포가 되며, 이후 세포분열을 계속하여 수정 3일 후에는 16개의 할구가 되는데 마치 뽕나무 열매 같다고 해서 상실배라고 부른다. 이 시기의 상실배는 난관을 지나 자궁강 내에 부유상태로 있게 되고, 자궁강 내의 모체의 체액이 상실배 안으로 들어가 상실배 내에 체액을 담은 강이 형성되고, 그 내강의 한편에 내세포괴가 형성되면 이를 배반포라고 부른다. 배반포는 자궁강 내에서 36 내지 48시간 부유하며 자궁내막에 착상할 준비를 하게 된다. 이처럼 수정란이 세포분열을 시작하여 상실배, 배반포를 형성해 나가는 시기까지를 착상전 배아 또는 전배아(pre-embryo)라고 부른다. 배반포는 장차 태아로 발생할 내세포괴, 체액이 들어 있는 배반포강, 그리고 이들을 둘러싸는 외세포층으로 구성된다.

게 대두하게 되었다. 배아보호의 문제는 현행법에서 규정하고 있는 낙태죄의 보호객체인 태아와의 구별에서 나타난다. 인간 생명의 생성과정에 따라서 볼 때, 태아 단계에서의 생명에 대한 침해는 낙태죄의 범죄구성요건을 통해서 보호가 가능하지만, 그 이전 단계인 배아의 시기에 있어서는 이를 보호하기 위한 입법적 수단이 마련되어 있지 못하기 때문에, 이에 대한 침해 및 침해가능성의 문제가 제기된다. 이는 인공수태술의 발전에 의하여 수정된 배아가 모체 밖에서도 생존될 수 있다는 사실이 밝혀지고, 또한 이러한 배아를 인위적으로 조작하거나 각종 실험을 통하여 연구, 복제, 폐기, 타형질로 배양하는 등의 인간의 존엄을 해치는 문제가 발생할 수 있기 때문이다. 독일에서는 일찍이 1991년에 발효된 「배아보호법」(Gesetz zum Schutz von Embryonen)에 의하여 이러한 위험에 대비한 규범적 준비를 하고 있으나,[19] 현재 우리나라에는 아직 이러한 법의 정비가 이루어지지 못하였기 때문에 현실적으로 많은 연구와 실험이 자행되고 있는 실정이다.[20][21]

영양막이라고 불리우는 외세포층은 자궁내막을 파고들어 수정 후 약 2주가 되면 착상이 완료된다. 이 동안 내세포괴에서는 이중성 배반이 형성되며, 이를 배아(embryo)라고 부르며 수정 후 8주말까지를 배아기라고 한다. 그 이후의 배아를 태아(fetus)라고 하며 태아기가 시작된다. 문국진, 『생명윤리와 안락사』(1999), 66면 이하 참조; 손영수, “위기의 생명을 위한 통합적 정의,” (한국외대 박사학위논문, 2001), 10면 이하 참조.

19) 이에 반하여 덴마크나 영국, 프랑스 등에서는 착상전 전배아의 연구, 실험, 조작 등이 허용되고 있다. Roxin, “Lebenschutz im Strafrecht,” 2001년 서울에서 개최된 국제학술대회에서의 기조강연, 2면 이하 참조.

20) 현재 인간배아 복제의 시술은 의학적으로 성공을 거두었으며, 10년 이내에 아무런 문제없이 복제기술에 따른 이식용 장기, 조직, 세포 등이 대량생산될 수 있다고 한다. 많은 선진국에서는 생명에 대한 침해 때문에 공식적인 정부차원의 연구를 금지하고 있지만, 민간차원의 연구는 엄격히 금지하고 있지 않는 실정이다. 미래의 고부가가치 산업으로 각광받는 배아연구에 대한 관심이 커지는 상태에서, 규범적 장치가 마련되어 있지 않은 우리나라에는 특히 입법적인 대응책 마련이 시급하다고 할 것이다.

21) 현재 우리나라에서도 정부주도로 이에 관한 입법을 준비하고 있다. 2001년 5월 18일 과학기술부 생명윤리자문위원회는 인간배아연구, 생명복제연구, 유전자변형연구, 유전자치료, 인간유전체정보의 활용, 생명특허 등의 한계에 관련된 내용을 담은 「생명윤리기본법」(가칭)의 기본골격안을 발표하였다. 이에 대하여 종교계, 윤리학계, 의학계, 법학계, 유전학계, 시민단체 등이 입법의 방향과 내용에 대하여 서로 상이한 입장을 보이고 있다. 주로 윤리적, 법적 평가의 모습이 반영되어 배아연구의 남용을 엄격하게 제한하는 입장으로 의견이 모아지고 있다고 한다. 물론 이에 대하여는 의학이나 생명공학의 입장에 따른 강한 반대의 의견이 대립하고 있는 실정이다. 그들은 과학기술발전과 국가경쟁력을 도외시하여 기술발전에 뒤쳐진다고 주장한다.

독일의 배아보호법에 따르면, 배아를 대상으로 하는 모든 연구 및 실험을 원칙적으로 금지하고 있으며, 이에 대한 위반행위를 형벌로서 규제하고 있다. 이 법의 제1조는 인공임신법에 대한 남용을 금지하고 있으며, 제2조는 배아의 남용적 이용의 금지, 제3조는 성선별을 전제로 하는 수정행위의 금지, 제4조는 동의 없는 수정, 배이식의 금지 및 사망후의 인공수정의 금지, 제5조는 배아간세포의 인위적 변경금지, 제6조는 인간복제의 금지, 제7조는 키메라나 합성물의 제조금지 등을 규정하고 있다. 독일의 배아보호법은 배아보호를 위한 전제로서 배아의 범위를 입법적으로 규정하고 있다. 이 법의 제8조에서는 배아(Embryo)를 핵융합 이후 수정되어 분화능력이 있는 사람의 난자라고 규정하며, 하나의 개체로 발전할 수 있는 배아로부터 채취된 미분화된 모든 세포를 의미한다고 하고 있다. 이 밖에 분화능력이 있는 세포로부터 채취된 미분화하는 세포도 배아의 범주에 포함시키고 있다. 그리고 정자와 난자가 핵융합한 이후의 모든 배아는 분화능력이 있는 것으로 간주한다. 다만 핵융합 이후 24시간 이내에 수정란이 단세포상태를 벗어나지 못한 경우에만 분화능력이 없는 것으로 간주하여 동법의 보호대상에서 제외한다.

이러한 배아보호법의 취지는 따라서 독일형법전이 임신중절을 수정란의 착상 이후의 효과를 일으키는 행위라고 정의하고 있으므로, 수정 이후 착상 전까지의 개체를 인간의 생명체로 인정하여 이에 대한 법적 보호장치를 하게 함으로써 이에 대한 인위적 조작 등의 행위를 규제하는 것으로 평가할 수 있다. 그러나 이러한 배아에 대한 연구 및 실험 등의 행위가 가져다주는 유용성 또한 절실하게 요구되므로, 이를 무조건적으로 금지하여야만 하는지에 대한 문제가 제기된다. 현재 이러한 입법적 장치를 마련하고 있지 못한 우리나라에서는 배아에 대한 연구 등의 행위를 규범적으로 막지 못하고 오직 연구자의 윤리적 양심에만 의존하고 있는 실정이나.[22] 따라서 착상전 배아의 법적 지위에 관한 입장을 먼저 정리하고 이에 따른 합리적인 규범적 장치를 마련하는 것이 시급하다고 할 것이다.

22) 우리나라에서의 배아보호와 관련된 규제동향에 관하여는, 박은정, 『생명공학시대의 법과 윤리』(2000), 293면 이하 참조.

3. 배아의 법적 지위에 관한 논쟁

현행법에 따를 때, 생식과정에서 수정란이 착상한 이후에는 낙태죄에 의하여 안전을 보장받을 수 있지만 착상전 배아에 대하여는 그 지위를 인정받지 못한다. 인간의 생명은 수정 이후부터 시작된다고 하는 점에 대하여 아무런 이론이 있을 수 없지만, 수정 후 착상전에 이르기까지의 단계에 있는 개체가 법적인 지위를 보장받지 못하고 있는 규범적 실정에서, 이에 대한 법적 지위를 어떻게 파악하는가는 향후 배아에 대한 법적 보호의 방법과 범위를 정해주는 중요한 과제라 할 수 있다. 배아를 인간의 생명으로 볼 것인가 혹은 이를 부정하여 평가하느냐에 따라 그 보호의 정도는 서로 상반되어 나타나게 된다.

1) 먼저 발생학적인 관점에서 볼 때, 수정 이후 생명발달의 과정이 배아 내부의 조직 및 기능에 관계되어 이루어지는 것이 아니라 배아 외부의 조직 및 기능에 관계되는 것이므로, 최초에 형성되는 것은 배아가 아니라 영양공급층, 즉 영양막이라고 한다. 영양막은 배아의 원형이 형성되기 이전부터 기능을 하는 것이기 때문에 배아라는 개체성을 인정하는 특성이 되지 못한다고 한다. 그리고 또한 단일성이라는 관점에서 본 발전적인 개체성은 배아축이 형성된 후에 비로소 확립되며 이는 착상시기 및 임산부의 생리학적 변화의 시작과 대략 일치된다고 한다. 바로 이 시점 이전까지의 전배아는 두 개의 개체인 쌍둥이로 될 것인지 혹은 불완전 개체인 모자이크 조직으로 될 것인지 하는 것이 아직 결정되지 않기 때문에 개체가 아니라고 한다. 한편 착상전 배아는 생리학적 및 발달과정이라는 측면에서 볼 때 착상후 배아 및 그 다음 단계인 태아와는 본질적으로 상이하기 때문에 인간으로서의 개체성이 부정된다고 한다. 착상시 또는 착상 직후 나타나기 시작하는 태낭, 배아축, 원시층 등은 배아 및 태아의 신경구조의 원형이므로 착상전 배아는 이러한 신경조직의 원형구조를 가지지 못하므로 인간의 개체성이 부정된다고 한다.[23] 이러한 발생학적인 관점에 따른 인간 배아의 생명으로서의 존재를 부정하고 단순한 세포로서의 의미만을 부여하는 입장에 대하여는, 비록 단순한 세포로서의 의미만을 가지는 것이 아니라, 인간 개체로서 성장할 수 있는

23) 문국진, 『생명윤리와 안락사』(1999), 70면 이하 참조.

생물학적인 사실이, 투명대 안에서 세포들 사이에서의 상호작용을 통해 이루어지고 있으므로, 전배아 세포들은 부분으로서의 기능을 통해 생명체로서의 의미가 인정된다는 반론이 제기되고 있다.[24)]

2) 둘째로는 배아연구에 대한 중요한 반대논거로서 제시되는 이론으로, 인간으로 성장한 접합체는 유전적인 연속성을 유지하고 있으며, 개체상 동일한 존재라는 것이다. 따라서 접합체는 그로부터 성장하게 될 배아, 태아, 성인과 개체상 동일한 존재로서 인정되므로, 배아 역시 인간으로서의 평가의 대상이 될 수 있음을 주장한다. 의학적으로 증명되지 못하였지만 사실로서 인정되는 유전의 법칙이 이러한 주장을 뒷받침할 수 있으며, 현상학적인 존재의 증명에 대한 방법도 이러한 주장을 근거지을 수 있게 된다. 그러나 이러한 배아에 대하여 생명으로서의 접합체를 부여하는 입장에 대하여는 생물학적인 연구결과를 토대로 하는 중대한 반론에 직면하는데, 전배아는 일란성 쌍둥이로 분리되어 성장할 수 있으므로, 인간 개체로서의 연속성을 지닌 접합체로 인정할 수 없다는 것과, 또한 두 배아가 하나의 배아로 결합될 수 있으므로 역시 특정 개체성을 인정하는 전단계로서의 연속성이 부정된다는 주장이다.[25)]

3) 인간 배아에 대한 연구는 아직도 진행 중이 있다. 전배아의 본질이 무엇이냐에 관한 물음은 인간 전배아에 대한 연구를 허용할 것인가에 대한 답변과 관련하여 생각할 문제이다. 전배아의 생물학적 특성은 배아 존재에 대한 사실적인 분석이라 할 수 있다. 이에 따라 전배아를 인간으로서의 생명을 가지는 개체의 연속성을 인정할 수 없다는 주장도 물론 이를 부정할 수 없지만, 생명체로 발전될 가능성을 가지고 있는 존재성 역시 부정할 수 없을 것이다. 결국에는 전배아의 연구가 가지는 필요성과 이에 따른 인간존엄의 침해라는 부정적인 가치와의 비교평가를 통하여 판단할 문제라 할 것이다. 배아연구가 유전적 질병치료에 유용하게 쓰인다는 관점에서 이에 대한 인위적 실험 등이 인간의 존엄과 가치를 침해하지 않는다는 주장도 합목적적인 관점에서 귀를 기울일 필요가 있지만,[26)] 배

24) 임종식, "배아를 인간으로 볼 것인가?," 『법철학연구』(제3권 제2호, 2000), 199면 이하 참조.

25) 임종식, 위의 글, 201면 이하 참조.

아의 폐기, 실험, 양도, 조작 등 인간의 존엄과 가치를 침해할 위험이 나타날 수 있으며, 특히 무엇보다도 상업적 목적에 의하여 인간 배아를 수단으로 전락시킴으로써 궁극적으로 인간존엄을 침해할 위험성이 있다고 할 것이다.

최근에 영국정부는 치료목적에 따른 배아복제를 허용하기로 결정하였으며, 미 행정부도 배아연구에 대하여 정책적이고 경제적인 지원을 아끼지 않고 있다고 한다. 우리나라는 현재 생명복제나 인간 생명공학과 관련하여 법적 구속력을 가지는 규범적 장치는 마련되어 있지 않다. 다만 유전공학육성법 제15조에 생명공학의 연구와 이의 산업화 과정에서 예견되는 생물학적 위험성, 환경에 미치는 악영향 및 윤리적 문제 발생을 사전에 방지하기 위해 필요한 조치를 강구해야 한다는 선언적 내용을 가지고 있을 뿐이다.[27] 이러한 규제적 장치를 마련하지 못한 상태에서 국내의 과학기술 및 의료의 발전은 세계 다른 나라보다 앞서서 배아복제 실험에 성공하였다는 등의 자랑스러운(?) 결과를 보여주고 있는 상황이다.[28] 실제로 생명공학은 새로운 돈벌이 수단으로 이용되고 있다고 할 수 있다. 생명공학은 새로운 고부가가치 산업으로 각광받고 있는 추세이며, 이들 생명공학의 성과에 대한 특허출원 및 정보의 상업적 이용이 가속화되고 있는 추세이다. 이러한 상황에서 우리는 한시라도 빨리 인간의 존엄과 가치를 보장할 수 있는 최소한의 규범적 장치를 마련해야 할 것이며, 그 어떤 유용성에 의하더라도 최소한의 정당성을 지킬 수 있는 규범의 역할에 기대하여야 할 것이다.

---

26) Roxin, “Lebenschutz im Strafrecht,” 2001년 서울에서 개최된 국제학술대회에서의 기조강연, 4면 참조.

27) 박은정, 『생명공학시대의 법과 윤리』(2000), 287면 이하 참조.

28) 대한의사협회는 1999년 1월 29일 경희대 의대팀의 ‘인간배아 복제실험’ 결과에 대한 실사결과를 발표하였다. 이 발표에서 핵제거나 정상적인 배 발육을 증명할 수 있는 과학적 근거를 제시하지 않아, 연구의 성공여부를 확인할 수 없다고 밝혔다. 이처럼 실험결과의 선부른 결과발표도 생명공학을 오직 상업적으로 이용하려는 경쟁심에서 나타난다고 할 수 있으며, 이러한 과정에서 배아에 대한 인간으로서의 개체성이 보장받으리는 것은 기대하기 어렵다고 할 것이다.

IV. 죽음과 인간의 존엄

1. 안락사에 대한 최근의 경향

얼마 전 네덜란드에서 안락사를 허용하는 법안이 통과되었다는 소식과 함께,[29] 우리 사회는 마치 봇물 터지듯 안락사를 허용해야 할 것인가에 대한 논란이 거세게 불고 있다. 안락사의 문제는 비단 현재의 문제만이 아니었다. 지난 1998년 서울 보라매병원 사건에서 이러한 안락사의 문제가 발생하였을 때, 법원은 법을 엄격하게 적용하여 당시 환자의 부인과 담당의사를 살인죄로 유죄판결을 내린 이후 지금까지 꾸준히 이에 대한 찬반여부가 논란되어 오다가, 다시 네덜란드에서 안락사 허용에 관한 법안이 통과된 지금 이 문제에 대한 국민들의 관심이 모여지고 있다. 최근의 논의는, 안락사의 문제를 지금까지 관행적으로 묵인하여 이루어져 온 상황에서 탈피하여 아예 합법적으로 이루어질 수 있게 하기 위한 방향으로 전개시키는 것처럼 보인다. 특히 이 문제와 관련하여 첨예한 갈등을 빚어온 의사집단이 안락사 문제의 법적 해결방법에 적극적으로 나서고 있어서, 대한의사협회는 자체적인 의사윤리규정을 만들어 소위 소극적 안락사를 허용할 것을 내용으로 하는 등, 발빠르게 움직이고 있다.[30]

---

29) 2001년 4월 네덜란드에서는 이른바 '적극적 안락사(active Sterbehilfe)'를 합법화시키는 법안을 통과시켰다. 이 법안에 따르면 의사는 확실한 전제조건과 엄격한 규제하에, 환자의 상태가 불치의 병으로 참을 수 없는 고통에 시달리고 있는 경우(제2조 1, b), 그리고 또한 다른 의사와 협의하여 환자가 자유의지에 따라 충분히 숙고한 끝에 안락사 시켜주길 원하는 것으로 판단되는 경우(제2조 1, a), 적극적으로 환자의 생명을 끝낼 수 있다고 규정한다. Roxin, "Lebenschutz im Strafrecht," 2001년 서울에서 개최된 국제학술대회에서의 기조강연, 11면 이하 참조.

30) 대한의사협회가 마련한 「의사윤리지침안」은 제30조 ②에서 "의학적으로 회생의 가능성이 없는 환자의 자율적 결정이나 그것에 준하는 가족 등 환자대리인의 판단에 의하여 환자나 그 대리인이 생명유지 치료를 비롯한 진료의 중단이나 퇴원을 문서로 요구한 경우 의사가 그러한 요구를 받아들이는 것은 허용한다"고 정하고 있으며, 동조 ③에서는 "의사의 충분한 설명과 설득 이후에도 환자, 또는 가족 등 환자 대리인이 회생의 가능성이 없는 환자에 대하여 의학적으로 무익하거나 무용한 진료를 요구하는 경우 의사는 그것을 받아들이지 않을 수 있다"고 규정하고 있다. 그러나 이러한 규정은 환자의 가족이나 의사의 자의적인 판단에 너무 광범위하게 의존하고 있기 때문에 이를 악용하여 환자의 생명을 인위적으로 단축시킬

안락사의 의미는 본래 불치의 질병으로 사경을 헤매는 고통받는 환자를 편안하게 임종을 맞이하도록 돕는 것을 뜻한다. 그러나 인간의 생명은 절대적으로 보호되어야 할 존귀한 것으로서 어떠한 경우에 있어서도 인간 생명에 대한 인위적인 관여를 허용할 수 없기 때문에, 현행법에서는 이러한 행위를 범죄로 평가하고 형벌로서 규제하고 있다. 문제는 최근의 현실이 이러한 법적인 안락사 금지에 대하여 예외적으로 소위 '소극적 안락사'라는 조건하에 이를 허용해야 한다는 주장이 강한 호응을 얻고 있다는 점이다. 죽음을 앞둔 회복 불가능한 환자들(예를 들면 말기 암환자나 식물인간…)에 대한 치료비나 또 이들 환자의 간호에 드는 사회적 비용이 너무 커서, 이러한 환자들의 가족들에게는 정신적인 슬픔 이외에도 물질적인 고통을 부담시키는 것이 너무 가혹하므로, 예외적으로 객관적이며 공정하고 엄격한 조건하에 안락사를 허용하자는 것이다.[31] 물론 이 경우에도 적극적으로 생명을 인위적으로 단축시키는 방법이 아니라, 소극적으로 예컨대 불치의 환자에게 장치된 생명유지장치를 제거하는 등의 방법인 소극적 안락사를 법적으로 허용해야 한다는 주장이다.

일반적으로 안락사의 개념은 생존의미의 존재여부에 따른 허용성 및 시술방식의 직간접성, 그리고 행위유형에 따라 매우 다의적으로 사용되고 있지만,[32] 최

'고의'가 개입할 소지가 너무 많을 수 있다는 지적이 있을 수 있고, 특히 ③의 경우에는 의사의 독단적 결정만으로도 소극적 안락사를 허용할 수 있게 되므로, 오진의 경우에 돌이킬 수 없는 화를 불러일으키게 하는 등, 의사의 자의적인 판단에 따라 환자 생명을 단축시킬 중대한 위험성이 존재한다고 할 수 있다.

31) 그러나 이와 같은 안락사에 관한 일반적인 논의와 우리의 현실적인 상황은 전혀 다른 차원에서 전개되는 듯하다. 유럽 등의 나라에서는 의료보험제도가 완전히 정착되어 있기 때문에 의료비 부담이 환자나 가족들에게 전혀 문제되지 않지만, 우리의 경우는 일반적으로 불치병 환자의 경우 엄청난 의료비 부담이 환자 가족에게는 말할 수 없는 경제적 고통을 가져오게 하고, 이 때문에 환자 본인뿐 아니라 그 가족에게도 많은 희생을 강요하고 있다는 점에서 안락사의 허용성이 강하게 요구된다. 보통 불치병 환자는 일생 진료비의 약 25~30%를 생을 마감하기 마지막 한달 동안에 부담하게 되고, 이 때문에 가족경제의 파탄을 가져오게 되는 경우가 비일비재하며, 또한 치료의 가망 없는 환자를 무력하게 지켜보고 있어야 하는 가족들의 고통은 정말 경험해보지 않은 사람들은 결코 상상할 수 없다 라는 점에서 소극적 안락사의 필요성이 강하게 요구된다고 한다. 이에 대하여는 동아일보, 2001년 4월 13일 기사 참조.

32) 이에 대하여는, 허일태, 『안락사에 관한 연구』(한국형사정책연구원, 1994), 24면 이하 참조.

근에 그 허용여부가 논란이 되는 소극적 안락사는 특히 적극적 안락사에 대한 상대개념으로 평가된다. 적극적 안락사가 불치 및 난치병에 시달리는 환자에 대하여 고통 없이 생을 마감해주기 위하여, 약물 등을 주사하여 숨지게 하는 방식과 같은 적극적인 행위방식으로 생명을 단축시키는 경우인 반면에, 소극적 안락사는 현대 의료수준에 따른 일반적인 생명유지 장치들, 예를 들어 인공호흡기 등의 여러 가지 기계장치 등을 차단하거나 또는 제거하여 소극적으로 생명을 단축하는 방식을 의미한다고 할 수 있다. 이러한 구별은 인간의 생명존중이라는 관점에서 볼 때 적극적 안락사보다는 소극적 안락사가 더 인도적이라는 평가를 가진다고 할 수 있지만, 두 방식 모두 궁극적으로는 인위적인 생명 단축이라는 의미로서 구별되지 않기 때문에 차이가 없다 할 것이다. 중요한 것은 아마도 안락사 자체를 허용할 필요성이 인간 생명의 침해라는 입장에 견주어 인정될 수 있는가 하는 점이다.

2. 안락사 인정여부에 대한 논쟁

안락사가 일반적인 죽음 또는 살인과 차이가 있는 것은 합리적 평가에 의하여 안락사에 따른 죽음을 달리 보는 데 있다. 즉 안락사는 불가역적으로 죽음에 과정에 들어선 생명의 종말을 용인하거나 앞당기는 행위를 합리화하는 것으로 볼 수 있다. 이러한 안락사의 허용여부에 대한 찬반논의는 수없이 많이 있어 왔는데, 결국 그 핵심문제는 인간의 죽음에 대한 법적 권리, 즉 스스로 죽음을 선택할 권리의 인정여부라고 할 수 있다. 이러한 점과 관련된 논쟁을 간추려보면, 우선 생명에 대한 결정권의 주체가 누구인가 하는 점에서 논란이 된다. 안락사 허용을 주장하는 입장은, 생명권은 그 생명을 가진 주체에게 속하며 따라서 자발적인 결정일 경우 본인의 의사를 존중해서 죽을 권리를 인정해야 한다고 주장한다. 이에 반해 안락사를 반대하는 입장에 따르면, 생명의 권리는 인간이 아니라 신에 속하는 것이며, 따라서 인간은 비록 그것이 자신의 생명이기는 하지만, 그것을 마음대로 처리할 수 있는 권한이 없다는 것이다.

두 번째로 인간의 존엄과 가치가 인정되는 삶, 즉 인간답게 산다는 것에 대한 평가에서 논란이 된다. 안락사를 인정하고자 하는 사람들은 고통스럽게 삶을 유지하는 것보다는 깨끗이 삶을 마감하는 것이 인간의 존엄성에 더 적합하다고 주장한다. 다시 말해 의미가 없고 가치를 부여할 수 없는 삶, 고통스럽고 목숨만 연장하는 삶은 인간적인 삶이 아니며 따라서 오히려 인간의 존엄에 반한다고 주장한다. 이에 대해 안락사를 반대하는 사람들은 삶의 의미와 가치는 일반적인 기준에 의하여 정해지는 것이 아니며, 삶은 누구에게나 그 자체로 가치가 있을 수 있다는 것이다. 이러한 관점에서 보자면, 예를 들어 인위적 기계장치에 의지하여 생명을 연장하는 환자의 삶도 가치 있는 것으로 평가된다고 할 수 있다.

세 번째로 의식이 없고, 따라서 의사결정 능력이 없는 상태의 환자에 대해 행해지는 비자발적 안락사의 경우, 환자의 고통이 죽음보다 못한 것이라는 판단을 할 수 있는 기준은 무엇에 의하여 그리고 누가 결정할 수 있는가의 문제에서 논란이 된다. 안락사의 허용을 주장하는 사람들은 그러한 고통이 명백하게 확인될 수 있다고 주장하지만, 실제로 죽음보다 더한 고통을 판단하기는 불가능하다고 할 수 있다. 따라서 안락사에 반대하는 입장은 이런 점에서 고통에 대한 과장과 왜곡이 일어날 수 있다고 본다. 환자 가족의 경제적 비용부담이나 장기이식 등의 다른 목적에서 환자의 고통을 과장함으로써 섣불리 환자를 이른 죽음으로 이끌게 할 위험성이 항상 존재할 수 있기 때문에, 안락사는 결국 인간의 존엄과 가치를 침해할 수 있다. 한편 자발적 안락사의 경우, 과연 환자의 자유로운 이성에 따른 결정으로 판단할 수 있는가가 문제된다. 일반적으로 환자는 오랜 투병으로 인해 합리적인 판단력이 흐려졌을 수도 있고, 경제적으로 또는 다른 이유에서 주변 가족의 부담스러운 시선을 의식하지 않을 수 없기 때문에, 환자 자신의 자유로운 결정에 따른 판단이라고 보기 어려운 경우가 많을 것이다. 이러한 경우 환자 자신의 자발적인 의사에 따른 안락사로 평가하여 이를 허용한다면, 이러한 안락사가 정당화된다고 보기는 어려울 것이다.

3. 안락사 허용할 것인가?

인간의 생명은 절대적인 가치를 가진다. 그 누구도 어떠한 경우에도 인위적으로 인간의 생명을 중단시킬 수 없으며, 불치병 환자라 할 지라도 인간으로서의 생명의 존엄성이 보장되어야 한다. 사회경제적인 어려움을 이해하더라도 이러한 이유 때문에 생명의 절대성을 침해한다는 것은 결코 정당화될 수 없다 할 것이다. 비록 네덜란드에서는 적극적 안락사를 합법화시켰지만, 세계 각국의 법제도를 비교해 볼 때 독일이나 프랑스 등의 유럽 대부분의 국가는 안락사를 형사처벌하고 있으며, 미국의 경우에도 몇몇 주에서만 지극히 엄격한 조건하에서 허용하고 있을 뿐이다. 또한 우리의 경우처럼 경제적인 이유 때문에 안락사를 허용해야 한다는 주장과는 거리가 있다고 할 수 있다. 미국에서 안락사 시술을 공개적으로 시행한 한 의사에게 유죄평결이 내려진 사건을 우리는 기억하고 있다.[33] 현재 우리의 법제도에서도 안락사를 금지하고 있으며, 이에 위반하는 행위를 형사처벌하도록 규정하고 있다.[34]

안락사의 문제는 낙태, 인간복제, 장기이식 등과 같이 인간 생명에 대한 중대한 문제로서 매우 엄격하고 공정하게 처리되어야 한다. 경제적 비용에 따른 부담이 매우 크다는 이유로 안락사의 허용이 강하게 요청되지만, 인간 생명을 인위적으로 단축시키기에는 그 정당성이 인정되기 어렵다고 할 것이다. 만일 안락사가 법적으로 전면 허용된다면 신체적, 정신적 장애인은 물론, 노인, 빈곤층에까지 학대될 수 있을 것이고, 옛 고려시대의 고려장이라는 제도에서와 같이, 살 만한 가치가 없고 사회에 도움이 안 된다고 여겨지는 사람을 제거하는 수단으로 악용될 수도 있다. 그리고 또한 이러한 부작용에 대비하여 엄격한 기준을 마련한다 하더라도 안락사를 법의 테두리 안에서 적절하게 통제하는 것은 사실상 불가능한 것이 되어, 안락사에 찬성하는 입장에서 주장되는 '죽을 권리'는 아마도 '죽어야할 의무'로 바뀌게 될 것이다. 따라서 안락사라는 극단적인 방법으로 이러한 문제를 해결할 것이 아니라, 예를 들어 전문적인 호스피스 병원시설을 확충하거나, 의료보험을 통한 경제적 부담제거 그리고 사회보장제도의 개선 및 확대 등의 현대 복지국가 이념에 따른 적극적인 국가정책에 의한 해결방안이 모색되어야 할 것이다. 사람들이 안락사를 택하는 이유는 죽음 자체를 원하기 때문은 아닌

33) 1999년 미국 미시간주 법원은 루게릭병 발기 환자를 안락사시킨 혐의로 색 케보키언 박사(70)에게 2급 살인죄를 적용, 10~25년 징역형을 선고했다. 「죽음의 의사」로 알려진 케보키언 박사는 미시간주에서 루게릭병을 앓고 있던 토머스 유크(52)라는 환자에게 치사량의 약물을 투여해 숨지게 한 혐의로 기소되었었다. 그는 지금까지 죽음을 앞두거나 불치의 병을 앓고 있던 환자 약 130명이 목숨을 끊도록 도와주었음을 시인했으나 살인 혐의로 유죄판결을 받은 것이다. 그는 또 안락사 장면을 비디오 테이프로 녹화한 후 방송프로에 제공하여, 방영하도록 해 논란을 불러일으켰었다.

34) 현행법상의 안락사에 대한 평가 및 입법방향에 대하여는, 허일태, 『안락사에 관한 연구』(형사정책연구원), 117면 이하 참조.

것이다. 아마도 비참하고 고통스러울 것 같은 죽음에 이르는 과정에 대한 공포와 두려움, 그리고 또한 사랑하는 가족에게 여러 가지 힘든 짐이 되고 싶지 않다는 부담감 때문이라 할 수 있다. 따라서 이런 문제들은 통증치료, 호스피스 간호 등을 통해서 해결하는 것이 합리적이라 할 수 있다. 실제로 안락사를 원하는 많은 환자들이 호스피스 간호를 통해 마음을 바꾸고 평화로운 죽음을 맞이하게 되는 경우가 많이 있다. 결국 안락사를 허용하는 것은 힘든 환자들의 고통을 덜어주고 삶의 질을 높여줄 수 있는 치료 자체를 소홀히 하게 만드는 결과를 초래할 수 있다. 그러나 이러한 해결방법에 관한 논의는 보이지 않고 안락사의 허용여부 만을 문제시하는 작금의 상황은, 오늘날의 우리사회가 인간의 존엄과 가치를 폄하시키고, 물질적인 가치만을 지나치게 추구하기 때문이라고 아니할 수 없을 것이다.

V. 결 론

지난 20세기 말에 이룩한 의학이나 과학기술의 발전은 우리 인간생활에 많은 기여를 해 왔음을 부정할 수 없다. 의료기술의 발달로 인해 많은 질병이 극복되었고, 아직까지 불치의 병이라고 여겨지는 암이나 에이즈 같은 몇몇 질병들도 극복될 날이 얼마 남지 않은 것 같으니, 앞으로 10년이나 20년 후에는 사람의 평균 수명이 지금보다도 20~30년 혹은 40~50년 더 길어질지도 모르겠다. 또 어떤 유전적 질병들은 이미 인간 배아의 단계에서도 치료될 수가 있다고 하니 그 놀라움은 실로 엄청나다 할 것이다. 그 뿐만이 아니라 지난 세기 인류에게 가장 큰 숙제였던 식량문제도 서서히 해결될 조짐이 보인다. 소위 생명과학의 놀라운 업적은 몸집이 두 배가 넘는 돼지를 양산할 수 있게 되었고, 한정된 면적에서 몇 배나 더 많은 곡물 생산도 가능하게 만들었으니 인류의 미래는 그리 어둡지만은 않은 것 같다. 적어도 건강을 유지하는 가운데 식량 부족의 걱정 없이 더 오랜 생명을 누릴 수 있게 되었으니 인류가 추구하는 행복은 이제 거의 모두 실현된 것처럼 보이기도 한다.

이와 같이 인간 삶의 질과 관련하여 지난 20세기 말에 생명공학 분야에서 이룩한 업적들은 그야말로 눈부시지만, 그러나 이와 같은 노력들을 지탱해주는 기초는 인간 생명에 대한 봉사와 인간 존엄성의 존중에서 찾아져야 할 것이다. 그럼에도 불구하고 인간의 건강과 생명에 기여하여야 할 과학기술이 인간을 오히려 한낱 실험대상으로 취급한다면, 그리고 또한 인간의 존엄성을 존중하기 위해 안락사가 합법화되어야 한다는 역설적인 주장에서, 과연 인간 생명의 고귀함이나 인간의 존엄성과도 같은 인간 삶의 최고가치를 찾아볼 수 있는지는 의문이다.

인간의 건강과 생명 연장을 위하여 모든 노력과 비용을 감수하면서 연구에 몰두하는 생명과학분야에서, 그리고 고통이 환자 자신을 추하게 만들기 때문에 약물로 잠자듯 죽는 것이 오히려 인간적이고 아름다운 죽음이라는 주장하는 소위 안락사의 문제에서, 우리가 반드시 잊어서는 안 될 가장 중요한 이념은 바로 인간 존엄성에 관한 문제이다. 인간의 장기 공급을 위한 세포 배양이나, 인간 유전자를 가진 돼지 장기나 조직의 공급 그리고 안락사 등을 주장하는 사람들이 목표로 하는 것이 있다면 그것은 분명히 '인간을 위해서' 그러한 일들을 행한다는 것인데, 그것들은 과연 '인간의 무엇을 위한' 행위들인지 의문이다. 인간을 마치 물건처럼 다루는 행위들에서 어떻게 인간의 존엄성을 말할 수 있으며, 인간의 생명을 죽여가면서까지 오히려 생명을 구한다는 그들의 행위가 과연 정당화될 수 있는지 정말 의문이라 할 것이다. 의료기술이나 과학발전의 최고의 이념은 인간의 존엄과 가치를 보장하기 위한 것이지, 결코 생명을 죽이거나 생명의 존엄을 침해하는 과학이 되어서는 안될 것이다. 과학기술의 발전은 따라서 곧 인격이 존중되고 생명이 온전히 보호받는 인간에 대한 봉사가 그 목적이 되어야지, 그 발전을 위해 인간을 단지 수단으로 전락시켜서는 결코 안 될 것이다. 이 점을 바로 21세기 현대의학이나 과학기술이 추구해 나가야 할 목표로 정해야 할 것이다.

남용된 인간의 존엄*
—생명윤리논의의 예에서 본 인간의 존엄이라는 논증점의 문제점—

Eric Hilgendorf** / 김영환*** · 홍승희**** 역

Ⅰ. 머리말

독일연방공화국 헌법질서에서 "인간의 존엄"이라는 개념은 아주 특별한 역할을 수행한다. 이 개념은 모든 인간 개개인의 처분할 수 없는 고유한 가치를 표시하기 위해 도입되었는데, 이런 고유한 가치는 도덕적이고 정치적인 여러 찬반 논거들로부터 벗어나서 금기시되어야만 하는 것이다. 독일 기본법 제1조 1항의 헌법적 인간존엄의 보장은 나치의 독재와 그를 통해 공동체를 위해 개개인들을 전체주의적으로 수용했던 것("너는 아무것도 아니며, 너의 민족만이 전부이다")에 대한 반작용으로 성립했다. 다시 말해 독일 기본법 제1조 1항은 (기본법 제79조의 "영구적 보장" 규정과 함께) 모든 형태의 국가개입에 대해 인간적인 동일성의 가장 핵심적인 영역을 보장하기 위한 것이다.

그러나 오늘날의 생명윤리논의는 이러한 협소한 목적설정을 훨씬 넘어선다.[1] 유전공학, 배아간세포치료, 복제의술과 기타 이와 유사한 주제들에 대한 오

---

* 이 논문의 원제목은 "Die mißbrauchte Menschenwürde: Probleme des Menschenwürdetopos am Beispiel der bioethischen Diskussion"이고, Jahrbuch für Recht und Ethik, Band 7, 1999, 137-158면에 실려 있다.

** Würzburg University in Germany, Faculty of Law.

*** 한양대학교 법학전문대학원 교수.

**** 원광대학교 법학전문대학원 교수.

늘날의 논쟁에서 인간존엄이라는 논증점은 자신의 견해를 다른 경쟁적인 견해들과 서로 구별하기 위해 거의 무분별하게 사용된다. 많은 저자들에게 인간의 존엄은 기초와 관련된 모든 법정책적 질문들에 대한 무료입장권으로 보인다. 이러한 대단한 열정과 결부된 실무가 인간존엄의 원칙의 위상에 대해 대단히 치명적이라는 점은 별도로 강조할 필요가 없다.[2] 즉 인간의 존엄은 '별 가치 없는 것으로' 격하되었으며, 혹은 교회의 주말설교를 위한 미사여구로 사용되고 있고, 심지어 인간존엄을 원용하는 것은 임의적이며 협잡이라는 오명속에 빠지게 되었다.

오늘날 인간의 존엄의 보장의 의미는 더 이상 전체주의적 사회의 방어에만 있는 것이 아니다. 인간의 존엄은 우리 사회의 거의 일반적으로 승인된 마지막 가치 중의 하나이다. 세속화된 사회의 근본가치로서 인간의 존엄은 포기될 수 없다. 인간존엄의 불가침성에 대한 믿음이 누리는 폭넓은 지지는 이 개념이 상이한 해석을 허용한다는 점에 상당한 정도 기인한다. 이 개념의 해석가능성의 폭과 함께 인간 존엄이라는 논증점의 잠재적인 확인가능성은 증가한다. 그러므로 예컨대 유전자 치료의 허용성이나 혹은 유전자의 변형 등과[3] 같은 구체적인 질문들이 인간 존엄의 보장을 들어 대답될 때 그 개념의 일의성은 급격히 감소한다. 이것을 통해 근본적인 딜레마가 밝혀진다. 즉 사람들이 인간 존엄의 개념에 어느 정도 세부적인 내용을 부여하게 되면 이 개념은 자신의 해석개방성으로 인해 자신의 확인잠재성과 또한 총체적인 효력을 잃게 될 염려가 있다. 이에 반해 사람들이 내용적인 확정을 거부한다면, 총체적인 효력은 남아 있지만 그 대가로 그 개념은 실제

---

1) 국가철학과 헌법론 안에서 법적 논의를 상세하게 다룬 것으로는 C. Enders, Die Menschenwürde in der Verfassungsordnung. Zur Dogmatik des Art. 1 GG, Tübingen 1997.

2) 이미 뒤리히(Dürig)는 G. Dürig, in: Th. Maunz/G. Dürig, Grundgesetz. Kommentar, München 1958 ff., Art. 1 I Rz 16 에서 인간존엄성의 무분별한 사용에 대해 경고하였다. 마찬가지로 근래의 논의로는 D. Birnbacher, Mehrdeutigkeiten im Begriff der Menschenwürde, in: Aufklärung und Kritik, Sonderheft 1/1995, S.4-13; T. Geddert-Steinacher, Menschenwürde als Verfassungsbegriff, Berlin 1990, S.15 ff.; U. Neumann, Die Tyrannei der Würde. Argumentationstheoretische Erwägungen zum Menschenwürdeprinzip, in: ARSP 1998, S.153-166.

3) 유전공학의 놀랄 만한 새로운 가능성에 대한 개관으로는 L. M. Silver, Das geklonte Paradies. Künstliche Zeugung und Lebensdesign im neuen Jahrtausend, München 1998 참조.

적인 적용에서는 거의 소용이 없게 된다. 그렇게 되면 모든 법정책적인 프로그램은 그 지지자들 각자의 고유한 인간존엄의 이해방식을 원용하게 된다.

통상적으로 기본법상의 존엄성 개념의 두 가지 전통으로 기독교적 자연법사상과 계몽철학을 들고 있다. 그러나 교회가 19세기까지도 인권을 중심에 두고 있는 철학과 맞섰다는 사실을 간과해서는 안 된다.[4] 인간존엄과 인권에 관한 계몽사상은 르네상스에 소급하며, 이 르네상스는 다시 고대의 도덕철학(스토아)과 연결된다.[5] 이로써 기본법상 인간존엄의 보장의 이념사적 배경은 결코 동질적인 것이 아님이 밝혀지며, 여기서 보이는 긴장관계는 바로 유전공학과 그리고 다른 새로운 기술을 둘러싼 논쟁에서 여전히 계속 일어나고 있다.

나는 여기에서 생명윤리에 관해 제기되고 있는 문제를 예로 하여 인간존엄의 논증점의 문제 감당능력을 상세하게 검토하고자 한다. 유전공학을 둘러싼 공공의 논의에서 가장 많이 사용되고 있는 인간존엄의 내용규정, 즉 다시 말해 "도구화"의 금지란 면밀히 살펴보면 견지될 수 없고, 더욱이 통상적인 이해에 비추어 보아서도 인간의 존엄을 침해하는 분명한 사례들을 파악할 수가 없다. 그러므로 인간의 존엄이 기본적인 주관적 권리의 범위로 이해되게끔, 개념규정의 변환을 시도해야 한다. 여기서 내가 제안하는 구상은 아주 명확하기 때문에 인간존엄이 일상적인 개념으로 전락하는 것을 방지할 수 있다. 그러나 다른 한편으로 이와 같은 개념이해는 인간의 보편적인 욕구와도 연계되어 있어서, 인간존엄의 보장이 지니는 일의적인 기능도 보당될 수 있다.

아래의 논의에서 나는, 우리의 문화권 안에서 "인간존엄" 개념하에 전통적으로 이해되는 것을 자세히 설명하고, 비판하고 그리고 명확히 하려고 한다. 여기서 주장되고 있는 존엄성 개념의 세부적인 근거는 도덕철학 내지 법철학적 문제로서 여기서 지금 자세하게 논의될 수는 없다. 그러나 아마도 가치와 규범을 이

---

4) H. Dreier, in: ders. (Hrsg.), Grundgesetz. Kommentar. Bd. 1 (Art. 1-19), Tübingen 1996, Art. 1 I Rz 6 ff.; 또한 (절충적으로는) O. Höffe, Die Menschenrechte in der Kirche, in: A. Hertz u. a. (Hrsg.), Handbuch der christlichen Ethik. Aktualisierte Neuausgabe, Bd. 3, Freiburg u. a. 1993, S.236-255 (239 ff.) 참조.

5) 자세하게는 H. Dreier, in: ders. (Hrsg.), GG-Komm. (주 4), Art 1 I Rz 2 ff.; H. Hoffmann, Zur Herkunft der Menschenrechtserklärungen, in: JuS 1988, S.841-848 (두 논문 모두 이 테제에 대한 상세한 전거를 제시하고 있다).

렇듯 인간의 기본적인 욕구와 이해(Interesse)에 관련시키는 것은, 법철학 및 도덕철학적 맥락에서도 합리성의 차원에서 주장될 수 있는 가장 강력한 근거지음의 한 형태일 것이다. 그런 의미에서, 여기서 전개되는 구상이 우리의 유럽문화권을 넘어서도 승인될 수 있기를 감히 희망해본다.

II. 개별적인 인간존엄성 대 인간상

새롭고, 생소하기까지도 한 배아간세포치료 같은 기술공학은 종종 인간의 존엄에 위반되는 것으로 낙인찍힌다.[6] 그러나 여기서 도대체 누구의 존엄이 침해되었는지는 대체로 언급되고 있지 않다.[7] 즉 시술된 세포의 존엄인가? 세포가 속해 있는(출생한, 혹은 아직 출생하지 않은) 개체의 존엄인가? 아니면, 분리된 세포의 조작이 문제되는 경우, 그 세포로부터 생성되거나 또는 생성되어야 하는 개체의 존엄인가? 그 후손의 존엄인가? 아니면 유전공학 시술을 관찰한 사람의 존엄인가? 아니면 배아간세포치료를 통해 세포가 손상된 인류 전체의 존엄인가?

분리된 세포에 대한 유전공학적 시술에서 "인간존엄"의 침해를 바라본다는 것은 거의 가능하지 않다. 또한 판단능력이 있는 자가 그 조치에 동의했을 경우 그 자의 배아간에 대한 침해를 결코 인간존엄의 침해라고 해석할 수는 없다. 그렇기 때문에 인간존엄의 침해를 배아간세포시술을 받은 이후에 태어난 세대나 또는 인류 안에서 발견하는 것은 그리 놀랄 만한 일은 아니다.[8] 물론 이 점은 기본권 권능의 전래적인 이해방식과는 모순된다. 왜냐하면 전래적인 이해방식에

---

6) P. Häberle, Die Menschenwürde als Grundlage der staatlichen Gemeinschaft, in: Handbuch des Staatsrechts, Bd. 1, 2. Aufl. Heidelberg 1995, S.815-861 (857 Rz 92); P. Kunig, in: I. von Münch/P. Kunig (Hrsg.), Grundgesetz-Kommentar, Bd. 1, 4. Aufl. München 1992, Art. 1 Rz 36 (광범위한 전거가 제시되어 있다). 독일에서 배아간세포치료는 배아보호법(EmbrSchG) 제5조 1항에 의해 금지되어 있다.

7) Birnbacher, Mehrdeutigkeiten (주 2), S.9 f.; Neumann, Tyrannei der Würde (주 2), S.156

8) E. Benda, Erprobung der Menschenwürde am Beispiel der Humangenetik, in: R. Flöhl (Hrsg.), Genforschung – Fluch oder Segen?, München 1985, S.205-231 (210); W. Höfling, in: M. Sachs (Hrsg.), Grundgesetz. Kommentar, München 1996, Art. 1 Rz 22 f.

의하면 기본권은 국가에 대항하는 개개인의 주관적인 권리로 이해되기 때문이다.[9] 이와 달리 철학문헌에서는 기본권 권능에 대한 집단적인 이해방식에 대한 착안점들도 발견된다.[10] 기본권 해석이론에서 널리 인정되는 기본권의 객관적·법적 기능, 즉 기본권은 주관적 권리의 보장을 넘어서 "객관적 가치체계"를 정립한 것이라는 생각은[11] 또한 기본권의 해석에서 인간의 존엄을 개인적 인권에서부터 보편적인 인류의 권리로 확장시키는 것을 허용한다. 사실상 그렇게 함으로써 인간의 존엄은 특히 1950년대나 1960년대에 그렇게 맹세되었던 그러나 오늘날에는 아주 진부해진 "서양의 인간상"이라는 논증점을 대신하게 된다.

인간존엄 개념을 그렇게 확장하는 것이 애당초 허용될 수 없는 것은 아니다. 그러나 간과해서 안 될 점은 개념의 외연의 확대와 함께 거의 필연적으로 금기시되는 기능의 약화가 결부된다는 점이다. 인간존엄의 논거로써 예나 지금이나 활성화되는 강한 정서는 견디기 어려운 것으로 느껴지는 노예나 고문 등과 같은 개개인의 침해로부터 그 힘을 얻는다. 이에 반해 전적으로 특정한 인간상을 침해하는 행위들이나 상태들은 그렇게 명료하지 않다.[12] 여기서는 오히려 상대적이고 세분화되고 약화된 논거에 대한 여지가 남는다. 종종 강력한 방어적인 태도는 습관화에 의해 점차 사라지기도 한다.

우리의 인간상 및 이와 합일될 수 있는 것들은 문화적으로 조건지어지며 역사적인 변화에 예속된다. 이는 갈릴레이의 경우에서 분명하게 드러난다. 즉 카톨릭교회의 막강한 권력조차도 새로운 과학적 세계상 및 인간상의 등장을 막기에는 충분하지 못했다. 이에 반해 인간존엄의 개념을 불변적인 것으로 또는 시대와

---

9) 이에 대해서는 단지 B. Pieroth/B. Schlink, Grundrechte. Staatsrecht II, 14. Aufl. Heidelberg 1998, Rz 73 ff.

10) 정언명령을 풀어쓴 칸트(Kant)의 공리로는 "너는 모든 사람을 너의 인격에서뿐만 아니라, 다른 모든 사람의 인격에서도, 항상 동등한 목적으로 다루어야 하며, 결코 단지 수단으로 취급하지 말아라"(Grundlegung zur Metaphysik der Sitten, Weischedel- Werkausgabe Bd. VII, S.61) 참조; 또한 Kant, Metaphysik der Sitten, Weischedel-Werkausgabe Bd. VIII, S.601. 여기서 형벌은 "일반인이, 그렇게 처벌되는 것이 당연했다고 인정하게끔 만드는 것이다"고 언급되어 있다.

11) Pieroth/Schlink, Grundrechte (주 9), Rz 76 ff.

12) 복제의술영역의 한계사례에 대해서는 D. Birnbacher, Gefährdet die moderne Reproduktions- medizin die menschliche Würde?, in: A. Leist (Hrsg.), Um Leben und Tod, Frankfurt a.M. 1990, S.266-281 (275 ff.).

문화를 광범위하게 뛰어넘는 것으로 간주하는 것은 개인적인 인간존엄의 일반적인 이해에 상응한다. 이러한 표상이 상세한 이념사적[13] 연구를 견뎌나갈 수 없다 하더라도 인간존엄의 논증점을 개인적 인권에서부터 보편적인 인류 전체의 권리로 확장하는 것은 지적 성실성과 논증적 공정성의 근거로부터 명료하게 설명되고 근거지어져야 한다.[14]

Ⅲ. 도구화금지와 이에 대한 문제점들

이와 같은 무분별하고 거의 자의적인 사용과는 눈에 띄게 반대되는 것으로 종종 전형적인 개념규정이 존재하는데, 이에 따르면 (칸트의 공식에 의거해) 인간이 "목적"으로서가 아니라, "단지 수단으로서" 다루어질 때 인간의 존엄이 침해된다고 한다.[15] 이와 유사한 개념사용법이 법학에도 자리를 잡았다. 뒤리히(Günter Dürig)의 말을 빌리면 "인간의 존엄은 구체적인 인간이 객체로, 단지 수단으로 혹은 대체될 수 있는 것으로 격하될 때 침해된다"[16]고 한다. 이와 같이 "객체공식"이라 불리는 개념규정은 비록 몇몇의 삭제된 부분이 있으나 독일연방헌법재판소의 판례에서 관철되었다.[17] 생명윤리논의에서는 종종 "도구화금지"라고 말해지는데, 이러한 전문용어는 호르크하이머(Max Horkheimer)의 도구적 이성에 대한 비판을 통해 각인된 것이다.[18]

---

13) 이에 대한 전거에 대해서는 위의 주 5 참조.

14) "설득력 있는" 기술 및 긍정적으로 다루어지고 있는 개념의 외연확장에 대해 폭넓게 다루고 있는 글로는 E. Hilgendorf, Moralphilosophie und juristisches Denken, in: ARSP 1996, S.397-415 (402 ff.).

15) 칸트의 이 공리에 대해서는 위의 주 10 참조.

16) G. Dürig, in: Maunz/Dürig,: GG-Komm. (주 2), Art. 1 Rz 28.

17) BVerfGe 9, 89 (95); 45, 187 (228); 50, 166, (175); 72, 105 (116).

18) M. Horkheimer, Zur Kritik der instrumentellen Vernunft. Aus den Vorträgen und Aufzeichnungen seit Kriegsende. Hrsg. von A. Schmidt, Frankfurt a.M. 1947. 이와 비슷한 논거로는 H. Marcuse, Der eindimensionale Mensch, Neuwied 1967, S.172 ff. 이에 대해서는 H. Lübbe, Instrumentelle Vernunft. Zur Kritik eines kritischen Begriffs, in: Perspektiven der Philosophie, Bd. 1 (1975), S.111-139.

아래에서 나는 이러한 뒤리히(Dürig)의 공식안에 상이한 관점들이 혼합되어 있음을 제시하고자 한다. 즉 여기서 인간의 존엄 침해를 설명하고자 사용된 세 전문용어 —"객체," "단순한 수단" 그리고 "대체될 수 있는 것"— 는 동일한 의미가 아니며, 문자 그대로 이해한다해도 동일한 기본사상과 관련을 맺고 있지도 않다. 객체공식과 대부분 동일시되고 있는 이러한 도구화금지는 일상적인 이해에 비추어 보아서도 명백한 인간 존엄의 침해들을 파악하는 데에 적합하지 못하다. 따라서 새로운 사례형태들에 관한 논쟁에서는 물론 더욱더 유용하지 못하다.

1. 객체개념의 범위

이러한 뒤리히(Dürig)의 객체공식을, 이 공식의 특별한 철학적 위엄 때문에 자신의 법정책적 직관을 장식하기 위한 미사여구로 사용할 뿐만 아니라 정연한 개념을 사용하기 위해 노력하는 사람은, 먼저 이 공식에 그 이름을 제공한 객체개념이 대단히 불명확하다라는 문제에 봉착하게 된다. 진부한 예를 들자면, 가령 우리가 타인을, 그의 인간존엄을 전혀 문제시함이 없이 자신의 희망이나 소원의 "객체"로 만드는 것은 가능하다. 철학적 언어사용에서 "객체"는 특히 관찰하는 "주체"에 대한 대립개념으로 이해되고 있다. 따라서 가령 칸트는 "객체는 주어진 직관의 다양성을 하나로 묶는 개념이다"고 말하였다.[19] 현대철학에서는 때때로 근대철학의 "주체-객체-분열"의 극복이 요구되어 왔다. 이러한 개념들을 사용하는 것은 인간의 존엄과는 아무런 관련이 없는 일이다.

독일연방헌법재판소도 또한 객체개념에로 무비판적으로 지향하는 데 대해 다음과 같이 반대견해를 피력하였다. 즉 "인간이 국가권력의 단순한 객체로 격하되어서는 안 된다는 바와 같은 일반적인 공식들은 인간의 존엄의 침해가 발견될 수 있는 사례들의 방향만을 대략적으로 암시할 뿐이다. 인간이 자기이해에 대한 고려 없이 복종해야 하는 한, 인간은 종종 법의 … 단순한 객체가 된다. 그러나 여기서 인간존엄의 침해란 발견될 수 없다."[20] 요약하면, 객체개념을 통해서는 인간의 존엄 침해를 근거지을 수 없다.

---

19) Kritik der reinen Vernunft, Weischedel-Werkausgabe, Bd. III/1, S.139.

20) BVerfGE 30, 1 (25 f.).

2. 인간의 존엄과 "도구화"

따라서 객체개념과 결합된 직관적인 측면을 설명하기 위해 무엇보다도 널리 퍼진 문헌에서의 목적-수단이라는 논증점에 초점을 맞추고 인간의 존엄침해를 상대방의 "도구화"(혹은 "기능화")[21]로 동일시한다. 이러한 개념 이해는 뒤리히식의 객체공식의 두 번째 요소, 즉 타인을 "단순한 수단"으로 격하시킴에 의해 지지될 수 있다. 그럼에도 불구하고 이런 해석은 또한 심각한 이의제기에 직면하고 있다.

도구화논증점에 대한 첫번째 반대논거는 목적-수단-연관점의 존재가 객관적 소요와는 무관하고 전적으로 행위자의 목적설정에 의존한다는 것이다. 즉 어느 한 사람이 다른 사람을 "단지 수단으로" 이용하는지 아니면 다른 사람과의 상호교류가 자기목적적인지의 여부는 행위자의 목적에 좌우되고 있다. 따라서 "도구화"와 인간존엄의 침해를 동일시하는 것은 인간의 존엄보호의 주관화를 가져온다.[22] 그러나 상대방이 자신을 "단지 수단으로서" 이용하고자 하는지의 여부는 그가 객관적인 손해를 입지 않은 한, 당사자에게는 보통 별로 중요한 일이 아니다. 단순히 나쁜 심정만으로는 인간존엄이 침해되지 않는다.[23] 이미 이런 근거에서 타인을 "단순한 수단"으로 격하시킨다는 말은 사실 별내용이 없는 말이다.

말 그대로 보면 다른 사람을 "단순한 수단"으로 이용한다는 "도구화" 논증점은 너무 협소해서 가장 중요하고 일반적으로 승인되어 있는 인간 존엄의 침해의 사례조차 파악하지 못한다. 광신적인 나치주의자이자 반유태주의자에게 모든 개개의 유태인을 고문하고 멸살하는 것이 궁극적인 목적 혹은 "목적 그 자체"였다고 가정을 해 보자. 그렇다면 그가 자신의 범죄적인 광신을 현실로 옮겼을 때, 그 자는 사실상 그의 피해자의 인간 존엄을 해치고 건드리지 않았는가? 몇몇 사실은 다음과 같은 점을 뒷받침하는데, 즉 많은 주도적인 나치주의자들에게 있어 유럽

---

21) 인간을 특정한 개별기능으로 단순화하는 것을 의미한다

22) 이와 같은 주관화에 대한 논거들은 독일연방법원판례[BVerfGE 30, 1 (26); 47, 239 (247 f.)]에 있다.

23) 여기서, 인간존엄성을 침해해서는 안 된다는 명령이 타인에 대한 존중(또는 경외심) 이라는 공준과 긴밀히 관련되어 있다는 사실에는 논란이 없다. 그러나 이로부터 존중하지 않음이, 곧바로 인간존엄성 침해와 동일하게 다루어질 수 있는 것은 아니다.

의 유태인의 멸살은 사실상 그들 행위의 최후의 목적이었다는 것이다.[24] 우리들은 이 점으로부터 유태인들을 가차없이 박해한 것이 그들의 인간의 존엄을 해친 것이 아니라고 추론할 수 있는 것인가? 이 점을 긍정하는 것은 명백히 잘못된 것이다. 유태인 학살은 오히려 바로 왜 인간의 존엄에 대한 믿음이 기본법의 정점위에 놓여지게 되었는가에 대한 근본적인 이유가 된다.[25]

일상적인 도구화논증점의 지지자는, 다른 사람을 "항상 동시에 목적으로서 취급해야 하며, 결코 단지 수단으로 사용해서는 안 된다"는 칸트의 요청에는 단순히 도구화의 금지 이상을 포함하고 있다는 점을 지적한다. 사람들은 예컨대 다음과 같이 논거를 펼 수 있을 것이다. 즉 이 공식은 타인을 수단으로 이용하는 것을 금지하지는 않고, 오히려 인간의 존엄에 대한 침해는 타인이 전적으로 다른 목적에 대한 수단으로만 사용될 때에만 존재한다는 식으로 말이다. 그러나 이런 해석도 우리들의 나치의 예들에서는 별반 도움이 되지 못하는데, 그 이유는 이 예들은 바로 다음과 같은 점, 즉 피해자의 고문은 어떤 목적에 도달하기 위한 수단이 아니라는 점에 의해 특징지워지기 때문이다. 고문은 여기서 부분적인 수단이나 "단순히 어느 한 수단"이 아니라 오히려 어떤 수단이 되는 것이 아니다. 요컨대 고문은 오히려 행위자의 궁극적인 목적이다.

사람들은 다음과 같은 생각, 즉 고문피해자의 도구화를 고문에서 발견하려는 생각, 요컨대 고문피해자를 스스로의 고문의 "수단"으로 여기는 생각에 빠질 수 있다. 이런 시각은 그러나 행위의 수단과 행위의 객체를 서로 혼동한 것이다. 망치를 수단으로 해서 벽에 못을 박은 자는 못을 박기 위해 망치를 수단으로 (그것도 "단순히 수단으로") 사용한 것이다. 이 경우 "벽에 박히는 행위"의 수단으로 못이 사용되었다고 말하는 것은 언어관행에 위반된다. 고문의 피해자는 고문의 수단이 아니라, 오히려 고문의 객체이다. 그런 한에 있어서, 이 상황은 환자가 언제나 "수단"(스스로의 행위의)으로 사용되는 것이 아니라 오히려 치료행위의 객체로 되는 치료행위와 동일하다. 여기서 고문과 치료수술의 중요한 차이는 그들 행위의 목적-수단의 구조가 아니라 오히려 해당인에 대해 그때 그때 목적달성을 위해 투입되는 수단의 사실적인 작용력이 무엇인가에 놓여 있다.

---

24) 주지되듯이 유태인의 학살은 전쟁이 끝났던 그 시점부터도 유태인에게 여전히 계속되고 있다.

25) H. Dreier, in: ders (Hrsg.), GG-Komm. (Fn.4), Art. 1 I Rz 21.

도구화금지의 해석에서 객체공식을 구하기 위해 고문집행자의 행위수행을 다음과 같이 해석할 수 있다. 즉 고문집행은 유태인을 고문하고 전멸하는 범죄적 의도를 실현화하는 수단(그것도 "단순한 수단")이라고 말이다. 그러나 이러한 회피전략은 물론 그 대가를 치러야 한다. 왜냐하면 모든 행위는 의사조종행위로서 의지요소와 실현요소로 분리될 수 있기 때문에, 모든 행위결과는 그 배후에 놓인 의도를 실현하기 위한 수단으로 해석될 수 있기 때문이다. 이로써 객체공식을 적용할 가능성은 극단적으로 확장되며 거의 임의적이 된다. 이에 따라 여자친구에게 꽃다발을 선물하는 것은 이에 상응하는 행위소원을 충족시키기 위한 단순한 수단인 것이다. 그렇다면 이것이 꽃다발을 받는 사람의 인간의 존엄을 침해하는 것인가?

칸트의 문헌에서는, 다른 사람을 "단지 수단으로" 사용하지 말라는 금지와 함께, 모든 사람은 행위자의 인격에서뿐만 아니라, 다른 모든 사람의 인격에서도 "항상 동등한 목적으로" 다루어져야 한다는 표현이 있다.[26] 종종 관찰되지 않은 사실은 칸트가 "목적"이라는 말을 여기서 오늘날 일반적으로 통용되는 것과 다른 의미로 사용했다는 점이다. "목적"은 행위에 의해 추구된 결과를 의미한다. 이런 결과는 통상적으로 행위객체의 상태변화에 놓여 있다. 이러한 언어사용에 비추어 볼 때 사물, 인간 그리고 다른 존재자는 "목적"일 수 없으며, 단지 그 상태변화만이 목적이 될 수 있다. 목적은 의도된 결과이다. 그러나 칸트공식에서 "목적"이라는 말은 "의도된 결과"라는 표현에 의해 유의미하게 대체될 수 없다. 이는 그가 "목적"이라는 말을 다른 의미로 사용했음을 보여준다.

내게 가장 설득력 있는 해석은 칸트가 그의 목적공식과 함께 모든 인간의 개별적인 고유가치의 보존을 요청했다는 것이다. 따라서 인간을 "목적"(궁극목적)으로 다루는 것은 "인간의 고유가치의 존중"을 의미한다. 이에 따른다면 피고문자가 어떤 광범위한 목적을 위한 "단순한 수단"이기 때문이 아니라, 고문을 통해 피고문자의 침해될 수 없는 고유가치를 침해당했기 때문에, 고문은 인간존엄성을 침해한 것이 된다.[27] 그러나 물론 "고유가치" 그 표현 그 자체는 여전히 해석

26) 주 10에 완전한 문장이 있다.

27) 물론 칸트를 다르게 해석하는 것도 생각해볼 수 있다. 특별히 눈길을 끄는 것은 칸트가 스스로 다음과 같이 도구화금지를 해석했다는 점인데, 여기서 그는 당사자의 잠재적 동의에

을 필요로 하는 것임을 간과해서는 안 된다. 4(IV)장에서는 이러한 "고유가치"를, 특히 극심한 고통으로부터 벗어날 권리도 속해 있는, 특정한 주관적 권리의 통합과 동등하게 다룰 것을 제안하고 있다. 이렇게 하여, 위에서 예로 든 고문은 결국 명백히 희생자의 인간의 존엄에 대한 위반으로 평가될 수 있다.

요약하면, 객체공식을 도구화금지로 해석하는 것 또한 견지되기가 힘들다는 점이 확인된다. 특히 객체공식은, 명백히 인간존엄에 반하는 것으로 느껴지는 행위나 또는 그 결과가 "단지 수단"이 아니라, 행위의 본질적인 궁극목적이 되는 사례들에서 실패하게 된다. 얼핏보기에 도구화금지는 잘 적용될 수 있는 것처럼 보인다. 그러나 자세히 분석해보면, 이는 불명확할뿐만 아니라, 거의 임의적으로 적용가능하다는 것이다. 따라서 도구화금지는 인간의 존엄 침해에 대한 기준으로뿐만 아니라, 그 정의로도 전혀 사용될 수 없다.

3. 무료입장권으로서의 객체공식

객체공식은 또한 그 문자적 의미대로는 거의 사용되지 않고, 인간존엄에 반하는 상태를 "개념화 하기 위한" 고리로서만 사용되고 있는데, —유감스럽게도— 이는 기껏해야 불충분한 개념일 뿐이다. 왜냐하면 이러한 방식으로는 객체공식과 그리고 이와 함께 인간의 존엄 개념이, 문헌에서 항상 비판되어왔듯이, 실제로 텅빈 공식이 되기 때문이다.[28] 이미 쇼펜하우어(Schopenhauer)는 이점을 다

초점을 두고 있다. "당연 또는 응당한 의무에 대해 말한다면, 의도적으로 타인과 거짓약속을 하는 사람은, 그가 타인을 단순히 수단으로서 이용하려 한다는 것을 곧바로 깨닫게 된다. 그러나 여기서 그 타인이 동시에 목적을 가지고 있는 것은 아니다. 그러한 약속을 통해서 내가 나의 의도에 이용하고자 하는 타인이, 그에 반하는 나의 방식에 동의할 리는 만무하며, 따라서 그가 이러한 내 행위의 목적을 가지고 있을 수는 없기 때문이다."(Grundlegung zur Metaphysik der Sitten, Weischedel-Werkausgabe Bd. VII, S.61 f.) 목적공식에 대한 이러한 내 해석에서 중심적인 문제는 분명하다. 즉 모든 시술은 실제 동의가능하다. 따라서 각각의 당사자가 동의할 수 있는지에 문제가 있는 것이 아니라, 각각의 당사자가 동의를 해야만 한다는 데에 문제가 있다. 그러나 이러한 도덕적인 문제에 대해서는 응당 칸트가 대답해야만 한다. 두 번째 문제는 인간존엄성위반을 규정하기 위한 동의 기준들의 유용성과 관련되어 있다. 타인의 권리영역에 대한 동의가 없는 모든 시술들을 인간존엄성에 위반한 것으로 간주하고자 한다면, 기본법 제 1 조 1항의 적용범위를 다분히 확장한 것이 될 수도 있다.

28) N. Hoerster, Zur Bedeutung des Prinzips der Menschenwürde, in: JuS 1983, S.93-96

음과 같이 분명하게 지적하였다:

> "특히 칸트주의자들이 지칠 줄 모르고 되풀이하는 문장, 즉 '인간을 항상 목적으로만 다루어야지, 결코 수단으로 다루어서는 안 된다'라는 말은 중요하게 들리는 소리이자, 따라서 다른 모든 멀리 떨어진 생각에서 해방시키는 하나의 공식을 갖고자 하는 모든 이들에게는 전적으로 적절한 말이기는 하다. 그러나 잘 관찰해보면 이는 극도로 모호하고, 막연하며, 자신의 의도를 거의 간접적으로 달성케하는 진술과도 같은 것이어서, 이를 사용하는 모든 경우에서 각각의 특별한 설명, 규정 그리고 수정을 필요로 하는, 따라서 일반적으로 보면 매우 불충분하고, 말해주는 바도 별로 없는, 게다가 문제점까지 있는 것이다."[29]

쇼펜하우어의 이러한 말이 정당하다는 것은, 치료목적으로 실행된 배아간세포에 대한 유전공학적 시술을 객체공식을 통해 인간존엄에 반하는 것으로 특징지으려는 매우 강제적인 시도들이 잘 보여준다. 즉 이러한 시도를 통해서는 치료를 필요로 하는 개인이 어째서 "단순히 수단으로서" 취급되어야 하는지를 절대로 이해할 수가 없다. 오히려 이러한 상황은 전통적인 치료조치와 곧바로 비유될 수 있다.[30] 그러나 물론 특정한 속성을 지닌 인간을 배양시킬 목적으로 배아간세포 시술을 감행한다면, 이는 사정이 다르다. 이 경우, 유전자가 조작된 개인이 배양의 수단으로 사용되었다고 의미 있게 말할 수 있다.

최근 노이만(Ulfrid Neumann)이 객체공식을 가지고 인간존엄성에 반하는 것으로 그 증명을 시도했던 인간복제 역시 의심스럽다.[31] 복제의 배후에 어떠한 목적이 있든 상관없이, 어떤 경우이든 "인간복제를 통하거나 혹은 단지 이러한 유전적 프로그램을 통해 인간을 생산해내는 것"만이 관건이 된다고 한다. 이를 통

참조.

29) A. Schopenhauer, Die Welt als Wille und Vorstellung, Bd. 1, S.477 (Gesammelte Werke, hg. von W. Freiherr von Löhneisen, Darmstadt 1982).

30) 전통적인 치료조치도 마찬가지로 직접 관련되는 개인뿐만 아니라, 제 3 자(가령 자손)에게도 이익이 될 수 있다는 사실은 주목할 만하다.

31) Die Tyrannei der Würde (주 2), S.160. 복제에 관한 윤리적 논의를 포괄적으로 다룬 오늘날의 글로는 J. S. Ach, G. Brudermüller und C. Runtenberg (Hrsg.), Hello Dolly? Über das Klonen, Frankfurt a.M. 1998.

해 "한 인간의 전 생존은 특수한 유전자적 장비를 지니는 공동체 인간에 대한 타인의 관심 안에 서게 되는 것"이며 따라서 복제는 전적으로 "타인의 목적을 위한 수단으로서만 사용되고 있다"고 그는 말한다.[32]

이러한 논거는 단지 부분적으로만 납득이 간다. 왜냐하면 객체공식으로는 복제에 대한 평가를 할 수 없는 분명한 사례들도 존재하기 때문이다. 이는 하나의 표준적인 예에서 분명해진다. 어느 부부가 불행히도 먼저 죽은 자식의 신체에서 세포를 떼어다가 이로부터 유전적으로 동일한 아이가 태어나고, 이 아이를 그 부모들이 죽은 아이 대신에 받아들이고자 한다. 이러한 과정은 곧바로 도덕적으로 극심한 의문을 가져오며, 뿌리깊은 불안과 경악을 자아낸다. 그럼에도 불구하고 어째서 아이가 객체공식의 의미에서 "단순히 수단"이 되어야 하는지는 불명확하다. 이 아이의 존재는 완전히 정반대로 복제과정에서 의도적으로 추구된 목적이다. 때때로 자연적인 복제과정은 아이를 만들어내는 것과는 또 다른 목적에도 이바지할지도 모른다. 그러나 우리의 복제사례에서 보면, 복제는 오로지 아이의 존재에로 지향되어 있어서, 칸트의 목적공식으로는 세포기증자 또는 복제에 대한 인간존엄의 위반은 결코 성립될 수 없다.

4. 인간의 존엄과 인간의 고유가치

도구화금지보다 훨신 더 유효하고, 또한 전통적으로 인간의 존엄하에 이해된 것의 설명을 위해 보다 더 적합한 것은 뒤리히(Dürig) 공식의 마지막 요소인 것 같은데, 이에 의하면 인간은 "대체될 수 있는 것"으로 격하되어서는 안 된다는 것이다. 또한 이 공식에도 대부를 섰던 칸트는 이에 대해 다음과 같이 말한다. 즉 "어떤 가격을 지니는 것은 그 대신 다른 것이 그와 동가의 것으로 대치될 수 있다. 그에 반해 모든 가격을 초월한 것, 따라서 어떤 동등한 가치를 지니는 것을 허용하지 않는 것이 존엄이 있는 것이다."[33]

그럼에도 불구하고 대체될 수 없음이나 혹은 유일함의 관점 자체는 인간 존엄의 침해에 대한 모든 명백한 사례들을 포착하기에 불충분하다. 예컨대 전체주

32) 위의 글.

33) Grundlegung zur Metaphysik der Sitten, Weischedel-Werkausgabe Bd. VII, S.68.

의적인 실력자가 저항권 집단의 마지막 지지자를 자기 궁전의 지하실에서 죽도록 고문을 할 때, 그에게 그 피해자의 동일성이 상관이 없는 것은 아니다. 그 피해자들은 타인들을 통해 대체될 수 있는 것이 아니라, "그들 스스로 때문에" 죽음에 처해진 것이다. 여기서 침해된 것은 그 피해자의 유일함이 아니라 오히려 그들의 고유한 가치이다. 다름이 아니라 바로 이 관점이 "객체로 격하시킴"이라는 공식이나 "단순한 수단"으로 사용함이나 "대체할 수 있는 것"으로 취급한다는 것이 의미하는 것으로서 제대로 표현되었다기보다는 잘못 표현되었다.

그렇다면 무엇이 모든 사람들의 "고유가치"를 이루는가? 무엇을 통해 그것은 표현되는가? 이 질문에 대답하기 위해서 그리고 또한 "인간의 고유가치"라는 말이 지니는 역사적으로 형성된 내용을 충분히 명료하게 설명하기 위해 이 개념을 여러 주관적인 권리의 통합을 통해 상술하는 것이 보다 합목직적이다. 그런 한 "객관적인 공식"과는 대주적으로 인간존엄의 "통합이론"이라고 말할 수 있을 것이다.[34)]

IV. 인간존엄의 통합이론

1. 주관적 권리의 범주로서 인간의 존엄

다음의 요소들은 인간존엄에 관한 우리들의 생각의 핵심을 이루는 것들이다.

(1) 생존에 필요한 최소한의 재화(예컨대 음식, 공기, 공간)를 개개인에게 제공하지 않는 것은 인간의 존엄에 반한다(물질적인 최소한의 생존조건에 관한 권리).

(2) 최소한의 자유권을 개개인들로부터 박탈하는 것은 인간의 존엄에 반한

34) 이와 비슷하게는 Birnbacher, Mehrdeutigkeiten (주 2), S.6; Höfling, in: Sachs, GG-Komm, (주 8), Art. 1 Rz 19; A. Podlech, in: Kommentar zum Grundgesetz für die Bundesrepublik Deutschland (Reihe Alternativkommentare), Bd. 1 (Art. 1-37), 2. Aufl. Neuwied 1989, Art. 1 I Rz 17 ff. 또한 W. Maihofer, Rechtsstaat und menschliche Würde, Frankfurt a.M. 1969, S.56 ff. 참조. 여기서는 인간존엄성의 요소로서 개인의 자유와 안전, 사회보장과 정의 및 정치적 자주입법과 공동결정이 언급되어 있다.

다(자율적인 자기실현에 대한 권리).

(3) 극심하고 오래 지속되는 (신체적 또는 정신적) 고통을 (작위나 부작위에 의해) 타인에게 부과하는 것은 인간의 존엄에 반한다(고통으로부터 벗어날 권리).

(4) 타인의 초개인적인 사생활의 영역을 밝혀내거나 이와 관한 정보를 제3자에게 수집가능하게 만드는 것은 인간의 존엄에 반한다(사생활 영역의 보장권).

(5) 마약이나 혹은 "세뇌"와 같은 불가항력적인 수단을 이용해 타인의 의식을 지속적으로 심하게 변경시키는 것은 인간의 존엄에 반한다(정신적이고 심리적인 통합권).

(6) 사람에게 법주체로서의 지위를 인정하는 것을 거부하는 것은 인간의 존엄에 반한다. 이에 대해서는 자신의 권리를 법원에서 주장할 수 있는 가능성이 주어져야 한다(근본적인 법적 평등에 관한 권리).

(7) 끝으로 인간의 존엄에 대한 위배는 다음의 경우, 즉 어떤 인간이 위에서 언급한 (1)에서 (6)까지의 침해형태를 초월해서 극단적인 방식으로 비하되거나 혹은 자신의 자존심이 침해될 때 인정된다(최소한의 자존에 대한 권리).

인간존엄성은 앞서 보여진 대로 결코 단지 소극적으로 (그 침해를 통해) 결정되는 것이 아니라, 적극적으로 일련의 주관적 권리에 의해 기술된다. 이러한 차별화되고 구체화된 고찰방식을 통해 인간존엄성은 헌법철학의 추상적인 개념으로부터 헌법현실로 내려오게 된다.[35] (1)부터 (3)까지 및 (6)과 (7)은 역사적으로 발전된 우리의 인간존엄의 구상들을 기술한 것이다. 반면에 사생활 보장권과[36] 정신적-심리적 통합권은 새로운 개념이다. 이러한 사실은, 이 두 권리들이 다른 사람의 초개인적인 사생활과 정신에 효과적으로 침입할 수 있는 기술적 가능성이 존재할 때 비로소 의미를 갖는다는 점으로부터 설명될 수 있다.

---

35) 이와 정반대의 방법을 엔더스(Enders)는 "헌법질서상의 인간존엄성"에 관한 자신의 감명 깊은 연구에서 진행하고자 한 듯 보인다. "스스로 의무지울 인간의 가능성" 보다 덜 상세하게 규정된 "인간의 주관성"에 관한 인간존엄성의 세련화와(위의 책, S.501) 그리고 인간존엄성을 "인간으로서의 인간의 권리능력"과(위의 책, S.503) 기본법 제1조 1항의 구체적인 방어기능에 동일하게 부담지우고 있다. 엔더스의 Die Menschenwürde und ihr Schutz vor gentechnologischer Gefährdung, in: EuGrZ 1986, S.241-252 참조.

36) 연방헌법재판소 판례에서(E 65, 1) 정보적 자기결정권은 기본법 제1조 1항이 아닌, 기본법 제1조 1항과 결부된 기본법 제2조 1항에서 도출된 일반적 인격권의 부분이다.

(7)에서 일컫는 최소한의 자존권은 맨 마지막의 범주를 의미한다. 이 범주의 두 구성요소 –극단적인 굴욕감과 자기자존의 박탈– 는 선택적인 것으로 이해해야 한다. 먼저 이 극단적인 굴욕감의 존재여부는 한 사회의 지배적인 관점의 척도에 비추어 결정되며, 이에 반해 자기자존의 박탈은 당사자의 주관적인 상태에 의해 좌우된다. 이에 따라, 어떤 사람이 극단적인 굴욕감을 받은 경우에도 자기자존을 잃지 않았더라도 인간의 존엄에 대한 침해는 존재하며, 이와 마찬가지로 또한 제3자에게는 해가 되지 않는 행위라고 하더라도 특별히 민감한 사람의 자기자존을 상하게 한 경우에는 인간의 존엄에 반하는 것으로 인정된다.[37)]

(1)에서 (7)까지 열거된 보호법익은 기본법 제1조 1항를 통해서 뿐만 아니라 또한 다른 기본권과 헌법원리, 가령 기본법 제2조 2항 1문에 의한 고통받지 않을 권리 그리고 기본법 제3조 1항에 의한 근본적인 법적평등권을 통해서 보호된다. 그렇기 때문에 바로 여기서 전개된 구상에 따라, 인간존엄의 내용을 기본권 전체에다 인정하는 것은 적절하다.[38)] 기본법 제1조 1항은 다른 모든 기본권이 터잡고 있는 초석이 되는 기본권이다.[39)] 그러나 인간의 존엄의 보장을 지나치게 확장하지 않기 위해 그리고 이에 따라 인간존엄의 보장을 관철하기 위해서, 인간존엄의 위반은 단지 위에서 언급된 보호법익의 중대한 침해시에만 인정되어야 한다. 이러한 점이 예컨대 고통으로부터 벗어날 권리에 대해 의미하는 바는 단지 극심한 고통을 가하는 것만이 인간의 존엄을 침해한 것이 된다는 것이다. 이에 반해 단순히 고통을 가하는 것은 기본법 제2조 2항 1문에만 해당된다.[40)] 살해는 당연

---

37) 오늘날 특히 논란이 되고 있는, 인간존엄성에 대한 분명한 침해 또는 단지 추측적인 침해의 많은 경우들은 최소존중권과 관련을 맺고 있다. 이는, 젊은 여자가 소위 "핍쇼(Peep-show)"에 등장하는 것이 그녀의 인간존엄성을 침해한 것이 아니냐라는 여부에 대해 오늘날까지도 아직 결론을 내리지 못하는 논의의 나툼에도 적용된다[이에 대해서는 BVerwGE 64, 274 ff.; VGH München, BayVBl. 1991, 598; 광범위한 전거가 제시되어 있는 글로는 Kunig, in: von Münch/Kunig, GG-Komm. (주 6), Art. 1 Rz 36; Geddert- Steinacher, Menschenwürde (주 2), S.89]. 여기서 (1)에서 (6)까지의 사례그룹들과 명백히 관련된 것은 아니다. 자기자존의 박탈 또한, 여자가 자기의지로 등장했다는 점이 인정되는 한, 존재하지 않는다. 기껏해야 극단적인 굴욕감 정도로 존재할 수도 있겠지만, 그러나 이 또한 내 생각으로는 부정되어야 하지 않을까 싶다.

38) 자세하게는 W. Höfling, Die Unantastbarkeit der Menschenwürde, in: JuS 1995, S.857-862 (861 f.).

39) E. Stein, Staatsrecht, 16 Aufl. Tübingen 1998, §28 II (S.228).

히 피해자의 인간의 존엄에 대한 위반이 아닌, 기본법 제2조 2항 1문의 생명권 침해가 된다.[41]

2. 통합이론에서 도출되는 결론들

도구화사상을 그 근거로 할 때와는 달리 여기서 주장되는 구상에 비추어보면, 개개인의 침해가 단지 광범위한 목적을 위한 수단으로서가 아닌, 목적 그 자체일 때에도 인간의 존엄의 위반이 인정될 수 있다. 이런 점에서 여기서 전개된 나의 제안은 일상적으로 해석되는 바의 객체공식보다 훨씬 폭넓다. 즉 객체공식은, 인간의 존엄의 침해가 비교적 명확히 한계지어진 소수의 사례집단과 관련되고 있는 한 더욱 좁은 것이다. 그러나 인간의 존엄의 침해를 표현한 뒤리히(Dürig)의 제1요소와 제3요소, 즉 사람을 "객체" 또는 "대체가능한 것"으로 격하시키는 요소와 연결시킨다면, 여기서 제안된 구상은 물론 전적으로 객체공식과 완전히 일치할 수 있다. 이런 의미에서 (1)부터 (7)까지 제시된 인간 존엄의 침해의 목록은 객체공식을 보다 명확히 한 것으로 곧바로 간주될 수 있다. 도구화금지도 또한 여기서 전개된 인간의 존엄 구상과 의미 있게 서로 결합될 수 있다. 즉 타인을 "도구화"하는 것이 (개념적으로) 인간존엄에 반하는 것을 당연히 의미하는 것은 아니지만, 경험적으로 보면 인간존엄의 침해는, 인간이 다른 목적달성의 수단으로 무자비하게 투입되고 인간의 고유가치가 고려되지 않거나 심지어 노골적으로 경시되는 그러한 상황에서 보여진다.

여기서 내가 제안한 구상의 본질적인 장점은, 그 구상의 근거지음이 우리의 유럽문화적 전통만이 아니라 이러한 전통을 넘어서서 경험적으로 확정가능한 일반인의 기본적인 욕구와 결합될 수 있다는 데에 있다.[42] 물질적 최소생존, 최소

---

40) 경미한 고통과 극심한 고통 사이의 한계 ─ 법학 어디서나 항시 존재하고 있는 "한계문제" ─ 는 물론 추상적으로 결정될 수 있는 것이 아니라, 개별사안에 따라 좌우된다. 그러나 극심하고 인간존엄성에 반하는 고통을 부가하는 것으로 일반적으로 어렵지 않게 동의되는 사례들로는 아프리카(유럽도 마찬가지!)의 여성할례나 많은 국가들에서 형사절차로 실행되고 있는 고문을 생각할 수 있다.

41) 인간존엄성과 생명권의 "결합을 해제하는 데" 대해서는 H. Dreier, in: ders. (Hrsg.), GG-Komm. (주 4), Art. 1 I Rz 48.

한의 자기실현 가능성, 고통으로부터의 해방은 인간생존의 필요조건이다. 근본적인 법적 평등과 초개인적인 사생활 보장에 대한 욕구는[43] 물론 높은 문화적 단계에서 성립된 것이긴 하지만, 그러나 이러한 문화적 단계를 보호할 필요성은 거의 전 세계적으로 인정될 수 있다. 따라서 (1)에서 (7)까지의 권리들은 오늘날 인간사회질서의 핵심내용으로서 거의 보편적으로 승인되고 있는 것들을 종합한 것이다.

유전공학과 배아간세포치료의 맥락에서 다음의 질문, 즉 해당인이 그 시술에 동의할 경우 인간존엄에 대한 위배가 사라지는가의 문제는 중요성을 지닌다. 여기서는 인간존엄의 이념적인 기초가 의미를 지니는 그런 문제제기가 관건이 된다. 인간의 존엄을 자기 결정에 대한 인간의 능력(자율)에 기초짓는다면, 자유롭게 판단할 수 있는 상태에서 내린 동의를 존중해 주고 이에 따라 인간존엄에 대한 위배를 배제하는 것이 자명해진다. 이에 반해 신과의 닮은 꼴이라는 생각을 그 기본으로 하게 되면 인간의 동의는 기본적으로 관건이 되지 않는다. 독일 기본법에는 이 두 가지 근거지음의 착안점이 서로 병렬적으로 놓여 있는데, 바로 이 점이 기본법 제1조 1항에 의한 보호를 포기할 가능성에 관한 법학에서의 의견다툼을 잘 설명해 준다.[44] 물론 거의 논란의 여지가 없는 것은 자율의 사상이 해석론과 판례에서는 인간의 신과의 닮은 꼴이라는 표상보다 훨씬 더 중요성을 지닌다는 점이다. 이에 부합해서 만일 해당인이 그 시술에 대해 자발적으로 동의를 한 경우, 인간존엄의 위배를 부정하는 것은 당연하다. 그런 한에 있어서는 객체공식과 통합이론과의 사이에 별반 차이가 존재하지 않는다.

그러나 물론 자발성의 요건에 엄격한 요구조건이 제기되어야 한다. 예컨대 심각한 경제적 궁핍으로 인한 동의는 결코 충분하지 않다. 다른 한편으로 의심이

---

42) Birnbacher, Mehrdeutigkeiten (주 2), S.10. 계속해서 일반인의 기본적 욕구에다 규범을 근거지은 데 대해서는 V. Kraft, Über Moralbegründung, in: E. Hilgendorf (Hrsg.), Wissenschaftlicher Humanismus. Texte zur Moral- und Rechtsphilosophie des fruhen logischen Empirismus, Freiburg u. a. 1998, S.334-376; E.-J. Lampe, Rechtsanthropologie heute, in: R. Alexy, R. Dreier, U. Neumann (Hrsg.) Rechts- und Sozialphilosophie in Deutschland heute. Beiträge zur Standortbestimmung, Stuttgart 1991, S.222-235 (230 ff.).

43) E. Benda, Die Würde des Menschen ist unantastbar, in: E.-J. Lampe (Hrsg.), Beiträge zur Rechtsanthropologie, Stuttgart 1985, S.23-33 (25).

44) 이에 대한 전거로는 Geddert-Steinacher, Menschenwürde (주 2), S.86 ff.

가는 것은 어떤 행위의 과정이 비록 기본법 제1조 1항에는 위배되지 않는 것으로 여겨진다 해도 선량한 풍속(민법 제138조, 형법 제228조)에는 반할 수 있다는 점이다. 카프카의 동명의 소설에서 묘사된 바와 같이, 자신의 기아상태를 전시하는 기아예술가들의 자기표현은 기아예술가의 인간의 존엄에는 반하지 않을 수 있으나 일상적인 이해에 따르면 선량한 풍속에 분명히 반한다.[45] 이런 해결책의 기본적인 장점은 선량한 풍속에 대한 위반은 인간존엄의 침해와는 달리[46] 법적용시 가치형량이 가능하다는 것이다. 유전공학시술의 문제에 응용해 볼 때 이것이 의미하는 바는 합의된 조치하에서는 인간존엄에 대한 침해가 부정되기는 하나 그럼에도 불구하고 선량한 풍속에 대한 위배여부는 별도의 고찰을 필요로 한다는 것이다.

3. 통합이론과 유전공학

통합이론을 유전공학에 적용해보면, 인간존엄의 위반은 거의 확인될 수 없다. 그러나 만일 어떤 사람의 유전자적 정보가 그 사람의 의지에 반해 제3자에게 접근 가능하게 된다면, 물론 초개인적인 사생활을 보장할 권리는 침해될 수도 있다.[47] 그럼에도 불구하고 인간유전자에 대한 연구나 유전공학을 적용하는 그 자체는 필연적으로 위에서 내가 언급한 권리 중의 하나를 침해하는 것은 아니다.[48] 이런 사정은 또한 치료목적으로 시술된 배아간세포치료에도 적용된다. 만일 유전자치료 조치가 해당인의 의사에 반해 실행되었다면, 이는 원칙적으로 인간의 존엄이 아니라 신체의 불가침성에 관한 권리(기본법 제2조 2항 1문)에 관계되는 것이다.

문제가 되는 극단적인 사례로는 배양목적으로 이루어진, 태어난 사람에 대한 배아간세포변경의 경우를 들 수 있다. 그러한 시술이 해당인의 의사에 반해 실행된 것이라면, 형법 제223조 1항에 따른 상해죄로 볼 수 있다. 이에 반해 인간

45) 핍쇼(Peep-show)에서도 마찬가지로 주장될 수 있다.

46) 이에 대해 상세하게는 아래(VI)에서.

47) 예컨대 특정한 고객프로필에 겨냥되어 광고를 내보낼 수도 있는, 의학쪽에서 얻은 정보를 광고기업에 판매하는 것을 생각해볼 수 있다.

48) 이와 비슷하게는 H. Dreier, in: ders. (Hrsg.), GG-Komm. (주 4), Art. 1 I Rz 57.

존엄의 침해는, 최소존중권(첫 번째 선택상황)에 대한 침해가 긍정되는 경우가 아니면, 곧바로 인정되지는 않는다. 여기서 주장되는 구상에 따른다면, 그러한 시술 이후에 태어난 사람의 존엄성 침해나 또는 이와 무관한 관찰자의 존엄성 침해도 배제된다. 이러한 점은 유감스러울 수도 있지만, 그러나 개념상의 엄격화와 이를 통해 획득된 법적 안정성에 대한 대가로 받아들일 만해 보인다. 그렇기 때문에 개인에게 도덕적인 비난을 가할 만하거나 또는 법정책적으로 원하지 않았던 것들이라고 해서 모두가 인간의 존엄에 위배되는 것은 아니다. 새로운 기술의 폐해에 대처할 일차적인 임무는 기본법 해석자가 아니라, 민주적으로 정당화된 입법자가 진다.

인간의 존엄은 (능동적) 작위만이 아니라, 부작위를 통해서도 침해될 수 있다. 따라서 인간존엄에 대한 존중은 국가로 하여금 일정한 활동을 강요한다는 점을 배제하지 않는다.[49] 가령 국가는, 기본법 효력의 범위안에서 모든 인간이 생존에 필요한 최소한의 재화를 갖도록 배려해야만 한다.[50] 국가가 이를 무시한다면, 이는 인간의 존엄에 반하게 된다. 따라서 극단적인 경우에 특정한 고통을 극복하기에 포기될 수 없는 약품개발을 국가가 막아서는 안 된다. 심지어 약품의 시급한 시장도입에 필요하다면, 국가는 이러한 조치를 적극적으로 보조해야 한다.[51] 이런 사정은 또한 유전공학에도 역시 타당하다. 이로써, 인간존엄의 개념은 유전공학적 연구에 방해되지 않을 뿐만 아니라, 오히려 사정에 따라서는 새로운 기술로 극심한 인간고통이 완화되거나 제거될 수 있다면, 이러한 새로운 기술의 적극적 촉진을 요청할 수도 있음은 명백하다.

---

49) 기본법 도그마틱적으로는 기본법 제1조 1항 2문의 문언으로부터 이러한 의무가 나온다. 이에 따라 국가는 인간존엄성을 존중해야 할 뿐만 아니라, (적극적으로) 보호해야만 한다.

50) H. Dreier, in: ders. (Hrsg.), GG-Komm. (주 4), Art. 1 I Rz (폭넓은 전거가 제시되어 있다).

51) 이러한 경우에, 수동적인 활동에 대한 의무를 실제로 충분히 고려해야 하는지의 여부는 흥미로운 문제이다. 즉 위의 사례에서 실제 인진성으로 신동제의 도입이 광범위하게 남용되어 극단적인 (인간존엄에 중요한) 결과를, 가령 시민범위에 광범위하게 미치는 정신박약이나 숙환을 가져올 수도 있다. 내 생각으로는 이러한 경우에는 효용-비용 고려가 불가피할 것 같다. 유감스럽지만 이 문제는 여기서 깊게 다루어질 수 없다.

V. 인간존엄의 담당자

개인의 인간적 생존의 시작과 끝은 현대 복제의술의 진보와 생명을 유지하는 장치의 발전으로 점점 더 의문스러워졌다. 그 중에서도 인간세포, 특히 전능성보유세포, 배아와 태아의 보호 및 죽어가는 자의 보호와 관련된 토론은 불가피하다. 여기서 열거된 개체들을 권리주체로 볼 수 있는지, 그렇다면 어느 정도로 볼 수 있는지 하는 문제는 인간의 존엄 개념에 대해서뿐만 아니라, 생명권과 다른 권리들에 대해서도 제기된다. 살펴본 바와 같이, 이러한 문제는 현재 생명윤리논의의 주요쟁점 가운데 하나가 되고 있다.

독일의 판례와 법도그마틱에서는 인간의 존엄 보호가, 인간 유전자를 지니고 있으며 따라서 인간으로 태어날 잠재성이 있는 모든 존재자에 대해 부여되어야만 한다는 점이 널리 퍼져 있다. 이런 의미에서 독일연방재판소는 다음과 같이 표명했다.[52] "인간의 생명이 있는 그곳에 인간의 존엄이 귀속된다. 그 담당자가 이러한 존엄성을 인식했는지, 또한 이 존엄성 자체를 보존할 줄 아는지의 여부는 중요하지 않다. 인간존재에 애초부터 내재되어 있는 잠재적 능력은 인간의 존엄을 근거짓기에 충분하다." 인간이 될 이러한 능력의 잠재적 담당자로서는 배아와 태아뿐만이 아니라,[53] 인간의 전능성보유세포도 이에 포함된다.

그럼에도 불구하고 이러한 생물학적인 착안점은[54] 심각한 의심에 직면하게 된다. 즉 인간의 유전자의 존재여부에 반드시 지향해야 할 필요는 없다. "인간의 존엄"은 하나의 법적 개념이다. 따라서 인간의 존엄을 인정하는 전제는 법질서로부터 자율적으로 확정된다. 이런 사정과 인간의 존엄 개념이 법 이외에 도덕과 종교에도 사용된다는 사실은 서로 모순되는 것이 아닌데, 왜냐하면 법적인 존엄

52) BVerfGE 39, 1 (41).

53) 단지 BVerfGE 39, 1 (37); C. Starck, in: H. von Mangoldt/F. Klein/C. Starck, Das Bonner Grundgesetz. Kommentar. Bd. 1, 3. Aufl. München 1985, Art. 1 Rz 14 에서만 폭넓은 전거가 제시되어 있다.

54) R. Zippelius, in: Bonner Kommentar zum Grundgesetz, Heidelberg 1950 ff., Art. 1 I und II, Rz 51; 마찬가지로 Neumann, Tyrannei der Würde (주 2), S.156, 159. H. Dreier, in: ders. (Hrsg.), GG-Komm. (주 4), Art. 1 I Rz 50 에서는 "생물학적-자연적 존재로 보는 그릇된 결론"을 언급하고 있다.

개념과 도덕적인 존엄개념은 완전히 서로 다를 수 있기 때문이다.[55] 유전공학과 복제의술의 급진적인 발전으로 인해 어떤 임의적인 신체세포로부터도 인간 개체를 복제할 수 있는 지점에 거의 이르게 되었다. 그러나 그렇다고 해서 임의적인 아무 신체세포(가령 모근)에다 인간의 존엄을 인정한다는 것은 명백히 잘못된 것이다.[56] 따라서 인간 유전자에게 초점을 맞추는 것은, 인간의 존엄을 인정하는 유용한 기준이 되기에는 지나치게 넓은 것이다.

오늘날 생명윤리논의에서 상당히 논란이 많은 권리 인정에 대한 또 다른 착안점은 권리자의 인격성에 관해서이다. 이런 입장을 주장하는 사람은 다음과 같은 논거, 즉 특정한 유(類)의 귀속에 초점을 맞추는 것이 인종주의나 성차별주의와 같이 특정집단의 편견을 재현하는 유감스러운 "종(種)중심주의"라는 논거를 들고 있다. 이 견해에 따르면 권리를 인정하기 위한 유의미한 착안점으로는 본질적으로 기초적인 합리성과 동등하게 취급되는 존재의 인격성만이 고려되어야 한다고 한다.[57] 그러나 이러한 입장들 또한, 권리를 인정함에 있어서 법질서의 자율성을 오인했다는, 비난을 받을 만하다. 인간의 존엄이나 생명권을 그 어떤 합리성에 결부시키는 것은 인간 유전자의 존재나 또는 다른 성질의 존재에 결부시키는 것만큼이나 결코 필연적이지 않다. 따라서 "종(種)중심주의"에 대한 비난에 대해 소박한 "합리주의"에 대한 비난은 서로 대척된다.[58]

"인격"이라는 개념은, 그 자체만으로 권리인정의 결단을 담당하기에는 너무도 불특정하고 너무도 감정이 실려 있다. 오히려 누가 인격으로 간주되어야 하는가가 먼저 설명되어야 한다. 이러한 물음은 일정한 기본적인 특성을 열거하는 것 이외의 방법으로는 결코 대답될 수 없는데, 이에 관해서는 다시금 논란이 많다.

---

55) 또 다른 의문은 특별한 영역의 전문용어가 그처럼 기본적인 개념에 합목적적인가 하는 점이다. 생물중심적인 인간존엄사상에 반하는, 위에서 표명된 의심은 도덕철학과 신학에도 마찬가지로 적용된다.

56) 이에 대해서 (두 가지 입장을 절충하려는 시도로는) W. Brohm, Forum: Humanbiotechnik, Eigentum und Menschenwürde, in: JuS 1998, S.197-205 (204 f).

57) 이러한 입장의 옹호자로는 징어(Peter Singer)와 그리고 징어와는 입장이 조금은 다른 회르스터(Norbert Hoerster)가 있다.

58) 이에 대해서는 E. Hilgendorf, Überlebensinteresse und Recht auf Leben-eine Kritik des Ratioismus, in: P. Strasser, E. Starz (Hrsg.), Personsein aus bioethischer Sicht, Stuttgart 1997, S.90-108.

사람들이 특정한 표지에 대해 합의했다면, 인간의 존엄이나 생명권의 담당자가 될 능력은, "인격"개념으로 우회적으로 돌릴 필요 없이도, 이러한 기본적인 성질에서 직접적으로 확정될 수 있다. 요컨대 논리적으로 고찰해 보면, 인격개념은 권리의 연결점으로서 포기될 수 있다.[59)]

나에겐 다음의 세 번째 입장이 올바른 것으로 보인다. 즉 법질서는 법적 권리를 귀속하는 데 있어 자율적이긴 하지만, 그러나 이를 자의적으로 수행하는 것이 아니라 법공동체의 윤리적 확신과 결부되어 있어야 한다는 입장이다. 특히 민주적으로 형성되는 법질서는 적어도 대략적으로라도 법공동체의 도덕적 직관을 모사하고 있다. 인간의 존엄을 인정하는 결단 또한 이러한 직관에 따라야 한다. 이에 따라 죽어가는 사람의 인간의 존엄 인정여부는 완전히 해결된다. 이에 반해 태아, 배아, 또는 심지어 개별 세포들에까지 그 존엄을 인정하는 것은 태어난 사람의 "정상적인 경우"[60)]로부터 멀어지면 멀어질수록, 더더욱 반직관적이 된다. 따라서 이미 수정되지 않은 난세포에 인간의 존엄을 주장하는 것은 인정될 수 없다.[61)] 어떤 존재에 인간의 존엄이 귀속되는가에 대한 대답은 개개인의 견해(가령 신의 명령, 실천이성공준 혹은 개념적 필연성의 형태로든)에 앞서 미리 규정된 것이 아니라, 오히려 우리의 결단에 달려 있다. 이러한 한계문제에서 법질서는 민주적으로 정당화된 한계점을 마련해야 한다.[62)]

---

59) 생명윤리논의에서 인격개념의 성취력에 대해서는 D. Birnbacher, Das Dilemma des Personenbegriffs, in: Strasser/Starz (Hrsg.), Personsein (주 58), S.9-25 참조.

60) 이에 대해서는 P. Koller, Personen, Rechte und Entscheidungen über Leben und Tod, in: E. Bernat (Hrsg.), Ethik und Recht an der Grenze zwischen Leben und Tod, Graz 1993, S.71-95 (72 ff.).

61) 그러나 C. Starck, Die künstliche Befruchtung beim Menschen. Zulässigkeit und zivilrechtliche Folgen. 1. Teilgutachten für den 56. Deutschen Juristentag, München 1986, A 17에서 슈타크(Starck)는 결론적으로 개별 정자들에도 인간존엄성을 인정해야만 했다.

62) 이를 여기서 자세하게 다루지는 않았으나, 발생 3개월째를 나는 고유한 생명권뿐만 아니라, 인간존엄성에도 의미가 있는 출발점으로 본다.

VI. 인간의 존엄과 가치중립성의 공준

특히 베버(Max Weber), 알버트(Hans Albert)의 이름과 결부된 가치중립성의 공준은, 모든 학자들은 과학적 사실에 대한 서술과 그리고 자신의 정치적이거나 또는 도덕적 판단에 대한 표명을 명백히 구별해야 함을 의미한다. 이러한 공준은 또한 법학에도 타당하다.[63] 또한 —부연하자면— 바로 법학자들은 지적인 순수성을 지켜 자신의 주관적인 정치적인 요구를 과학적인 객관성의 구실하에 제시해서는 안 된다. 인간의 존엄과 같은 널리 따라서 상당한 정도 해석이 가능한 개념들은 자기자신의 가치판단을 법정책적인 제안으로서가 아니라 오히려 객관적으로 미리 주어진 헌법적인 요구로서 논의에 수용되도록 유혹한다.

이와 함께 암시된 문제 —기본권 이론이 표준문제— 를 더 잘 이해하기 위해서 우리는 가치중립성의 공준으로서 요구될 수 없는 것이 무엇인지를 분명히 해야만 한다. 즉 가치중립성 원리를 주장하는 어떤 사람도 학문이 가치와 평가를 그 대상으로 삼을 수 있다는 점을 다투지는 않는다. 물론 모든 학문의 기초, 즉 학문의 기본적인 가정과 문제제기도 평가에 달려 있다는 점 또한 논란이 되지는 않는다. 특히 법학의 기초는 법학적 연구영역을 순수한 법정책적 활동으로부터 구분짓는 (헌법을 포함한) 법률로 구성되어 있다. 이 법률은 입법적 가치결정의 산물이기 때문에, 바로 법학의 기초는 전적으로 가치에 의해 이끌리게 되며, 가치에 의해 규정되어 있다. 베버적 의미에서의 가치중립성 문제는 단지, 개인의 평가가 학문의 언명들 속에서 요구되는지 혹은 심지어 절대적으로 불가결한 것인지 하는 문제만을 담고 있다. 이러한 문제는 현대 학문이론이 부정하고 있는 바이다.[64] 따라서 가치중립성 공준의 주장자의 견해에 따른다면, 학자는 강단에서 자신의 평가적 입장을 자제하거나, 적어도 언제 자신이 주관적으로 평가하고 언제 그렇지 않은지를 분명히 밝혀야만 한다(강단에서 은폐된 평가 금지).

법학은 보통 법의 서술과 법적용이 거의 구분되고 있지 않는다는 특별한 문

63) 아래의 자세한 설명에 대해서는 E. Hilgendorf, Wertfreiheit in der Jurisprudenz?, in: Universitas 1998, S.151-164.

64) 단지 K.-D. Opp, Methodologie der Sozialwissenschaften, 3. Aufl., Opladen 1995, S.218 f. 참조.

제에 놓여 있다. 하지만 법적용은 거의 모든 규범들에 주어진 자유재량여지 때문에 늘 평가적 성질을 가지고 있다. 물론 법학과 판례 사이에 현저한 차이가 있다는 것이 일반적인 견해이기는 하지만, 이러한 차이는 업무방식에서라기 보다는 오히려 사법부의 조직적 독립성에 따른 차이와 관련된 것이다. 법학교과서에서 법의 서술은 법적용으로 긴밀하게 전환된다. 이러한 뒤범벅된 상태에도 불구하고 법의 서술과 법적용 사이에는 개념적으로 뚜렷한 차이가 있다. 즉 법의 서술은 가치중립적일 수 있어서, 그 서술자가 그 서술에 자신의 평가를 수록하지 않을 수 있다. 이에 반해 법적용의 결론에는 언제나 독자적인 평가가 나타나고 있다.

생명윤리논의에 참가하는 많은 사람들은 어느 정도 자신의 평가가 인간의 존엄 위반에 대한 판단에 영향을 미칠 수 있는지를 충분히 명백하게 밝히고 있는 것 같지는 않다. 이와는 정반대로 인간의 존엄 논거를 당면한 개별사안에 대해 순객관적인 것으로 그리고 완전히 가치중립적인 일반원리들의 적용으로 제시하려는 시도가 행해지고 있다. 그러나 이러한 실무는 심각한 이의제기에 봉착하는데, 왜냐하면 인간의 존엄논거는 그것에 벗어나는 "여전히 대체가능한" 어떤 다른 의견도 허용하지 않기 때문이다. 모든 인간의 존엄의 침해는 그 자체로 위헌적이다.[65] 따라서 배아간세포치료가 인간의 존엄에 반한다는 주장은 엄격한 복종을 요한다. 요컨대 인간의 존엄에 반하는 다수결은 별로 유의미하지 않다. 이로써 인간의 존엄 개념을 원용하는 자는 당면한 문제가 민주적 결정으로는 해결할 수 없다는 점을 암시적으로 주장하고 있는 것이다.

따라서 인간의 존엄 개념을 무분별하게 원용하는 것은 민주적 결정원리에 모순된다. 유전자시술과 기타 유전공학적 조처들에 관해서는 우선적으로 해당자 자신이나 아니면 최소한 민주적으로 정당화된 입법자가 결정을 내려야 한다는 견해를 지니는 사람이면 인간존엄의 광범위한 원용이 "논의를 끊는 것"으로 기능하는 것을 유감으로 여길 수밖에 없다. 특정 의학기술을 애당초 인간의 존엄에 위배되고 따라서 허용될 수 없는 것으로 평가하는 기본법 해석자는 궁극적으로 법제정의 권한을 찬탈하는데, 이것은 민주적인 사고와 합일될 수 없을 뿐만 아니라, 또한 법치국가적인 권력분립의 원칙에도 위배되는 것이다. 바로 생명윤리문제에서는 헌법해석자의 폭넓은 자기제한이 요구된다. 이상에서 본 바와 같이, 가

65) Kunig, in: von Münch/Kunig, GG-Komm. (주 6), Art. 1 Rz 4.

치중립성의 공준은 전적으로 정치적 귀결도 담고 있다.

VII. 요 약

세속화된 헌법이해에 있어서 인간존엄은 포기될 수 없는 기본적인 가치이다. 물론 여기서는 고도로 해석이 가능하고 또한 해석할 필요가 있는 원리가 문제가 되는데, 이 점은 특히 유전공학과 다른 오늘날의 기술들에 대한 논란이 잘 보여준다. 사람들이 인간의 존엄을 정치적인 의견다툼으로부터 끄집어 내어 그것의 전면적인 승인을 확보시키기 위해서는 기본법 제1조 1항을 협의로 이해할 것이 요구된다. 흔히들 아무런 생각 없이 사용하는 "도구화금지" 논증점은 그러기에는 부적절하다. 여기서 내가 전개한 구상에 따른다면, 인간존엄의 본질적 내용은 오히려 모든 개개인의 양도할 수 없는 고유가치를 인정하는 데에 있다. 이러한 고유가치는 물질적 최소한의 생존권, 자율적인 자기실현권, 고통으로부터 벗어날 권리, 개인의 사생활 영역의 보호권, 정신적 심리적 통합에 대한 권리, 근본적 법적 평등권과 그리고 최소한의 존중에 대한 주관적인 권리를 통해 표현될 수 있다. 이러한 기준들을 그 바탕으로 한다면, 유전공학이나 다른 오늘날의 기술들이 곧바로 인간존엄의 위반사례로 되지 않는다.

제2부 | 생명의 시작과 끝

_김은애

여성의 재생산권리와 생명의료과학기술의 관계에 대한 소고

—보조생식술의 이용을 중심으로—

_김나경

착상전 유전자 진단에 대한 독일 법원의 논증 분석

—형법적 개별성의 인정여부에 따른 해석학적 구조의 차별화—

_고봉진

국가의 보호의무와 낙태규범

_김향미

대리모 논란에 대한 법리적 이해

_이상돈

뇌사와 인권

—죽음 개념의 의사소통이론적 재구성—

_박준석

존엄사 판단의 기초로서 자연과 목적

여성의 재생산권리와 생명의료과학기술의 관계에 대한 소고

—보조생식술의 이용을 중심으로—

김 은 애*

Ⅰ. 들어가며

생명의료과학기술로서의 보조생식술은 정자에 이어 난자는 물론 배아까지도 인체 밖에서 다룰 수 있게 되었다는 사실을 기반으로 하여 급속도로 첨단화되었다. 따라서 임신·출산을 통해 자녀를 둘 수 있는 방법은 매우 다양해져 불임의 범주에 포함되었던 경우들을 상당 정도 해결하고 있다. 그러나 보조생식술은 그 인위성으로 인해 자연의 섭리에 반한다거나 신의 영역에 대한 침범이라는 비판, 생명으로 발생할 가능성을 지니는 존재로서 특수한 도덕적 지위를 인정받아야 하는 배아를 대상화하므로 생명존중사상에 어긋난다는 비판 등을 받아왔다. 이 밖에도 생식세포 제공자나 대리모와 같은 제3자가 개입되는 경우에는 관련 당사자들의 권리는 물론 태어나는 아이의 권리에 대해서도 침해를 발생시킨다는 이유로 비윤리적이라는 비판을 받아왔다. 그러나 이러한 윤리적 논란에도 불구하고, 보조생식술은 불임 여성의 고통을 해결할 수 있을 뿐만 아니라 건강한 아이가 태어나도록 하는 데에도 긍정적으로 기여함으로써 해당 여성을 비롯한 그 가족에게는 가족 구성원을 발생시켜 행복 추구에 이바지하며, 사회에는 구성원을 발생시킴으로써 그 영속성 추구가 가능하도록 하는 데에 일조하고 있다는 점이 명백하기 때문에 임신·출산의 의료화와 더불어 여타 의료행위와 다를 바 없

* 이화여자대학교 연구처 특임교수.

는 것, 나아가 여성의 임신에 필연적으로 개입되어야만 하는 기술로까지 받아들여지면서 점차 확산되어 일반화되는 경향을 보이고 있다.[1)]

보조생식술을 이용하는 경우를 포함하여 모든 임신 · 출산이 오직 생물학적으로 여성인 자에 의해서만 실행 가능한 일이라는 사실은 아직까지 불변의 진리이고, 동일한 이유로 임신 · 출산은 그 누구보다도 여성에게 가장 큰 영향력을 미치는 활동일 수밖에 없다. 그러므로 임신 · 출산에 관한 논의는 여성의 입장과 이해를 중심으로 이루어져야 할 필요가 있다. 이에 최근 우리나라에서 몇몇 계기들을 통해 보조생식술 전반은 물론 총체적 생명의료과학기술의 이용이 여성의 권리와 어떠한 관계에 있는지에 대한 논의가 이루어지고, 그에 따라 여성의 재생산권리 존중에 대한 적극적 요구가 표명되었다는 사실은 큰 의의가 있다. 또한 국가적 차원에서도 「생명윤리 및 안전에 관한 법률」에 근거하여 생식세포 및 배아의 이용과 관리에 대한 현황조사를 실시하는 과정 그리고 불임부부 지원사업을 실시하고 그 결과를 검토하는 과정에서 보조생식술의 세부적 현황이 공식적으로 파악되기 시작한 것도 여성의 재생산권리에 대한 관심을 촉발시키는 데에 일조하고 있다.

이러한 상황에서 최근 비혼인, 한 여성 방송인이 제3자로부터 제공받은 정자를 이용하여 체외인공수정시술을 통해 임신 · 출산한 사례가 대중매체를 통해 보도되어 화제가 된 것은 생명의료과학기술의 이용을 여성의 입장에서 바라보아야 할 필요성을 드러냄과 동시에 제3자 개입 임신[2)]에 대한 재고찰의 필요성을 드러내는 데에 한몫 하였다. 정부 차원의 공식적인 통계에 의하면 실제로 2005년 이후 매년 1,000건 전후의 제3자 개입 임신이 이루어졌음이 확인되었다. 이는 제3자의 생식세포를 제공자와의 성적 결합(coitus)과 무관하게 수증의 대상으로 삼아 임신에 이용하는 것이 가능해진 현재의 상황이 임신을 위해 타인의 생식세포를 이용하고자 하는 개인들의 현실적 요구와 맞물리고 있는 것으로 분석된다. 이러한 사실은 생식세포를 제공하거나 제공받는 여성의 재생산권리 보장 문제를

1) 통계적으로 볼 때 보조생식술의 이용이 증가하고 있다는 점이 이러한 주장을 뒷받침한다. 우리나라의 보조생식술 현황에 대해서는 대한산부인과학회의 2002-2007년 조사결과 및 배아보관 및 제공 현황에 대한 보건복지부의 2006-2007년 조사결과 참조.

2) 임신되는 아이의 부모가 되기를 의도하지 않으면서 타인의 임신을 위해 자신의 생식세포를 제공하는 자나 임신 · 출산을 대리하는 자가 관련되는 임신을 말한다.

본격적으로 고민하여야 함을 일깨워준다.

이상의 변화들은 자녀를 두어 가족을 구성하는 다양한 방식을 사회적으로 이해하고 포용하는 힘이 향상되는 방향으로 전환되고 있는 상황과 더불어 상당 부분 받아들여지고 있으며, 경우에 따라서는 실제로 임신이 가능한 주체로서 여성의 범주를 확장시키는 데에 결정적인 기여를 하고 있는 것으로까지 평가되고 있다. 하지만 생명의료과학기술로서 보조생식술 이용의 확대는 유전적 연관성이 있는 부모자녀로 구성되는 것이 가족이라고 보는 사고방식 등 보조생식술의 이용을 적극적으로 반영하고 있지 않은 기존의 개념들에 혼란을 가져온다거나 이를 붕괴시키고 있으며, 임신에 관계되는 여러 당사자들의 이해관계 충돌문제를 비롯하여 여러 가지 측면에서 심각한 문제점들을 도출해내고 있는 것도 부정할 수 없는 사실이다. 또한 앞으로 생명의료과학기술은 계속적인 발전을 거듭할 것이고 그 이용이 확대될 것으로 예상되는바, 이미 보조생식술이 도입될 당시부터 제기되었던 수많은 윤리적 · 사회적 · 의학적 · 법적 쟁점보다 더욱 복잡하고 새로운 문제점들이 도출될 것으로 우려된다.

종합적으로 판단할 때 생명의료과학기술은 사실상 여성 중에서도 임신이나 연구를 위해 이용 가능한 난자를 제공하는 여성과 타인으로부터 생식세포를 제공받아 임신을 하는 여성을 포함하여 시술을 받는 여성을 주요 대상으로 삼고 있다. 그러므로 생명의료과학기술의 이용 문제는 여성이 생명과 건강이 깃들어 있는 자신의 몸을 기반으로 하는 재생산능력과 재생산활동에 관련되는 모든 사항에 대해 갖는 총체적 권리이자 인권의 일부라고 할 수 있는 여성의 재생산권리(the reproductive rights)의 문제와 직결되어 있다. 하지만 현재 여성의 재생산권리를 보장하기 위한 공적 영역에서의 논의는 충분히 이루어지지 못하고 있다. 뿐만 아니라 관련 법적 기준이나 제도적 장치, 그리고 의료 현장에서의 자율적 노력 등도 미비한 상태이다. 이러한 상태는 생명의료과학기술을 이용하는 여성의 재생산권리를 인권의 사각지대에서 벗어나지 못하게 만드는 주요한 원인이 되고 있다. 따라서 이러한 현실 상황이야말로 이제 여성의 관점 내지 여성의 입장에서 재생산권리를 이해하여야 할 뿐만 아니라 그 보장에 대한 논의가 본격화되어야만 하는 당위성을 충분히 제공한다고 할 수 있다.

이하에서는 여성의 재생산권리의 개념 및 의의에 대해 고찰해보는 것을 기본으로 하여, 보조생식술의 첨단화에 따라 발생한 변화의 양상과 그에 따른 여성주의적 논쟁은 어떠한지를 분석해봄으로써 생명의료과학기술로서의 보조생식술이 여성의 재생산권리와 어떠한 관계에 있는지를 살펴보도록 한다. 그리고 여성의 재생산권리가 우리나라 현행법에 의해 현재 어떻게 보장되고 있는지에 대한 간략한 고찰을 바탕으로 앞으로 생명의료과학기술의 이용자로서 여성의 재생산권리 보장에 대한 논의가 나아가야 할 방향을 모색해보고자 한다.

II. 여성 인권으로서의 재생산권리

1. 재생산권리의 개념 및 의의

재생산권리는 인간 생명의 창조와 직접 관계되는 활동으로서 아이를 얻기 위한 임신 및 출산이라는 재생산활동과 관계되는 권리를 말한다. 이에 임신 및 출산을 권리로서 인정하는 것은 곧 이러한 활동을 수행하는 여성의 권리를 적극적으로 보장하는 것을 말하며, 이의 기본은 임신 및 출산의 여부와 시기에 대한 결정권을 보장함에 있다. 따라서 임신권 및 출산권 보장의 의미는 임신은 물론 출산을 거부함으로써 인간을 탄생시키지 않는 것과도 긴밀한 연관성이 있을 수밖에 없다. 그러므로 재생산권리의 개념에는 임신을 하지 않을 권리인 피임권과 임신을 하더라도 출산을 하지 않을 권리인 임신중단권까지 포함된다.[3] 즉, 피임권과 임신중단권의 보장은 어머니가 되고자 하지 않는 여성에게는 자녀의 발생 내지 탄생을 막을 수 있기 위한 방편이 될 수 있다는 점과, 어머니가 되고자 하는 여성에게는 임신의 여부와 시기 그리고 임신의 유지와 출산의 여부를 조절함으로써 임신권과 출산권을 실질적으로 자유롭게 향유하는 것을 가능하게 하는 점에서 재생산권리 보장의 의의가 있다.

다음으로 재생산권리는 재생산능력, 즉 남성의 경우 생식세포 생성 가능 여

3) 김선욱, "Frauenrechtliche Fragen an der Reproduktionsmedizin und Embryonenschutz," *Rechtliche und ethische fragen der reprodukionsmedizin*, internationales symposium im Rahmen der kooperation zwischen dem Fachbereich Rechtswissenschaft der universität Konstanz und der universidad Santo, Tomás, Bogitá, vom 17-19 Juni 2002 in Konstanz, Nomos Verlags- gesellschaft Baden-Baden(2002), 17-28면 참조.

부, 그리고 여성의 경우 생식세포 생성 가능 여부 및 임신 · 출산의 직접 수행 가능 여부와 관계된다. 이는 과거 재생산권리가 주로 재생산활동과만 관계되는 권리였으나, 이제는 생식세포의 기증이 정자에 이어 난자까지도 가능해지면서 재생산활동과는 무관하게 재생산능력만을 제공하는 경우가 발생하고 있기 때문이다. 이 중 특히 난자기증을 하는 경우에 있어서는 그 의학적 과정이나 결과로 인해 여성에게 미치는 영향이 배우자간 체외인공수정을 통한 임신에 임하는 여성의 경우와 크게 다를 바 없다. 그러므로 재생산권리에 대한 논의는 재생산활동과 관계없이 재생산능력만을 이용하는 경우도 포괄하여야만 한다.

생식세포 기증 · 수증이 개입되는 경우까지를 의미하는 보조생식술은 말 그대로 임신 · 출산을 돕기 위한 기술이므로 임신권과 출산권 보장의 문제와 직결된다. 이에 본 논문에서는 피임권 및 임신중단권에 대한 구체적인 논의는 다음으로 미루고 보조생식술의 이용을 중심으로 하여 여성의 재생산권리에 대해 논의하도록 하겠다.

2. 재생산권리 개념의 국제적 발전

처음 재생산권리라는 개념이 정립될 당시에는 자연적인 방법으로 이루어지는 임신 여부나 시기를 여성이 자신의 의지대로 결정할 수 있도록 권리화 하는 데에 초점이 맞추어져 있었다. 왜냐하면 그 당시에 임신 · 출산은 신에 의해 결정된 성차이자 성별분업에 의해 여성만이 감당하여야 할 임무이므로 여성에게는 최우선시되어야 한다는 전통주의적 내지 종교적 발상에 근거하여 강요되거나,[4] 자연적 제약을 극복하는 문화에 우월성을 인정하는 인간 사회에서 임신 · 출산은 자연성에 근거한다는 이유로 상대적으로 열등한 것이라고 인식되었으며,[5] 가부장적 문화 속에서 여성의 가정 및 사회 내에서의 열악한 지위에 대한 고려 없이 남성에 의해 여성에게 임신과 출산이 의무인 양 부과됨으로써[6] 여성에게 부자유

4) 거다 러너(Gerda Lerner) 지음, 강세영 옮김, 『가부장제의 창조(the creation of patriarchy)』(당대, 2004), 33-36면 참조.

5) Sherry Ortner, "Is female to male and nature is to culture?" Michelle Zimbalist Rosaldo · Louise Lamphere, *Woman, culture, and society* (Stanford University Press, 1974), 67-88면, 특히 73면 참조.

와 불평등을 발생시켜왔기 때문이다. 이에 초기의 재생산권리는 임신 여부와 시기를 결정할 권리가 여성에게 주어질 수 있도록 하여 임신 · 출산으로부터 여성을 자유롭게 한다거나 임신 · 출산을 이유로 차별받지 않도록 함으로써 임신 · 출산으로 인한 여성의 부자유와 불평등을 개선하고 모성을 보호할 목적을 중심으로 하는 재생산자유 · 평등권으로서 주장되었다. 이러한 의미에서의 재생산권리는 1979년에 UN에서 채택된 여성에 대한 모든 형태의 차별철폐에 관한 협약(CEDAW)에 규정된 바에 잘 반영되어 있다.[7)]

이후 재생산권리의 개념은 여성의 신체적 건강과 재생산 관련 문제에 대한 논의의 중요성을 부각시킨 1960-1970년대 서구의 여성건강운동이 여성이 가지는 신체에 대한 권리 및 재생산건강권을 국제적인 차원에서 인지시키기는 데 크게 기여함에 따라 발전하였다. 그리고 이에 기반을 두어 국제적인 연대를 통해 재생산권리를 기본적인 인권 내지 평등권의 원리에 포함시키기 시작한 1990년대의 여성운동에 의해 보다 진보하였다. 이때부터는 재생산권리가 임신 · 출산에 관계되는 부분의 건강뿐만 아니라 신체적, 정신적, 사회적 측면 모두의 총체적인 안녕 상태를 의미하는 재생산건강을 누릴 수 있는 권리, 임신 · 출산과 재생산건강에 관련되는 모든 사항에 대해 자유롭고 책임감 있게 결정할 권리, 건강한 임신 · 출산 및 재생산건강의 향유를 위해 정보와 의료서비스를 요청하고 제공받을 수 있는 권리 등을 포괄하는 개념으로서 여성 인권의 범주에 속하는 권리로 인정되어야 한다는 주장이 그 실질적인 전략과 함께 제기되었다.

이러한 의미에서의 재생산권리의 개념 및 의의는 1993년 UN 비엔나 세계인권대회에서 채택된 비엔나선언과 행동계획, 1994년 UN 카이로 세계인구개발회

---

6) 박영숙 · 이은희, "재생산적 신체: 임신과 출산의 현실," 『여성과 사회』 제8권(한국여성연구소, 1997), 78-80면 참조.

7) UN여성차별철폐협약은 특히 가정의 복지와 사회의 발전에 있어 여성의 공헌과 모성으로서의 사회적 중요성이 충분히 인식되지 못하고 있음을 지적하면서, 출산에 있어서의 여성의 역할이 차별의 근거가 되어서는 안 된다는 것을 분명히 하고 있다(전문). 이에 사회적 기능의 하나로서의 모성에 대한 적절한 이해가 가능하도록 한다거나 가족계획에 관련된 것을 포함한 보건 사업의 혜택을 확보하기 위한 모든 적절한 조치를 취하여야 한다고 규정하고 있다[제5조 (나), 제12조]. 그리고 가족관계에 관한 모든 문제에 있어 여성에 대한 차별을 철폐하기 위한 구체적 방안의 일환으로 자녀의 수 및 출산간격을 자유롭고 책임감 있게 결정할 동일한 권리와 이 권리를 행사할 수 있게 하는 정보, 교육 및 제 수단의 혜택을 받을 동일한 권리를 남녀평등의 기초 위에 보장하여야 할 사항으로 명시하고 있다[제16조 제1항 (마)].

의에서 채택된 행동계획, 1995년 북경 제4차 여성대회에서 채택된 북경선언과 행동강령 등을 통해 개인이 그들의 자녀의 출산 시기와 장소는 물론 자녀의 수를 자유롭고 책임감 있게 결정할 권리, 이러한 권리의 실질적 보장을 위해 정보와 수단을 가질 권리이고, 높은 수준의 성적 건강과 재생산 건강의 향유를 가능하게 하면서 안전하고 효과적인 방법으로 가족계획을 세울 수 있도록 한다거나 안전하게 임신·출산을 할 수 있으며 부부가 건강한 아이를 가질 수 있게 하는 최상의 보건서비스에 접근할 수 있음은 물론 재생산 기능 및 과정과 관련되는 정보를 얻을 수 있는 권리, 차별과 강요, 폭력으로부터 자유로운 상태에서 재생산을 결정할 수 있는 권리로 정의되었다. 특히 UN 카이로 세계인구개발회의에서의 채택된 행동계획을 통해서는 재생산건강이 생식 계통, 생식 기능, 생식 과정과 관련하여 단순한 질병이나 선천적인 기형이 없는 상태일 뿐만 아니라, 완전한 육체적, 정신적, 사회적 안녕 상태로 포괄적으로 정의됨과 동시에 임신·출산이 의료적 위험과 관계된다는 것을 인식함으로써 여성의 건강에 대한 보호를 강조하여 재생산권리가 총체적 여성 인권의 개념으로 정의되었으며, 북경 제4차 여성대회의 북경선언과 행동강령에서는 가임기 이전의 시기에 있어 재생산능력이 아직 완전히 성숙하지 않은 여성, 가임기에 있으나 불임인 여성, 완경 이후시기에 있어 재생산능력이 없는 여성에 대해 사회적, 법적, 의학적 차별 조치가 취해져서는 안 된다는 것을 분명히 하고 있어, 재생산권리의 개념을 통해 보호되는 여성의 범주를 모든 여성으로 확대시켜 재생산권리의 개념에 대한 논의를 한 차원 높일 수 있게 하였다는 점에서 의의가 있다.

3. 재생산권리의 실질적 보장을 위한 핵심적 권리로서의 재생산건강권과 재생산결정권

국제적 논의에 근거하여 발전된 재생산권리의 개념에 의하면 재생산권리는 재생산활동의 유형에 따라 임신권, 출산권, 피임권, 임신중단권을 기본으로 한다. 그리고 이와 더불어 이러한 권리들의 실질적 향유를 위한 기초 내지 전제로서 재생산과 관계되는 건강의 총체적 안녕을 향유할 권리로서의 재생산건강권 그리고 임신·출산의 수행 및 재생산건강을 위해 필요한 재생산 관련 정보에 대한 접근권 및 청구권을 바탕으로 임신·출산의 수행 및 재생산건강에 관계되는 보건의료서비스를 비롯한 제반 사항에 대해 자유롭고 책임감 있게 결정할 권리를 핵심 구성 요소로 하고 있다.[8)]

임신과 출산은 이를 직접 수행하는 여성의 신체적 · 정신적 건강과 직접적인 영향관계에 있다. 앞서 언급한 바와 같이 재생산건강이란 재생산과 관련하여 모든 측면에서 총체적으로 안녕 상태를 유지하는 것을 말하므로, 재생산권리의 보장에 있어 재생산건강권의 보장은 여성이 건강한 상태에서 임신이 시도되고, 그러한 상태를 최대한 유지할 수 있는 과정과 방법을 통해 임신이 유지되어 출산을 할 수 있도록 하기 위한 전제조건을 갖추는 것이다. 이와 동시에 재생산건강권의 개념에는 차별 없이 의료처치를 받을 수 있는 권리로서의 보건의료서비스에 대한 접근권과 자신이 알기를 원하는 재생산 관련 제반 정보를 확보할 수 있는 권리로서 정보에 대한 접근권이 포함되며, 특히 불임의 예방 및 해결을 위한 의료처치를 받을 수 있는 권리로서 보건의료서비스에 대한 청구권과 관련 정보의 제공을 적극적으로 요청할 수 있는 권리로서 정보에 대한 청구권도 포함된다. 이는 곧 생식세포를 제공하는 여성이나 임신 · 출산을 수행하는 여성의 건강은 물론 임신의 결과인 태아와 출산의 결과인 태어난 아이의 건강에 해악이 발생하지 않도록 최선의 노력이 기울여지도록 하는 근거가 된다는 점에서 의의가 있다.

이러한 재생산권리의 실질적 보장에 있어 재생산건강권만큼 중요한 권리가 바로 재생산결정권의 보장이다. 앞서도 언급한 바와 같이 임신과 출산은 여성의 몸을 통해서만 이루어질 수 있는 일이므로 그 수행 여부뿐만이 아니라 시기, 방법, 과정 등도 여성에게만 영향을 미치거나 여성에게 더 강한 영향을 미칠 수밖에 없다. 그러므로 재생산의 수행과 관계되는 제반 사항에 대하여 차별이나 협박, 강요 없이 스스로의 판단에 의해 자유롭고 책임감 있게 결정할 수 있는 권리, 즉 재생산결정권은 재생산권리로서 여성에게 인정되어야만 한다. 이러한 재생산결정권은 재생산활동으로 인해 여성이 추구할 수 있는 긍정적인 영향력을 최대화함과 동시에 여성이 감당하여야 하는 부정적인 영향력을 최소화함으로써 재생산건강권을 보장받을 수 있도록 함은 물론 임신권 및 출산권이 과정적으로나 결과적으로 현실화되어 여성이 재생산권리를 인권으로서 향유할 수 있게 한다는

8) 재생산권리의 개념 및 의의에 대한 보다 구체적인 내용은 김은애, "생명의료과학기술의 발전에 따른 여성의 재생산권리에 관한 연구: 생식세포 기증 및 보조생식술에 관한 법과 제도를 중심으로," 이화여자대학교 법학과 박사학위논문(2008), 14-19면 참조.

데에 의의가 있다.

Ⅲ. 생명의료과학기술의 첨단화에 따른 보조생식술 이용 양상의 변화

1. 보조생식술 이용의 증가 및 이용 유형의 확대

생명의료과학기술의 급격한 발전은 보조생식술 이용의 양적 측면은 물론 그 내용적 측면에서도 많은 변화를 초래하였다.

첫째, 체내・외인공수정 시술의 총 수 및 체외인공수정 실시 비율이 증가하였다. 우리나라에서 실시된 보조생식술의 세부 내역에 대하여 대한산부인과학회와 보건복지부가 조사한 바[9]에 의하면, 보조생식술의 시행 총 수는 2001년에 14,667건이었으나 2006년에는 64,024건으로 그 총 수가 급격히 증가하였음을 알 수 있다. 그리고 2006년에 실시된 보조생식술 총 64,024건 중에서는 체외인공수정시술이 32,783건으로 51.2% 정도를 차지한 것으로 파악되었다. 일반적으로 과배란유도와 난자채취시술을 실시하는 목적이 체외인공수정이라는 사실을 감안할 때, 체외인공수정시술이 보조생식술의 상당 부분을 차지한다는 것은 그만큼 많은 여성들이 과배란유도 및 난자채취시술을 경험하고 있음을 간접적으로 나타낸다. 이러한 사실은 보조생식술이 여성을 과배란유도제의 사용과 자궁 벽을 뚫고 난소에 바늘을 삽입하는 방식으로의 시술로 인해 발생하는 부작용 및 후유증에 노출되게 만듦으로써 신체적・정신적 고통을 감수할 수밖에 없는 상황을 초래하고 있음을 뜻한다. 이는 여성의 재생산권리를 보장하기 위해 피할 수 없는 과정이기는 하지만 재생산건강권을 심각하게 침해하는 문제로서 국제적으로도 논란의 대상이 되고 있다.[10] 또한 대부분의 체외인공수정시술은 다배아이식을

9) 1999 2004년에 실시된 보조생식술에 대한 대한산부인과학회의 2002-2007년 조사결과 및 2005년과 2006년에 실시된 보조생식술에 대한 보건복지부의 2006년과 2007년 조사결과 참조.

10) 일본 후생노동성 의약국안전대책과가 1994년부터 2002년까지 배란유도제를 이용한 여성을 대상으로 조사한 결과 그로 인해 321명이 부작용을 겪었고, 부작용을 겪은 여성 321명

통해 이루어지고 있어 그로 인한 다태임신의 문제와 선택적 태아감수술의 문제를 초래하고 있다. 먼저, 이식되는 배아의 총 수는 임신 성공률에 영향을 미치는 중요한 요인으로 꼽히고 있지만, 다배아이식이 초래하는 다태임신이라는 결과[11]는 임신기간을 유지하여 출산하여야 하는 여성의 건강에 위험성을 증가시킬 뿐만 아니라 임신 상태를 유지하여 출산하는 것 자체를 위협하는 결과를 낳고 있다. 또한 선택적 태아감수술은 안전하고 건강한 임신의 유지와 출산을 보장한다는 명목하에 시행되지만 여성의 입장에서 보면 실질적으로는 임신의 유지와 임신의 중단을 동시에 경험하는 것이 되기 때문에 신체적 · 정신적 건강에 위해가 발생할 수 있다. 더구나 선택적 태아감수술이 시행되더라도 그 시행으로 인해 임부와 태아 모두 또 다른 문제와 위험에 직면하게 될 수 있으며, 잔여 태아가 유산될 확률도 상당하기 때문에 상황에 따라서는 이의 시행이 결국 임신 유지와 출산에 배치되는 것일 수 있다. 이러한 바는 보조생식술에 대한 여성의 재생산권리 관점에서의 논의가 요구되는 기본적인 근거가 된다.

둘째, 냉동생식세포 및 냉동배아를 이용한 보조생식술도 증가하였다. 보조생식술에 있어 냉동보존배아이식이 이루어진 경우가 2001년에는 1,646건(11.2%)이었으나, 2005년에는 3,343건(15.8%), 2006년에는 4,868건(14.85%)으로 그 수가 증가하였을 뿐만 아니라 전체 보조생식술에 있어 냉동보존배아이식의 비율 또한 상당 부분을 차지하게 되었음을 알 수 있다. 임신을 위해서는 배아가

중 5명이 배란유도제로 인한 부작용을 이유로 사망했고, 전신이 회복될 수 없는 부작용을 겪게 된 경우가 7명, 반신마비와 실어증 등의 후유증을 앓게 된 여성은 20명인 것으로 나타났음을 보고했다(여성주의 저널 일다 2007년 4월 24일 기사 '불임시술 부작용 많다: 日후생성, 사망 5명 신체마비' 참조). 2005년 6월에는 영국에서도 배란유도제를 사용하여 난소에 자극을 받은 여성의 1%는 죽음에 이를 만큼 심각한 증상을 겪게 되며, 2005년까지 영국에서 난소과자극증후군(OHSS)으로 인해서 사망에 이른 여성은 5명이라고 보도된 바 있다. 또한 2006년 7월에는 약물을 통한 난자 생산 촉진이 난소과잉자극증후군을 일으킬 가능성이 크기 때문에 난자 기증자들이 잠재적인 위험에 빠질 수 있음을 경고하는 보도가 있었다[영국 BBC 방송 2005년 6월 30일 및 2006년 9월 7일 보도, 한국보건산업진흥원(2006.9), "영국, 논란이 되고 있는 난자 기증 문제,"『유럽보건의료산업동향』 제06-9호 총권 제42호, 20면, 4.4 참조].

11) 2006년 불임부부 지원사업 결과에 의하면, 체외인공수정시술에 있어 이식배아의 총 수가 4개 이상인 경우가 전체의 58% 이상을 차지했고, 착상된 태낭의 총 수가 2개 이상인 경우가 38% 이상이었으며, 출산 산모의 34.2%를 차지하는 1,394명의 여성이 총 출생아의 51%에 해당하는 2,799명의 다태아를 출산하였다.

반드시 필요하고, 배아를 생성하기 위해서는 생식세포가 반드시 요구되며, 특히 난자는 여성의 건강에 해악을 발생시키는 난자채취시술을 통하지 않으면 채취될 수 없다. 이러한 점을 감안하면 채취된 생식세포 및 생성된 배아의 잔여분을 냉동 상태로 보관하거나 추후 이를 해동하여 이용하는 것은 여성이 난자채취시술의 대상이 되는 횟수를 감소시킬 수 있음은 물론 원하는 시기를 선택하여 임신을 할 수 있다는 점에서 임신권을 보장하면서도 재생산건강권과 재생산결정권을 동시에 보장할 수 있는 좋은 방법이다. 그런데 냉동생식세포 및 냉동배아의 이용가능성은 임신 시기의 선택이 거의 절대적으로 자유롭다는 것 때문에 일방 배우자가 사망한 이후 생존 배우자가 보관되어 있는 생식세포나 배아를 이용하여 자녀를 출산하는 사후생식까지도 가능하게 하고 있다. 사후생식은 여성 자신은 물론 사망한 배우자, 태어나게 되는 아이, 그 밖에 아이와 상속관계 등으로 관련이 있는 모든 가족들 간의 이해관계가 얽히면서 여러 가지 복잡한 문제를 당사자들에게뿐만 아니라 사회적으로도 발생시킬 수 있어 그 허용 여부를 결정함에 있어 다각적인 검토가 요구됨은 당연하다.[12] 하지만 여성의 입장을 중심으로 생각해보면 여성에게 사후생식권이 인정되는 것은 비록 사망한 배우자와의 사이에서지만 결과적으로는 유복자와 크게 다를 바 없이 자녀를 둔다는 의미가 존재할 수 있다. 아직까지 우리나라에서는 사후생식이 직접 문제된 바 없지만 이미 여성에 의한 사후생식이 가능한 상황이고 장기적으로는 가족 구성 방식의 다양화 일환으로 임신의 한 유형이 될 수 있는바, 여성의 재생산권리 관점에서 이에 대한 검토도 요구된다.

2. 생식세포 기증 · 수증의 본격화

생명의료과학기술의 급격한 발전은 정자에 이어 난자까지도 체외에서 다룰 수 있게 되었다는 사실을 기반으로 하여 임신 및 연구 목적의 생식세포 기증 · 수증이 가능하도록 하였고, 이는 생식세포 기증 · 수증에 대한 현실적인 요구와 맞물려 본격화되고 있다.

12) 이경희, "사후포태의 자기결정권에 관한 일고찰," 『가족법연구』 제21권 제3호(한국가족법학회, 2007), 207-236면 참조.

첫째, 임신을 목적으로 하는 생식세포 기증 · 수증은 자신의 생식세포를 이용할 수 없는 불임의 사유를 가진 자에게는 타인으로부터 생식세포나 배아를 제공받는 것이 임신을 위한 유일한 방법이기 때문에 이미 상당수 발생하고 있다. 우리나라에서 시행된 체외인공수정 시술에서 타인의 난자가 이용된 경우는 2001년에 231건(1.6%), 2003년에 331건(1.9%), 2005년에 213건(1.01%), 2006년에 236건(0.72%)이었고, 타인의 정자가 이용된 경우는 2005년에 207건(0.98%), 2006년에 235건(0.72%)이었다. 그리고 체내인공수정 시술에서 타인의 정자가 이용된 경우는 2005년에 551건(1.92%), 2006년에 563건(1.80%)이었다. 그리고 한 조사에 의하면 불임의 해결을 위해 타인의 생식세포 및 배아가 필요한 경우 이를 다른 사람으로부터 제공받아 이용할 의향이 있는지를 물은 결과 여성의 경우 33.8%, 남성의 경우 38.7%가 그렇다고 답한 것으로 나타났다.[13] 이는 타인의 생식세포 및 배아를 이용할 의향이 전혀 없거나 잘 모르겠다고 응답한 경우에 비하면 상대적으로 낮은 비율이지만, 100명 중 30-40명꼴로 답했음을 감안하면 이는 적지 않은 비율이라고 볼 수 있다. 그리고 이는 상황을 가정한 경우에 있어 응답이지만, 실제 불임인 경우에도 이러한 의향이 반영된다면 현재 보조생식술에서 타인의 생식세포 및 배아를 이용한 경우의 비율은 앞으로 더욱 높아질 가능성이 충분하다고 예측할 수 있다.

이 밖에도 생식세포 기증 · 수증은 여성의 입장에서 반드시 남성 배우자가 있지 않더라도, 그리고 가임기간이 지났더라도 임신을 가능하게 할 수 있음을 의미하기도 한다. 그러나 자녀를 두고자 하는 의지가 불임 여부, 혼인 여부, 가임기간 경과 여부 등에 관계없이 존재할 수 있다는 점을 생각하면, 생식세포의 수증을 통해 이루어지는 보조생식술의 이용을 통해서는 불임인 자는 물론 독신 여성이나 동성애적 성적 지향이 있는 여성, 그리고 가임기간이 지난 여성까지도 임신을 할 수 있다는 것이 여성의 재생산권리 보장에 일조하는 바가 있을 수 있다는 사실도 고려될 만한 의의가 있다. 그러므로 임신 목적의 생식세포 기증 · 수증은 기증자와 수증자의 권리는 물론 이 결과로 태어나는 아이의 권리 보호 문제와 복

13) 이는 여성 522명과 남성 506명을 대상으로 물은 결과이고, 여성의 59.6%와 남성의 56.5%는 그럴 의향이 전혀 없다고 답하였으며, 나머지 여성 6.6%와 남성 4.9%는 모르겠다고 답하였다고 한다. 보다 자세한 내용은 이인영, "난자채취 및 기증과 관련된 물음과 정책대안의 논의," 『한국생명윤리학회지』 6권 제2호(한국생명윤리학회, 2005), 83면 이하 참조.

잡하게 얽혀 있어 이에 대한 신중한 검토가 요구됨은 물론 이를 위한 법과 제도가 시급하게 마련되어야만 한다.

둘째, 최근 임신 이외에 생명의료과학기술의 개발을 위한 연구 중 특히 체세포복제배아줄기세포연구에 제공될 난자를 확보할 목적으로 난자채취시술을 통한 난자 기증 · 수증이 이루어진 바 있다. 그런데 이의 제공에 있어 실비보상 수준을 넘는 정도의 금전적 대가가 지불되어 실질적인 매매가 이루어졌고, 공여자들 중에는 해당 연구에 참여하고 있는 연구원 2명이 포함되었으며, 공여자가 보조생식술을 이용하고자 하는 자였던 경우 중 일부의 경우에 있어서는 오히려 성숙도가 높은 난자가 임신이 아닌 연구 목적으로 우선 배분되었고, 심지어 연구를 위해 제공된 난자의 수가 임신을 위해 제공된 난자의 수보다 많은 경우도 있었을 뿐만 아니라 이러한 사실이 본인에게 전혀 설명되지 않는 등의 부적절하거나 불법적인 방법이 사용되었음이 확인되었다. 보건복지부의 조사결과에 의하면 연구용 난자를 채취한 모든 병원에서 서면동의서 작성이라는 형식적 요건은 일단 갖추려 한 것으로 보이지만, 동의서의 양식을 구비한다거나 동의를 받는 방법에서부터 문제가 있음이 드러났다. 그리고 보건복지부가 과배란유도제의 과도한 투약 여부 등에 대해 조사한 결과에 의하면, 각 난자 제공 병원의 시술의사들은 난자 공여자들의 과배란유도 과정에 있어 일반 체외수정시술환자와 차이가 없었다고 진술하였으나, 전문가의 의무기록 검토 결과 난소과자극 및 과다난자회수 등의 문제점이 있었던 것으로 드러났다. 또한 과배란유도 및 난자채취시술로 인한 부작용 발생 여부에 대해 조사한 결과에 의하면, 난소과자극증후군의 발생을 이유로 내원하였거나 입원치료를 받은 경우가 있었다는 사실이 의무기록의 검토를 통해 확인되었을 뿐만 아니라, 난소과자극증후군이 의심되는 환자에 대해서도 난자채취 전후에 적절한 조치가 취해지지 않은 경우가 있었던 것으로 나타났다.[14)15)] 물론 2007년 3월 23일에 국가생명윤리심의위원회에 의해 5가지 경우에

14) 이상에 대한 보다 자세한 내용은 2006년 11월 국가생명윤리심의위원회의 「황우석 연구의 생명윤리 문제에 대한 보고서」와 보건복지부의 「황우석 연구의 난자수급과정 등 생명윤리 관련사항 조사결과」에 기록된 내용 참조.

15) 이에 황우석 사건과 관련하여 지난 2006년 2월에는 여성민우회를 비롯한 35개 여성단체들이 난자채취피해자 신고센터를 개설하여 사례들을 접수하였으며, 이들 단체는 신고센터를 통해 소송의사를 밝힌 2명의 여성들과 함께 지난 4월 국가와 의료기관(미즈메디병원, 한양대병원)을 대상으로 난자채취피해자 손해배상청구소송을 제기하였으나 손해가 발생되었음

해당하는 잔여난자를 이용하는 체세포복제배아줄기세포연구만을 제한적으로 허용하는 안이 의결되었고,[16] 생명윤리 및 안전에 관한 법률 제13조에 의하면 배아의 생성은 임신을 목적으로 하는 경우에만 허용되는 것으로 규정되어 있으며, 동법 제17조에 의하면 임신 목적으로 생성된 배아 중 보존기간이 경과된 잔여배아에 대해 불임치료법 및 피임기술의 개발을 위한 연구 등 동법에서 허용하고 있는 목적을 위해 발생학적으로 원시선이 나타나기 전까지에 한하여 동의권자로부터 해당 목적으로의 이용에 대하여 새로이 동의를 받아 이용할 수 있는 것으로 규정되어 있기 때문에 현재로서는 일단 연구 목적의 난자 기증·수증을 위해 과배란유도 및 난자채취시술이 이루어질 가능성은 미미하다. 그러나 아직까지 이에 대한 요구는 남아 있는 상황이고, 앞서 살펴본 바와 같이 실질적 난자 매매를 통한 수급 방식, 보조생식술의 이용과 연구용 난자 제공의 관계, 무리한 과배란유도 및 난자채취시술, 충분한 정보 및 설명에 근거하여 이루어지지 않은 부적절한 동의, 취약집단에 해당하는 연구원에 의한 난자 제공, 과배란유도 및 난자채취시술에 의한 부작용의 발생 등의 문제점을 보여주고 있다. 이에 비단 연구를 목적으로 하는 난자 기증·수증만이 아니더라도 보조생식술의 이용 및 난자 공유를 포함하여 임신을 목적으로 하는 난자 기증·수증에 있어 여성의 재생산건강권 보장에 관련된 쟁점들에 대해 시사하는 바가 매우 크므로 이에 대한 논의 역시 여성의 재생산권리 보장의 관점에서 이루어져야 한다.

이 명확하게 증명되지 않고 설명도 적절하게 이루어졌다고 판단된다는 이유로 기각되었다(서울중앙지방법원 2009년 2월 18일 선고 2006가단161267판결).

16) 5가지 경우란 체외수정(시험관아기)시 수정이 안 된 난자(나중에 수정시키기 위해 동결시킨 난자 중 수정하지 않고 폐기할 난자 및 수정에 실패한 난자), 난소 적출시 난소에서 채취한 난자(적출된 난소에서 채취된 난자), 미성숙 상태로 유지돼 있는 난자(미성숙하거나 퇴화해 수정에서 배제한 난자), 배아 생성을 위해 동결보존 중인 난자, 불임시술을 위해 기증했으나 적절한 공여 대상이 없는(공여 대상을 찾지 못한) 난자이다(서울신문 2007년 3월 24일 기사 '체세포 배아복제 제한적 허용' 참조).

IV. 변화와 재생산권리의 관계에 대한 여성주의적 평가

1. 기술옹호론적 입장에서의 긍정적 평가

기술옹호론적 입장에서 보조생식술 이용의 의의를 가장 높이 평가하는 이유는 바로 보조생식술로 대표되는 생명의료과학기술의 이용이 여성의 모성적 삶의 원인이 되는 임신 · 출산의 조절 가능성을 제공하여 여성들이 자신의 신체에 대한 통제력을 가질 수 있도록 하기 때문에 여성의 자유와 평등에 적극적으로 기여하는 수단이 될 수 있다고 보기 때문이다. 특히 급진적-자유의지론적 페미니스트들은 여성이 남성보다 사회적 생산 과정에 덜 참여함으로써 남성에 비해 상대적으로 낮은 사회적, 경제적, 문화적 지위에 놓이게 된다거나 여성이 억압을 받게 되는 중요한 원인으로 여성이 임신 · 출산을 한다는 사실을 지적하면서 여성이 이러한 상황으로부터 해방됨으로써 생물학적 성의 구별을 종식시키기 위한 방편으로 여성의 임신 · 출산이 인공적인 방식으로 대체되는 생물학적 혁명이 필요하다고 결론지었던 바 있다.[17] 이는 구체적으로 효과적인 임신 · 출산기술이 발전되어 여성들이 이에 접근함으로써 재생산수단에 대한 지배권을 장악할 수 있어야만 한다는 주장인 것이다.[18] 실제로 첨단 생명의료과학기술로서 보조생식술의 이용은 임신 · 출산의 여부와 시기를 여성이 결정할 수 있는 것으로 만들어 자연법칙에 의해 필연적으로가 아니라 여성 스스로의 선택에 의하거나 여성 스스로의 통제 하에 여성이 어머니가 되는 것을 가능하게 하였다. 이는 여성이 재생산능력을 소유하고 있어 모성을 가질 가능성이 있다는 사실이 반드시 모성의 성취로 이어져야 할 당위성을 내포하는 것이 아님을 분명히 하는 것이기도 하여 모성에 대한 인식 전환에 기여한다는 점에도 의의가 있다.[19]

17) 슐라미스 파이어스톤(김예숙 옮김), 『성의 변증법』(풀빛, 1993), 13면 이하 참조.

18) 로즈마리 통(이소영 옮김), 『페미니즘사상: 종합적 접근』(한신문화사, 2004), 96-99면, 136-139면 참조.

19) 이에 권복규는 '여성이 태어날 때부터 여성의 몸에 난난하게 빌좌되어 있으면서 남성에 의해서만 가동되던 생물학적 모성이라는 장치가 생명의료과학기술에 의해 풀렸다'는 표현을 사용하면서 '생물학적 모성이 중요하고 의미 있는 준거가 될 수 있어도 절대적인 것으로 여겨져서는 안 된다'고 보았다. 이러한 내용에 대해서는 권복규, "생명공학시대의 모성개념,"

이 외에도 보조생식술의 이용은 재생산권리 주체의 범주를 실질적으로 확장시켰다거나 건강한 임신 · 출산 및 건강한 아이 탄생의 가능성을 향상시켰다는 점에서도 긍정적으로 평가된다. 새로운 생명을 탄생시킬 수 있는 능력이 여성에게만 있다는 사실을 여성의 권력 확보 원천으로서 확신하는 급진적-문화적 페미니스트들은 일단 보조생식술의 도입이 생물학적인 이유로 자신의 몸을 통한 모성의 경험을 향유하는 것이 불가능한 여성들을 그로 인한 고통으로부터 해방시켜줄 뿐만 아니라 이들에게까지 임신 · 출산 내지 모성의 획득을 가능하게 함으로써 적극적 재생산권리 주체의 범주가 실질적으로 확장되는 데에 기여하여 새로운 생명이 탄생할 수 있도록 하는 것을 통해 여성이 남성과 사회를 상대로 긍정적인 힘을 갖게 하는 것이라고 평가한다. 나아가 급진적-자유의지론적 페미니스트들은 난자의 기증이나 임신 · 출산의 대리행위가 수증자 여성과 의뢰자 여성의 재생산권리를 보장할 뿐만 아니라, 나아가 기증자 여성과 수증자 여성 그리고 의뢰자 여성과 대리모 간에 밀접한 협력 관계를 발생시킴으로써 여성들을 통합시킬 수 있다고까지 주장한다.[20]

이 외에도 원하는 시기에 생식세포를 채취한다거나, 생식세포 그 자체 또는 생식세포를 통해 생성된 배아를 냉동상태로 보관해두었다가 원하는 시기에 해동하여 이용할 수 있게 되었음은 단순히 임신의 시기만을 조절할 수 있게 된 것이 아니라 재생산능력을 보존할 수 있게 되었음을 의미한다. 그리고 혼인 여부나 성적 결합, 가임기간에 해당되는 나이와 관계없이도 임신이 가능해졌다. 기술옹호론적 입장에서 볼 때 이러한 사실들은 생명의료과학기술의 이용이 임신 · 출산을 하고자 하는 여성의 선택지를 넓혀 더 많은 혜택을 발생시키는 것으로서 긍정적으로 평가될 만한 것이다. 또한 이러한 생명의료과학기술의 발전은 착상전 유전자진단이라는 보다 정밀한 기술을 통해 최상의 생식세포나 배아를 선별하여 임신에 이용함으로써 질환의 유전이나 습관성 유산 등을 막을 수 있을 뿐만 아니라, 심지어는 원하지 않는 조건을 회피하고 반대로 원하는 조건을 가진 아이를 낳을 수 있도록 하는 것까지도 가능하게 하고 있다. 재생산권리와 관련되는 착상전 유전자진단의 특별한 효용성은 산전 진단의 부정적 결과를 이유로 임신 이후

『한국여성철학』 제2호(한국여성철학회, 2002), 39-41면 참조.

20) 로즈마리 통(이소영 옮김), 『페미니즘사상: 종합적 접근』(한신문화사, 2004), 96-99면, 164-166면 참조.

에 이루어질 수 있는 임신중단을 예방함으로써 이로 인해 여성에게 발생하는 해악을 차단할 수 있다는 데에 있다.[21] 그리고 선택적 태아감수술을 실시할 수 있어 다배아이식을 원인으로 하는 다태임신으로 인한 문제점을 해결할 수 있게 되었고, 더 나아가 산전 진단을 통해 질병이나 장애를 가진 아이에 대한 임신을 중단할 수 있게 되었으며, 자연적인 방법으로의 출산에 있어서도 산모나 태아가 위험에 노출될 수 있는 경우 시술을 통해 산모의 안전과 태아의 건강을 지킬 수 있게 되었다. 적극적 재생산인 임신 · 출산에 여성이 부여하는 진정한 의미는 단지 결과적으로 아이가 태어나는 것에만 있지 않고, 임신에서 출산에 이르는 기간 동안 임산부로서 여성 자신이 건강하게 임신 상태를 유지할 수 있어야 할 뿐만 아니라 안전하게 건강한 아이가 태어날 수 있어야 하는 것에까지 이른다. 따라서 이를 위한 생명의료과학기술의 이용은 여성의 재생산건강권뿐만 아니라 아이의 건강권까지도 담보함으로써 임신 · 출산권을 실질적으로 보상할 수 있게 되었다는 점에 의의가 있다.

2. 기술비판론적 입장에서의 부정적 평가

기술비판론적 입장에서는 생명의료과학기술의 이용이 여성의 모성을 해체하여 무력화시키고, 오히려 여성의 몸을 적극적으로 지배하면서 임신 · 출산을 강요하여 가부장적인 지배의 영속에 기여하는 수단이 될 수 있다고 하면서 기술옹호론을 비판한다. 이에 의하면 생명의료과학기술은 임신 · 출산을 '할 수 있는 여성'과 '하는 여성'을 정상적인 여성으로, 임신 · 출산을 '할 수 없는 여성'과 '하는 않는 여성'을 비정상적인 여성으로 구분할 뿐만 아니라, 후자에 해당하는 여성 중 생명의료과학기술의 이용을 통해 전자의 범주에 포섭될 수 있는 여성, 특히 불임 여성에 대해서는 암묵적으로 생명의료과학기술의 이용을 강요하는 결과를 발생시키고 있다고 본다.[22] 이는 여성이 어머니가 되는 것은 생물학적 요소인 난소와 자궁을 소유하고 있는 것이나 생물학적 어머니가 되는 것을 원하는 것과

21) 황만성, "착상전 유전자진단의 활용과 형사책임," 『법학연구』 제28집(한국법학회, 2007), 273-276면 참조.

22) 허라금, "생명공학기술과 여성," 『한국여성철학』 제3권(한국여성철학회, 2003), 28-30면 참조.

관계없이 사회와 문화의 영향으로 인한 것임에도 불구하고, 아이에게 생물학적 연관성이 있는 부모가 존재하여야 함을 강조함으로써 결과적으로 여성에게 임신 · 출산이 당연한 조건으로 부여되도록 만드는 것이기도 하다. 따라서 자녀를 두지 않는 것은 물론 입양을 통해 이러한 연관성 없이 부모자녀관계가 형성되는 것도 상대적으로 덜 가치 있는 일로 여겨지도록 만들기도 한다.[23] 생명의료과학기술이 임신을 원하는 불임 여성이 임신할 수 있도록 해줄 수 있는 것은 사실이지만, 기술비판론적 입장에서 보면 불임의 해결에 있어서도 외형적으로만 선택권이 여성에게 주어져 있는 것으로 보일 뿐, 실제로 여성의 선택권은 개인적 차원을 넘어 사회적 차원의 영향을 받을 수밖에 없으므로 생명의료과학기술을 매개로 여성 본인 이외에 배우자를 비롯한 가족들의 이해관계나 사회와 국가의 필요에 의해 실질적으로는 통제된다는 것이다. 이로써 기술비판론적 입장에서 생명의료과학기술의 이용은 더 많은 여성이 어머니가 될 수 있는 가능성을 높임으로써 여성 본인의 요구가 그러하지 않은 경우에 대해서까지 모성으로서의 역할을 강요하게 되는 결과를 초래하는 것으로 판단된다.

그리고 기술비판론적 입장에서는 의료적 과정에서 여성 객체화 내지 여성 소외를 문제점으로 지적하고 있다. 이는 의료화된 임신 · 출산으로 인해 여성은 의료처치의 대상이 되는 환자의 지위를 갖게 되고 전문가인 의료인과의 위계적 관계 속에 놓임으로써 결과적으로 임신 · 출산을 위해 재생산능력과 자신의 몸을 제공하는 도구적 존재로 전락할 수도 있는 상황에 이르고 있다는 것이다. 이러한 상황은 곧 여성이 자신의 신체에 대한 자기결정권을 제한당한다거나,[24] 의료화 과정 속에서 가치 있는 활동을 수행하는 자가 아니라 단지 의료처치의 대상 내지 태아를 담고 있는 몸으로서만 대우되는 비인격적인 경험을 하게 되는 중요한 원인으로 분석된다.[25] 임신 · 출산은 대다수 여성의 건강은 물론 삶에 대해서까지도 상당한 영향력을 행사하므로 여성에게 진정 의미 있는 경험일 수 있어야 한다

---

23) Ann Oakley, *Woman's work: the housewife, past and present* (Random House, 1974), 187-203면 참조.

24) Carolyn McLeod, *Self-trust and reproductive autonomy* (MIT Press, 2002), 103면 이하 참조.

25) 홍성희, "한 페미니스트의 임신과 출산 경험," 『환경과 생명』 2007년 가을호, 통권 53호(환경과 생명, 2007), 190-205면 참조.

는 점을 감안하면, 생명의료과학기술이 여성과 태아의 생명과 건강의 안전이라는 명목으로 지나치게 개입되어 재생산권리에 대한 여성의 주체성을 훼손하는 것이나 임신과 출산을 마치 치료되어야 하는 질병과 유사한 것으로 보고 전문성을 내세워 여성을 환자화하는 것, 그리고 자연적 방법에 대한 예측 불가능성과 비교되는 의료기술 이용의 결과에 대한 예측 가능성을 근거로 후자에 대한 신뢰를 사실상 강요하는 것 등은 결과 차원에서 재생산권리를 보장하는 데에 집중하고 있을 뿐 과정 차원에 대해서는 그러하지 못하기 때문에 여성이 임신 · 출산을 수행함에 있어 소외를 겪게 하기에 충분하여 궁극적으로는 재생산권리를 온전하게 보장할 수 없도록 만든다는 문제점이 있다.

그 중에서도 재생산권리를 생명의료과학기술의 이용과 관련하여 새로이 논의할 수밖에 없도록 만든 가장 중요한 원인으로는 단연 인간 생식능력의 일부인 생식세포가 인간으로부터 분리되어 인간이 의도하는 바에 맞게 이용 가능한 대상 내지 객체가 되었다는 사실을 꼽을 수 있다. 특히 난자채취시술은 본래 여성의 재생산 근간으로서 임신만을 목적으로 여성의 체내에서만 이용될 수 있던 난자, 즉 여성의 신체와 사실상 일체화되어 있던 난자를 그로부터 이탈된 존재일 수 있도록 만들어 인간의 의도가 인위적으로 임신 · 출산에 개입되는 폭을 더욱 확장시킬 수 있게 되었다. 이는 결국 여성이 난자를 제공하는 존재, 임신 · 출산을 직접 수행하는 존재, 태어나는 아이를 자녀로 삼아 어머니로서 권리와 의무를 가지고 양육을 담당할 존재로 분리하여 모성을 분절화하는 상황을 초래하였다.[26] 생명의료과학기술이 발생시킨 이러한 상황은 임신 · 출산을 할 수 있는 기본 조건인 난자라는 재생산능력을 가지고 있지는 않지만 어머니가 되고자 하는 여성에게는 타인의 난자를 이용하여 모성을 획득할 수 있는 가능성을 제공해주고 있으며, 이와 마찬가지로 임신 · 출산을 할 수 있는 기본 조건인 자궁을 비롯한 신체적 조건이라는 재생산능력을 가지고 있지는 않지만 어머니가 되고자 하는 여성에게는 타인의 자궁을 비롯한 신체적 조건을 이용하여 모성을 획득할 수 있는 가능성을 제공해주고 있다. 최근에는 난자가 여성의 몸으로부터 독립적으로 존재할 수 있다는 사실이 연구 목적과 맞물려 난자가 일종의 연구 재료로 이

26) 이러한 변화로 인한 윤리적 문제점 및 헌법, 민법, 의료법 측면에서의 문제점에 대해서는 장영민 · 조영관, 『생명공학의 형법적 한계』(한국형사정책연구원, 1994), 35-55면 참조.

용 가능한 상황에 이르고 있다. 따라서 보살핌이나 배려를 여성의 특성으로 규정하고 이의 가치를 옹호하는 문화 페미니스트들의 입장에서 보면, 이러한 여성의 행위는 다른 여성에 대한 보살핌이나 배려의 일종으로서 긍정적으로 판단될 수 있다.[27] 그러나 난자의 기증 · 수증이나 임신 · 출산의 대리행위가 사회적 조건, 특히 경제력에 의해 영향을 받으면서 여성들이 타인을 위해 재생산능력을 제공하는 여성과 이를 이용하는 여성으로 나누어지는 파괴적인 분열 상태가 발생한다거나, 난자가 연구용으로까지 본격적으로 이용되면서 여성이 단지 연구를 위해 필요한 자원을 제공하는 존재로서의 이미지를 갖게 되었다. 기술비판론 입장에서 볼 때 이러한 사실들은 결국 생명의료과학기술의 발전이 여성을 도구화하고 본인에게 직접적인 이익이 발생하지 않는 이유로 여성의 재생산건강을 해치는 도덕적 폐해를 발생시키는 것으로써 부정적으로 평가될 수밖에 없는 근거가 된다. 이는 보살핌이나 배려의 윤리가 재생산능력을 가진 여성에게 희생을 당연한 것으로서 강조하여 여성의 인권을 침해하는 것으로 분석되기도 한다.[28]

3. 기술중립론적 입장에서의 절충적 평가

기술중립론적 입장에서는 기술옹호론과 기술비판론 사이에 이러한 극단적인 견해 차이가 발생하는 원인으로 개개인으로서 여성들이 놓여 있는 상황의 차이로 인해 생명의료과학기술의 이용이 갖는 함의 역시 서로 다를 수밖에 없다는 점을 지적한다. 복합문화 페미니스트들과 전지구적 페미니니스트들은 관념적으로 존재하는 여성의 개념이 아니라 모든 여성들이 현실적으로는 각기 다른 다양한 여건에 놓여 있다는 사실을 바탕으로 여성 관련 문제를 해결하려는 노력을 기울여 모든 여성들이 각자의 입장에서 존중될 수 있어야 한다고 주장한다.[29] 여성

27) 캐롤 길리건(허란주 옮김), 『다른 목소리로 : 심리이론과 여성의 발달』(동녘, 1997); Nel Noddings, Caring, a feminine approach to ethics and moral education (Berkeley University of California Press, 1984) 등 참조.

28) 김명혜, "주류 언론의 황우석 사태 보도에서 주변화된 여성주의 생명윤리," 『한국언론학보』 50권 6호(한국언론학회, 2006), 184-185면 참조.

29) Susan Moller Okin, *Is multiculturalism bad for women?*(Princeton University Press, 1999), 9-24면; Audre Lorde, *Sister outsider : essays and speeches* (Crossing Press, 1984), 110-123면 등 참조.

에 대한 총체적인 이해에 앞서 집단으로서의 여성을 개인으로 분리하여 여성 각자가 보이는 심각한 차이를 인정하여야 한다는 것이다. 그러므로 재생산활동에 있어서도 임신 · 출산을 원하거나 원하지 않는 차이를 비롯하여, 나이, 혼인 여부, 계급, 학력, 지역 등에 있어 여성 간의 차이를 다루어야 하는 것으로 본다.[30] 이러한 입장에서 보면 생명의료과학기술이 여성을 억압하고 통제하는 수단으로 이용되어 비판의 대상이 될 것인지, 아니면 여성에게 재생산권리를 보장할 수 있는 수단으로 이용되어 옹호의 대상이 될 것인지의 문제는 곧 생명의료과학기술을 이용하고자 하거나 이용을 거부하는 다양한 여성의 입장을 고려하여 개별적이고 정치적인 논의가 얼마만큼 이루어질 수 있는가의 문제로 귀결된다. 따라서 임신 · 출산을 비롯한 재생산능력의 발휘에 있어 여성들의 각기 다를 수밖에 없는 상황, 경험, 요구 등이 존중될 수 있는 여건을 조성하기 위한 노력이 요구된다.

이에 기술중립론은 기술의 이용에 따른 이익을 누림과 동시에 폐해를 해결하기 위해 현실적으로는 기술의 적절한 이용이 이루어질 수 있도록 하는 기준을 마련하여야 한다고 주장한다. 특히 여성의 각기 다른 목소리가 골고루 반영된 법적 · 제도적 장치를 마련하여야 한다고 본다. 왜냐하면 이를 통해 여성이 생명의료과학기술의 이용에 대한 충분한 정보를 얻을 수 있고, 이용 여부, 시기, 방법, 과정 등을 자유롭게 결정할 수 있으며, 이용에 있어 건강을 보장받을 수 있는 조건을 마련함으로써 생명의료과학기술로 인해 여성에게 발생하는 혜택을 최대화함과 동시에 부정적인 영향력을 최소화할 수 있는 방향으로 노력이 이루어질 수 있도록 하는 것이 여성의 재생산권리 보장을 위해 보다 중요하다고 판단하기 때문이다. 사실상 생명의료과학기술의 이용이 발생시키는 이익에 대한 옹호나 폐해에 대한 비판은 재생산권리 보장을 위해 어떠한 사회적인 조건이 마련되어야 하는지에 대한 검토를 바탕으로 이루어야 한다.[31] 임신 · 출산이나 재생산능력의 제공에 있어서 생명의료과학기술의 이용은 여성을 주체이자 객체로 하고 있

30) Cho Hyoung, "Fertility Control, Reproductive Rights, and Women's Empowerment in Korean," *Asian Journal of Women's Studies* Vol.3 No.1 (Asian Center for Women's Studies, 1997), 103-132면 참조.

31) Ruth Dixon-Muelle, *Population policy & women's rights : transforming reproductive choice* (Praeger, 1993), 8장(Women's Rights and Reproductive Health: A Policy Agenda) 참조.

지만, 생명의료과학기술에 대한 여성의 비전문성, 그리고 임신 · 출산이나 재생산능력 제공에 부여되는 사회적 의미는 사실상 여성이 취약한 위치에 놓일 수밖에 없는 가능성을 충분히 제공하고 있다. 특히 여성 자체보다는 임신 · 출산이나 태아 내지 태어나는 아이, 그리고 난자나 자궁이라는 재생산능력과 이의 이용에 대한 관심이 더욱 높아지면, 여성에게 발생하는 문제점들은 여성이 당연히 감수하여야 하는 부수적인 것으로까지 여겨질 수 있는 위험이 있다. 따라서 기술중립론적 입장에서 볼 때 최우선인 과제는, 임신 · 출산이나 재생산능력의 제공을 위해 생명의료과학기술을 이용하는 현실적인 상황 속에서 여성의 건강에 발생 가능한 위험을 최소화하여 안전을 확보하고 여성의 결정권 행사에 있어서 자율성을 보장할 수 있는 조치를 마련하는 것이라고 할 수 있다.

Ⅴ. 여성의 재생산권리 보장을 위한 논의가 나아가야 할 방향

1. 여성의 재생산권리 보장에 대한 인식의 확장

생명의료과학기술이 여성의 재생산권리 보장의 문제와 연관되는 가장 중요한 지점은 바로 체내 · 외인공수정시술을 중심으로 하는 보조생식술의 이용이다. 지금까지 살펴본 바와 같이 우리나라에서 보조생식술 이용이 확대되고 있는 주요 원인 중 가장 대표적인 것으로 지적되고 있는 불임의 비율은 매우 높을 뿐만 아니라 가파르게 증가하고 있는 추세이다. 그러나 이러한 현상의 주요 원인으로는 만혼(晩婚)의 증가 등으로 인한 임신 시도 연령의 노령화나 환경오염 등이 지적되고 있다. 또한 불임 사유 중에는 의학적으로 원인을 알 수 없는 불임도 존재한다. 그러므로 불임을 없앤다는 것은 불가능한 일일 뿐만 아니라 불임을 감소시키는 것 자체에 한계가 있을 수밖에 없다. 따라서 불임인 자가 자녀를 두지 않는 결정을 내리거나 입양을 통해 자녀를 두는 방법을 선택하지 않는 한, 지금까지처럼 앞으로도 상당수의 여성이 임신을 위해 보조생식술을 이용할 것으로 예상된다.

여성의 임신 · 출산에 관계되는 생명의료과학기술인 보조생식술은 발전을 거듭하여 여성의 신체와 일체화되어 있어 체내에서 본인의 임신을 위해서만 기여할 수 있었던 난자마저도 신체로부터 이탈된 객체로서 이용이나 보관의 대상이 될 수 있도록 만들었다. 이로써 여성은 체외수정시술을 통해 불임을 해결할 수 있게 되었고, 생식세포 및 배아의 보관을 통해 재생산능력을 보존함으로써 임신 시기를 선택할 수 있게 되었으며, 타인으로부터 생식세포를 제공받아 임신할 수 있게 되는 등 임신을 위한 다양한 선택지들을 제공받을 수 있게 되었다. 그리고 최근 여성의 재생산능력의 일부인 난자는 연구를 위해서까지 요구되고 있다. 이로서 기존에는 주로 임신을 원하는 여성을 적용 대상으로 하던 보조생식술은 이제 어떠한 목적으로든 자신의 재생산능력을 이용하고자 하는 여성이라면 누구라도 적용 대상으로 삼게 되었다. 따라서 국제적 논의의 발전 과정을 통해 단지 임신 · 출산의 여부와 시기를 결정할 수 있는 권리만이 아니라 여성의 재생산능력 내지 재생산적 신체와 관계되는 모든 사항들에 대해 여성이 스스로 결정할 수 있는 권리이면서 이에 있어 건강을 보호받을 수 있는 권리로 나아간 여성의 재생산권리는, 임신을 목적으로 보조생식술을 이용하거나 생식세포를 수증하는 여성뿐만 아니라 타인의 불임 해결이나 연구를 목적으로 생식세포를 기증하는 여성에게도 적극적으로 인정되어야만 하는 권리가 되었다. 그러므로 생명의료과학기술로서 보조생식술의 이용에 따른 의학적, 윤리적, 사회적, 법적 문제점에 대한 논의와 함께 이에 있어 가장 중요한 주체이고 주체여야만 하는 여성의 입장에서 그 재생산권리 보장의 중요성에 대한 강조가 이루어져 기본적으로 이에 대한 인식과 이해의 폭이 점차 확장될 수 있어야만 한다.

2. 여성의 재생산권리 보장을 위반 법적 · 제도적 기반의 확충

현재 재생산권리는 인간으로서의 존엄과 가치 및 행복추구권의 보장의 전제가 되는 권리, 가족생활을 보장받을 권리 및 모성을 보호받을 권리에 포함되는 권리, 사생활의 비밀과 자유의 권리에 해당하는 권리로서 헌법적 인정 근거를 갖추고 있음은 물론, 이러한 규정에 의거하여 실질적 보장을 위한 국가와 사회의 적극적인 조치를 요구할 수 있는 권리이기도 하다. 헌법 이외에 모자보건법, 건강가정기본법, 남녀고용평등과 일 · 가정 양립 지원에 관한 법률, 보건의료기본법 등에도 임산부의 보호나 임신 · 출산에 대한 사회적 책임 등에 관한 규정들이 마련되어 있다. 하지만 보조생식술을 비롯하여 임신 · 출산이나 재생산능력의 이용에 관계되는 생명의료과학기술의 발전이 가져온 새로운 가능성으로 인해 초래되고 있는 많은 변화들과 그에 뒤따르는 문제점들에 대처하기 위해 필요한 법과 제도의 마련 및 이를 뒷받침하기 위한 의료 현장에서의 자율적 노력은 대체로 지체되고 있어, 사실상 생명의료과학기술의 이용에 있어 여성의 재생산권리는 온전하게 보장되기 어려운 상황에 놓여 있다.

현재 보조생식술 이용 및 생식세포 기증 · 수증에 대한 내용을 직접적으로 담고 있는 생명윤리 및 안전에 관한 법률은 생명과학기술의 적용대상이 되는 자의 자기결정권 인정(제5조), 이중 감시 체계로서 기관생명윤리심의위원회의 설치 및 기능 등에 관한 사항(제9조, 제10조)과 이의 운영에 대한 정부의 감독 · 지원에 관한 사항(제10조의2), 배아 생성에 있어 금지되는 특정 행위(제13조), 배아생성 의료기관으로의 지정 의무화(제14조), 배아생성 등에 관한 동의(제15조), 난자를 제공하는 여성의 건강 보호(제15조의2, 제15조의3) 및 난자제공자에 대한 실비보상(제15조의4), 배아의 보존 및 폐기(제16조)와 잔여 배아의 연구를 위한 조건(제17조) 등에 관한 조항을 두고 있다. 그러나 혼인 여부에 따른 보조생식술 이용 및 생식세포 수증의 허용 여부에 대한 법 규정이 마련되어 있지 않은 상태에서 의료전문가 집단이 마련한 자율적 지침에 근거하여 이를 판단함으로써 사실혼관계에 있는 여성과 독신여성 등의 재생산권리가 보조생식술 이용 및 생식세포 수증을 통해 적극적으로 보장되는 것이 사실상 불가능하다.

그리고 임신을 목적으로 하는 생식세포 기증 · 수증이 법적으로 허용되지만 기증 · 수증 방식에 대한 세부적인 기준은 물론 타인의 임신이나 연구를 위해 생식세포나 배아를 기증하는 자의 권리를 보장하면서, 기증되는 생식세포나 배아를 필요로 하는 불임인 자나 연구자를 이들과 연결시켜줄 수 있다거나 기증자의 선의와 수증자의 권리가 최대한 보장될 수 있도록 기증되는 생식세포나 배아를 철저히 관리할 수 있는 제도적인 틀을 포함하는 관련 공적 제도가 마련되어 있지 않아 익명화된 공적 기증 · 수증이 체계화되기 어려운 상황일 뿐만 아니라 익명화된 공적 기증 · 수증과는 또 다른 윤리적 · 사회적 · 법적 문제점들을 가지고 있는 친족 간의 기증 · 수증을 비롯한 지정 기증 · 수증이 사실상 법의 사각지대에 놓여 있다. 또한 배아의 보관 및 처분에 대한 기준은 법 규정을 통해 명시되어 있으나 생식세포에 대해서는 그러하지 않아 법의 미비점으로 지적된다. 이 밖에도 타인의 생식세포를 이용하여 태어난 아이와 수증자의 부모자녀관계를 확정하고 기증자와의 관계를 부정하는 근거 규정 역시 존재하지 않을 뿐만 아니라, 오히려 유전성을 근거로 한 인지제도나 비유전성을 근거로 한 친생부인제도가 존재하여 이들 간의 관계가 법적으로 안정적일 수 없는 상황이다. 이 외에도 재생산권리의 실현이 이용자 및 기증자와 수증자의 자기결정권에 기반을 둘 수 있기 위해서는 의료처치에 앞서 informed consent가 적절하게 이루어져야 하지만, 충분한 설명을 듣고 자신이 내릴 결정과 관련되는 사항을 이해하여 자신이 의지하는 바에 따라 신중하게 결정을 내릴 수 있도록 상담제도를 마련한다거나 숙려기간을 도입하는 등 사전과정을 강화하여 서면동의를 적정화하도록 하는 조치를 의무화할 근거는 마련되어 있지 않다.

이러한 상황을 타개하기 위해서는 보조생식술 이용 및 생식세포 기증 · 수증에 대한 법적 기준을 보다 명확히 하는 일을 가장 시급하게 처리하여야 한다. 우리나라에서의 생명의료과학기술 이용 현황을 분석한 결과, 보조생식술을 이용하거나 타인으로부터 생식세포를 제공받는 것은 임신을 위한 의학적 방법으로 이미 자리 잡았음을 알 수 있었으므로, 이에 대한 법적 근거 규정을 충분하게 마련하여 여성이 자신의 재생산권리 보장을 적극적으로 주장할 수 있도록 뒷받침하여야 한다.

VI. 마 치 며

생명의료과학기술에 대한 비판적인 견해에 의하면 불임의 해결이나 본인의 임신 이외의 목적으로의 여성의 재생산능력을 이용하기 위해 여성의 몸에 보조생식술이 개입되는 것은, 여성이 어머니가 되는 것에 지나치게 필연적인 가치를 부여함으로써 보조생식술에 의해서는 물론 타인의 재생산능력이라고 할 수 있는 생식세포를 제공받아서라도 불임은 반드시 해결되어야 하는 것으로 본다는 점에서 재생산자유를 사실상 보장하지 못한다는 근본적인 문제점을 가지고 있는 것으로 지적된다. 이와 더불어 임신을 위해서나 난자를 제공하기 위해서 의료처치를 받게 되는 여성 모두는 과정 속에서 난시 의료처치의 대상만으로 여겨짐으로써 주체성을 발휘하지 못하며 소외를 경험하게 된다거나 임신을 위한 도구적 존재로 전락할 수 있다는 부분도 문제이다. 뿐만 아니라 비배우자간 보조생식술을 통해 임신을 하는 여성, 타인의 임신을 위해 난자를 제공하는 여성 모두가 모성의 분절화를 겪을 수밖에 없다는 점도 생명의료과학기술의 이용을 적극적으로 옹호할 수만은 없게 만드는 중요한 이유가 되고 있다. 비록 생명의료과학기술이 여성에게 재생산을 강요하는 결과를 초래하는 측면이 있다는 비판적 입장에서의 논리에 일리가 있다고 할지라도, 생명의료과학기술의 발전이 여성, 특히 자녀를 두고자 하는 여성의 재생산권리 보장에 기여하고 있다는 사실을 부정하기는 어렵다.

그러나 임신 · 출산을 통해 자녀를 두는 것은 사회적인 차원의 문제이면서도 이러한 요구를 가지는 자의 개인적인 차원에서의 문제이기도 하다. 그리고 생명의료과학기술을 이용하는 사유나 목적에 따라 여성의 입장은 실제로 각기 다를 수밖에 없는 것이 사실이다. 따라서 불임 해결을 위해 생명의료과학기술을 이용하는 여성의 동기가 과연 순수한 것인지를 여성 이외의 타인이 판단하거나 비판하는 것은 사실상 불가능하고도 부적절한 일일 수 있다. 더구나 임신 · 출산에 있어서 생명의료과학기술의 이용, 특히 불임의 해결을 위한 보조생식술의 이용은 이미 상당히 보편화되어 일반적인 의료처치와 다를 바 없는 것으로까지 여겨지고 있다. 그러므로 오히려 현실적으로는 생명의료과학기술의 발전 및 이용에 따라 여성에게 발생하는 폐해를 최소화함과 동시에 재생산권리의 보장을 포함하여 이익을 최대화하기 위해 적절한 조치를 취하는 것이 시급하다. 그러므로 앞으로 이를 비롯하여 여성의 재생산권리가 생명의료과학기술의 발전에 힘입어 보다 적극적으로 보장될 수 있도록 하는 데에 기여할 수 있는 많은 논의들이 계속적으로 이어져야 할 것이다.

착상전 유전자 진단에 대한 독일 법원의 논증 분석

― 형법적 가벌성의 인정여부에 따른 해석학적 구조의 차별화 ―

김 나 경*

Ⅰ. 들어가며

착상전 유전자 진단(Preimplantation Genetic Diagnosis: 이하 PGD)[1]이란, 체외에서 만들어진 배아가 자궁에 착상되기 이전 대략 6-10세포기의 단계에 있을 때에 분할된 할구세포의 일부를 채취하여 그 유전형질을 검사하는 것이다. 얼마 전인 2010.7.6. 독일연방법원(Bundesgerichtshof: 이하 BGH)에서는, 독일에서 오랫동안 그 허용 여부에 대한 논란이 있어왔던 PGD의 가벌성 여부에 대한 결정을 내렸다. BGH에 따르면, '배아가 중대한 유전적인 결함을 지니고 있는지를 알기 위하여' '배반포기 단계의 배아로부터 다능세포를 추출하여 검사하는 방식으로' PGD를 시행하는 경우, 이러한 행위에 대해 배아보호법 제1조 제1항 제2호 및 동법 제2조 제1항이 적용될 수 없다. 즉, 이 행위는 형법적으로 가벌적이지 않다. 이 연구에서는 우선 이러한 판결의 기초가 되었던 사안과 법원의 결정 과정을 소개하고 (아래의 II), 독일 배아보호법 규정의 특징에 대한 이해를 기초로 (아래의 III) BGH 판결 및 같은 결론에 이르렀던 하급심 판결의 논증 그리고 상반된 결론에 이르렀던 법원의 또 다른 결정에서의 논증 ―그리고 경우에 따라서는 독

* 성신여자대학교 법과대학 교수.

1) 착상전 유전자 진단의 영문 약어로는 PGD와 PID가 모두 사용되지만, PID는 "골반염"(Pelvic Inflammatory Disease)의 약어로도 사용된다는 점에서, 이 논문에서는 용어를 PGD로 통일하기로 한다.

일 법원의 결정을 보충하는 문헌이 보여주는 논증— 을 분석하면서 각각의 논증들이 보여주는 구조적인 특징을 밝혀내고자 한다(아래의 IV). 그리고 이러한 구조적 특징의 의미를 분석하면서, 생명공학적 행위에 대한 법적 규율의 기초가 무엇인지 그리고 어떠한 법정책이 요청되는지에 대한 작은 제언을 하고자 한다(아래의 V).

II. 분석의 기초: 독일 법원의 결정

1. 사실 관계의 이해

이 연구의 출발점이 된 문제 사안에서는 물론, PGD의 시행이 배아보호법에 위반되는 것인지가 주된 쟁점이었다. 다른 한편 이 사안에서는 피고 의사에게 — PGD가 법적으로 허용된다고 믿은 사정[2]과 관련하여— 형법적인 금지의 착오가 존재하는지의 여부도 문제되었다. 하지만, 이 글은 이와 같은 두 번째의 쟁점에는 관심을 두지 않을 것이다. 무엇보다 PGD의 법적 허용여부에 대한 관심을 기초로, 문제되었던 사안을 간략히 정리해보면 다음과 같다:[3]

---

2) 의사는 아래의 사건 ①이 발생하던 중에, PGD로 인한 처벌 가능성을 의식하여, 배아보호법과 그 해석에 대한 전문가인 대학교수로부터 PGD의 법적 허용여부에 대한 소견서(Gutachten)를 받았었다. 이 소견서에서 당해 교수는, PGD는 어쨌든 배아보호법 제2조와 제6조를 위반하지 않지만, 형법적 문제가 여전히 명확하게 설명되지 않으니 자수를 하라고 권유했고, 이에 따라 당해 의사는 2006.1.2. 베를린의 검찰에 자수를 하게 된다. 그리고 2006.1.22. 검찰은 피고에게 불가피한 금지착오가 있었으므로 공소 제기의 절차를 중지한다고 하면서 PGD의 배아보호법 위반 여부에 대한 일반적인 판단을 내리는 것은 검찰의 임무가 아니라고 했다. 이러한 검찰의 결정에 대해 피고는 다시 당해 대학교수와 담당 변호사에게 문의하였고, 이들은 각각 2006.3.7.과 2006.3.9. 피고에게 검찰의 견해는 PGD를 시행하더라도 형법적인 문제가 발생하지 않을 것이라고 말했다(이에 대해서는 BGH, Urteil vom 6. Juli 2010, 5StR 386/09, I-2. 참조).

3) 이 사안의 사실관계는 BGH가 확정한 사실관계(BGH, Urteil vom 6. Juli 2010, 5StR 386/09) 및 이에 앞선 LG Berlin의 2009.5.14.의 판결 그리고 그밖에 이 사안과 관련된 문헌들에 기초하여 정리한 것이다(특히, LG Berlin의 2009.5.14.의 판결은 Zeitschrift für Lebensrecht (이하 ZfL), 3/2009, 94쪽 이하에 소개된 내용을 참조하였다).

① 피고인 산부인과 의사는 2005년 한 부부에게서 PGD를 시행하고 싶다는 의뢰를 받았다. 그 부부 중 한 명에게는 염색체에 문제가 있었고, 그렇기 때문에 임신을 통해 만들어지는 인간 생명이 트리소미(Trisomie)[4] 13 또는 트리소미 14 현상을 보일 개연성이 매우 높았다. 이러한 경우 배아는 생존능력이 없어서(nicht lebensfähig), 일반적으로 임신이 중절되거나 태아가 사산되거나 아니면 신생아가 출생 후 얼마 지나지 않아 사망하게 되므로, 부부는 유전적 이상을 지니지 않는 배아만을 이식하고자 했다. 이에 의사는 2005년 12월, 체외수정된 3개의 '배반포기 단계의 배아들(Blastozysten)'[5]에 대해 PGD를 실시했다. 이 중 두 개의 배아에서는 각각 트리소미 16과 트리소미 13 현상이 나타났으며 하나의 배아에게서는 그러한 이상이 발견되지 않았다. 이에 의사는 환자의 동의하에 이상이 없는 배아를 여성에게로 이식하였다.

② 2006년 4월에는 염색체 11/22의 전좌(Translokation)[6]가 있는 여성 환자가 임신을 하고자 했다. 하지만, 이러한 염색체 이상이 있게 되면 유산을 하게 되거나 유전적인 질병을 지니는 아이가 태어날 개연성이 높았다. 특히, 이 환자의 경우 이미 자신의 염색체 이상으로 인해 중증 장애를 지닌 딸을 출산한 바 있었으며, 염색체 수에 이상이 있는 배아를 임신하여 임신이 중절된 경험이 있었다. 피고 의사는 체외수정된 2개의 배아에 대해 PGD를 실시하였고, 그 중 한 배아는 트리소미 22 현상을 보였으며 다른 배아는 그러한 이상을 보이지 않았다. 환자에게는 이상이 없는 배아가 이식되었다.

③ 2006년 5월에 피고 의사는, 염색체 2/22의 전좌(Translokation)가 있는 여성의 체외수정된 배아에 대해 PGD를 시행하였다. 이 여성은 이미 2번의 유산을 경험하였으며 한 번의 임신중절 경험이 있었다. 체외수정된 3개의 배아들을 진단한 결과, 그중 1개의 배아에게서는 모노소미(Monosomie)[7] 22 현상이 나타났으며, 나머

---

4) 트리소미(Trisomie; 영어로는 Trisomy)란, 2배체인 체세포의 염색체수가 (2n+1)로 되는 현상을 의미한다(한국생물과학협회 편, 생물학사전, 1443쪽).

5) 배아가 수정된 후 5일 정도가 되면 20-30세포기 단계로 접어들게 되는데, 이 시기의 배아를 '배반포' 또는 '포배'라 부른다(한국생물과학협회 편, 생물학사전, 161쪽).

6) 전좌(Translokation; 영어로는 Translocation)이란, 염색체 이상의 하나로, 염색체의 일부분이 동일염색체의 다른 부분 또는 다른 염색체상으로 위치를 바꾸는 것을 의미한다(한국생물과학협회 편, 생물학사전, 1437쪽).

7) 모노소미(Monosomie)란, 2배체 체세포의 염색체수가 (2n-1)로 되는 현상을 의미한다(한

지 2개의 배아들은 유전적 이상을 보이지 않았다. 이에 의사는 2개의 배아를 이식하였고 이후 한 명의 건강한 여아가 출생하였다.

2. 법원의 결정 과정

앞의 각주 3)에서 설명했던 바와 같이, 의사의 자수 이후 2006.1.22.에 검찰은 수사 절차를 중지하였으나,[8] 이후 2007.6.6. Landgericht Berlin(이하 LG Berlin) 에 결국 소가 제기되었으며,[9] 2007.7.27. 다시금 수사가 개시되었다. LG Berlin은 2008.3.14. 법적인 이유를 들어 공판 개시를 거부했지만[10] [이하 'LG (2008)'], 이에 대해 검사가 즉시 항고하였다. 그러한 이의제기에 대해 2008.10. 9. Kammergericht(이하 KG) 에서는 공판 개시 거부 결정을 무효화하고 다시 공판을 개시해야 한다고 결정하면서,[11] Landgericht의 다른 재판부에서 소송이 진행되도록 하였다.[12] [KG Beschluss v. 9. Oct. 2008 - 3 Ws 139/08: 이하 'KG (2008)'] 이후 LG Berlin에서는 '배아로부터 전능하지 않은 세포들을 추출하여 이루어지는' PGD는 배아보호법에 따르면 가벌적이지 않다는 판결을 내렸고[LG Urteil v. 14. Mai 2009, Az (512) 1 Kap Js 1424 / 06 KLs (26/08): 이하 'LG (2009)'], BGH는 이와 같은 LG Berlin의 판결을 확정하였다[BGH, Urteil vom 6. Juli 2010, 5StR 386/09: 이하 'BGH (2010)'].[13]

국생물과학협회 편, 생물학사전, 899쪽).

8) 독일 형사소송법 제170조 제2항.

9) 독일 형사소송법 제170조 제1항.

10) 독일 형사소송법 제204조.

11) 독일 형사소송법 제203조

12) 독일 형사소송법 제210조 제3항.

13) 독일의 형사소송법 체계 내에서 이루어진 이와 같은 결정의 절차에 대한 형사소송법적 의미는 이 논문에서는 다루지 않을 것이다.

III. 판단 기준과 대상의 특성

1. 관련 법규정: 배아보호법 제1조 1항 제2호 및 동법 제2조 제1항

LG와 BGH의 판결['LG(2008)', 'LG(2009)', 'BGH(2010)'] 그리고 KG의 공판 개시 결정['KG(2008)']에서 피고 의사의 행위와 관련하여 적용을 검토하는 규정은 배아보호법 제1조 제1항 제2호 그리고 동법 제2조 제1항이다. 배아보호법 제1조 제1항 제2호에 따르면, “난자를, 난자를 제공한 여성이 임신하도록 하는 목적과는 다른 목적으로 인공적으로 수정하는 행위를 하는 자”는 3년 이하의 징역 또는 벌금형에 처해진다. 그리고 배아보호법 제2조 제1항에 따르면, 체외에서 만들어진 인간 배아 또는 아직 여성의 자궁에 착상이 종료되기 전에 여성에게서 채취된 인간 배아를, “그 배아를 보존(Erhaltung)하는 데에 기여하지 않는 목적”으로 “사용하는(verwendet)” 자는 3년 이하의 징역 또는 벌금형에 처해진다.

2. 관련 법규정과 규율 대상의 특징

(1) PGD의 —직접적 규율이 아닌— ‘선행/후속 행위’의 규율

독일 법원이 근거로 삼는 이러한 관련 법규정들은 ‘PGD’ 그 자체에 관한 규정은 아니다. 바로 앞에서 언급했듯, 배아보호법 제1조 제1항 제2호에서 규율하는 행위는 난자의 ‘인공적인 수정’이며, 동법 제2조 제1항에서 규율하는 행위는 —제2조 제1항에 규정되어 있긴 하지만 판결에서 언급하지 않는 ‘양도’ 등의 행위 유형을 제외하면— 배아의 “사용”이다. 이는 독일의 배아보호법에는 우리나라의 생명윤리 및 안전에 관한 법률 제50조 제2항[14]에서와 같이 ‘유전적 진단’을 직접적으로 규율하는 규정은 존재하지 않기 때문이다. 이러한 ‘직접적인’ 규율의 부존재로 인하여, 독일 법원은 특히 PGD라는 행위와 결합하여 이루어지는 ‘다른’

---

14) 생명윤리 및 안전에 관한 법률 제50조 제2항에서는 “유전자검사기관은 근이영양증이나 그 밖에 대통령령으로 정하는 유전질환을 진단하기 위한 목적으로만 배아 또는 태아를 대상으로 유전자검사를 할 수 있다”고 규정하고 있으며, 동법 시행령 제21조에서는 법 제50조 제2항에서 “대통령령으로 정하는 유전질환”이란 별표 3의 질환을 말한다”고 규정하고 있다.

행위들이 갖는 의미를 분석하게 된다. PGD라는 행위는 일반적으로 '체외수정을 통한 배아의 생성'이라는 선행행위와 결합되어 있으며, 진단 이후 '선별'을 통해 '(여성의 자궁에로의) 이식'이라는 후속 행위가 있게 되거나 또는 '선별' 이후 '(이식을 하지 않고) 배아를 폐기'하거나 '냉동보관'하는 후속 행위가 있게 된다. 아래에서 보게 되는 바와 같이 PGD의 규범적 의미는 당해 행위가 이루어지는 '전체 과정'을 개괄함으로써만 가능하다는 점에 비추어보면, 직접적 규율의 부존재라는 상황으로 인해 전개되는 다양한 논의 그리고 법원의 결정들은, 오히려 PGD의 규범적 정당성 판단 그리고 생명공학적 행위 일반에 대한 규율과 해석의 방법에 대해 많은 시사점을 제공해준다.

(2) '선행/후속 행위' 규율의 특징

1) 주관적 의도 확정 문제로의 귀결

배아보호법 제1조 제1항 제2호에서 요청하는 '인공적인 수정'이라는 객관적인 구성요건의 존재는 이미 분명하다. 그런데 '인공 수정'은 그 자체만으로는 가벌성을 표상할 수 없는 '중립적 행위'이다. 동 조항에서 분명히 보여주듯, '인공수정'의 가벌성 여부에 대한 판단은 행위자의 '주관적 의도'의 확정을 통해서 비로소 가능하다. 다른 한편, 동법 제2조 제1항에서 규정하는 배아의 '사용'이라는 객관적 구성요건의 충족과 관련해서는 '사용' 개념의 의미론적 범주를 확정함으로써 동 조항의 적용여부를 판단하려는 시도가 있기는 하다. 그런데 이와 같은 의미론적 범주의 확정은 결국, 배아의 진단과 관련하여 행위자가 갖는 '주관적 의도'의 문제로 귀결되는 양상이 나타난다. 'LG(2008)'에서는, 동 조항에서 말하는 '사용'이란 '배아에 대하여 영향을 미치는' 또는 '배아를 가지고서 하는' 행위라고 본다. 그렇다면 여기에는 배아의 '진단' 또는 '폐기'라는 행위가 모두 포섭될 수 있으므로, 'LG(2008)'는 "배아의 건강상태가 더 악화되게" 하는 배아의 '남용'적인 사용만이 동 조항에 따라 가벌적이라고 본다.[15] 이로써 가벌성에 대한 판단은 결국 행위자가 '건강상태의 악화' 또는 '남용'을 의도했는지를 기준으로 삼게 된다. 'BGH(2010)' 역시 '진단'이라는 행위가 동 조항에 위배되는지의 여부를 동 조항에서 규정하는 주관적 목적인 '보존(Erhaltung)'을 위한 조치가 있었는지의

15) Strafbarkeit der Präimplantationsdiagnostik, MedR, 2010, 28, 38쪽.

문제라고 본다.[16] 다른 한편, 'KG(2008)'에서도 —'LG(2008)' 그리고 'BGH(2010)'와 상반된 결론에 이르긴 하지만— 배아보호법 제2조 제1항의 위반 여부를 주관적 구성요건 표지의 문제로 귀결시킨다. 'KG(2008)'는 '사용'이라는 개념자체는 매우 '포괄적'인 구성요건(Auffangtatbestand) 으로, 배아를 다룸에 있어 '보존'이라는 목적에 기여하지 않는 목적이 있기만 하면 이는 "(배아를) 다른 방식으로 사용하려는(fremdnuetzig)"한 목적으로서 동법 제2조 제1항에 따른 가벌성을 근거짓는다고 본다.

[존재론적 의미론의 한계] 배아보호법 제2조 제1항의 해석과 관련하여, 'LG(2008)'는 '사용'의 의미의 범위를 "규정의 문언에 따라(nach dem Wort- laut der Vorschrift)" 또는 "일반적인 언어사용에 따라(nach dem allgemeinen Sprachgebrauch)"[17] 확정해야 한다고 한다. '법규정의 문언' 또는 우리의 '일반적인 언어사용의 규칙'은 물론 —문리적 해석으로서— 법치국가적 요청에 부합하는, 해석의 '출발점'이 될 수 있을 것이다. 하지만 '진단'이 '사용'에 해당하는지의 여부가 '일상언어적 기준'이 아니라 해당 법조항에서 규정하는 '부가적인' '주관적 의도'를 통해 확정된다는 점은, 존재론적인 의미를 찾으려는 해석 그 자체가 갖는 한계를 보여주는 것이기도 하다. 더 나아가, 'KG(2008)'에서는 —'주관적 의도'에 의해 '사용' 그 자체의 의미가 축소된다는 'LG(2008)'와는 달리— '사용'이라는 개념의 '포괄성'을 처음부터 인정하면서 배아의 '진단'만이 아니라 '폐기'까지도 '사용'이라는 행위 태양의 범주에 포섭된다고 보는데, 이는 법적 개념 자체의 개념의 폭이 처음부터 고정된 것이 아니라 구체적 상황에서의 해석을 통해 형성되어가는 것임을 보다 분명히 보여준다.

2) 주관적 불법근거의 문제

결국, 각각의 법원이 언급한 배아보호법 규정들의 적용가능성을 판단하기 위해 우선 중점을 두게 되는 것은 무엇보다도, 배아보호법 제1조 제1항 제2호에서 규정하는 바와 같이 PGD를 시행하는 과정에서 의사가 '여성을 임신하게 하려

16) BGH, Urteil vom 6. Juli 2010, 5StR 386/09, Rdnr. 38.

17) 여기서 'LG(2008)'의 내용은 이에 대한 'KG(2008)'의 소개와 분석에 기초한 것이다. 특히, Strafbarkeit der Präimplantationsdiagnostik, MedR, 2010, 28, 38쪽.

는 목적과는 다른 목적'으로 또는 배아보호법 제2조 제1항에서 규율하는 바와 같이 '배아를 보존하는 데에 기여하지 않는 목적으로' 인공 수정을 시행한 것인가의 여부이다. 서로 다른 규정은 모두 '공통된 방식으로', 유사한 내용의 '주관적인 의도'를 규정하고 있다.

① 불법배제고의의 규정

이러한 법규정들은 모두, 행위의 가벌성을 '직접' 근거지을 수 있는 특정한 고의의 내용에 관해 '적극적으로' 규정하지 않는다. 달리 표현하면, "(법적으로) 바람직하지 않은 목표들의 목록"[18]을 규정하지 않는다. 대신에, 언급한 법규정들은 고의를 규정함에 있어서, 가벌성(Strafbarkeit)이 아니라 불가벌성(Straflosigkeit)을 근거짓는 '고의'를 규정하는,[19] '소극적'인 태도를 취한다. 그런데 이와 같은 이른바 "고의결여범(Absichtsfehldelikt)"[20] 형태의 규율에서는, 규정에서 직접 언급하는 목적이 존재하기만 하면 ―다른 목적이 있다 할지라도― 행위자가 불가벌적인 것인지 아니면 규정에서 직접 언급하는 목적이 행위자가 지녀야 하는 '유일한' 목적이어야 하는 것인지가 불분명하다. 말하자면, 배아보호법 제1조 제1항 제2호의 규정이, 행위자가 행위를 함에 있어 단지 임신의 목적만을 지녀야 하며 임신 이외의 어떤 다른 목적도 지녀서는 안 되는 것이라는 요청을 담고 있는 것인지, 아니면 행위자가 '임신 외 목적이 있다 할지라도 임신의 목적이 있기만 하다면' 당해 행위는 가벌적이지 않다는 점을 이야기하는 것인지가 분명하지 않다. '배아의 보존'을 목적으로 하는 동법 제2조 제1항도 마찬가지의 문제점을 안고 있다.

② '임신'과 '보존'의 의미론적 불명확성

'고의결여범'이 드러내는 가벌성의 주관적 근거의 문제는, 다른 시각에서 보

---

18) J. Renzikowski, Die strafrechtliche Beurteilung der Präimplantationsdiagnostik, 2755쪽.

19) 유사한 설명으로 M.Frommel, Embryonenselektion, Ethische, verfassungsrechtliche und strafrechtliche Problematik, in: Reproduktionsmedizin, 4/2002, 177쪽 참조.

20) Friedrich-Christian, Schroeder, Neuartige Absichtsdelikte, Albin Eser · Ulrike Schittenhelm · Heibert Schumann, Festschrift für Theodor Lenckner zum 70. Geburtstag, Beck Verlag, 1998, 340쪽에서는 이러한 소극적인 형태의 주관적 구성요건에 대한 규정방식은 지금까지의 독일 형법에서는 볼 수 없었던 새로운 방식이라고 보면서 이를 '고의결여범'이라 표현한다.

자면, 법에서 규정하고 있는 '임신'과 '보존'이라는 개념이 의미론적으로 불명확하다는 점에서 비롯되는 것이기도 하다. '임신'과 '보존'은 '생물학적' 개념으로서 배아의 '이식'을 의미하는 것일 수도 있으며, 다른 한편, 임신이라는 목표에 도달하기 위한 —과정에서 일어나는 다양한 행위들을 포괄하는— '모든 노력'을 의미하는 것일 수도 있다. 즉, 배아를 적극적으로 '이식'시키는 것만이 '임신'과 '보존'에 해당하는 것이라고 볼 수도 있으며, 배아를 경우에 따라서는 이식하지 않고 '그대로 놓아두는 것' 또는 '냉동보관' 역시 임신과 보존을 지향하는 행위라고 볼 수도 있다. 이러한 점은, PGD의 가벌성에 대한 논증의 전개에 해석자의 '선이해에 따른 결정'이 보다 많은 영향을 끼칠 것임을 보여주는 것이기도 하다. 그리고 '임신'과 '보존'의 의미 범주에 대한 확정은, 바로 아래에서 언급하는 바와 같이, 행위 과정을 '분리'하여 이해할 것인지 아니면 '통합'하여 이해할 것인지의 문제와 직접적으로 관련을 맺고 있다.

③ 이질적 행위들의 공존

다른 한편, PGD의 제2후속행위인 '배아의 이식' 그리고 '배아의 냉동보관이나 폐기'는 서로 매우 '상반된' 속성을 지니는 완전히 이질적인 행위들이다. 그렇기 때문에, PGD가 이루어지는 전체 과정은 '선별'이라는 행위를 기점으로 하여, 두 개의 서로 다른 행위 과정으로 나눠진다고 할 수 있다. 바로 이러한 점에서, 행위자는 한편으로는 '이식' 그리고 다른 한편으로는 '폐기'라는 서로 다른 의도를 갖게 된다고 할 수 있는데, 이러한 '이질적인 의도'들이 공존한다는 점은 앞에서 설명한 불법배제고의의 의미를 확정하는 것을 더욱 어렵게 한다. 그렇기 때문에, 불법배제고의의 의미를 분석하는 과정에서, PGD의 가벌성에 대한 논증들은 자신의 논증 목표에 따라 —의식적으로든 무의식적으로든— 그러한 각각의 행위 과정을 서로 규범적으로 '통합'하거나 또는 '분리'하는 서로 다른 경향성을 띠게 된다. 이에 대해서는 아래의 항목 IV. 3.에서 다시 설명할 것이다.

IV. 가벌성 판단의 구조

그렇다면 가벌성을 부정하거나 인정하는 판결이나 결정은 어떠한 논증에 기초하는가. 아래에서는 가벌성을 부인하는 LG와 BGH의 판결들 그리고 가벌성을 부인하는 KG의 결정 그리고 그러한 결정에 대한 분석의 이해를 돕는 (당해 결정에 대한 평석을 담은) 문헌을 분석함으로써, 가벌성 부인론과 인정론의 논증의 특징을 구조화해보고자 한다.

1. 가벌성의 부인론

(1) PGD의 자기목적성 부인

배아보호법에 따른 가벌성 판단의 결정적 기준인 행위자의 '주관적 의도'와 관련하여 당해 피고 행위의 가벌성을 부인하는 판결 또는 이와 관련된 문헌들에서 강조하는 것은 무엇보다도 피고인의 행위가 '당해 환자들의 임신을 목적으로 한다는' 점이다. 그런데 앞에서 언급했던 바와 같이, PGD는 '이식'과 '냉동보관/폐기'라는 '이질적인' 후속행위들과 결합이 되어 있다. 그렇기 때문에, 피고인의 행위의 주관적 의도를 확정하기 위해, 'LG(2008)'의 형사부(Straf- kammer)는 우선 "PGD는 그 자체로 자기목적적인 것이 아니"라고 본다.[21] 이는 피고인이 '임신이라는 목적'을 지니고 있음을 확정하기 위해서는 —적어도 법원의 판단에 따른다면— 'PGD라는 행위 그 자체'에 기댈 수 없음을 분명히 보여주는 것이기도 하다. 'LG (2008)'에 따르면, "배아의 세포가 보여주는 유전적인 구조를 진단하는 것", 즉 PGD는 "수정의 목적(das Ziel der Befruchtung)"이 아니다. 'BGH(2010)' 역시, 이러한 점을 다음과 같이 분명히 한다: "유전적 진단은 (…) 수정의 고유한 목적(der eigentliche Zweck)이 결코 (überhaupt) 아니다." 그리고 피고의사가 PGD를 "반드시(unbedingt)" 하고자 했다는 점에서 "진단의 고의"를 갖는다고 할지라도, 이는 체외수정이 이루어진 절차 전체, 즉 PGD의 행위과정 "전체가 임신을 하고자하는 의지에 의해 이루어졌다"는 점에 대해 아무런 영향을 주지 못한다.[22] 이를 통해 피고인에게 있어서 'PGD' 그 자체가 갖는 의미는 현저히 축소되어 있다.

21) 이와 같은 형사재판부의 결정에 대해서는, Strafbarkeit der Präimplantationsdiagnostik, MedR, 2010, 28, 37쪽.

22) BGH, Urteil vom 6. Juli 2010, 5StR 386/09, Rdnr.19.

(2) '후속' 행위의 의미 축소: '선별(/폐기) 고의'의 독립성 부인

1) '선별'과 '임신' 목적의 양립가능성

그렇기 때문에 가벌성 부인론에 따르면, PGD 자체 뿐만 아니라 이와 결합된 특정한 배아에 대한 유전적인 '선별(제1후속행위)' 그리고 이후의 배아의 '폐기(제2후속행위)'가 갖는 의미가 축소된다. 'BGH(2010)'에 따르면 '객관적 유보조건'을 충족하는 경우에만 이식하겠다는 의지를 드러내는 '선별'이라는 행위는 어떤 '독립적인' 의지를 보여주는 것이 아니라 배아를 이식하기 위한 것이라 이해해야 한다.[23] 그렇기 때문에 결국 진단 그리고 이에 따르는 선별의 목적은 배아보호법 제1조 제1항 제2호에서 요청하는 목적과 "양립할 수 없는(unverträglich)"[24] 것이 아니다.

2) 형법적 고의의 일반 이론 적용

'BGH(2010)'에서는 특히 이러한 점을 형법적 고의에 관한 일반 이론에 의해 설명하기도 한다. 형법적인 관점에서, 행위자가 구성요건의 실현이 일정한 조건의 충족에 달려있다고 본다는 점은 ―행위자가 구성요건의 실현을 인식하고 의욕하기만 했다면― 고의의 성립에 영향을 미치지 않는다. 즉, 고의는 "조건에 대해 적대적이지 않다."[25] 그렇다면 유전자 진단의 결과 배아가 환자가 원하지 않는 유전적인 형질을 지니지 않는다는 점을 배아의 "이식에 대한 객관적인 조건(objektive Bedingung der Übertragung)"으로 삼았다고 할지라도, 이러한 점은 임신이라는 고의의 성립에 영향을 미치지 않게 되는 것이다.

(3) 전체 행위과정의 '통합'

1) 선행행위의 의미 확대

뿐만 아니라 가벌성 부인론에서는 PGD 자체의 의미를 축소하는 한편 그 선행행위인 배아를 '만들어내는' 행위에 보다 집중하고자 한다. 이를 보다 분명히 보여주는 것은, 가벌성 부인론에서 행위자의 의도를 파악하는 '시점'이다. 특히 'LG(2009)'는 "피고인과 환자들 사이의 치료계약(Behandlungsvertrag)"의 본질[26]

---

23) LG Berlin: Präimplantationsdiagnostik nicht strafbar, ZfL 2009, 3, 95쪽.

24) BGH, Urteil vom 6. Juli 2010, 5StR 386/09, Rdnr. 17.

25) BGH, Urteil vom 6. Juli 2010, 5StR 386/09, Rdnr. 15

26) LG Berlin: Präimplantationsdiagnostik nicht strafbar, ZfL 2009, 3, 95쪽.

에 비추어 피고인의 의도를 파악하려 하는데, 이를 통해 피고인의 의도를 확정하는 시점은 환자와의 사이에 체외수정을 계획하는 시점으로까지 거슬러 올라가게 된다.

2) 임신목적에 의한 행위과정의 '통합'

선행행위의 의미를 확대하고 후속행위의 의미를 축소한다는 점은 다른 측면에서 보면, 당해 주관적 의도가 관련을 맺는 범위가 ―이후 폐기되는 배아를 포함한 전체 배아에게로― '확장'되는 것이라 할 수 있다. 'LG(2009)'에서는 피고인이 환자의 임신을 도와주기 위해 행동했다고 보는 것은, 행위 과정을 전체적으로 볼 때에 (allgemein) 그러했다는 것일 뿐만 아니라 "모든 개별적인 수정란에 관해서도(in Bezug auf jede einzelne befruchtete Eizelle)"[27] 그러하다는 의미라고 한다. 여기서 주목할 것은, 'LG(2009)'는, 행위자의 '임신의 의도' 또는 "이후에 수정란으로부터 성장하는 배아를 환자에게 이식하려는 의도"는 각각의 수정란들에 대한 PGD가 이루어지고 그 이후 수정란들이 '선별적'으로만 이식이 되어서 경우에 따라서는 '폐기'된다고 할지라도 이와는 상관없이 "모든(jede)"[28] (수정된) 난자에게 존재하는 것이라고 본다는 점이다. 이를 통해, '체외수정-PGD-선별-배아의 이식' 그리고 '체외수정-PGD-선별-배아의 냉동보관/폐기'라는, '제2후속행위'를 두고 보았을 때에는 이질적인 행위의 과정이, 결국 '체외수정'에 있어서의 '임신의 의도'를 통해 '통합된다'. 결국, 이와 같이 이해되는 '임신의 목적'은 결국, 행위자가 PGD의 전체과정의 출발점에서 갖는 '행위과정 전체에 대한 계획'으로서 행위과정 전체를 '지배하는' 것이라고 이해할 수 있다. 'BGH(2010)' 역시 앞의 단락 IV. 1. (2). 1)에서 이미 언급했듯, '임신을 하고자 하는 의지'를 파악하는 단위로서, "체외수정의 절차 전체"[29]를 이야기한다.[30]

---

27) LG Berlin: Präimplantationsdiagnostik nicht strafbar, ZfL 2009, 3, 95쪽.

28) LG Berlin: Präimplantationsdiagnostik nicht strafbar, ZfL 2009, 3, 95쪽; 괄호 안의 내용은 판결문의 전체 맥락에 비추어보아 그 의미를 분명하게 하기 위한 글쓴이의 첨언임.

29) BGH, Urteil vom 6. Juli 2010, 5StR 386/09, Rdnr.35.

30) 이와 관련하여, 배아의 '진단'행위가 "IVF의 전체 과정"에서 갖는 의미를 BGH의 이와 같은 논증에 기초하여 설명하는 Hans Georg Dederer, Zur Straflosigkeit der Präimplantationsdiagnostik, MedR, 2010, 28, 822쪽.

2. 가벌성의 인정론

(1) PGD의 자기목적성 인정

'KG(2008)'의 결정을 지지하면서 가벌성을 인정하는 문헌에서는, 앞의 가벌성 부인론에서 진단의 자기목적성을 부인했던 것과는 대조적으로, '진단' 그 자체의 불법성을 보다 적극적으로 강조한다. Rainer Beckmann은, PGD라는 과정에서 행위자가 궁극적으로 추구하는 바는 '임신'이 아니라, "원하지 않은 배아가 이식(transfer)되지 않도록 하는 것",[31] 즉 '선별'이라고 본다. '선별'이 전체 행위과정의 궁극적인 목적이라면, '선별'의 기초가 되는 '진단' 그 자체는 –가벌성 부인론에서와는 달리– 그 자체로서 '자기목적적'인 행위로 존재하게 된다.

(2) 후속행위의 의미 확내

1) '폐기' 또는 '선별' 목적의 지배

같은 맥락에서 가벌성 인정론에서는, 가벌성 부인론에서와는 달리, 선행행위의 의미를 축소하고 PGD 자체 또는 그 후속 행위가 갖는 의미를 확대하는 경향이 나타난다. 우선, 'KG(2008)'에서는 '임신'이 행위자가 지향하는 "주된 목표 또는 최종 목표(Haupt-oder Endziel)"이기는 하지만, 그 이외의 '중도목표' 역시 행위자에게 그 목표가 중요하다면 "법적으로 중요한" 결과일 수 있다는 점을 강조한다. 즉, 'KG(2008)'는 행위자에게 당해 행위 과정의 시작에 있어서 '임신이라는 목표' 또는 '임신이라는 결과를 지향하는 고의'가 존재함을 부인하지는 않지만, 일정한 배아를 '이식하지 않으려는', 즉 '임신시키지 않으려는' 목표 또한 중요한 것이었고 이러한 목표가 갖는 법적인 중요성이 '임신'이라는 목적에 의해 상쇄되지 않는다고 보는 것이다.[32] 특히 'KG(2008)'는 중도목표의 법적 중요성은 '임신'

---

31) Rainer Beckmann, Präimplantationsdiagnostik und Embryonenschutzgesetz, Zeitschrift für Lebensrecht, 4/2009, 128-129쪽.

32) 'KG(2008)' 결정은 '결국에는 가벌성을 인정한다는 점에서 (이는 이해를 돕기 위한 글쓴이의 첨언) 보면' 피고에게 임신의 의도를 인정하지 않는다고 보는 것인데, 다른 한편 KG는 임신이 최종목적이라고 보는 것은 "법적 가치평가의 모순"이라고 비난하기도 한다(Tade M. Spranger, Anmerkung, MedR, 2010, 28, 40쪽). 이러한 비난은, '불법배제고의'라는 규정 형식에 대해 KG는 '배아를 이식하겠다는 의도 이외의 다른 의도가 존재하기만 하면' 불법성이 근거지어질 수 있다고 본다는 점에 대해서는 충분히 설명하지 못한 것이라 할 수 있다.

이라는 행위자의 최종목표가 중도목표에 의한 가벌성의 확정에 영향을 미치지 못할 만큼 크다고 봄으로써, '진단'과 '폐기'의 고의가 결국 전체 행위 과정에 대한 규범적 평가를 지배하게 된다는 점을 분명히 한다.[33]

2) 고의 도그마틱의 변형

이미 언급한 바와 같이, 이와 같이 '선별'을 강조하는 이면에는, 행위자가 이미 체외수정의 단계에서 선별 이후 배아를 '이식'할 수도 있다는 사정을 알고 있었으며 더 나아가 이를 적극적으로 의욕했다는 점이 전체 행위과정의 불법성을 배제할 수 있는 기능을 하지 못한다는 점이 전제되어 있다. 그런데 이러한 전제를 정당화하기 위해서 가벌성을 인정하는 문헌에서는 'KG(2008)'의 결정을 보충하면서 일반적인 고의 도그마틱을 변형시키기도 한다. 배아보호법 제1조 제1항 제2호에서 규정하는 '가벌성 배제고의'로서의 '임신목적'은, '가벌성을 인정하는 고의'와는 달리 "1단계의 직접고의"로 존재할 때에 인정할 수 있다고 보는 것이다.[34] 이는, 가벌성을 보다 쉽게 인정하는 방향으로 형법규정을 해석한다는 점에서 한편으로는 형법 도그마틱을 '비(非) 법치국가적'으로 변형시키는 것, 즉 왜곡하는 것이기도 하다. 다른 한편, 이는 아래의 항목 IV. 3. (2).에서 다시 언급하는 바와 같이 '선별'과 그에 따른 '폐기'가 갖는 불법성이 어떻게 임신의 의도를 '배제할 수 있는지'에 대한 보다 직접적인 논증을 '회피'하는 전략이기도 하다.

(3) 전체 행위과정의 분리

이러한 가벌성 인정론에서는, PGD가 이루어지는 '전체 과정'이 한편으로는 '개별적인 배아'를 기준으로 그리고 다른 한편으로는 '선별'이라는 행위를 기점으로 '분리된다'.[35] 'KG(2008)'는 바로 "법규정의 문언(Wortlaut der Vorschrift)"[36]이

---

33) 'KG (2008)'은 "피고의 최종목표가 (…) 임신을 하도록 하는 것이었다는 사정은 가벌성에 대해 어떠한 변화도 가져오지 않는다"고 한다.

34) Rainer Beckmann, Präimplantationsdiagnostik und Embryonenschutzgesetz, 127쪽.

35) 같은 맥락에서, PGD의 형법적 불법성을 주장하는 경우에는, 한편으로는 "PGD를 중심으로 등장하는 두 가지의 커다란 서로 다른 행위과정들이 두 가지의 개별적인 행위시퀀스로 '거시적'으로 분절"되며 다른 한편으로는 "시퀀스 내부에서의 행위들 역시도 내부적으로 분절된다"고 설명하는 김나경, '주관적 구성요건표지'를 매개로 하는 생명공학의 규율원리 모색, 『형사법연구』 제19권 제3호, 791쪽 참조.

36) Strafbarkeit der Präimplantationsdiagnostik, MedR, 2010, 28, 37쪽.

개별적인 배아를 '각각(einzeln)' 분리하여 생각할 것을 명령한다고 본다. 이에 따르면, 모든 배아 각각에 대해 —'이식하지 않으려는 의도'는 존재하지 않은 상태로— '임신의 고의'가 확정되어야 한다. 뿐만 아니라, 또 다른 가벌성 인정론에서는, 아예 행위자의 의도를 파악할 수 있는 "사실적인 기초"가 "수정의 시점에는 주어져있지 않다"[37]고 함으로써, 개별적인 배아에 대해 '임신'의 의도가 아예 존재하지 않는다고 확정한다. 배아가 '임신되도록' 할 것인지에 대한 결정은 이 견해에 따르면 어디까지나 '진단'의 결과에 따라 있게 되는 것으로 행위자는 진단 이전에는 이식에 대한 어떤 고의도 전혀(überhaupt) 갖고 있지 않다고 보는 것이다. 결국, '진단' 또는 '선별'을 기점으로 전체 행위과정은 '서로 다른' 행위 과정으로 분류된다.

3. 논증의 의의와 한계

(1) 논증의 의의

이상의 법원(그리고 관련 문헌)의 논증에 대한 분석을 통해서는 우선, 아래에서 설명하는 바와 같이 논증의 해석학적인 구조가 드러난다. 그리고 이러한 논증의 구조를 통해서, 생명공학적 행위에 대한 규범적인 판단은 결국 '생명공학적 행위시퀀스'를 확정하는 것임을 알 수 있다.

1) 논증의 해석학적 구조

가벌성을 인정하거나 부정하는 판결들(또는 문헌들)은, 이상에서 분석한 바와 같이, 결국 다음과 같은 논증 구조를 보여준다. 가벌성을 부인하는 입장은 '진단/선별의 자기목적성 부인 (또는 체외수정이라는 선행행위의 의미 강조)— 임신(/보존) 목적에 의한 전체 행위과정의 통합'이라는 사고의 흐름을 보여준다. 반면, 가벌성을 인정하는 입장에서는 '진단/선별 (또는 폐기) 목적의 의미 강조 (또는 체외수정이라는 선행행위의 의미 축소)— 전체 행위과정의 분리'라는 사고 과정을 보여준다. 이를 해석학적으로 이해한다면, 법원은 '진단/선별/폐기 목적의 의미'에 대한 선이해에 따라 가벌성을 인정할 것인가 또는 부정할 것인가에 대해 잠정적인 결정을 내리고, 이에 기초하여 '행위과정을 통합'하거나 '분리'하는 다양한 논증

37) Rainer Beckmann, Präimplantationsdiagnostik und Embryonenschutzgesetz, 128쪽.

을 펼치게 되는 것으로 이해할 수도 있다.

2) 생명공학적 행위시퀀스의 확정

이와 같이 '행위과정을 통합'하거나 '분리'하는 해석의 구조는 달리 표현하면 특정 생명공학적 행위의 가벌성에 대한 판단은 규범적 판단의 단위로서 '생명공학적 행위시퀀스를 확정'하는 과정임을 보여주는 것이기도 하다. 생명공학적 행위시퀀스란 '일정한 의미의 맥락 속에서 또는 특정한 하나의 목적을 중심으로' '생명공학적 행위들이 이루어지는 일련의 과정'을 의미하는 것이다.[38] 이러한 정의에서 드러나듯 생명공학적 행위시퀀스는, 특정한 생명공학적 행위를 중심으로 결합되어 있는 다양한 행위들이 과연 '하나의' 규범적 맥락을 만들어낸다고 볼 것인지에 따라 달리 확정이 된다. PGD의 문제에서는, 선행행위와 PGD 그리고 후속행위들이 모두 ―판결의 분석이 보여주듯, '임신' 또는 '이식'의 목적이라는― 일정한 주관적인 의도에 의해 결합되어 하나의 '맥락'을 만들어낸다고 볼 것인지의 여부에 따라 행위시퀀스가 확정되는 것이다. 그러한 점에서, 각각의 법원의 판결은 ―법원이 이를 의식적으로 인식하지는 않았다 할지라도― 'PGD를 중심으로 이루어지는 생명공학적 기술 운용 과정의 유형들 탐색 ―행위시퀀스의 잠정적인 확정― PGD를 중심으로 하는 기술 운용 과정들을 결합하는 맥락의 확정 ―해당 맥락에 따른 행위시퀀스의 최종적인 확정'이라는 과정을 통해 이루어진 것이라 할 수 있다. 즉, LG와 BGH의 판결은, PGD를 둘러싼 생명공학적 행위들을 '임신'이라는 주관적 목적을 매개로 하여 하나의 행위시퀀스로 통합하였다. 그리고 KG의 결정은 PGD를 둘러싼 생명공학적 행위들을 '배아의 이식을 제1후속행위로 하는 행위시퀀스'와 '배아의 폐기를 제2후속행위로 하는 행위시퀀스'로 분리함과 동시에 PGD를 기점으로 'PGD 이전의 행위시퀀스'와 'PGD 이후의 행위시퀀스'도 분리하였다.

---

38) 김나경, '주관적 구성요건표지'를 매개로 하는 생명공학의 규율원리 모색, 779쪽; 특히 이와 관련해서는, 생명공학적 행위에 대한 규범적 판단과 관련하여 행위의 과정을 '생명공학적 행위시퀀스'로 개념화하는 Na-Kyoung Kim, Leben als Lebens- geschichte und subjektives Tatbestandsmerkmal bei der Präimplantationsdiag- nostik (PGD), Peter Lang, 2007, 106쪽 이하 참조.

(2) 논증의 한계

앞에서 언급한 논증의 '해석학적' 구조를 본다면 결국, 이러한 각각의 논증의 설득력을 판단하는 중요한 요인은 우선은, 진단/선별/폐기 의 자기목적성 또는 형법적 중요성'을 어떠한 근거로 인정하거나 부인할 수 있는가에 대해 각 논증이 제시하는 대답이라고 볼 수 있다. 그런데 우선 법원의 논증은 '배아의 진단/선별/폐기'가 독자적인 (형법적) 불법성을 띠는 것인지에 관한 분명한 근거지음을 회피한다는 점에서 불완전하다[아래의 1)]. 더 나아가 그러한 논증을 회피하기 위해 법원이 의존하는 '역사적 입법자의 의지'는 역사적 해석 그 자체의 불확실성과 한계로 인해 논리필연적인 결론을 연역적으로 도출해내는 근거가 되지 못한다[아래의 2)]. 특히 생명공학의 영역에서는 독단적인 역사적 해석이 갖는 한계가 보다 분명히 드러난다. 생명공학의 영역에서는 새로운 생명공학적 기술이 끊임없이 성장하기 때문에, 입법자의 현실인식은 '해석의 시점에서는' 항상 불완전한 것일 수밖에 없으며, 그렇다고 할지라도 —바로 독일의 PGD에 대한 규율이 보여주듯— 많은 경우 입법자가 인지하지 못했던 새로운 기술에 대한 규율을 완전히 포기할 수는 없다.

1) 직접적 논증의 회피

'진단/선별'의 불법성이 문제되는 것은 특히 이러한 행위가 선택되지 않은 배아의 폐기를 예정하고 있다는 점 때문이다. 그렇기 때문에 '진단/선별 목적의 의미'에 관한 논증은 결국 '배아를 폐기하는 것이 독자적으로 형법적인 불법성을 표상할 수 있는 것인가'의 여부라는 '배아의 (형)법적 지위'의 문제로 귀결된다. 바로 여기서, LG, BGH 그리고 KG가 모두 '진단/선별/폐기의 법적 의미'에 대한 직접적인 논증을 회피하려 했던 이유가 분명해진다. 배아의 법적 지위에 대한 직접적인 논증은, 서로 다른 주장들이 끊임없이 대립하고 있는 상황에서, 법원의 논증에 대한 격렬한 논쟁으로 인한 사후적인 부담만을 가중시킬 수 있기 때문이다. 'BGH(2010)'는 "모든 중도목표가 항상 구성요건의 충족을 가져오는 것은 아니"라고 하면서 '진단 또는 선별이라는 중도목표'의 '독자적인 불법성'을 부인한다. 그리고 'KG(2008)'는 행위자가 선별과 폐기라는 중도목표를 중요하게 생각하는 한 —앞에서 언급했듯— 중도목표도 법적으로 중요한 결과일 수 있다고 본다. 그런데 LG, KG 그리고 BGH의 논증에서는 모두 이와 같은 '진단/선별/폐기'가 갖는 중요성의 크기에 대한 직접적인 근거지음은 찾아볼 수 없다.

2) 역사적 입법자로의 회귀

우선, 가벌성을 인정한 'KG(2008)'는 직접적 논증을 피하기 위해, 논증의 지평을 입법자의 '역사적 의지'의 차원으로 옮긴다. 'KG(2008)'는 우선, 입법자가 배아보호법 제1조 제1항 제2호를 입법한 목적을 탐색하기 위해 법 제정 당시의 입법 관련 기록 등에 의존한다. 여기서 KG가 포착하는 입법자의 의지는 인간배아를 "임신수행과는 다른 목적으로 인공적으로 수정시키는 것을 예외없이 금지"하는 것인데, 이는 동 조항의 규정 그 자체를 반복하여 말하는 것일 뿐이며 그렇기 때문에 앞에서 언급했던 바와 같이 '임신'이 유일한 목적이어야 하는가에 대한 또 다른 해석의 문제를 남겨놓을 뿐 결정적인 답을 제공해주지 않는다. 뿐만 아니라, 가벌성을 부인하는 LG와 BGH 역시, 배아보호법에서 드러나는 "입법자의 가치결정"을 판단의 중요한 근거로 삼는다. 그런데 LG와 BGH는, 무엇보다도 입법 당시에는 "다능성 세포를 가지고 이루어지는 PGD"라는 기술이 아직 정착되지 않았었고 그렇기 때문에 배아보호법에서는 문제가 되는 PGD 자체에 대해 금지하고 있지 않다고 본다. 즉, 동일한 '역사적' 해석의 방법을 취하면서도 'KG(2008)'와는 상반된 결론에 이른다.

KG, LG 그리고 BGH가 이러한 역사적 해석을 통해 의도하는 바는, 배아보호법의 '제정 당시의' "역사적"[39] 입법자(der historische Gesetzgeber)의 의도를 '발견'해 내어 이로부터 결론을 도출해내고자 하는 것이다. 그러나 우선, 법문이 규정되는 맥락은 어디까지나 입법이 이루어지던 당시의 상황들을 반영하는 것일 뿐이기 때문에, 그 당시의 입법자의 의도에 치중한 역사적 해석은 현재 규율하고자 하는 대상과 사회의 현실, 정책적 요청 등에 대한 해답을 제시하는 데에 한계가 있을 수밖에 없다.[40] 그리고 '역사적' 입법자의 의도는 KG와 LG · BGH의 논증 그리고 각 논증의 상이한 결론이 보여주듯, 단지 언어 논리적인 작업을 통해 통일적으로 파악될 수 있는 것이 아니다. 같은 맥락에서, 1990년대의 입법자의 의지에만 초점을 맞춘 BGH의 논증이 갖는 한계를 다음과 같이 지적하기도 한

39) 이러한 표현은 BGH, Urteil vom 6. Juli 2010, 5StR 386/09, Rdnr.22.

40) 더 나아가, 이와 같은 'KG(2008)' 결정의 논증에 대해, 배아보호법 규정이 헌법적으로 요청되는 명확성의 한계를 뛰어넘는 것인지의 여부는 어디까지나 "규정의 문언에 따라" 판단하는 것이지 "역사적인 입법자가 그 규정에 담아내고자 했던 이해"에 따라 판단하는 것이 아니라고 비판하기도 한다(Tade M. Spranger, Anmerkung, MedR, 2010, 28, 41쪽).

다. 우선, 줄기세포가 추출되는 배아가 갖추어야 할 조건을 규정하는 줄기세포법 제4조 제2항 제1호 b목은 당해 배아가 여성에게 이식되지 않은 것이 "배아 그 자체에 있는 이유로 인한 것"이 아니어야 한다는 내용을 담고 있다. 이 규정에 따른다면 줄기세포법의 입법자는 유전적인 질병과 같은 이유로 인해 더 이상 이식이 되지 않은 배아들로부터 줄기세포를 추출할 수 없다고 보는데, 이는 배아보호법에 의하면 PGD가 허용되지 않는다고 본 것이라 할 수 있으며[41] BGH의 역사적 해석은 이를 간과했다는 것이다. 더 나아가 이 견해는, 물론 ―BGH와 결론적으로는 동일하게― 입법자가 이와 같은 전제조건을 규정한 것은, 줄기세포의 추출이 항상 배아의 '생명의 단절'을 전제한다는 점에서 ―특히 다른 나라의 경우 PGD가 아무런 제한 없이 허용되기도 하는 상황에서― 줄기세포 사용의 전제조건을 보다 엄격히 하기 위한 것이며, 줄기세포법의 입법자 역시 BGH가 허용하는 범위 내의 PGD를 금지해야 한다고 보는 것은 아니라고 해석할 수도 있다[42]고도 한다. 결국, 역사적 해석에 의존하더라도, '진단/선별/폐기'에 대한 직접적인 근거지음이 없는 이상, 논리필연적인 결론을 도출해낼 수 있는 것이 아니다.

4. 보론: 선행적 결정의 실질적 부존재―연방헌재의 전략적 논증

다른 한편, PGD에 관한 판결이 배아 폐기의 독자적 불법성에 관한 직접적인 논증을 회피하는 것은, 무엇보다도 배아의 지위에 관한 오랜 고민을 담았던 독일 연방헌법재판소의 2차례에 걸친 임신중절 결정에서도 배아의 규범적인 지위에 관한 분명한 논증을 찾아보기는 쉽지 않다는 점에서 비롯되는 것이라고도 볼 수 있다. 독일 연방헌법재판소는 두 차례의 결정을 통해, '상담구상'이라는 ―뒤에서 다시 언급하게 될― 많은 시사점을 제공하는 결론을 제시했지만, 그러한 결론을 설득력 있게 근거지을 수 있는 배아의 생명에 관한 법적 논증을 제공하지는 못한 것으로 보인다.

예를 들어, 연방헌재는 이른바 제1차 임신중절 결정에서 "현재 진행되는 절차의 판결 그리고 학문적인 문헌들에서 논란이 되는 문제인 태아 그 자체가 기본

41) Hans Georg Dederer, Zur Straflosigkeit der Präimplantationsdiagnostik, 819-820쪽.
42) Hans Georg Dederer, Zur Straflosigkeit der Präimplantationsdiagnostik, 820쪽.

권의 담지자인지 아니면 "단지" 헌법의 객관적 규범에 의해 그의 '생명에 대한 권리(Recht auf Leben)'가 보호되는 것인지의 여부에 관해서는 결정할 필요가 없다(nicht entschieden zu werden brauchen)"고 했다.[43] 그러면서 그 이유를 "만들어지고 있는 생명(werdendes Leben)에 대한 국가의 보호의무가 헌법으로부터 도출되는 것인지의 여부 또는 국가가 어떠한 범위의 의무를 부담하는지에 대해서는, 기본권 규범의 객관법적인 내용으로부터 이미(schon) 추론할 수 있기 때문"이라고 했다. 하지만 연방헌법재판소의 이러한 논증은 무엇보다 다음과 같은 이유에서 설득력이 있다고 보기 어렵다: 기본권규범의 객관법적인 내용으로부터 어떠한 (범위의) 국가적 의무가 도출되는 것인지에 대해 대답하기 위해서는, 보호의 대상인 배아가 주관적 기본권의 담지자인지 혹은 단지 기본권규범의 객관법적 내용에 따라서만 보호될 수 있는 것인지에 대답하지 않을 수 없다.[44] 그럼에도 불구하고 연방헌재는, 배아의 기본권담지자성에 관한 물음을 이러한 언급에 있어 분명하게 열린(offen) 문제로 두는데, 여기서 연방헌재가 배아의 기본권담지자성에 관한 결정에 따른 논증의 부담을 고의적으로 피하려 한다는 추측이 가능하다. 특히, 연방헌재는 ―임산부의 생명이나 건강상의 위험이 발생하는 경우 외에도― 임신의 계속이 임산부에게 매우 중대한 부담이 될 수 있는 경우 입법자는 임산부가 임신을 계속할 것이 기대가능하지 않다고 보고 임신중절을 허용할 수 있다고 한다.[45] 그리고 이와 같이 ―일반적인 형법적 정당화사유보다 그 범위가 확장된다고 할 수 있는― 임신중절의 적응요건을 인정하기 위해서는 배아가 태어난 인간 생명과 동일한 기본권의 담지자라는 점을 인정할 수 없음을 분명히 해야 한다. 결국, 언급한 바와 같은 독일 연방 헌재의 논증은 ―논리적이지 않을 뿐만 아니라― 일정한 요건에 따라 임신중절을 허용하기 때문에 실제로는 그럴 수 없음에도 불구하고 여전히 태어나지 않은 인간 생명에 대해서도 태어난 인간 생명에서와 마찬가지로 그렇게 강력한 생명보호를 해야 한다는 구상에 기초하는 것처럼 보이고 싶었던 의도에서 비롯된 전략에 기초한 것이라 할 수 있을 것이다.[46]

---

43) BVerfGE 39, 1, 41.

44) 이러한 지적은 Na-Kyoung Kim, Leben als Lebensgeschichte und subjektives Tatbestandsmerkmal bei der Präimplantationsdiagnostik, 88-89쪽에서 이미 제시한 바 있다.

45) BVerfGE, 39, 1, 1.

결국 이와 같이 —태어나기 전의 인간 생명의 규범적 지위에 관해 거의 처음으로 논의되었다고 할 수 있는— 임신중절에 관한 독일연방헌법재판소의 결정에서도, 이 결정의 결론과는 상관없이 어쨌든 배아의 규범적 지위에 대한 명백하고 일관된 논증은 찾아보기 힘들다는 점은, 배아의 생명 보호에 대해 PGD의 결정이 분명히 기댈 수 있는 선행적 결정이 존재하지 않았음을 의미하는 것이다. 특히, 법원은 이와 같이 연방헌재도 분명한 논증을 제시하지 못하는 상황에서 이에 관한 논증을 분명히 하는 데에 많은 부담을 느꼈을 것이라 추측해볼 수 있다. PGD에 관한 법원의 결정이, 그 결론에서는 상담모델이라는 새로운 임신중절 구상의 토대가 된 연방헌재의 '결론'의 취지와 매우 유사하면서도, 그 전제가 되는 논증에서는 연방헌재와 마찬가지의 불분명함을 보여준다는 것은, 이러한 맥락에서 흥미롭다.

V. 법해석과 법정책

그렇다면 PGD의 가벌성에 대한 보다 설득력있는 답을 제시하기 위해서는, 결국 배아의 '법적 지위'에 대한 분명한 논증이 선행되어야 한다. 그리고 '배아의 법적 지위'에 대한 이해는 법규정에서 요구하는 '임신' 또는 '이식'이라는 '주관적 의도'의 의미, 즉 생명공학적 행위시퀀스를 확정하는 '맥락'을 어떻게 이해해야 하는지에 대한 방향성을 제공한다. 아래에서는 '배아의 법적 지위'에 관해 기술하고, 이와 함께 법에서 요구하는 주관적 구성요건표지의 의미를 확정해볼 것이다. 이러한 PGD 문제에 대한 법해석은, 생명공학적 행위에 대한 법규정을 해석함에 있어 요청될 수 있는 '일반적인 원리'가 무엇인지에 대한 시사점을 제공해주기도 하는데, 이러한 점에서 이 단락에서는 우리나라의 생명윤리 및 안전에 관한 법률의 규율의 해석이나 개정의 방향에 대해서도 잠깐 언급하고자 한다.

---

46) 그 밖의 연방 헌재의 제2차 임신중절 결정에서의 논증 역시 유사한 맥락에서 전략적이라는 비판에 대해서는 Na-Kyoung Kim, Leben als Lebensgeschichte und subjektives Tatbestandsmerkmal bei der Präimplantationsdiagnostik, 93쪽 이하 참조.

1. 해석과 정책의 기초: 배아 생명의 규범적 이해

배아의 생명은 어떻게 이해되어야 하는 것인가. 그리고 이러한 이해에 따른다면 배아에게는 어떠한 규범적 지위가 귀속되는 것인가. 여기서 이에 대한 상세한 설명을 하는 것은 이 연구의 주된 목적이 아니지만, 다만 생명공학적 행위에 대한 판단의 기초를 마련하기 위해 개략적으로나마 관련된 논증들을 살펴볼 필요가 있다.

(1) 논증의 탐색

배아의 (법)규범적인 지위에 관한 논의에서 가장 빈번하게 등장하는 논증들은, 이른바 잠재성 논증, 연속성 논증, 동일성 논증, (생물학적) 종 논증 등이다. 이 논증들은 각각 배아가 출생을 통해 하나의 인간으로 성장하게 될 잠재성, 배아가 출생하여 인간이 되기까지의 발전과정이 지니는 연속성, 배아와 인간 사이의 유전적인 동일성, 배아와 인간이 호모 사피엔스라는 동일한 생물학적 종에 속한다는 사실에 기초하여, 배아의 지위를 근거지으려 한다. 더 나아가 배아가 지니는 '경험적인 능력'에 기초하여 배아의 지위를 확정하려는 시도도 존재한다.[47] 하지만 이러한 논증들은 각각 배아의 규범적 보호의 정도에 관해 '서로 다른' 결론을 제시한다. 뿐만 아니라, 하나의 논증으로부터도 배아의 지위에 대해 항상 '일관된' 결론이 도출되지 않는다. 예를 들어, (생물학적) 종 논증에 따른다면 DNA의 구조가 동일하면 동일한 종에 속하는데, 배아와 인간 사이의 DNA의 구조가 동일한 이상 배아의 생명이 인간과 '동일한 정도'로 보호되어야 한다고 본다. 즉, (생물학적) 종 논증은 생명 보호의 범위를 확장함과 동시에 배아와 인간 사이의 차별적인 생명보호를 부인하는 경향을 보이기 쉽다. 그리고 '잠재성' 논증의 경우에는 배아가 인간으로 발전할 잠재력을 지닌다는 점에서 인간과 동일한 규범적 보호를 받아야 한다는 결론을 도출하기도 하지만, 다른 한편 배아가 인간으로 '점점 더' 성장해 나아가므로 초기단계의 배아의 생명은 태어난 인간과 동일하게 보호될 수 없으며[48] 배아가 인간에 가까워질수록 규범적인 보호가 점

---

47) 예를 들어, Peter Singer는 '경험적 능력'에 기초한 논증은 예를 들면 "고통이나 기쁨을 느끼는 능력"이나 "자의식"과 같은 능력의 존부가 '법적인 이익'을 귀속시킬 수 있는 기준이라고 본다(Peter Singer, Practical Ethics, Cambrigde University Press, 1995, 57쪽).

점 더 강해져야 한다는 결론을 도출하기도 한다.

(2) 배아 생명의 보호 필요성

이상에서처럼, 자연과학적 사실은 그 자체로 다양한 해석의 가능성을 지니기 때문에, 자연과학적 논증으로부터 통일된 생명보호의 방식을 도출해낼 수 없다.[49] 더 나아가 보다 중요한 것은, 자연과학적 사실이라는 존재로부터 직접 '규범적인 결론'이라는 당위를 '바로' 도출해낼 수는 없다는 점이다.[50] 자연과학적 사실은 그러한 사실에 대한 우리의 '반응'을 매개로 해서만 행위에 대한 규범적 기준을 설정하는 근거가 될 수 있다. 그렇다면 앞에서 언급한 논증들이 기초하는 자연과학적인 사실들은 배아의 생명에 대한 이해에 있어 우리에게 어떠한 시사점을 제공해주는가. 이 글에서, 배아의 생명에 관한 더 많은 논증들을 상세하게 설명하는 것은 가능하지 않다. 하지만, 여기서 우선 말할 수 있는 것은 이러한 논증들이 기초하는 (자연과학적) 사실들은 우리와 배아 사이를 '관련지음'으로써 우리가 우리 자신을 이해할 수 있는 매개체가 된다는 점이다. 즉, 이와 같은 '자기이해'가 바로 자연과학적 사실에 대한 우리의 '반응'이다. 결국, 다양한 자연과학적 설명을 통해 우리가 내릴 수 있는 결론은 우리 자신에 대한 이해를 통해 '배아와 우리 사이의 동종성'을 확인할 수 있다는 점이다. 그리고 이러한 동종성은 우선 '배아에 대한 보호의 필요성'을 근거지을 수 있다.

(3) 보호 정도의 차별성

하지만 이와 같은 '보호의 필요성'이 결코 배아와 인간의 생명을 동일한 정도로 보호해야 함을 의미하는 것은 아니다. 배아 생명의 보호 정도에 관해서는 우선 간략하게는 두 가지 관점의 설명이 가능한 것 같다. 우선, 배아의 생명의 보호 강도와 관련하여 - 인간의 생명에서와는 달리- 생명공학의 등장 이래 끊임

48) 이와 같은 견해로는 예를 들어 Klaus Steigleder, Müssen wir, dürfen wir schwere, Francke Verlag, 2000, 98쪽.

49) 유사한 설명으로 정현미, 배아의 생명권과 착상 전 유전자 진단, 『비교형사법연구』 제5권 제2호, 265쪽 이하 참조.

50) 존재로부터 바로 당위를 이끌어내는 논증의 오류에 대해서는 D. Hume, A Treatise of human nature, Part III, Section 3 참조.

없이 서로 다른 견해들이 대립하여 왔다는 사실은, 이미 배아의 생명이 태어난 인간 생명과는 규범적으로 다른 정도로 보호될 수 있다는 점에 대한 반증일 수 있다.[51] 두 번째, 이러한 생각은 우리의 '도덕적 직관'을 통해 보다 분명해질 수 있다. 도덕적 직관은 실제 도덕철학의 기초로서는 ―아직 공준화되지 않은 중요한 가치들을 확인한다는―[52] 제한된 호소력만을 지녀왔지만, 특히 의료 영역에서처럼 견해의 대립이 극심해서 일관된 도덕원칙을 발견하기 쉽지 않은 경우에는 규범적 판단에서 도덕적 직관이 갖는 의미를 결코 경시해서는 안 된다는 지적이 오래전부터 있어왔다.[53] 독일의 법학자 R. Merkel은 〈Die Zeit〉 지에서 이른바 '불난 실험실'에 관한 도덕적 상상을 통해 배아의 규범적 지위를 설명하고자 했다: 방금 만들어진 10개의 배아와 갓난아이 한 명이 있는 실험실에 불이 났고, 갓난아이와 10개의 배아 중 하나만을 구출할 수 있다면 누구든 갓난아이를 먼저 구할 것이다. 더 나아가 갓난아이를 구출하러 가는 길에 10개의 배아가 들어 있는 기구가 있고 이 기구를 불속으로 던지는 적극적인 행위를 해야만 갓난아이를 구출할 수 있는 경우에도, 구출자에게는 부작위가 명령되는 것이 아니라 적극적인 작위의 이행이 명령된다는 점 역시 부인할 수 없다.[54] 이러한 직관은 배아와 갓난아이 사이의 "원칙적인 지위의 차이(prinzipieller Statusunterschied)"를 부정하기 어렵다는 점을 말해주는 것이라 할 수 있다.[55]

그렇다면 결국, 배아의 생명 보호는 다음과 같은 이해를 기초로 이루어져야 할 것이다. 배아의 생명은 그 생물학적인 발전의 단계와는 상관없이 일정한 본질

51) 이러한 지적은 김나경, 태아의 장애를 이유로 하는 임신중절, 143쪽.

52) John Keynon Mason · Graeme Laurie, Law and Medical Ethics, 7th Edition, Oxford University Press, 2006, 161쪽.

53) John Keynon Mason · Graeme Laurie, Law and Medical Ethics, 7th Edition, Oxford University Press, 2006, 20쪽; Thurstan B. Brewin, How much ethics is needed to make a good doctor?, Lancet, 1993, 341, 161쪽; Grant Gillet, Euthanasia, Letting die and the pause, Journal of medical ethics, 1998, 14, 61쪽.

54) Reinhard Merkel, Rechte für Embryonen? - Die Menschenwürde lässt sich nicht allein auf die biologische Zugehörigkeit zur Menschheitgründen, Christian Geyer (Hrsg.), Biopolitik. Die Positionen, Suhrkamp Verlag, 2001, 52쪽 이하.

55) Reinhard Merkel, Zum normativen Status des Embryos und zum Schutz der Ethik gegen ihre biologistische Degradierung, Gregor Damschen/Dieter Schönecker (Hrsg.), Der moralische Status menschlicher Embryonen, Walter de Gruyter Verlag, 2002, 54쪽.

적인 가치를 지니는 것이라는 점에 기초하여 일반적인 생명보호의 원칙이 근거지어질 수 있다. 하지만 다른 한편 배아의 생명은 일정한 시점까지는 다른 중요한 '삶'의 이익과 형량이 가능하며,[56] 그 이후의 시점에서는 (태어나서 성장해 생명에 관한 논의를 주도하는) 우리와 같은 인간생명과 같은 방식으로 다루어져야 한다.[57] 그리고 이와 같이 초기 단계의 배아의 생명이 경우에 따라서는 중요한 '삶의 이익'들과 형량이 가능하다는 것은, 우선 문제된 독일 법원의 사안에 있어서 PGD의 결과에 따른 선별과 배아의 폐기는 그 자체 독자적인 불법성을 지니지 않는다는 점을 의미한다.

2. '임신' 목적의 재이해와 법정책

배아 폐기가 항상 독자적인 불법성을 표상하는 것이 아니라면, 앞에서 언급했던 바와 같이, 독일 배아보호법 체계하에서 PGD의 가벌성은 인정하기 어렵다. 더 나아가 법정책적으로는 물론, 배아의 생명에 대한 이해를 기초로 '임신'이라는 주관적 구성요건표지를 좀 더 구체화함으로써 이러한 표지가 불법성을 배제하고 행위시퀀스를 통합하는 기능을 할 수 있도록 하는 법의 변화가 요청된다.[58][59]

(1) '규범적' 의미로서 '임신'

배아의 생명이 경우에 따라 중대한 삶의 이익과 형량 가능하다면, PGD의 결과 확인된 배아의 유전적 형질이 중대한 삶의 이익을 침해한다면 이 경우 배아

56) 이는 특히, 생명을 단지 생물학적인 개념으로 이해할 것이 아니라 총체적인 '삶'으로 이해함으로써 잘 설명할 수 있다. '삶'으로서의 생명이해에 대해서는 특히 Na- Kyoung Kim, Leben als Lebensgeschichte und subjektives Tatbestands- merkmal bei der Präimplantationsdiagnostik, 69쪽 이하 참조.

57) 이 단락의 내용은 김나경, 태아의 장애를 이유로 하는 임신중절, 146쪽의 내용을 재구성한 것이다.

58) PGD에 관한 입법적 규율은 특히 'BGH (2010)'에 따르면 소망스러울 뿐만 아니라 "헌법적으로 명령"된다는 Eva Schumann, Anmerkung, MedR, 2010, 28, 849쪽 참조.

59) BGH의 PGD에 대한 판결 이후 독일에서는 배아보호법 개정 논의가 계속되고 그 결과 PGD를 규율하는 법조항이 신설되긴 했지만, 이는 여전히 이 글에서 제시하는 변화의 방향을 수용하고 있지는 않다. 이에 대해서는 아래의 항목 V.2.에서 설명할 것이다.

를 이식하지 않는 것이 허용될 수 있다. 그렇다면 인공수정을 통해 ―일정한 유전적 기준을 충족한― 아이의 출생을 소망하면서 이루어지는 생명공학적 행위들 모두는, 인공수정의 단계에서 선별을 통한 배아 폐기의 가능성을 이미 염두에 두고 있다는 사실로 인해 ―진단 또는 선별을 기점으로 또는 개별적인 배아를 중심으로― 분리되는 것이 아니라, 그러한 소망에 기초하여 하나로 '통합'될 수 있다. 그리고 이러한 소망은 법에서 요구하는 '임신'이라는 주관적 의도와 동일시될 수 있는데, 바로 여기서 '임신'의 목적에 의해 전체 행위시퀀스를 통합하는 가벌성 부인론의 해석은 ―의식적으로든 무의식적으로든― 바로 이와 같은 점에 착안한 것이라 이해할 수 있다. 여기서 '임신'은 '이식'이나 '착상'이라는 생물학적 현상 또는 행위를 넘어서는 보다 포괄적인 규범적 의미를 갖는다.[60] 그렇기 때문에, 독일 배아보호법 제1조 제1항 제2호와 제2조 제1항에서 규정하는 '임신 이외의 목적' 또는 '보존하려는 목적 이외의 목적'이라는 '불법배제고의'는, 배아 폐기라는 ―물학적 임신에 배치되는― 고의가 존재한다고 해서 확정이 되는 것이 아니다. 임신을 규범적으로 이해하는 경우 이 규정은 '임신의 목적'이 있다면 가벌성이 인정되지 않도록 하는 것이라 해석될 수 있다. 그리고 법정책적으로는 물론, 해석상의 혼란을 야기시키는 이와 같은 형태의 고의 규정은 지양되는 것이 바람직할 것이다.

(2) '임신' 목적의 구체화

'임신'을 이와 같이 규범적으로 이해한다면, 주관적 구성요건표지로서 임신의 목적을 확정하기 위해서는 다음과 같은 요건이 필요하다고 할 수 있을 것이다. 첫째, 하나의 생명공학적 행위 시퀀스가 시작되는 시점에서 당사자인 미래의 부모가 배아를 '2인칭 인격체로 받아들이는 자세'를 갖추고 있어야 한다. 다시 말하면 전체 행위과정의 계획이 배아를 ―경우에 따라서는 진단의 결과에 따라 폐기할 수 있게 될지라도― 어쨌든 '이식'함으로써 아이를 출산하고자 하는 소망에 의해 인도되어야 하며, 어떠한 경우에도 배아를 ―소모적인 배아 연구에 이용하는 것과 같이― 순전히 도구화하려는 목적으로 만들어서는 안 된다. 둘째, 더 나

60) 이를 헌법적 관점에서 부모의 기본권과 관련하여 설명할 수도 있는데 ―비록 결론은 다르지만― 이에 대한 소개하는 글로는 방승주, 착상전 진단의 헌법적 문제, 98쪽 이하 참조.

아가 좀 더 구체적으로 생각해보아야 할 것은, '임신'이 —가벌성 부인론의 해석이 보여주는 것처럼— 배아의 생성과 유전자 진단 등의 일련의 행위시퀀스를 규범적으로 정당화하거나 통합하는 기능을 갖기 위해서는, '임신'이라는 주관적인 구성요건표지가 PGD와 관련하여 등장할 수 있는 규범적 우려를 정화시킬 수 있는 기능을 해야 한다는 점이다. 이를 위해서는 특히, 배아를 유전적으로 '선별'해내는 과정에서 이루어지는 형량은 단지 —이른바 맞춤아기(Designer-Baby)와 같은— 우생학적인 소망에 기초하여 이루어지는 것이 아님을 분명히 할 수 있는 기준이 확보되어야 한다.[61]

이러한 기준은 물론 —PGD와 관련된 직접적인 규정이 존재하지 않는— 현재 독일 배아보호법에는 마련되어 있지 않나. 하지만, 법정책적인 관점에서는 무엇보다 —해석상의 논란을 극복하기 위해서라도— PGD 또는 유전자 진단을 규율하는 직접적인 규정을 통해,[62][63] 한편으로는 선별을 직접적으로 판단하는 유전적인 질환 등의 범위를 확정하고 다른 한편으로는 그러한 결정이 이루어지는 절차를 구체화할 필요가 있다. 여기서 유전적 질환의 범위는 —우리나라의 생명윤리 및 안전에 관한 법률에서처럼—[64] 허용되는 질환의 종류를 '열거'하는 방식으로 이루어질 수도 있고, 또는 —임신의 일정기간까지는 일정한 상담절차를 거치는 경우 임신중절을 허용하는 독일의 임신중절 규정에서처럼— 일정한 절차를 거치는 경우 당사자에게 결정권을 부여하는 방식으로 이루어질 수도 있다. 여기서 규정의 방식에 관한 자세한 논의를 할 수는 없겠지만,[65] 어쨌든 PGD의 행위

61) 이와 관련한 설명으로는 신동일, 착상전 진단술에 대한 생명형법적 고찰, 한국형사정책연구원 연구총서 06-04, 30쪽 이하 참조; 아울러, 보다 전반적으로 우생학의 한계를 설정하는 형사정책의 의의를 다루는 신동일, 우생학과 형사정책, 한국형사정책연구원 연구총서 07-04-03 참조.

62) 독일에서는 '인간에 있어서의 유전자진단에 관한 법률(Gesetz über genetische Untersuchungen bei Menschen)'이 제정되어 2010.2.1.부터 시행되고 있다. 하지만 이 법률은 PGD가 아니라 '산전 진단(PND)'을 대상으로 하는 것이며, 유전자 진단의 과정에서 요청되는 동의와 설명 등의 의료적 절차 그리고 진단 결과의 이용범위와 개인정보의 보호 등을 내용으로 하고 있다.

63) 같은 맥락에서, 독일 배아보호법이 임신중절에서와 같은 '배아병인적 적응요건'을 도입할 필요가 있다고 보는 Hans Georg Dederer, Zur Straflosigkeit der Präimplantationsdiagnostik, 822쪽 참조.

64) 현행 생명윤리 및 안전에 관한 법률 제50조 제2항 및 동법 시행령 제21조 참조.

시퀀스에서는 임신중절의 경우에서보다도 인간 생명에 대한 보다 손쉬운 선별과 폐기가 가능하며 적극적인 우생학의 실현을 방지해야 한다는 목소리가 높아질 수 있을 것이란 점에서 허용되는 유전적 질환의 범위를 법에서 적극적으로 한정하여 규정하는 경향이 나타나기 쉽다. 하지만 열거 방식을 택할 것인지의 여부와 상관없이, '임신'이라는 주관적 구성요건표지는 어쨌든 유전적인 선별이 단지 미래의 부모들 또는 여성의 독단적인 결정이 되지 않도록 하는 '유전적 상담'의 절차를 요청하는 내용으로 구체화될 필요가 있다. 이는 한편으로는 미래의 부모가 자신의 삶이 유전적인 질환을 통해 어떠한 영향을 받게 될 것인지를 다양한 관점에서 바라볼 수 있도록 함으로써 결정이 '성찰적'인 것이 되도록 하는 기능을 한다. 뿐만 아니라, 유전적 상담의 절차는 출산과 양육에 대한 결정의 사회적 맥락을 외면하지 않고 드러내는 기능을 하기도 한다. 부모의 결정과 선택을 단지 부모의 –자유주의적– 자유의 행사로 바라본다면, 사회는 유전적인 질환을 지닌 아이의 양육에 대한 사회적인 책임을 보다 쉽게 외면하고 그 부담을 온전히 여성과 부모의 몫으로 돌리기 쉬울 것이다.[66] 덧붙여, 이와 같이 구체화된 '임신'의 목적은 단지 PGD의 문제에서 뿐만 아니라, 다양한 생명공학적 행위의 과정에서 행위시퀀스를 통합하고, 가벌성을 판단하는 기준으로 기능할 수 있을 것이라 기대해볼 수 있을 것이다.

바로 이러한 법정책의 이상에 비추어보면, 2010년 BGH의 판결 이후 이루어진 입법적인 논의의 결과 2011년 12월 8일 시행되기 시작한 착상전 유전자 진단의 규율에 관한 법률(Gesetz zur Regelung der Präimplantationsdiagnostik)의 내용은 여전히 많은 변화를 필요로 하는 것으로 보인다. 이 법률은 배아보호법에 제3조 a라는 새로운 법조항을 신설하는 것을 목적으로 하였으며 2011년 12월 8일 시행되었다. 배아보호법에 신설된 새로운 법조항에 따르면, 다음과 같은 경우, 일반적으로 승인된 의학과 의료기술에 따라 유전적 질환의 위험이 있는지의 여부에 대해 –당해 여성의 동의를 받은 후– 착상전 유전자 진단을 하는 것은 위법

65) 관련된 논의의 예로는 김장한, 착상전 유전자 진단 및 산전 진단에 대한 법적 · 윤리적 고찰, 대한산부인과학회지, 제49권 제12호, 2006, 2503쪽 이하; 신동일, 착상전 진단술에 대한 생명형법적 고찰 참조.

66) 같은 맥락에서 임신중절과 관련하여 '배아병인적 적응요건'과 이와 관련된 '상담구상'의 실현의 필요성을 이야기하는 김나경, 태아의 장애를 이유로 한 임신중절, 146쪽 이하 참조.

하지 않다: ① 미래의 부모 중 적어도 한 명의 유전적인 요인으로 인해 태어날 아이에게 중대한 유전적 질환(schwerwiegende Erbkrankheit)이 있게 될 위험이 높은 경우, ② 배아에게 중대한 손상이 존재해서 사산되거나 유산될 개연성이 높은 경우. 이와 같은 규정은, 진단이 허용되는 유전적 질환을 열거하지는 않았지만, 여성이 임신과 출산 이후의 삶을 계획함에 있어서 고려하게 되는 다양한 이익들을 모두 포섭하지는 못한다는 한계를 여전히 안고 있는 것으로 보인다. 아울러, 착상 전 유전자 진단의 규율에 관한 법률에서는 PGD는 유전자 진단의 의학적, 심리학적, 사회적 결과들에 대한 설명과 상담을 거쳐 시행되어야 한다고 규정하고 있기는 하다. 하지만 이러한 규정은 아직까지는 삶의 이익들 간의 형량이 성찰적일 수 있도록 상담의 과정에서 유전적 질환에 대한 입체적인 이해를 가능하게 하는 다양한 장치들을 마련해놓은 것이라고 보기는 어렵다. 앞으로의 법의 변화와 발전이, '삶'에 대한 성찰이 이루어지는 임신과 출산의 계획이 '임신' 목적을 통해 구체화될 수 있는 방향으로 이루어지기를 기대해본다.

국가의 보호의무와 낙태규범

고 봉 진*

"법으로 보호해야 할" 인간생명의 시작과 끝을 결정하는 기준은 이전과 비교해 많이 달라졌으며, 이에 대한 우리의 인식도 많이 달라졌다. 뿐만 아니라 생명의 시작과 생명의 끝을 결정하는 기준에는 단 하나의 기준만이 있는 것이 아니라, 보는 시각에 따라 기준이 달라질 수 있고, 문화에 따라서도 기준이 달라질 수 있다는 점이 (널리 혹은 혹자에 따라) 인정되고 있다. 이처럼 생명의 시작과 생명의 끝에 대한 법적 기준을 정함에 있어 우리는 과도기에 있으며,[1] 이 과도기가 언제까지 갈지, 과도기를 지나 대다수의 사람들이 받아들이는 기준이 확립될 수 있을지는 명확하지 않다.

필자는 이 논문에서 로널드 드워킨(Ronald Dworkin)이 제시하는 낙태에 대한 2가지 반대사유, 즉 '파생된 반대(derivative objection)'와 '독립적 반대(detached objection)'를 독일 연방헌법재판소와 미국 연방대법원의 낙태판결 내용에 대입하여 설명해 보고, 이를 토대로 "국가의 보호의무"에 부합하는 낙태규범을 구상해 보고자 한다. 낙태규범을 찾아가는 과정에서는 우리나라 낙태 규범과 현실을 전제로 할 것이다. (필자의 私見에 따르면) '파생된 반대' 주장의 기초인 "생명에 대한 기초적인 이익"이 태아에게 주어져 있는지, 아니면 '독립적 반대' 주

* 제주대학교 법학전문대학원 교수.

1) 최근 우리나라에 2개의 중요한 판결이 있었다. 초기배아의 법적 지위와 관련된 헌법재판소 2010.5.27. 2005헌마346 결정과 연명치료중단에 대한 대법원 2009.5.21.선고 2009다17417 판결이 그것이다.

장의 기초인 “인간생명의 내재적 가치”를 태아가 지닌 것인지에 따라, 낙태규범은 달리 구성되어진다. 낙태에 대한 반대가 ‘파생된 반대’인지 ‘독립된 반대’인지 여부에 따라 ‘국가의 보호의무’의 내용과 정도는 달라지기 때문에, ‘파생된 반대’와 ‘독립된 반대’에 대한 고찰은 ‘국가의 보호의무’ 논의에 대한 선결문제도 된다. (‘국가의 보호의무’[2]는 여러 가지 의미를 가지고 있는데,[3] 여기서는 ‘파생된 반대’와 ‘독립된 반대’와 관련하여 ‘국가의 보호의무’를 다룰 것이다.)

Ⅰ. 인간생명의 시작단계에서 ‘국가의 보호의무’

필자는 (논문 후반부에서 밝히듯이) 태아는 생명에 대한 기초적인 이익을 가진 인간존재와 인간생명의 내재적 가치를 지니는 인간존재로 구분할 수 있다고 생각한다. 생명에 대한 기초적인 이익을 가지는 태아는 생명권의 주체가 되며, 이로부터 임산부의 자기결정권보다 더 보호해야 하는 국가의 보호의무가 발생한

2) 출생 전 인간생명(초기배아, 배아, 태아)에 대한 ‘국가의 보호의무’는 “출생 전 인간생명이 생명권을 갖는지 여부에 따라” 달라진다. 생명권이 인정된다면 국가에게 ‘기본권 보호의무’가 생기는 반면에, 생명권이 인정되지 않으면 ‘국가의 보호의무’가 문제될 수는 있어도 ‘국가의 기본권 보호의무’는 발생하지 않는다. 헌법재판소는 최근 결정에서 생명권 인정 여부와 국가의 생명권 보호의무의 인정 여부를 초기 인간생명의 단계에 따라 달리 규정하였다. 즉 헌법재판소 2008.7.31. 2004헌바81 판결은 태아의 생명권을 인정하고 국가에게 태아의 생명권을 보호해야 할 의무를 부여한 반면에, 헌법재판소 2010.5.27. 2005헌마346판결은 초기배아의 생명권과 국가의 기본권 보호의무를 부정하였으나, 인간의 존엄과 가치가 갖는 헌법상 가치질서로서의 성격을 고려하여 인간으로 발전할 초기배아의 잠재성을 이유로 국가의 보호의무를 인정하고 있다.

3) 잘 알려진 것으로는 헌법재판소의 위헌법률심판 심사기준으로 쓰이는 ‘국가의 생명권 보호의무’이다. 예컨대 헌법재판소 2008.7.31. 2004헌바81 결정은 사산한 태아에게 손해배상청구권을 인정하지 않는 것이 국가의 기본권(생명권) 보호의무에 반하는가를 다루고 있다. “이 때 헌법재판소는 권력분립의 관점에서 소위 “과소보호금지원칙”을, 즉 국가가 국민의 기본권 보호를 위하여 적어도 적절하고 효율적인 최소한의 보호조치를 취했는가를 기준으로 심사하게 된다. 따라서 입법부작위나 불완전한 입법에 의한 기본권의 침해는 입법자의 보호의무에 대한 명백한 위반이 있는 경우에만 인정될 수 있다. 다시 말하면 국가가 국민의 법익을 보호하기 위하여 아무런 보호조치를 취하지 않았든지 아니면 취한 조치가 법익을 보호하기에 명백하게 부적합하거나 불충분한 경우에 한하여 헌법재판소는 국가의 보호의무의 위반을 확인할 수 있을 뿐이다.”(헌법재판소 2008.7.31. 2004헌바81 결정문에서 인용함).

다. 따라서 태아가 기초적인 이익을 가지는 시점부터는 '파생적 반대'에 기초해서 낙태를 형법으로 규율할 수 있다. 하지만 태아가 생명에 대한 기초적인 이익을 가지지 않고 인간생명의 내재적 가치만을 지닐 경우에는 사정이 다르다. 이 경우에는 '파생적 반대'가 아닌 '독립적 반대'에 기초해서 낙태에 반대하게 되는데, (필자의 私見에 따르면) 이 경우에는 임산부의 자기결정권이 태아의 생명가치보다 더 중요하게 고려될 수도 있기 때문에 상담모델에 의한 법적 규율이 가능할 것으로 보인다. 이런 이해를 토대로, 필자는 우리나라 낙태규범이 적응사유모델을 그대로 둔 상태에서 적응사유를 축소 내지 확장하는 방법보다는, 상담을 통한 기한모델을 '태아가 생명에 대한 기초적인 이익을 갖지 않고, 인간생명의 내재적 가치로만 파악되는 시점'에 도입하는 방식을 취할 필요가 있다고 생각한다. 이런 주장의 또 다른 배경에는 현행 낙태규범의 적응사유모델이 규범의 실효성을 상실했다는 점과, 상담을 통한 기한모델과 적응사유모델을 적절하게 함께 규율한다면 현재의 문제점을 개선할 수 있지 않을까 하는 기대감이 자리잡고 있다. 드워킨의 '파생된 반대'와 '독립적 반대' 논의는 우리나라 낙태규범에 대한 필자의 私見을 펼치는데 중요한 기초가 된다.

1. 파생된 반대 vs. 독립된 반대

로널드 드워킨은 그의 저서 '생명의 지배영역(Life's Dominion)'에서 낙태에 대한 반대사유를 "파생된 반대(derivative objection)"와 "독립적 반대(detached objection)" 2가지로 구분한다.[4] 낙태에 대한 '파생된 반대'를 주장하는 견해는 태아는 처음부터 자신 스스로의 이해관계 또는 이익을 가진 생명체이며(이 이익을 살아남을 이익을 포함한다), 이 전제로부터 낙태에 대한 반대가 파생된다고 주장한다. 즉, 낙태는 태아의 살해당하지 않을 권리를 침해하는 것이며, 낙태에 대한 반대는 태아의 권리로부터 파생되는 것이다. 이러한 주장을 드워킨이 '파생적 반대'라고 이름붙이는 이유는 이 주장이 모든 인간이 갖는 권익이 존재하고 태아도 이를 가지고 있으며, 이로부터 낙태에 대한 반대가 파생되기 때문이다.[5] "모든

4) Ronald Dworkin(박경신 · 김지미 역), 『생명의 지배영역』(이화여자대학교 생명의료법연구소, 2008), 12면 이하; 드워킨에 따르면, 인간생명을 보호할 파생적 근거와 독립적 근거의 구별은 안락사의 맥락에서 더욱 이해하기 쉽다.

인간이 갖는 권익이 존재함을 전제하고, 태아도 이를 갖는다고 주장하는 점"에 그 논증의 특징이 있겠다.

반면에 '독립적 반대'는 "모든 사람이 갖는 권익이 존재하고 태아도 이를 갖는다는" 파생된 반대의 당연한 '전제'를 부정한다. 그 대신에 '독립된 반대'를 주장하는 견해는 태아의 생명이 "인간생명의 내재적 가치"를 지닌다는 이유로 낙태를 반대한다. 특정한 권익의 존재를 전제하거나 이에 의존하지 않기 때문에, 드워킨은 이러한 주장을 '파생된 반대'와 비교하여 '독립적 반대'라고 지칭한다.[6] 인간생명이 신성하여 낙태가 죄스럽다거나 사악하다는 생각(독립적 반대)은 태아가 권리나 이해관계를 가진 사람이라는 전제를 하지 않고도 낙태에 반대할 근거를 제시한다는 점에서, 태아가 살 권리가 있어서 낙태가 죄스럽다거나 사악하다는 생각(파생된 반대)과는 매우 다르다.[7]

'생명옹호' 운동의 신랄한 구호들은 태아가 수정 시점부터 도덕적 공동체의 다른 구성원들과 똑같이 중요한 권리와 이해관계를 갖춘 도덕적으로 완전한 사람이라는 파생적 주장을 전제로 하고 있으나, 드워킨이 보기에는, 매우 소수의 사람들만이 이러한 구호의 내용을 실제로 믿고 있다고 본다. 그리고 낙태를 반대하는 거의 모든 이들은 약간의 성찰만으로도 파생적 근거가 아닌 독립적 근거 때문에 낙태에 반대한다는 것을 인정할 거라고 본다.[8] 드워킨은 낙태에 대한 종교

5) Ronald Dworkin(박경신 · 김지미 역), 앞의 책(주 4), 12면.

6) Ronald Dworkin(박경신 · 김지미 역), 앞의 책(주 4), 13면.

7) Ronald Dworkin(박경신 · 김지미 역), 앞의 책(주 4), 14면; "태아가 인간이라는 관점에서는 강간에 대한 예외는 산모의 생명을 구하기 위한 예외보다 정당화하기 힘들다. 태아가 왜 타인의 악행에 대해 자신의 생명을 포기하며 그 죄값을 치러야 하는가? 그러나 우리가 태아가 인간이라는 관점으로부터 인간생명에 투여된 신적 자연적 창조력을 보호하자는 관점으로 이동하면 이 예외는 이해하기가 더욱 쉬워진다." [Ronald Dworkin(박경신 · 김지미 역), 앞의 책(주 4), 104면].

8) Ronald Dworkin(박경신 · 김지미 역), 앞의 책(주 4), 14면; 이러한 주장에 따르면, 태아는 뇌가 충분히 발육되지 않았기 때문에 임신 후기 전에는 고통을 의식하지 못한다. 드워킨은 최근의 연구를 토대로 태아가 고통을 의식할 수 있는 시점을 약 25주째인 것으로 추정하며, 고통을 경험하기에 충분한 뉴런층은 임신 7개월(30주) 정도는 되어야 형성된다는 몇몇 연구자의 주장도 소개하였다. 드워킨은 이미 생겼을지도 모를 의식체를 존중하고 보호함에 있어서 극도의 주의를 기울여야 하므로 26주 정도에 잠정적 경계를 설정하는 것이 합리적인 우려에 대한 배려가 될 것이라고 보았다[Ronald Dworkin(박경신 · 김지미 역), 앞의 책(주 4), 18, 19면].

적인 교리의 견해 또한 태아가 자신의 이익과 권리를 갖는 사람이라는 파생적인 생각보다는 인간생명은 고유한 가치를 가지고 있다는 독립적인 가정에 기반을 둔 것으로 더 잘 이해될 수 있다고 주장한다.[9] 드워킨에 따르면, '독립적' 근거에 기초하여 낙태를 반대하는 그의 논거는 '파생적' 근거에 의한 경우보다 낙태 반대의 내용을 더욱 일관성있게 하는 장점을 가지고 있다.[10]

드워킨은 도구적 가치(무엇의 가치가 효용성이나 사람들이 원하는 것을 가지도록 도와주는 능력에 달려 있다면 그것은 도구적으로 중요한 것이다), 주관적 가치(무엇이 그것을 원하는 사람들에게만 가치가 있다면 이것은 주관적으로 가치가 있다)와 비교하여 '내재적 가치'를 설명하고 있다: 무엇의 가치가 사람들이 즐기거나 원하거나 필요하거나 그들에게 좋은 것과는 독립적인 가치를 지니고 있다면 이것은 내재적으로 가치가 있는 것이다. 우리 대부분은 최소한 일부 사물들과 사건들을 그러한 방식으로 내재적 가치가 있는 것으로 다룬다.[11]

드워킨은 종교적 전통의 낙태에 대한 반대가 인간생명이 객관적 내재적 가치를 가지고 있다는 새로운 전제에 근거하고 있다고 지적하는데,[12] 이는 독일 제1차 낙태판결에서 더 자세히 확인할 수 있다.

2. 독일 제1차 낙태판결—'독립적 반대'의 강한 형태

1975년 독일 연방헌법재판소 제1차 낙태판결의 심판대상은 수정 후 12주까지의 낙태는 허용하고, 12주 이후의 낙태는 적응사유 요건과 상담 요건 하에서 형벌로 처벌하지 않는다는 제5차 개정 독일형법의 기한규정이었다.[13] 연방헌법

---

9) Ronald Dworkin(박경신 · 김지미 역), 앞의 책(주 4), 40면 이하, 56면, 101면.

10) Ronald Dworkin(박경신 · 김지미 역), 앞의 책(주 4), 21, 22면.

11) Ronald Dworkin(박경신 · 김지미 역), 앞의 책(주 4), 79면; 드워킨은 내재적 가치를 가지고 있는 것의 예로 '위대한 회화'를 든다. (Ronald Dworkin(박경신 · 김지미 역), 앞의 책(주 4), 80면) "우리가 태아를 포함한 인간유기체의 생명은 도구적 · 대인적 가치와 관계없이 내재적 가치를 가지고 있다고 생각한다면 —즉 우리가 인간생명의 모든 형태를 그 스스로가 경이라며 존중하고 찬탄하며 보호한다면— 낙태는 도덕적으로 아직도 문제가 있는 것이다. 그림이 사람이 아님에도 불구하고 그림 한 점의 파괴가 경악스러운 모독이라면, 그 내재적 가치가 훨씬 더 큰 것의 파괴는 훨씬 더 큰 모독이 아니겠는가?" [Ronald Dworkin(박경신 · 김지미 역), 앞의 책(주 4), 81면].

12) Ronald Dworkin(박경신 · 김지미 역), 앞의 책(주 4), 101, 174면.

재판소는 이 판결에서 모든 인간 생명을 보호해야 하는 국가의 의무는 독일 기본법의 '인간존엄 조항'으로부터 도출된다고 보았다.[14] "인간생명이 존재하는 곳에 인간존엄이 부여된다. 태아가 이 존엄을 의식하고 있는지 여부나 스스로 지킬 수 있는지 여부는 중요하지 않으며, 인간존엄을 근거짓는데에는 태아가 지닌 잠재된 능력만으로도 충분하다."[15]

연방헌법재판소의 이론구성을 드워킨의 언어로 표현한다면, 연방헌법재판소는 '독립적 반대'에 기초해서 태아에 대한 낙태를 반대한다. 특이한 점은 연방헌법재판소가 태아의 생명권과 인간존엄을 독일 기본법의 객관적 가치질서(objektive Wertordnung)로 근거지운다는 점이다. 이 점에서 연방헌법재판소의 주장은 "독립적 반대의 매우 강한 형태"로 파악되는데, 이는 인간생명의 내재적 가치에 기초한 '독립적 반대'가 이익형량이 불가능한 인간존엄의 가치에 기초한 '독립적 반대'로 강화되었기 때문이다. 인간생명의 신성성이라는 '종교적이고 윤리적인 차원의 가치'는 이익형량이 불가능한 인간존엄이라는 '법률적인 가치'로 주장된다. 이에 따라 태아의 생명은 인간생명으로서 "인간생명의 내재적 가치"를 지닐 뿐만 아니라, 기본법의 '객관적 가치질서'의 최상위에 있는 "인간존엄"의 가치로 다루어져야 한다.

반면에 연방헌법재판소는 '파생된 반대'를 논증의 도구로 사용하지 않았다. '파생된 반대'에 기초해 낙태를 반대하려면, 태아는 이미 생명에 대한 기초적인 이익을 가진다는 '파생된 반대'의 '전제'를 상술해야 하는데, 연방헌법재판소는 잠재성논증에 기초해 인간생명의 잠재성으로 태아의 인간존엄을 근거지웠을 뿐이지, 태아가 생명에 대한 기초적인 이익을 가지는지 여부에 대해서는 자세히 언급하고 있지 않다. 연방헌법재판소는 수정 후 14일이 지난 후(착상 후) 태아의 발달과정이 구분이 불가능한 연속되는 과정임을 강조하였지, 태아가 생명에 대한

13) BVerfGE 39, 1-NJW 1975, 575면

14) 독일 연방헌법재판소는 인간생명, 생명권, 인간존엄의 연결을 통해 국가의 생명 보호의무는 기본법 제2조 제1항에서만 도출되는 것이 아니라, 기본법 제1조 제1항 제2문에서도 도출된다고 보았다. BVerfGE 39, 1-NJW 1975, 575면.

15) "Wo menschliches Leben existiert, kommt ihm Menschenwürde zu; es ist nicht entscheidend, ob der Träger sich dieser Würde bewusst ist und sie selbst zu wahren weiss. Die von Anfang an im menschlichen Sein angelegten potentiellen Fähigkeiten genügen, um die Menschenwürde zu begründen."

기초적인 이익을 가진다고 주장하지 않았다. 이는 연방헌법재판소가 개인을 특징짓는 의식현상은 출생 후에야 비로소 나타나며, '인간존엄 조항'의 적용은 출생 후의 인간이나 독립적으로 살 수 있는 태아에 제한되지 않는다는 주장에 잘 드러난다.[16)]

(필자의 견해에 따르면) "독립적 반대의 매우 강한 형태(혹은 최고로 강한 형태)"로 파악되는 독일 연방헌법재판소의 "객관적 가치질서"에 따른 태아생명 보호는 "국가의 보호의무"에 직접적으로 영향을 미친다: 인간생명은 기본법의 객관적 가치질서 내에서 최고 가치로서 다루어지며, 따라서 인간생명에 대한 국가의 보호의무는 진지하게 다루어져야 한다. 연방헌법재판소는 태아의 생명과 임산부의 자기결정권은 독일 기본법의 객관적 가치질서 내에서 어떠한 위치를 차지하는가에 따라 그 보호정도가 결정된다고 보았으며("문제되는 법익이 기본법의 가치질서 내에서 높은 위치를 점하면 점할수록, 국가의 보호의무는 더 신중하게 고려되어야 한다."),[17)] 기본법의 객관적 가치체계의 중심에 있는 인간존엄을 근거로, 태아생명의 가치가 임산부의 자기결정권보다도 우위에 있다고 보았다: "모든 인간 생명, 이제 막 생성되는 생명이라도, 그 자체로 똑같이 귀중하며, 따라서 서로 다른 평가가 주어지거나, 이익형량에 맡겨져서는 안 된다."[18)]

따라서 낙태는 불법으로 간주되며, 형법은 기본법의 객관적 가치질서 내에서 인간생명의 보호수단으로 사용되어야 한다.[19)] 인간생명의 보호수단이 아니라 인간생명을 침해하는 제5차 개정 독일형법의 기한모델은 기본법의 객관적 가

16) BVerfGE 39, 1-NJW 1975, 574, 575면.

17) BVerfGE 39, 1-NJW 1975, 575면.

18) BVerfGE 39, 1-NJW 1975, 580면.

19) 하지만 태아생명의 가치가 임산부의 자기결정권보다 항상 우위에 놓이는 것은 아니다. 이는 '형법의 최후수단성(ultima ratio)'과 '임산부의 기대불가능성(Unzumutbarkeit)'과 관련한 독일 연방헌방재판소의 언급에서 확인할 수 있다. 연방헌법재판소에 따르면, 낙태를 불법으로 규정함으로써 형법은 기본법의 객관적 가치질서 내에서 인간생명의 보호수단으로 사용되지만, 태어나지 않은 인간생명의 효율적이고 효과적인 보호와 형법의 최후수단성과 관련하여 형법을 최우선수단(prima ratio)으로 투입해서는 안 된다. 또한 연방헌법재판소에 따르면, 4가지 경우(임산부의 생명이 위태롭거나 건강상태가 심하게 약화되는 경우, 우생학적 사유, 윤리적 사유, 낙태를 할 수 밖에 없는 위급상황의 경우)에는 임산부에게 출산을 기대할 수 없음을 이유로 임산부의 자기결정권이 특별히 고려되어야 한다. (BVerfGE 39, 1-NJW 1975, 577면)

치질서에 반하며,[20] 개정형법 제218c조에 규정된 임산부 상담과 교육이 헌법의 객관적 가치질서와 맞지 않을 뿐만 아니라, 태어나지 않은 생명을 효과적으로 보호하는 데 적합하지 않다고 연방헌법재판소는 판시하였다.

3. 미국 Roe vs. Wade 판결— '파생된 반대'에 기초

독일에서 낙태판결이 있기 2년 전인 1973년에 미국 연방대법원은 Roe vs. Wade 판결[21]에서 산모의 생명을 살리기 위한 경우를 제외한 모든 낙태는 범죄라고 규율한 텍사스주의 낙태법[22](이 법은 낙태에 대한 매우 엄격한 가톨릭의 주장과 비슷한 내용을 담고 있었다)의 위헌여부를 다루었다. 미국에서 Roe vs. Wade 판결은 (정치적으로나 그 이상으로) 중요하게 다루어졌는데, 특히 Roe vs. Wade 판결에서 주목해야 할 점은 심판대상이 독일의 것과 정반대의 것이고, 심판결과 또한 독일의 것과 정반대로 나왔다는 점이다.

연방대법원은 태아가 체외에서 생존가능한 시점 이전에 낙태하는 것은 임산

---

20) 기본법의 객관적 가치질서의 중심인 인간존엄 가치에 따라 태아생명의 보호를 임산부의 자기결정권보다 우위에 둠으로써, 독일 연방헌법재판소의 제1차 낙태판결은 그 자체에 모순을 간직하고 있지는 않다. 하지만 기본법의 객관적 가치질서 아래에서 제1차 낙태판결의 정당성과 일관성이 두드러졌음에도 불구하고, 제1차 낙태판결 이후 개정된 형법의 '적응사유모델'이 규범과 현실 사이의 간격을 좁히지 못해 '적응사유모델'의 규범실효성에 대한 의문이 계속 제기되었다.

21) Roe vs. Wade 판결의 명칭은 텍사스주 달라스에 살던 여인 "제인 로"(Jane Roe)와 달라스 카운티 지방 검사 헨리 웨이드(Henry Wade)에서 따왔다. Gregory E. Pence(구영모 · 김장한 · 이재담 역), 『의료윤리 I』(광연재, 2003), 315면. Roe vs. Wade 판결과 그 파장에 대한 자세한 설명으로는 Gregory E. Pence(구영모 · 김장한 · 이재담 역), 위의 책(주 21), 315면 이하; Ronald Dworkin(박경신 · 김지미 역), 앞의 책(주 4), 6면 이하; Bob Woodward · Scott Armstrong(안경환 역), 『지혜의 아홉기둥』(라이프맵, 2008), 469면 이하; Jeffrey Toobin(강건우 역), 『더 나인(The NINE)』(2010, 라이프맵), 70면 이하; Linda Greenhouse (안기순 역), 『블랙먼, 판사가 되다』(청림출판, 2005), 114면 이하, 265면 이하.

22) 당시 미국은 뉴욕, 워싱턴, 알래스카, 하와이 등 4개 주(州)는 면허증이 있는 의사에 의해 특정 임신기간 이내에 시술된 낙태에 대한 모든 형사처분을 폐지했고, 기타 13개 주는 '개선(reform)' 법령을 통과시켜, 낙태 허용 범위를 확대했다. 그러나 32개 주는 여전히 거의 모든 상황에서의 낙태를 불법으로 규정했다. 텍사스 주법은 19세기 후반 '낙태를 범죄로 규정하는 운동' (텍사스 주는 1854년 이 운동에 합류했다)이 전국을 휩쓸면서 대부분의 주에서 제정한 법안의 전형적인 예였다. Linda Greenhouse(안기순 역), 앞의 책(주 21), 114면, 122면.

부의 낙태할 권리에 속한다고 보았으며, 프라이버시권으로부터 낙태권을 도출하였다.[23] 연방대법원은 임신중절할 수 있는 여성의 권리는 임신기간과 함께 늘어나는 태아의 권리와 알맞게 균형을 맞추어야 한다고 보아 체외생존가능성(viability)을 기준으로 한 3분기 체계(trimester system)를 수립하였다. 연방대법원은 체외생존가능성을 태아가 "엄마의 자궁 밖에서 인공적인 도움을 받을지라도 살아갈 수 있는 가능성이 있는 시점"이라고 정의하였으며, 일반적으로 체외생존가능성은 7개월(28주)이지만 더 빠를 수도 있으며, 24주일 때도 가능하다고 보았다.[24]

연방대법원은 3분기 체계(trimester system)를 다음과 같이 요약하고 있다.

"산모의 생명을 구하기 위한 경우를 제외하고는, 임신 기간이나 당사자의 이해관계와는 무관하게 일체의 낙태를 금지하는 텍사스 주법과 같은 법령은 적정절차를 규정한 수정헌법 제14조에 위배된다.

(a) 제1분기 말이 되기까지, 낙태결정과 그 시행은 임산부의 주치의의 의학적 소견에 맡긴다.

(b) 제1분기 말 이후부터, 산모의 건강에 관한 주의 이익을 증진시키기 위하여, 산모의 건강과 관련하여 합리적인 방식으로 낙태과정을 규제할 수 있다.

(c) 체외생존가능성이 발생한 이후, 주는 인간생명의 잠재성을 우선적으로 고려하여, 이 경우 낙태를 규제할 수 있으며, 금지할 수도 있다. 그러나 산모의 생명 혹은 건강을 보하기 위해 낙태가 필요하다는 적절한 의학적 소견이 있을 경우는 예외로 한다."[25]

---

23) 연방대법원은 이미 그리스울드(Griswold) 대 코네티컷(Connecticut) 사건(1965)에서 프라이버시에 대한 권리는 이미 헌법에 내재되어 있으며, 부부는 피임약(그리스울드 사건의 쟁점은 주가 피임을 금지시킬 수 있느냐 하는 것이었다)을 구입할 수 있다고 하였다. Gregory E. Pence(구영모 · 김장한 · 이재담 역), 앞의 책(주 21), 315면; Griswold vs. Connecticut 판결은 '프라이버시권'에 근거해서 성립되었고, 이후 낙태법안에 대항하는 변호사들은 이 개념을 자신의 변론에 포함시키기 시작했다. Linda Greenhouse(안기순 역), 앞의 책(주 21), 119면.

24) Gregory E. Pence(구영모 · 김장한 · 이재담 역), 앞의 책(주 21), 316면.

25) (Gregory E. Pence(구영모 · 김장한 · 이재담 역), 앞의 책(주 21), 316면 번역에 따름) "A state criminal abortion statute of the current Texas type, that excepts from criminality only a lifesaving procedure on behalf of the mother, without regard to pregnancy stage and without recognition of the other interests involved, is violative of the Due Process

Roe vs. Wade 판결에 의해 주는 전체 낙태의 0.1%만이 이루어지는 제3분기에서조차 산모의 생명을 보호하기 위해서 뿐만 아니라 건강을 보호하기 위해서 낙태를 합법화할 수 있는데, 제3분기 낙태의 대부분은 어차피 허용되는 성질의 것이어서 사실상 주는 실제 출생할 때까지 언제든지 낙태를 합법화할 수 있게 되었다. Roe vs. Wade 판결의 주요 논거인 낙태에 대한 헌법적 권리와 체외생존가능성(viability)을 기준으로 한 3분기 체계(trimester system)는 이후 1992년 Planned Parenthood of Southeastern Pennsylvania vs. Casey 판결에서도 유지되었다.[26)]

Roe v. Wade 판결의 이론구성을 드워킨의 언어로 표현한다면, 미국 대법원은 "파생된 반대에 기초하여" 낙태에 찬성함을 알 수 있다. '파생된 반대'에 기초해 낙태를 반대하려면, 태아는 이미 생명에 대한 기초적인 이익을 가진다는 '파생된 반대'이 '전제'가 충족되어야 하는데, 연방대법원은 이 전제가 태아가 체외에서 생존가능한 제3분기 이전에는 충족되지 않는다고 보았다. 미국의 경우 '주

Clause of the Fourteenth Amendment.

(a) For the stage prior to approximately the end of the first trimester, the abortion decision and its effectuation must be left to the medical judgement of the pregnant wowan's attending physician.

(b) For the stage subsequent to approximately the end of the first trimester, the State, in promoting its interest in the health of the mother, may, if it chooses, regulate the abortion procedure in ways that are reasonably related to maternal health.

(c) For the stage subsequent to viability, the State in promoting its interest in the potentiality of human life may, if it chooses, regulate, and even proscribe, abortion except where it is necessary, in appropriate medical judgment, for the preservation of the life or health of the mother."

소수이견을 내던 2명의 대법관(윌리엄 렌퀴스트(William Rehnquist)와 바이런 화이트(Byron R. White)) 중 한명인 화이트는 법원이 아니라 각 주정부가 낙태의 제한 여부를 결정해야 한다며, 블랙먼의 '삼분기 체계'는 사법(司法)이 아니라 순수한 입법(立法)행위라며 반대의견을 내었다. Bob Woodward · Scott Armstrong(안경환 역), 앞의 책(주 21), 481면.

26) 레이건과 부시가 임명한 대법관 중 3명(오코너, 케네디, 수터)이 Roe vs. Wade 판결에 대한 지지를 선언한 반면, 레이건과 부시가 임명한 나머지 2명(스칼리아, 토마스)은 다음 기회가 온다면 Roe vs. Wade 판결에 대한 반복의견을 낼 것임을 분명히 하고 있다. Ronald Dworkin(박경신 · 김지미 역), 앞의 책(주 4), 8-9면; Planned Parenthood of Southeastern Pennsylvania vs. Casey 판결에 대한 자세한 설명은 Jeffrey Toobin(강건우 역), 앞의 책(주 21), 70면 이하.

(州)의 보호의무'가 아닌 "주(州)의 이해관계"가 문제되는데, 주의 중요한 이해관계가 생기면 주정부의 개입은 필수불가결하게 정당화된다. 주정부가 개입해야 하는 시점은 태아의 이익을 보호해야 할 시점이며, 태아의 이익은 태아가 체외에서 생존가능한 제3분기 이후에야 생긴다. 제3분기에 이르러서야 비로소 임산부의 프라이버시권에 태아의 생명이 개입되어 단독이 아닌 두 사람이 관련되게 되며, 주정부의 이해와 균형을 유지할 필요가 있게 된다.[27] 제1분기 말 이후부터 주(州)정부는 개입할 수 있는 것은 태아의 이익 때문이 아니라, 산모의 건강에 관한 주의 이익을 증진시키기 위함이다.[28]

반면에 태아의 생명이 "인간생명의 내재적 가치"를 지닌다는 이유로 낙태에 반대하는 '독립된 반대'의 근거는 어디에도 보이지 않는다. 연방대법원은 태아가 독립생존능력을 가진 이후에(대략 임신 24-28주)[29] 주(州)는 태아의 잠재적 생명을 보호하는데 이해관계를 가짐으로 법을 통해 낙태를 규제할 수 있다고 논증할 뿐, '인간생명의 내재적 가치'에 대한 어떠한 고찰도 없다. 대신에 임산부의 자기결정권을 '프라이버시권'을 통해 광범위하게 보장하고 있다.[30] 이에 따라 첫 두 삼분기 동안의 낙태는 허용될 수 있고 허용되어야 하며, 제3분기 이전에는 주(州)의 간섭이 배제된다.[31]

27) Roe vs. Wade 판결문 집필자인 해리 A. 블랙먼(Harry A. Blackmun)이 쓴 '의견 제안서'의 내용이다. Linda Greenhouse(안기순 역), 앞의 책(주 21), 136면.

28) 이를 단순화시켜 유형화하면 다음과 같다. 1. 최초 12주(제1분기): 주의 이익이 전무(全無)한 단계: 낙태는 무제한이며 전적으로 의사의 의학적 판단에 의한다.
2. 12주-24주(제2분기): 주의 이익이 발생하는 단계: 임부의 건강을 보호할 목적으로만 낙태를 제한할 수 있다.
3. 24주 이후(제3분기): 태아의 잠재적 생명보호라는 주의 이익이 발생하는 단계 [Bob Woodward · Scott Armstrong(안경환 역), 앞의 책(주 21), 475면].

29) 의학의 발전에 따라 태아의 독립생존 가능시기가 점차 앞당겨질 수 있으며, 블랙먼도 이를 인정하였다.

30) 블랙먼은 Roe vs. Wade 판결과 동일시되면서 낙태권리의 옹호자일 뿐 아니라, 여권(女權)의 옹호자로 인식되었다. Linda Greenhouse(안기순 역), 앞의 책(주 21), 299면.

31) Bob Woodward · Scott Armstrong(안경환 역), 앞의 책(주 21), 471면.

4. 헌법재판소 2010.5.27. 2005헌마346 결정 —'인간생명의 내재적 가치'의 또 다른 의미

낙태를 반대하는 '독립된 근거'는 초기배아[32]를 이용한 줄기세포연구에 대한 반대에도 적용될 수 있다. '독립된 반대'에 따르면, 초기배아는 생명에 대한 기초적인 이익을 갖기 때문이 아니라, 초기배아의 생명이 인간생명의 내재적 가치를 지니기 때문에 배아줄기세포연구는 금지되어야 한다. 이는 독일 연방헌법재판소 제1차 낙태판결에서처럼 '객관적 가치질서'로 인간생명의 내재적 가치를 평가하면 더더욱 그러하다.

(하지만 필자가 보기에) 초기배아의 경우와 태아의 경우에서(배아줄기세포연구의 경우와 낙태의 경우에서) '인간생명의 내재적 가치'의 의미는 사뭇 다르다. 헌법재판소 2010.5.27. 2005헌마346판결은 초기배아의 생명권과 국가의 기본권 보호의무를 부정하면서, 동시에 인간의 존엄과 가치가 갖는 헌법상 가치질서로서의 성격을 고려하여 인간으로 발전할 초기배아의 잠재성을 이유로 국가의 보호의무를 인정하고 있다. "오늘날 생명공학 등의 발전과정에 비추어 인간의 존엄과 가치가 갖는 헌법상 가치질서로서의 성격을 고려할 때 인간으로 발전할 잠재성을 갖고 있는 초기 배아라는 원시생명체에 대하여도 위와 같은 헌법상 가치가 소홀히 취급되지 않도록 노력해야 할 국가의 보호의무가 있음을 인정하지 않을 수 없다 할 것이다."

헌법재판소의 입장이 "인간존엄의 사전효과(Vorwirkung)"를 통해서 국가의 보호의무를 인정한 것인지 여부는 명확하지 않다. '인간의 존엄과 가치가 갖는 헌법상 가치질서의 성격을 고려하여'라는 문구의 표현이 명확하게 인간존엄의 사전효과를 나타내고 있지는 않기 때문이다. 헌법재판소의 입장이 인간존엄의 사전효과를 인정하는 것이라면, 이에 대한 더 구체적인 논증이 필요해 보인다. 예컨대 입센(Jörn Ipsen)은 인간존엄의 사전효과를 통한 보호의무를 인간존엄의 사후효과를 통한 보호의무와 비교함을 통해 밝힌다. 입센에 따르면 인간존엄은 보호의무라는 법형상을 통해 사전효과 뿐만 아니라 사후효과도 발휘할 수 있다.

32) 헌법재판소는 2010.5.27. 2005헌마346판결에서 수정 후 14일이 경과하여 원시선이 나타나기 전의 수정란 상태, 즉 일반적인 임신의 경우라면 수정란이 모체에 착상하여 원시선이 나타나는 그 시점의 배아 상태에 이르지 않은 배아를 '초기배아'로 정의하였다.

사람의 권리능력은 죽음으로 끝난다. 사자에게는 권리주체성과 기본권주체성이 부여되지 않는다. 그럼에도 이는 사자에게 살아있는 사람들이 존중해야 할 "존엄"이 부여되는 것을 배제하지 않으며, 사자를 법적으로 쓰레기 처리되어야 할 물건으로 규정하는 것을 배제한다. 죽음의 시점을 넘는 인간존엄의 사후효과는 입법자를 구속하는 프로그램을 전개하지는 않지만, (과소보호의 의미에서) 최소한의 법적 보호조치에 대한 의무를 부과한다. 구조적으로 사후효과와 비교할 수 있는 방법으로 입법자는 인간존엄의 사전효과를 근거로 초기배아의 보호를 위한 법률 규정을 공포해야 할 의무가 있을 수 있다. 배아를 임의로 생산하고, 죽이고, 제3자가 임의대로 처리할 수 있다면, 사자의 존엄이 법률로 보호되지 않을 경우, 사자와 관련해서 추측할 수 있는 것과 비슷한 인간존엄에의 파급효과를 각오해야 할 것이다. 따라서 인간존엄을 통해 초기 배아를 위해서도 입법자의 보호의무를 근거지울 수 있다. 왜냐하면 초기 배아 스스로는 권리주체성을 가지고 있지 않고, 따라서 인간존엄 기본권의 보유자가 아니기 때문이다.[33]

私見에 따르면, 인간존엄을 매개하지 않고서라도 국가의 보호의무를 인정할 수 있다면, 굳이 인간존엄의 사전효과를 통해 국가의 보호의무를 인정할 필요는 없다. 메르켈(Reinhard Merkel)은 규범적 의무의 근원으로서 3가지 원칙, 즉 침해금지, 연대성의무, 규범보호원칙을 구별할 것을 제안한다. 특히 초기배아의 지위를 확정함에 있어서는 침해금지와 연대성의무의 구별이 중요하다. 그의 견해에 따르면, 배아연구에서 침해금지를 근거지울 수는 없는데, 이는 초기배아가 주관적 기본권 주체성을 가지고 있지 않기 때문이다. 그 대신에 그는 인간종연대성을 제안하는데, 연대성의무는 침해금지와는 달리 기본권 주체성을 전제로 하지 않는다.[34] 인간종논증, 계속성논증, 동일성논증, 잠재성논증은 초기배아의 인간존엄이나 생명권을 근거짓는 논증이 아니라, 초기배아에 대한 연대성의무를 근거짓는 논증인 셈이다. 인간사체의 경우 그분에 대한 존경과 사체 또한 인간종으로서 함부로 처리해서는 안 된다는 점에 기해 국가의 보호의무를 인정할 수 있다. 그리고 이는 형법으로도 처벌할 수 있는 강력한 힘이 있는 것도 현실이다. 초기배아의 잠재성 또한 인간존엄을 매개하지 않고서라도 국가의 보호의무를 이끌어

33) Jörn Ipsen(고봉진 역), "체외배아의 헌법상 지위," 법과정책 제16집 제1호, 제주대 법과정책연구소, 2010, 315면 이하.

34) Reinhard Merkel, *Forschungsobjekt Embryo*, dtv., 2002, p.143 ff.

내기에 충분하다. 초기배아는 수정 이후의 발전과정을 통해 생명권의 주체가 될 수 있는 잠재성이 있기 때문에 이를 보호해야 할 필요가 있게 된다. 이때 보호의 의미는 배아의 생명을 보호한다는 적극적 의미가 아니라 배아가 함부로 처리되는 것을 막는다는 소극적 의미이다.35)

II. 우리나라 낙태규범과 현실

1. 낙태 규범

낙태에 대한 주요 법규정에는 형법 제269조와 제270조, 모자보건법 제14조와 제28조, 모자보건법 시행령 제15조가 있다. 형법 제269조와 제270조는 낙태죄를 형벌로 처벌하는데 반해, 모자보건법 제14조와 모자보건법 시행령 제15조는 낙태죄에 대한 위법성조각사유를 규정하고 있다. 형법이 규율하는 낙태죄를 살펴보면, 형법 제269조는 자기낙태죄(제1항), 동의낙태죄(제2항), 동의낙태죄의

35) 고봉진, "초기배아의 헌법상 지위," 헌법학연구 제17권 제2호, 2011, 345면 이하; 구체적인 내용이 무엇인지를 헌법재판소 2010.5.27. 2005헌마346판결은 밝히지 않고 있는 반면에, '국가생명윤리심의위원회의 의견요지(이는 판결문에 부기되어 있다)'와 '인간배아줄기세포 연구를 위한 미국 국립과학원(The National Academy of Science: NAS) 가이드라인'에서는 구체적인 내용을 확인할 수 있다. "국가생명윤리심의위원회 내부의 의견이 만장일치로 되어 있는 것은 아니나, 동 위원회의 다수의견에 따르면 인간배아는 '잠재적 인간존재'로서의 지위를 가진다. 즉, 인간배아는 성장하면서 점차 도덕적 지위를 얻게 되며, 원시선이 출현하기 이전의 배아도 생명권의 존중대상인 인간의 잠재성을 부인할 수 없다. 다만, 인간배아를 완전히 인간과 동등한 존재 내지 생명권의 주체로서 인격을 가지는 존재로 볼 수는 없다. 그렇다면 인간배아는 단순한 세포덩어리인 것은 아니며 인간으로 발전할 가능성이 있는 존재이기 때문에 착상 이전의 초기 배아의 경우에도 연구자에 의한 임의적 처분이 가능한 연구 또는 실험의 대상이 될 수 없고, 인간배아를 이용한 연구는 연구나 치료의 이익이 큰 경우에 한하여 법률규정을 두어 엄격한 관리하에 배아줄기세포 연구를 위한 목적으로 허용할 수 있다." (이상 국가생명윤리심의위원회의 의견요지) "초기배아의 잠재성에 기초한 국가의 보호의무는 인간배아줄기세포연구의 포기를 요구하는 것은 아니다. 오히려 이는 우리 사회가 적절한 도덕적 진지성을 갖추고 인간배아의 특수한 지위를 고려하는 인간배아줄기세포연구의 감독 제도들을 고안할 것을 요청한다." [이상 인간배아줄기세포연구를 위한 미국 국립과학원(The National Academy of Science: NAS) 가이드라인].

결과적 가중범인 낙태치사상죄(제3항)를, 형법 제270조는 업무상 동의낙태죄(제1항), 부동의낙태죄(제2항), 업무상 동의낙태죄 · 부동의낙태죄의 결과적 가중범인 낙태치사상죄(제3항)를 규율하고 있다. 낙태미수죄와 과실에 의한 낙태죄에 대한 처벌조항은 없다. 반면에 모자보건법 제14조와 모자보건법 시행령 제15조는 인공임신중절수술의 허용요건을 규정하고 있는데, 모자보건법 규정에 의한 인공임신중절수술을 받은 자와 수술을 행한 자는 형법 제269조 제1항, 제2항 및 동법 제270조 제1항의 규정에 불구하고[36] 처벌하지 않는다(모자보건법 제28조). 이는 낙태죄의 위법성조각사유로서, '법령에 의한 정당행위'에 해당된다.

낙태죄에 대한 형법의 적용이 배제되기 위해서는, 인공임신중절수술이 모자보건법 제14조와 모자보건법 시행령 제15조에 규정되어 있는 허용요건 4가지를 충족하여야 한다. 인공임신중절수술은 ① 의사에 의해 행해져야 한다. 산부인과 전문의일 필요는 없다. ② 본인과 배우자(사실상의 혼인관계에 있는 사람 포함)[37]의 동의가 있어야 한다. 배우자의 동의까지 필요로 하는 점에 특색이 있는데, 사실상 배우자의 동의요건은 거의 준수되지 않고 있어 사문화됨에 따라 법조항을 존치시킬 필요성 여부에 대한 문제가 제기됨은 물론 임신중절의 당사자도 아닌 배우자의 동의를 그 요건으로 하고 있어 피시술자 본인의 자기결정권을 침해하고 있다는 점에서도 비난받을 소지를 안고 있다는 비판[38]이 제기된다. ③ 임신한 날로부터 24주일 이내에 행해져야 한다. 이전 시행령〈개정 2006.6.7〉에는 임신한 날로부터 28주일 이내에 인공임신중절수술이 가능하도록 규정되었으나,[39]

---

36) 주의할 점은 모자보건법 제28조가 자기낙태죄(제269조 제1항), 동의낙태죄(제269조 제2항), 업무상 동의낙태죄(제270조 제1항)에 적용되지, 부동의 낙태죄(제270조 제2항), 동의낙태죄의 결과적 가중범인 낙태치사상죄(제269조 제3항), 업무상 동의낙태죄 · 부동의낙태죄의 결과적 가중범인 낙태치사상죄(제270조 제3항)에는 적용되지 않는다는 점이다.

37) 배우자가 사망, 실종, 행방불명 기타 부득이한 사유로 인하여 동의를 할 수 없는 때에는 본인의 동의로 족하고(모자보건법 제14조 제2항), 본인이나 배우자가 심신장애로 의사표시를 할 수 없을 때에는 그 친권자나 후견인의 동의로, 친권자나 후견인이 없을 때에는 부양의무자의 동의로 각각 그 동의를 갈음할 수 있다(제14조 제3항).

38) 김해중, "인공임신중절 실태조사 및 종합대책수립(보건복지부 지원 연구보고서)," 고려대학교, 1995, 204면.

39) 의학의 발달로 임신 24주가 경과한 태아의 생존 가능성이 매우 높아졌음에도 불구하고 모자보건법은 생존이 가능한 임신 후 24주 이후 28주일 이내에 있는 태아의 경우도 임신중절을 허용하는 결과를 가져온 점에 대한 비판으로는 김해중, 앞의 보고서(주 38), 203면.

개정 시행령〈전문개정 2009.7.7〉은 임신한 날로부터 24주일 이내로 개정하였다. 이에 대해서는 태아의 생존능력은 오늘날 산부인과 의료기술의 발달수준에 비추어 임신 후 약 20주 이후로 잡는 것이 좋다는 견해를 주목하고 임신 20주 이내로 개정해야 한다는 견해가 있다.[40] ④ 모자보건법 제14조 제1항 제1호 내지 제5호 중 어느 하나에 해당하는 정당화사유가 존재하여야 한다. 5가지 정당화사유는 우생학적 정당화사유, 윤리적 정당화사유, 의학적 정당화사유로 다시 분류된다.

우생학적 정당화사유에는 본인이나 배우자가 대통령령으로 정하는 우생학적 또는 유전학적 정신장애나 신체질환이 있는 경우(제1호)와 본인이나 배우자가 대통령령으로 정하는 전염성 질환이 있는 경우(제2호)가 해당된다. 주요 특징은 대통령령이 정하는 우생학적 또는 유전학적 정신장애나 신체질환, 전염성 질환의 주체를 '태아'가 아니라, '본인이나 배우자'로 하였다는 점에 있다. 이에 대해서는 우생학적 또는 유전학적 정신장애나 신체질환, 전염성 질환이 유전되는지 여부가 불명확하고, 유전된다고 하더라도 이를 낙태의 허용사유로 삼는 것은 정신질환자, 장애아 등 동 장해나 질환이 있는 자들의 기본적인 인권을 침해하는 요인을 포함하고 있다는 비판이 있다.[41] 따라서 과거와는 달리 과학기술의 발달로 산전 진단 등을 통해 태아에게 일어나는 질환을 알 수 있는 방법이 있으므로 태아 자체를 기준으로 정당화사유를 판단하는 입법형식이 더 타당하다는 주장이 제기된다.[42] 본인이나 배우자가 유전학적 정신장애나 신체질환이 없는 경우에도 태아에게 다양한 유전학적 이상과 선천성 이상이 발생할 가능성이 있고, 본인이나 배우자가 전염성 질환에 감염이 되더라도 배아 혹은 태아에게 반드시 감염을 일으키는 것은 아니기 때문이다.[43] 구체적으로 우생학적 정당화사유에 해당하는 질환은 모자보건법 시행령〈전문개정 2009.7.7〉 제15조 제2항과 제3항[44]에

40) 김일수, "살인과 낙태의 한계—모자보건법 개정안의 모색," 오선주교수 정년기념논문집, 2001, 293면.

41) 김해중, 앞의 보고서(주 38), 202면.

42) 권복규 · 김현철, 『생명윤리와 법』(제2판, 이화여자대학교 출판부, 2009), 98면; 김향미, "모자보건법상 의학적 인공임신중절 허용사유," 2010년 제96차 대한산부인과학회 학술대회지, 115면.

43) 김향미, 위의 글(주 42), 115면.

44) 제15조(인공임신중절수술의 허용한계) ② 법 제14조 제1항 제1호에 따라 인공임신중절수

규정되어 있는데, 이전 시행령〈개정 2006.6.7〉 제2항과 제3항[45]에서 문제시되었던 질환이 삭제되었다. 판례에 따르면, 다운증후군은 모자보건법 시행령 제15조 제2항의 인공임신중절사유에 해당하지 않음이 명백하여 부모가 태아가 다운증후군에 걸려 있음을 알았다고 하더라도 태아를 적법하게 낙태할 결정권을 가지고 있지 않으며, 다운증후군을 가진 아이가 태어나더라도 부모의 적법한 낙태결정권은 침해되지 않는다.[46] 반면에 출생 후 생존이 불가능한 일부 질환은 임신을 유지한다고 하더라도 출생 후 생존 자체가 불가능하여 임신을 유지할 필요나 실익이 전혀 없고 따라서 임신 중 발견이 되는 경우에는 임신중절이 허용되어야 할 필요가 큰 질환들 ―예컨대 무뇌아― 도 단지 유전학적 질환이나 장애가 아니라는 이유만으로 그 임신중절이 현행법 하에서는 허용되지 않는 낙태 시술이 되어 불법적인 것으로 간주되는 불합리한 결과를 초래한다는 지적이 있다.[47]

윤리적 정당화사유에는 강간 또는 준강간에 의하여 임신한 경우(제3호)와 법률상 혼인할 수 없는 혈족 또는 인척 간에 임신한 경우(제4호)가 해당된다. 후

술을 할 수 있는 우생학적 또는 유전학적 정신장애나 신체질환은 연골무형성증, 낭성섬유증 및 그 밖의 유전성 질환으로서 그 질환이 태아에 미치는 위험성이 높은 질환으로 한다.

③ 법 제14조 제1항 제2호에 따라 인공임신중절수술을 할 수 있는 전염성 질환은 풍진, 톡소플라즈마증 및 그 밖에 의학적으로 태아에 미치는 위험성이 높은 전염성 질환으로 한다. 〈전문개정 2009.7.7〉

45) 제15조(인공임신중절수술의 허용한계) ② 법 제14조 제1항 제1호의 규정에 의하여 인공임신중절수술을 할 수 있는 우생학적 또는 유전학적 정신장애나 신체질환은 다음 각호와 같다.

1. 유전성 정신분열증
2. 유전성 조울증
3. 유전성 간질증
4. 유전성 정신박약
5. 유전성 운동신경원 질환
6. 혈우병
7. 현저한 범죄경향이 있는 유전성 정신장애
8. 기타 유전성 질환으로서 그 질환이 태아에 미치는 위험성이 현저한 질환

③ 법 제14조 제1항 제2호의 규정에 의하여 인공임신중절수술을 할 수 있는 전염성질환은 태아에 미치는 위험성이 높은 풍진·수두·간염·후천성면역결핍증 및 전염병예방법 제2조 제1항의 전염병을 말한다. 〈개정 2006.6.7〉

46) 대법원 1999.6.11. 선고 98다22857 판결; 대법원 2002.3.29. 선고 2000다61947 판결.

47) 김해중, 앞의 보고서(주 38), 202면.

자는 혼인신고가 불가능한 사이에 잉태된 아이는 국가가 죽여도 괜찮다는 면죄부를 주는 꼴이어서, 생명이 혼인의 적법성 여부에 좌우되는 것은 이론적 설명가능성을 완전히 뛰어넘는다는 비판이 있다.[48)]

의학적 정당화사유에는 임신의 지속이 보건의학적 이유로 모체의 건강을 심각하게 해치고 있거나 해칠 우려가 있는 경우(제5호)가 해당된다. 판례에 따르면, 임신의 지속이 모체의 생명과 건강에 심각한 위험을 초래하게 되어 모체의 생명과 건강만이라도 구하기 위하여 임공임신중절수술이 부득이하다고 인정되는 경우[49)]이며, 이러한 판단은 치료행위에 임하는 의사의 건전하고도 신중한 판단에 위임되어 있다.[50)] 하지만 의학적 정당화사유에는 '모체의 건강'이라는 매우 광범위한 개념을 사용하고 있을 뿐만 아니라 '해칠 우려가 있는 경우'라는 위험범까지 포함하고 있어 의학적 정당화사유의 본래 의미는 퇴색하고 '귀에 걸면 귀걸이 코에 걸면 코걸이' 식의 고무줄 사유가 될 수 있는 가능성이 있다는 지적이 있다. 이에 따르면 의학적 정당화사유는 모체의 생명이 위협받는 상황으로 제한해야 하고, 생명에 지장이 없는 신체에 대한 일반적 위험은 제외하는 것이 바람직하다.[51)]

2. 낙태 현실

미국 연방대법원에는 두 가지 종류의 사건, 즉 낙태사건과 그 외의 모든 사건이 있다고 할 정도로[52)] 낙태의 정당화사유에 대한 문제는 매우 중요하게 다루어졌다. 독일 연방헌법재판소 또한 2차에 걸친(1975년, 1993년) 낙태판결에서 낙태의 정당화모델을 어떻게 가져가는 것이 독일 기본법에 합치되는가를 두고 고민을 거듭하였다. 재판소 밖에서는 '선택우선론(pro-choice)'과 '생명우선론(pro-life)' 사이에 '합의가 불가능한' 가치대립이 벌어졌고, 지금도 계속되고 있다. 낙

48) 배종대, "낙태에 대한 형법정책," 고려법학 제50호, 2008, 239면. 동시에 배종대 교수는 법률상 혼인신고가 불가능한 범위라는 민법상의 가변적 기준에 형법이 정당화사유를 종속시키는 것은 문제라는 지적을 한다[배종대, 위의 글(주 48), 239면].

49) 대법원 1985.6.11.선고 4도1958 판결; 대법원 2005.4.15.선고 2003도2780 판결.

50) 대법원 1985.6.11.선고 4도1958 판결.

51) 배종대, 앞의 글(주 48), 238면.

52) Jeffrey Toobin(강건우 역), 앞의 책(주 21), 70면.

태논쟁을 통해 쟁점을 파악할 수 있고, 헌법재판을 통해 (잠정적) 결론이 내려졌다 하더라도 낙태 문제는 합의가 불가능한 '가치충돌'의 성격을 지니고 있어 계속되는 충돌상황을 피할 수 없다. 미국, 독일과 달리, 우리나라는 낙태의 정당화사유를 규정하고 있는 '모자보건법'에 대해 헌법재판이 있지도 않았고, 논쟁이 뜨겁게 붙지도 않았다.[53]

인구증가억제정책의 일환으로 1973년에 제정된 '모자보건법'의 비호 아래 낙태는 불법적으로 이루어졌고, 정부당국은 이를 단속하려고 시도조차 하지 않았다. 이는 공식적으로 342,433건으로 추정되고,[54] 비공식적으로는 150만 건으로 추정되는 '인공임신중절 시술건수'와 2007년 1심 선고 7건(집행유예 4명, 선고유예 3명), 2008년 1심 선고 3건(집행유예 2건, 선고유예 1건), 2009년 1심 선고5건(집행유예 1건, 선고유예 4건)에 지나지 않는 '처벌건수와 처벌정도'를 보면 잘 알 수 있다. 사정이 이러하다면, 낙태죄를 규율한 형법 제269조와 제270조는 법규범의 실효성을 상실하여 사문화되었다고 평가할 수 있겠다.[55] 모자보건법 또한 법규범의 실효성을 상실한 것으로 보이는데, 이는 '인공임신중절 시술건수'에서 미혼모의 낙태 등 모자보건법의 정당화사유에 해당하지 않는 낙태가 전체 인공임신중절 시술건수의 정당화사유에 해당하는 낙태보다 훨씬 많기 때문이다.

이런 상황 하에서 최근에 여성계를 중심으로 '사회 · 경제적 사유'를 신설하

53) 하지만 최근 한국사회에도 약간의 움직임이 태동하고 있다. 2005년 '저출산 · 고령사회위원회' 출범에서 시작하여, 2010년 2월에는 프로라이프 의사회가 상습적으로 불법 낙태시술을 하는 의사 8명을 고발하는가 하면, 2010년 3월에는 보건복지가족부에서 '불법인공임신중절예방 종합계획'을 발표하기도 했다. 2010년 3월에는 프로라이프 의사회의 '2010년 태아살리기 범국민대회'와 이에 대한 여성계의 반발이 있었다. 대한산부인과에서는 2010년 3월에 '모자보건법 개정안마련을 위한 특별위원회'(TFT)를 출범시키고, '태아측 사유에 의한 인공임신중절 허용규정', '의학적 사유에 의한 인공임신중절 허용규정', '비의학적 사유에 의한 인공임신중절 허용규정'을 중심으로 한 공청회를 차례로 개최하였다. 현재의 불법 인공임신중절 문제 제기의 배경과 전개 현황에 대해 자세히는 손영수, "형법상 낙태와 모자보건법상 인공임신중절에 관한 의료법리학적 이해", Korean Journal of Obstetrics and Gynecology, Vol.53 No.6 June 2010, 467면 이하; 김향미, 위의 글(주 42), 112면 이하.

54) 이는 시술기관 평균 건수에 전체 의료기관 수를 적용하여 추정한 수치로서, 기혼은 198,515건, 미혼은 143,918건으로 추정되었다. 김해중, 앞의 보고서(주 38), 247면.

55) '법규범의 실효성'은 사람들이 법규범을 준수하는지 여부와 사람들이 법규범을 준수하지 않으면 법적 제재가 가해지는가 여부에 달려 있다. 법규범의 실효성에 대해서는 Robert Alexy(이준일 역), 『법의 개념과 효력』(고려대학교 출판부, 2007), 122면.

여 미성년자의 임신, 양육이 현실적으로 불가능한 상태에서의 임신 등의 경우에 낙태를 허용하자는 주장이 강력하게 제기되고 있다. 이 견해에 따르면, '사회 · 경제적 사유'를 통해 미혼여성의 불법낙태를 합법화하여 미혼여성의 위험한 불법낙태시술을 막을 수 있고, 모자보건법의 실효성 또한 높일 수 있게 된다. 이에 대해서는 미혼모의 출산, 유아에 대한 사회적 편견이 팽배한 우리나라의 사정상 낙태죄가 출산을 강요하는 수단으로 작용하기는 어려워도, '사회적 사정'이 그러하다 하여 '사회 · 경제적 사유'가 정당화사유가 될 수는 없다는 견해가 있다.[56] 1995년에 발간된 '인공임신중절 실태조사 및 종합대책 수립(연구책임자: 김해중)'에 따르면 미혼여성이 인공임신중절을 하는 이유의 96%가 미혼, 미성년자, 경제적 어려움 등 사회경제적 이유인 것으로 밝혀졌다.[57]

1995년에 발간된 '인공임신중절 실태조사 및 종합대책 수립(연구책임자: 김해중)'은 임신 12주 이내, 임신 24주 이내(태아가 모체 밖에서 생존이 가능하기 전), 임신 24주 이후(태아가 모체 밖에서 생존이 가능한 경우)로 나누어 임신중절 허용기준을 마련하였는데, 이에 따르면 '사회 · 경제적 사유(사회경제적인 이유로 인해 임신의 유지나 출산 후 양육이 어렵다고 판단되는 경우)'는 임신 12주 이내에만 허용하고, '미성년자가 임신한 경우'는 임신 24주 이내이면 허용된다. 임신중절은 의사와 상담을 시행한 경우에 한하여 허용하고, 상담일로부터 4일 이상이 경과한 후에 시술하여야 한다. 시술의는 임신중절 허용사유가 존재한다는 점을 당해 시술과 관련이 없는 1인 이상의 의사가 확인하여 작성한 서면을 제출받아 확인하여야 하며, 시술 후 일정기간이 경과한 후에 임신중절의 사유 등을 해당관청에 보고하여야 한다.[58]

---

56) 배종대, 앞의 글(주 48), 240면. "현실이 그러하니 낙태를 처벌해서는 안된다는 경험주의자들의 주장은 당위가 현실로부터 직접 나오는 것으로 잘못 생각한데 기인하는 것으로 본다. 범죄화 · 비범죄화의 규범결단, 형사정책적 결단을 내리는 일은 규범학자들이 총체적 형법학의 세 기둥(범죄학, 형사정책, 형법도그마틱)을 통해 해야 한다." (231-232면, 258면) 배종대 교수는 김영환 교수의 논거를 인용한다. 김영환, "낙태죄 논쟁의 재구성(토론문)," 형사정책연구 제2권 제2호, 1991, 409면 이하. 이에 따르면 임신중절행위에 관한 논쟁을 재구성하기 위해서는 서로 독립적이면서 그러나 상호연관을 맺는 경험적인 범죄학, 해석학적인 형법학 그리고 규범적인 형사정책이라는 세 가지의 구성요소를 받아들여야 한다.

57) 김해중, 앞의 보고서(주 38), 248면.

58) 김해중, 앞의 보고서(주 38), 254면 이하.

Ⅲ. 낙태 규범에 대한 私見

1. 독일 제2차 낙태판결—'국가의 보호의무'에 대한 새로운 구성

1993년 연방헌법재판소의 제2차 낙태판결은 '임산부 및 가족보호법(SFHG)'이 규율하고 있는 상담모델의 위헌여부를 다루었다. 주목할 점은 1975년 연방헌법재판소의 제1차 낙태판결과 비교하여 '국가의 보호의무'에 대한 구상이 달라졌다는 점이다. 제2차 낙태판결의 '국가의 보호의무'에 대한 구상은 제2차 낙태판결의 제5주문에서 잘 알 수 있다: "태어나지 않은 인간생명에 대한 보호의무의 범위는 한편으로는 보호하려는 법익, 다른 한편으로는 이와 충돌되는 법익, 양자의 의미와 보호필요성에 의해 결정된다."[59]

제1차 낙태판결에서는 기본법의 객관적 가치질서의 중심인 인간존엄과 관련하여 국가의 보호의무가 정해진 반면에, 제2차 낙태판결에서는 법익의 의미와 보호필요성, 보호의 적절성과 실효성 차원에서 국가의 보호의무가 정해진다. 제2차 낙태판결에서 국가의 보호의무를 제1차 낙태판결과 다르게 구성한 것이 (私見에 따르면) 헌법재판소가 제1차 낙태판결에서 적응사유모델을 지지하는 반면에, 제2차 낙태판결에서는 상담모델을 지지하는 근거가 된다.

임산부를 통해서만 태어나지 않은 생명은 보호된다는 점 또한 적응사유모델에서 상담모델로의 교체를 뒷받침한다. 다른 한편으로는 지금까지의 적응사유모델이 태어나지 않은 생명을 제대로 보호하지 못했다는 점이 근거로 제시된다.

이처럼 적응사유모델에서 상담모델로의 교체를 주장함에는 '태어나지 않은 생명의 우월한 권리'가 아니라, '태어나지 않은 생명에 대한 더 나은 보호효과'가 그 배후에 있다. 하쎄머(Winfried Hassemer)는 여기서 기존의 정당화 도그마틱("정당화는 우월한 권리를 전제로 한다. 정당화의 조건들에 관하여는 개별사례에서 형사법관이 결정한다")의 후퇴("구체적 상황에서 우월한 권리나 더 우월한 이익을 관철시킬 것을 요구하지도 않으며, 형사법관이 개별사례에서 정당화의 조건들을 내용적으

---

59) "5. Die Reichweite der Schutzpflicht für das ungeborene menschliche Leben ist im Blick auf die Bedeutung und Schutzbedürfigkeit des zu schützenden Rechtsguts einerseits und damit kollidierender Rechtsgüter andererseits zu bestimmen."

로 확정할 것도 규정하지 않는다")를 발견한다. 헌법재판소는 제2차 낙태판결에서 '상담을 통한 보호효과'가 '제재를 통한 억압적인 보호효과'보다 더 효과적이고 효율적이라고 주장한다. 이는 인간존엄에 대한 제2차 낙태판결의 기본구상은 제1차 낙태판결과 같음에도, 낙태에 대한 해결책은 제1차 낙태판결을 벗어났음을 뜻한다. 적응사유모델에서 상담모델로의 교체를 통해 생명보호의 개념은 변한다.[60]

60) 하지만 태어나지 않은 생명의 인간존엄과 생명권에 대한 견해는 여전히 남는다. 이를 통해 제2차 낙태판결은 모순되게 보인다. 독일 헌법재판소 제2차 낙태판결에 나타난 인간존엄의 '절대적 효력'과 낙태허용 간의 모순을 어떻게 해결할 것인가? 헌법재판관 마렌홀쯔(Mahrenholz)와 좀머(Sommer)는 제2차 낙태판결 소수의견에서 태어나지 않은 생명과 임산부의 자기결정권 사이의 비교형량가능성을 인정하면서 (양자는 모두 인간존엄과 연관되는데, 이때 인간존엄은 상대적 효력만을 갖는다), 제2차 낙태판결의 모순을 해결하려고 한다. 제2차 낙태판결에 따르면 상담 이후의 낙태는 '위법하나, 처벌할 수 없으나', 마렌홀쯔와 좀머의 소수의견에 따르면 처음부터 상담 이후의 낙태는 '정당화된다'. 상담모델에 대한 대표적 비판자인 트렌들러(Herbert Tröndle) 또한 제2차 낙태판결의 모순을 발견한다. 마렌홀쯔와 좀머의 의견과는 달리, 그는 상담제공과 결합한 기한모델을 비판함을 통해 모순을 해결하고자 한다. 그에 따르면 상담제공과 결합한 기한모델은 태어나지 않은 생명을 제대로 보호하지 못하며, 따라서 국가는 상담모델로 포장된 기한모델을 통해 태어나지 않은 생명을 보호해야 할 보호의무를 제대로 이행하지 못한다. 그는 특히 상담모델로 포장된 기한모델이 더 나은 생명보호와 연결되어 있지 않음을 경험적 자료를 통해 보인다. 헌법학자인 드라이어(Horst Dreier)는 낙태와 태어나지 않은 생명의 절대적 인간존엄 사이의 모순을 발견한다. 그는 낙태에 대한 헌법상의 논의를 인간존엄을 통해서가 아니라, 생명권을 통해 수행함을 통해 모순 없는 해결책을 찾아야 한다고 주장한다. 私見은 드라이어의 견해를 따른다. 낙태논의의 출발점은 인간존엄'개념'이 아닌 생명권'개념'이 되어야 하며, 이를 통해 낙태논의에서의 모순을 피할 수 있게 된다. 생명윤리의 여러 문제에서 인간존엄 '개념'은 확장되어 적용되고 있으며, 이 때 인간존엄'개념'은 절대적 효력을 갖는다는 점에서 합리적 논증대화를 막고 있다. 고봉진, "생명윤리에서 인간존엄'개념'의 총체성," 『법철학연구』 제11권 제1호, 2008, 88면 이하.

2. 낙태 규범에 대한 私見[61)]

필자의 私見에 따르면, 태아는 생명에 대한 기초적인 이익을 가진 인간존재와 인간생명의 내재적 가치를 지니는 인간존재로 구분할 수 있다. 생명에 대한 기초적인 이익을 가지는 태아는 생명권의 주체가 되며, 이로부터 임산부의 자기결정권보다 더 보호해야 하는 국가의 보호의무가 발생한다. 따라서 태아가 기초적인 이익을 가지는 시점부터는 '파생적 반대'에 기초해서 낙태를 형법으로 규율할 수 있다. 하지만 태아가 생명에 대한 기초적인 이익을 가지지 않고 인간생명의 내재적 가치만을 지닐 경우에는 사정이 다르다. 이 경우에는 '파생적 반대'가 아닌 '독립적 반대'에 기초해서 낙태에 반대하게 되는데, (필자의 私見에 따르면) 이 경우에는 임산부의 자기결정권이 태아의 생명가치보다 더 중요하게 고려될 수도 있기 때문에 상담모델에 의한 법적 규율이 가능할 것으로 보인다.

따라서 (여기까지도 논란의 여지가 많겠지만) 가장 중요한 문제는 태아가 생명에 대한 기초적인 이익을 가지게 되는 시점, 즉 '독립적 반대'와 '파생적 반대'로 구분되는 시점이 언제인가 하는 것이다. 필자는 미국 연방대법원의 기준인 '체외생존가능성(viability)'은 시점을 너무 뒤로 잡은 것이 아닌가 생각된다. 임산부의 자궁에 있는 태아가 태중에서 생명에 대한 기초적인 이익을 가지는 시점과 임산부의 자궁 외에서 생존할 수 있는 시점은 엄연히 다르기 때문이다.

필자는 "감각능력의 발생"이 태아에게 생명에 대한 기초적인 이익을 인정할 수 있는 기준이 된다고 본다.[62)] 언제부터 태아가 감각능력을 가지는지에 대해서는 자연과학에서의 연구가 필요하나, 그 정확한 시점을 확인하는 것은 쉬운 일이 아니다. 따라서 필자는 뇌사와 관련하여 뇌기능이 작동하는 시점에 태아에게 생

---

61) 마지막으로 私見을 서술해 보고자 한다. 낙태규범에 대해 합의가능한 해결책을 제시하는 것이 가능하다고 생각하지 않으며, 私見에 지나지 않음을 강조하고 싶다. 더불어 존 스튜어트 밀의 '자유론'에 나오는 한 구절을 인용해 보고자 한다. "만일 그 의견이 옳다면, 인류는 오류를 진리와 교환할 기회를 상실하게 되고, 만일 그것이 틀리다면, 진리가 오류와 충돌하면서 발생하게 되는 진리에 대한 더욱 명백한 인식과 더욱 선명한 인상을 상실하게 되는 엄청난 혜택의 손실을 입게 된다" John Stuart Mill(김형철 역), 『자유론』(서광사, 2009), 43면.

62) 필자의 주장은 일종의 인간종주의인데, 감각능력을 지닌 인간이 아닌 존재는 생명권을 통해 보호하지 않기 때문이다. 필자의 견해에 따르면, 인간존재가 느낄 수 있는 순간부터 개인이 되며, 인간의 감각능력을 통한다면 존재-당위-오류를 피할 수 있다.

명에 대한 기초적인 이익이 시작된다고 본다. 호프만(Hasso Hoffmann)의 견해에 따르면 뇌사로써 인간생명이 끝나는 것과 같이 보호해야 할 생명은 뇌기능이 작동하는 것으로부터 시작된다.[63] 자스(Hans-Martin-Sass) 또한 뇌기능으로 보호해야 할 생명의 문제를 다룬다.[64]

'감각능력'을 인정하게 되는 뇌기능의 작동시점을 태아의 생명에 대한 기초적인 이익이 생기는 시점으로 파악하면(이 시점에 태아는 생명권의 주체가 된다),[65] '독립적 반대'와 '파생적 반대'로 구분되는 시점은 미국 연방대법원의 기준인 체외생존가능성(viability) 시점보다 더 이른 시점이 된다. 이 시점을 기준으로 그 이전에는 상담모델을 통해 임산부의 자기결정권을 보장해주고(물론 이 경우 태아를 보호하는 상담이 먼저 이루어져야 하며, 상담을 통해 국가의 보호의무를 이행하게 된다), 그 이후에는 적응사유모델로 임산부의 자기결정권을 제한할 수 있지 않을까 생각된다. 태아에게 생명에 대한 기초적인 이익이 발생한 후에 적용되는 적응사유는 현행의 적응사유보다 더 엄격하게 제한되어야 할 것으로 보인다.

앞에서 살펴본 바대로, 현재는 현행 적응사유모델을 그대로 둔 상태에서, 적응사유를 좀 더 엄격하게 축소하자는 주장(현행 우생학적 정당화사유, 윤리적 정당화사유, 의학적 정당화사유의 부당한 점을 지적하는 견해)과 적응사유를 현실에 맞게 확대하자는 주장(예컨대 '사회 · 경제적 사유'를 신설하여 미성년자의 임신, 양육이 현실적으로 불가능한 상태에서의 임신 등의 경우에 낙태를 허용하자는 견해)이 강력하게 대립하고 있다. 필자는 적응사유모델을 그대로 둔 상태에서 적응사유를 축소 내지 확장하는 방법보다는, 상담을 통한 기한모델을 '태아가 생명에 대한 기초적인 이익을 갖지 않고, 인간생명의 내재적 가치로만 파악되는 시점'에 도입하는 방식을 취할 필요가 있다고 생각한다. 그리고 '태아가 생명에 대한 기초적인 이익을 갖지 않고, 인간생명의 내재적 가치로만 파악되는 시점'에 상담을 통한

63) Hasso Hofmann, "Die Pflicht des Staates zum Schutz des menschlichen Lebens", Festschrift für Krause, 1990, p.119.

64) Hans-Martin Sass, "Extrakorporale Fertilisation und Embryotransfer", in: Flöhl(Hrsg.), Genforschung Fluch oder Segen?, 1985, p.46.

65) 수정시 유전프로그램이 확정되는 사실에서 배아의 생명권을 인정하는 견해로부터 인격(Person)과 결부된 생명권 개념을 주장하는 싱어의 견해, 생존이익과 결부된 생명권 개념을 주장하는 회르스트의 예에서처럼, 초기 인간생명의 생명권에 대해 매우 다양한 견해가 있다. 이에 대한 상세한 논의는 고봉진, 앞의 글(주 35), 334면 이하.

기한모델이 도입된다는 전제 하에서, '태아가 내재적 가치로만이 아니라, 생명에 대한 기초적인 이익을 갖는 시점'에 적용되는 적응사유모델이 제대로 작동할 것으로 본다.

낙태 법규범을 완벽하게 만든다고 생명(권)을 보호할 의무를 국가가 충실하게 이행했다고 할 수 없다. 필자가 보기에 현행 적응사유모델을 그대로 두고 적응사유를 더 엄격하게 고치려는 견해[66]는 낙태 현실은 외면한 채 낙태 법규범만을 완벽하게 만드는 시도일 수 있다. 국가의 보호의무는 법규범만으로 이루어지는 것이 아니라 법현실을 실질적으로 규율할 때 이행된다고 본다. 하지만 최근의 헌법재판소 판결을 살펴보면, 다수의견은 현행 낙태 법규범만으로 국가의 보호의무를 충실히 이행했다고 보는 것 같다. 예컨대 사산한 태아에게 손해배상청구권을 인정하지 않는 것이 국가의 기본권(생명권) 보호의무에 반하는가를 다루고 있는 헌법재판소 2008.7.31. 2004헌바81 결정[67]에서, 다수의견은 "입법자는 형

66) 현재 행해지는 낙태는 모자보건법에 따른 정당화사유에 해당하는 경우보다 해당하지 않는 경우가 훨씬 많다. 이러한 상황이라면 필자는 낙태의 정당화사유에 무리하게 손을 대는 것보다는 "문제가 있더라도" 이를 그대로 두고 이를 지키는 노력이 우선시되어야 한다는 입장이다. 지켜지지 않는 규범을 더 엄격하게 손질하기보다 우선시되어야 할 것은 규범을 지키는 것 자체이기 때문이다. 낙태사유를 더 엄격하게 제한하고자 하는 견해가 더 타당하다고 하더라도, 낙태규범이 전혀 준수되지 않고 처벌되지 않는 상황에서 낙태사유마저 더 제한한다면 "규범과 현실의 괴리"를 오히려 더 증폭시키는 결과가 되지 않을까 우려스럽다.

67) 이 결정에서는 민법 제762조("태아는 손해배상의 청구권에 관하여는 이미 출생한 것으로 본다.")를 해석함에 있어 민법 제3조("사람은 생존한 동안 권리와 의무의 주체가 된다.")를 전제로 하여야 하는지, 아니면 민법 제3조의 예외조항으로 해석하여야 하는지가 문제되었다. 7인의 다수의견은 민법 제762조를 민법 제3조의 예외조항으로 보지 않고, 민법 제762조를 해석함에 있어 민법 제3조를 적극적으로 끌어들여 사산한 태아의 손해배상청구권을 부정한다. 다수의견은 '살아서 출생한 태아'와는 달리 '살아서 출생하지 못한 태아'에 대해서는 손해배상청구권을 부정함으로써 후자에게 불리한 결과를 초래하고 있으나 이러한 결과는 사법(私法)관계에서 요구되는 법적 안정성의 요청이라는 법치국가이념에 의한 것으로 헌법적으로 정당화되며, 입법자는 형법과 모자보건법 등 관련규정들을 통하여 태아의 생명에 대한 직접적 침해위험을 규범적으로 충분히 방지하고 있다는 논거를 펼친다. 반면에 2인(조대현, 김종대)의 한정위헌의견은 민법 제762조를 민법 제3조의 예외조항으로 보며, 민법 제762조를 문면 그대로 해석하여 사산된 태아의 손해배상청구권을 인정한다. 특히 한정위헌의견은 태아가 불법적인 침해행위로 사망한 경우와 단지 상해만을 입어 출생한 경우를 비교함으로써 사산한 태아에게 손해배상청구권을 인정하지 않는 것이 국가의 기본권(생명권) 보호의무에 반한다고 주장한다.

법과 모자보건법 등 관련규정들을 통하여 태아의 생명에 대한 직접적 침해위험을 규범적으로 충분히 방지하고 있다”고 보고 있다.[68] 국가의 보호의무는 낙태현실을 실질적으로 규율하고 있어야 비로소 충실하게 이행되는 것이지, 규범을 갖추고 있다고 해서 (설사 그 규범이 완벽하다 할지라도) 이행되는 것은 아니다. 법규범이 정당하다고 평가받기 위해서는 법규범의 도덕성 못지않게 법규범의 실효성[69]까지 함께 고려해야 한다는 점을 생각해 보면, 이는 더 명료해진다.

반면에 필자는 최근 여성계를 중심으로 ‘사회 · 경제적 사유’를 신설하여 미성년자의 임신, 양육이 현실적으로 불가능한 상태에서의 임신 등의 경우에 낙태를 허용하자는 주장은 ‘사회 · 경제적 사유’가 태아가 생명에 대한 기초적인 이익을 가지게 되는 시점, 즉 낙태에 대한 ‘파생적 반대’가 가능한 시점에도 적용될 수 있다는 점에서 반대한다. 한국사회에서 미혼모와 아이에 대한 사회적 지원책이 부족하고, 미혼여성의 불법 낙태현실을 고려할 때 이해가 되고, 상대적으로 모자보건법의 실효성을 높일 수 있는지 모르지만, 이는 ‘법규범의 도덕성’ 차원에서 문제가 된다. ‘사회 · 경제적 사유’를 신설하려고 하는 목적은 태아가 기초적인 이익을 가지지 않고 인간생명의 내재적 가치만을 지니는 경우, 즉 낙태에 대한 반대가 ‘독립적 반대’인 경우에는 상담모델을 도입함을 통해 어느 정도 이룰 수 있을 거라 생각한다. 다만 한국사회에서 미혼모와 아이에 대한 사회적 지원책을 대폭 확대되고, 미혼모에 대한 사회적 인식 또한 전환되어 상담을 통해 낙태하는 것이 아니라, 상담을 통해 태아를 살리는 길이 열렸으면 한다.

---

68) 정확한 문장은 다음과 같다. “입법자는 형법과 모자보건법 등 관련규정들을 통하여 태아의 생명에 대한 직접적 침해위험을 규범적으로 충분히 방지하고 있으므로, 이 사건 법률조항들이 태아가 사산한 경우에 한해서 태아 자신에게 불법적인 생명침해로 인한 손해배상청구권을 인정하지 않고 있다고 하여 단지 그 이유만으로 입법자가 태아의 생명보호를 위해 국가에게 요구되는 최소한의 보호조치마저 취하지 않은 것이라 비난할 수 없다.”

69) 법규범의 실효성은 규범의 사실적 효력, 규범의 사회학적 효력의 다른 말이다. 법규범은 법적 제재에 의해 강제될 뿐 아니라, 자발적인 규범합치행위가 현실에 존재할 때야 비로소 구속력을 발휘한다. 법규범이 실효성을 가지려면, 법규범은 최대한 이상과 현실의 괴리를 지양해야 한다(이영희, 『법사회학』(법문사, 2003), 245면. 뿐만 아니라 법집행기관이 법집행을 공정하게 하는가 여부 또한 규범의 실효성에 영향을 미친다[이영희, 앞의 책(주 69), 244면].

대리모 논란에 대한 법리적 이해

김 향 미*

Ⅰ. 서

지난 2011년 9월 30일 대리모시술관련 브로커가 경찰에 구속되면서 우리사회에 다시 대리모와 관련된 의견들이 팽팽히 맞서고 있다.[1] 보도된 사건의 사실관계에 의하면 상당히 충격적이며, 사회 안에서 시사하는 바가 크다고 하겠다. 본 졸고[2]에서는 대리모가 이루어지는 의학적인 시술에 대한 내용을 파악하고, 다양한 이해관계와 다양한 시각을 가진 사람들이 모여 살고 있는 사회 안에서 대리모를 어떻게 바라봐야하고, 다루어져야 하는지에 대하여 심도있는 논의의 필요성이 있어, 이에 대한 문제제기와 대안을 제시하고자 한다.

현실적으로 의학적인 치료의 목적으로 대리모 시술이 실제 얼마나 이루어지고 있는지는 알 수 없으며, 또한 얼마만큼이 이루어지고 있는지에 대한 평가를 할 수 있는 절차조차 없이 음성적으로 행해지고 있는 실정이다. 그러므로 대리모 시술에 대한 법적의 제재장치의 부재라는 사회내의 소여의 상태로서, 현재 심각한 윤리적이고 법적인 문제를 일으키고 있는 대리모에 대한 문제점을 살펴보고,

* 한국외국어대학교 생명윤리법 담당교수.

1) 2011년 9월30일 세계일보 등 매스콤과 언론매체에서 일제히 "'현대판 씨받이' 불임부부 노린 대리모 브로커"라는 제목의 기사가 보도된 바 있다.

2) 본 졸고는 2011년 12월 9-10일(제주대학교)에 〈생명윤리와 법원리〉라는 대주제로 개최되었던 한국법철학회 추계학술대회에서 같은 제목의 소주제로 발표된 내용을 정리한 것임.

대응방향과 해결책을 모색함으로써 사회 안에서 나가야할 바람직한 방향을 제시해 보고자 한다.

II. 대리모 사건의 개요

2011년 9월 30일 매스컴과 언론매체에서는 일제히 '현대판 씨받이' 불임부부 노린 대리모 브로커라는 제목으로 다음과 같은 보도를 하였다.

> '현대판 씨받이' 사건이 발생했다. 서울경찰청 국제범죄수사대는 인터넷으로 대리모를 모집한 뒤 불임부부에게 난자를 제공하고 대리출산을 하도록 알선한 ㄱ씨(50)를 의료법 위반 등[3]의 혐의로 구속했다고 30일 밝혔다. 경찰은 난자를 제공한

3) 대리모 브로커의 주사기를 이용한 정자 삽입행위의 의료행위 여부와 관련해서 판단하건데, 사건의 개요는 대리모 브로커가 임신을 원하는 불임부부 및 금전을 받고 대리모 임신을 원하는 여성들을 불상의 방법으로 모집한 후 서로의 조건을 매칭 후 금전적인 조건을 약정한 후, 불임 부부 남성이 자위를 하여 채취한 정액을 비이커에 담은 후 주사기(30cc)를 이용하여 대리모 지원자(여성)의 성기에 주사기를 삽입 한 후 채취한 정자를 주입시키는 행위를 하였고 이러한 행위가 의료행위에 포함되는지 여부 및 의료법 저촉 여부에 대한 평가에 대한 의견: 의료법상에 의료행위에 대하여 구체적으로, 명확하게 정의하고 있지는 않으나 의료법 제 12조 제1항에 의하면 "의료인이 하는 의료 · 조산 · 간호 등 의료기술의 시행(이하 "의료행위"라고 한다)"라고 규정하고 있다. 판례에 의하면 "의료행위라 함은 의학적 전문지식을 기초로 하는 경험과 기능으로 진찰, 검안, 처방, 투약 또는 외과적 시술을 시행하여 하는 질병의 예방 또는 치료행위 및 그밖에 의료인이 행하지 아니하면 보건위생상 위해가 생길 우려가 있는 행위를 의미하며"(대법원 2004.10.28. 선고 2004도3405 판결 참조), "여기에서 진찰이라 함은 환자의 용태를 관찰하여 병상과 병명을 규명 · 판단하는 작용으로 그 진단방법으로는 문진, 시진, 청진, 타진, 촉진, 기타 각종의 과학적 방법을 써서 검사하는 등 여러 가지가 있고, 위와 같은 작용에 의하여 밝혀진 질병에 적합한 약품을 처방, 조제, 공여하거나 시술하는 것이 치료행위에 속한다(대법원 2001.7.13. 선고 99도2328 판결)"라고 판시하고 있다. 즉 의료행위에는 '질병의 예방'을 목적으로 하는 행위, '치료의 행위', '의학적 전문지식이 있는 의료인이 행하지 아니하면 사람의 생명, 신체나 공중위생에 위해를 발생시킬 우려가 있는 행위'의 개념을 포함하고 있다.
본 사안에서 대리모브로커의 행위가 의료행위에 포함이 되는지의 여부는 의료법에 의하면 의료행위란 '의료인이 하는 의료기술의 시행'이라는 점에서 살펴보도록 한다. 수사대상자가 시행한 행위는 '임신을 목적으로 수음을 통해 채취된 남자의 정액을 임신을 시키고자 하는 여성의 질내로 넣어주는 행위'로써 이는 '불임부부의 치료를 위해 시행하는 인공수태시술중

대리모 ㄴ씨(30)와 시술을 도운 간호조무사 ㄷ씨(27)를 생명윤리 및 안전에 관한 법률 위반 혐의로 불구속 입건했다. 브로커 ㄱ씨는 2008년부터 최근까지 인터넷으로 불임부부와 대리모를 모집해 모두 29차례에 걸쳐 대리출산을 알선하고 2억원을 챙긴 혐의를 받고 있다. 조사 결과 ㄱ씨는 불임부부에게서 알선료 명목으로 건당 2000만원을 받은 것으로 나타났다.

임신을 시도한 대리모는 모두 29명이었지만 이 중 11명만 임신에 성공했다. 대리모들은 임신 · 출산에 성공할 경우 불임부부로부터 단계별로 돈을 받았으며 수수료는 건당 최고 4500만원이었다. 그러나 임신에 실패한 대리모는 한 푼도 받지 못했다. 불임부부 남편에게서 채취한 정자를 간호조무사 ㄷ씨가 직접 주사기에 담아 대리모 몸속에 주입하는 방법을 쓰기도 했다. 또 불임부부의 남편과 대리모가 부부로 가장해 병원에서 인공수정을 하기도 했다. 경찰은 현행법상 대리모 알선은 처벌할

인공수정에 해당되는 의료기술'이라고 볼 수 있다.

대리모브로커의 행위를 판례에서의 의료행위에 대한 정의에서 볼 때, 의료행위란 "의학적 전문지식이 없는 자가 이를 질병의 예방이나 치료에 사용함으로써 사람의 생명, 신체나 공중위생에 위험을 발생케 할 우려가 있는 행위"라는 의미에서 파악할 때, 대리모브로커의 행위는 의료행위라고 볼 수 있다. 즉 정액은 신체에서 분비되는 분비물로써 이를 통해서 매개될 수 있는 감염성 질환을 상대방에게 옮기게 할 위험이 존재한다. 즉 이러한 질환에는 간염, 매독, 후천성면역결핍증 등이 속하게 되며 의료행위인 정액을 여성의 질내에 넣어주는 시술 전에 이 질환에 대한 검사가 실시되어야 할 것이다(cf. 「생명윤리및 안전에 관한 법률」 제15조의2에 난자제공자에 대한 건강검진에 대한 조항을 난자와 동일한 정자라는 생식세포 제공자에 준용하여 적용). 남성에게 상기의 감염이 존재하는 경우에는 그 남성의 정액을 주입받은 여성에게 전달되어 상기의 감염이 될 수 있는 우려가 있다. 게다가 비의료인이 시술을 함으로써 이외의 감염을 유발의 위험이나 신체에 상해를 초래할 위험이 존재함으로 대리모브로커의 행위는 '사람의 생명, 신체나 공중위생에 위험을 발생케 할 우려가 있는 행위'로 의료행위로 판단할 수 있다. 덧붙여서, 후천성면역결핍증 예방법 제 9조(혈액 · 장기 · 조직 등의 검사)에 의하면 제2항에 "의사 또는 의료기관은 장기(인공장기를 포함한다. 이하 같다) · 조직의 이식 및 정액의 제공과 기타 인체면역결핍바이러스감염의 위험이 있는 매개체(이하 "매개체"라 한다)를 사용하기 전에 보건복지부령이 정하는 바에 의하여 인체면역결핍바이러스의 감염여부를 검사하여야 한다"라고 명시하고 있는바, 정액은 타인에게 제공하기 전에 후천성면역결핍증에 대한 검사를 실시하여 결과를 확인하지 않게 되면 후천성면역결핍증 예방법 제9조에 저촉이 되므로 대리모브로커는 이 법에 저촉이 되는 행위를 하였다고 판단이 된다. 결론적으로 대리모브로커가 실시한 행위는 명백한 의료행위에 해당이 되며, 의료인이 아닌 무자격자가 실시한 무면허의료행위로 평가되어 의료법 제27조 무면허의료행위의 금지 등에 대한 조항과 후천성면역결핍증 예방법 제9조에 저촉된다고 판단된다고 할 수 있음.

법이 없어 주사기를 이용한 대리출산과 부부로 가장해서 난자를 주고받은 경우 등 2건만 사법처리 대상이라고 밝혔다. 경찰은 ㄱ씨가 대리모의 건강한 임신 상태를 유지하고 난자 제공 사실을 은폐하기 위해 자신의 십 근처인 강북구에 24평짜리 숙소를 빌려 대리모를 합숙시켜 관리하는 치밀함을 보였다고 설명했다.

경찰 관계자는 "대리모 경험이 있는 여성들이 다시 대리모를 지원하는 '전문 대리모' 경향도 나타났다"고 말했다. 경찰은 비슷한 수법의 범죄가 더 있을 것으로 보고 수사를 확대할 방침이다.

Ⅲ. 의학적인 의미의 대리모

대리모는 임신을 대신한다는 의미로 대리수태를 말한다.[4] 대리수태는 양측 배우자의 생식세포 간(間), 일측 배우자의 생식세포와 공여된 생식세포 간, 혹은 공여된 생식세포 간에 체외수정을 통해 생성된 배아를 부인이 아닌 다른 여성의 자궁에 이식하여 임신을 시도하는 경우와 남성 배우자의 정자를 대리모에게 인공수정(人工授精, Artificial Insemination)하여 임신을 시도하는 경우 등의 다양한 경우를 총괄한다.

그러나 의학적인 치료의 의미에서 대리수태는 크게 대리임신모와 대리모의 두 가지 형태로 나눌 수 있다. 대리임신모는 불임부부의 난자와 정자를 체외에서 수정시킨 후, 발생된 배아(수정란)를 부인이 아닌 다른 여성의 자궁에 배아를 이식하여 임신을 시도하는 방법이다. 대리임신모의 경우에는 자궁만을 빌려주어 임신을 유지하는 방법으로 자궁의 태아와는 유전적으로는 관련이 없으나 임신상태를 줄곧 유지하고 출산을 하는 경우로 모성의 의미에서 생물학적인 모라고 한다. 반면 대리모는 부인이 불임으로 인해 임신이 불가능한 경우에 남편의 정자를 부인이 아닌 다른 여성에게 인공수정시술을 함으로써 임신을 유도하는 방법이

---

4) 불임치료를 위한 방법으로 인공수태(보조생식술)시술을 시행하는데, 기술적으로 부부간이 아닌 관계에서 생식세포(정자, 난자)의 공여를 통한 임신, 배아공여, 대리수태방법을 이용한 임신 등을 시도 할 수 있다. 부부간이 아닌 관계에서의 시술을 "비배우자간인공수태"라고 하며, 이러한 시술에는 비배우자간인공수정, 비배우자간체외수정시술, 배아공여에 의한 인공수태시술, 대리수태 등을 포함한다.

다. 대리임신모와 다른 점은 대리모인 경우는 태아와의 관계에서 태아와 유전적 관계가 있으므로 유전학적인 모이며, 수태하여 출산을 하게 됨으로 생물학적인 모로 동시에 해당된다.

대리수태에 대한 의학적인 적응증으로는, 대리임신모의 경우는 불임부부 중에서 부인에게 난소의 기능은 있으나, 임신을 유지하는 자궁이 없는 경우이거나, 심한 당뇨나 고혈압 등의 의학적 이유로 임신을 유지 할 수 없는 상태이거나, 자궁자체의 기형이나 이상으로 임신의 유지가 불가능하거나 태아에게 심한 해를 줄 가능성이 있는 경우 등이 해당된다. 그러나 대리모에 대한 의학적 적응증은 불임부부 중에서 부인이 자궁적출술 및 양측 난소절제술을 받아 자신의 난자가 존재하지 않으며, 임신을 유지 할 수 있는 자궁이 없는 경우에만 속한다고 할 수 있다.

2010년 대한산부인과학회 보조생식술 윤리지침에 의하면, 대리모(gestational surrogacy)를 통한 임신은 남편의 정자와 부인의 난자로부터 형성된 수정란을 제3의 여성의 자궁에 착상시켜 임신을 시도하는 것을 말한다고 함으로써, 의학적으로 허용되는 대리모는 치료목적을 담은 경우만을 적응증으로 한정하고 있다. 또한 앞서 정의했던 '남편의 정자를 부인이 아닌 다른 여성에게 인공수정시술을 함으로써 임신을 유도하는 방법'에 해당되는 대리모의 경우, 의학적으로 이러한 시술이 이루어지기 위해서는 시술과정 내에 다른 여성의 난자를 공여받는 절차가 포함이 되어 있으므로 현행 「생명윤리 및 안전에 관한 법률」의 난자공여 절차의 준수가 선행되어야 한다. 대리모의 난자까지를 이용하는 시술은 윤리적이고, 법적인 문제를 담고 있으며, 특히 현행법에서는 불법으로 규정하고, 처벌의 대상이 되고 있다. 본 논문에서는 대리수태의 개념을 불임부부의 난자와 정자를 체외에서 수정시킨 후, 발생된 배아(수정란)를 부인이 아닌 다른 여성의 자궁에 배아이식하여 임신을 시도하는 방법, 즉 자궁만을 대리하는 대리임신모(이하 대리모로 약함)에 한정해서 논의를 진행하려고 한다.

IV. 대리모의 윤리적 · 법적 문제

배우자간에 이루어지는 인공수태시술 즉, 배우자간인공수정이나 배우자간

체외수정은 자연스러운 남녀의 성교를 통하지 않는 방법이지만 의학적인 치료의 행위로 받아드리는 데는 문제가 없을 것이다. 체외수정시술에 있어서도 배우자간의 체외수정인 경우에는 인간의 생명을 인위적으로 만들어 낸다는 즉, 자연에 위배된다는 종교적, 윤리적인 비난이 있을 수 있으나 법적으로는 문제되지 않는다. 그러나 배우자간이 아닌 경우에 체외수정시술을 시행함에 있어서는 체외수정시술 시에 비배우자의 생식세포 즉 정자 혹은 난자를 이용하는 것, 또는 부인이 아닌 여성의 자궁에 배아를 착상시키는 등의 시술은 문제가 발생될 수 있다.

대리모시술의 가장 큰 문제점으로는 불임부부의 임신을 위해 부인이 아닌 다른 여성의 몸을 이용한다는 점이며, 이는 인간을 도구화하고 비인간적인 대우를 함으로써 인간의 존엄을 해칠 수 있다는 가능성이 있다. 제3의 여성을 부부간에 개입함으로써 부부간에 심리적, 정신적인 문제를 초래할 수 있으며, 부부의 온전한 자녀가 아니라는 점에서 출생자와의 괴리가 생겨 가족제도의 위기를 초래하는 경우까지 발생될 수 있다는 우려가 있다. 또 다른 대리모시술의 윤리적이고 법적인 문제의 가능성으로는 앞선 사례에서와 같이 금전거래가 개입되고 대리모시술에 대한 상업화를 조장할 수 있다는 점이며, 이로 인해 인간을 수단화하고 인간의 존엄을 해칠 수 있는 심각한 사회적인 문제로 발달될 가능성에 대한 우려가 있다.

1. 모성윤리적 관점

한 인간의 탄생과 양육에는 모성이라는 요소가 가장 중요하게 자리하게 된다. 모성은 임신과 출산을 통해서 완성이 되는 자연적인 과정으로써, 임신과 출산은 연속적인 과정으로 이루어지며, 이 둘은 불가분의 관계가 있다. 모성의 온전성이라는 측면에서 볼 때, 인간의 생식(reproduction)은 본질적이며 분리될 수 없는 요소가 있는데 '모체로부터'이며, '모체안에서'라는 점이다. 즉 여성의 DNA를 유전정보로 이용한 자기복제의 실현이라는 '모체로부터'라는 유전학적 요소와 착상, 임신, 출산 및 양육과정의 평온함의 유지라는 '모체안에서'라는 의생명과학적 및 사회과학적 요소의 실현을 통하여 비로소 확보되는 온전한 한 인간 존재의 성립을 위한 기본 전제라고 할 수 있다. 모성은 '모체로부터'와 '모체안에서' 이루어지는 연속적인 과정안에서 획득된다고 본다.[5)] 출산은 어떤 사람을 존재하게 하는 인간적인 행위로 부모와 자식이라는 본질적인 유대관계를 성립하게 하는 자연적인 과정이며, 모성의 성립을 완성하는 단계라고 볼 수 있다. 즉 모성은 잉태를 통해서 생성된 작은 씨앗과 같은 것으로 임신의 과정 안에서 점점 키워가는 것으로 출산과 함께 극대화된다고 할 수 있다. 그렇다면 불임부부의 치료를 위한 난자의 공여나 대리모시술에 있어서는 잉태에서 출산까지로 형성되고 성장하는 모성이 진정하게 전달하고 전달받는 단계가 단절되는 것이다.

다양한 논의의 가능성은 있겠지만, 모성의 온전성이라는 관점에서, 생식세포인 난자의 공여나 대리모시술 등을 통하여 태어나는 자는 온전한 한 인간 존재의 성립을 위한 기본 전제인 모성의 온전성의 측면에서는 심각한 결함을 가지고 있다고 생각할 수 있다. 즉 생식세포인 난자를 공여받거나, 또는 대리모시술 등을 통하여 태어나는 출생자들은 온전한 한 인간 존재의 성립을 위한 기본 전제에 대한 커다란 결손을 가지고 사회에 태어나는 것이기 때문에 이들은 우리사회로부터 특별한 보호와 배려가 필요하다.[6]

인공수태시술의 방법으로 임신이 이루어진 경우에 대하여 임신에 기술적인 개입을 비판하는 입장에서는, 이러한 개입은 여성의 모성을 해체하여 무력화시키고, 여성에게 임신과 출산을 강요함으로써 가부장적인 지배의 영속에 기여하는 수단이라고 보았다. 게다가 더 많은 여성에게 어머니가 될 수 있는 가능성을 높임으로써 오히려 임신과 출산에 대한 여성의 선택권이 제한되고, 여성이 원하지 않는 경우까지도 모성으로의 역할이 강요될 수 있다는 점이 있다는 비판을 한다. 또한 인공수태술의 방법이 점점 확대되어 임신과 출산에 인위적인 개입이 좀 더 커짐에 따라 한 여성 안에서 배란부터 착상, 임신 및 출산으로 이어짐을 통해서 자연스럽게 발생되는 모성이 아닌 난자만을 제공하는 여성, 자궁을 빌려주는 대리모, 임신과 출산을 통해 태어나는 아이를 자녀로 하여 어머니로서의 권리와 의무를 가지고 양육을 담당하는 여성 등으로 모성을 분절화(segmentation)시키는 현상이 발생되었다[7]고 한다. 이 또한 모성윤리적 관점에서는 모성의 온전성 확

---

5) Fr. José Noriega, S.T.D., "난자기증 및 연구의 인류학적 측면, 제5회 가톨릭생명윤리연구소 국제학술대회 – 난자의 기증과 연구의 윤리문제 –," 세미나자료집, 2009년 5월 6일, 서울성모병원 대강당, 40면 참조.

6) 김향미 "불임치료현장에서 모성생명윤리," 『생명윤리 제10권』(한국생명윤리학회, 2009년 12월), 30-31면 참조.

보에 결함이 발생되었다고 볼 수 있다.

그러나 반대로, 불임부부의 치료와 관련해서 인공수태시술의 도입을 옹호하는 입장에서 보면, 이러한 시술을 통해서 이루어진 임신 및 출산은 모성의 근간이 되는 임신과 출산에 대하여 조절할 수 있는 가능성을 여성에게 제공함으로써, 여성들의 생물학적인 특성인 모성을 여성 자신이 조절할 수 있도록 하여 여성의 통제 하에 있게 하였고, 여성의 선택에 따라서는 모성을 회피함으로써 여성의 자유와 평등에 기여하였다고 한다. 게다가 불임의 치료를 통해 모성을 경험할 수 없는 여성에게 모성 획득의 기회를 줄 수 있다는 점에서는 매우 긍정적이라는 평가를 한다.

그러나 불임부부의 치료를 위해서 인공수태시술의 이용이 활성화되어서, 배우자간이 아닌 인공수태시술로까지의 확대, 즉 모성을 획득하기 위해서 난자의 기증이나 대리모 등의 방법을 도입하고, 이러한 시술을 결정하는 경우에는 윤리적인 고려가 절대적으로 필요하며, 여성의 인권문제에 대하여 다각적이고, 깊은 성찰과 다양한 논의 후에 받아드려야 하겠다.[8]

온전한 한 인간 존재의 성립을 위한 기본 전제인 모성의 온전성의 측면에서 판단하건데, 심각한 결함을 줄 수 있는 대리모시술을 결정함에 있어서는 모성의 온전성의 확보를 위해 성숙된 모성윤리 및 생명윤리적 인식을 갖고 평가하는 것이 선행되어야 할 것이다. 즉, 실질적으로 불임치료의 현장에서 난자 공여 프로그램 혹은 대리모 시술 등을 고려하는 경우에는, 시술을 담당하는 의사는 이러한 모성생명윤리에 입각하여 시술받는 부부, 난자 공여자, 및 대리모지원자 등에 대하여 진지한 사전 상담을 하고 적절한 동의 절차를 거친 이후 시술을 결정하는 것이 필요하다. 더불어서 좀 더 실질적인 통제를 하기 위해서는 개개인의 자율적인 윤리의식이나 직업유리에 의존하기 보다는, 강력한 제제를 할 수 있는 법적 장치를 마련하여야 할 것으로 생각된다.

---

7) 심은애, "생명의료과학기술의 발전에 따른 여성의 재생산권리에 관한 연구 –생식세포기증 및 보조생식술에 관한 법과제도를 중심으로–," 이화여자대학교 대학원 박사학위논문, 2007년, 25면 참조.

8) 위의 논문(주 7), 22면 참조: 급진적-자유의지론적 페미니스트은 이러한 난자공여나 대리모를 통한 임신 및 출산에 대하여 공여자나 수증자 모두에게 생식에 대한 권리를 주는 것이며 이 두부류의 여성 간에 밀접한 협력관계를 발생시켜 여성들을 통합시킬 수 있다고 주장한다.

2. 아이를 가질 권리, 행복한 가정을 누릴 권리

부부가 결혼하여 가정을 이루고, 그 가정 안에서 임신을 하고, 자녀를 출산하는 이러한 과정은 누구나 누려야 할 권리라고 할 수 있다. 현실적으로 임신이 되지 않는 불임부부 중 인공수태시술 방법을 통해서 임신에 성공함으로써 자녀를 출산하는 경우 또한 드물지 않다. 현대 의학의 힘을 빌어서 임신하는 것이 자연적인 성교를 통해서 임신과 출산을 하는 경우보다 가치가 덜하지 않으며, 의학적인 치료방법을 이용하였다는 사실을 제외하고는 큰 차이가 없으므로, 이 둘을 서로 비교하는 것은 적절치 못하다. 그러나 다행히도 이러한 시술을 통해서 임신이 되어 출산을 한 경우도 있지만, 그렇지 못한 경우도 있으며 그러한 고통을 받는 불임부부에 있어서는 생식과정의 일부를 타인을 통해서라도 자녀를 얻고 싶은 마음을 가질 수 있을 것이다.[9] 불임부부의 경우에 어떠한 방법을 이용해서라도 임신에 성공하여 자녀를 얻으려고 하는 마음은 이해하지만, 치료를 시도함에 있어서 어디까지 할 수 있다는 한계의 기준을 설정하는 것은 결국 윤리적인 결정이 필요한 부분이다.

어떤 시술에 수반되는 위험까지도 수용할 때에는 그러한 위험을 감수하고도 유익이 존재하는 경우에 일반적으로 감수하게 된다. 불임에 대한 치료적 시술을 통해서 얻어지는 유익을 '자녀'라고 평가 할 때, 즉 자녀를 '치료적 유익'이라고 생각하는 태도는 자녀를 여성 또는 불임부부가 언제나 행사할 수 있는 권리로 간주하는 것과 같다고 주장한다. 이러한 사고에서는 자녀를 가질 권리를 주장하는 것은 인간의 본성을 사물화하고 인간의 존엄을 훼손하는 것이라고 평가된다. 그렇다면 태어나는 자녀에게 주어지는 유익은 무엇인가에 대한 생각을 해 본건데, 자녀는 아직 존재하지도 않을 뿐더러 존재하게 된 뒤에도 적절한 성장환경을 얻지 못하거나 의도적으로 파괴될 위험에 처할 상태에 놓일 수 있다는 가능성이 있다. 이러한 점을 고려하건데 자녀를 유익이라고 하는 것은 어렵다고 본다.[10] 따라서

9) 대리모를 원하는 불임부부의 경우에 아이를 원하고 자신의 유전자로 만든 아이로, 유전학적 연계가 된 아이를 가질 수 있기 때문이라는, 그 의도가 이기적일 수 있지만 자신의 피가 섞인 아이를 가지길 원하는 뿌리 깊은 생물학적정서적 믿음인 생식의 자유를 존중해야 하고, 결국 그 부부에게 이익을 준다: 이인영, "일반논단: 대리모에 관한 법률적 쟁점 사항과 사회적 수용," 『법과사회』(법과사회이론학회, 2005년), 284면 참조.

부부가 아이를 가질 권리나 행복한 가정을 누릴 권리 등의 권리를 주장하거나 행사할 때에는, 이후 그로부터 탄생되는 출생자의 입장[11]에 대하여 충분한 고려와 배려가 있은 후에 시술여부를 결정해야 하는 것이 필요하다.

결론적으로 어떠한 불임시술 방법을 시도할 것인가에 대하여 고려할 때 절대적으로 필요한 것은 불임을 치료하는 현장에서 생명윤리적인 부분에 대한 충분한 대화가 사전에 이루어져야 하며, 대화를 통한 합의과정으로부터의 도출된 결과이어야 할 것이다. 이러한 대화의 과정 안에는 불임치료를 하는 의사와 불임부부, 시술과 관련되는 공여자와 그의 배우자들이 속하게 되며, 이들 간에 원활한 의사소통이 이루어져야 하며, 그들 간에 충분한 대화를 통한 합의과정에서 도출된 결론에 의해서 결정되어야 할 것이다.

3. 치료적 목적의 이타적 대리모

대리모는 상업적 대리출산(commercial surrogacy)과 이타적 대리출산(altruistic surrogacy)으로 구분하는데, 상업적 대리출산의 경우, 대리모는 난자를 제공하거나 태아를 임신하고 출산하는 것 혹은 이 모두에 대해서 보상을 한다. 대리모가 임신 및 출산에 소요되는 비용이외에 그 어떤 금전적 대가를 받지 않는다면, 이러한 여성에서는 아기매매라고 하는 상업적 요소가 다분히 있다는 비난으로부터는 자유로울 수 있다. 그러나 현실적으로 이러한 경우는 거의 드물며, 대부분의 대리모의 경우에는 어떠한 보상(compensation)없이 아기를 인도한다는 것은 생각하지 않는다고 한다.[12]

---

10) 마리아 루디시 디 피에드로 지음/성재우 신부 옮김, 『생명윤리, 교육 그리고 가정』(가톨릭출판사, 2010년), 218-219면 참조.

11) 아이의 복지가 최우선되어야 한다는 원칙은, 생명 그자체가 가지는 가치의 최고성이라는 측면이외에도 충분한 설명을 듣고 자유롭게 자신의 의사를 주장하여 관철할 능력이 원시적으로 없다는 점에서도 발견되는 선험적인 것이다. 그러한 능력이 있는 타인의 일방적인 처분에 그의 생명가치를 맡겨서는 안 된다는 점이 유의되어야 할 것이다. 더 근본적으로는 그 생명가치를 손상하는 결정이나 처분의 권한은 그 생명자체도 갖지 못하는 것이다: 김천수, "인공수정에 관한 법적 고찰," 『의료법학 제2권 제2호』(대한 의료법학회, 2001.12), 319면 참조.

12) 이인영, 위의 논문(주 9), 279면 참조.

이타적 대리 출산은 순수한 기부의 의미로 행하고, 자기희생과 관대함을 가치로 생각하지만, 이러한 비상업적 대리모는 이타적 대리모의 가치를 유지시키는 이타심의 단순한 행위라고 볼 수 없다. 생식의 기부(reproductive gift- giving)라는 것은 여성의 정치적 불평등이라는 관점에서 넓은 맥락으로 이해하여야 한다는 주장이 있다. 즉, 이타적 대리모에서 자발성과 순수한 아량이 존재하지 않는다는 것이 아니라, 생식을 기부한다는 의미는 문화적 가치와 구조의 성적 특수성과 성적 불평등의 관점에서 논의해야 한다고 주장한다.[13)]

비배우자간인공수태시술을 지지하는 사람들은 정자나 난자의 기증, 대리모를 자기희생과 관대함을 표현하는 모범이라고 한다. '아기에게 생명을 주고' 동시에 부부가 부모가 되도록 도와주는 역할을 하는 것에 대한 평가를, 궁극적인 목적이 선하면 그를 위해 사용되는 수단이 윤리적으로 부당하다는 판단을 할 수 없다는 주장을 한다. 그러나 이에 대해서 실제 여러 가지 생각을 해 본다면, 아직 존재하지 않는 사람이 생명을 갖는다는 사실에서 그 생명의 유익성을 평가 할 수 있을까? 그리고 아기에게 생명을 주려는 사람이 애초부터 그 아기를 돌보려고 하지 않고, 아무 책임도 지려고 하지 않는데서 출발하는데 과연 그 태어나는 생명이 유익을 얻을 수 있을까? 라는 반론이 제기된다. 기증은 관대하고 이타적인 행위이지만 대리모는 임신을 유지만 할 뿐이고 분만 후에는 아기를 다른 여성에게 넘김으로 자녀에게서 삶의 한 부분인 태중의 삶을 박탈하는 어머니를 관대하다고 할 수 있는가에 대한 의문이 제기될 수 있다.[14)]

설사 이타적 대리출산이 모성에 대한 전통적 이상을 나타내는 것으로 받아드려지고, 생식의 자기결정권 내지는 불임의 최후의 치료방법으로 수용될 수도 있다고 하더라도, 다른 한편으로 중요하게 고려해야 하는 점으로 모성과 부모 됨이라는 가족개념에서 출생자에게 미칠 해악에 대한 윤리적인 문제가 분명히 존재하며,[15)] 이에 대한 숙고가 필요하다고 하겠다.

---

13) 위의 논문(주 9), 280면 참조.

14) 마리아, 위의 책(주 10), 232-233면 참조.

15) 이인영, 위의 논문(주 9), 280면.

4. 친 권

배우자간에 이루어지는 인공수태시술 즉, 인공수정이나 체외수정시술을 통해 출산한 출생자의 경우에는 친권이 문제되지 않는다. 그렇지만 비배우자간인 공수태시술을 통해 출생한 출생자의 경우에는 친권의 문제가 법률적으로 제기될 수 있다. 민법 제 844조에는 '처가 혼인 중에 포태한 자는 부의 자로 본다' 라는 부의 친생자 추정규정을 적용을 하고, 생모는 포태하고 출산한 자로 본다는 점에서 판단하건데, 대리모시술을 통하여 출생한 자의 부모는 대리모와 그의 배우자가 될 것이다. 현재 우리 민법상으로는 대리모시술로 태어난 아이가 겪어야 하는 친자관계의 혼란을 초래할 수 있는 문제가 있다. 따라서 친권에 대한 문제에 대해서는 어떠한 경우보다 심각하게 고려되어야 하며, 이러한 출생자의 상황을 고려한다면 이러한 혼란을 예견하면서도 아이를 갖고자 하는 대리모출산을 의도하는 것은 출생자의 복리를 최우선으로 고려하여야 한다는 점에서 용납될 수 없다는 주장이 있다.[16] 많은 발생가능한 법적인 문제들이 있지만 대리모시술은 친권의 입장에서 판단을 할 때에도 태어나는 출생자를 최대한 보호하는데 중점을 두어 판단하여야 할 것이다.

대리모계약의 경우에 있어 가장 큰 두 가지 문제점을 지적한다면, 금전거래를 통한 상업주의의 조장 가능성과 계약의 법적 성격에 있다.[17] 대리모계약시 아기의 출생에 대한 대가로 보수를 지급하는 것은 상업주의로 흐를 수 있는 문제점을 낳을 가능성이 크므로 이에 대해서는 원칙적으로 금하는 것이 바람직하다. 또한 대리모계약에 있어 대리모가 출산한 이후 그 출생자는 생물학적인 부에게 인도하고 출산한 대리모가 친권을 포기하거나, 입양을 동의하는 형식을 취한다고 하더라도 이러한 계약은 법적으로 강제할 수는 없으며 신뢰를 통해 지켜지기

16) 강남진, "대리모의실태와 그 법적 문제점에 관한 연구," 『민사법연구 제12집 제2호』, 2004년 12월, 114면.

17) 대리모계약이 무효라고 한다면 친권이 대리모에서 의뢰한 부부에게로 이전하는 문제가 발생되지 않는 반면, 대리모계약이 유효한 것으로 규정이 된다면 대리모는 대리모계약내용에 따라 출생자의 친권자가 될 수 없다. 대리모계약의 유효성의 논의에서 예전부터 무효설이 지배적 견해였으나, 최근에는 대리모계약의 효력을 인정하는 경향을 가지고 있으며, 특히 상업적인 대리모의 경향에만 이를 유효한 것으로 인정하는 태도를 취하고 있다: 이인영, 위의 논문(주 9), 296면.

를 기대하게 된다는데 문제 발생의 소지가 있다.[18] 최근 우리나라에서도 정확한 수를 헤아릴 수는 없지만 대리모 시술을 하고 있으며 앞으로 이로부터 다양한 법적인 문제가 발생될 가능성이 있다. 본 글안에서는 대리모계약의 법적 성격에 대해서 자세한 논의하기보다는, 대리모 시술을 통한 친권에 대한 법적 문제의 발생 가능성에 대한 문제제기하는 것으로 그치려 한다.

사회 안에서 구성원들은 각자 그들의 다양한 이해관계가 존재한다. 특히 자녀를 원하는 부부의 간절한 마음을 이해한다면, 모든 경우의 대리모를 부정하기보다는 형제 · 자매 등이 대리모가 되어준다거나, 영리목적이 아닌 순수한 동기의 대리모(이타적 대리모)는 제한적으로 인정하는 것이 필요하다. 그러나 이후에 언급될 대리모 시술과 관련된 시술자의 윤리강령에 대한 준수가 전제된 상황 하에서 제한적으로 허용되어야 할 것이다.

비배우자간인공수태술의 결과로 태어난 출생자가 선천성 기형이나 장애아인 경우에 의뢰자가 친권을 부인하고, 출생자의 인수를 거부하는 경우가 문제화될 수 있다. 실제로 이 문제는 10여년 전에 매스컴 보도와 함께 커다란 사회적인 문제로 제기된 바 있으며, 앞으로도 빈번히 발생될 가능성을 가지고 있다. 대리모계약은 임신이라는 특별한 상황으로 인해서 원천적으로 지켜지기가 어렵거나, 불가능한 상황이 발생될 수 있다. 즉 임신이라고 하는 것은 착상이 되어 임신이 성립되고, 태아가 발육, 성장이 되어 출산이라는 분만의 과정이 이루어질 때까지 자연적으로 수많은 문제가 발생될 가능성이 있다. 예컨대 임신초기에는 유산이 될 수 있고, 중기에 조산이 된다거나 조산의 증상으로 입원치료가 필요한 경우 내지는 실제 조산을 하여 조산아가 출생될 수 있다. 경미한 기형부터 심한 기형까지 정상아가 아닌 태아를 출산하다거나, 분만 당시에 자궁이완성 출혈 등의 분

---

18) 초기의 미국법원의 판례에서는 초기에는 대리모계약을 모두 부인하는 경향이었으나, 1986년 'baby M 사건'에서 법원은 대리모가 출산 후 대리모계약을 위반하여 자녀의 인도를 거부하였으나 양자의뢰인에게 친권을 인정한 판결로 이는 출생자의 이익에 입각해서 출생자에 대한 친자관계와 양육권에 관한 문제를 다루었다는 점에서 이는 대리모계약자체를 유효한 판결로 인정했다고는 할 수 없지만 대리모계약에 대한 새로운 견해를 보여준 판결이라 하겠다. 그러나 미국의 대부분의 주에서는 양자법이 입양과 관련하여 금전거래가 금지되고 있는 점을 볼 때 대리모계약의 법적 효과를 인정하고 있지는 않다: 김향미, "비배우자간인공수태술에 대한 의학적 · 법적 문제점," 『생명윤리 제8권(통권 제15호)』(한국생명윤리학회, 2007년 6월), 31면 참조.

만과정과 분만이후에 발생되는 합병증으로 인해 심각한 경우에는 산모의 사망까지 초래될 수 있다.

시술시 작성하는 친권을 포기하는 동의서(informed consent)의 경우 다른 의료행위에 대한 동의서와 마찬가지로 법적 효력에 대한 인정여부는 차치해 두고, 문제가 발생된 경우에는 그전의 의사표시 혹은 법적으로 계약의 성립 유무와는 관계없이 신의에 의해 지켜지기를 기대해야 한다. 그러나 앞서 살펴보았듯이 대리모계약은 계약상의 특수성을 갖고 있으므로, 대리모 시술이 음성적으로 이루어지는 것을 막고 투명한 시술이 되도록 하기 위해서는 의뢰부부, 대리모 당사자, 시술하는 의사 등 관계자들을 보호할 수 있는 제도적 장치를 마련하는 것이 필요하다.

5. 출생자의 알권리

출산은 부모로서 큰 책임을 가지게 되는데, 중요한 책임으로는 출생자에게 조화로운 환경에서 성장할 수 있도록 보장해 주어야 할 책임이 있다고 할 수 있다. 비배우자간인공수태시술에서 성공의 결과물은 출생자이며, 이들 출생자가 인간으로서 가지는 기본권을 보장해 주어야 할 책임은 시술자, 의뢰부부, 정자나 난자의 제공자 및 대리모 등에게 있다. 출생자의 기본권에는 생명권, 건강을 보호받을 권리, 자기의 역사를 알권리, 부모에게 양육을 받을 권리 등이 속하며, 이러한 권리의 보장에 대하여 깊이 고려하고 무거운 책임감을 가져야 할 것이다.

비배우자간인공수태술의 대표적인 시술방법인 비배우자간인공수정은 대부분의 나라에서 흔히 시행되는 시술방법으로, 익명의 정자공여자의 정자를 이용하여 수태를 하게 하는 방법이다. 이 시술의 문제점으로 이를 통해 출생되는 출생자 자신의 정체성(identity)과 아버지를 알권리를 침해하는 점이 있다. 동일한 문제를 안고 있는 대리모 역시 출생자에 대한 친모를 알권리를 보장하기 위하여 절차를 마련하는 것이 필요하다. 즉, 그 권리의 행사를 보장하기 위해서는 시술의료기관에 대하여 대리모시술 관련 자료의 보관을 의무화시키고, 시술의료기관의 자료보존기간에 대한 규정이 필요하다. 또한 출생자가 미성년인 경우에는 그의 권리 행사를 돕기 위한 관련 절차를 만들어서 이러한 권리 행사에 조력할 의무를 부과하는 등의 절차를 마련하는 것이 부수적으로 필요할 것이다.

대리모시술을 포함하여 비배우자간인공수태시술을 통해 탄생한 출생자에게 자신의 출생에 대해서 미리 알려줄 것인지 아닌지에 대해서는 의견의 차이는 있을 수 있다. 그러나 이러한 시술을 통해 출생한 출생자가 자신의 유전자가 어디에서부터 비롯되었는지에 대해 그의 삶의 어느 시점에라도 출생자가 알기를 원하는 시점에는 이러한 권리를 행사할 수 있도록 알 권리에 대한 보장은 필요할 것으로 생각된다.19)

Ⅴ. 대리모시술관련 윤리지침의 제시

최근 우리나라에서 인공수태시술로써 대리수태에 의한 임신이 시도되고 있으나 실제로 시술이 얼마만큼 이루어지고 있는지는 통계적으로 알려진 바는 없다. 시술과 관련하여 법적인 규제나 제재 장치는 없으나 실제 큰 법적인 문제로 전환되거나 발생될 수 있는 가능성이 있는 사안이라고 할 수 있다. 대한산부인과학회의 보조생식술 윤리지침 내에도 대리모 시술에 대한 윤리지침이 마련된 바 있으나, 이는 강제성이 없는 자율적인 지침의 성격을 지니고 있다. 생명윤리적이고, 의료윤리적인 측면을 바탕으로 하여 대리수태시술을 시행함에 있어서 의료의 직업적인 전문가적 윤리를 바탕으로 임상적인 시술지침을 제시해 보고자 한다. 이러한 내용들은 향후 관련법이 제정된다면 법규정의 근간이 될 수 있고, 또한 반드시 포함되어야 하는 요소들이라고 할 수 있다.

대리수태의 시행은 이 방법이외의 의료행위를 통해서는 임신성립의 가망이 없다고 판단된 불임부부에 한하여 시술하여야 하며, 대리수태는 법률적 혼인관계 또는 이에 준하는 관계의 불임부부만을 시술대상으로 하여야 한다. 또한 대리수태의 시술을 결정함에 있어서는 불임부부간에 시술에 대한 충분한 협의를 거친 후에 불임부부의 적극적 동의하에서 시행되어야 한다. 대리수태모는 시술과 관련되는 자세한 의학적 과정과 발생이 가능한 합병증에 대하여 시술의사로부터 충분한 설명을 들어야 할 것이다. 이후에 설명의 내용에 대하여 인지를 하고 동

19) 이상돈, 『생명공학과 법—생명공학화와 생명문화의 절차적 재생산—』, 대우학술총서 549, (아카넷, 2003년), 201-202면 참조.

의서가 작성되어야 하며, 시술기관은 이를 일정기간 보관하여야 할 것이다. 대리수태모는 분만이후 출생자에 대한 친권 및 양육권을 모두 포기하는 각서를 시술 전에 작성하여야 하며, 시술기관은 이를 일정기간 보관하여야 할 의무를 갖는다. 시술의사는 시술의 모든 과정에 책임을 질 수 있는 상황에서 시술을 행하여야 한다. 시술을 통해 태어난 출생자는 완전한 인간이므로, 시술의사는 그 출생자의 인간으로서의 존엄성과 가치가 존중될 수 있도록 모든 노력을 다 하여야 할 것이다. 그리고 대리수태의 방법을 이용한 불임부부는 출생자에 대하여 부모로서 윤리적, 사회적 및 법적 책임을 포함한 모든 책임을 갖게 된다. 또한 대리수태는 인간복제의 기술로서 이용되어서는 안 될 것이다.

대리수태의 시술은 엄격하게 적응증에 해당하는 경우에만 시술해야 할 것이고, 비의학적인 이유로 대리수태를 실시하여서는 안 된다. 특히 대리수태시술에 금전거래나 영리추구의 목적이 개재되어서는 안 될 것이다. 시술의사의 자격으로는 산부인과 전문의, 또는 이에 준하는 특수과정 수련을 받은 자에 한한다. 시술과 관련해서 시술 전에 대리수태모에 대하여 태아에게 위험을 유발할 수 있는 질환에 관한 검진이 철저히 시행되어야 한다. 즉, 일반적인 건강상태뿐만 아니라 감염증(간염, 매독, 에이즈 등), 담배, 알코올, 약물 등의 남용 여부에 대한 병력 청취와 검사를 시행하여야 한다. 시행한 검사의 결과는 일정기간 보관하여야 하며, 시술의사는 시술 전에 불임부부에 대해서도 인공수정이나 배아이식 등으로 인해 대리수태모에게 전파될 수 있는 감염(간염, 매독, 에이즈 등) 여부에 대한 병력 청취와 검사를 시행하여야 하며, 그 결과를 일정기간 보관하여야 한다. 대리수태 시술관련 당사자들에게 시술과 관련된 제반사항을 상세히 설명하여야 하며, 이에 대하여 동의서, 각서 등을 징구하여 보관하여야 할 것이다.

VI. 법적 제제의 당위성

최근 우리나라에서 사회적으로 큰 파장을 일으킨 대리모사건을 통해서 미루어 짐작하건데, 상당수의 시술이 이루어지고 있다고 볼 수 있지만 실제적인 통계는 파악이 되지 않고 있는 실정이다. 이는 대리모시술과 관련된 법적인 규제나 규정을 가지고 있지 않으므로, 외부로 드러나지 않게 음성적으로 시술이 이루어지기 때문이다.

2005년 발생된 황우석 교수 사태는 과학적인 문제뿐만 아니라 윤리적인 문제에 있어서 커다란 아쉬움을 남긴 사건이지만, 우리 국민의 생명윤리에 대한 관심과 의식의 향상을 가져오는 특별한 계기가 되었다. 체세포핵이식 행위를 위해서 필요한 난자의 조달은 난자공여나 난자 매매를 통해서 이루어지게 되므로, 이와 관련하여 난자의 관리를 위한 법적인 제재의 필요성을 낳게 되었고, 당시 상업적인 목적의 대리모 문제가 매스컴에서 대대적으로 보도되면서 대리모시술을 포함하여 생식세포공여를 통한 인공수태시술에 대한 제재를 다루는 법률안이 국회에서 활발히 논의되었다. 2007년 1월에는 양승조 의원 대표발의 '의료보조생식에 관한 법률안',[20] 박재완의원의 '체외수정에 관한 법률안'[21]이 대리모에 대한

---

20) 2007년 1월15일 한국기독교생명윤리협회의 국회 보건복지위원회에 제출한 법안의 대리모 관련 조항에 대한 의견을 예로 살펴보면 "대리모계약 관련 규정들에 대하여: 가. 법안은 대리모계약의 효력을 무효라고 하면서도(법안 제11조 제1항), 대리모계약에 의한 출산과 관련하여 실비보상 약정부분의 효력은 유효한 것으로 규정하고 있는바(법안 제11조 제1항 단서), 대리모계약은 혼인과 가족관계에 관한 선량한 풍속 기타 사회질서에 위반하여 무효이므로 허용될 수 없음에도 불구하고, 위와 같은 단서 규정으로 인하여 실제로는 대리모계약을 사회적으로 인정하고 대리모 출산을 사실상 조장하는 결과가 되므로, 법안 제11조 제1항 단서 규정은 삭제하여야 할 것임.
나. 법안은 의료법인이나 의사가 대리모계약임을 알고도 의료보조생식 시술을 하는 행위에 대한 벌칙을 1년 이하의 금고 또는 5천만원 이하의 벌금으로 규정하고 있는바(법안 제14조 제3호), 대리모계약을 실효적으로 막기 위하여는 법정형을 상향하고 자격형도 병과함이 상당함" 그리고 배우자가 아닌 자의 정자나 난자를 이용한 출생과 대리모계약에 의한 출생에 관한 입법태도에 대한 의견으로 "법은 윤리의 최소한이므로 윤리 문제와 관련된 법률규정은 윤리에 위반한 내용이어서는 아니 된다고 할 것이고, 어떠한 사회적 실상과 관련하여 사회적으로 중대하고도 특별한 사정이 있어 부득이한 경우 사회적 합의에 의하여 사후적으로 구제하는 국가정책적 입법을 하는 경우가 있을 수 있다고 할지라도, 위 법안과 같이 선량한 풍속 기타 사회질서에 반한 행태를 윤리에 반하여 허용하는 내용으로 실정법을 사전에 제정하여 둠으로써 배우자 아닌 자의 정자나 난자를 이용한 출생과 대리모계약에 의한 출생을 사실상 권장하거나 조장하는 결과를 초래하는 것은 바람직한 입법태도라고 하기 어렵다"라는 대리모계약에 대하여 선량한 풍속 기타 사회질서에 위반하여 무효이므로 허용될 수 없으며 사회적 합의가 필요하다는 의견을 제출하는 등 강력한 반대를 표명하였다.

21) 2007년 1월 15일 한국기독교생명윤리협회의 국회 보건복지위원회에 제출한 법안의 대리모관련 조항에 대한 의견을 예로 살펴보면 "법안은 이른바 대리출산을 허용하고 있는바(법안 제13~17조), 출산을 위하여 대리모를 이용하는 것은 혼인과 가족관계에 관한 선량한 풍속 기타 사회질서에 위반하여 무효이므로 어떠한 경우에도 허용될 수 없음에도 불구하고,

사회적으로 제재의 필요성을 다룬 법안이라고 할 수 있다. 그러나 막상 법률안의 내용 중에서 대리모와 관련되는 조항에 대해서는 '선량한 풍속 기타 사회질서에 반한 행위' 라는 점에서 대리모 자체를 법에서 다루는 것을 거부하는 등 사회적으로 강력한 반발에 부딪쳐 무산된 바 있다. 그 후 2007년 6월 보건복지부에서는 대리모시술에 대한 부분은 다루지 않고, 생식세포 즉, 난자 및 정자에 대한 관리의 필요성의 규정을 담은 '생식세포관리에 관한 법률안'을 제정하였다. 이 법률안 역시 법률로써 공포되는데 까지는 성공하지 못하였고 다만, 난자공여 및 난자관리에 대한 내용을 「생명윤리 및 안전에 관한 법률」에 담아서 법을 개정하였다. 비배우자간 인공수태시술은 앞서 언급하였듯이 불임부부를 치료함에 있어서 부부간에 시도되는 임신이 아니라 부부가 아닌 제3자의 생식세포나 자궁을 이용하여 임신을 시도하는 방법을 말한다. 구체적인 시술방법에는 타인의 생식세포공여를 통한 임신 즉 타인의 정액을 공여받은 경우인 비배우자간인공수정과 다른 여성의 난자를 공여받은 경우인 난자공여시술이 이에 속하며, 다른 여성의 자궁을 빌려 임신을 시도하는 대리수태 등이 속한다. 대리수태를 포함하는 비배우자간인공수태시술에 대해서는 그의 내용과 허용에 대한 한계를 명백히 해야 할 필요성이 있다. 왜냐하면 이러한 시술과정에 직접 관련되는 사람들에 대한 보호도 중요하지만, 특히 우리가 간과하지 말아야 할 부분은 그러한 시술을 통해서 탄생되는 출생자의 지위를 보장하고 보호하는데 있다. 즉 대리모를 통해서 태어난 출생자의 보호에 대한 규정을 함으로써 시술과정 안에서 인간의 기본권, 인간의 존엄과 가치가 침해되는 일이 없도록 하여야 할 것이다. 출생자를 포함해서 시술에 관련되는 직접 관련자인 대리모 당사자와 의뢰인 부부 등의 법적인 지위를 보장함으로써 우리사회가 추구하는 생명윤리의 기준을 확립하고 실현하기 위해서는, 시술과 관련되는 내용에 대해 규정하는 법을 제정하는 것이 필요하다. 이러한 법이 제정은 대리모를 허용한다, 허용하지 않는다는 허용에 대한 사회적 합의나 결정을 해야 하는 당위성을 넘어서, 이미 사회 내에서 윤리적인 그리고 심각한 법적인 문제들이 발생되고 있는 현실을 간과할 수 없다는 점에서 중요하다고 할 수

비영리목적이라거나 당국의 허가를 전제로 이를 허용하고 있는 위 법안은 우리사회에 대리출산을 권장하는 것이 아닐 수 없으므로 대리출산 허용이나 대리출산심사위원회와 관련된 규정들을 삭제하여야 할 것임"이라는 의견에서 대리모에 대한 의견은 공통적으로 선량한 풍속 기타 사회질서에 위반하는 행위로 파악하고 있다.

있다. 다양한 삶의 관점을 가지고 살아가는 사람들 사이에서 옳고 그름을 논하고 합의하고 수용할지에 대한 논의를 하기에는 너무나도 비윤리적인 행태가 이루어지고 있는 사회내의 소여상태에서 오히려 제재가 이루어지지 않음으로 인해 직접 관련이 없는 일반 사람들에게까지도 정신적, 심리적으로 상당한 침해를 주고 있는 실정이다. 따라서 대리모에 대한 규제는 법을 통해서 이루어져야 하는 시점에 이르렀으며, 어떻게 효율적으로, 조화롭게 윤리적 · 법적인 문제를 해결할 것인가에 초점을 맞추어야 할 것이다.

인간의 존엄과 그에 대한 보호를 위해서는 개인의 윤리나 의료윤리와 같은 직업윤리를 넘어서는 문제이다. 이러한 부분에 대해서는 전문가집단의 내부의 자율적인 윤리강령이나 지침만으로 보호를 담보해서는 어렵다. 따라서 법이 없음으로 인하여 발생되는 사회 내에서의 혼란스러운 소여상황을 정리하고, 사회 내의 질서를 확보하기 위해서는 외부적인 최소한의 법률의 개입이 필요하다.

Ⅶ. 바람직한 법제정 방향

대리모시술과 관련해서 앞서 제시한 시술의 윤리지침을 토대로 법에서 담아야 할 내용은 다음의 요소들이 반드시 포함되는 것이 바람직하다고 생각한다.

앞서 살펴보았듯이 대리모시술은 국가차원에서 특별한 관리를 필요로 한다. 따라서 대리모시술을 포함하여, 비배우자 인공수태시술에 대한 관리를 위한 국가차원의 총괄기구로써 일명 '비배우자간인공수태술관리기구'의 설치 및 운영이 필요하다. 현재 「생명윤리 및 안전에 관한 법률」에 의하면 체외수정시술을 시행하기 위해서는 보건복지부장관으로 부터 배아생성기관으로 지정을 받고 운영하고 있으며,[22] 이기관의 생명윤리 및 안전을 확보하기 위한 장치로 배아생성기

22) 본 글이 2012년 제1호에 게재된 이후 법률이 전면개정되어, 개정된 법률조문으로 수정 · 보완하였음.

「생명윤리 및 안전에 관한 법률」 타법개정 2013.03.23 [법률 제11690호]

제22조(배아생성의료기관의 지정 등) ① 체외수정을 위하여 난자 또는 정자를 채취 · 보존하거나 이를 수정시켜 배아를 생성하려는 의료기관은 보건복지부장관으로부터 배아생성의료기관으로 지정받아야 한다.

② 배아생성의료기관으로 지정받으려는 의료기관은 보건복지부령으로 정하는 시설 및 인력

관내 기관생명윤리위원회를 설치하도록 하고 있다.[23] 배아생성기관은 불임부부의 치료 즉 배우자간의 인공수태시술을 위해서 운영하는 시술기관으로, 시술의 방법상으로는 비배우자간인공수태시술과 다름이 없으나 내용상으로는 큰 차이가 있다. 즉 비배우자간인공수태시술은 법적 및 윤리적인 문제를 심각하게 야기시킬 수 있는 가능성을 내포하고 있으므로, 이를 관리 · 감독을 수행하는 독립적인 기관의 마련이 필요하다.

대리수태를 시행하는 경우에는 시술 방법 등을 포함해서 관련되는 내용에 대하여 상세한 설명이 필요하며, 의뢰부부 뿐만 아니라 대리모 본인 및 그의 배우자의 동의서의 작성이 필요하다는 사항을 규정하도록 한다. 대리수태시술을

등을 갖추어야 한다.

③ 배아생성의료기관의 시설 기준 및 절차 등에 관하여 필요한 사항은 보건복지부령으로 정한다.

④ 제1항에 따라 지정을 받은 배아생성의료기관(이하 "배아생성의료기관"이라 한다)이 보건복지부령으로 정하는 중요한 사항을 변경할 경우에는 보건복지부장관에게 그 변경사항을 신고하여야 한다.

⑤ 배아생성의료기관의 장은 휴업하거나 폐업하는 경우에는 보건복지부령으로 정하는 바에 따라 보건복지부장관에게 신고하여야 한다.

⑥ 배아생성의료기관의 장은 휴업하거나 폐업할 때에 보건복지부령으로 정하는 바에 따라 보관 중인 배아, 생식세포 및 관련 서류를 질병관리본부 또는 다른 배아생성의료기관으로 이관하여야 한다.

23) 본 글이 2012년 제1호에 게제된 이후 법률이 전면개정되어, 개정된 법률조문으로 수정 · 보완하였음.

「생명윤리 및 안전에 관한 법률」 타법개정 2013.03.23 [법률 제11690호]

제10조(기관생명윤리위원회의 설치 및 기능) ① 생명윤리 및 안전을 확보하기 위하여 다음 각 호의 기관은 기관생명윤리위원회(이하 "기관위원회"라 한다)를 설치하여야 한다.

1. 인간대상연구를 수행하는 자(이하 "인간대상연구자"라 한다)가 소속된 교육 · 연구 기관 또는 병원 등
2. 인체유래물연구를 수행하는 자(이하 "인체유래물연구자"라 한다)가 소속된 교육 · 연구 기관 또는 병원 등
3. 제22조제1항에 따라 지정된 배아생성의료기관
4. 제29조제2항에 따라 등록한 배아연구기관
5. 제31조제3항에 따라 등록한 체세포복제배아 등의 연구기관
6. 제41조제1항에 따라 보건복지부장관의 허가를 받은 인체유래물은행
7. 그 밖에 생명윤리 및 안전에 관하여 사회적으로 심각한 영향을 미칠 수 있는 기관으로서 보건복지부령으로 정하는 기관

시행할 수 있는 적응증, 즉 허용의 대상은 불임부부의 생식세포를 이용하여 체외 수정된 배아를 대리모의 자궁에 이식하는 경우만 허용한다는 제한요건을 규정에 포함하여야 한다. 다시 말해서 대리모에게 의뢰부부의 남편 정자로 인공수정을 한다거나, 대리모 대상자와 직접적인 성교를 통한 임신의 시도를 포함하는 것이 아니라는 의미를 명확히 표시하는 것이 필요하다. 물론 어떠한 방법이든 간에 대리모의 난자를 이용하여 임신을 시도하는 행위는 현행 「생명윤리 및 안전에 관한 법률」에 저촉이 되는 부분이기는 하지만, 사안의 중대성을 감안할 때 허용되는 시술의 범위에 대한 규정을 명확히 하는 것은 필요하다.

대리수태를 위한 대리모의 적절한 조건에 대한 규정을 함으로써 사전에 모성에 대한 보호를 꾀하는 것이 필요하다. 이러한 조항의 내용은 현행 「생명윤리 및 안전에 관한 법률」 제27조(난자 기증자의 보호)[24]와 동법 시행령 제11조(난자 채취 빈도의 제한)[25]에서의 난자 기증자의 기증 조건에 준하는 규정에 의해 그의 내용을 정하는 것이 적절하다. 구체적으로 대리수태시술에 대한 제안을 한다면, 이전에 출산한 과거력이 있는 여성으로서 나이의 제한을 두어서 만35세 이내로 하며, 이전의 분만으로부터 최소한 3년이 경과한 경우에 한한다는 제한 요건을

---

24) 본 글이 2012년 제1호에 게제된 이후 법률이 전면개정되어, 개정된 법률조문으로 수정·보완하였음.
「생명윤리 및 안전에 관한 법률」 타법개정 2013.03.23 [법률 제11690호]
제27조(난자 기증자의 보호 등) ① 배아생성의료기관은 보건복지부령으로 정하는 바에 따라 난자를 채취하기 전에 난자 기증자에 대하여 건강검진을 하여야 한다.
② 배아생성의료기관은 보건복지부령으로 정하는 건강 기준에 미치지 못하는 사람으로부터 난자를 채취하여서는 아니 된다.
③ 배아생성의료기관은 동일한 난자 기증자로부터 대통령령으로 정하는 빈도 이상으로 난자를 채취하여서는 아니 된다.
④ 배아생성의료기관은 난자 기증에 필요한 시술 및 회복에 걸리는 시간에 따른 보상금 및 교통비 등 보건복지부령으로 정하는 항목에 관하여 보건복지부령으로 정하는 금액을 난자 기증자에게 지급할 수 있다.

25) 본 글이 2012년 제1호에 게제된 이후 법률이 전면개정되어, 개정된 법률조문으로 수정·보완하였음.
「생명윤리 및 안전에 관한 법률」시행령 타법개정 2013.03.23[대통령령 제24454호] 제11조(난자채취 빈도의 제한) ① 법 제27조제3항에 따른 난자채취의 빈도는 평생 3회로 하되, 6개월 이상의 기간을 두고 난자채취를 하여야 한다.
② 난자채취로 부작용이 발생한 경우에는 그 부작용이 완치된 후 6개월이 지나야 난자를 다시 채취할 수 있다.

포함해야 할 것이다.

대리수태의 시술과 관련하여 기록의 작성, 보존, 열람, 보관기간에 대한 규정을 포함하도록 한다. 물론 이러한 내용은 의료법상의 의무기록의 작성, 보존, 열람에 대한 규정에 준하지만, 의무기록의 보관과 관련해서는 출생자의 알권리의 보장을 위해 열람 가능시기와 보관기간에 대하여 특정하는 것이 필요하다. 즉, 출생자의 나이가 일정한 시기에 달했을 때 예컨대, 만20세가 지나면 요구시 열람이 가능하도록 하며, 기록의 보관은 출생후 80년간으로 하도록 한다.

대리수태 시술의 법적인 문제 중 타법, 주로 민법의 규정과의 충돌을 일으킬 수 있는 내용으로 태어난 출생자에 대한 인지문제가 있는데, 출생자의 보호 차원에서 법률에 의뢰부부와 대리모의 출생자에 대한 인지문제에 대하여 명확히 규정하여야 할 필요가 있다.

대리모시술의 큰 문제점의 하나가 상업적 목적으로의 대리모이므로, 금전적인 보상문제와 관련된 규정을 하는 것이 필요하다. 대리모에 대한 비용 및 보상에 대한 문제의 규정은 현행 「생명윤리 및 안전에 관한 법률」의 난자 기증시의 보상[26]에 준하여 정하는 것이 적절하다고 할 수 있다.

Ⅷ. 결

의생명과학 기술의 발달과 더불어서 생명의 탄생과 관련된 여러 기술적인 조작들이 임신을 원하는 많은 사람들에게 희망을 주는 좋은 점이 있지만, 반면 생명에 대한 조작 가능성이 인간의 존엄을 해칠 수 있고, 인간생명에 위협을 줄 수 있는 우려를 낳고 있다. 인간의 존엄과 그에 대한 보호를 위해서는 개인의 윤리나 의료윤리와 같은 직업윤리에 맡기기에는 커다란 문제를 초래할 가능성이 있다. 따라서 이 문제에 대해서는 끊임없는 윤리적인 성찰이 필요한 것은 당연하지만, 인간의 생명과 삶에 직접적인 위협을 줄 수 있는 행위, 인간의 존엄에 위태로움을 줄 수 있는 행위에 대해서는 전문가 집단 내부의 자율적인 윤리강령이나 지침만으로 보호를 담보하는 것은 어려우며, 위험을 수반하는 문제이므로 외부

26) 주 24) 법 제27조 제4항 참조.

로부터 강력한 제제를 가할 수 있는 법률적인 규율이 반드시 필요하다.

대리모의 윤리적 및 법적 문제는 불임치료라는 전문 진료 현장에서 발생하는 특수한 문제로서, 시술의사와 의뢰부부나 대리모 등 서로간의 원활한 의사소통과 생명윤리에 대한 성찰이 특별히 요구되는 사안이다. 그러나 작금의 현실적 소여는 많은 우려를 자아내기에 충분하여, 특히, 비인간적인 불법의료행위로 인한 의학적 피해를 비롯하여, 불임부부와 대리모 지원 여성에게 발생하는 사회적, 경제적 및 심리적 피해, 이를 연계하는 불법 브로커 조직의 발생과 개입으로 인한 사회적 문제 야기 등을 예방하고 적절히 통제하려는 목적과 대리모 시술로 출생하는 자의 권리 보호를 목적으로 하는 법적 개입의 필요성이 증대되고 있다.

법적 개입의 필요성을 논의하는 출발점은 단순히 법률의 규정에 따라서 대리모시술의 허용 기준, 여부 및 한계를 정해야 한다는 현실적 필요성이 아니라, 대리모시술과 관련하여 법철학적인 차원에서 법의 존재 의미를 확립하고 인간의 존엄을 지키는 것이 특별히 필요하다는 생각에서이다. 요컨대, 함께 살아가는 사회 안에서 윤리적으로만 해결할 수 없는 부분에 대하여 다른 사람들의 인격을 보호하고 인간의 존엄을 지켜 나가야한다는 명제 안에서 비윤리적인 불법 대리모 시술행위를 막기 위해서는 법적 개입이 반드시 필요하다고 판단된다.

구체적인 바람직한 법제정의 방향은 비배우자간인공수태시술에 대하여 통합적으로 관장할 수 있는 특별한 관리기구를 두는 것이 필요하다. 인공수태시술에 관한 전반적인 윤리뿐만 아니라 생식세포공여를 통한 임신, 배아공여를 통한 임신, 대리수태 등의 비배우자간인공수태의 내용과 윤리적인 허용한계를 분명히 하도록 한다. 비배우자간인공수태술에 관련되는 다양한 이해 당사자들 즉, 생식세포와 배아의 공여자와 수용자, 자궁을 빌려 주는 대리임신모 및 비배우자간인공수태술을 통해 태어난 출생자 등에 대하여 적절하고 적극적인 법률적인 보호를 제공하고, 시술과정 내에서 인간의 기본권과 존엄과 가치가 침해되는 일이 없도록 하여야 한다. 공여자, 수용자, 출생자 등 시술 관련인들의 사회내의 법적 지위와 권리를 보장함으로써 우리사회가 추구해야 하는 정의로운 생명윤리를 실천적으로 확립하여야 할 것이다.

뇌사와 인권

—죽음 개념의 의사소통이론적 재구성—

이 상 돈*

Ⅰ. 뇌사와 인권개념

1. 근대적 인권 개념의 한계

인권에 대한 전통적 이해는 나의 생각으로는 두 가지 전제에 묶여 있는 것으로 보인다. 즉, ① 인권이란 어떤 '고정된 크기(또는 실체)의 이익'이며, ② 인권은 주로 '국가권력과 개인(시민) 사이의 관계'라는 콘텍스트 속에서 말하여진다는 것이다. 이러한 인권 개념을 근대적 인권개념으로 부를 수 있을 것이다. 물론 이러한 근대적 인권개념의 기획은 개인의 인격적 자율성을 실현하는 데 있을 것이다. 그러나 이러한 인권개념은 오늘날과 같은 과학기술사회의 사람들이 살아가는 생활세계, 즉 과학기술에 의해 관리되는 일상영역에서는 그 개념의 기획을 더 이상 효과적으로 추진할 수 없는 실천적 한계를 경험한다. 뇌사상태에 빠진 사람의 인권(생명권이나 자기결정권)이 뇌사라는 과학·기술적 전문언어의 옷을 입은 채 장기이식의 도구적 유용성을 위하여 점차 죽음의 상태에 빠져들고 있는 현상은 그 대표적인 예라고 할 수 있다.

만일 이러한 현상에서 인권의 침해가 확인된다면 —이 글은 바로 (아래 II에서) 이러한 현상을 분명하게 밝혀줄 것이다— 근대적인 인권 개념의 한계는 단지

* 고려대학교 법학전문대학원 교수.

인권이 말해지는 콘텍스트가 국가권력과 개인 사이의 권력적 관계영역으로부터 개인들이 살아가는 생활세계로 넓혀갔다는 점에서 비롯되는 것이 아님을 쉽게 추측할 수 있다. 왜냐하면 국가의 법이 뇌사상태에 빠진 사람을 죽은 사람으로 규정하고, 국가기관이나 그의 집행대리인이 그런 사람의 장기를 적출하는 행위를 관리하는 경우에도 만일 "뇌사자는 죽은 사람이다"라는 의학적 계몽의 물결에 맞설 수 있는 과학기술적이면서도 실천적인 논리가 시민들에게 제공되지 않는다면, 시민들은 그와 같은 국가의 활동에 의해 인권(생명권)이 침해됨을 주장할 수 없음은 물론이고 침해될 인권의 존재조차 인지하지 못할 것이기 때문이다. 그러므로 공법학자들이 전개하는 이른바 '기본권의 대사인적 효력'이론처럼 인권의 효력범위를 확장한다고 해도 인권 개념을 단지 어떤 고정된 크기의 이익으로 바라보는 한, 과학기술적 일상영역에서 그 실천적 힘을 발휘하는 데에는 마찬가지로 한계에 부딪힐 수밖에 없을 것이다.

2. 뇌사문제에 대한 성찰의 빈곤

이러한 근대적 인권 개념의 실천적 한계는 아마도 뇌사의 일반적인 죽음 개념화에 대하여 다음과 같은 비판적 성찰이 빈곤할 수밖에 없는 척박한 토양이 되고 있다고 볼 수 있을 것이다. 즉, 뇌사의 죽음 개념화는 죽음의 결정을 단지 장기이식의 유용성이나 치료중단시점의 선택과 같은 공리적 관점으로 환원시키는 것은 아닌가? 뇌사개념이 인간존재의 의미를 너무 의식중심적으로 파악하는[1] 서양적 전통에 서있는 것은 아닌가? 또한 그런 관점의 환원을 통하여 삶의 가치를 삶의 '길이'나 삶의 '경제성'으로 편중시키는 것은 아닌가? 뇌사 개념의 법적 성취가 한정된 인적·물적 의료자원을 장기이식학과 장기이식술의 발전에 편중시킴으로써 의료자원배분의 합리성을 깨뜨리는 것은 아닌가? 그리고 그러한 편중발전은 높은 부가가치를 창출하는 장기거래의 시장 위에서 비로소 가능한 것은 아닌지, 더 나아가 그런 시장을 확대하는 데 이바지하는 것은 아닌가?

1) 예를 들면 최우찬, "안락사와 존엄사", 고시계, 1989.2, 38면; 이재상, 형법총론, 1996, 16면.

3. 의사소통적 참여

뇌사문제에 관한 이와 같은 비판적 성찰을 수행할 수 있게 하는 인권 개념으로 나는 어떤 고정된 크기의 이익, 즉 실체적인 개념이 아니라 절차적인 개념의 인권을 말하고자 한다. 즉, 뇌사현상과 관련하여 인권이란 인간의 죽음을 규정짓는 (정치적 결정의 성격을 수반하게 되는) 과학기술적 결정과정에 자유롭고 기회균등하게 그리고 비판적으로 참여할 수 있는 기회로 해석되어야 한다는 것이다. 왜냐하면 인권 개념이 실체적인 개념으로 머물러 있는 한 인권개념은 사람임을 전제로 그 개인의 생명이나 자기결정의 효력만을 주장할 수 있게 할 뿐, 뇌사자가 그러한 권리의 주체, 즉 (산) '사람'에 해당하는지 여부에 대하여 아무런 말도 해줄 수 없으며, 이와 같이 인권개념이 '무엇인가 말해줄 수 없는 영역'에서의 과학기술적 결정은 암암리에 모종의 독점적인 정치적 결정을 수행하게 될 것이기 때문이다. 그러니까 인권은 일종의 의사소통적 참여권으로 해석될 수 있다. 이 논문에서 다루는 뇌사현상과 관련해서는 특히 다음과 같은 세 가지 요청을 의사소통적 참여의 전제조건으로 제시할 수 있다.

- 첫째, 뇌사와 같은 과학기술적 현실에서 인권은 무엇보다도 죽음 개념의 과학기술적 규정지음이 죽음을 일상적인 의사소통적 교류의 세계, 즉 생활세계로부터 유리시키는 것을 경계해야 한다.
- 둘째, 뇌사 개념이 (전문가들 사이에 펼쳐지는) 과학기술적 의사소통적 교류의 지평을 가지고 있다면 그러한 교류도 합리적 형태로 통제될 수 있어야 한다.
- 셋째, 과학기술적 의사소통적 교류는 폐쇄된 상호이해가 아니라 일반시민, 특히 뇌사자의 가족 등에게 개방되어 있어야 한다.

II. 죽음 개념의 전문화와 기능화

1. 죽음 개념의 독점

뇌사 개념은 의학자들에게는 이미 자명한 것으로 인식된다. 그러나 뇌사를 법적인 죽음 개념으로 인정하는 경우에도 뇌사 개념을 법적으로 어떻게 구성할 것인지는 여전히 문제로 남는다.

(1) 뇌사 개념

뇌사는 일반적으로 '(모든) 뇌의 기능이 더 이상 되돌릴 수 없게 정지된 상태'라고 정의된다.[2] 즉, 뇌사는 대뇌, 소뇌 및 뇌간의 전체기능이 종국적으로 소멸한 것을 가리킨다.[3] 따라서 뇌사는 대뇌의 기능장애는 있으나 뇌간의 기능이 살아 있어, 뇌간이 관장하는 호흡 · 순환 · 대사기능 · 체온조절 등 생명유지에 필수적인 식물적 기능이 살아 있는 식물인간상태와 구별된다. 그러면 언제 뇌의 기능이 종국적으로 소멸했다고 볼 것인지가 문제된다. 각국의 뇌사 판정기준안[4]을 비교분석해 보면 뇌사의 기준으로는 ① 무반응성 혼수, ② 자가호흡의 소실, ③ 뇌간의 신경학적 반사소실 등이 공통적이라 할 수 있고, ④ 무호흡검사와 ⑤ 뇌파검사의 필요유무 그리고 ⑥ 뇌사판정 시간 간격 등의 검사절차적 조건에서는 약간의 차이가 있음이 확인된다.

(2) 신경(과) 전문의의 죽음 개념결정권

많은 신경과나 신경외과 전문의의 관점에서 보면 뇌사란 사실상 '뇌간반사가 완전소실되었음이 임상에서 진단된 것'을 의미하는 것으로 보인다. 다시 말해 뇌간기능의 완전소실은 이미 죽음의 필요충분조건이 되는 셈이다.[5] 그러므로 뇌간기능의 완전소실이 임상에서 진단된 환자는 '이미' 죽은 자이며, 그 이후에 행하는 각종 검사절차(앞에서 ④⑤⑥)[6]는 사실은 불필요한 것이나 단지 환자보호

---

2) 그러나 뇌사 개념은 의학적으로도 아직 합의된 내용이 없다고 보는 견해도 있다. 문국진, "죽음의 선고", 대한의학협회지, 제31권 9호, 1988, 953면; 이용수, "뇌사에 관한 세미나," 세종의학, 제5권 1호, 1988, 129면.

3) 독일 장기이식법(Transplantationsgesetz)도 이러한 뇌사 개념을 채택하고 있다(동법 제3조 1항).

4) 이에 관한 자세한 소개는 이영균 · 이한교 · 김동림, 뇌사, 1993; 신현호, 의료소송총론, 1997, 517면 이하 참조.

5) 필자는 1998.6.19. 대한의협이 개최한 뇌사판정 · 뇌사자장기이식 기준개발 및 인준의료기관 신임평가 워크숍에서 서울대 의대 이상복 교수를 비롯한 여러 신경과전문의와 뇌사개념을 토론하면서 이러한 임상뇌사개념의 실체적 개념성을 확인할 수 있었다.

6) 하버드기준으로는 특히 ⑤⑥.

자 등에게 뇌사라는 죽음을 '설명'하기 위한 방편으로 이해된다. 이렇게 이해된 뇌사 개념은 뇌사검사의 절차에 뇌사를 구성하는 의미를 부여하지 않는다는 점에서 뇌사의 '실체적인' 개념정의라고 부를 수 있을 것이다. 물론 이런 임상뇌사의 개념은 뇌의 비가역적인 병변에 대한 진단을 전제로 한다. 따라서 원인불명의 혼수상태에 있는 환자는 뇌사자가 될 수 없다.[7] 그러나 실체적인 뇌사 개념은 뇌사의 결정권을 오로지 신경(외)과 전문의의 머릿속에 귀속시키고 만다. 왜냐하면 뇌사의 임상적 현상(위의 ①②③)은 일반인이 죽음의 현상으로 인지하기는 매우 어려운 것이며, 신경계통의 전문지식과 경험을 가진 의사만이 권위를 갖고 진단할 수 있는 것이기 때문이다.

2. 죽음 개념의 전문화

그러나 이와 같은 뇌사 개념이 일반적인 죽음 개념이 된다면 죽음은 이제 더 이상 단순한 사실의 문제로 남지 않고, 의사의 해석의 문제로 등장한다. 왜냐하면 뇌사의 확인은 검사방법의 선택과 검사결과의 해석이론에 따라 좌우될 수 있기 때문이다.

(1) 방법의존성

현재 뇌사를 확증하는 검사방법으로 임상에서 중요한 것은 ⓐ 무호흡검사, ⓑ 뇌파검사(EEG), 그리고 ⓒ 뇌혈류검사가 있다.[8] 그러나 어느 한 방법도 모든 증례에서 완벽하게 뇌사여부를 확증해줄 수는 없다. 첫째, 무호흡검사는 검사 도중 혈압의 급강하와 같은 활력상태(vital sign)의 변화가 발생하여 심장사에 대한 염려 때문에 중단할 수밖에 없는 경우가 있다.[9] 둘째, 뇌파검사도 한계가 있기는

---

7) 손영수, 생명의 시간과 인간의 존엄, 한국외국어대 대학원 석사학위논문, 40면.

8) 이 밖에도 유발전위중 뇌간기능을 간접적으로 확인하는 검사인 뇌유발전위 검사법(Evoked Potentials)이 있으나 실효성에 의문이 들어 많은 국가에서 점차 사용을 꺼려하고 있다: 이인수, "뇌사와 식물상태", 대한의학협회지, 제30권, 1987, 170-179면 참조

9) 강남성모병원에서 1993년 3월부터 1997년 7월까지 행해진 뇌사판정의 임상결과를 보면 이 기간중 총 45명에 대한 무호흡검사에서 10명(22%)이 혈압급강하로 검사를 중지함으로 인해 무호흡검사에 의해 뇌사확인을 하지 못한 바 있다고 한다. 이에 대해서는 이광수, 뇌사판정기준안(의협이 1998.6.19. 개최한 뇌사판정 · 뇌사자장기이식 기준개발 및 인준의료기

마찬가지이다. 특히 임상에서는 뇌사로 진단되는데도 평탄뇌파의 확인이 어려운 경우가 적지 않다고 한다. 이는 무엇보다도 중환자실에서 뇌파검사를 할 때 교류파의 전파차단이 안되어 있고, 신경외과수술을 받은 환자의 경우에는 두부에 철사봉합 등 여러 장치기구로 인한 잡파(Artefact)의 발생 때문이라고 한다.[10] 셋째, 뇌혈류검사는 예를 들어 뇌혈류가 흐르는데도 초음파검사로는 기술적으로 추적되지 않는 경우가 있으며, 뇌광단자방출단층촬영도 뇌혈류량은 측정할 수 있으나 뇌세포의 산소소비량은 측정 못할 뿐만 아니라 ―운반용 SPECT가 개발되지 않은 현재로서는― 환자를 인공호흡기를 단 채 의사가 호흡관리를 하면서까지 검사기가 있는 곳으로 이동시켜야 하고 검사비용이 대단히 많이 든다[11]는 검사장애요소를 지니고 있다. 그러므로 임상에서 의사는 사실상 위 검사 방법 가운데 환자의 상태와 그 밖의 상황에 따라 어떤 검사방법을 선택하여 뇌사확인을 하게 된다.

여기서 뇌사의 확인은 어떤 검사방법을 선택·사용하느냐에 달라지게 되는 것임을 알 수 있다. 이를 테면 위 세 가지 모든 방법(ⓐ∩ⓑ∩ⓒ)에 의해 뇌사가 확인될 것을 요구하느냐, 아니면 어느 한 방법(ⓐ∪ⓑ∪ⓒ) 또는 두 방법([ⓐ∩ⓑ]∪[ⓑ∩ⓒ]∪[ⓐ∩ⓒ])에 의해서 뇌사가 확인되면 뇌사판정을 내릴 수 있는 것인지에 따라 뇌사자로 판정되는 환자의 범위는 달라지게 됨을 알 수 있다. 그러므로 뇌사는 검사방법에 중립적인 현상이 아니라 '방법에 의존적인' 현상이라고 볼 수 있다.

(2) 해석이론의존성

또한 각 검사방법을 적용한 결과의 의미를 이해함에 있어 전문의료인 사이에는 견해의 차이가 있을 수 있다. 첫째, 무호흡검사에서 뇌사를 인정하는 기준이 되는 동맥혈탄산가스($PaCO_2$)의 분압은 어느 정도이어야 하는지 또한 기준치에 약간 미달할 경우에 뇌사를 인정해도 좋은지 등에 관하여 이론적 판단이 다를 수 있다. 현재 대한의협의 뇌사판정기준에는 탄산가스의 분압이 50mmHg 이상일 것을 요구한다.[12] 그러나 40mmHg 이상으로도 충분하다고 보거나,[13] 오히려

관 신임평가 워크숍 발표문), 15면 참조.

10) 이광수, 앞의 발표문, 16면.

11) 현재 우리나라 종합병원 가운데 뇌광단자방출단층촬영기를 보유한 병원은 그리 많지 않은 형편이다.

60mmHg 이상이어야 한다고 보는[14] 견해도 있을 수 있다. 따라서 어느 이론에 따르느냐에 따라 무호흡검사에 의한 뇌사의 확인은 달라지게 된다. 둘째, 뇌파검사에서도 파고의 높이가 어느 정도 낮을 때 뇌사의 기준이 되는 평탄뇌파(flat EEG)라고 볼 것인지는 이론과 기술에 따라 달라질 수 있다. 예를 들어 현재 대한의협의 뇌파기록술에 대한 지침(1990)에 따르면 전극간의 거리가 10cm 이상이고 전극간의 저항이 10~20KOhm보다 적고 10Ohm보다는 큰 상태에서 2uV (microvoltage) 이상의 뇌파가 기록되지 않는 경우에 뇌사를 인정한다.[15] 그러나 뇌파검사기의 기술적 발전에 따라 더 낮은 파고의 뇌파를 뇌사판정의 기준으로 설정할 수 있을 뿐만 아니라 같은 기술적 조건 아래에서도 검사방법에 관하여[16] 또는 파고높이의 최고치에 관하여[17] 견해의 차이가 있을 수 있다. 셋째, 뇌혈류검사에 의해 측정된 뇌혈류량의 일정한 수치를 놓고도 ─일정한 한계영역에서는─ 뇌사를 인정할 것인가에 관하여 견해의 차이가 있을 수 있다. 비록 매우 드문 일이긴 하겠지만 혈류량의 정도에 따라 뇌사상태에 대한 진단이 다를 수 있다.

그러므로 뇌사는 검사결과가 '객관적으로' 말해주는 현상이 아니라 그것에 대한 해석의 결과이며, 이 때 해석은 이론적 가설에 따라 좌우된다고 볼 수 있다. 이런 점에서 뇌사는 '이론의존적인 현상'이라고 볼 수 있다.

(3) 전문언어화와 결정권의 독점

이상에서 살핀 뇌사 개념의 전문성, 뇌사의 검사방법의존성 및 검사결과해

---

12) 스위스 의학아카데미가 1969.1.25.에 만든 죽음의 정의와 판정에 관한 가이드라인 (Richtlinien für die Definition und die Diagnose des Todes)도 $PaCO_2$의 분압은 50mmHg 이상을 기준으로 하고 있다.

13) 예를 들어 대만 행정원 위생서가 1987.9.17.에 공고한 뇌사판정조례와 일본 후생성 뇌사연구반이 1985년에 작성한 뇌사의 고려방법 및 뇌사판정절차에서는 $PaCO_2$의 분압은 40mmHg 이상으로 충분한 것으로 보고 있다.

14) 미국신경학회의 뇌사판정기준은 원칙적으로 $PaCO_2$의 분압이 60mmHg 이상이거나 기본수치보다 검사 후 약 20mmHg 이상이 증가된 경우일 것을 요구한다.

15) 참고로 정상인이 경우 뇌파는 내략 50uV 정도의 파고를 보인다.

16) 예를 들면 전극간 거리를 10cm가 아니라 8cm로 하는 방법을 사용하자는 견해가 있을 수 있다. 아르헨티나에서 1977년에 입법된 장기의 공여와 이식에 관한 법률이 그 대표적인 예이다. 이에 관하여는 이영균(역), 죽음의 정의, 고려의학, 1992, 175면 이하 참조.

17) 예를 들면 2uV 미만을 요구하지 않고 3uV 미만을 요구하는 견해.

석의 이론의존성을 고려해 볼 때, 뇌사를 일반적인 죽음 개념으로 인정한다는 것은 삶의 끝과 죽음의 시작에 대한 인식권한이 오직 특정 전문의 집단에 의해 독점된다는 것을 의미한다. 왜냐하면 회복이 가능한 의식불명의 환자와 더 이상 회복이 불가능한 뇌사자를 구별하는 일은 —두 환자 모두 심장이 뛰고 있는 한— 일상지식으로는 불가능하고, 신경학, 신경외과학, 진단방사선학 등의 전문지식과 고도의 의료기술장비에 의해서만 가능하기 때문이다. 다시 말해 뇌사를 일반적인 죽음 개념으로 삼을 경우, 죽음의 판단은 일반시민들이 살아가는 삶의 세계에서 전문인들의 과학기술세계로 이전하게 된다. 이럴 경우 죽음은 더 이상 일상언어적 개념이 아니라 특정 전문의들이 관리하는 전문언어가 된다. '파고', '혈류량의 임계치', '동맥혈탄산가스', '뇌세포의 산소소비량' 등은 죽음 개념을 전문언어로 전환시키는 과학기술적 의미소들이다. 여기서 뇌사를 일반적인 죽음 개념으로 인정한다면, '죽음' 개념에 대해서도 이른바 '언어적 분업(sprachliche Arbeitsteilung)'[18]을 말할 수 있음을 알 수 있다.

3. 죽음 개념의 기능화

(1) 과학기술적 편의주의

이처럼 뇌사 개념에 의해 죽음 개념이 과학기술화되고, 전문의료인에 의해 그 결정권한이 독점된다면, 죽음 개념은 이전에는 전혀 경험하지 못했던 위험, 즉 '기능화'의 위험 아래 빠져들 수 있게 된다. 예를 들어 무호흡검사로 인해 환자가 심장사할 위험이 발생하면 '심장의 보존을 위하여' 검사를 중지해야 한다든지, 뇌파검사에서 뇌사판정을 얻지 못하는 경우에도 장기이식을 위하여 뇌파검사를 생략할 수 있도록 해야 한다[19]는 식의 주장이다.

물론 이러한 주장은 뇌사확인 검사절차가 뇌사 개념의 '구성적' 요소가 아니라 단지 (사후적인) '설명적' 요소에 불과한 것이라는 전제에서만 가능하다. 그렇기 때문에 현재 임의적 검사인 뇌혈류검사뿐만 아니라 현재는 필수적 검사로 되

18) 이 개념에 관해서는 Putnam, Die Bedeutung von "Bedeutung", Ffm. 1979, 37면 이하 참조.

19) 이 주장은 박기일 대한이식학회회장이 "뇌사판정 · 뇌사자장기이식 기준개발 및 인준의료기관 신임평가 워크숍"(1998.6.19)에서 피력한 내용이다.

어 있는 무호흡검사와 뇌파검사를 임의적(optional) 검사로 전환할 수 있다고 보기도 하는 것이다. 그러니까 이런 주장은 뇌사 개념의 절차적 요소를 제거하고, 뇌사의 임상진단만으로 환자는 이미 죽은 자라는 확신 아래서, 뇌사검사방법은 단지 죽음의 사실을 '설명'하기 위한 과학기술적 방편으로서 편의적으로 선택 · 사용할 수 있다는 논리라고 할 수 있다.

(2) 목적에 의해 규정되는 기능개념

그러나 뇌사확인 검사절차는 앞에서 살핀 바와 같이 뇌사 개념의 '설명적' 요소가 아니라 '구성적' 요소라고 보아야 한다. 이러한 전제에서 보면 무호흡검사와 뇌파검사를 임의적 · 선택적 검사로 전환하자는 주장은 단지 뇌사검사의 임상적 애로를 제거하기 위한 것이라는 표면상의 목적과는 전혀 다른 목적 아래 놓이게 될 수 있다. 즉 그런 검사의 임의적 생략은 실천적으로는 분명 뇌사판정을 용이하게 해주는 것이며, 이는 다시금 ―물론 환자 및 그 보호자의 동의를 전제로 하지만― 이식수술을 위한 장기를 더 많이 확보해줄 수 있는 가능성으로 연결된다. 이렇게 되면 뇌사 개념은 사실적인 '존재 개념'이 아니라 '목적규정적인(zweckbestimmt) 개념', 즉 공리적 목적에 의해 그 내용이 규정되는 개념으로 전락하게 된다. 또한 위와 같은 주장을 뒷받침하는 과학, 즉 신경학이나 이식학이 장기공급을 매개하는 다른 사회기구나 법제도와 함께 하나의 '사회적 하부체계'로서 '장기공급체계'를 형성한다면, 위 주장이 초래하는 뇌사 개념은 그런 체계의 기능적 유용성에 맞추어 그 내용이 변화되는 '기능적 개념'이 되고 만다.

(3) 기능화된 죽음 개념의 위험성

이처럼 기능화된 죽음 개념이 갖는 위험성은 너무나 자명하다. 뇌사 개념의 기능화는 곧 뇌사의 절차적 구성과정이 위축되거나 상당부분 생략됨을 의미한다. 이처럼 뇌사의 절차적 구성과정이 위축 · 생략될수록 임상진단의 오류가능성에 대한 통제기회는 약화되는 반면, 장기이식의 활성화라는 공리적 목적은 뇌사인정과정에서 더욱 강하게 작용할 수 있게 된다. 이것은 ―마치 오판에 의해 선량한 시민에게 사형을 선고 · 집행하는 경우만큼 또는 그보다도 훨씬 드문 일이겠지만― 극단적으로는 뇌가 죽은 사람뿐만 아니라 '산' 사람까지도 더 이상 치료를 하지 않거나 치료를 소홀히[20] 하게 만들 위험성을 가져올 수 있다. 물론 이러한 위험은 현실적인 것이 아니라 단지 사유적인 것일지도 모른다. 그러나 그 경우에도 이런 위험성에 대한 우려만큼은 일반시민들이 뇌사 개념을 관리하는 전문의료인집단의 자율적 자기통제에 힘입지 않고는 독자적으로 불식시킬 수 없다는 점이 여전히 문제로 남는다.

III. 죽음과 의사소통

이와 같은 문제점들은 근본적으로는 뇌사 개념에 의해 죽음에 대한 인지구조가 일반시민들의 살아가는 세계, 즉 생활세계로부터 떨어져 나와 의료체계나 장기공급체계의 기능적 요소로 편입된 데서 비롯되는 것이라 할 수 있다.

1. 죽음과 생활세계

(1) 문화적 정서와 과학적 인식의 괴리

뇌사 개념에 의해 죽음이라는 언어가 분업관계 아래 놓이고, 또한 그 분업이 아무런 마찰도 없이 성공적으로 수행된다고 할지라도, 뇌사 개념은 치아에 땜질재료로 박아 넣은 아말감과 같이 일반시민들의 죽음에 대한 인지과정에서는 매우 생경한 것일 뿐만 아니라 앞으로도 계속 이물질적인 것으로 남을 수밖에 없다. 왜냐하면 뇌사 개념은 환자보호자로 하여금, 그가 사랑하는 가족환자의 심장이 아직 뛰고 있으므로 살아있거나 (시민들이 뇌사 개념을 일반적인 과학적 인식으로 수용한 이후에는) 혹은 살아있을지도 모른다고 '느끼면서도', 그의 죽음을 객관적 사실로 '인식'해야만 하도록 만들기 때문이다. 이와 같은 자연스러운 (정서적) 느낌과 강요된 (사실적) 인식 사이의 괴리는 오늘날과 같은 과학기술시대에서도 결코 과학기술적인 방법으로는 메워질 수 없다. 여기서 그렇게 메워질 수 없는 이유를 단지 아직 충분히 과학화되지 않은 삶의 문화 탓으로만 돌릴 수는 없다. 왜냐하면 그런 괴리는 죽음의 과학기술적 독점을 의미하고, 이는 다시금 일반시

20) 뇌사자 장기이식을 염두에 두고 뇌사 될 개연성이 있는 환자에 대한 치료가 소홀해질 위험에 대한 지적으로 이윤성, "뇌사에 대한 법의학적 고찰," 대한법의학회지 제20권 제2호, 85-86면 참조.

민들로서는 자신이 그토록 사랑하는 가족이 죽어가는 과정을 지켜보면서도 그가 언제 자기 곁을 떠났는지를 도대체 알 수가 없다는 것을 의미하기 때문이다. 일반시민은 오직 전문의료인이 죽음을 선언할 때에 비로소 사랑하는 가족의 죽음을 인식할 수 있게 된다. 좀 비유적으로 표현한다면 애도의 꽃은 전문의료인의 지휘 아래서만 시작할 수 있게 되는 것이다.

(2) 생활세계적 죽음 개념

그러나 태어나고, 늙고, 병들고 그리고 죽는 것은 가장 기초적인 삶의 범주들이다. 사람들이 애 밴 여자의 배가 한껏 불러오고, 호흡이 가빠지며, 진통이 시작할 때 점점 고조되는 흥분과 기대, 불안과 두려움 속에서 그 누구의 태어남을 인지하듯이, 죽음에 대한 경험도 그처럼 자연스러우면서도 생생한 것이어야 한다. 죽음은 곧 이별의 순간이며, 그 순간은 죽는 자와 삶을 함께 살아 온 사람들이 그와 함께 했던 삶의 역사가 응집된 형태로 회고되면서, 수많은 감정이 걷잡을 수 없이 자연스럽게 교류되는 순간으로 남을 수 있어야 한다. 왜냐하면 그것은 바로 우리의 삶이며, 또한 인간이 숨쉬는 문화이기 때문이다. 다시 말해 태어남처럼 죽음의 일상성은 과학기술적 합리성으로 대체될 수 없는 문화적 가치이다.[21] 그러므로 죽음은 태어남처럼 적어도 보통의 사람들이 그들의 생활세계 속에서 자연스럽게 의사소통할 수 있는 개념으로 남아 있어야 한다. 그러기 위해서 죽음의 순간, 이별의 순간을 보통의 시민들이 직접 인지할 수 있어야 한다. 이는 바로 숨이 멈추고, 맥박이 더 이상 뛰지 않는 현상이 죽음의 순간과 함께 할 때 비로소 가능하다. 법은 뇌사가 심폐사보다 선행하는 죽음의 과정에서도 바로 그와 같은 의사소통적 교류의 공간을 뇌사라는 과학기술적, 기능적 개념에 의해 메워버려서는 안 된다. 달리 말해 법은 뇌사를 일반적인 죽음의 개념으로 세노화해서는 안 된다.

(3) 뇌사의 생활세계적 개념화

그러나 이것은 과학기술적이며 기능적인 뇌사 개념을 언제나 죽음으로 받아

---

21) 뇌사의 법적 죽음 개념화는 인정하되 가족들의 감성을 배려해야 한다는 견해로 이윤성, 앞의 글, 84면 이하.

들일 수 없음을 의미하지는 않는다. 예를 들어 뇌사자가 자신이 '비가역적인' 뇌사상태에 빠지게 되면 다른 장기가 채 죽기 전에 다른 이에게 장기를 이식시켜 그의 생명을 살리겠다는 의사를 이미 표현한 경우에 뇌사를 인정하는 것은 인간의 죽음을 기능화하는 것이 아니며, 오히려 그 사람은 죽음의 과정에서 과학과 기술, 사회체계와 기능을 자신의 윤리적 실천을 위한 도구로 이용하는 셈이라 할 수 있다. 이 때 뇌사자와 그의 가족 그리고 그와 사회적 관계를 맺은 사람은 그의 뇌사상태를 무엇보다도 윤리적 실천이라는 맥락이 강조된 상황 속에서 '그 개인의' 죽음으로 받아들이는 의사소통을 전개할 수 있다. 이런 경우에 뇌사 개념은 과학기술시대에서도 여전히 생활세계 속에 머무른다고 할 수 있다. 여기서 뇌사는 일반적인 죽음 개념이 아니라 장기이식을 위하여 예외적으로만 죽음 개념으로 인정되어야 함을 알 수 있다. 이처럼 뇌사를 예외적인 죽음 개념으로 인정하는 경우에도 뇌사는 앞에서 설명한 바와 같이 전문의료인들만이 독단적으로 결정하는 것이 아니라 환자보호자와 함께, 다시 말해 환자보호자와 환자의 뇌사상태에 대한 상호이해를 도모하는 방식으로 결정되어야 한다. 물론 이 상호이해는 의사의 개인적인 진단의 정확성이 아니라 과학기술적 검사장치에 의해 매개됨으로써 의사 개인의 인적 지배영역을 넘어선 상황에서 이루어져야 한다. 여기서 특히 간과해서는 안되는 점은 일반 시민이 뇌사상태를 이해하기 가장 쉬운 방법인 뇌파검사가 그 기술적 낙후성에도 불구하고 의사소통적 관점에서 볼 때 여전히 중요한 절차라는 점이다.

2. 죽음과 의사소통

요컨대 죽음 개념이 생활세계 속에 남아 있기 위해서는 적어도 뇌사를 임상진단한 의사와 환자가족 사이에 환자의 의학적 죽음에 대하여 충분한 '상호이해'가 전제되어야만 한다. 이른바 뇌사검사절차는 의사의 입장에서는 자신의 임상진단을 기술적 장치에 의해 확인하는 의미만을 가지지만, 환자가족의 입장에서는 환자의 뇌사를 비로소 '실감나게' 받아들이는 의사소통적 과정이라고 할 수 있다. 다시 말해 뇌사판정의 검사절차는 뇌사를 임상진단한 의사의 개인적 인식이 죽음에 대한 사회적 인식으로 전환되는 최소한의 의사소통적 과정인 것이다. 이런 의미에서 뇌사검사절차는 —뇌사가 적어도 사회적인 의미의 죽음이 되고자 하는 한— 단지 뇌사를 설명하는 방편이 아니라 뇌사를 '구성하는 요소'라고 보아야 한다. 따라서 뇌사검사절차는 생략될 수 없을 뿐만 아니라 죽음의 현상 밖에 존재하는 어떤 실용적 목적(예: 이식용 장기의 확보)에 의해 간소화되어서는 안 된다. 왜냐하면 그런 생략과 간소화는 뇌사를 사회적으로 인지하는 의사소통적 교류의 생략과 간소화를 의미하며, 그런 생략과 간소화는 뇌사를 사회적 죽음으로 전환시키는 것을 그만큼 더 어렵게 만들기 때문이다.

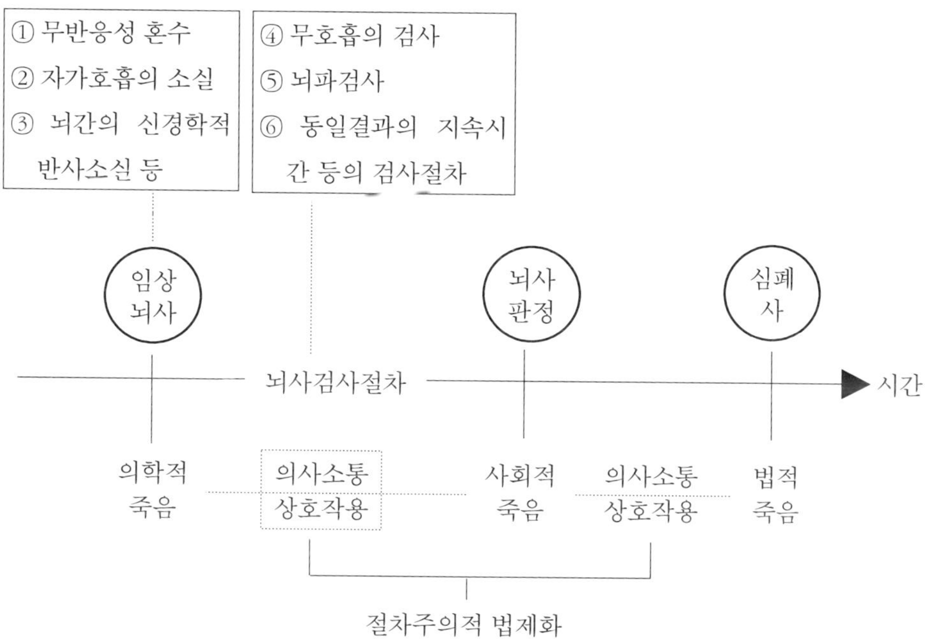

이처럼 뇌사를 임상진단한 의사와 환자가족 사이에 환자의 죽음을 과학적으로 인지하는 의사소통적 과정에 의해 환자의 죽음이 '사회화'되었다고 해서 그것이 곧 법적인 의미의 죽음이 되는 것은 아니다. 왜냐하면 여기서 말하는 뇌사 개념의 사회화는 환자가족이나 환자의 교류집단과 같은 매우 작은 집단 내에서 펼쳐지는 의사소통적 교류의 결과일 뿐이기 때문이다. 따라서 그러한 최소한의 의사소통적 교류가능성을 근거로 전체 법공동체에 효력이 있는 일반적인 법적 죽음을 인정할 것인지는 또 다른 실천적·법정책적 과제라고 볼 수 있다.

IV. 뇌사 개념의 실천적 과제

의사와 환자가족 사이에 펼쳐지는 뇌사에 대한 최소한의 의사소통적 교류를 토대로 뇌사를 예외적인 법적 죽음으로 인정해야 할 실천적 필요성은 무엇보다도 다음 두 가지를 들 수 있다: 치료중단의 합법화(아래 1)와 장기이식의 합법화(아래 2).

1. 치료중단의 합법화

의사들이 뇌사를 의학적으로뿐만 아니라 법적으로도 죽음으로 인정해야 한다고 주장하는 것은 뇌사자에 대한 치료가 무의미한 치료임에도 불구하고 뇌사자에 대한 치료를 합법적으로 중단할 수 없기 때문이라 한다.[22] 즉, 법적인 죽음으로 승인된 뇌사 개념은 합법적으로 치료를 중단할 수 있는 시점을 정해준다는 것이다. 왜냐하면 죽은 사람에 대해 의사는 더 이상 아무런 치료의무도 부담하지 않게 되기 때문이다. 그러나 이러한 실천적 목표를 달성하기 위해서라면 굳이 뇌사를 법적인 죽음 개념으로 인정할 필요는 없다. 왜냐하면 뇌사자를 아직 산 사람이라고 보는 경우 뇌사자에 대한 (고의적인) 치료중단은 형식논리적으로는 살인의 구성요건에 해당하기는 하지만, 이미 '소극적 안락사(passive Euthanasie)'라는 개념에 의해[23] 또는 뇌사자에 대한 의사의 생명유지의무를 배제하는 방식으로[24] 합법화될 수 있기 때문이다. 물론 뇌사자에 대한 치료중단을 두고 '안락사'라고 표현하는 것은 의사들에게는 낯선 언어사용이 될 것이다. 그러나 법적 용어의 낯섦이 생활세계적인 죽음 개념을 희생시켜서라도 의사들에게 부담시켜서는 안 될 일은 아닐 것이다.

22) 이상복, "인간 죽음의 확정문제. 뇌사를 중심으로," 진단과 치료 제13권 제7호, 830면.
23) 이상돈, "안락사와 의사의 생명유지의무," 대한법의학회지 제20권 제2호, 105면 이하 참조.
24) 비슷한 취지로 허일태, "안락사에 대한 연구," 형사정책연구 1993, 겨울호, 64-65면.

2. 장기이식의 합법화

그러므로 뇌사를 죽음 개념으로 인정하는 실제적인 유일한 목표는 뇌사자의 장기를 다른 사람에게 합법적으로 이식시킬 수 있게 하는 것이라 할 수 있다. 뇌사자는 일반적으로 아직 죽은 사람은 아니지만 반드시 곧 죽을 예정인 사람이므로 어차피 기능이 소멸할 자신의 장기를 다른 환자에게 이식함으로써 그를 살리고자 한다면, 그것은 윤리적 실천이라고 할 수 있다. 법은 그런 실천을 '강요'해서도 안 되지만 반면에 그런 실천을 '방해'해서도 안 된다. 그러나 이와 같은 법의 윤리적 중립성은 법적 허무주의를 뜻하는 것은 아니다. 그러한 윤리적 실천이 왜곡된 의사소통적 구조 속에서, 그러니까 폭력과 돈의 힘이 지배하는 의사소통적 교류로 점철될 가능성이 있다면, 법은 그러한 왜곡을 차단하고 자율적인 유리적 실천이 펼쳐질 수 있게 하는 —때로는 그러한 실천을 유도하는— '의사소통'과 '상호작용'의 통로를 만들어 줄 필요가 있다. 이러한 통로를 마련하는 법제화의 방향은 대략 다음과 같은 틀을 유지해야 한다고 본다.

(1) 판정주체

뇌사판정의 주체는 협의체 형태의 기구가 맡아야 하고, 뇌사판정기구는 신경(외)과 전문의와 같은 관계전문의를 반드시 포함하고 있어야 하나 특정 전문의 집단에 한정되어서는 안 되며, 뇌사검사는 관계전문의 다수(예: 2인 이상)가 서로 독립하여 판정업무를 수행하여야 하며, 장기이식을 행하는 의사와 뇌사를 판정하는 의사는 엄격하게 분리되어 있어야 한다.

(2) 판정방법

뇌사를 판정하는 방법은 다원적인 의사소통적 구조, 즉 의협이 제안하고 관계전문의와 법률가, 종교인 및 일반시민 등이 참여하는 기구의 심의결정에 따라 정하도록 한다.

(3) 뇌사구성적 의사소통

뇌사판정주체는 환자가족에게 뇌사검사결과를 설명함으로써 환자의 죽음에 대한 이해(동의)를 얻어내야 한다(뇌사구성적 의사소통).

(4) 환자의 자기결정과 가족 간의 의사소통

뇌사자의 장기적출에서 윤리적 실천의 주체인 뇌사자의 자기결정권(Selbstbestimmungsrecht)은 절대적으로 존중되어야 한다. 다만 뇌사자의 장기기증이라는 의사결정의 사회적 의미에 대한 의사소통적 교류의 과정에서 가족은 다른 사람들보다 특별한 지위, 예를 들면 장기적출에 대한 거부권(Vetorecht)을 부여할 필요가 있다. 그러나 가족이 장기기증의사를 생전에 표현하지 않은 환자 본인의 의사를 대신할 수 있게 하는 것을 허용해서는 안 된다. 왜냐하면 그것은 환자 본인과의 '상호이해' 또는 의사소통적 '교류(Kommunikation)'라기보다는 '독단적 결정'일 가능성이 상당히 높기 때문이다.

(5) 윤리적 의사소통

뇌사자의 장기기증은 뇌사자의 윤리적 실천에 대한 상호이해의 궤도에서 벗어나서는 안 된다. 따라서 장기기증이 상업화(Kommernzialisierung)되어서는 안 되며 기증된 장기의 분배 역시 윤리적 원칙에 따라 행하여져야 한다.

(6) 사적 자치

이처럼 장기분배의 업무는 윤리적 원칙을 형성·실행하는 일이라는 점에서 그리고 현재로서는 장기분배의 윤리적 원칙이 의학적 규칙에 환원될 수밖에 없다는 점에서 의협, 병원협회, 의료보험협회 및 각종 시민단체 등이 공동으로 하나의 장기관리본부를 설립하고, 계약의 형태로 그 업무사항을 규율하는 것이 바람직하다. 또한 장기분배의 업무와 장기이식을 위한 정보관리업무는 업무의 효율성을 위하여 장기관리업무와 통합운영되는 것이 바람직하다.

(7) 개인정보보호

뇌사자의 장기적출에 관련된 개인정보를 특별하게 보호함으로써 윤리적 실천의 궤도 밖에서 —때로는 범죄적 폭력과 상업적인 자본에 의해— 장기적출이 이루어지는 것을 예방하여야 한다.

(8) 기록의무와 논증의무

장기기증에 관련한 윤리적 의사소통교류의 전제조건으로서 뇌사판정에서 장기분배 및 장기이식에 이르는 과정이 기록에 남겨지고, 각 행위의 근거가 그 기록에 의해 제시되도록 하여야 한다. 이러한 기록 및 논증의무의 이행이 없다면 뇌사자 장기이식을 두고 환자 자신과 그 가족은 물론이고 일반 시민들까지 윤리적 실천의 의미를 상호이해할 가능성이 확보될 수 없기 때문이다.

(9) 형법에 의한 절차엄호

뇌사의 판정에서 장기이식에 이르는 일련의 과정이 윤리적 실천의 의사소통적 교류라는 궤도에서 벗어나게 만드는 일탈행위(예: 고의 또는 중과실에 의한 뇌사판정기준위반, 장기매매, 장기이식관련 개인정보의 침해 등)는 형법에 의해 통제되어야 한다.

V. 절차주의적 법제화와 인권

이상과 같은 대강의 윤곽을 띤 의사소통과 상호작용의 통로를 거친 뇌사만이 예외적으로 법적인 죽음으로 취급될 수 있다면 다음과 같은 두 가지 결론을 이끌어 낼 수 있다.

첫째, 뇌사자의 인권이란 누구나 자신이 뇌사상태에 빠질 경우 자신의 장기를 기증하는 윤리적 실천을 할 수 있는 권리이며, 이 권리는 뇌사판정과 장기적출 및 이식의 과정이 바로 위와 같은 대강의 윤곽을 띤 의사소통과 상호작용을 통하지 않고는 결코 적절하게 실현될 수가 없다. 위와 같은 윤곽이 의사소통과 상호작용의 통로에서 벗어난 뇌사판정, 장기적출 및 이식은 범죄적 폭력과 상업적 사욕에 얼룩질 위험성이 매우 높기 때문이다. 여기서 뇌사자의 인권은 모든 시민이 (잠재적인 뇌사자로서) 위와 같은 의사소통과 상호작용에 참여할 수 있는 기회라고 재해석될 수 있다.

둘째, 여기서 제시된 의사소통과 상호작용의 통로를 제도화하는 법은 '절차주의적 모델의 법'이라고 말할 수 있다. 법이 윤리적 실천의 각 단계마다 실체적인 기준을 제시하는 것이 아니라 단지 그러한 실천이 이루어지는 절차, 조직, 조종권한의 분배만을 맡기 때문이다. 다시 말해 뇌사를 예외적으로 법적인 죽음으로 전환시키는 법은 어떤 실체적인 윤리적 규범들을 제시하는 것이 아니라 자율적인 윤리적 실천이 시민들 사이에 자유롭고 평화롭게 펼쳐지는 의사소통적 교류의 '테두리조건'을 보호한다. 이러한 법의 역할은 탈윤리화되고, 과학 · 기술에 의해 합리화된 미래 사회에서도 여전히 법의 정당한 임무로 남을 수 있을 것이다.[25)]

---

25) 이러한 법모델에 관한 설명으로 이상돈, 법학입문, 1997, 69면.

존엄사 판단의 기초로서 자연과 목적

박 준 석*

Ⅰ. 들어가며

2009년 5월 21일 대법원은 이른바 연명치료 중단의 허용기준에 관한 판결[1]을 내린 바 있다. 대법원은 그 판결문에서 '존엄사'라든가 '소극적 안락사'라는 용어에 대해서는 전혀 언급하고 있지 않지만, 이 판결이 그러한 용어들을 둘러싸고 진행되어 왔던 학계의 광범위한 논의와 무관한 것으로 볼 수는 없을 것이다.[2] 물론 대법원의 판단이 민사소송의 형식을 통해 이루어진 것이라는 점에서 당사자가 구체적으로 다투고 있지 않는 지점까지를 포괄하는 어떤 일반적인 견해를 표명한 것으로 확대 이해될 수는 없으며,[3] 또한 근래 '존엄사' 및 '소극적 안락사'라는 용어의 부적절성에 관한 논의가 빈발하고 있다는 점에서도 이 판결의 의미를 굳이 종래의 안락사 및 존엄사 논의의 연장선상에서 탐색할 필요는 없다고 볼 수도 있다.[4]

* 전북대학교 법학전문대학원 교수.

1) 대법원 2009다17417 판결.

2) 위 대법원 판결에 대한 학계와 언론의 일반적인 반응에 관해서는 김명식, "미국헌법상 안락사와 존엄사에 관한 연구," 『인간의 존엄 · 가치와 생명권』(대법원 헌법연구회 · 한국헌법학회 제56회 공동학술대회 자료집), 2009, 25-30면 참조.

3) 이 점에 관해서는 위 판결의 다수의견에 대한 대법관 안대희, 양창수의 반대의견 참조.

4) '소극적 안락사'라는 용어의 문제점에 관해서는 이인영, "인공호흡기제거 청구사건 판결의 형사법적 시사점," 『사회적 현안과 형법적 대응의 합리적 모색』(2009년 한국비교형사법학

그러나 대법원이 말하는 '연명치료의 중단'이라는 것의 실질은 결국 '소극적 안락사' 또는 '존엄사'라는 지적[5]도 종종 이루어지고 있는 점을 고려하면, 이 판결이 제시하고 있는 바가 종래의 안락사 및 존엄사 논의의 언어로써는 어떻게 파악될 수 있는지를 검토하는 것은 여전히 의미가 있는 것 같다. 이 글이 다루고자 하는 내용도 간접적으로는 바로 이러한 개념적 정지 작업에 속하는 것이라 말할 수 있다.

하지만 이 글에서 보다 직접적으로 추구하려는 바는 대법원 판결의 근저에 놓여 있는 일종의 사유 경향 내지는 그 철학적 무게 중심에 대한 이해를 넓히는 것이라 할 수 있다. 다시 말하자면, 이 글은 대법원 판결(및 관련 하급심 판결)[6]에서 제시하고 있는 연명치료 중단의 기준을 환자의 신체상태라는 객관적 요소와 환자의 의사라는 주관적 요소로 나누어 각각의 의미를 분석하고, 나아가 양자의 일정한 조합을 확인하는 데 일차적인 관심을 기울이는 것이 아니라,[7] 판결문에 나타난 논증의 전체 과정에서 추론할 수 있는 어떤 사고의 구심점과 같은 것들에 대해 음미하고자 하는 것이다.

따라서 이하에서는 전통적인 안락사 및 존엄사 논의에 등장하는 하위 개념들[8]과 '죽을 권리', '연명치료의 중단', '죽게 내버려두기' 등과 같이 비교적 최근

회 춘계학술회의 자료집), 2009, 2면 이하 참조. 한편 '존엄사'라는 용어에 대한 회의적 견해를 나타내고 있는 최근의 글들로는 최경석, "자발적인 소극적 안락사와 소위 '존엄사'의 구분 가능성," 제8회 이화생명 전문가 세미나 발표문, 2008, 10면; 노태헌, "연명치료 중단의 허부 및 허용요건," 『인간의 존엄 · 가치와 생명권』, 2009, 88면 참조.

5) 연명치료의 중단을 소극적 안락사의 범주로 보는 견해로는 이준일, "안락사(존엄사)에 관한 헌법이론적 논의—독일의 논의를 중심으로—," 『인간의 존엄 · 가치와 생명권』, 2009, 16면 참조. 한편 이를 존엄사라는 특수한 범주로 볼 수 있다는 견해에 대해서는 최경석, 위의 글, 10면 이하 참조.

6) 1심 판결인 서울서부지법 2008.11.28.선고 2008가합6977 판결과 항소심 판결인 서울고법 2009.2.10.선고 2008나116869 판결.

7) 이와 같은 기초에서 판결의 쟁점들을 꼼꼼히 검토하고 있는 글로는 이석배, "연명치료중단의 기준," 제8회 이화생명 전문가 세미나 발표문, 2008, 16면 이하; 이인영, 앞의 글, 37면 이하; 노태헌, 앞의 글, 91면 이하 참조.

8) 참고로 윤종행, "안락사와 입법정책," 『비교형사법연구』 제5권 제1호, 2003, 452-464면을 바탕으로 몇몇 하위 개념들에 대한 잠정적 정의를 상기해 보면 다음과 같다. 첫째, '진정 안락사'는 안락사의 시행으로 생명단축을 가져오지 않는 경우를 말하는데, 이는 오로지 임종을 맞는 환자의 고통을 제거할 뿐 생명의 단축이 없이 자연스럽게 죽도록 도와주는 경우에

에 활발히 거론되고 있는 개념들이 혼재되어 있는 상태를 극복하기 위해 일정한 기준에 따라 관련 개념들을 재정의하거나 재분류하는 식의 본격적인 체계화 작업을 수행하지는 않을 것이나, 이른바 "죽음을 둘러싼 의료상황"[9]에 대한 법적 판단을 이끌어내는 과정에서 특정한 철학적 사유 전통이 작용하고 있음을 보임으로써 다양한 현실 문제들의 원리적 해결을 위한 단서를 제공하고자 한다. 그러한 문제들이란 예컨대 다음과 같은 것들이 될 것이다. 예기치 못한 사고나 재난으로 인해 인공호흡기를 필요로 하는 환자가 급증하였지만 가용한 인공호흡기는 하나밖에 남지 않았을 경우 거의 동시에 들이닥친 환자들 중 누구에게 우선적으로 인공호흡기를 부착시킬 것인가? 혹은 어느 환자에게 마지막 인공호흡기를 부착한 이후 인공호흡기를 필요로 하는 또 다른 환자가 도착했다면 어떻게 할 것인가? 통상 의무의 충돌 상황으로 불리는[10] 이러한 문제들을 판단함에 있어 우리는 어떠한 요소들을 우선적으로 고려할 것인가? 충돌하는 의무가 작위 의무인지 부작위 의무인지에 따라 상이한 결론을 제시하고자 하는 견해는 정당화될 수 있는가?

해당한다. 둘째, '적극적 안락사'는 죽음에 임박한 환자의 극심한 고통을 덜어주기 위하여 적극적인 방법으로 그 환자의 생명을 단축시키는 것을 말하는데, 가령 치료불능 상태인 말기 환자의 생명을 단축케 하는 치명적인 주사약을 주입하는 경우가 이에 해당한다. 셋째, '소극적 안락사'는 회복이 불가능한 환자에게 적극적인 생명연장의 조치를 취하지 않고 환자가 그대로 사망하도록 방치하는 경우로서, 사기가 임박하고 현대의학의 견지에서 불치인 환자, 특히 식물인간의 상태에 있는 환자에 대하여 의사가 생명유지에 필요한 의료적 처치를 취하지 않거나 이미 부착된 생명 유지 장치를 제거하는 경우 등이 이에 해당한다. 넷째, '간접적 안락사'는 회복할 수 없는 중환자의 고통을 감소시키기 위한 조치가 예상했던 생명단축의 부작용을 초래하는 경우로서, 가령 환자가 자연사할 때까지 오로지 고통을 경감시켜 줄 목적으로 의사가 모르핀을 투여했는데, 필요한 모르핀의 단위용량이 점차 증가할 수밖에 없었고 이러한 처치의 부작용으로 불가피하게 환자의 생명단축이라는 결과를 초래한 경우가 이에 해당한다. 다섯째, '존엄사'는 식물인간상태와 같이 환자에게 의식이 없고 그의 생명이 단지 인공심폐기에 의해 연장되고 있는 경우에 품위 있는 죽음을 위하여 생명 연장 조치를 중단하는 것 혹은 회복의 가망이 없는 불치의 질병으로 사경을 헤매는 환자에 대하여 그가 의식이 있는 경우에는 그 의사에 따라, 의식이 없는 경우에는 그의 추정적 의사나 친지 보호자의 의사에 따라 그가 인간다운 죽음을 맞이할 수 있도록 인위적으로 그의 생명을 단축케 하는 것을 말한다.

9) 이인영, 앞의 글, 3면.

10) 하지만 이러한 교과서적인 서술과 달리 구체적인 사실관계를 놓고 판단해 보면 실제로는 의무의 충돌이라 할 수 없는 경우가 대부분일 것이다.

본론에서 구체적인 논의에 들어가기 전에 논의의 순서에 관해 간단히 언급한다면 다음과 같다. 우선 본론의 첫 부분에서는 위에서 언급한 대법원 판결의 개요를 소개하고(II-1), 이로부터 '자연적 사고'와 '목적적 사고'라는 두 가지 철학적 사유 경향을 읽어낼 것이다(II-2). 다음으로 본론의 두 번째 부분에서는 앞에서 읽어낸 두 가지 사유 경향이 대립하는 지점을 확인할 것이다. 구체적으로는 먼저 각각의 사유 경향을 대변하는 인물들이 등장하는 짧은 대화편을 구성하고(III-1), 이어서 등장인물들의 상반된 입장을 차례로 분석하게 될 것이다. 그리고 마지막으로 대법원 판결 속에 이러한 두 가지 사유 경향 내지는 철학적 무게 중심이 공존함으로써 빚어지는 결과에 대해 생각해 볼 것이다(III-2).

II. 대법원 판결의 분석

1. 대법원 판결의 개요: 연명치료 중단의 허용 요건

다수의견이 중점적으로 판단하고 있는 문제는 다음과 같은 두 가지 쟁점이라고 할 수 있다. 첫째, 환자의 자기결정권에 기초하여 연명치료의 중단이 허용될 수 있는가? 둘째, 만일 그러하다면 구체적으로 연명치료의 중단이 허용되기 위하여 갖추어야 할 조건은 무엇인가? 첫 번째 쟁점에 관해서 다수의견은 다음과 같이 결론을 내리고 있다. "회복불가능한 사망의 단계에 이른 후에 환자가 인간으로서의 존엄과 가치 및 행복추구권에 기초하여 자기결정권을 행사하는 것으로 인정되는 경우에는 특별한 사정이 없는 한 연명치료의 중단이 허용될 수 있다."[11] 이에 따라 두 번째 쟁점에 관한 판단에서 도출되어야 하는 내용도 대체로 다음의 두 질문으로 압축이 된다고 말할 수 있을 것이다. 첫째, 환자는 언제 회복불가능한

---

11) 다수의견에 대해서 대법관 이홍훈, 김능환은 다음과 같은 반대의견을 제시하고 있다. "다수의견과는 달리, 생명에 직결되는 진료에 있어서 환자의 자기결정권은 소극적으로 그 진료 내지 치료를 거부하는 방법으로는 행사될 수 있어도 이미 환자의 신체에 삽입, 장착되어 있는 인공호흡기 등의 생명유지장치를 제거하는 방법으로 치료를 중단하는 것과 같이 적극적인 방법으로 행사되는 것은 허용되지 아니[한다]." 다만 예외적으로 "환자가 몇 시간 또는 며칠 내와 같이 비교적 아주 짧은 기간 내에 사망할 것으로 예측, 판단되는 경우"에는 반대의견 역시 연명치료의 중단이 허용된다고 본다.

사망의 단계에 이르는가? 둘째, 환자는 언제 자기결정권을 행사하는 것으로 인정되는가?

다수의견에 따르면 '회복불가능한 사망의 단계'란 "의학적으로 환자가 의식의 회복가능성이 없고 생명과 관련된 중요한 생체기능의 상실을 회복할 수 없으며 환자의 신체상태에 비추어 짧은 시간 내에 사망에 이를 수 있음이 명백한 경우"를 말한다. 이는 달리 말하자면 환자가 "전적으로 기계적인 장치에 의존하여 연명하게 되고, 전혀 회복가능성이 없는 상태에서 결국 신체의 다른 기능까지 상실되어 기계적인 장치에 의하여서도 연명할 수 없는 상태에 이르기를 기다리고 있을 뿐[인]" 신체상태로서, 단지 지속적 식물인간상태(persistent vegetative state)에 있다는 사정만으로는 이러한 단계에 이르렀다고 단정할 수 없다.[12] 다만, 이러한 상태는 (대법관 김지형, 차한성의 보충의견에서 적절히 지적하고 있는 바와 같이) 대법관 이홍훈, 김능환의 반대의견에서 세시하고 있는 이른바 "돌이킬 수 없는 사망의 과정"에 진입하였을 것을 요하지는 않는다. 반대의견의 기준에 따르면 "짧은 시간 내에 사망에 이를 수 있음이 명백한[지]" 여부의 판단 기준이 되는 "환자의 신체상태"란 생명유지장치가 장착되지 않은 반사실적 신체상태가 아니라, 생명유지장치의 도움을 받고 있는 사실적 신체상태여야 한다. 만일 그렇지 않으면, "자발호흡을 완전히 회복하지 못한 모든 환자가 회복불가능한 사망의 단계에 이른 것으로 분류, 평가될 위험이 있[기]" 때문이라는 것이다. 생각건대 이러한 반대의견의 주장은 설득력이 적어 보인다. 우선 반대의견과 같이 생명유지장치가 장착되어 있는 상태에서도 불과 "몇 시간 또는 며칠"[13] 내에 사망할 것으로 판단되는 경우에만 비로소 연명치료의 중단이 허용될 수 있다고 보면, 도대체 왜

12) 이 점에 관하여, 대법원 다수의견에 따르면 지속적 식물인간상태에 있는 환자는 뇌사자와 달리 회복불가능한 사망의 단계에 있지 않지만, 1심 판결의 기준에 따르면 그러한 환자에 대해서도 연명치료를 중단할 수 있는 가능성이 있다고 해석하는 견해도 있다. 고봉진, "연명치료중단에서 이익형량의 구조와 내용," 『생명의료법과 생명윤리의 어제, 오늘, 그리고 내일』(이화생명의료법연구소 설립 5주년 기념 학술대회 자료집), 2010, 7면 참조. 그렇지만 이러한 견해는 타당하다고 볼 수 없다. 무엇보다 대법원 다수의견이 환자의 상태가 지속적 식물인간상태인지 뇌사상태인지에 따라 일도양단의 판단을 내리고 있는 것은 아니며, 또한 1심 판결에서도 대법원 다수의견과 마찬가지로 원고의 상태가 "통상의 지속적 식물인간상태보다 더 심각하여 뇌사에 가까운 상태"임을 고려하여 "환자의 회복가능성"과 "치료의 의학적 무의미성"을 판단하고 있기 때문이다.

13) 이 글 각주 11) 참조.

그러한 중단이 필요할지가 의문이며, 또한 반대의견도 인정하고 있는 바와 같이 다수의견은 환자가 회복불가능한 사망의 단계에 이르렀는지를 판단함에 있어 "의식의 회복가능성"이 없을 것을 요구하고 있으므로 단순히 자발호흡을 완전히 회복하지 못했을 뿐인 환자에게 무차별적으로 치료를 중단할 위험이 있다고 보기는 어렵기 때문이다.[14)]

다수의견에 따르면 환자가 자기결정권을 행사하는 것으로 볼 수 있으려면 명시적이거나 묵시적인 의사표시가 있어야 한다. 다시 말해서, 요건을 갖추어 작성된 사전의료지시(advance directive)를 통해 연명치료 거부 내지 중단에 관한 의사를 밝힌 이후 환자의 의사가 바뀌었다고 볼 만한 특별한 사정이 없는 경우이거나, 연명치료의 중단을 구하는 환자의 의사가 객관적으로 추정되는 경우라야 한다는 것이다.

다수의견은 환자의 명시적인 의사표시가 유효한 사전의료지시로 인정받기 위해서는 "의사결정능력이 있는 환자가 의료인으로부터 직접 충분한 의학적 정보를 제공받은 후 그 의학적 정보를 바탕으로 자신의 고유한 가치관에 따라 진지하게 구체적인 진료행위에 관한 의사를 결정하여야 하며, 이와 같은 의사결정 과정이 환자 자신이 직접 의료인을 상대방으로 하여 작성한 서면이나 의료인이 환자를 진료하는 과정에서 위와 같은 의사결정 내용을 기재한 진료기록 등에 의하여 진료 중단 시점에서 명확하게 입증될 수 있어야" 한다고 말한다. 그리고 이러한 사전의료지시가 없는 경우에는 "환자의 평소 가치관이나 신념 등에 비추어 연명치료를 중단하는 것이 객관적으로 환자의 최선의 이익에 부합한다고 인정되어 환자에게 자기결정권을 행사할 수 있는 기회가 주어지더라도 연명치료의 중단을 선택하였을 것이라고 볼 수 있는 경우에는 그 연명치료 중단에 관한 환자의 의사를 추정할 수 있다"고 한다. 결국 다수의견의 입장은 환자의 '의사'가 분명한 경우에는 그 의사를 우선적으로 존중해야 하지만, 그것이 분명하지 않은 경우에는 무엇이 환자에게 '최선의 이익'이 될 수 있는지를 객관적으로 판단해야 한다는 것이

---

14) 그렇지만 구체적으로 어느 환자가 회복불가능한 사망의 단계에 이르렀는지 여부를 판단하기란 여전히 쉽지 않을 것이다. 다수의견이 제시한 "회복불가능한 사망의 단계"라는 기준 자체에 대해서는 긍정하면서도, 기대여명이 적어도 4개월 이상으로 판단되는 이 사건 환자가 그러한 단계에 진입했다고 단정할 수는 없다고 본 대법관 안대희, 양창수의 반대의견이 바로 이러한 판단의 어려움을 잘 보여주고 있다.

라 할 수 있다.[15)]

2. 자연적 사고와 목적적 사고

위에서 살펴본 바와 같이 대법원 판결은 연명치료 중단의 허용 여부를 판단함에 있어서 환자의 신체상태라는 객관적 요건('회복불가능한 사망의 단계')과 함께 환자의 의사라는 주관적 요건('사전의료지시' 또는 '추정적 의사')을 고려하고 있는 것 같다.[16)] 또한 대법원 다수의견의 경우 1심 판결에서와 같이 일정한 상황에서는 "죽음을 맞이할 이익이 생명을 유지할 이익보다 더 크다"는 이익형량적 판단을 전면에 내세우고 있지는 않지만,[17)] 환자의 의사를 추정하는 과정에서 '최선의 이익' 기준을 제시하고 있는 점에서 보면 적어도 부분적으로는 이익형량적 접근을 하고 있다고 말할 수 있다.

그러나 필자는 대법원 판결이 명시하고 있지는 않지만, 그 논증의 과정에서 채택되고 있는 보다 중요한 사유의 요소 내지 핵심 개념들에 주목할 필요가 있다고 본다. 그것은 간단히 '자연'과 '목적' 또는 '자연적 사고'와 '목적적 사고'라는 말로 표현될 수 있으리라 생각한다.

(1) 대법원 판결의 자연적 사고

먼저 대법원 판결의 근저에 놓여 있는 자연적 사고의 흔적은 대법원이 연명치료의 중단을 허용하는 것에 어떠한 의미를 부여하고 있는지를 살펴봄으로써 확인할 수 있다. 다수의견에 따르면 "환자가 회복불가능한 사망의 단계에 진입한

15) 대법관 안대희, 양창수의 반대의견은 사전의료지시가 없는 경우 환자의 '추정적 의사' 내지 '묵시적 의사'에 따라 연명치료의 중단이 허용될 수 있다는 점에 관해서는 다수의견에 동의하지만, 위와 같은 객관적인 판단 즉 환자의 '가정적 의사'만을 기초로 하는 자기결정의 의제를 환자의 추정적 의사와 동일시하는 점에 관해서는 다수의견에 동의할 수 없다고 본다.

16) 한편 대법원 판결의 논증의 중심은 어디까지나 회복불가능한 사망의 단계이지, 사전의료지시에 따른 자기결정권의 행사가 아니라는 견해는 고봉진, 앞의 글, 4면 참조.

17) 반면에 대법관 안대희, 양창수의 반대의견은 결국 연명치료의 중단 여부는 이익형량의 문제라고 보고 있으며, 대법관 김지형, 박일환의 별개의견에서는 연명치료 중단의 허용 여부를 판단하는 데 필요한 법적 절차를 제안하면서 금치산자의 후견인에 대한 법률 규정을 유추하여 환자 본인의 '최선의 이익'에 부합하는 결과를 얻을 수 있도록 해야 한다고 봄으로써 이익형량적 접근에 주력하고 있다.

경우, 환자는 전적으로 기계적인 장치에 의존하여 연명하게 되고, … 이는 죽음의 과정이 시작되는 것을 막는 것이 아니라 자연적으로는 이미 시작된 죽음의 과정에서의 종기를 인위적으로 연장시키는 것으로 볼 수 있다"고 한다. 이 말은 단순히 '실패한 것이 명백한 의료적 개입은 중지되는 것이 옳다'는 결과주의적 입장을 선언하는 것으로 이해되어서는 안 된다. 오히려 결과주의의 전제로서 의료적 개입의 명백한 실패 여부를 판정할 수 있는 기준이 과연 제시될 수 있는가라는 회의적 물음에 응답하고 있는 것으로 보아야 할 것이다. 그리고 제안된 기준이 과연 타당한 것인지에 대하여 이른바 반자연적 상태에 대한 상식적인 거부감을 들어 비호하고 있는 것이다.

이와 유사한 견해는 대법관 김지형, 차한성의 보충의견에서도 발견된다. 그에 따르면 "진료가 의학적으로 무의미하고 오히려 진료에 의하여 인간으로서의 존엄과 가치가 침해되는 것으로 인정될 수 있으며 환자가 명시적으로 자기결정권을 행사한 경우나 이를 추정할 수 있는 경우에 진료를 중단하는 것은, 인위적으로 생명을 침해하는 것이 아니라 오히려 인위적인 신체 침해 행위에서 벗어나 환자의 생명을 환자 자신의 자연적인 신체 상태에 맡기도록 하는 것"이라고 한다. 요컨대 이러한 견해들은 연명치료의 중단에 '자연적 상태로의 복귀'라는 의미를 부여하고 있음을 알 수 있다.

한 가지 주의할 점은 다수의견과 보충의견에서 발견되는 '자연'은 일종의 잠재적 현실로서, 외재적 현실인 '사실'과는 구별된다는 것이다. 이러한 구분은 앞에서 살펴본 대법관 이홍훈, 김능환의 반대의견을 통해 분명히 알 수 있다. 반대의견은 먼저 "다수 의견이 말하는 '환자의 신체상태에 비추어 짧은 시간 내에 사망에 이를 수 있음이 명백한 경우'의 의미가 어떤 것인지 분명하지는 않지만, … 인공호흡기 등의 생명유지장치가 장착되어 있는 환자의 경우에는 그 장치가 장착되지 않는 신체상태를 기준으로 하여 그가 비교적 짧은 시간 내에 사망에 이를 것인지 여부를 판단한다는 뜻이라고 해석된다"고 하면서 다수의견이 환자의 신체상태를 판단함에 있어 '사실적 상태'가 아닌 '자연적 상태'를 척도로 삼는 점을 비판하고 있다. 또한 반대의견은 "이미 생명유지장치가 삽입 또는 장착되어 있는 환자로부터 생명유지장치를 제거하고 그 장치에 의한 치료를 중단하는 것은 환자의 현재 상태에 인위적인 변경을 가하여 사망을 초래하거나 사망시간을 앞당기는 것이므로 … 원칙적으로 허용되지 않는다"고 봄으로써 다수의견 및 보충의견과 달리 '인위적 상태'를 '자연적 상태'가 아닌 '사실적 상태'의 대척점에 두고 있다.

(2) 대법원 판결의 목적적 사고

다음으로 대법원 판결의 근저에 놓여 있는 목적적 사고의 흔적을 살펴보도록 하자. 이에 대해서는 대법원이 인정하고 있는 연명치료 중단의 목적은 오로지 환자 자신의 인간으로서의 존엄과 가치를 존중하기 위함이라는 점을 통해 확인할 수 있다. '회복불가능한 사망의 단계에 이른 환자의 의사를 존중하여 연명치료의 중단을 허용할 수 있다'는 취지로 설명되는 다수의견의 입장은 일견 매우 타당한 것처럼 보이지만, 환자의 의사가 존중되기 위해서는 왜 반드시 회복불가능한 사망의 단계에 이르러야 하는지[18]를 생각해 보면 위와 같은 설명만으로는 다수의견의 판단이 정당화될 수 있다는 확신을 심어주기에는 부족하다는 점을 인식하게 된다. 따라서 다수의견의 취지를 제대로 이해하기 위해서는 "회복불가능한 사망의 단계에 이른 후에는, 의학적으로 무의미한 신체 침해 행위에 해당하는 연명치료를 환자에게 강요하는 것이 오히려 인간의 존엄과 가치를 해하게 되므로" 죽음을 맞이하려는 환자의 의사를 존중해야 한다고 언급한 점에 주목할 필요가 있다. 이는 연명치료의 중단이 정당화되기 위해서는 그것이 인간의 존엄과 가치를 존중해야 한다는 궁극적 목적[19]에 부합해야 함을 밝히고 있기 때문이다.

---

18) 최경석은 환자의 자기결정권을 근거로 연명치료의 중단을 긍정하는 입장은 존엄사의 윤리적 정당성이 환자의 자율성 존중에 있다고 보는 입장으로 분류하고 이를 "자율성 중심주의"로 명명한 뒤, 다음과 같은 문제 제기를 덧붙이고 있다. "존엄사에 대한 '자율성 중심주의'는 말기 환자의 자기결정권에 초점을 맞추고 있으므로 더더욱 안락사에 대한 논란으로부터 자유로울 수 없다. 굳이 환자의 자기결정권을 … 연명장치의 제거에만 국한하는 이유는 무엇인가?" 최경석, 앞의 글, 12-3면 참조. 이러한 '자율성 중심주의'는 그가 다른 글에서 언급하고 있는 생명의료윤리에서의 포괄적 이론의 하나인 "자유주의이론"의 특수한 표현이라 할 수 있다. 그의 정의에 따르면 이른바 자유주의이론은 "생명윤리와 관련된 문제를 해결함에 있어 그것이 타인의 권리나 복지를 침해하는 것이 아니라면 모두 허용되어야 한다는 입장"으로서 "whynotism"이라는 새로운 이름을 부여받을 수 있을 것이라 한다. 이에 대해서는 최경석, "생명의료윤리와 생명의료법: 다원주의 사회에서 학제적 생명의료윤리학의 학문적 정체성과 미래," 『생명의료법과 생명윤리의 어제, 오늘, 그리고 내일』, 2010, 7면 참조.

19) 다수의견과 마찬가지로 대법관 김지형, 차한성의 보충의견도 인간의 존엄과 가치 및 행복을 추구할 권리가 우리 헌법상의 최고"목적"조항이라는 점을 분명히 하고 있다.

또한 기본적으로 다수의견과 궤를 같이 하고 있는 대법관 김지형, 차한성의 보충의견이 "'회복불가능한 사망의 단계'에 진입하였다는 사정만으로 모든 환자에 대한 연명치료가 인간으로서의 존엄과 가치를 해하는 것으로 볼 수는 없다. 환자의 가치관이나 신념 등에 따라 신체 침해를 수반하는 연명치료의 계속이 인간으로서의 존엄과 가치를 해하는 것으로 받아들일 것인지 여부가 달라질 수 있[다]"고 말하고 있는 점도 주목을 요한다. 이 말이 의미하는 바는 단순히 연명치료의 중단이 허용되기 위해서는 환자가 회복불가능한 사망의 단계에 진입했다는 객관적 정황 외에 일정한 주관적 요소에 따른 정당화가 필요하다는 것만이 아니다. 보다 중요한 함의는 그러한 주관적 요소가 단지 환자의 자기결정이라는 '의지적 요소'만을 뜻하는 것이 아니라, 그의 가치관이나 신념이라는 '의도적 요소'도 포함한다는 것이다. 다시 말해서 단지 환자가 그렇게 결정했다는 점만이 아니라 환자가 왜 그렇게 결정했는가가 더욱 중요하다는 것이다.[20] 보충의견은 결국 판결의 정당화를 이끌고 있는 목적적 사고의 흔적을 여실히 보여주고 있는 것이다.

다수의견과 달리 반대의견에서는 보다 분명한 어조로 환자의 자기결정이라는 '의지적 요소' 외에 연명치료의 중단을 통한 인간의 존엄과 가치 존중이라는 '의도적 요소'의 고려가 배제되어서는 안 된다는 점을 밝히고 있다. 대법관 안대희, 양창수의 반대의견에서는 이 사건의 청구가 환자의 자기결정권에 근거해 이루어지고 있기 때문에 환자의 명시적이거나 묵시적인 의사의 확인에 전념하는 것일 뿐이라는 사정을 환기하면서 다음과 같이 말하고 있다. "중요한 것은 여기서 환자의 '가정적 의사'는 연명치료 중단의 허용 여부를 판단하는 유일한 또는 결정적인 요소는 아니라는 점이다. 즉, 환자의 가정적 의사가 연명치료의 중단에 찬성하지 않는 것으로 밝혀지더라도, 그 의사를 존중하여 연명치료를 계속하는 것이 환자의 인간으로서의 존엄과 가치에 반한다고 말할 수 있는 경우가 상정될 수 있다. 요컨대 이 단계에서 연명치료의 중단 여부는 법질서 일반의 관점에서 행하여지는 당해 사안에 대한 객관적인 이익형량 내지 가치평가의 문제인 것이다." 또한 대법관 이홍훈, 김능환의 반대의견은 "만일 다수의견이, 회복불가능한

20) 이렇게 보지 않고 단순히 누군가에 대한 침해적 행위는 그 행위 상대방의 개인적 성향에 따라 존엄성의 침해가 될 수도 안 될 수도 있다는 뜻으로 이해한다면, 이는 우리 헌법상 최고목적조항인 '인간으로서의 존엄과 가치' 조항의 내용을 지나치게 가변적이고 자의적인 것으로 만드는 결과를 초래할 수 있으므로 받아들일 수 없는 견해라 생각된다.

사망의 단계에 이른 환자에 대한 인공호흡기 등에 의한 치료는 의학적인 의미에서 치료의 목적을 상실한 신체침해행위가 계속적으로 이루어지는 것이어서 환자의 인간으로서의 존엄과 가치 및 행복추구권에 반한다고 하는 가치판단에서 그 치료중단행위의 정당성의 근거를 찾는 취지라면, 굳이 환자의 자기결정권에 기한 입론을 할 필요도 없을 것"이라고 봄으로써 환자의 자기결정에 대한 고려보다 인간의 존엄과 가치 존중에 대한 고려가 핵심적이라는 점을 단적으로 지적하고 있다.

Ⅲ. 자연과 목적의 변증

1. 대법원 판결 사안의 장르적 재구성

이제 대법원 판결의 근저에 자연적 사고와 목적적 사고라는 일종의 사유 경향 내지 철학적 무게 중심이 자리하고 있다는 점에 대한 최소한의 확인 작업을 넘어서, 그에 대한 약간의 추가적인 이해 작업이 필요한 것 같다. 따라서 이하에서는 판결문에 나타난 논증의 전체 과정에서 사고의 구심점으로 기능하는 것으로 보이는 두 가지 사유 경향을 소위 변증적으로 이해하기 위해 다소 번거로운 장르적 전환을 시도해 보고자 한다. 다시 말해서 하나의 목소리에 담긴 두 가지 사유 경향에 각각의 목소리를 부여하고 서로 대화하도록 설정함으로써 각각의 사유 경향 자체 및 양자의 관계에 대한 이해가 깊어질 수 있도록 대화편의 형식으로 연명치료의 중단을 둘러싼 쟁점을 재구성해 보려는 것이다.

***

A. 76세의 나이에 저산소성 뇌손상을 입고 PVS(persistent vegetative state)에 돌입했다면 이후의 dike의 진행에 있어서는 곧바로 죽음이 뒤따를 것이네. 그럼에도 불구하고 인위적으로 physis에 어긋나는 연명의 상태를 유지하는 것은 바람직하지 않다고 보네.

B. 하지만 환자가 이미 사망한 것도 아닌데, 인공호흡기를 떼는 것은 자칫 살인을

저지르는 것과 다를 바 없을 수도 있네.

A. 나 또한 살인 행위를 옹호할 생각은 전혀 없네. 다만 dike와 physis에 비추어 볼 때 살인이 자연에 어긋나는 상태를 인위적으로 만들어내는 것과 마찬가지로 인공생명연장장치도 자연에 어긋나는 상태를 만들어낸다는 점에서 바람직하지 않다는 것이네.

B. 그렇다면 자네가 보기에는 후자의 경우에 그 인공호흡기를 떼는 행위가 자연에 어긋나는 상태를 자연에 일치하도록 교정하는 역할을 하는 셈이로군?

A. 그렇다네. 따라서 그 경우에는 어떠한 처벌도 가당치 않다고 말할 수 있네.

B. 하지만, 어떠한 행위의 옳음을 판단하기 위해서는 그 행위의 목적을 반드시 고려해야 하지 않겠나? 환자의 고통을 경감시키기 위한 행위라든가 환자의 존엄을 지켜주기 위한 행위와 환자의 죽음을 앞당기기 위한 행위는 다를 테니까 말일세. 그렇게 본다면 바람직한 목적을 실현시키기 위한 행위가 부득이하게 바람직하지 못한 부수적 효과를 유발한 경우에 해당해야만 처벌을 피할 수 있을 것이네. 판사도 그렇게 본 것 아니겠는가?

A. 자네처럼 생각할 경우에는 문제가 좀 복잡해지는 듯하네. 아무리 바람직한 목적을 위한 것이라 해도, 부수적으로 발생한 바람직하지 못한 결과가 너무나 중대하게 자연에 반하는 것이라면 처벌을 피할 수 없을 듯싶네. 또 자네가 하는 말은 마치 바람직한 목적을 추구하기 위해서는 바람직하지 못한 어떤 일을 그 수단으로 삼아도 된다는 듯이 들리네.

B. 그렇지는 않다네. 바람직하지 못한 결과가 바람직한 목적 추구의 과정에서 단지 예견되었던 경우와 수단으로 이용되거나 부수적 목적으로 추구된 경우는 구별되니까 말일세. 그렇기는 해도 자네 말처럼 바람직한 목적과 바람직하지 못한 부수적 결과 사이에는 어떤 비례가 유지되어야 할 것 같이 생각되는구먼.

A. 바람직하지 못한 결과가 바람직한 목적 추구의 과정에서 단지 예견되었던 경우와 수단으로 이용되거나 부수적 목적으로 추구된 경우를 구별하는 것이 가능한 것인지 의문이네. 또한 그 구별이 가능하다고 해도 결과적인 해악의 차원에서 볼 때 무슨 차이가 있는 것인지도 나는 모르겠네.

2. 대화편의 분석

(1) 자연적 사고 모델: A의 입장

A의 입장에서는 우선 생명을 단축시키는 안락사와 생명의 단축을 일으키지 않는 안락사를 구별할 것이다. 이는 A가 "자연에 어긋나는 상태"를 인위적으로 만들어내는 것은 바람직하지 않다고 말하는 대목을 통해 추론할 수 있다. 즉 A는 자연적인 생명의 노정에 인간이 개입하여 이를 단축하거나 연장하는 것은 옳지 않다고 보는데, 이 점에서 생명을 단축시키는 안락사는 통상의 살인 행위와 마찬가지인 것이다.

그러나 생명의 단축을 일으키지 않는 안락사라는 것은 그야말로 '편안한 죽음'을 맞을 수 있도록 하는 최선의 보살핌인 것으로 여기에 어떠한 법적 · 도덕적 논란거리가 있을 가능성은 희박하다.

A의 주장에서 가장 논쟁적인 부분은 생명의 '인위적 연장' 또한 바람직하지 않다고 보는 점이라 할 수 있다. 하지만 이러한 주장으로써 A가 의도했던 바를 응급 환자에 대한 의료 개입 등과 같이 적절한 시술 여하에 따라 충분히 호전될 가능성이 있는 환자의 생명을 구하기 위한 일체의 인위적 활동을 바람직하지 않게 평가하려는 것이라 볼 수는 없다. 왜냐하면 A는 어디까지나 "dike와 physis에 비추어" 판단하고 있기 때문이다. 그에 따라 회생가능성이 전혀 없는 환자에게 단지 "연명의 상태를 유지하는 것"에 불과한 의료 개입을 실시하는 것만이 바람직하지 않은, 생명의 '인위적 연장' 행위라 볼 것이다.

A는 안락사 시술이 죽음을 앞둔 환자가 극심한 고통에 시달리고 있을 경우에 그 고통을 덜어주기 위한 목적에서 이루어진 것인지 여부에 대해서는 그다지 주의를 기울이지 않고 있다. 기본적으로 그는 목적이 수단을 정당화할 수는 없다는 입장을 취하고 있는 것으로 보이기 때문이다. 더욱이 안락사의 문제에 있어서는 "부수적으로 발생한 바람직하지 못한 결과"란 곧 '환자의 죽음'을 의미하게 되므로 생명을 단축시키지 않는 안락사의 경우 외에는 항상 "중대하게 자연에 반하는 것"이 되어 처벌을 면하지 못하는 것으로 보게 된다.

나아가 A의 견해는 위와 같은 목적하에서 시술된 안락사의 경우, 적극적인 조치를 취함으로써 사망에 이르게 했는가 아니면 소극적인 조치만으로 사망에 이르게 했는가에 따라 달리 평가할 수 있다고 보는 입장[21]과도 구별된다. 사실

이러한 입장을 취하는 학설들은 많은 경우 가령 독극물을 주사하는 행위와 단순히 인공호흡기를 떼는 행위를 동일하게 평가할 수는 없다고 말한다. 그렇지만 정작 이 입장이 안고 있는 문제점은 독극물 주사 행위와 인공호흡기 제거 행위를 달리 평가할 수 있도록 하는 기준이 무엇인지를 구체적으로 제시해 주기 못하고 있는 데 있다. 이 경우의 '적극적 조치'와 '소극적 조치'는 각각 '작위'와 '부작위'를 의미하는 것이고, 작위의 경우와 동가치적이라고 판단되지 않는 부작위에 대해서는 상이한 규범적 평가가 가능하다고 보더라도 문제는 해결되지 않는다. 인공호흡기 제거 행위 역시 '작위'에 해당하기 때문이다.[22]

A는 적극적 조치냐 소극적 조치냐, 작위냐 부작위냐 하는 등등은 안락사의 가벌성 여부를 판가름하는 기준이 될 수 없다고 볼 것이다. A가 인정하는 기준은 오직 생명을 단축시키느냐 그렇지 않느냐 하는 것이기 때문이다. A의 입장에 대해 제기해 볼 수 있는 반론 중 하나는 일단 환자가 인공호흡기에 의존해서라도 살아 있는 이상, 인공호흡기의 제거는 언제나 생명을 단축시키게 된다는 사실이다. 사실 인공호흡기를 제거하는 목적 자체가 빨리 죽음을 맞이할 수 있게 하기 위함인 것이다. 이에 대해서 A는 마치 생명력의 현재고(current height)를 보여주는 선과 구별되는 생명력의 자연적 기준선(natural baseline)과 같은 것이 있어서 자연적 기준선이 제로(zero) 상태에 있을 때 현재고 선을 자연적 기준선 위로 끌어올려 버티기 위해 사용된 인공호흡기를 제거하는 것과 자연적 기준선이 플러스(plus) 상태에 있을 때 일시적으로 그보다 낮게(제로 상태에 가깝게) 형성되어 있는 현재고 선을 자연적 기준선과 일치시키기 위해 사용된 인공호흡기를 제거하는 것은 전혀 다른 의미를 갖는다고 말할 것이다. 두 경우 모두 인공호흡기에 의존해 삶을 유지하고 있던 환자의 죽음이 앞당겨지는 것이라고 말할 수도 있지만, 전자의 경우는 어디까지나 '자연적 기준선으로의 복귀'로, 이와 달리 후자의

21) "죽음에 이르게 하는 행위의 성격"에 따른 적극적 안락사와 소극적 안락사의 구분에 회의적인 최근의 경향에 대해서는 이인영, 앞의 글, 4-6면 참조. 한편 그러한 회의적인 경향에 대하여 "적극적인 안락사를 의사의 임무로 이해하는 데에는 [의사의 역할에 대한] 인테그러티를 해친다는 부담을 극복할 만큼의 더 큰 정당화를 요구한다"는 점에서 비판적인 견해를 취하는 입장은 최경석, 앞의 글(각주 4), 4-7면 참소.

22) 인공호흡기 제거 행위의 작위성 여부를 둘러싼 학설과 판례의 입장에 대해서는 이인영, 앞의 글, 7-9면 참조. 대법원은 보라매 병원 사건 판결(대법원 2004.6.24.선고 2002도995 판결)에서 이를 '작위'로 판단하고 있다.

경우는 '자연적 기준선으로부터의 이탈'로 평가된다는 것이다. 결국 전자의 경우는 바람직한 것으로서 처벌되지 않지만, 후자의 경우는 그렇지 못하므로 처벌을 면치 못할 것이라는 말이다.[23)]

일반적으로 안락사는 환자의 극심한 고통을 덜어주기 위한 목적으로 행해지는 것인 데 비해, 존엄사는 환자가 인간으로서의 존엄을 유지하며 품위 있는 죽음을 맞게 하기 위한 목적으로 행해지는 것이라 한다. 그런데, 앞서 살펴보았듯이 A는 시술의 목적이라는 부분에 대해서는 그다지 큰 의미를 부여하지 않고 있다.[24)] 따라서 별도의 존엄사 개념을 인정하지도 않을 것으로 보인다. 더욱이 판례의 표현과 같이 인간의 존엄과 가치에 부합하게 죽는다는 것은 다름 아닌 바로 "자연스러운 죽음을 맞이하는 것"을 의미한다고 하면, 원래 A가 불가벌적 안락사의 인정 기준으로 삼았던 것이 그대로 존엄사의 개념 속에 반영되어 있는 셈이다. 결국 A의 입장에서는 안락사와 구별되는 별도의 존엄사 개념을 인정할 이유가 없다고 말할 수 있다.

(2) 목적적 사고 모델: B의 입장

B의 입장에서는 어떤 행위의 가벌성을 판단하는 데는 그 행위의 '목적'이 과연 정당한 것인지 여부가 중요해 보인다. 따라서 가령 특정 인종이나 특정 질환 보유자의 제거를 궁극적인 목적으로 하는 안락사는 정당화될 수 없을 것이다.

그러나 B는 안락사 시술이 최종적으로 정당화될 수 있기 위해서는 몇 가지 추가적인 요건을 충족시켜야 한다고 본다. 먼저 안락사의 경우와 같이 정당한 목적('극심한 고통의 제거')을 추구하는 과정에서 바람직하지 못한 결과('생명 단축에 따른 죽음')가 발생할 때는 바람직하지 못한 결과가 바람직한 궁극적 목적을 추구

---

23) 자연적 기준선의 개념에 대해서는 Heidi M. Hurd, "The American Refusal to Impose Legal Liability for Omissions to Aid," The 68th Foreign Authority Forum(서울대학교 법과대학 BK21 21세기 세계 속의 한국법의 발전 교육 연구단 기획 강연), 2003, 1면에서 힌트를 얻었다. 그러나 Hurd가 이를 작위와 부작위의 단순한 구별 기준의 하나로 소개했던 점과 달리 이 글에서는 잠재적 내지 반사실적 현실을 나타내는 것으로 보고 있다.

24) 만일 A가 아니라 '어느 스토아 철학자'의 입장을 본다면 사정이 좀 달라질 수 있다. 스토아 철학자들은 극심한 고통을 제거하기 위하거나, 명예와 존엄을 지키기 위한 죽음의 선택을 긍정적으로 보는 경향이 있었기 때문이다. 이에 대해서는 윤종행, 앞의 글, 453면 참조.

하는 과정에서 "단지 예견되었던(merely foreseen but unintended)" 것이어야지 "수단으로 이용되거나 부수적 목적으로 추구되었던(intended as a means to a goal that is justified)" 것이어서는 안 된다.[25] A의 지적과 같이 목적이 수단을 정당화할 수는 없기 때문이다. 그렇다면 B의 견해에 따를 때 생명을 단축시키는 안락사가 정당화되기 위해서는 일단 '간접적 안락사'여야 하지, '적극적 안락사'나 '소극적 안락사'여서는 안 된다고 말할 수 있겠다. 적극적 안락사나 소극적 안락사의 경우는 모두 극심한 고통의 제거를 위해 생명을 단축시키는 조치를 수단으로 이용하는 것이기 때문이다.

또한 바람직하지 못한 결과는 "부득이하게" 유발된 것이어야 한다. 즉 만일 시술자의 적절한 조치가 있었더라면 생명 단축에 따른 죽음을 유발하지 않고도 환자가 느끼던 극심한 고통을 제거할 수 있었던 경우였음에도 안락사 시술로 나아갔다면 정당화될 수 없을 것이다. 이는 안락사 시술이 보충성의 원칙에 입각해 마지막까지 회피되어야 하는 대상이라는 점 및 회피할 수 없을 경우에도 생명 단축의 정도를 최소화함으로써 고통 없는 상태에서 환자가 자신의 삶의 마지막 순간을 최대한 누릴 수 있도록 해야 한다는 점을 담고 있는 요건이라 할 수 있다.

나아가 바람직한 목적과 바람직하지 못한 부수적 결과 사이에는 적절한 "비례"적 균형이 유지되어야 한다. 다시 말해서 약간의 바람직한 목적을 위해 막대한 해악적 결과를 감내할 수는 없다는 것이다. 생명을 단축시키지 않는 안락사라면 당연히 논란의 대상이 아니다. 그러나 생명을 단축시키는 안락사의 경우에는 과연 어떤 경우에 적절한 비례적 균형이 유지되는 것인지가 다소 불분명해 진다.

그런데 만일 시술의 목적이 고통의 제거에 있는 것이 아니라 존엄성의 유지에 있는 것이라면 부수적 결과와의 사이에서 비례적 우위를 인정받을 수 있는 여지가 커진다. 이는 판례가 단순히 '고통을 느끼지 않을 권리'가 아니라 "죽음을 맞이함에 있어 존엄을 추구할 권리"[26]를 들어 "생명보호의 원칙"에 대한 비례적 우위를 인정하고 있는 점을 보더라도 알 수 있다.[27] 따라서 B의 입장에서는 일반적

25) Alison McIntyre, "Doctrine of Double Effect," *The Stanford Encyclopedia of Philosophy* (Fall 2009 Edition), E.N. Zalta (ed.), URL = 〈http://plato.stanford. edu/archives/fall2009/entries/double-effect/〉 참조.

26) 1심 판결인 서울서부지법 2008.11.28.선고 2008가합6977 판결 참조.

27) 다만 1심 판결은 식물인간 상태의 환자가 "정신적 고통"을 느낄 수 있다는 전제에 서 있는

인 안락사의 경우와 구별되는 별도의 존엄사 개념을 인정할 가능성이 있다고 말할 수 있다. 그 기준이 바로 시술의 '목적'에 있음은 물론이다.

(3) 공존의 의미: 간접적 존엄사?

이상으로 연명치료 중단의 문제에 관하여 자연적 사고 모델에 따라 접근하는 경우와 목적적 사고 모델에 따라 접근하는 경우의 판단이 얼마나 달라질 수 있는지를 살펴보았다. 우선 자연적 사고 모델에 따르면 대법원 판결에서 말하고 있는 '회복불가능한 사망의 단계' 개념은 연명치료의 중단이 정당화될 수 있는 자연적 기초에 해당하는 것으로서 곧 생명력의 자연적 기준선이 제로 지점에 형성되어 있는 상태를 의미한다고 볼 것이다. 따라서 자연적 기준선으로의 복귀로 해석되는 연명치료의 중단은 정당한 것으로 이해된다. 한편 목적적 사고 모델에 따르면 단지 환자의 신체상태나 의사결정이라는 요소만으로는 연명치료의 중단을 정당화하기에 부족하다고 보며, 무엇보다 환자의 인간으로서의 존엄과 가치를 존중하기 위해 불가피하게 연명치료를 중단한다는 사정이 인정될 수 있어야 정당화의 기초가 다져진다고 볼 것이다.

그런데 이 두 가지 사고 모델은 대법원 판결 속에서 하나의 표층적인 이야기를 구성하는 데 기여하고 있다. 두 가지 상반된 사유 경향이 대법원 판결의 철학적 무게 중심을 나눠 가짐으로써 전통적인 안락사 및 존엄사 논의를 포함하여 이른바 죽음을 둘러싼 의료상황의 문제에 새롭게 접근할 수 있는 단서를 제공하고 있는 것이다. 가령 대법원 판결이 자연적 기초에만 근거했더라면 소극적 안락사와 존엄사의 구별 이유는 없다고 볼 것이나, 목적적 기초에도 근거함으로써 소극적 안락사나 간접적 안락사와는 구별되는 존엄사의 영역을 남기게 된다는 점은 그 한 예일 수 있다. 보다 구체적으로 존엄사의 의미를 한정해 보면 다음과 같이 말할 수 있을 것이다. 첫째, 우선 존엄사는 사실적 생명단축을 반사실적 현실을 통해 정당화하는 것으로서 연명치료의 중단이 자연적 기준선으로의 복귀로 평가될 경우에만 인정된다. 둘째, 또한 사실적 생명단축은 환자의 고통을 제거하기 위해서가 아니라 환자의 인간으로서의 존엄과 가치를 존중하기 위해서 일어날

것으로 보인다. 그러나 이러한 입장은 일반적인 이해와 다르다. 일반적으로 식물인간 상태의 환자에게서 인공호흡기를 뗄 경우에는 어떤 고통의 제거를 의도한다기보다는 환자의 존엄 보호를 의도하는 것으로 이해되고 있는 것이다.

때 정당화되므로 이른바 소극적 안락사와 존엄사는 구별되어야 한다. 셋째, 나아가 사실적 생명단축은 연명치료의 중단으로 인해 부득이하게 유발된 예견되었던 불행일 수 있을 뿐, 환자의 인간으로서의 존엄과 가치를 실현하기 위해 전략적으로 선택할 수 있는 수단이어서는 안 된다. 이러한 점에 한해서는 존엄사가 간접적 안락사와 상당히 유사하다고 말할 수 있다.

또한 환자에게 필요한 인공호흡기가 부족한 상황에서 어느 환자에게 인공호흡기를 부착할 것인지에 대한 문제에 대해서도 비슷한 논의가 가능할 것이다. 통상 의무의 충돌 상황이라 불리는 이러한 문제는 단순히 충돌하는 의무가 작위 의무인지 부작위 의무인지에 따라 달리 처리하거나, 관련하여 작위와 부작위의 정의를 조작함으로써 해결하려 할 것이 아니라,[28] 구체적인 상황에서 가령 인공호흡기의 탈부착 행위가 자연적 기준선으로의 복귀를 의미하는지 혹은 (무의미한 연명치료의 경우와 같이) 그 반대를 의미하는지에 따라 달리 취급해야 할 것이다. 따라서 경우에 따라 예컨대 인공호흡기 부착을 나중에 요청한 환자에게 먼저 인공호흡기를 부착하는 것이 정당화될 수도 있으며, 특정 환자에게 부착되어 있는 인공호흡기를 떼어내고 다른 환자에게 부착하는 행위라고 하여 일률적으로 처벌의 대상이 된다고 볼 수도 없을 것이다. 다만, 진정으로 충돌하는 의무들이 존재할 경우라면 그들 중 하나의 불이행을 부수적으로 의도하거나 다른 의무 이행의 수단으로 이용하는지 여부 또한 고려하여 편의적인 환자 선택이 발생하지 않도록 해야 할 것이다.

Ⅳ. 나 가 며

2009년 5월 21일의 대법원 판결에 따라 이제 연명치료 중단의 가능성은 열려 있는 상태이다. 그리고 연명치료 중단의 허용 가능성에 대한 대법원의 논증이 환자의 자기결정권에 근거하여 이루어진 까닭에 환자의 '의사'와 환자의 '최선의 이익'이라는 요소는 당연히 논의의 중심에서 고려되어야 할 대상이 되었다.

그렇지만 대법원 판결의 근저에는 의사와 최선의 이익에 대한 고려 외에도

28) 학설과 판례의 이러한 시도들에 대해서는 이인영, 앞의 글, 7-9면 참조.

무시할 수 없는 사고의 지향성이 깔려 있으며, 이는 논증의 전체 과정에 영향을 끼치면서 일종의 사유의 축과 같은 것을 형성하고 있는 것 같다. 핵심적인 논거와 요건 구성에서는 자칫 명확히 드러나지 않는 형태로 판결문에 내재해 있는 그것은 바로 자연적 사고와 목적적 사고의 경향이라 할 수 있다.

자연적 사고의 경향은 대법원 판결에서 자기결정이 존중되는 환자의 범위가 왜 '회복불가능한 사망의 단계'에 이른 경우로 한정되고 있는지를 설명해 준다. 잠재적 내지 반사실적 현실을 나타내는 생명력의 자연적 기준선과 같은 것의 존재를 가정하지 않는 한 회복불가능한 사망의 단계 개념에 대한 정의도, 그 개념을 통한 사망의 전체 과정의 임의적 분할도 여의치 않았을 것이다. 회복불가능한 사망의 단계란, 달리 말하자면, 생명력의 자연적 기준선이 제로 지점에 형성되어 있는 상태를 의미하는 것이다.

한편 판결문의 도처에서 만날 수 있는 '인간으로서의 존엄과 가치' 개념은 단지 자기결정권의 헌법적 근거에 대한 언급을 위해 등장하고 있는 것이 아니다. 그것은 회복불가능한 사망의 단계에 이르렀다는 사정에다 환자의 자기결정이라는 조건을 갖추고 있는 경우라도 항상 연명치료의 중단이 허용되는 것은 아니므로 문제가 되는 연명치료 행위에 대한 법적 평가를 마무리하기 위한 최종적인 근거가 필요하다는 점 때문에 등장할 수밖에 없는 것이다. 바로 이 점을 이해하면 목적적 사고의 경향이 또한 연명치료 중단에 대한 정당화의 과정을 이끌고 있음을 알 수 있다.

통상 서로 다른 사고의 지향성은 하나의 문제에 대하여 서로 다른 (그리고 각각 매우 극단적인) 해결책을 취하도록 인도하는 경향이 있다. 그러나 본문에서 살펴본 바와 같이 자연적 사고와 목적적 사고라는 서로 상반된 사유 성향은 대법원 판결의 철학적 무게 중심을 나눠 가짐으로써 역동적인 상황 전개를 가능케 하고 있다. 그것은 은연중에 전통적인 안락사 및 존엄사 논의를 포함하여 이른바 죽음을 둘러싼 의료상황의 문제에 새롭게 접근할 수 있는 단서를 우리에게 제공하고 있는 것이다.

제3부 | 생명윤리의 제 문제

인보험에서의 유전자 차별, 누가 어떻게 해결할 것인가?
—1998년 엠네스티 인권강좌의 크노퍼즈와 벌리의 논의를 중심으로—

이 준 형*

Ⅰ. 문제의 소재

유전공학의 발전으로 우리가 얻을 수 있는 개인의 유전정보가 늘어나면 늘어날수록 보험회사의 입장에서는 보험가입 희망자의 유전정보를 미리 알아내서 보험료를 차별하거나 아예 보험가입을 거절하려고 할 것이다. 우리나라와 같이 전국민을 상대로 공보험 형태로 건강보험을 운영하는 경우에도 국가가 유전정보를 근거로 보다 높은 보험료를 책정하는 것도 예상해볼 수 있다. 한편 상법 제651조, 제652조는 보험계약자나 피보험자에게 일정한 고지의무를 부과하고 있고, 나아가 이를 해태한 때에는 보험자가 그 사실을 안 때로부터 1월 안에 보험계약을 해지할 수 있도록 하고 있다. 특히 생명보험의 경우는 원칙적으로 보험자의 위탁을 받은 의료기관이 피보험자가 될 자를 진찰하도록 되어 있다. 이러한 사정에 비추어 "보험사가 개인의 의료정보를 이용하는 것을 무제한적으로 허용할 경우 보험관계에서 개인의 의료정보를 이유로 한 차별이 상당할 것으로 예상된다."1)

이런 이유로 지난 2002년 9월 입법예고된 「생명윤리 및 안전에 관한 법률안」(보건복지부 공고 제2002-122호)은 제6장 「인간 유전정보 등의 보호 및 이용」의 첫

---

* 한양대학교 법학전문대학원 교수.

1) 정규원, 의료정보의 활용 및 보호, 「정보법학」 제6권 제1호(2002), 15면.

조문인 제28조(유전정보 등에 의한 차별 금지)에서 다음과 같이 규정하고 있다.

① 누구든지 유전정보등을 이용하여 교육, 고용, 승진, 보험 등 사회 활동에 있어서 타인을 차별하여서는 아니 된다.

② 누구든지 이 법 또는 다른 법령으로 정한 경우를 제외하고 타인에게 유전자검사를 받기를 강요하거나, 유전자검사의 결과를 제출하도록 강요하여서는 아니 된다.

그렇다면 생래적으로 "건강한" 유전자와 "병약한" 유전자를 타고난 사람 사이의 연대는 어떻게 가능한가? 그들 사이에서 사회와 보험자는 각각 어떠한 역할을 맡을 것인가? 여기서는 이러한 문제에 대한 제도적, 법적 분석에 들어가기에 앞서 먼저 이념적, 정책적 차원에서 검토해보기로 한다.[2)]

이 문제를 둘러싸고 한쪽에서는 지금 현재 유전자 정보에 대한 접근권(access)을 보호업자에게 당장 부여할 수는 없지만 일정한 유예기간을 두어 준비하도록 하여 결국은 보험자가 다양한 보험상품의 제공으로 이들 사이의 재분배 기능을 맡도록 해야 한다고 주장하는가 하면, 다른 한쪽에서는 여전히 사회 내지 국가가 강제적 의료보험으로 사회적 약자인 "유전자가 불운한" 사람을 보호하여야 한다는 입장을 지지한다.

인간게놈기구(Human Genome Organization, HUGO) 윤리위원회 의장을 지낸 바르사 마리아 크노퍼즈(Bartha Maria Knoppers) 교수[3)]가 前者의 견해를 대표한다면, 옥스퍼드 대학의 저스틴 벌리(Justin Burley) 교수[4)]는 後者의 견해를 대표

2) 제도적, 법적 분석의 시도로는 필자가 최근 한국정보보호진흥원의 의뢰를 받아서 작성, 제출한 「의료 · 생체인식 등 개인의 신체적 특성 정보의 보호에 관한 연구」(2002.12), 131면 이하 및 168면 이하를 참조.

3) 캐나다 몬트리올(Montreal) 대학교 법학과 정교수. 공법연구소 선임연구원. 맥마스터 미엔(McMaster Meighen) 법률사무소 고문. 현재 인간게놈기구(HUGO) 윤리위원장. 최근에는 캐나다 의학연구심의회(Medical Research Council, MRC) 상임윤리위원회 위원으로 선임. 1996년 「제1회 국제DNA샘플링과 인간유전자연구회의(윤리적, 법적, 정책적 관점에서)」의 조직위원장을 역임.

4) 현 영국 맨체스터(Manchester) 대학교 정치학과 전임교원 겸 옥스퍼드 대학교 엑세터(Exeter) 컬리지 시간강사. 이 책 The Genetic Revolution and Human Rights 외에도 Ronald Dworkin and His Critics와 A Companion to Genetics 등 편저(後者는 John Harris

한다고 할 수 있겠다. 이하에서는 1998년 옥스퍼드 엠네스티 인권강좌에서 발표되었던 두 사람의 견해를 서로 비교해보기로 한다.

1992년 첫 개설된 이래, 세계적으로 높은 명성을 자랑하는 엠네스티 강좌[5]의 1998년 주제는 「유전자 혁명과 인권」(The Genetic Revolution and Human Rights)이었고, 그 후 옥스퍼드 대학 출판부에서 책으로 간행되었다.[6] 여기서는 이 책 제3장에 나란히 실린 두 사람의 논문 내용[7]을 서술 순서에 좇아서 정리, 소개한다.[8] 크노퍼즈의 글은 유전정보에 관한 접근권을 누구에게 부여할 것인가에 관한 일반적인 주제를 다루고 있기 때문에 보험자 외의 다른 경우(고용주와 혈족)도 시야에 넣고 있지만, 결국 "유전적(내지 생래적) 불운"의 사회적 분담기구로서 보험자의 역할을 강조하는 데 초점이 맞춰져 있다. 한편, 벌리의 글은 비록 형식상 보험에 집중하고 있긴 하지만, 그 내용은 스스로 밝히고 있듯이 "불운" 일반에 관한 것이다. 요컨대 두 사람의 글은 모두 "유전적(내지 생래적) 불운"을 소재로 "불운"의 사회적 분담장치로서 보험제도의 의의를 재검토한다는 공통점을 가진다고 볼 수 있다.

II. 유전정보에 대한 접근권은 누가 가져야 하는가?(크노퍼즈)

"우리가 어디에 있어야 하는가"하는 문제를 논의함에 있어서는 보다 예비적인 문제, 어떤 주제를 현재 그리고 미래에 해결하기 위한 단초를 제공하는 문제, 즉 "우리가 어디에 있는가?"를 무시할 수 없다. 우리는 지금 생명공학의 시대에

와 공동편저). 현재 Genetic Justice라는 제목의 연구물을 준비 중이며, 이 연구물은 곧 옥스피드 대학 출판부에서 생명공학윤리 시리즈로 발간될 예정.

5) 제1회 강좌를 엮은 책은 이미 우리말로 번역된 바가 있다(민주주의법학연구회, 『현대사상과 인권』, 2000).

6) J. Burley(ed.), *The Genetic Revolution and Human Rights, The Oxford Amnesty Lectures 1998*, Oxford University Press, 1999. 이 책은 石井陽一이란 사람의 상당히 성의 있는 번역 대부분으로 일본에서 출간되기도 하였다(『遺傳子革命と人權』, DHC, 2001).

7) B. M. Knoppers, "Who Should have Access to Genetic Information?," 39면 이하; J. Burley, "Bad Genetic Luck and Health Insurance," 54면 이하.

8) 따라서 이하의 주는 다른 특별한 표시가 없으면 원문의 주를 옮긴 것이다.

살고 있고, 그 가운데 인간유전학은 사실 그냥 작은 부분에 지나지 않는다. 생식기술들은 "그냥 나오는 대로 낳는다"(begat-begat)는, 다시 말해서 유전자의 우연한 결정이라는 발생 모델을 혼란에 빠뜨렸다. 사람을 정점으로 하고 동식물이 그 아래를 잇는, 계층적인 種모델 또한, 우리가 모든 種과 相同관계를 새로이 발견하고 유전자를 바꾼 동식물을 약품과 백신 만드는 데 사용하며 돼지에서 사람의 장기를 생물학적으로 만들어내면서 흔들리고 있다. 이러한 급격한 변화들은 「생명(공학)사회」 혹은 이에 비판적인 사람들의 말에 따르면 「생명(공학)기술관료제」로 우리를 몰아넣었다.

이하에서 크노퍼즈는 이러한 현실이 "옳다"거나 "잘못됐다"고 논하지 않고, 현실의 복잡함을 올바로 평가한 정책의 수립을 호소한다. 규범적인 원칙들의 지도에 따라 이러한 현상에 적응 가능하고 동태적이며 유연한 대응을 하지 아니하고, 결정론적인 상호작용에 근거하여(선악으로 나누어) 기계적인 대응을 하는 것은 결국 우리 인간 자신과 우리가 공헌할 사회 모두에 해악을 미치게 된다고 믿기 때문이다. 크노퍼즈는 또한 이 문제를 검토하면서 현 생태계 속에서 우리의 역할과 책임을 그다지 고려하지 않는 모든 정책들에 대해서도 이의를 제기한다. 환경과 다른 種들을 존중하지 않았던 우리의 과오와 短見은 너무나도 분명하며, 우리가 새로운 인간유전학을 향한 접근을 시작한 오늘, 지식에 기한 겸손함과 사려 깊음, 통찰력은 개입을 위한 윤리적인 전제로서 요구된다고 한다. 더욱이 세계화의 진전으로, 공유하는 원칙의 틀 안에서 이 문제에 대한 가능한 대응방식의 등장은 국내적, 국제적으로 모두 요구받고 있다고 한다.

오늘날의 「생명(공학)사회」 또는 「생명(공학)기술관료제」 하에서 유전자 연구의 급격한 진전으로 그다지 부담스럽지 않은 수준에서 보다 손쉬운 검사가 결국 가능해질 것이다. 사실 우리는 희귀한 單性의 조건에서 공통적인 多因子유전병의 원인이 되는 유전인자의 발견으로 나아갔고, DNA생명공학칩의 발전은 수백 가지 이상기운들을 한번에 검사할 수 있게 할 것이다. 이 기술이 표준화되면(신체의 어떤 세포에서도 얻을 수 있는) 간단한 DNA 샘플 하나만으로도 한 사람의 현재 및 장래의 건강에 관한 정보(나아가 그 사람의 가족의 똑같은 정보)까지도 얻을 수 있게 될 것이다. 유전정보의 두 번째 특징(가족의 건강에 관한 정보의 취득)은 주의할 필요가 있다. 유전정보는 家系的, 우생학적 의미가 있어서 사회적으로 낙인을 찍을 뿐만 아니라 부모와 형제자매, 자식에까지 영향을 미치기 때문이다.

의사와 환자라는 고도로 비밀스러운 영역 밖으로 유출될 경우는 개인의 사회경제적 생존과 가족관계에 영향을 줄 수 있다.

"유전정보에 대한 접근권은 누가 가져야 하는가?"라는 주제는 10년 이상 격렬하게 다투어져 왔다. 아직 이에 대해서는 완전히 사회적으로 합의된 해결책은 나오지 않았다. 굳이 있다면 잠정적인 미봉책 정도가 보험 및 고용에 관한 정부와 기업의 정책 속에서, 그리고 유전성 질환의 발병 위험이 있는 가족에 대한 의학정보의 고지에 관한 해당업계의 지침 속에서 이제 겨우 그 모습을 드러내기 시작하였을 뿐이다. 또한 의학정보 자체도 계속하여 "유전자 분야에 집중"되고(geneticized) 있다. 유전자에 초점이 맞추어지는 현상은, 유전자환원주의 경향(즉 유전자=질병, 질병=사람, 사람=유전자)과 더불어 유전정보와 의료정보의 구별을 어렵게 만들 것이다. 만일 그러하나면(그리고 이것이 의당 올바른 예측일텐데) 우리가 지금 보험과 고용에서 해결책을 찾아 헤매고 있지만 사실 그 문제의 해법은 다른 곳에 있는 것이 아닌가? 나아가 그와 같은 정보는 과연 가족들 사이에 새로운 의무를 의미하는가?

유전자에 의한 차별을 비판하는 유전학자 폴 빌링즈(Paul Billings)는 1991년 다음과 같이 서술하였다.

> "개개인은 자신의 건강문제에 관한 자유로운 선택권, 일할 권리 및 안전한 장소에서 이[일할 권리]를 행사할 권리, 사생활에 대한 권리, 건강관리 및 가족의 경제적 안전을 보험으로 보호할 수 있는 능력을 비롯한 일정한 지위를 보장받을 권리가 있음이 새삼스레 이야기되고 있[는데, 이는 타당하]다. [이러한 인식은]「유전자혁명」[에 대한 인식]과 함께 이루어질 필요가 있다."[9)]

보험과 고용은 은전(恩典)인가, 아니면 방금 기술하였듯이 권리인가? "자신의 건강문제에 관한 자유로운 선택권"에는 (유전성 질환의 발병) 위험이 있는 혈족에 대하여 유전정보를 제공하지 않을 수 있는 선택도 포함되는가?

이러한 질문에 답하기 위해서 크노퍼즈는 먼저 대중이 불안해하는 이유를

9) M. A. Rothstein/B. M. Knoppers, "Legal Aspects of Genetics, Work and Insurance in North America and Europe," *European Journal of Health Law* 3 (1996), 161면([ ] 안의 내용은 인용자가 번역하면서 보충한 것이다).

살펴본 다음, 보험자와 고용주에게 유전정보에 대한 접근권을 인정하는 데에 찬성하거나 반대하는 논거들을 다루고, 그 다음으로 유전성 질환의 발병 위험이 있는 혈족에게 고지할 의무가 인정될 수 있는 가능성을 검토한다. 하지만 크노퍼즈의 주된 논지는, "생래적 불운"이 아직까지 모습을 나타내기도 전에 이미 다른 사람이 이를 알게되는 사태가 일어날 수도 있는 오늘날의 상황 속에서 연대, 평등, 상호의존이라는 보다 커다란 정책적 과제들을 검토해보고자 하는 것이다.

크노퍼즈는 보험자와 고용주가 유전정보에 대한 접근권을 갖는 문제가 일반의 관심을 끄는 이유를 다음 세 가지로 정리한다.

첫째, 고용과 보험은, 유전정보가 개인에게 불리하게 사용될 수 있는 방법들 가운데 가장 구체적인 두 예이다. 개인의 유전정보를 입수한 고용주와 보험자는 유전적 요소를 이유로 차별할 수가 있고, 그 결과 개인은 생계를 꾸리고 자기와 가족의 경제적 기반을 마련할 기회까지 빼앗기게 된다.

둘째, 유전자에 의한 차별에 대하여 개인이 당연히 갖게 되는 관심은 건강에 관한 개인의 의사결정에 적지 않은 영향을 미친다. 이미 유전성 질환의 발병 위험이 있는 사람의 상당수가 유전자 검사 내지 실험 참가를 꺼렸는데, 그것은 그들의 고용주나 보험자가 결과를 입수하면 고용이나 보험의 기회를 잃거나 아예 얻지 못하게될 것을 두려워하기 때문이다.

셋째, 고용주와 보험자에게 유전정보를 공개하면 유전정보의 사생활과 기밀보호에 관한 중요한 관심을 불러일으키게 되는데, 그 가운데에는 공개로 인한 심리적, 사회적 효과들도 포함된다.

하지만 보험자와 고용주는 유전정보에 대한 접근은 "통상의 업무활동"에 속하고 자신들은 그와 같은 정보에 이해관계가 있다고 주장한다. 실제로 보험자는 생명보험, 장애보험, 추가질병보험의 가입희망자의 위험도를 측정하고 요율을 계산하기 위하여 지난 수년간 생명표를 이용해 왔다. 하지만 치료과정에서 유전자 검사를 받는 사람들이 늘어나면서 자신의 유전자 위험도를 알고도 이를 공개하지 않고 통상의 요율로 고액의 생명보험금을 받으려는 사람이 나올 수도 있게 되었다. 逆선택 또는 反선택이라고 알려진 이러한 행동을 통하여 가장 높은 위험도를 가진 사람이 가장 높은 수준의 보상을 노린다.

그러므로 보험자의 관심은 이해할 만하다. 가령 헌팅턴 병 내지 이와 비슷하게 훗날 발병하는 致死的 질병에 걸릴 유전자가 있음을 얼마 전 알게 된 사람에게 고액의 보험을 판다면 보험회사는 문을 닫을 수밖에 없다. 신청자와 동일한 정보에 접근할 수 없는 보험자라면 언제나 불리할 수밖에 없기 때문에 보험자는 유전정보에 대한 접근권을 가져야 할 뿐만 아니라 자신이 필요하다고 생각하면 독자적인 유전자 검사를 실시할 수 있는 권리까지도 가져야 한다고 주장한다.

고용주 또한 자신의 피고용인의 건강상태에 경제적 이해관계를 가진다. 피고용인의 건강이 좋지 못하면 생산성이 떨어지고 이직률이 높으며 휴가를 자주 쓰고 작업 중 다치거나 병에 걸릴 가능성이 높아 재정적 부담이 늘어난다. 피고용인이 병에 걸리면 같이 일하는 동료와 고객에게 안 좋은 영향을 주는 경우도 있다. 유전정보는 별다른 증후가 없는 개인 가운데 누가 나중에 單一유전자병[가령 근경직성 이영양증(myotonic dystrophy)]에 걸릴 가능성이 있는지, 또 누가 多因子유전자병(가령 암, 심장혈관질환)에 걸릴 위험이 높은지를 예측하는 데에도 사용될 수 있을 것이다. 흔하지는 않겠지만, 유전인자(가령 α-1 抗트립신결핍증)가 일정한 작업환경(가령 먼지가 많은 조건)과 합쳐지면 직업병(가령 호흡기질환)에 걸리기 쉽게 될 가능성도 있다. 마찬가지로 드문 경우지만, 유전성 질환(가령 마르팡 증후군)이 순식간에 피고용인의 가동능력을 앗아가서 피고용인 자신이나 그의 동료, 심지어 제3자에 심각한 위험을 야기하는 경우도 생각해 볼 수 있다.

고용주의 입장에서는 보다 병에 걸리기 쉬운 사람을 직장에서 쫓아내야 할 충분한 경제적인 이유가 있고, 이 점에서는 유전성 질환과 비유전성 질환 사이에는 그다지 큰 차이가 없다. 사실 고용주에게는, 인권과 부당노동행위 금지법규라는 두 가지 제한을 위반하지 않는 범위 안에서, 가장 생산성이 높은 지원자를 뽑을 권리가 있다. 다만 유전성 질환이 다른 것은 증상이 나타나기도 전에 이미 개인에 대한 특정이 가능하다는 점이다(가령 에이즈와 같은 몇 가지 예외를 제외하면 비유전성 질환에서는 이것이 불가능하다).

역설적이게도, 유전정보에 대한 접근 허용과 유전자 검사의 수용이 보험이나 고용의 지원자에도 이익이 되는 경우도 있을 수 있다. 그와 같은 정보는 보험자로 하여금 "개인의 위험도 평가를 이전보다도 더욱 정치하게 하도록 할 것이다. 보험풀(insurance pool)이 줄어들 것이고, 유전자 검사를 통한 보다 세분화된 보험계약이 보다 저렴한 비용으로써, 따라서 보험자와 '건강한 유전자를 가진' 사람 모두에게 재정적으로 보다 유리한 조건으로써 체결될 수 있다."[10]

반면에 "아무런 증상도 없는 환자"[11]가 조직적으로 차별받고 새로이 특수한 하층계급으로 등장할 가능성도 있다. 이들은, 사회보장과 국민건강관리체계가 난맥상에 빠지고 보험가입이 주택이나 차량과 같은 다른 재화를 얻기 위한 필수적인 경제재가 되며 또한 정부연금을 기업연금이 대체하는 시대가 오면 어떠한 법적인 보호도 받을 수 없을 것이기 때문이다.

법의 보호는 양날의 칼이다.[12] 우리는 고용주와 보험자 모두 "합법적으로" 차별할 수도, 「善意」를 채용요건으로 내걸거나 保險數理情報를 이용할 수도 있음을 알고 있다. 현재까지는 인권에 기한 반차별 입법에서 「유전자 이상」을 금지목록에 포함시키고 있지 않다. 혹자는 이를 넓은 의미의 신체장애나 심신장애에 속한다고 주장할지도 모른다. 아니면 위 목록에 「유전자 이상」을 추가하면 이 흠결이 다소나마 치유될지 모른다고 생각하는 이도 있을 수 있다. 하지만 최근 유전공학이 밝힌 것처럼, 이미 보호를 받고 있는 명백한 증상의 경우 외에도 증상이 전혀 없는 경우가 있기 때문에, 이처럼 유전자 이상을 추가시키는 것만으로는 그다지 도움이 되지 않는다. 그래서 「신체장애」 앞에 "가지고 있다고 믿어지는" 이란 문구를 넣고 이를 신체장애에 대한 외부의 인식으로 이해하려는 견해가 등장한다. 즉, 불공정한 차별의 원인은 다름 아닌 신체장애에 대한 외부의 인식에서 기인하기 때문에 이 경우 당사자는 이미 발병한 사람처럼 다루어질 수 있다는 것이다.

이것도 만족스럽지 못하다면 결국 끝으로 생각해 볼 수 있는 것이, 유전자에 관한 특별입법을 하여 보험과 고용과 같은 일정한 영역에서 유전정보의 이용을 금지하는 것이다. 하지만 크노퍼즈에 따르면 유전자 정보와 유전자 이상을 구별하는 것은 위험하다고 한다. 그와 같은 구별을 하면 결국 본래의 상태보다 더욱 나쁜 인상을 줄 수 있기 때문이다. 인권 관련 법규를 고쳐서 「유전자 이상」을 추

---

10) T. Lemmens, "Genetics in Life, Disability and Additional Health Insurance in Canada: A Comparative Legal and Ethical Analysis," in: B. M. Knoppers ed., *Socio-Ethical Issues in Human Genetics* (Montreal: Yvon Blais, 1998).

11) H. Guay/B. M. Knoppers/I. Pnisset, "La génétique dans les domains de l'assurance et de l'emploi," *Revue du Barreau* 52(1992), 185-343면.

12) Rothstein/Knoppers, 위의 글(주 9) 참조.

가시키거나 특별규정을 새로이 두면 다양한 유전적 속성들을 다수가 비정상적인 것으로서 인식하게끔 조장할 우려가 있고, 나아가 가족구성원 사이에서 정보의 공유를 주저하도록 만드는 원인 가운데 하나도 바로 이 「비정상」이란 인식이라고 한다.

역사적으로 보면, 家系에 기초한 가족형태에서 합의에 기초한 새로운 가족형태로 서서히 변화해 왔는데, 유전자 검사의 등장은 가계에 기초한 가족형태를 오늘날 다시 부활시키려 하고 있다. 직접검사가 불가능한 경우는 개인의 위험도 측정을 위하여 가족구성원에 대한 혈통 내지 연계 조사가 필요하게 된다. 따라서 가족형태의 사회(학)적인 새로운 재편에도 불구하고 혼인 등으로 새로운 가족구성원이 늘어날 때마다 유선사 조사를 하면 다른 혈족들에게 중요한 유전자 정보가 만들어질 가능성이 있다. 검사를 받을 것인가 또는 조사작업에 참가할 것인가, 유전성 질환에 걸릴 위험이 있는 가속에게 그 사실을 알리지 않기로 결정할 것인가, 조사작업을 중단시킬 것인가, 사후 DNA 표본에 대한 접근을 제한할 것인가 등등은 모두 현재의 가족구성원은 물론 미래 가족의 이익에까지 영향을 미치는 판단들이다. 이처럼 생물학적으로 위험을 서로 공유하고 있다는 사실로부터 특별한 이해관계와 도덕적 의무를 도출하고, 나아가 이것이 개인의 의사보다도 중요한 경우가 있을 수 있다는 입장이 있다.13)

유전자 정보는 가족 모두의 것이라고 보아야 하는가? 설령 告知의무를 인정하더라도 개인의 자율성과 의사의 비밀유지의무가 이보다 우선하는 것은 아닌가? 도덕적 의무는 있을 수 있지만, 아직까지 혈족 상호간에 그리고 의사에게도 혈족에 대한 법률상 고지의무는 존재하지 않는다. 다만 의사의 경우 부모에 의한 성적 아동학대, 銃器에 의한 상처 등의 특별한 사정이 있는 때에 한하여 예외가 인정될 뿐이다. 혹자는 그와 같은 고지의무를 인정하면 유전자 검사나 유전자 조사작업에 참가하기를 꺼리게될 것이라는 주장에 동조하고, 다른 혹자는 치료나 예방이 가능하다면 구조의무를 인정하여야 한다고 주장하기도 한다. 그렇다면 보험 및 고용의 경우와 마찬가지로, 가족 내부의 의사소통 또한 위험 공유의 문제를 야기한다. 그렇다면 누가 그 부담을, 어떠한 조건에서, 어떠한 가치에 기초

13) Human Genome Organization(HUGO), HUGO ethics committee, "Statement on Sampling: Control and Access," *Genome Digest*.

하여 질 것인가?

크노퍼즈는 여기서 보험이 이를 부담할 수 있다고 주장하면서 보험이 연대와 공평이라는 보완적인 원칙에 기초한다는 점을 잊지 않는 것이 중요하다고 설명한다. 보험에서 連帶란 모든 사람들 또는 일정 크기의 집단에 속하는 사람들이 비용과 관련하여 책임과 이익을 함께 하는 것을 뜻하며, 公平이란 각자의 부담부분이 각자 알고 있는 위험수준과 대체로 합치하여야 한다는 의미를 가진다.[14)]

사실 고용과 보험 모두 지금까지는 시장의 상품이라고 이해되어 왔다. 물론 「공정성」이라는 시장기준, 즉 앞서 언급하였던 "합법적" 차별의 여과장치를 제외하면, 이들 둘의 본질은 시장의 재화에 다름 아니다. 하지만 "우리 사회가 모든 보험회사 그리고 고용주에게 재분배의 역할을 맡기기로 한 이상, 그 한도에서 재화로서의 성질에 변화가 일어나고, 시장의 공평 규칙도 더 이상 적용되지 않는다고 할 것이다."[15)] 마찬가지로, 우리 사회가 유전성 질환의 위험이 있는 가족 상호간에 적어도 최소한의 상호의존의무를 인정한 이상, 개인의 자율과 医師의 비밀유지의무의 輕減도 가능하다. 이렇게 위험을 알리는 데 있어, 즉 연대성과 위험을 공유하는 데 있어 상호의존성은 재확인하고 장려하여야 할 가치라는 것이다.

그렇다고 아무런 제한도 없다는 의미는 아니며, 크노퍼즈는 다음과 같은 한계를 지적한다. 첫째, 장래에 보험자와 고용주가 法人인 시민으로서 추가적인 의무를 받아들인다고 해서 그 대가로서 국가의 책임을 그만큼 축소시키거나 민간에 이양하여서는 안 된다. 사회보장제도와 국민건강관리제도를 더 이상 약화시킬 수는 없다. 둘째, 개인의 자율성과 의사의 비밀유지라는 불가침의 원칙에 대한 예외는 모두 그 한계를 분명히 하고 이를 엄격히 제한하여야 한다. 셋째, 접근방식을 선택할 때는 반드시 문제의 복잡성을 참작하여야 한다. 따라서 동태적이면서 유연하게 접근하여야 한다. 그러므로 계속 늘어날 수밖에 없는, 유전자에 국한한 입법이 아니라 다원적이고 전진적이며 적응력이 풍부한 접근법이 요구된다. 이는 국가의 입법과 전문분야의 자주규제가 모두 요구됨을 의미한다.

이상의 지도원리와 절차에 기하여 우리는 어떠한 개혁을 생각해볼 수 있을까? 크노퍼즈는 먼저 원칙에 검토한 다음, 보험자, 고용주, 가족의 접근권에 관하

14) Y. Sandberg, "Genetic Information and Life Insurance: A Proposal for Ethical European Policy," *Social Science Medicine*, 40(1995), 1553-1554면.

15) T. Lemmens, 위의 글(주 13) 참조.

여 여러 가지 제안들을 하고 있다. 이를 살펴보면, 그가 유전자 정보의 「표준화」와 우리 시민의 의식을 중시하고 있음을 알 수 있다.

먼저 크노퍼즈에 따르면, 일국 차원의 개혁에서 언제나 중요한 것은 유네스코의 「인간유전자와 인권 세계선언」(1997년 11월 채택)과 유럽공동체의 「생명의학협약」(1997년 4월 채택)의 지도원리들을 모두 채택하고 이들을 통합하는 일이라고 한다.

「세계선언」은 제6조에서 "누구도 유전자의 특성을 이유로, 인권과 기본적 자유, 인간의 존엄을 침해하려는 의도의, 또는 이를 침해할 가능성이 있는 차별을 받지 아니한다", 그리고 제7조에서는 "특정 가능한 개인의 것임을 인식할 수 있고, 연구 기타 목적으로 축적, 분석된 유전자 정보에 대하여는 법률이 정하는 요건에 따라 그 비밀이 보장되어야 한다"고 각각 규정한다.

「유럽협약」도 제11조(차별금지)에서 "사람의 유전적 유산을 이유로 하는 어떠한 차별행위도 일체 금지된다"고 선언한 다음, 제10조(프라이버시와 정보권)에서는 "① 모든 사람은 자신의 건강 정보와 관련하여 사생활을 존중받을 권리가 있다. ② 모든 사람은 자신의 건강에 관한 수집된 정보는 무엇이든 알 권리가 있다. 그렇지만 정보를 제공받지 않겠다는 개인의 바람이 있는 때에는 이를 존중하여야한다. ③ 제2항의 권리 행사는 예외적으로 환자의 이익을 위하여 법률로써 이를 제한할 수 있다"고 규정한다. 끝으로 제12조(예측적 유전자 검사)는 "유전성 질환을 예측할 수 있는 검사, 피검사자를 질병의 원인이 되는 유전자의 보유자로 특정하거나 어떠한 질환에 대한 유전자의 素因 여부 내지 감염가능성을 조사하기 위한 검사는 건강상의 목적 또는 건강상의 목적과 연관이 있는 과학적 연구목적을 위해서만 이를 실시할 수 있되, 이 때에도 먼저 적절한 유전자 상담을 거쳐야 한다"고 확인하고 있다.

크노퍼즈의 주장에 따르면, 이상의 원칙으로부터 분명한 것은 이들 세 영역(보험, 고용, 그리고 새로이 인정될 가능성이 있는 혈족간 고지의무) 모두에 공통적으로 중요한 것은 유전자 정보의 분류이며, 이러한 정보는 다른 의료정보와 구별되거나 다른 것이 아니라 다만 민감한 정보라는 사실이다. 그렇다면 무엇보다도 중요한 것은 보호, 장려, 방지 조치를 통하여 유전자 정보를 당사자 및 그 가족의 건강과 복지를 위하여 사용하도록 하는 것이며, 이러한 목표를 위하여 의료정보 및 연구정보 일반의 비밀보호에 관한 현행 입법을 매우 시급하게 보완 내지 강화할 필요가 있다고 한다.

의료정보 및 연구정보를 보다 더 보호한다면 그것이 保險에 대하여 갖는 의미는 과연 무엇일까? 크노퍼즈는 여기서 다음과 같은 제안을 한다.

(가) 보험가입의 전제조건으로서 청약자에게 유전자 검사를 받도록 요구하는 것은 계속해서 그 허용을 유예하여야 한다.

(나) 이 유예기간동안 보험업계는 보험인수에 유전자 정보가 갖는 장래예측력에 대한 정확하고도 과학적으로 실증된 기준을 마련하여야 한다.

(다) 전항의 보험인수에 사용할 보험통계의 공정성을 확보하기 위한 역학연구를 계속하여야 한다.

(라) 연구기록이나 연구결과에 대한 접근은 일체 허용하지 않아야 한다.

(마) 위 유예기간동안 보험업계는 지역별 요율에 의한 위험풀(pool)의 설립도 고려하되, 이 때 요율을 산정하면서 개인정보에 대한 접근을 요구하지 말고 현재까지 입수한 가족병력만을 기준으로 하여야 한다. 위험풀의 설립에 갈음하여 혹은 이와 함께 최소한의 기준으로 「질문 일체 금지」 정책을 실시하거나(이는 이미 영국에서 실시중이라고 한다) 청약자의 사회적, 경제적 상황에 맞는 적절한 기준을 채택하여야 한다(네덜란드가 취하는 방식으로서 크노퍼즈는 이것이 보다 낫다고 생각한다). 위의 최소한 내지 적절한 기준을 상회하는 청약에 대해서는 의료기록에 대한 접근이 허용되어야 한다.

(바) 그러나 전항의 접근은 어디까지나 특정 범주의 정보에 국한되며, 의료기록 전부에 대하여 이를 적용하여서는 안 된다.

(사) 이상의 일반적 접근권의 범주는 보험자단체, 보건전문가단체, 환자단체가 협의하여 결정하여야 한다.

(아) 또한 전국적인 보험자단체, 보건전문가단체, 환자단체는 실행규칙을 개발, 채택하고 이를 일반에 공개하여야 한다.

(자) 끝으로 보험업계가 유전자 정보의 예측력을 보험계리인의 산정표에 포함시키는 것의 과학적인 정확성과 타당성을 외부전문가집단에 입증할 수 있게 되면 위 유예조치는 제거하여야 한다.

나아가 그는 雇用에 대해서도, 마찬가지로 의료정보 및 연구정보를 보다 적절하게 보호할 경우, 다음과 같은 지침이 필요하다고 한다.

(가) 차별금지입법에 열거되어 있는 신체장애 내지 심신장애 등의 조건에 '그

사람이 가지고 있다고 혹은 가질 것이라고 믿어지는'이라는 문구를 추가하도록 개정하여, 신체장애 내지 심신장애를 외부에서 인식함으로써 발생하는 차별로부터 보호하여야 한다.

(나) 고용 이전의 유전자 검사 실시는 고용주가 그 직무관련성을 과학적으로 입증한 경우에 한한다.

(다) 피용자에 대한 감시활동에 앞서 반드시 특정 사항에 대하여 그리고 충분한 정보를 제공한 다음 동의를 얻어야 하며, 모든 절차의 의미와 목적을 설명하여야 한다.

(라) 해당 고용조건에서는 안전과 건강을 위하여 어떠한 유전자 검사가 과학적으로 타당하고 정확한지는 국가기관이 이를 특정하여야 한다.

끝으로, 한편으로 의사의 직업상 비밀유지의무, 개인의 자율성과 사생활 보호 의무를 인정하되, 다른 한편으로 유전성 질환에 걸릴 위험이 있는 혈족이 피해를 입을 가능성을 고려한다면 개인이 혈족에게 고지하지 않을 경우 건강관리 전문가에 대한 지침은 다음과 같다고 한다. 즉, "가장 가까운 혈족의 접근권에 대하여는 특별한 배려를 하여야 한다. 심각한 질병에 걸리거나 유전시킬 위험이 크고 예방이나 치료가 가능한 때에는 가장 가까운 혈족들은 이러한(그들 자신에게도 공통된) 상태를 알 수 있어야만 한다. 이러한 예외적인 사정의 존재는 직업과 연구 모두에 걸쳐 일반적으로 인정되어야 한다."[16]

결론적으로 크노퍼즈는 다음과 같이 글을 맺고 있다. "이와 같은 접근방식은 전문업계의 자율규제, 유예조치, 인권 관련 법규의 개정, 이상 모두를 필요로 한다. 이러한 다면적인 접근방식을 취하지 않으면 졸속으로 제정되어 지나치게 넓거나 너무 좁게 유전자에만 국한된 특별법과 같은 [잘못된] 결과에 이르게 될 것이다(실제로 그와 같은 사례는 이미 존재한다). 이는 업계와 시민 모두에게 돌이킬 수 없는 피해를 입힐 수도 있다. 역설적으로 이야기하자면, 입법이 유전성 질환을 지나치게 보호하는 태도를 취할 경우는 (현재 상태에서) 비유전성 질환으로 고통받는 시민이 차별대우를 소송에서 다투는 사태가 일어난다 하더라도 이상한 일이 아니다. 보험업계 또한 부당한 비난이나 속박을 받게 되면 개혁을 중단할 수도 있다. 요컨대, 위험을 부담하지 않으려는 정책은 인간 사회의 조건과 생활

16) HUGO ethics committee, 위의 글(주 13) 참조.

의 복잡함에 대한 올바른 이해에 반하지만, 그렇다고 유전적 위험에 취약한 사람이 보험과 고용이라는 사회경제적 관계에서 오해를 혼자 부담하여야 함을 뜻하는 것은 아니다. 반면에 특정한 가족이 입을 일정한 손해를 예방할 수 있는 가능성을 알 수 있는 경우, 알면서도 일부러 그와 같은 정보를 숨길 수 있다는 의미도 또한 아니다. 우리가 업계에 대하여 法人인 시민으로서 유전자의 불확실성으로 인한 곤란한 결과를 지금 미리 막기 위하여 사회적으로 책임 있는 방식으로 행동할 것을 기대 내지 요구한다면 분명히 個人인 시민에게도 똑같은 기준을 적용하여야 할 것이다!

그렇다면 법인의 연대와 가족의 상호의존이야말로 공평과 지식에 기초한 공정을 그 원리로 하는 새로운 형태의 正義의 첫걸음에 불과할 것이다. 오늘날 시민의식에 대한 이와 같은 도전에, 결국은 업계와 개인 모두가 맞서야만 한다. 오늘날 이러한 새로운 모습의 시민의식은 다음과 같은 구약성경의 물음을 떠올리도록 한다. '나[카인]는 내 형제[아벨]의 파수꾼인가?' 대답은 물론 '그렇다'이다. 양쪽 모두에게 말이다."

Ⅲ. 유전자의 불운과 건강보험(벌리)

크노퍼즈는 유전자 정보에 대한 접근권에 대중이 관심을 갖는 세 가지 이유, 즉 보험자와 고용주가 그러한 정보를 가지고 차별처우를 할 가능성, 유전자에 기한 차별이 건강에 대한 개인의 의사결정에 영향을 미치리란 두려움, 가족을 포함한 다양한 영역의 사생활 보호와 비밀보장에 대하여 유전자 정보의 공개가 갖는 의미로부터 출발하여 "법인으로서의 시민의 연대성"을 실현시키기 위하여 보험업자에게 유전정보에 대한 접근권을 (제한적이나마) 허용하여야 한다는 결론을 이끌어내었다. 이에 반하여 벌리는, 일부의 사람들은 불운한 유전자를 가졌다는 이유로 다른 사람들보다 불리한 처우를 받는다는 것이 부당하기 때문에 보험자가 유전자 정보를 악용할 가능성이 가장 커다란 첫 번째 문제점이라는 사실은 충분히 명백하다는 입장에서 시작한다. 따라서 벌리의 관심은 "개인마다 다른 유전적 체질 사이의 불평등에 정부가 과연 어떻게 대응해야 하는가"에 맞춰진다.

유전자 검사의 횟수와 복잡성이 꾸준히 증가함으로써 특정 개인의 유전자 정보가 가지는 진단력과 예측력을 세분화할 수 있게 되었다. 크노퍼즈는 이러한 현상의 복잡성에 부합하는 정책입안에 대한 접근을 (거칠지만) 시도하는데, 그것은 통합적이면서 규범적인 원칙들의 지도를 받는 접근방식이라 한다. 크노퍼즈는 현행 법규정을 긍정하면서도 보험 실무에 대한 개혁을 제안하고 있는데, 그것은 (1) 누구도 보험 가입을 거부당하지 않고, (2) "건강하지 못한" 유전자를 가진 사람이 비유전성 장애를 갖고 있는 사람에 비하여 보험시장에서 불이익을 당하지 않도록 하기 위한 것이다.[17] 질병보험의 경우 후자는 최소한의 일관성 요건이지만 벌리의 생각에는 개선의 여지가 있다고 한다.

이하에서 전개되는 벌리의 주된 주장은, 크노퍼즈가 어느 정도는 보험회사가 수행하고 있다고 보았던 재분배 기능을 국가에게 맡김으로써 사회구성원 개개인이 고통받는 "유전적 불운"으로 인한 비용을 사회 전체가 함께 부담하여야 한다는 것이다.[18] 벌리에 따르면, 설령 크놉퍼스의 여러 제안들이 실현된다 하더라도, 그보다는 국가에 의한 강제적인 질병보험 체계가 불운한 유전자의 희생자에게는 여전히 보다 공정한 塡補를 보장하는 것이 일반적이라고 한다.[19] 다시 말

17) 크노퍼즈와 마찬가지로, 벌리 역시 유전자만을 대상으로 하는 차별금지입법을 고려하는 것은 잘못이라고 본다. 유전성 질환이란 「의학적 질병」이라는 일반적인 유형 안의 하나의 범주로서 보는 것이 옳기 때문이다. 따라서 비록 여기서는 유전자의 불운에 초점을 맞추지만 벌리의 논의는 개인의 건강과 관련된 불운 일반에 적용하기 위한 것임에 유의하여야 한다.

18) 여기에 벌리는 에릭 락코우스키(Eric Rakowski)의 다음과 같은 단서를 덧붙이고 있다. 즉 "불운한 사람들이 자신들을 불이익하게 만든 위험을 의도적으로 인수하지 않은 한." 그의 *Equal Justice* (Oxford: Clarendon Press, 1991), 2면 참조. 벌리는 힐럴 슈타이너(H. Steiner)의 주장(Burley ed., *The Genetic Revolution and Human Rights*, 제6장 참조)과는 달리, 부모가 그들의 자녀의 유전자의 불운에 당연히 책임이 있다거나 책임을 져야 한다고는 생각하지 않는다. 벌리가 이러한 견해를 취하는 이유는 우리 대부분이 후술하는 가정적 사회의 「陽性(多)」과 같이, 다시 말해서 몸상태를 악화시키는 환경에 처해야 비로소 밖으로 드러날 어떤 질환의 유전적 소양과 이 질환에 걸릴 가능성을 갖고 있는 사람들일 것이기 때문이다. 환경이 유전자의 발현에 미치는 영향은 그 수와 종류가 너무나 많기 때문에 많은 유전자의 경우 설령 영향을 준다는 사실을 알고 있다 하더라도 그 정도를 정확히 특정할 수 있을지는 의문이며, 따라서 생식체나 접합체의 유전자 결함을, 슈타이너가 제안한 방식으로 검사하기란 불가능할 것이다. 벌리에 따르면, 슈타이너가 "[유전자]혁명 후"의 세계라고 부르는 상태에 대한 기술은 부정확하다. 벌리는 자신이 유전자에 결함이 있는 아이를 낳은 부모에게 책임을 묻는 것을 반대하는 이유에 대해서는 앞으로 나올 그의 책 *Genetic Justice* (Oxford University Press, 근간)에서 논할 계획이라고 한다.

하면, 이상적으로는 우리 사회가 일종의 「보험인수인들로 이루어진 인민공화국」(People's Republic of Underwriters: PRU)이 되어야 한다는 것이다. 그렇다고 벌리가 私보험의 폐지를 이야기하는 것은 결코 아니다. 다만, 유전자의 혜택을 받은 사람에게서 "덜 혜택을 받은 사람"에게로 재분배를 하여야 할 주체는 민간보험업자가 아니라 어디까지나 국가이어야 한다고 믿는 것이다.

이러한 입장에서 벌리는 다음 세 가지 주장을 펼친다. 첫째, 공평에 이르는 가장 좋은 방법은, 유전자가 "건강한" 사람을 포함한 모든 이들을 보험에 가입시키고 드러난 개인의 유전자 위험도와 지급할 보험료를 연동시키지 않는 것이다(다만, 보험료는 수입과 보유자산에 따라서 결정되므로 당연히 사람마다 다르다). 둘째, 유전자에서 기인하는 많은 질병들이 실제로 발병하는가 여부는 외부적인 환경요인들의 영향에 의하여 좌우되고, 특정 개인이 그와 같은 외부적 요인들의 발생과 접촉을 통제하기란 불가능한 경우가 많음에도 불구하고, 보험료에 차등을 두는 것도 역시 불공평하다. 끝으로, 국가 강제 시스템은 크노퍼즈의 지적처럼 사람들이 유전자 검사를 받는 것을 꺼리는 중요한 이유, 즉 보험자에 의한 차별의 공포를 제거시킬 것이다.

벌리는 이상의 주장을 구체적으로 뒷받침하기 위하여 크노퍼즈의 제안처럼 보험업무를 관리하는 가상사회의 모습을 다음과 같이 제시하였다. 이 가상사회에서는 출생 이후 일련의 검사를 통하여 어떠한/일체의 유전성 질환이 발병할 개인의 위험도가 매우 정확하게 드러나게 된다. 단순화를 위하여 질병의 유일한 원인은 胎生的인 유전자뿐이며, 구성원 모두가 정확하게 같은 정도로 위험회피적이라고 가정하였다. 또한 이 사회의 구성원은 서로 명확히 구분되는 다음 세 유전자 범주 중 하나에 속한다고 가정하였다. 즉, 구성원의 25퍼센트는 (노령을 제외한) 모든 유전자 특유의 질환에 음성 반응을 보이고(이하 「음성」이라 표시), 5퍼센트는 심각한 쇠약증세를 가져오는 단일유전자 이상에 양성반응을 보였는데 그 발병가능성은 확실하다고 한다[이하 「양성(單)」이라 표시]. 나머지 70퍼센트는 다양한 복합유전자 소양과 발병가능성에는 양성반응이 나왔지만, 실제 病症은 건

---

19) 여기에서는 그 체제가 구체적으로 어떠한 형태를 취하여야 하는가에 대하여 논하지 않는다. 벌리의 생각과 유사한 형태를 로널드 드워킨(Ronald Dworkin)이 그의 글 "What is Equality? Part II: Equality of Resources," *Philosophy and Public Affairs* (1981), 283-345면에서 상세하게 논하고 있다.

강을 악화시키는 것으로 알려져 있는 일정한 환경(예를 들면 도시생활)에 접촉한 사람에게만 나타난다고 하였다[이하 「양성(多)」으로 표시].

다른 조건이 같다면, 각 집단의 구성원이 요구하는 보상액의 상대적 크기는 다음과 같이 된다. 즉, 「음성」은 전혀 아무것도 원하지 않을 것이며, 「양성(單)」은 고액의 보상을 원할 것이다. 「양성(多)」은 일정한 환경에 얼마나 자주 노출되었는가에 따라 희망액이 결정될 것이므로, 요구하는 보상이 없을 수도 있고 작은 금액이 되거나 때로는 많은 금액이 될 수도 있을 것이다.

다양한 위험집단들을 구별하고 과학적으로 정확한 유전자의 예측 정보를 보험통계표에 반영시키면 그것은 그대로 보험회사의 이익이 된다. 크노퍼즈는 위와 같은 가상적 사회에서 피보험자가 알고 있는 유전자 위험도에 관한 정보의 제공을 보험자가 요구할 수 있도록 허용하자고 한다. 물론 크노퍼즈도 위험 분석결과를 보험 가입의 조건으로 삼을 수는 없다는 조건을 달고 있기는 하다. 즉, 보험자는 "질의를 받지 않고도" 가입할 수 있는 최저 수준의 보장보험을 포함한 다양한 가격의 상품들을 제공하여야 하고, 그 누구의 보험가입도 거절할 수는 없다고 한다.[20] 따라서 크노퍼즈의 구상은, 지금보다 연대와 공평의 이상에 보다 충실한 보험회사의 구상이라고 평가할 수는 있다.

하지만 설령 그와 같이 바꾼다 하더라도 私보험만으로는 공평의 목적을 제대로 보장하지 못한다는 것이 벌리의 비판이다. 즉, "위험도가 낮은" 개인은 보험계약을 체결하지 않을 수도 있는 데 반하여, 위험에 처해 있는 개인은 같은 보상을 받기 위하여 보다 많은 보험료를 부담하여야 하거나, 겨우 최저 수준의 보상만을 받는 보험에만 가입할 수 있을 뿐이기 때문이다. 앞서 보았던 가상사회는 非보험으로 인하여 발생할 수 있는 문제점을 잘 보여준다. 예를 들면 구성원의 25퍼센트를 차지하는 「음성」은 현재의 유전자 검사와 가족병력이 앞으로의 건강 상태의 밝은 전망을 제시하고 있으므로 어떠한 보험상품도 사려하지 않을 것이다. 그러나 그와 같은 행동은 다른 사람들이 겪고 있는 유전자의 불운 비용을

20) 여기서 논의되는 가상사회에서 이것을 보험회사가 재정적으로 존속할 수 있는 전략으로 삼으려면 낮은 위험도의 「양성(多)」이 충분하게 존재한다고 전제하여야만 한다. 私보험시장에 참가하는, 낮은 위험도의 보험자가 충분히 존재하지 않는다면 높은 위험도의 사람들에게 부과되는 보험료(그것이 설령 "질의받지 않고도" 가입할 수 있는 보험이라 하더라도)는 감당하기 힘든 것이 될 것이기 때문이다.

전혀 나누어 부담하지 않는다는 점에서 불공정하다. 왜냐하면, 다른 조건이 일정하다면, 「음성」의 행운이란 단지 유전자 추첨에서 그들의 운이 좋았던 결과에 지나지 않기 때문이다.

또한 공평의 문제는 보험가격의 차등화를 통해서도 악화된다. 예를 들면, 보험회사는 건강에 무해한 환경과 위험한 환경 사이를 불가피하게 이동하는 「양성(多)」에 대하여, 「양성(單)」 또는 건강에 위험한 환경에 계속하여 노출되어 있는 「양성(多)」의 경우보다 낮은 보험료로 보상을 제공할 수도 있다. 따라서 가격차등은 非보험과 마찬가지로 이미 불운한 유전자로 열악한 상태에 있는 사람을 더욱 차별하는 결과를 가져온다.

위의 가상사회가 보여주는 또 다른 문제점은 외부적 환경 인자에 의하여 발생한다. 「음성」과는 다른 이유로 「양성(多)」의 일부는 보험상품을 구매하려 들지 않을 것이다. 그들도 분명 불안한 유전자를 갖고 있기는 하지만 다른 「양성(多)」와는 달리 질환을 악화시킬 외부환경에 노출되지만 않으면 발병의 위험은 없을 것이기 때문이다. 건강을 악화시키는 환경(전체 또는 적어도 그 일부)에 대하여는 사회 전체에 책임이 있다. 또 어디서 일할 것인지(실업률이 높다고 생각해보라), 어디서 살 것인지(부모와 함께 살 수밖에 없는 아이를 생각해보라)는 많은 경우 합리적으로 보면 "자유로운" 선택이라고 보기 힘들고, 그나마 인정되는 선택도 예상하기 어려운 시장과 사회환경의 변화에 크게 제약되는 것이 보통이다. 따라서 만일 어떤 이가 다른 사람에게 제공되는 보호와 동일한 보호를 얻기 위하여 보험에 더 많은 비용을 지급하여야 한다거나 피할 수 없는 위해 환경과의 접촉 때문에 최저 수준의 보호만으로 만족하여야 한다면 그것은 불공정하다는 것이 벌리의 입장이다.

위와 같은 불공정은 물론 오늘날 보험업계의 일반적인 특징이긴 하지만, 벌리는 그렇다고 우리가 이러한 상황을 그냥 받아들여야 하는 것도, 보다 타당한 해결책이 불가능한 것도 아니라고 주장한다. 구성원 중 일부만의 희생을 요구하는 유전자의 불운을 완화시키는 것은 공동체의 도덕적 책무이며, 건강은, 비록 그것이 행복한 인생에서 어떠한 의미를 갖는지 각자 서로 다르게 생각할 수는 있다고 하더라도, 모든 사람에게 있어 행복한 인생의 필수적인 요소임은 분명하다고 강조한다. 벌리는 우리가 강제적 질병보험을 실시한다면 유전자의 불운 문제는 공정하게 해결할 수 있다고 본다. 즉, 드러난 유전자의 위험도가 낮은 사람에게 보험에 전혀 가입하지 않거나 가입하더라도 아주 낮은 부담으로 가입할 수 있는 선택권을 부정함으로써, 공평을 보장하고 질병에 걸린 사람에게 적절한 보호를 확보해주자는 것이다.[21)]

나아가 벌리는 강제보험을 지지하는 또 다른 이유로서, 강제보험이 사람들이 유전자 검사를 회피하는 주된 이유 가운데 하나, 즉 보험자에 의한 차별 가능성을 제거할 수 있다는 점을 덧붙이고 있다. 이미 크놉퍼스도 지적하였듯이, 검사 받기를 꺼리게 되면 자신의 건강뿐만 아니라 가족의 건강에도 나쁜 영향을 줄 수 있다. 만일 자신의 유전자 소양과 발병가능성에 대한 자세한 정보를 갖고 있다면 의사의 치료와 생활방식을 정하는 데 있어 도움을 받을 수 있고, 나아가 자신과 유전적인 관계가 있는 사람(그리고 가족관계를 맺으려고 하는 배우자)에게도 의학적인 도움을 줄 수 있기 때문이다.

벌리는 자신의 글을 이렇게 맺고 있다. "[크노퍼즈도 자신의 제안으로 공공보건체계가 더 이상 훼손되어서는 안된다고 강조하였음을 환기시킨 다음에] 그렇지만 민간질병보험자에 의한 재분배 기능이 계속해서 확대되면 그와 같은 훼손이 일어날 가능성은 보다 높아질 것이다. 그러므로 우리는 특별히 건강과 관련한 (유전자 기타의) 불운을 완화시키기 위한 보험조치들을 실시함으로써 기존 국가기구를 튼튼히 하는 데에 우리의 역량을 집중하여야만 한다."

IV. 結論에 갈음하여

"모든 과학기술은 가치중립적"이란 말은 유용성과 위험성이 병존한다는 의미이며, 결국은 기술을 사용하는 인간에 따라 결정됨을 가리킨다. 또한 생명공학과 같이 빠르게 발전하는 영역에서 발생하는 법적 문제들은 입법자가 미리 예측하기도 곤란하다. 이와 같은 과학기술의 양면성 내지 가치중립성과 사전 입법의 곤란함으로 인하여 결국 이러한 분야에서는 적극적 시민의 참여를 통한 사회적 합의의 형성이 중요하다. 예를 들면, 독일 정부가 2001년을 「생명과학의 해」로 선언하고 연방교육연구부 주도로 곳곳에서 연중 행사를 열면서 이를 다양한 매

21) 다만 국가질병보험의 비용효과가 더 크다는 점에 대하여는 별도의 논의를 요한다.

체로 생생히 국민들에게 알림으로써 생명공학에 대한 관심과 대중적 토론을 유도한 것도, 이와 같은 맥락에서 이해할 수 있다. 그래서 앞서 문제 제기에서도 언급하였듯이 제도적, 법적 검토보다 앞서서 원론적, 사변적 논의를 살펴보았다.

물론 이와 같은 논의는 단순한 논의에 그치지 아니하고, 정책에 반영되는 경우가 적지 아니하다. 보험회사는 차별(discrimination)이 아니라 구별(differentiation)이고, 그것도 개인이 아닌 리스크를 대상으로 하는 구별이라고 주장할 것이다. 하지만 오늘날의 적지 않은 국가에서 보험회사의 유전정보 접근을 제한하려는 경향이 강하다. 가령 네덜란드 보험업계는 일정 금액 이하의 보험의 경우 유전자 검사의 결과를 일체 요구할 수 없도록 하는 법률이 제정되자 보험금의 인상, 연금 지급의 한도 설정, 각종 선택사항의 신설 등의 다양한 구제책을 마련하기도 하였다(제도와 정책, 전문적 가이드라인에 관한 국제비교는 앞으로 별도의 글에서 다루기로 한다).

솔직히 필자를 포함하여 필자가 만나 이야기하였던 사람 대부분은, 혈족간의 고지(내지 보호)의무를 강조함으로써 유전적 연관성에 기초하여 연대를 강조하고, 이를 시민으로서의 법인인 보험회사 내지 고용회사에까지 확대하려는 크노퍼즈의 논의보다는, 국가의 후견적 역할을 강조하는 벌리의 논의가 보다 현실성 있다고 느꼈다. 이것은 어쩌면 우리 사회(아니면 필자와 필자 주위의 사람들)의 그 동안의 경험 때문일지도 모른다.

하지만 크노퍼즈와 벌리의 논쟁은 각각 「보험」과 「국가」라는 두 가지 제도가 애초에 왜 필요하였는지, 지금도 여전히 필요한지를 새삼스럽게 생각하도록 만든다는 점에서 우리에게 시사하는 바가 크다고 생각한다. 원래 상호보험(mutual insurance)란 리스크에 관하여 하나의 풀(pool)을 구성하고, 각각의 구성원은 풀에 대하여 자신에게 어느 정도의 리스크가 있는지를 표명하고 참가함으로써, 보험대상이 되는 리스크의 부담은 구성원들 사이에서 배분한다는 아이디어이다. 하지만 오늘날의 보험회사는 일종의 貸金業者로 전락한 듯하다. 그래서 법률가를 포함한 전문가들은 유전공학의 발전으로, 이제는 공평, 상호부조, 保險數理에 기한 공정성(actuarial fairness)의 원리에 기초한 보험 제도에 갈음하여 평등의 원리에 기한 별도의 제도를 구상하기도 한다(가령 1997년 EUROSCREEN 보험 소그룹의 보고서). 어쩌면 국가에 대해서도 마찬가지로 이야기할 수 있을지도 모른다.

"생래적으로 다른 것"은 "다르게" 다루어야 할 것이지만, 여기에 머물러서는 안될 것이다. 두 사람의 논쟁에서 보듯이, 비록 그 해결책은 상이하지만 서로가 공유하고 있는 「(사회적) 연대」의 이념을 과연 우리 사회에서는 어떻게 평가할 것인가? 이것은 유전공학의 도전이 이 땅의 법률가를 비롯한 우리 모두에게 던지는 望外의 話頭이다.

사람, 인간 그리고 재산으로서 인체?
—인체 상품화의 철학적 · 윤리학적 문제—

강 희 원*

Ⅰ. 들어가면서

식물이 동물의 먹이가 되고 또 식물과 하등동물이 고등동물의 먹거리가 되는 것은 삶의 필연적인 자연법칙이다. 이러한 자연법칙에 의하면, 인간이 식물이나 동물의 육체를 먹는 것은 당연하고, 또 인간이 그것들을 자신의 삶을 위한 재물 또는 재산으로 삼기도 하고 이들을 거래의 대상으로 삼아 팔고 사는 것도 도덕 · 윤리적 및 법적으로 지당하다고 할 것이다. 이렇듯 인간은 식물을 일용할 양식으로 재배하거나 소, 말, 돼지 등의 짐승을 사육하고 또 그것을 죽여 일부를 그대로 또는 요리하여 먹거나 가공하여 사용하기도 하며, 그 뿐만 아니라 그것들을 다른 사람에게 산 채로 매매하거나 죽여서 신체를 해체해서 일부 또는 전부를 상품으로 매매하기도 하고 가공하여 먹거나 사용하고 있다. 생물학적으로 보면, 이러한 사실은 인간이 생태계 먹이사슬의 최고위를 차지하고 있다는 것을 의미한다.

한편, 고등동물이 서열이 다른 짐승을 잡아먹긴 하지만 자기와 같은 서열에 있는 종족의 육신을 먹이로 삼지 않는 것은 그들의 공통된 특징이다. 이 점에 있어 인간도 고등동물과 동일하다. 그 뿐만 아니다. 이 점과 관련하여 인간사회가 개명된 이래 우리는 유적 존재로서 인간에 대해 단순한 고등동물 그 이상이라는

* 경희대학교 법학전문대학원 교수.

특별가치를 부여하고자 도덕 · 윤리적 및 법적인 온갖 힘을 경주하고 있다. 그래서 우리는 인간이라면 인간 자체를 목적으로 생각해야지, 단순히 수단으로 사용해서는 아니 된다는 것을 최고의 도덕률로 숭상하고 있다. 그래서 우리는 인간을 만물의 영장이라고 칭하고, 또 이러한 칭호만으로는 부족하기 때문에 우리는 "인간의 존엄성"이라는 화려한 용어까지 동원해서 인간 스스로를 높이고 있다.

그러나 되돌아보면, 모든 인간에 대한 이러한 존엄성이 최고의 가치로서 인정된 것은 인간의 역사에서 그렇게 오래된 것은 아니다. 고대 또는 중세사회에서 인간은 노예 또는 농노로서 소, 말, 개와 마찬가지로 산 채로 팔렸다. 서구에서 노예제도를 타파하는 데에는 거의 700년 이상의 투쟁이 필요했다.

노예제도는 살아 있는 인간육체를 재산으로 취급하는 고전적 모델이었다. 노예제도 형태 중에서 가장 악랄했던 것이 노예를 짐승처럼 사고팔았던 동산노예제도(chattel slavery)이다. 동산노예제는 고대사회에서부터 있었다고 한다. 노예제도는 고대 그리스, 로마제국, 고대 이스라엘뿐만 아니라, 수 세기 전의 일본, 중국, 한국 및 러시아 아랍 등에도 널리 퍼져 있었다. 이러한 나라들의 역사에 의하면, 노예와 그의 자식은 주인의 소유물이었고, 소유자의 의사에 따라 물건처럼 매매되었다. 농노, 처의 매매와 상속, 아이의 매매, 채무인질, 카스트제도, (구)소비에트식의 강제노동도 노예제도의 또 다른 형태에 속한다고 말할 수 있을 것이다. 이러한 폐습은 오늘날 대부분의 지역에서는 사라졌다.[1)]

고대사회에서 노예제도는 대부분 관습 또는 인습에 의해서 인정되었지만, 정교한 법제도에 의해서 노예제도가 정교하게 운영되었던 사회도 있었다. 예컨대, 1066년 노르만족이 앵글로색슨족을 정복하였을 때, 앵글로색슨족은 법적으로 규제된 완전한 노예제도를 가지고 있었는데, 18세기까지 노예제도가 영국에서 사라지지 않았다. 또 19세기 중반 미국의 남북전쟁은 노예해방전쟁이었다. 그 이전까지 미국 남부의 제(諸)주는 아프리카흑인을 노예로 묶어 두고 또 거래하기 위한 정치한 법률을 가지고 있었다. 인간육체 그 자체를 통제하는 법률이나 제도 그리고 이러한 제도를 정당화하려는 주장은, 그 목적이 공동체를 유지하기 위한 용역이든 개인적 수요를 위한 용역이든 또는 치료목적을 위한 것이든, 개인

1) 20세기에 노예제도를 폐지하는 두 개의 국제협약이 체결되었다. 노예제도, 노예거래 및 유사노예제도의 폐지에 관한 1926년의 협약과 1956년의 보충협약이 그것이다. 이 협약에 의하면, "소유권에 기한 권력이 행사되고 있는 사람"을 노예라고 정의하고 있다.

적 자율을 침해할 우려가 있다는 점에서 심각하다. 그런데 이러한 제도가 수혜집단에 의해서 일단 양성화되면, 그러한 제도는 심리적 및 사회적 면제부효과(免除符效果)를 가지고 있기 때문에 수혜자는 그 제도의 부정적 결과에 대한 책임을 개인적으로 부담하지 않아도 되며, 이러한 상황은 제도의 운영을 더욱더 정치하게 만든다. 이러한 사실은 노예제도의 역사에서 여실히 볼 수 있었다. 노예제의 역사를 보면, 그것을 관리하는 법적 규율에 의하여 노예제도가 더욱더 장기간 고착되었다는 것을 알 수 있다. 노예를 팔고 사는 계약과 증서의 작성 및 상속을 규율하는 많은 법률들은 노예제도에 대한 비판의 예각을 무디게 만들어서 개인이 그 제도의 비인간성을 깨닫는 데 장구한 시간이 소요되게 했다. 남북전쟁 이전 미국 남부의 주에서 백인들은 흑인노예제도에 대하여 "결국, 의회가 그것을 인정하고 공동체가 인정하는데, 그것이 그렇게 나쁜 것일 수 있을까?"라는 식으로 자위하였다고 한다. 환자의 건강을 위하여 인간신체조직을 획득할 수 있는 시장을 촉진하고 이를 합법적인 제도로 승인하려는 것에 노력을 경주하고 있는 우리 시대의 사람들에게 노예제도의 역사가 주는 것은 노예제도하에서 절대다수의 평안을 해치면서도 인간의 육체가 재산으로 거래되고 또 오랫동안 그대로 유지되었다는 사실이다.

19세기 산업화에 의한 사회구조의 변화로 인해 노예제도가 완전히 폐지되고, 19세기 중반 인권운동이 제기되어서 서구사람들은 인간이 다른 인간을 소유할 수 있다는 가능성과 원칙을 버렸다. 그런데 이로부터 1세기도 채 지나가지 못한 지금, 건강증진과 치료를 위하여 인체 및 그 일부의 매매를 인정해야 하는가라는 새로운 상황에 직면하여 우리는 그 부수적 효과에 대한 완전한 이해도 없이, 인체를 얻기 위하여 법적 버팀대를 만들어서, 일부집단을 위하여 '살아 있는 사람'뿐만 아니라 '죽은 사람'에 대한 합법적인 개입권과 권력을 다시 부여하는 정교한 새로운 제도를 창설하기 위하여 온갖 노력을 경주하고 있다는 사실은 역사적인 역설(逆說)이라고 아니 할 수 없다.

인류의 건강을 증진하고 환자의 생명을 구제하는 의학적 또는 치료적 수요를 충족시키기 위한 인류애와 인간애의 구현으로서의 신체매매제도를 경제적 수탈과 신분적 억압을 위하여 고대사회에서나 행하여졌던 잔인한 노예제노와 식섭적으로 비교하는 것은 좀 지나친 것이라고 말할 수도 있겠다. 그래서 일부 사람들은 이러한 비교 그 자체가 부조리한 것이라고 생각할지도 모른다. 왜냐하면 노예제도가 인간의 욕망과 잔인성에 의해서 고무되었다면, 인간의 신체조직을 이용하는 이식과 치료는 인간애 또는 휴머니즘에 의해서 기획되었기 때문이다. 그러나 과거의 인신매매제도로서 노예제도와 현대적 인신매매제도로서 장기매매를 비교해 보는 것은 오늘날 우리가 처해 있는 상황을 음미하는데 많은 것을 시사한다. 여기에서 필자가 노예제도를 언급하는 첫 번째 의도는 인간 신체를 재화 또는 재물로서 취급하기 위해 이에 재산권개념을 적용하는 것이 어렵지 않다는 것을 역사적으로 극명하게 보여주려는 데에 있다. 필자는 인간이 필요에 의하여 인간 그 자체를 소유권의 대상으로 하였으며 또 우리가 이미 다양한 형식의 인간시장 한가운데 서 있으며,[2] 그 뿐만 아니라 앞으로 우리가 얼마든지 인간 자신과 신체 및 그 구성부분을 소유권의 대상으로 하는 제도를 만들 수도 있다는 것을 역사적으로 증명하고 싶을 뿐이다.[3]

기술과학적 발선은 인간의 존재양식 그 자체를 변동시키고 있으며, 의료기술의 발전은 인간육체에 대한 관념을 변화시켰다. 의학영역의 눈부신 진보는 얼마 전까지만 해도 공상소설의 주제로만 치부하였던 건강문제를 현실로 가시화하고 있다. 과거에는 질병과 부상에서 살아날 수 없었을 사람들이 다른 사람들의 피, 장기 그리고 조직 덕분에 정상적인 생활을 영위하고 있다. 드디어 죽음의 개념조차 재정의(再定義)되었다. 죽음의 개념을 조작해서 인간은 인체에 대한 일련의 행위들을 가능하게 만들었다.[4] 오늘날 우리 사회는 인체를 중요한 자연자원

2) 운동선수나 연예인의 경우를 생각해보자. 정도에 차이가 있긴 하지만, 이들의 몸이 오늘날 얼마나 상품화되고 있는가? 자본주의사회에서 상품화되지 아니한 것이 있는가? 오늘날 우리는 누구나 상품으로서 전시되어 있으며, 우리 사회는 그야말로 커다란 상품진열장에 불과하다.

3) 입양(入養)제도도 상황에 따라 아이를 재산권의 대상으로 보는 제도로 변질할 우려가 있다. 예컨대, 미국에서는 정상적인 건강한 백인 아이를 정상적인 입양절차를 거쳐서 입양하기가 상당히 어렵다. 왜냐하면 공급량이 수요량을 충족시키지 못하기 때문이다. 그뿐만 아니라 한 아이를 입양하는 데에 25,000달러 내지 10만 달러 또는 그 이상의 돈이 필요하다고 한다. 그래서 최근에는 입양중개업이 성행하고 있다. 중개업자들은 입양아동의 아버지 또는 어머니의 사진 등 생부모에 관한 정보를 잡지 또는 인터넷 웹사이트에 게재하는 방법으로 광고한 다음, 상당한 대가를 받고, 이들이 아이를 낳으면 일정한 기간 내에 양부모가 될 사람들에게 그 아이의 입양을 주선해 준다. 이러한 형태의 아동입양(兒童入養)도 인간을 재산으로 취급하는 인신매매의 한 유형으로 보아야 할 것이다.

4) 최근에 들어와서 사람의 사망을 뇌사여부에 따라 결정하는 뇌사설이 점차 사회적 승인의 폭을 확장해가고 있는데, 뇌사설이 사회적 필요를 정당화하기 위한 개념조작이라는 사실을

으로 생각하기에 이르렀다. 우리의 상황을 생각해보면, 이제 인간육체라는 자연자원을 어떻게 분배할 것인가의 문제만이 마치 우리에게 남아 있는 것 같다.

사체, 장기, 조직 기타 부산물 등 사용가능한 인체조직들이 시장에서 거래되는 물건으로 된 것은 이미 어제 오늘의 일이 아니다. 그런데 문제는 인체의 시장적 지위가 다른 물건들과 동일하게 취급되고 있다는 것이다. 아직 인체의 상품화가 본격적으로 시작되고 있는 것은 아니지만, 인터넷 등 광고와 유통기법의 발전으로 멀지 않은 시기에 인체시장이 본격적으로 형성될 전망이다. 다른 어떠한 생물학적 재화보다 비싼 재화로서 인체와 그 조직이 비싸게 거래될 것이라고 생각한다.

그러나 인격적 자율의 측면에서 본다면, 첨단의학의 대두와 그 성공이 인간에게 가져온 혜택은 우리 인간에게 반드시 좋은 전조만은 아닐 것 같다. 인간은 더 이상 그 자체로서 존엄한 것이 아니라, 타인의 질병을 치료하거나 결함을 보완하는 자재를 얼마나 많이 저장하고 있는가에 따라 평가되며, 그뿐만 아니라 자신의 신체에 대해서조차 타인의 소유가 문제될 수 있게 되었다. 의학발전으로 인한 인체의 경제적 유용성은 개인과 사회 간의 대결양상을 새로운 국면으로 몰아가고 있다. 말을 하고 들을 수 있는 짐승으로 인간을 취급하였던 노예제도가 역사적인 우연이 아니었던 것처럼, 인체를 값비싼 재산으로 생각하는 이른바 "인신(人身)에 대한 소유권제도"도 결코 우연한 사건은 아니다. "인신소유권(人身所有權)"은 인간역사에 예정되어 있던 필연적 현상이라고 할 것이다. 이러한 상황에서 인간에 대한 수많은 본질적 물음들이 제기된다. 노예제도라는 인신매매시장이 현대적 상황에서 새로운 형태로서 다시 등장하고 있는 것은 아닌지? 오늘날 우리가 부르짖고 있는 "질병으로부터 자유" 그리고 건강이 인간자유를 근본적으로 위협하고 있는 것이 아닌가? 자유의 극단적인 추구는 자유의 말살을 초래하는 것이 아닌가 하는 두려움마저 생긴다.

인간신체의 의학적 유용성, 의학적 진보에 대한 확실한 믿음, 뇌사설(腦死說)에 대한 일반대중의 수용, 인간육체에 대한 이익의 증대 및 신체적 자료의 획

생각해보면, 새로운 기술적 필요가 새로운 기술적 관념을 만들어 낸다는 사실을 금방 알 수 있다. 이렇게 하여, 죽음이라는 자연적 사실도 누구나가 인식할 수 있는 일반적 영역의 사건이 아니라 의료전문가, 특히 뇌전문 의사만이 확정할 수 있는 전문가들의 특수한 문제로 분류되었다.

득행위에 대한 최근 서양법철학의 현저한 태도변화 등 일련의 사건들은, 인간이 할 수 있는 것이면 그것에 대한 도덕적 · 윤리적 · 법적 제한에도 불구하고, 그대로 실현되어 왔다는 것을 우리들에게 여실히 보여주고 있다. 우리가 과거 40년간 의료사건들을 되돌아보면서, 이에 대한 사회적 반응을 검토해야 한다는 것은 다시 한번 더 오늘날의 상황을 반성해 보자는 데에 그 목적이 있다. 그러나 그 방향은 더 이상 돌이킬 수 없을 만큼 확고해진 것 같다. 인체에 대한 사회적 · 제도적 목적은 그것에 대한 사회적 수요를 만족시킬 수 있는 인간조직의 공급량을 어떻게 창출해낼 것인가에 있는 것 같다. 이러한 사회의 목적이 현재 달성되었다고 말할 수 있는가? 만약 그렇지 않다면, 공동체가 개인을 위험에 빠지게 하는 보다 강력한 법과 절차로서 그 목적달성을 위해서 반응할 것인가?

아래에서 필자는 먼저 생명공학과 의술의 혁명적 발달과 더불어 인체 그 자체가 새로운 의료재료로 대두하였다는 것을 지적한 다음에, 공급물량의 부족을 시장질서에 맡겨서 가격원리에 따라 해결하려는 시도를 살펴보고, 인체에 관한 재산권담론의 문제를 논의한 다음에, 기술적 과학이 새롭게 야기하고 있는 '사람'과 '인간'의 개념을 철학적 · 윤리학적 차원에서 언급하기로 한다.

II. 새로운 재산으로서 인체

외국에서는 인체가 새로운 재산으로 거래된 것이 이미 오래된 일인 것처럼 보인다. 지나간 신문이나 잡지를 뒤져보면, 그 당시 대중의 이목을 끌었던 사건들이 가끔 눈에 띈다.

1968년 5월 캘리포니아 지방신문에 다음과 같은 광고가 나와 있었다. "이식을 필요로 합니까? 수술을 필요로 하는 사람에게 재정적 보답을 주고 신체의 어떠한 부분이라도 팔려고 합니다. (中略) 우편함 ××××로 회신을 보내주세요."[5]

1969년 1월 26일 일요일 Los Angeles Times에 다음과 같은 광고가 났다. "매매 또는 이식을 위한 눈, 각 500,000달러—당신이 사랑하는 누군가를 볼 수 있도록 도와주세요. 그러면 당신은 다른 사람을 돕게 될 것입니다. 진실한 사람만

5) Russell Scott, The Body as Property, 1981, p.1에서 재인용.

이 지원해 주세요.… (省略).”[6)]

1972년 3월 서부 도이칠란트 신문은 두 아이의 아버지인 37세의 남자가 그의 신장 1개를 100만 마르크에 팔겠다고 하는 제안을 보도하였다. 이 보도내용에 의하면, 그 남자는 직업 때문에 거의 항상 해외에 체류하고 있었는데, 그러한 외국생활을 청산하고 아내와 가족들과 함께 도이칠란트 남부 어느 시골에 정착하기 위한 자금을 마련하기 위하여 신장을 팔려고 한다는 것이다. 병원은 그의 신장이 건강하다고 진단하였으며, 그래서 그 남자는 자신의 신장을 사려는 사람을 찾을 수 있으리라고 확신하고 있다고 했다.

1976년 12월 어느 외신 보도에 의하면, 스코틀랜드 야드 검찰이 런던에서 인체를 대량으로 거래한 사건을 수사하고 있었으며, 1977년 1월에는 영국의 은행원이 공개적으로 자신의 신장을 8,000파운드에 아랍인에게 팔기 위하여 내놓았다는 기사도 있었다. 1979년 파키스탄에서 온 환자는 신장이식의 시술을 받기 위하여 영국 외과의사에게 12,000파운드를 제공하였다.[7)]

인간장기를 불법적으로 거래하였던 세계적인 사례들을 자세히 다루었던 런던의 선데이 타임즈의 한 기사는 한국 사람의 눈을 멈추게 했을 것 같다. 이 기사는 1970년에서 1976년 사이에 한국의 의사가 12,000쌍의 태아신장을 미국의 의료재료공급회사에 1쌍당 15달러에 팔았다고 폭로하였다. 태아조직은 성인조직보다 빨리 성장하고 배양을 위한 매개체로서 효과적이기 때문에 수요가 많다. 런던의 선데이 타임즈의 보도내용에 의하면, 태아의 신장은 임신중절된 태아에서 산모의 동의를 얻어서 적출 직후 곧바로 냉동되어서 서울로부터 비행기로 탁송되었다. 미국의 한 의료재료공급회사의 대변인은 그 회사가 12개국의 250군데에서 태아조직을 취득하고 있다고 말하였다. 태아의 조직에 대한 수요가 많기 때문에 상당한 시장이 형성되어 있는데, 수입된 태아조직은 미국에서 항생물질을 생산하는 여러 실험실과 병원으로 다시 팔린다고 한다. 선데이 타임즈는 한국에서 태아조직을 공급하였던 한 판매업자의 말을 인용하고 있었는데, 한국에는 태아신장을 공급하는 업자들이 많이 있으며, 그 자신은 결코 주공급원이 아니며, 낙태가 한국에서는 합법적이며 또한 국가의 법이 판매를 금지하고 있지 않기 때문

6) 위의 책, p.1.

7) 위의 책, p.1.

에 어떠한 불법적 취급도 개재되지 않았다는 내용의 코멘트까지 붙이고 있다.[8)]

최근 인터넷 웹사이트(www.ronsansels.com) 경매란에는 다음과 같은 충격적인 광고가 실려 있었다. 이 광고의 문구는 "늘씬하고 아름답고 똑똑한 미녀의 난자를 팝니다"라는 매혹적인 언어로 시작되었다. 이 광고는 인터넷 웹사이트를 통해 1999년 10월 25일 난자경매사업을 벌일 계획인 미국의 모델 사진작가인 론 헤리스라는 사람이 내세우고 있는 캐치프레이즈이다. 뉴욕 타임스 1999년 10월 24일자 보도 내용에 의하면, 헤리스는 "예쁜 자녀를 낳을 확률을 높일 수 있는 기회가 있다면 당연히 그런 기회를 활용해야 할 것"라고 주장하면서 난자 1개당 가격은 1,500,000달러(약 1억 8000만원)정도 나갈 것이라고 추산하고, 경매 수수료로서 경매가의 20%를 받을 것이라고 한다.[9)]

전통적으로 동양의학에서는 해부학이 별로 중요하지 않기 때문에, 동양의학에서는 시체가 의학교육에 별로 많이 사용되지 않았을 것으로 추측된다. 그러나 서양의학에서는 그 특성상 사정은 사뭇 달랐다. 서양의학사(史)에 의하면, 고대 그리스 시대부터 인체가 해부용 자료로 사용되었다. 근대적인 서양의학이 성립하면서 시체의 확보는 서양의학 교육에서 중요한 의미를 가졌다. 그래서 서양에서는 오래 전부터 암암리에 시체의 거래가 행하여졌다고 한다. 시체를 확보하기 위하여 시체절도가 심심찮게 행하여지고, 어떤 경우에는 살인까지도 자행되었다고 한다. 우리나라에 서양의학이 들어온 지 1세기가 되었으며, 또 의과대학에서 의사양성을 위한 교육이 시작된 지도 벌써 반 세기 이상이 지나갔다. 이제 우리나라 의과대학 입학의 총정원이 수천 명이나 된다는 것을 생각해 볼 때, 해마다 상당수의 시체가 의학교육에 필요할 것이라고 예상할 수 있다. 그렇지만 시체기증자가 거의 없는 우리 사회의 현실에 비추어 볼 때, 거의 대부분의 의과대학에서 시체공급이 부족을 경험하고 있으리라고 추측할 수 있다. 이러한 상황을 전제로 할 때, 오래 전부터 의과대학에서 시체가 거래의 대상이 되지 않았을까 하는 의문이 제기된다. 현실적으로 전문의양성에 교육용시체가 절대적으로 필요하다는 것을 전제로 할 때, '의학교육을 위한 시체는 우리나라에서는 어떻게 조달되고 있을까?'라는 문제는 신기하고 또 신비스러운 생각마저 들게 한다.

8) 위의 책, p.2에서 재인용.

9) 동아일보 1999년 10월 25일 월요일(제24335호), 2면 기사에서 인용함.

우리나라의 경우 인체와 그 구성부분을 매매하는 암시장의 현황이 어떠한지에 관해서 아직 자세한 자료가 없는 듯하다. 그러나 누구든지 요즘 지하철 화장실, 공중화장실 및 대형병원 화장실에 가 보면, 장기매매에 관한 안내딱지가 벽에 붙어 있는 것을 쉽게 볼 수 있다. 이러한 사실은 우리나라에도 장기매매를 위한 암시장이 상당한 범위에서 형성되어 있다는 것을 보여주는 증거라고 말할 수 있다.

어떻든, 오늘날 인체는, 죽은 것이든 살아있는 것이든, 값비싼 새로운 재화로 떠오르고 있으며, 이미 외국에서는 상당한 거래가 이루어지고 있는 거대한 시장이 형성되고 있다는 것은 사실이다. 아마 이러한 현상은 우리나라의 경우에도 예외는 아닐 것이다. 여기에서 '인체'라 함은 인간신체 전부뿐만 아니라 이로부터 물리적으로 적출한 장기, 조직, 체액, 세포 및 체내 또는 체외에서 화학적으로 분리된 유전적 물질 등을 포함하며, 다만 소변 등 배설물과 같은 배출된 부산물은 제외한다.

Ⅲ. 사회적 수요의 증가와 인체시장

1. 인체에 대한 사회적 수요

미국의 경우, 1940년 후반 각막이식(角膜移植)에 대한 의학적 관심이 증가하여, 이식을 위하여 죽은 기증자의 눈을 사용하는 것이 사회적으로 승인되면서 현대적 이식시대가 본격적으로 시작되었다고 말할 수 있다. 1954년 신장이식이 세계최초로 성공하면서 미국에서 장기이식에 관한 지평이 확대되었다. 이 무렵 미국의 의학저술가는 "환자건강의 빠른 회복이 시험 및 임상연구에 준 자극은 괄목할 정도였다"고 기술하였다. 오늘날 미국뿐만 아니라 한국에서도 거의 대부분의 인체조직과 장기가 이식될 수 있게 되었다. 여기에는 내이(內耳), 다양한 내분비선(glands), 혈관, 힘줄, 연골, 치아, 근육, 고환, 난소, 나팔관, 기관지(tubes), 피부, 지방, 골수, 혈액뿐만 아니라 간, 심장 및 신경조직 등도 포함된다. 그뿐만 아니라 지난 20여 년간 미국, 독일 등 의학선진국에서는 태아조직의 이용을 포함한 장기이식술이 세련되게 발전하여 새로운 차원에서의 폭넓은 이식가능성이 현실로 다가왔다. 필자는 우리나라에서 인체조직에 대한 사회적 수요가 어떻게 변화하여 왔는지에 관한 정확한 통계자료를 가지고 있지 않다. 그러나 간간히 볼 수 있는 대중매체의 보도에 의하면, 우리나라에서도 인체조직에 대한 수요는 기하급수적으로 증가하고 있을 것이라고 추측할 수 있다. 어떻든 현재 장기의 수요가 공급보다 훨씬 크다는 것은 확실할 것이다. 외국의 예를 살펴보면, Manitoba 법률개혁위원회는 1984년 캐나다에서 신장이식을 기다리는 명부에 1,000명이 있었으나 1986년에는 2,500명이 되었다고 보고하고 있다.[10)]

이식전문가에 의하면, 사고로 죽은 젊고 건강한 사람의 장기가 이식하기에 가장 좋다고 한다. 그렇지만 미국에서는 12,000명에서 27,000명이 해마다 사고로 죽지만 그들 중 겨우 2,000여명이 장기를 기증한다고 한다.[11)] 그래서 일부 국가에서는 교통사고 등 사고로 사망하는 경우에 건강한 신체조직이나 장기를 확보하고 기증을 둘러싼 관련당사자간의 잡음을 최소화하기 위하여 장기기증의사를 명시화하는 제도를 마련하고 있다. 예컨대, 캐나다의 대부분의 지역과 미국의 많은 주에서는 운전면허증을 신규로 발급받거나 갱신할 때 장기기증을 등록할 수 있는 기회를 마련하고 있다. 이 경우에 기증의사는 운전면허증 뒷면이나 별도의 스티커나 카드에 표시된다. 캐나다 서부의 주에서는 인구 23%가 기증카드(운전면허증이나 별도의 카드)에 서명을 하였다.[12)] 그러나 여론조사에 의하면, 미국인은 거의 70%[13)]가, 캐나다 사람들 중 60% 정도가 사후에 자신의 장기를 기증하는 데 긍정적인 의사를 가지고 있다고 한다.[14)]

하지만 미국이나 캐나다의 경우에도 실제의 기증자의 수와 기증할 의사를 가지고 있는 사람의 수에는 상당한 차이가 있다. 여기에는 세 가지의 주요한 이유가 있다고 한다. 첫 번째 이유는 대부분의 사람들이 이론적 또는 관념적 차원에서 이타심을 표현하기는 쉽지만 현실적으로 그것을 실행하지는 않는다는 데에 있다. 사람들은 자신의 장기를 기증할 수 있으리라고 생각한다. 그러나 그들이

10) Manitoba Law Reform Commissions, "Report on Human Tissue Act," 1986, p.3.

11) Lloyd R. Cohen, "Increasing the Supply of Transplant Organs: The Virtues of a Futures Market," 58 George Washington Law Review 1, 5(1989).

12) Manitoba Law Reform Commission, 위 보고서, 24면.

13) Henry Hansmann, The Economics and Ethics of Market for Human Organs, 14 Journal of Health Politics, Policy, and the Law, 60(1989).

14) Manitoba Law Reform Commissions, 위의 보고서, 24면.

현실적으로 그것을 해야 할 때 주저하게 된다. 둘째, 많은 사람들은 자기가 실질적으로 죽기 전에 의사가 자신의 장기를 적출해 버릴지도 모른다는 의구심을 품고 있을 뿐만 아니라, 장기적출을 하는 의사의 과잉적 행위에 대하여 상당한 두려움을 가지고 있다. 셋째, 장기기증카드에 사전에 서명하도록 하는 것이 오히려 대부분의 사람들로 하여금 장기기증을 주저하게 만든다.[15] 그 외에 기증에 대한 장애는 시술의사에 의해서 생긴다. 어떠한 사람이 기증카드나 운전면허증에 서명을 하였다고 하더라도 시술의사는 장기를 적출하기 전에 가족의 허가를 요청하는 것이 도덕적이라고 생각한다. 그 사람이 동의하지도 거부하지도 않았을 때, 의사들은 불행한 사고로 사랑하는 사람을 잃어서 슬픔에 빠져 있는 가족에게 죽은 사람의 장기를 요구하는 것이 매우 불편하다고 생각하고 있다.[16]

살아 있는 사람들 사이의 장기기증문제는 장기에 대한 사인기증(死因寄贈)에서 제기되는 문제와 그 상황이 다르다. 왜냐하면 인체의 장기와 조직은 대부분 재생산되지 않기 때문에 살아 있는 사람이 기증할 수 있는 장기나 조직은 매우 한정되어 있다. 생존자와 생존자간에 이식될 수 있는 장기나 조직 중 재생산이 불가능한 중요한 것으로는 신장, 피부조직 및 뼈를 생각할 수 있고, 재생산이 되는 것으로는 정액과 난자, 골수 및 혈액 등이 고작이다.

어떻든, 장기나 조직에 대한 사회적 수요가 기증에 의해서는 충족되지 않기 때문에 이를 해결하는 방법으로서 장기시장을 만드는 것이 미국 등 서구국가에서 제안되고 있다.

2. 장기시장

장기거래에 대한 찬성론자들은 장기거래를 금지해야 한다는 생각이 일종의 잘못된 아비주의(paternalism)[17]에서 비롯된 것으로 생각한다. 찬성론자인

---

15) Cohen, 위의 글, 8면.

16) 위의 글, 19면.

17) 우리나라에서 paternalism을 "온정주의"(溫情主義)라고 번역하고 있는 것 같다. 사람들이 paternalism을 의미상 "온정주의"라고 번역하는 것에는 일리가 있다. 그러나 우리말의 "온정"(溫情)과 온정주의에는 부정적 의미보다 긍정적인 의미가 더 많이 들어 있다. 즉 온정이란 "따뜻한 인정" 또는 "다정한 마음"을 의미하고, 온정주의는 "온정을 베풀어서 문제나 분쟁을 자율적으로 해결하려는 태도"를 말한다. 그래서 paternalism을 "온정주의"라고 번역하는

Henry Hansmann은 "사회가 가난한 사람들에게 그들이 장기를 팔지 않도록 충분한 재산을 주지 않는다면 사회는 그들에게 그들이 가진 적은 재산을 처분하는 것을 부정해서는 안 된다"고 주장하면서,[18] 장기를 파는 것과 위험스런 통조림공장에서 일하는 것 사이에는 거의 차이가 없으며 양자가 모두 위험하기 때문에, 가난한 사람들에게 장기매매를 금지하는 것은 그들의 선택폭을 제한할 뿐이라고 한다.[19] 그렇지만 Hansmann도 심신장애자, 마약중독자 또는 자포자기한 사람이 자신의 신장을 값싼 가격, 예컨대 50달러에 파는 행위뿐만 아니라 기회주의적 매입자의 경우를 막기 위하여 입법적 통제의 필요성을 인식하고 있다. 그래서 Hansmann은 이러한 문제를 염두에 두면서 살아 있는 사람들 간에 이루어지는 장기매매에 있어 연령의 제한과 매매계약체결과 장기적출 사이에 6개월 정도의 대기기간을 둘 것을 제안하고 있다.[20]

장기수급에 있어 시장체계가 현실적인 장점을 가지고 있다는 것은 분명하다. 심장이식의 평균비용은 미국의 경우 100,000 내지 110,000달러에 달한다고 한다.[21] 1985년 미국정부는 신장이식자에게 284,700,000달러, 이식자 1명당

것은 paternalism이 본래 가지고 있는 부정적인 의미를 부각시키지 못하고 있다. 일반적으로 paternalism은 자식에 대한 가부장적 보호 및 간섭 등을 하는 아버지의 태도를 말하는데, 자식이 어릴 때에는 일정한 범위 내에서 아버지의 보호와 간섭이 필요하지만, 자식이 성장한 이후에는 아버지의 보호와 간섭은 불필요하다. 보통 paternalism이라고 말할 때, 이 말은 성장한 자식에 대한 아버지의 불필요한 보호 및 간섭을 지칭한다. 그러므로 paternalism에는 불필요한 간섭 또는 보호라는 부정적 어감이 들어 있다. 어원적으로 볼 때, paternalism은 "paternal"에서 유래한 말이며, paternal은 pater의 형용사형이다. 영어 pater는 "아버지"를 의미한다. 우리말에서 "아버지"라는 말의 비어(鄙語)로서 "아비"라는 말이 있다("애비"는 아비의 사투리이다). paternalism을 우리말로 번역·조어할 때, "온정"이라는 말보다는 "아비"라는 말과 연계하는 것이 언어적인 측면에서 훨씬 더 타당하다. 어원적인 의미에서도 "아비"라는 말이 paternalism이 파생해 나온 pater와 동일하고 또 "아비"라는 말이 아버지라는 표현의 비어이기 때문에 pateranalim의 부정적인 어감을 살릴 수 있다. 그래서 필자는 paternalism을 "온정주의"라는 표현 대신에 "아비주의"로 바꿀 것을 제안한다. Paternalism의 개념에 관해서는 Donald VanDeveer, Paternalistic Intervention. The Moral Bounds on Benevolence, 1986, p.16 이하 참조.

18) Hansmann, 위의 글, 73면.

19) 위의 글, 73면.

20) Hansmann, 위의 글, 74면.

21) Peter H. Schuck, Government Funding for Organ Transplants, 14 Journal of Health Politics, Policy, and the Law 169, 172(1989).

40,000달러의 비용을 썼다.[22] 1990년 미국정부는 연간 심장이식비용을 20,000,000 내지 47,000,000달러로 추산하고 있다.[23] 여기에는 지방정부 또는 재향군인회와 같은 조직이 지출하는 비용은 포함되지 않았다.[24] 이러한 단체들이 지불하는 비용까지 포함하면, 심장이식비용에 소요되는 공적 비용은 훨씬 더 많을 것이다. 모든 사람이 자신이 가지고 있는 부(富)와 관계없이 생명을 보장받을 수 있는 권리를 가지고 있기 때문에 장기이식에 소요되는 25,000 내지 238,000달러[25]의 비용을 요구할 수 있다고 주장할 수 있지만, 정부가 지원하는 장기이식비용은 너무 비싸다. 장기이식을 통한 생명연장은 다른 사람들의 생활의 질을 상대적으로 저하시키고 있다고 말할 수 있다. 그래서 장기이식에 지원되는 공적 비용을 억제하기 위하여 Peter Schuck과 같은 사람은 아동과 저소득자만이 정부의 이식지원금을 받을 수 있도록 하고, 경제적으로 능력있는 자는 스스로 장기를 구입하도록 하자는 수정된 시장모델을 제안하였다.[26]

Lloyd Cohen은 사체장기시장을 제안하고 있다. 그의 제안은 매도인이 살아있을 때 자신의 장기를 다른 사람에게 매도하는 계약을 체결하고, 매도인이 죽은 후에 장기를 적출해서 매수인에게 인도하는 때, 매수인이 매도인의 상속자에게 매매대금을 지급한다는 것이 그 핵심적 내용이다.[27] Cohen은 이러한 제도가 상당히 윤리적이라고 한다. 왜냐하면 가난한 사람들이 착취당하지 않을 뿐만 아니라 자신이 스스로 이미 장기를 팔았으므로 가까운 친척이 별도로 망인의 신체를 거래할 필요도 없기 때문이다.[28] 장기시장이 인간의 이타심을 말살할 것이라는 주장에 대하여 Cohen은 "당신이 사용할 수도 없고 또 팔 수도 없는 것을 기증하는 것도 결코 관대한 행동은 아니다"라고 지적한다.[29] 그러나 Cohen은 장래의 장기시장이 실제로 어떻게 작동할 것인가에 관해서는 어떠한 모습도 제시하지 못하고 있다. 그런데 당장 장기를 필요로 하는 사람은 자신이 계약한 사람이 죽

22) 위의 글, 171면.
23) 위의 글, 173면.
24) 위의 글, 173면.
25) 위의 글, 181면.
26) 위의 글, 181면.
27) Cohen, 위의 글, 1, 33면.
28) 위의 글, 2면.
29) 위의 글, 28면.

을 때까지 무작정 기다릴 수 없다. 그 사람은 즉각적으로 사용할 수 있는 장기를 구해야 하기 때문에 매도인과 매수인을 연결하는 중개자가 반드시 있어야 하는 것은 분명하다. 이것은 장기제공자가 언제 죽을지 알 수 없기 때문에 제공자와 수요자가 직접적으로 계약을 체결하는 것은 현실적으로 불가능하다는 것을 의미한다.

이러한 문제를 해결하기 위해서 Hansmann은 건강보험회사를 중개자로 개입시키는 사체장기시장의 구도를 개관하고 있다. Hansmann에 의하면, 중개자로서 건강보험회사를 장기시장에 개입시키는 것은 매도인이 장기매매에서 즉각적으로 수익을 얻을 수 있고, 또 장기를 현금매매하는 것보다 훨씬 더 윤리적이기 때문에 수용할 수 있을 것이라고 한다. Hansmann은 건강보험에 가입하는 사람에게 장기기증자가 될 수 있는 보험유형에 대한 선택권을 주어야 한다고 제안한다. 이러한 보험유형을 선택한 사람은 사후에 자신의 장기를 기증하는 대가로서 보험자가 장래에 받을 이익(이러한 가입자가 사망한 후 적출해서 사용할 수 있는 장기가 있는 경우 보험사는 장기매매에서 상당한 수익을 볼 수 있다. 이 때 그 장기의 시장가격이 보험자가 장래에 얻는 이익이다)에 기초해서 보험료의 감액을 받도록 하자고 한다.[30] 이 경우에 기증자를 관리하는 공적인 등록제도가 있어야 하고, 이러한 유형의 건강보험에 가입한 사람은 누구든지 그 보험을 갱신할 때마다 기증서약을 철회하거나 갱신할 수 있는 선택권을 가지고 있어야 한다. 기증자가 죽었을 때, 그의 장기는 필요한 사람에게 팔리고 수요자 본인 또는 보험회사가 상속인에게 지불한다. 그러므로 기증자가 설령 80세에 자연사하여 그의 장기가 기능부전으로 실제 전혀 사용할 수 없더라도 단순히 기증을 서약함으로써 그는 재정적인 수익을 받는다. 장기의 가격은 건강보험시장에 의해서 결정된다. 건강보험시장은, Hansmann이 지적하듯이, 미국에서 상당히 경쟁력이 있다고 한다.[31] 이러한 사체장기시장의 구도를 비윤리적으로 생각하는 사람에 대하여 Hansmann은 장기를 필요로 하기 때문에 장기매매 또는 기증을 간청하기 위하여 사망 직후에 혈족의 상실로 슬픔에 빠져 있는 유가족에게 접근하는 행동보다는 그의 사체시장제도가 훨씬 더 윤리적이라고 응수한다.[32] Hansmann은 이러

30) Hansmann, 위의 글, 63면.

31) 위의 글, 65면.

32) 위 같은 논문, 70면.

한 제도는 장기기증을 촉진시키고, 또 장기기증에 대한 사전적인 서약을 하는 데 수반되는 심리적 이전비용의 발생을 막을 수 있는 역할을 한다고 한다.[33] 이러한 맥락에서 볼 때, 운전자가 장기기증자카드에 서명하는 대가로 정부가 연간운전면허 또는 자동차등록세를 감면해 준다면, 이러한 제도도 Hansmann의 기획안과 비슷한 방안이라고 말할 수 있겠다. 그러나 이러한 제도는 장기공급을 자극하기 때문에 공급측면에서 준(準)시장적 영역을 창출하지만, 수요측면에서 기증된 장기를 배분하는 방법은 별도로 해결되어야 한다.

어떻든, 죽은 사람의 신체조직 및 장기뿐만 아니라 살아 있는 사람의 신체일부를 거래할 수 있는 시장제도는 일반인들에게 경제적 자극제를 제공하여 도덕적 문제에 직면한 심리적 비용을 극복하게 할 뿐만 아니라 의사에게 사자가 장기의 적출에 실제로 동의하였다는 분명한 증거를 제공하기 때문에 장기공급량을 증대시킬 수 있을 것 같다.

3. 태아조직시장

최근에 들어와서 배아(胚芽: Embryo)나 태아(胎兒: Fetus)의 신체조직을 이용하는 의학적 연구가 빠르게 진행되고 있다. 태아의 뇌세포와 조직은 Parkinson병, Huntington병, 간질, 뇌손상 및 AIDS의 치료에 사용될 수 있다.[34] 그뿐만 아니라 신체적 결함을 가지고 태어나거나 후천적인 질병이나 사고로 인하여 신생아나 유아에게 조직 또는 장기의 이식이 필요한 경우, 성인의 조직이나 장기는 너무 크기 때문에 신생아에게는 이식할 수 없다. 이러한 경우에 태아의 조직이나 장기는 신생아의 치료를 위하여 절대적으로 필요하다.[35] 배아나 태아의 신체조직에 관한 시장은 다른 문제들을 야기한다. 태아조직의 매매에 관해서도 일반적인 장기매매에서와 같이 인체의 상품화를 둘러싼 동일한 윤리적 문제가 제기되지만, 태아조직의 매매는 그것이 낙태의 문제와 근본적으로 연결되어 있다는 것

---

33) 위의 글, 67면.

34) Arthur R. Bauer, Bioethical and legal Issues in Fetal Organ and Tissue Transplantation, 26 Houston Law Review 955, 957(1989).

35) Debra H. Berger, The Infant with Anencephaly: Moral and Legal Dilemmas, 5 Issues in Law and Medicine, 67, 68(1989).

이 일반적인 장기매매의 문제와 다른 점이다. 그뿐만 아니라 살아서 태어난 미숙아를 의료적 재료로 사용해도 되는가 라는 윤리적 문제가 제기된다.[36] 예컨대, 아메리카합중국법에 의하면, 태아조직은 태아가 죽은 후에만 적출할 수 있다.[37] 그런데 아메리카합중국법에 따르면, 태아조직을 효율적으로 사용할 수 없다는 의학적 문제가 생긴다. 즉 죽은 태아의 장기는 필요한 산소가 부족하기 때문에 장기이식이 불가능하게 되는 경우가 많다고 한다.[38] 물론, 이러한 아메리카합중국법은, 태아의 일부가 이식을 위해서 사용될 수 있기 때문에 그 남용을 방지하여, 생명으로서 낙태된 태아의 권리를 보호하기 위해서 존재하는 것이 분명하다.[39] 이러한 아메리카합중법의 태도에 대하여 낙태를 당한 태아가 이식의 대용품으로 처분되는 것을 방지하기 위한 것이라 하더라도, 왜 낙태된 태아의 권리가 특별히 존중되어야 하는지 이해하기 어렵다는 견해도 있다. 그러나 Berger는 태아를 사람이 아닌 존재로 취급하는 데에는 위험이 있다는 것을 지적한다. 왜냐하면 낙태를 당한 태아가 무뇌아(anencephalic babies)[40]와 마찬가지로 취급되기 때문이다. 이렇게 되면, 완전한 아이의 생명을 구하기 위하여 미숙아를 죽이게 된다.[41] 그래서 Berger는 다른 아이의 생명을 구하기 위하여 무뇌아의 장기를 적출할 수 있도록, 무뇌아의 생명을 인공적으로 유지하는 의료행위를 반대한다.[42]

태아조직의 적출 및 매매를 반대하는 사람들은 근본적으로 낙태에 반대한다. John A. Robertson은 두 가지의 이론적 근거에 입각해서 태아조직의 사용을 반대한다. 그 첫째 이유가 태아조직을 적출하거나 매매하는 자는 낙태죄의 소위 공범자라는 것이다. 낙태를 반대하는 사람들은 태아조직을 사용하는 자가 낙태죄의 공범자라고 생각한다.[43] Robertson은 낙태가 반윤리적이라고 하더라도, 그

36) Bauer, 위의 글, 973면.

37) 위의 글, 971면.

38) Berger, 위의 글, 70면.

39) Bauer, 위의 글, 981면.

40) 무뇌아는 뇌조직이 없거나 아주 작은 뇌조직을 가지고 태어나는 신생아를 말하는데, 이들은 대부분 태어난 지 몇 시간 또는 며칠 후에 사망하는 것이 보통이다. 그런데 무뇌아의 장기는 건강하다.

41) Berger, 위의 글, 80면.

42) Berger, 위의 글, 79면.

43) John, A. Robertson, Fetal Tissue Transplantation, 66 Washington University Law Quarterly 443, 465(1988).

결과물이 폐기되기보다는 좋은 목적에 사용될 수 있다는 것을 인정하지만, 그래서 오히려 이것 때문에 반대한다.[44] 두 번째 반대이유는 태아조직의 사용은 낙태를 합법화하고 또 조장하기까지 한다는 것이다.[45] 그러나 Roberton은 사체장기의 사용이 동족살해, 자살, 음주운전과 같은 행위를 조장할 수도 있다는 일부주장에 대해서는 반대하는데, 왜냐하면 이런 식으로 연관시키는 것은 너무나 자의적인 해석이기 때문이라고 한다.[46]

태아조직의 매매와 관련하여 제기되는 또 다른 문제가 산모인 여성의 건강 문제이다. 태아조직의 효율적인 사용을 위해서는 태아를 보다 성숙된 상태에서 낙태시키는 것이 요구되는데, 이러한 요청에 응하여 태아가 보다 완전하게 발달하는 임신후기단계까지 낙태를 지연시켜서 자연분만을 할 수 있는 이전단계에서 수임여성으로 하여금 강제적인 낙태를 하게 하는 경우에 이러한 낙태는 여성 자신의 건강을 해칠 위험이 있다. 태아조직의 의학적 사용과 관련하여 낙태여성의 이러한 상황은 정말 염려가 된다. 가장 일반적인 낙태시술방법으로서 확장법, 흡착법 및 긁어내기법이 사용되지만, 이러한 낙태시술방법이 사용되는 경우 태아가 해체되어서 나오기 때문에 태아조직은 사용하기 어렵게 된다. 그래서 제왕절개방법을 사용하거나 강력한 분만촉진제를 사용하여 낙태하게 하는 경우에 비로소 온전한 태아를 얻을 수 있기 때문에, 조직이식이나 장기이식을 위해서는 제왕절개방법이나 분만촉진제에 의해서 조기유산을 시키는 방법이 많이 사용된다. 그러나 이러한 경우에 산모인 여성의 건강에 큰 위험이 따른다.[47] 그뿐만 아니라 태아조직의 매매가 여성으로 하여금 낙태를 하여 그 조직을 팔아 돈을 벌 생각을 하도록 한다는 데에 또 다른 윤리적 도덕적 문제가 있다.[48]

그런데 Robertson은 태아조직의 시장이 발전될 수 없을 것이라고 주장하고 있다. 왜냐하면 미국에서 해마다 1,500,000건의 낙태가 행해지므로 공급이 부족하지 않기 때문이다. 그뿐만 아니라 태아조직을 이식하는 경우에는 피이식자와

44) 위의 글, 452면.

45) 위의 글, 453면.

46) 위의 글, 454면.

47) Bauer, 위의 글, 989면.

48) Nicolas P. Terry, Politics and Privacy: Refining the Ethical and Legal Issues in Fetal Tissue Transplantation, 66 Washington University Law Quarterly 523, 529(1988).

의 조직이식 적격성이 필요치 아니하고 또 현상황에서 태아조직의 공급은 풍족하기 때문에 태아조직시장이 성립할 가능성이 없다고 한다.[49] 그러나 이에 대하여 Nicolas Terry는 동의하지 않는다. 현재 미국에서 태아조직시장이 성립할 수 있다는 근거로서 Terry는 10,000,000명의 당뇨병환자, 2,500,000명의 치매환자 및 500,000명의 파킨스병환자가 있다는 것을 언급하고 있다.[50] 또 그는 피임의 방법이 광범위하게 행하여질수록, 의학자들은 더 많은 태아조직을 찾을 것이기 때문에 시장이 발전할 가능성은 더욱더 커진다는 것을 지적한다.[51] 그래서 Bauer는 태아조직시장은 금지되어서는 안 되지만 반드시 규제되어야 한다고 주장한다. Bauer가 제안하는 가장 중요한 규제대상은 특정인을 위한 태아조직의 매매와 기증이 금지되어야 한다는 것이다. 이렇게 하면 여성이 낙태를 하여 태아조직을 매매하는 것을 방시할 수 있다는 것이 Bauer의 주장이다. 그러나 다른 사유로 낙태를 한 여성이 태아조직에 대한 대가를 받는 것을 금지해서는 안 된다고 한다.[52]

최근 캐나다와 미국에서 재생되지 않는 장기의 매매뿐만 아니라 재생되는 장기를 매매하는 것은 불법이다. 이것은 신체일부는 개인의 본질적인 것이기 때문에 사거나 팔아서는 아니 되는 물건에 속한다는 관념을 반영하고 있다. 그러나 장기와 조직에 대한 수요가 높기 때문에, Hansmann이 예상하듯이 장래의 사체장기 및 조직시장, 생존자의 장기와 태아조직의 제한적 시장은 기증제도가 달성하지 못하는 공급부족을 완화할 수도 있을 것이다. 인체의 일부기관이나 조직에 대해서는 생명구조 그 자체가 그것을 상품화하는 것을 정당화할 수 있는 근거가 될 것 같다.

IV. 인체와 그 구성부분의 관리에 관한 담론

우리는 신체를 자신의 존재를 나타내는 외적 상징물로 생각하는가 하면, 아

49) Robertson, 위의 글, 456면.
50) Terry, 위의 글, 537-528면.
51) 위의 글, 528면.
52) Bauer, 위의 글, 1003-1004면.

름다움의 대상으로 생각하기도 하고, 때때로 육체적 욕망의 대상으로 생각하기도 하고, 가끔 심신을 달래는 쾌락물로 생각하기도 하며, 때때로 우리의 영혼을 가두고 있는 감옥으로 생각하기조차 한다. 물론 육체를 평가하는 모든 방식들이 일반적으로 옳다고 말할 수도 없지만, 그렇다고 어느 하나의 태도만이 올바르다고 말할 수도 없을 것이다. 우리는 애인, 감독, 선생 등과 같이 사회적 역할에 따라 인체를 평가하기도 하고, 예컨대 운동을 하고 있을 때와 의사를 방문할 때처럼 우리는 상황과 때에 따라 육체를 다르게 평가하기도 한다. 그 뿐만 아니라 우리가 자신의 육체를 다양하게 평가하듯이, 다른 사람의 육체도 다양하게 평가한다.

예나 지금이나, 동양이나 서양이나 사람의 신체를 가치 있는 재화(財貨)로 평가해왔던 것은 사실이다. 다만 그 평가방법은 다양했다고 말할 수 있을 것 같다. 일반적으로 대부분의 사람들은 신체조직이나 장기에 대해 그것의 기증은 인간정신의 고귀함 또는 이타심의 표현으로서 극구 칭찬하지만, 매매에 관해서는 상당히 부정적인 태도를 취하고 있다. 그러나 근래 몇 년간 이식과 기타 의학적인 사용을 위한 신체조직에 대한 공급부족이 계속되고 있다. 그래서 인체에 대한 사회적 수요를 충족시키기 위한 방안이 모색되어 왔다. 이러한 상황에서 인체에 대한 전통적인 평가태도를 가지고 있는 사람들은 인간육체와 그 구성부분에 대한 사회적 수요와 생명공학의 이익을 효율적으로 거두어들이기 위하여 인체를 상품화하려는 시도로부터 도전을 받고 있다고 말할 수도 있다.

인체와 그 구성부분에 대한 사회적 수요와 공급을 둘러싸고 야기되는 문제들을 해결하는 방법에 관한 논의는 크게 두 가지로 나누어진다. 그 하나가 인체의 수요공급을 시장영역에서 해결하자는 입장이고, 다른 하나는 인체의 수요공급을 국가영역에서 해결하자는 입장이다. 전자의 입장은 자유주의적 태도로서 인체의 상품화를 제도화하려고 한다는 의미에서 인체에 대한 이른바 "재산권담론"이라는 이름을 붙일 수 있다고 한다면, 후자의 입장은 인체의 특수성에 입각해서 기증제도만을 허용하고 기증된 신체에 대하여 국가가 공적 기관을 통해서 분배하려고 한다는 의미에서 인체에 대한 이를테면 "정치담론"이라고 말할 수 있겠다.

재산권담론이든 정치담론이든 인체와 구성부분의 경제적 효용성을 인정한다는 전제는 동일하다. 양자의 근본적인 차이는 인체를 거래가능한 상품 또는 사유재산권의 대상으로 인정하는가에 있다고 하겠다.

1. 재산권담론과 그 문제

인체에 관한 재산권담론의 참가자들은 대부분 시장주의자 또는 경제론자들이다. 이들의 주장에 의하면, 장기 등 인체에 대한 사회적 수요와 공급을 시장에 맡기면, 보다 많은 사람들이 팔려고 할 것이기 때문에 신체조직의 공급이 증가할 것이고 또 시장원리에 의해서 수요와 공급이 적정량에서 조절될 수 있다는 것이 핵심이다. 이를 지지하는 사람들은 인체에 대한 사유재산권을 인정하여 인체 및 그 일부를 거래하는 시장에서 야기되는 분쟁 등 문제를 재산법의 원리에 따라 해결하려고 한다. 다른 한편, 이들은 국가영역에서 인체거래문제를 취급하는 정치담론은 근본적으로 그릇된 아비주의(paternalism)에 입각하고 있다고 비판하면서, 인체 및 그 조직일부를 정치화하는 것은 위험하다고 강조한다.

Mark F. Grady는 장기를 상품화할 것을 강력히 주장하고 있다. 물론 Grady가 살아 있는 사람이 자신의 신체일부를 현실적으로 파는 장기시장까지 주장하는 것은 아니다. 오히려 Grady는 죽은 사람의 장기, 즉 사망 후 자신의 장기를 파는, 말하자면 "장래를 향한 장기매매"의 허용을 겨냥하고 있다. 물론 Grady는 이와 같은 "장래를 향한 장기매매"가 가져오는 장기의 상품화에 잠재되어 있는 위험을 너무 잘 알고 있다. 그러나 그가 주장하는 핵심은 기증자에 의존하면서 장기를 관권적으로 분배하자는 정치적 담론이 오히려 시장에 의한 재산권담론보다 장기의 수급을 둘러싼 현재의 담론을 훼손할 수 있다는 것이다. 이에 대한 근거로서 Grady는 몇 가지의 유사한 예를 제시하고 있다. 그 하나가 1970년대의 가솔린의 경우이다. 1970년대 석유위기에 대응하여 아메리카합중국 연방정부가 관권적 배분을 하면서 가격통제를 하였다. 그 결과로 "가솔린의 상품성은 정지되고, 가솔린에는 사회가 정상적으로 우방제에 대하여 유보해두는 많은 성질들이 부여되었다". 다른 하나는 1970, 80년대 캘리포니아주 Santa Monica시의 아파트 임료통제의 경우이다. 이들 아파트는 통제가격에서 공급이 부족하였다. 양자의 경우에 Grady에 의하면 그 파생결과는 오히려 유감스러웠다. Grady는 시체에 대한 장래를 향한 매매를 금지하는 식으로 하는 시체에 대한 정부규제는 시장의 언어보다 공적 담론을 더 많이 해친다는 것을 염려하였다.53)

---

53) Mark F. Grady, "Politication of Commodities: The Case of Cadaveric Organs," 20 The

인체와 그 구성부분에 대한 재산권담론이 제대로 전개되려면 해결되어야 할 문제들이 많다. 가장 중요한 것은 재산권제도에 전제되어 있는 기본적 가정과 관념을 신체에 대한 기본적 관념과 어떻게 조화시킬 것인가 라는 문제이다.[54] 한 사회가 특정 물건에 대한 결정권을 부여하는 초보적 방식은 재산권법을 통해서 개인에게 처분권을 인정하는 방식이다. 재산권은 물건에 대한 일정한 결정을 하는 권리 즉 그 물건을 사용하는 권리에서 팔고 사고 그리고 파괴하는 권리이다. 재산권은 그것이 현 사회에서 그 무엇에 대한 사회적 재가를 나타내고 있다는 것에서 즉 그 물건을 사용하고 파괴하는 것에 대한 사회적 승인(承認) 또는 허가(許可)라는 점에서 긍정적이나, 그것이 소유자에게 다른 사람들이 그 물건을 사용하거나 또 접촉하는 등 그 무엇을 하지 못하도록 막는다는 점에서 소극적이다. 신체와 그 구성부분에 대한 재산권을 가진다는 것은 육체와 그 구성부분의 운명과 사용에 관한 권한을 가진다는 것이다.

우리가 인간육체와 그 구성부분에 대한 결정권을 사회내의 일정한 역할을 수행하는 예컨대 연구자 또는 의사와 같은 특정한 개인에게 인정할 때, 우리는 그러한 권리를 가지고 있지 않는 다른 사람에 대하여 그들이 신체와 그 구성부분을 평가하는 방식을 강화하는 힘을 그들에게 부여하는 것이다. 이러한 선택된 개인들이 육체와 그 구성부분을 평가하는 방식이 임의적이지 않기 때문에 우리는 이들 선택집단이 가지고 있는 가치양식을 강화하고 다른 집단이 가지고 있는 가

Journal of Corporation Law 1(1994), pp.51-68 참조.

54) 인체에 대한 재산권담론을 잘 분석하고 있는 책으로서 E. Richard Gold, Property Rights and the Ownership of Human Biological Materials, 1996을 들 수 있다. 그러나 Gold의 주장에는 약간의 문제점이 있다. 첫째, Gold는 "재산권담론"을 재화에 대한 처분권을 분배하는 데에 법관, 변호사 및 입법자가 사용하는 가정, 개념 및 언어의 총체라고 정의하였는데 이런 식으로 재산권담론의 주체를 한정한 것은 그 범위가 너무나 협소하다. 법률을 취급하는 공무원이 재산과 관련된 담론을 결정하고 변경하는 데 훨씬 더 중요한 역할을 하고 있다. 그러나 모든 사람들이 재산권담론을 사용하기 때문에 재산권담론은 각자의 존엄에 영향을 미치고 있다. 둘째, Gold는 어떠한 보충적 담론도 재산권담론에 의해서 구축된다는 것에 관하여 부적절한 논증을 하고 있다. 그의 주된 주장은 마지막 장에서 나타나는데 그 성격이 상당히 관념적이다. 우리가 필요로 하는 것은 시장언어와 비시장언어에 관한 경험적 증거이다. 셋째, Gold는 신체부분에 관련된 재산권담론에 대한 대인과 그 대안의 논거를 제시하지 못하고 있다. 그는 재산에 관한 몇 가지 관점에서 —공동생활 또는 사회적으로 제재된 관계의 비시장적 요소에서— 찾으려고 한다. Gold의 분석은 상당한 수준이지만, 철학적 논거에 기초한 잘 정리된 대안이 부족하다는 점이 문제이다.

치양식을 약화시킨다.

재화에 대한 처분권을 부여하는 방법이 재화에 대한 평가방식에 기초해서 결정되든 또는 그러한 처분권을 가질 수 있는 주체에 대한 평가방식에 근거해서 결정되든 그것은 별로 중요하지 않다. 일정한 재화에 대하여 지배권을 인정할 때 중요한 것은 첫째, 우리가 재산권담론을 통해서 특정재화에 대한 처분권의 부여를 결정한다면, 권리를 부여하는 정책적 결정과정에서 재산권담론에 의해서 선호되는 특정평가양식을 선택하게 된다는 것이다. 그러나 우리가 A라는 개인이 가치가 있고, 그래서 "A는 그 자신이 선택한 그 무엇에 대한 재산권을 가질 자격이 있다"는 논거에 기초해서 그 사람에게 권리를 인정하지 않으려면, A에 대한 재화처분권의 인정은 일반적으로 인간이 그 재화를 처분하는 방식에 근거해야 할 것이다. 그렇게 되면, 우리는 개인이 하는 사회적 역할에 기초해서 재화를 분배할 것이다. 개인은 그 재화를 소유하고, 그것이 개인의 가치를 상징하기 때문에 그것을 소중히 여기고 또 그것을 추구할 것이다. 어떻든 우리들 중 누구든지 그 재화와 어떻게든 관련되기 때문에 그것이 우리에게 분배되어야 한다고 이해한다. 아무것도 개인에게 다른 양식으로 그것을 사용하게 하거나 평가하게 강제하지 않지만, 사회적 기대는 일반적으로 개인이 그 재화를 실제로 평가하는 방식을 명령하고 있다.

재산법과 인체간의 상호작용의 결과는 처분권의 부여를 통해서 사회가 명시적으로 인체와 그 구성부분을 평가하는 일정한 양식을 재가하는 것이다. 어떠한 평가양식은 강화되어지고, 그외 다른 평가양식은 약화되어지든, 인체를 그러한 방식으로 평가하는 사람에게 처분권을 부여하는 경우, 우리가 재산법을 통해 선택하는 방식에 의해 인간신체와 그 잔존물에 대한 평가가 좌우될 것이다. 생명공학은 불가역적으로 우리들로 하여금 재산법을 신체와 그 구성부분에 적용하도록 하기 전에 우리는 우리가 재산법이 포함하고 있는 평가방식을 수용하기 원하는지를 검토할 기회를 가져야 할 것이다.

2. 정치담론과 그 한계

도덕론자들은 인체의 정치화를 지지한다. 이들은 인체에 대하여 전적인 상품화를 인정하는 것이 인간의 인격 및 개성과 양립하지 않기 때문에 인간의 성격 또는 인간자원을 전부 또는 일부 교환과정으로 넘겨서는 아니 된다고 주장한다.[55] 이에 의하면, 인체 및 그 일부는 인격의 연장이기 때문에 이에 대한 재산권을 인정하여 거래의 대상으로 한다는 것은 인간의 존엄성에 배치된다고 한다.[56] 인체에 대한 사회적 수요의 증가에 직면하여 정치담론의 대처방안은 인체에 대한 사유재산권을 인정해서는 아니 되고 인체와 관련된 문제를 시장이 아닌 국가부문에서 관리해야 한다는 것이다. 오스트레일리아의 법률개혁위원회[57]와 캐나다의 Manitoba법률개혁위원회가 이러한 입장을 취하였다. 두 위원회는 장기가 인간사회에서 정당하게 상품화될 수 없는 것이라고 생각한다. Manitoba위원회는 인간장기의 거래가 득(得)보다 실(失)이 많은 금지해야 할 범주에 속하는 행위일 뿐만 아니라 또 "인간장기의 거래는 공갈, 위협 또는 강박을 증대시키고 진단기준을 저하시키며, 건강상의 문제를 숨기거나 속이는 기증자를 증가시켜서 수증자의 위험을 증대시킬 뿐만 아니라 가난한 사람들의 기증을 부추길 우려도 있다"고 논의하고 있다.[58]

인체에 대한 정치담론은 근본적으로 경제적 자유주의와 상품화에 대한 비판과 연결되어 있다. 그러므로 그 뿌리를 거슬러 올라가 보면, 정치담론은 노예계약에 대한 Mill의 비판과 상품화에 대한 Marx의 비판과 상통한다.

재화로서 인체와 그 구성부분에 대하여 국가영역의 정치적 언어와 행정적 관료제가 시장언어가 지배하는 재산권담론보다 반드시 바람직할 것인지는 현 단계에서 알기는 어렵다. 왜냐하면 경우에 따라서는 국가관리형식으로 신체조직을 정치화하는 것도 불행한 일이 될 수도 있기 때문이다.

---

55) 도덕론자들은 만약 장기매매를 허용하면 일반인들이 그들의 장기를 상품으로 보지 않을까 염려한다. 그러나 매매를 금지하지 않고 기증을 허용하는 경우에도 그 동기는 다양할 것이다. 예컨대 부모가 아픈 자식에게 신장을 기증하는 이타주의적 기증에서 어떤 사람이 도박으로 돈을 잃고 그 손실을 보상하기 위하여 신장을 파는 개인적 속죄를 반영하는 매매에 이르기까지 그 동기는 다양하게 많을 것이다.

56) 인간의 존엄성에 기초해서 인체의 상품화를 반대하는 사람으로서 Stephen R. Munzer, Human Dignity and Property Rights in Human Body Parts, in: J. W. Harris(ed.), Property Problems from Genes to Pension Funds, 1997, pp.25-38.

57) Australian Law Reform Commission, "Human Tissue Transplants" Report no. 7(1977).

58) 위의 곳.

V. '사람' 개념과 '인간' 개념의 분화

최근 의료기술 및 생명공학의 발전으로 제기된 인체와 그 구성부분의 관리 문제에 관한 경제적·사회적 문제들을 넘어서 그 밑바닥을 가만히 들여다보면, 이러한 문제에 대한 논의의 배후에는 인간관의 근본적인 변화가 자리잡고 있다는 것을 읽어낼 수 있다. 위에서 살펴본 인체에 대한 재산권담론과 정치담론도 이러한 '변화된 인간관'을 전제로 하고 있다. 이러한 점에서 재산권담론이든 정치담론이든 양자가 모두 변화된 인간관에 기초하고 있다고 말할 수 있다. 다만 재산권담론과 정치담론은 현실적으로 이용가능해진 인체를 어떻게 관리할 것인가 라는 문제에 대한 입장차이에 불과하다. 즉 양자는 인체를 도구 또는 재산으로 이용한다는 점에서 동일하나, 인체의 이용가치를 시장의 언어로써 사적 도구 또는 사적 재산권으로 프로그램화할 것인가, 아니면 정치의 언어로써 공적 도구 또는 공공재로 프로그램화할 것인가 라는 약간의 차이가 있을 뿐이다. 전자가 시장영역의 사법적(私法的) 질서에 의하여 '재산으로서 인체'를 규율하려고 한다면, 후자는 국가영역의 공법적(公法的) 질서에 의해서 '재산으로서 인체'를 규율한다. 결국, 인체가 사법이든 공법이든 법적 규제의 대상인 재산으로서 등장한다는 점은 동일하다. 그래서 인체에 대한 담론은 법적 담론으로 넘어간다. 법의 기능은 인간관계를 획일화하는 어휘를 제공하는 것인데, 이에 의하여 추상적 권리주체들 간의 관계 이외 다른 인간상호작용양식은 생기있게 활성화될 수 없게 된다. 법적 담론은 다양한 인간관계를 표현하는 다양한 양식들을 법적 담론에 맞는 단순형식으로 전환한다.[59]

이러한 법적 담론은 '변화된 인간관'이 만들어낸 결과이다. 변화된 인간관 속에는 인간의 본질을 조작하는 '사람'과 '인간'[60]에 대한 기술철학적(技術哲學的)

---

59) Alan Hyde, Bodies of Law, 1997, p.48과 비교.

60) 우리는 일상적인 언어생활에서 '사람'과 '인간'이라는 말을 거의 구분하지 않고 사용하고 있다. 그러나 사람과 인간이라는 말은 새로운 상황에서 다른 의미를 가질 수 있다 이미 법학에서는 사람과 인간이라는 말을 구분하여 쓰고 있다. 형법전과 민법전은 '사람'이라는 용어를 사용하고 있는 데 반하여 헌법은 '인간'이란 말을 사용하고 있다. 예컨대 민법 제3조는 "사람은 생존하는 동안 권리와 의무의 주체가 된다"고 규정하고 있으며 살인죄 상해죄 등을 규정하고 있는 형법조항들은 "사람을 살해 한 자…" 또는 "사람의 신체를 상해한 자…"와 같

또는 기술윤리학적(技術倫理學的) 정의(定義)가 도사리고 있다. 이러한 개념적 정의를 통해서 생명기술과학은 자기정당화를 위한 철학적 · 윤리학적 기반을 확보하고, 그 성과를 법적 담론의 장에서 권리로 발전시킨다. 이러한 개념적 조작의 대표적인 성과로서 지금까지 미분화되었던 사람과 인간의 개념의 분화를 들 수 있다.

우리말에 '사람-인간'이 켤레(pair)를 이루고 있듯이, 한자의 경우에는 '人-人間', 라틴어에는 'persona-humana', 영어권에서는 'person-human', 독일어에는 'Person-Mensch'가 서로 짝을 이루고 있다. 지금까지 각 언어권에서 이들 켤레말(pair words)은 전자가 구체적인 개체를 의미하고, 후자는 집단적 또는 추상적 의미를 갖는 정도로 분화되어 있었다. 이러한 켤레말이 구체적인 개체로서 인간의 탄생과 소멸과정에 적용되어서 생명기술과학적 행위를 정당화하는 개념적 도구로 사용되고 있다.

사람개념과 인간개념에 대한 논쟁에는 서로 이념형적으로 극단화된 두 가지의 학문적 견해가 대립하고 있다. 생명기술공학의 성과를 인정하면서 그것의 정당성을 확보하려는 입장은 사람과 인간의 개념을 분화하고 생명기술공학의 긍정적 측면을 부각시키면서, 생명기술과학을 '사람을 위한 과학'으로 승화시키려고 한다.[61] 이에 반하여 사람과 인간을 동일시하면서 생명기술공학의 남용을 우려

이 사람이라는 용어를 쓰고 있는가 하면, 우리 헌법은 제10조에서 "모든 국민은 인간으로서 존엄과 가치를 가지며, 행복을 추구할 권리를 가진다"고 규정하고 있다. 민법학과 형법학은 사람개념을 기술적으로 조작해서 민법과 형법의 규범적 목적을 달성하고 있다. 또 사람의 시기(始期)를 '산모가 출산을 위하여 진통을 시작할 때', '태아가 일부노출된 때' 또는 '전부노출된 때' 또는 '독립적으로 호흡을 할 수 있는 때'로 보는 민법학과 형법학의 학설은 인간과 사람을 기술적으로 구별하는 사고방식에서 비롯된 것이라고 말할 수 있겠다. 민법에서 말하는 사람은 라틴어의 persona, 영어의 person이나 독일어의 Person을 의미하며, 헌법상의 인간이란 라틴어의 humana, 영어의 man(또는 human), 독일어의 Mensch를 의미한다. 어떻든 법학에서 사람과 인간을 구별하고 있는 것은 우연한 일이 아니다. 이러한 사실은 법학의 학문적 성격을 드러내는 것에 불과하다. 어떻든 민법과 형법상의 '사람'과 헌법상의 '인간'의 개념은 새삼스럽게 우리에게 시사하는 바가 크다.

61) 이러한 시각은 인간과 사람이라는 개념에는 내포와 외연이 서로 다르다는 견해를 취한다. Dieter Birnbacher는 이러한 견해를 "비동일설"(Nicht-Äquivalenz Doctrin)이라고 한다. 비동일설에 의하면, 양 개념은 핵심적인 부분에서는 동일하지만, 그 가장자리가 서로 합치하지 않는다. 인간 또는 인간적 존재가 사람이 아닌 경우도 있다. 즉 모든 사람은 인간이지만, 모든 인간이 사람인 것은 아니다. 모든 사람은 인간 또는 인간적 존재이나, 뇌가 없는 인간

하고 또 생명기술공학의 부정적 요소를 감축시켜서 생명기술공학을 '인간을 위한 과학'으로 통제하려고 한다.62)

어떻든, 종래에 분화되지 않았던 사람개념과 인간개념이 분화되어서 새로운 개념적 조작을 통해서 문제의 해결을 시도하려는 것이 생명기술과학에 대한 철학적 · 윤리학적 담론의 핵심이라고 해야 할 것이다

생명윤리학적 개념 조작현황을 정확히 모르는 사람들은 인간의 생명과 동물의 생명의 관계에 관한 수많은 논쟁적인 문제에 사람개념과 인간개념이 맡고 있는 역할에 관하여 놀랄 것이다. 얼마 전부터 특히 낙태, 조기안락사, 낙태시술, 자살보조 등과 같이 인간생명의 한계에 관한 파열적인 윤리적 문제에서 사람개념이 여러 가지 핵심기능을 담당하게 되었다. 사람개념이 개입됨으로써 배아(Embryo)와 태아(Fetus), 불가역적 무의식상태에 있는 인간, 심한 정신박약자에 대한 도덕적인 올바른 취급에 관한 논의가 양극화되었다. 개념조작은 의견들을 갈라놓기 때문에 합의지향적인 논의보다는 오히려 각자의 입장을 경화시키는 기

또는 고도로 발전된 비인간적 존재, 이를테면 실질적인 인간원숭이 또는 가상적인 컴퓨터에게 사람의 지위를 부여하는 것을 부정한다. 사람지위의 향수와 도덕적 권리의 향수간의 근거관계를 간접적으로 파악하는 것이 이 입장의 특징이다. 사람은 사람으로서의 지위를 위해서가 아니라 사람으로서 가지고 있는 일정한 이익 또는 욕구에 의해서 이들 권리가 부여된다는 것이다. 비동일설에 있어서 권리의 부여는 이익지향적이다. 다시 말하면, 비동일설을 지지하는 자들은 사람이 외부강제로부터 자기결정과 자유에 대한 이익을 가지고 있기 때문에 자유권이 사람에게 주어지는 것이며, 사람이 생명, 고통으로부터 해방, 복지 및 의미있는 활동에 대한 이익을 가지고 있기 때문에 청구권이 사람에게 부여된다고 한다. 사람은 자유를 가질 능력이 있기 때문에 자유권을 가지는 것이 아니라 자유를 가질 수 있는 사람만이 자유에 대한 이익을 가지고 있기 때문이다. 비동일설에 의하면, 능력은 오로지 욕구의 전제조건으로서 역할할 뿐이다. Dieter Birnbacher, "Das Dilemma des Personbegriffs," in: Peter Strasser/Edgae Staez(Hrsg.), Personen aus bioethischer Sicht, Stuttgart 1997, 10면 참조.

62) 이 입장은 인간과 사람의 의미는 다르지만 개념적 외연이 일치하므로 모든 인간은 사람이고, 모든 사람은 인간이라고 한다. 이에 의하면 사람지위에서 도덕적 요청과 권리가 모든 인간, 인간존재에게 주어진다. 이러한 견해를 Dieter Birnbacher는 "동일설"(Äquivalenz Doctrin)이라고 명명하고 있는데 신학자와 기독교철학자가 이러한 설을 지지하고 있다. 신학자와 기독교신학자들은 "인간은 사람이다"라는 명제를 공준적으로 유효한 것으로 생각하므로 인간의 존엄과 사람의 존엄을 교환적으로 사용한다. 이에 의하면, 어떠한 존재가 인간이라는 것은 그 자체로서 사람에게 고유한 도덕적 권리가 이 존재에게 부여되는 데 충분하고, 인간존재와 도덕적 권리의 향수간에는 직접적인 근거관계가 있다고 한다. Birnbacher, 위 같은 논문, 9-10면 참조.

능을 하였다.

사람개념과 인간개념을 둘러싼 논쟁은 이들 개념의 단순한 개념내포에 관한 논쟁이 아니라 이론이 아닌 규범윤리학적 정책노선을 둘러싼 논쟁이라고 해야 할 것이다. 현재의 생명윤리에서 "너는 사람과 어떠한 관계에 있는가?"라는 질문이 말 그대로 동일한 관계의 접수 또는 파괴를 결정하는 난처한 질문으로 되었다면, 이것은 사람이라는 언어적 표현을 어떻게 정확히 이해해야 되는가에 관한 어떠한 의미론적 차이 때문이 아니라 이 표현이 누구에게 적용되어야 하는가에 관한 실질적인 도덕적 차이 때문이다. "무엇이 사람인가?"라는 질문보다는 "누가 사람인가?"라는 질문이 오히려 논란의 대상이 된다. 사람이 인간적 존재인가 또는 비인간적 존재인가? 모든 인간은 사람인가? 일정한 사람의 징표를 가진 인간만이 사람인가? 논쟁을 개관할 수 없도록 하는 것은 사람이라는 개념이 규정적 개념 —및 의무와 권리가 부여되는 개념으로 사용되고 있지만, (인간의 존엄에서와 같이) 기술적 적격성의 문제— 규범적 윤리학의 담당영역이 아니라 인간학 또는 형이상학과 같은 기술적 학문영역에 속하는 문제가 중요한 것처럼, 이 개념이 논란대상이 된다는 점이다.

'사람개념'은 철학에서 복잡한 의미로 사용된다. 그 의미의 폭은 상당히 넓다. 이러한 넓은 폭 양쪽에는 서로 다른 입장이 대결하고 있다. 이쪽 끝에 있는 입장이 John Locke와 같은 합리적 · 경험주의적 법철학자들의 사람개념이라고 한다면, 저쪽 끝에는 카톨릭신학자들의 도덕적 · 윤리적 사람개념이다. 전자의 사람개념에 의하면, 인간은 그 존재의 일정한 단계에서 사람으로 존재할 뿐 아니라 생존기간 동안 전후가 서로 상이한 사람으로 나타난다. 후자의 사람개념에 의하면, 인간의 수정란은 이미 사람지위를 가진다. 사람이기 위하여 살아있는 개체가 인간에게 고유한 유전인자를 가지는 것으로 충분하다.

오늘날 사람개념과 인간개념에 관한 논의[63]를 보면, 혼란스럽기까지 하다. 그래서 사람과 인간을 구별하는 입장에 의하면, "사람은 죽지만, 인간은 죽지 않는다"는 말이 성립할 수도 있다. 배아와 태아는 인간이지만 사람은 아니며, 뇌가 죽은 사람은 인간이지만 사람은 아니다.[64]

---

63) 이에 관한 자세한 내용은 Peter Strasser/Edgae Staez(Hrsg.), Personen aus bioethischer Sicht, Stuttgart 1997, 이 책 중에서 특히 Birnbacher의 위 논문 참조.

64) 사람의 종기(終期)를 뇌사여부에 따라 판단하는 뇌사설이 사람과 인간의 간격을 더욱더 확

그래서 사람과 인간개념을 분화시키려는 시도는 상당히 세련된 담론같지만, 사람개념에 대한 고려 없이 생명윤리학적 논의를 하거나 최소한 현재보다 생명윤리학적 논의에서 사람개념에 핵심적인 의미를 부여하지 않는 것이 옳다는 견해도 있고 한걸음 더 나아가서 생명공학적 범주에서는 사람개념을 포기하는 것이 훨씬 더 유리하다는 견해도 있다.[65]

VI. 결어: 나는 누구인가? 누가 나의 육체를 소유하는가?

생명기술과학이 발전하면 할수록 "인간이란 무엇인가?"라는 질문은 더욱더 본질적으로 다가오지만, 이러한 질문에 대한 우리들의 해답찾기는 더욱더 기술적으로 해결되는 듯하다. 인간의 욕구는 무엇이든 실현되어야 하는가? 자신의 욕구를 실현하고야 마는 동물이 인간인가? 아니면, 우리는 인간이 되기 위하여 우리의 욕구를 통제해야 하는가?

오늘날 우리는 우리 자신이 좋아하든 싫어하든, 적어도 법기술적 차원(法技術的 次元)에서 우리의 신체를 우리 자신의 소유로 할 것인가, 아니면 사회공동체의 공유로 할 것인지를 선택해야 할 때가 된 것 같다. 이러한 선택에서 우리가 고려해야 할 것은 개인의 자유와 공동체의 이익을 어떻게 조화시킬 수 있는가 라는 문제이다.

오늘날 우리 사회가 아무리 자유로운 공동체라고 하더라도, 그 속에서 방해받지 않고 작용할 수 있는 개인의 자율적 생활영역은 사회의 계속적인 공격 아래 놓여 있다. 그래서 우리 시대가 개인적 자유의 성장을 확신하였던 시대로 평가받지 못할 것 같다. 인간자유의 구체적인 지위가 분쟁거리이지만, 텔레비전, 신문 및 기타 대중매체가 계속해서 일반시민의 편에서 무력감을 보도하고 있는 것은 분명하다. 우리 사회에서 개인은 자신을 보잘 것 없고 무력한 존재로 확신하고 있기 때문에, 개인이 자신을 무력하게 만드는 사건들의 전개과정에 영향을 미칠 수 없을 것 같다.

대시켰다고 말할 수 있다.

65) Birnbacher, 위의 글, 24면 참조.

그러나 사회적 존재로서 인간의 미래를 위해서 개인적 자유의 경계를 만드는 것보다 중요한 것은 없다. 이것은 민주정치를 위해서 특별히 중요하다. 왜냐하면 민주주의자들은 시민 개개인이 존중되어야 한다고 믿기 때문이다. 인권운동이 만발하였던 서구에서조차 2차대전 후부터 자유가 계속적으로 침해당하고 있다.

유엔헌장의 첫 구절은 "우리 인민은 인간 개인의 존엄과 가치에 대한 믿음을 재확인하는 것을 결정하였다." 1948년 12월에 세계인권선언이 유엔총회에서 채택되었다. 제3조에는 "누구든지 개인의 생명, 자유, 안전에 대한 권리를 가진다"라고 규정하고 있다. 서방세계는 세계인권선언에 선포된 인권의 확장과 실행을 지지하고 있다.

기술과학의 이용과 관련하여 우리 사회가 방향을 상실해서는 안 된다. 문명사회에서 중요한 발전이란 그것이 발생되는 사회 그 자체를 파괴하지 않는 과정이어야 할 것이다. 건강한 사람의 자유뿐만 아니라 환자와 죽어가는 사람들의 요구도 부정할 수는 없다. 그러나 그러한 요구를 만족시키는 자료가 다른 사람의 육체인 때, 우리는 주의해야 할 것이다. 양자를 절충하는 데에서 발생하는 부작용을 심각하게 고려하는 조심스러운 태도를 견지해야 한다. 아마 다음에 오는 10년간의 발전은 지나간 40년간의 발전보다 훨씬 빠르게 진행될 것이다. 오늘날 문제에 대한 대중의 태도는 너무나 빨리 변하고 있다. 대중의 인기에 영합하는 것만이 선인가? 대중의 인기에만 영합하는 것은 무책임한 행동이 아닌가? 그러나 사회적 욕구에 따라 인간의 신체를 의료적으로 사용하는 것이 일상화되어서 더 이상 돌이킬 수 없는 단계에 이르렀다. 그렇지만 우리 사회가 새로운 지식의 부정적 효과를 올바르게 인식하고 있는지는 분명하지 않다. 여기서 분명한 것은 사회적 욕구와 개인적 자유 사이에는 균형이 유지되어야 한다는 것이다.

그렇지만 인체의 상품화 또는 인체와 그 구성부분에 대한 소유권의 문제는 그리 쉽게 해결될 수 있는 문제는 아니다. 그 첫 번째 이유는 인체 또는 그 일부의 매매 그 자체를 반대해야 할 이유가 무엇인지를 분명하게 주장하기 어렵다는 데에 있다. 인간경제의 역사는 "상품화의 역사"였다고 해도 과언이 아니다. 초기에 인간은 토지와 그 부산물을 상품화하였고, 그 다음에 노동력과 그 생산물을 상품화하였다. 이제 인간은 자신의 몸과 그 부속물을 상품화하려는 찰나에 있다. 우리는 무엇으로 이 상품화의 마지막 단계를 막을 수 있겠는가? 두 번째의 이유는 시장 그 자체의 역동력과 언어가 시장 참가자들뿐만 아니라 시장에 전혀 참가하지 않은 자도 변화시키고 있다는 데에 있다. 시장에서 사용되는 특수한 언어의 영향은 우리 사회를 심각하게 변화시키고 있다. 시장언어가 모든 영역의 담론언어로서 우리의 의식을 지배하고 있다. 우리 사회에는 오직 시장만이 존재하고 있는 듯하다. 그래서 오늘날 우리 사회에서 "사회 = 시장"이라는 등식이 성립하고 있다. 시장에서 구매력 있는 것이면, 모든 것이 선(善)으로 평가되고 있다. 이러한 상황에서 우리가 시장언어의 영향력을 이해하는 것은 인체 및 그 구성부분과 같은 특수한 재화의 상품화 여부와 그 상품화를 전제로 한 특수재화시장을 어떻게 관리할 것인가를 결정하는 데에 있어서 매우 중요하다. 인간의 존엄성 때문에 인체를 상품화해서는 아니 된다는 주장은 시장의 역동성에 대한 우리들의 단순한 경험에 비쳐만 보더라도 그러한 시장에 대한 설득력 있는 반대운동을 불러일으킬 수는 없을 것 같다. 그러면, 우리가 무엇을 어떻게 해야 하는가? 우리에게 어려운 문제는 그대로 남아 있다. 아무리 저항해도 상품화의 물결을 막기에는 우리가 가진 이성적 도구는 너무나 약하다. 불능(不能)은 그 자체로서 금지될 수 있다. 그러나 "할 수 있는 것"을 상당한 이유 없이 하지 못하도록 금지하는 것은 대단히 어려운 일이다. 인간의 존엄성이라는 추상적인 소극적 기준과 인간의 생명연장과 건강증진이라는 구체적인 적극적 목적을 어떻게 조화시킬 것인가? 여기에 우리의 한계가 있는 것 같다.

생명공학 및 의료기술의 발전은 이미 우리에게 새로운 가능성의 장(場)을 활짝 열어 놓고 있으며,[66] 이에 따라 우리의 인식과 의식도 빠르게 변하고 있다. 이

---

66) 생명공학이 고도로 발전한다면, 인간장기매매의 유리적 문제가 어느 정도 해결될 수 있는 전망도 있을 것 같다. 장기이식은 생명을 위협하는 신체적 조건을 가진 많은 사람들에게는 경이석인 희망이다. 이러한 장기이식이 일반화됨에 따라 범세계적인 장기수요가 해마다 15%씩 증가하고 있다. 불행하게도 기증장기에 의한 공급이 수요에 미치지 못하고 있을 뿐만 아니라 장기이식 그 자체에도 많은 어려움이 있다. 그 어려움 중의 하나가 거부반응의 문제였는데, 이제 강력한 거부반응억제세의 개발로 새로운 가능성이 만들어지고 있다. 그런데 보다 강력한 거부반응억제제가 개발된다면, 동물의 장기를 인간에게 이식해서 장기기증이 부족문제를 해결할 수 있을 것이다. 최근 생명공학의 발전에 의하면, 유전형질변형동물이 장기이식을 필요로 하는 많은 사람들에게 장기를 제공하는 주요원천이 될 수 있다는 것이다. 동물의 장기가 인간에게 이식된다고 할 때, 인간의 유전형질로 변경된 돼지가 가장 있음직한 장기기증자가 될 것 같다. 돼지의 장기가 아돈(兒豚)이든 성돈(成豚)이든 관계없이 그 크기나 생리적 기능이 인간의 장기와 가장 유사하다는 것이다. 그렇지만 돼지의 장기를 그

러한 빠른 인식변화에 맞추어서 법이라는 낡은 도구(?)로써 우리가 이러한 새로운 가능성의 장을 어떻게 관리할 수 있을 것인가? 이것이 우리에게 주어진 과제이다. 이러한 과제 앞에서 우리는 보다 더 본질적 물음으로 향한다. 나는 누구의 것인가? 나의 육체는 '나의 것'인가? 아니면 우리 모두가 서로에 대하여 서로가 공유하는 '사회의 것'인가?

대로 인간에게 이식할 수는 없다. 왜냐하면 인간과 돼지 사이에는 종차(種差)가 있기 때문이다. 그런데 이러한 종차가 유전자복제기술의 발전으로 어느 정도 극복될 수 있게 되었다. 즉 인간의 유전자를 돼지에게 이식하여 돼지의 유전형질을 변형시키는 유전자변형기술이 돼지의 장기를 인간에게 이식하였을 때 생기는 인간신체의 거부반응을 없앨 수 있다. 그렇다면, 인간과 동일한 유전자를 가진 이른바 유전형질변형돼지는 인간에게 장기를 제공하는 기증자가 될 것이다. 그뿐만 아니라 보도에 의하면, 생명공학적 기술을 응용하여 인간의 장기를 생산하는 공장을 만들 수 있다고 한다. 생명공학자들은 각 세포에서 그 유전적 발현을 지시하는 것을 알고 있기 때문에 세포분열을 통제해서 실험실에서 인위적으로 여러 가지의 조직과 장기를 생산할 수 있다는 것이다. 예컨대, 영국의 과학자들은 개구리 난자의 유전자를 조작하여 머리가 없는 개구리배아(胚芽)를 생산하였는데, 이들은 올챙이의 몸통과 꼬리의 발전을 억제하는 기술을 사용하였다고 한다. 이러한 기술이 발전되어서 핵치환복제법과 결합되면 이식을 위한 조직과 장기를 발육시키기 위하여 뇌가 없는 복제인간이 만들어질 수도 있을 것이다. 이에 관해서는 Steve Connor/Deborah Canbury, Headless frog opens way for human organ factory, London Sunday Times Oct. 19. 1997 〈http://eagle.westnet.gr/~cgian/headless.htm〉 참조.

바이오 장기와 인간 개념

임 미 원*

Ⅰ. 들어가는 말 ―왜 생명윤리인가

인간의 생명현상 자체에 대한 관심과 문제제기가 오늘날처럼 진지하며 집중적이기는 드물다. 최근의 실천윤리사(史)를 살펴보건대, 1997년 복제양 돌리의 출현 이전에도 이미 각 시기마다의 현실적 연구, 개발 상황 속에서 제기되는 세분화된 생명윤리의 문제가 다루어진 바 있다. 이때에는 무엇보다 자연계에 종속된 유기적 생명체로서의 인간 대 자연계와 문명 세계의 자립적 지배자로서의 인간이라는 관점에서, 즉 자연 대 문명의 대립관계하에서 인간의 본질, 능력 및 한계에 대한 새로운 해석과 의미부여가 두드러졌었다. 마치 생명윤리의 문제가 완벽해져가는 인간에게 남은 최후의 규범적 과제인 듯이, '인간(문명)이 이렇게까지 나아가도 좋은가', '자연에 대해 좀 더 겸손할 것'을 스스로에게 호소하는 가운데 다소 낙관적이며 일방적으로 설정되었던 이 자연 대 문명이라는 규범적 구도는 그러나 9·11테러를 거치면서 잠정적으로 물러나고, 문명 대 문명 내지 문화 대 문화간의 갈등 및 충돌관계라는 인간 및 역사 세계 내의 규범적 문제로 되돌아갔다. 이제 다시금 생명과학 기술의 실용화 가능성이 가시화되면서 인간의 규범적 갈등은 생명'윤리'적 논쟁의 차원을 넘어서 생명과학 '권력(Biomacht)' 내지 생명과학 '정책(Biopolitik)'들의 치열한 경쟁 및 갈등으로 표출되는 듯하다.

---

* 한양대학교 법학전문대학원 교수.

무엇보다 바이오 장기를 이용한 이종이식(Xenotransplantation)의 문제와 관련해서는, 생명과학의 기술적 실현 가능성이 윤리적 허용 가능성 논의를 앞지르고 주도해가는 상황에서 '아직도 생명윤리의 여지가 남아 있는가'라는 다소 회의적인 질문이 제기될 수 있다. 더 이상 통일된 자연 및 인간상이 존재하지 않는 이질화된 생활세계 속에서 인간을 포함한 생명계에 대한 우리의 행위 및 태도에 있어 공통의 가치('좋은 삶')에 기초한, 보편적으로 구속력 있는 기준을 세워보려는 것이 생명윤리의 관심사라고 할 때, 특히 이종이식의 문제에는 이런 윤리적 사고 자체를 어렵게 만드는 특수한 상황이 개재되어 있다. 바이오 장기의 잠재적 수요자로서의 개인 차원에서 이종이식의 가능성은 이들의 '좋은 삶'에 기여하는가 혹은 이들의 '삶의 질'을 높이는가라는 질문을 던질 때, 우리는 인간 육체의 동질성(평등성) 못지 않게 인간운명의 일회성 내지 인간 삶의 비교불가능성이라는 관점에서 인간 현존의 사적(私的) 성격(Privatheit)을 인정할 수밖에 없으며, 특히 인간의 질병과 관련된 고통의 대체불가능성 내지 인간의 질병상태에 본능적으로 수반되는 실존적 고립성을 염두에 둔다면, 이런 극단적 상황에 보편적으로 적용될 만한 '올바른' 가치관념이나 행위 및 판단의 기준을 제시하려는 생명'윤리'란 지나치게 반(反)인간(학)적인 것이 아닌가 하는, 보편윤리 자체에 대한 회의가 생겨나게 된다.

이렇게 인간 생명 및 고통의 현존성에서 오는, 생명윤리에 대한 회의와는 또 다르게 생명윤리의 무의미함 내지 무기력함을 절감케 하는 것이 생명과학 권력의 등장이다. 생명과학적 지식이, 개개인들이 지금껏 지녀온 규범적 자의식을 뛰어넘어 생명현상 자체를 조작하고 처분할 수 있는 권력으로 바뀌어 등장할 때, 이 초월적, 사실적 권력 앞에서 생명'윤리'는 무엇을 제시하고 제한할 수 있는가라는 회의적 의문이 제기된다.

그러나 바로 이렇게 인간 생명의 극단적 실존성과 생명과학 권력의 초규범성으로부터 생명윤리의 가능성이 의문시되는 지점에서 생명윤리가 '그럼에도 불구하고' 떠안고 있는 책임이 환기되어야 한다. 이 책임은 구체적 결정이나 행위에 대한 것이 아니라, 숙고(Reflexion) 내지 사유에의 책임일 뿐이다. 그러나 이 책임은 막중한 것이어서 그 윤리적 숙고로부터 제시된 윤리적 지침이 가져올 결과에 대한 평가적 고려(Ethikfolgenabschätzung)까지도 요구한다.[1] 바이에르츠는 이 책임을 메타 책임(Metaverantwortung)이라고 표현한 바 있다.[2] 이는 비판하고 숙고하는 생명윤리만이 비판을 허용치 않는 생명과학 지식의 권력화에 대응하여, 인간 생명의 신성성(Heiligkeit) 못지않게 인간 생명의 사소하고 진부한 일상성(Banalität)까지 포괄하는, 인간의 존엄(Menschenwürde)을 지켜줄 수 있다는 데에 기인한다.

이런 문제의식에서 출발, 바이오 장기를 이용한 이종이식의 가능성에서 비롯되는 자연, 인간 및 인격성의 문제를 살펴보고 그럼으로써 간접적으로 바이오 장기 및 이종이식의 윤리성을 ―자율성, 존엄, 자유의 관점에서― 가늠해보는 것이 본 논문의 의도이자 주제이다.

II. 자연 혹은 자연성의 개념

이종이식의 문제는 인간생명의 유지와 고통의 완화라는 피치료자의 이익(목적의 정당성) ―당사자의 동의에 기초한, 동물을 이용한 이종장기 이식(수단의 적정성)― 피치료자 및 제3자의 안전성 및 공정한 분배를 통한 장기부족의 해소(결과의 수인가능성)에 대한 윤리적인 숙고를 요할 뿐 아니라, '이종이식에 의해 인간의 정체성 및 존엄성이 침해되는가'라는 철학적 - 인간학적 차원에서의 숙고를 요구한다.[3]

동물을 이용한 이종이식 행위를 통해 인간이 얻게 되는 건강상의 이익 내지 향상되는 삶의 질은 한편으로는 인간의 유한성에 대한 극복일 수 있지만 다른 한편으로는 인간의 세속적 현존성에의 과도한 집착과 그로 인한 자연계로부터의 무리한 한계이탈로도 해석될 수 있다. 이로부터 인간 고도의 과학기술 능력에 의한 '인간 몸 속의 동물장기(動物臟器)'라는 새로운 가능성이 오히려 인간이 적응해온 자연계의 질서에 대한 파괴는 아닌가 혹은 인간 스스로를 격하시키고 인간

1) K. Bayertz, "Ethik, Tod und Technik", in: J. S. Ach/ M. Quante(Hg.), *Hirntod und Organverpflanzung*, Stuttgart, 1999, 75-99면

2) 위의 논문, 99면.

3) J. P. Beckmann, "Das Verfahren der Xenotransplantation aus anthropologischer und ethischer Sicht", in: H. Grimm(Hg.), *Xenotransplantation. Grundlagen- Chancen-Risiken*, Stuttgart, 2003, 290-295면.

의 존엄성을 손상시키지는 않는가 라는 물음이 제기된다. 이는 자연성에 대한 객관적-개념적 인식을 넘어 인간에 대한 인간의 자기이해와도 관련된 문제이다.

우선 '이종이식은 인간의 생물학적 본성에 변화를 가져오는 반(反)자연적인 것인가'의 문제는, '자연 내지 (인간의 본성으로서의) 자연성이란 무엇인가', 더 정확히는 '무엇을 자연 내지 자연성으로 볼 것인가'의 문제를 제기한다.

자연 내지 (인간의 본성으로서의) 자연성이라고 할 때, 그것은 몇몇 개념징표를 갖는다.[4] 우선 그것은 인간 개인의 의지나 공과와 상관없이 '타고난 것', 사후적으로 부여되거나 형성된 것이 아니라 '미리 주어진(vorgegeben) 것'을 의미하며, 종(鍾)으로서의 인간 모두에게 공통적이다. 또한 인간 개인의 생존 및 성장에 기본조건이 되지만 다른 한편으로는 바로 그런 본성은 임의로 처분되거나 변화될 수 없다는 점 때문에 인간의 생존 및 자기발전에 한계로 작용하기도 한다. 이렇게 직관적으로는 자명한 인간의 자연적 본성 개념이 생명윤리 영역에서는 적잖은 논쟁을 불러일으킨다는 사실로부터 간접적으로, 이 자연 내지 자연적 본성 개념은 기계적-인과적 의미차원이 아니라 규범적-기능적 의미차원의 개념으로서 이해되어야 함을 알 수 있다.

'자연성(Natürlichkeit)'에 대한 이해사(理解史)의 차원 —근대성의 관점— 에서 볼 때, 인간의 자연적 본성은 무엇보다 육체성을 그 특징으로 한다. 적어도 살아 있는 한에는 자기 육신을 떠날 수 없는 인간이 생물학적 - 자연적 존재로서 생존하는 데에 기본조건이 되는 이 육체성은 중세적인 극도의 종교성하에서도 결코 부인되지는 않았다. 그러나 신에게로 이르기 위해 이 육체성을 벗어나야 한다는 관념은 늘 육체성에 대한 억압과 평가절하로 귀착될 수밖에 없었다. 기계화되고 탈주술화된 세계상의 출현과 더불어 성장한 계몽주의 시대를 거쳐 감각(Sinnlichkeit)과 충동의 복권(復權)이 이루어지면서 비로소 인간의 육체성은 격상되어 갔다. 그러나 이로부터 더 나아간 18세기의 유물론은 육체성의 인정을 넘어 이 육체성을 인간의 본질로 보기까지 했다. 이제 인간은 물질적 존재로, 혹은 합법칙성에 지배되는 기계로 파악되었고, 인간에게 고유한 지적 능력 또한 물리적 조직의 변형으로 이해될 뿐이었다. 육체성의 격하에 대한 극단적 반작용이라고 할 수 있는 이 유물론적 자연관념이 다시금 관념론적 사유에 의해 극복되는 가운

4) K. Bayertz, *GenEthik*, Hamburg, 1987, 97면.

데 인간은 궁극적으로 정신성이 육체성을 지배하고 압도하는 인격적 존재로 인식될 수 있었다. 결국 근대를 거쳐오면서 인간의 자연적 본성이라는 개념은 육체성 내지 생물학적 존재성 대 이성, 도덕, 자율, 자유의지 등 인간에게만 특유한 정신적 속성이라는 두 실체로 이원화되어 갔다. 육체 대 정신, 자연적 존재 대 지적 존재라는 해소될 길 없는 이 이원성을 어떻게 매개하고 통일시킬 것인가의 문제에서 하나의 가능성을 제시한 것이 루소의 완전성(perfectibilité) 관념일 것이다. 스스로 완전해져가는 능력으로서의 완전성에 의해 인간은 다른 동물과 구별되며, 이 완전성의 관점에서 볼 때 인간의 자연적 본성이란 고정된 징표나 불변적 속성을 의미하는 것이 아니라, 스스로를 늘 새로이 규정해가는 발전과정 내지 완전화 과정에서의 한 출발점 내지 토대를 의미하는 것이 된다.[5] 이제 인간(의 본질)은 어떤 불변적 본성을 지닌 존재인가에서 드러나는 것이 아니라, 스스로 완전해져가는 과정으로서의 역사 속에서 자기 자신으로부터 만들어내고 형성시킨 것에서 결정적으로 드러나게 된다. 인간이해에서의 이런 변화는 한편으로는 인간의 자연적 본성(Natur)과 인간의 본질(Wesen)이 분리, 세분화되는 과정이라고도 할 수 있다.

이렇게 '육체성'과 '정신성'이라는 두 실체, 그리고 '완전성'이라는 역동적-과정적 관념들을 통해 규정되어온 자연적 본성 관념의 다면성은, 결핍된 존재로서 그 결핍을 채우려는 욕구를 지닐 수밖에 없는 인간이 외적 자연과 어떻게 근대적으로 접촉해가는가로부터도 간접적으로 확인된다. 인간은 주어진 자기 삶의 조건에 적응할 뿐 아니라 이를 적극적으로 통제하고 변화시키는 존재여서, 외적 자연과의 관계에서 역시 이 자연을 끊임없이 개조시키게 되며 이런 외적 자연과의 관계 변화와 더불어 결국 자기 자신도 변화되기에 이른다. 이로써 인간의 (불변적) 본성 대 사물의 (가변적) 본성간이 엄격한 분리가 불가능해지는 동시에, 세계에 대한 개방성 및 인간 자신의 가변성의 의식, 즉 '변화시키는 나'와 더불어 '변

5) J.- J. Rousseau, *Über den Ursprung und die Grundlagen der Ungleichheit unter den Menschen*, Berlin, 1955, 57-58면.
고대의 아리스토텔레스에게 있어 완전성은, 이미 모든 존재자에게 존재의 목적이 규정되어 있는 우주의 질서 속에서 자연적으로 주어진 가능성과 현재화된 현실성이 상응케 된, 존재자의 '상태'를 의미하는 반면, 루소에게서는 미리 주어진 가능성의 전개나 만물을 포괄하는 질서에의 적응이 아닌, 늘 새로운 완전성으로의 '진보'가 곧 인간의 삶으로 이해되어진다.
M. Forschner, *Rousseau*, München, 1977, 37면.

화되는 나'라는 의식이 보다 명료해지게 된다. 이제 인간은 자연 자체나 신의 배려에 의해 생존을 보장받는 존재가 아니라, 외적 자연과의 관계 속에서 자기 스스로가 이를 떠맡아야 하는 존재로 인식되었으며, 이는 인간이 외부 세계와 근대적으로 접촉하는 방식으로서의 '주체화(Subjektivierung)'를 의미하는 것이기도 했다. 근대 홉스(Hobbes)의 철학에서 새로이 강조된 자기보존(Selbsterhaltung)이라는 개념은 이런 맥락에서, 인간 본성에 관한 근대적 자의식의 한 표현이라고 할 수 있다.

점차 세계로부터 신은 멀어져가고 세계와 자연을 구속하고 의미부여했던 신적 가치 및 목적론적 질서도 그만큼 약화되어갈 때, 비로소 세계와 자연의 탈목적론화-중립화-탈도덕화가 가능해지면서 이런 가치-목적의 세계와 사실-존재의 세계 간의 분리가 이루어진다.[6] 목적론적으로 질서지어지고 의미부여된 세계가 주는 안정감 대신 탈가치화된 사실-존재 세계로서의 자연의 맹목적 필연성과 인과성에 직면케 된 인간은 그 이면으로서, 오로지 자기만이 자기 스스로를 규정하는(Selbstbestimmung) 존재로 자립화될 수가 있었다. 이로부터 견고해진 이원화, 즉 맹목적 자연법칙-필연성-객관성이 지배하는 '자연의 세계' 대 이성-자유-주관성이 지배하는 '인간의 세계'로의 이원화는 다시금 인간 자신에게로 내재화되어, 인간은 동시에 자연적 감각의 세계(Sinnenwelt)와 이성적 예지계(intelligible Welt)라는 양 세계의 시민으로 받아들여졌다.[7]

데카르트-칸트적인 이 관념론에 의한 자연성 대 이성성 간의 이원론적 대립과 주관성으로의 과도한 편향은 자연히 이를 극복하려는 체계적 시도들로 이어졌다. 마르크스주의가 인간의 자연적 물질성과 사회적 피제약성을 강조함으로써 인간상의 역사화를 시도했다면, 철학적 인간학(philosophische Anthropologie)에서는 자연주의나 생물학주의로 환원됨 없이 인간의 자연성이 진지하게 다루어졌다. 인간의 고정불변적 실체로서의 자연적 본성이라는 이념 자체는 비판되는 한편, 인간의 문화성이나 주관적 자기결정성도 궁극적으로는 인간의 이원적 본성에 기원함이 강조되었다. 즉, 인간의 생물학적-자연적 본성과 인간의 정신성-주

---

6) M. Forschner, *Rousseau*, 25-28면.
포르슈너는 이를 '자연과 역사의 분리'라고도 해석한다. 위의 책, 25면.

7) I. Kant, *Grundlegung zur Metaphysik der Sitten*, Werkausgabe in zwölf Bänden von W. Weischedel, VII, 88면.

관성 간의 차이와 연관성, 그리고 인간의 상황연관성과 세계개방성, 문화존재성에 대한 해명이 있었다.[8] 더 나아간 실존주의에서는 인간의 불변적 본성이란 실재치 않음, 그리고 이런 비실체적인 인간에게 본질적인 것은 실존적 자유뿐임이 역설되었다.[9]

결국 자연 내지 자연성의 이해사(理解史)를 좇아가면서 자연 대 비자연, 사실-존재의 세계 대 가치의 세계, 자연성-육체성 대 주체성-정신성, 자연성 대 문화성 들의 분리와 결합 혹은 전이를 거쳐 돌았을 때 궁극적으로 귀결되는 것은, 자연 내지 자연성 개념이 갖는 다차원성 내지 다의성의 확인이라고 할 수 있다. 즉, 자연 내지 자연성이란, '사실적으로 주어진 것 자체'라기보다는 사실적으로 주어진 것들의 '원리' 내지 사실적으로 주어진 것(존재하는 것)에 대한 통일적 해석의 산물에 가깝다.[10] 사실적으로 주어진 것 내지 존재하는 것 자체를 일정한 원리에 따라 통일적으로 연관지어 해석하고 변화시킴으로써 자연은 인간과 '관계'하며 또 '생성'될 수 있다. 적어도 철학적 인간학의 관점에서 볼 때, 자연 내지 자연성이란 이미 문화성을 내포하는 것이어서, 인간의 문화적 적응은 자연성의 억압이나 침해라기보다는 결핍된 존재(Mängelwesen)인 인간의 자기생존이라는 자연적 본성의 발현으로 볼 수 있다.

이를 이종이식의 문제에 적용시켜 보자면, 이종이식에 의해 인간의 자연적 본성이 침해되었는가의 여부를 판단하는 데에는, 주어진 사실 자체로서의 생물학적 자연성이 변질되었는가의 관점보다는, 이미 인간과의 관계 속에서 인간이 부과한 목적 원리에 따라 편제된 자연의 관점에서 그것이 정당화될 수 있는가가 기준이 되어야 한다. 사물 자체성으로서의 자연성의 관점보다는 본질 내지 목적

---

8) A. Gehlen, *Anthropologische Forschung*, Hamburg, 1972.
M. Landmann, *Philosophische Anthropologie*, Berlin, 1969.

9) E.-M. Engels, "Natur- und Menschenbilder in der Bioethik des 20. Jahrhunderts. Zur Einführung", in: E.-M. Engels(Hg.), *Biologie und Ethik*, Stuttgart, 1999, 14-21면.
K. Bayertz, *GenEthik*, Hamburg, 1987, 103-107면.

10) J. P. Beckmann, 위의 논문, 288면.
L. Siep, "〈Dolly〉 oder Die Optimierung der Natur", in: J. S. Ach/G. Brudermüller/C. Runtenberg(Hg.), *Hello Dolly? Über das Klonen*, Frankfurt, 1998, 191-198면.
J. S. Ach, "Reproduktionsmedizin. Einführung", in: U. Wiesing(Hg.), *Ethik in der Medizin. Ein Reader*, Stuttgart, 2000, 349-356면.

론적 본성의 관점이 결정적인 것이다. 즉, 이종이식을 통해 인간의 생물학적 자연성 자체가 변질되었는가의 문제가 아니라, 인간이 물리적 세계 및 자기 자신에게 설정한 목적 관념과의 연관 속에서 인간의 본질징표 내지 본성이라고 할 만한 어떤 인간학적 근본조건이 손상되었는가의 문제라고 할 수 있다. 이로부터, 이종이식의 윤리성과 관련해 주요논거로 등장해온 '인간의 자연적 본성'의 문제는 그 개념의 다차원성과 상대성으로 인해 차라리 '인간의 본질'의 문제로 넘어갈 것이 요구된다. 이 때 제기되는 질문이 '이종이식에 의해 인간의 본질은 손상되는가' 하는 것이다. 이는 이종이식이 인간의 자기 정체성(Identität)에 관해 어떤 문제를 야기시키는가, 즉 '인간 몸 속의 동물장기'라는 사실 및 그에 대한 의식은 인간의 정체성에 얼마나, 어떤 구성적 의미를 갖는가의 문제라고도 할 수 있으며, 다시금 인간 개개인이 판단하는, '처분불가능한(unverfügbar)' 인간의 본질은 무엇인가 하는 인간 정체성의 핵심 내용의 문제로 돌아간다. 만일 인간의 본질을 생물학적으로 주어진, 타고난 육체성으로 본다면, 이종이식은 인간의 정체성을 침해하는 것이 된다. 반면, 개인의 자아경험 내지 자기의식이 인간의 본질을 구성하는 것이라면, '살아있는 나, 생각하고 의도하고 행동하는 나, 자유로운 나' 등을 궁극적으로 포괄하는 '나는 나' 라는 자기경험 내지 자기의식이 (그것의 손상 여부가) 이종이식의 윤리성 판단에 결정적일 것이다. 결국 문제는, 인간이 스스로 파악하는 '나는 인간임' 내지 '나는 인격체임'이라는 자기 정체성의 핵심은 무엇인가이다.

Ⅲ. 인간 혹은 인격성의 개념

인간 자신에 대한 '사유'의 역사는 인간 자신의 역사만큼이나 오래이겠지만, 세계 내에서의 인간의 특수한 지위에 대한 체계적 관심은 특히 20세기 전기의 철학적 인간학과 후기 이래의 생명윤리에서 두드러진다. 철학적 인간학이 인간의 문화(창조)성에 비중을 두어 자연계 내에서의 인간의 특수성에 긍정적 의미를 부여했다면, 생명윤리에서는 자연에 마주 서있는 인간의 특수한 지위가 오히려 부정적으로 다루어졌다. 오로지 인간의 이해와 욕구대로 자연을 이용할 뿐인 인간중심주의적(Anthropozentrismus) 태도, 그리고 인간이 누리는 고유한 가치 및 목적 자체성(Zweck-an-sich-Charakter)에 비해 그저 수단이자 도구일 뿐인 자연이라는 관념 등은 과연 정당한 것인지 의문시되면서, 우리의 도덕적 배려는 누구에게 해당이 되고 윤리적 고찰의 중심은 누구인가의 문제가 진지하게 제기되었다. 자연을 대상화시키고 지배해온 인간의 주체화 과정의 상징인 과학기술이 인간 자신의 생명현상에까지도 개입하고 변화를 가함에 따라 종래의 인간상이나 윤리관으로는 해결되지 않는 한계사례들, 즉 도덕적 권리-의무의 주체로서 혹은 보호대상으로서 그 규범적 지위가 의문시되는 한계적 존재들이 생겨나게 되고, 자연히 인간 혹은 인격체의 개념이 생명윤리의 핵심문제 중 하나로 등장하기에 이르렀다.

일반적으로 '인간(Mensch)'이 생물학적 징표를 기준으로 하여 인간 종(種)에 속하는 존재 일반을 지칭한 것이라면, '인격체(Person)'란 권리와 의무의 주체로서, 이성과 자율 및 존엄을 본질로 하는 인격성(Personalität)을 지니는 존재를 의미한다. 이 인격체 내지 인격성에 관한 논의는 일반적으로 '인격체란 무엇인가(Was ist eine Person?)' 하는 개념 내지 속성의 문제와 '누가 인격체에 속하는가(Wer ist eine Person?)'라는 개념적용의 범위 내지 한계의 문제로 구별될 수 있다.[11] 전자가 인지과학의 영역에서 기술적(記述的)-경험적 자기의식 내지 자기정체성의 문제로 다루어지는 데 비해, 후자는 생명윤리의 영역에서 무엇보다 인격체의 지위(Personstatus)의 인정 여부를 둘러싼, 인격성의 규범적 한계의 문제로 다루어진다.

우선 인격체성은 육체적 동일성과 인지적 정체성에 기초한다. 전자가 신체의 특정 부위와 그 기능방식에 좌우되는 물리적인 성격의 것이라면, 후자는 심리적-의식적 차원에서 자기 자신의 존재와 행위 전체에 거리를 두고 이를 객관화시켜 인식하고 평가할 수 있는 반성(Reflexion)능력에 의존하며, 이는 다시 인지적 차원의 능력과 평가적-규범적 차원의 능력으로 구별될 수 있다.[12] 이로부터 어떤 존재를 인격체로 인정할 수 있는가의 문제는 무엇보다 인격적 정체성의 유무, 즉 인지적-규범적 차원의 반성적 능력 유무의 문제가 되고, 이 능력들의 구체적

---

11) S. Ausborn-Brinker, *Person und Personalität. Versuch einer Begriffsklärung*, Tübingen, 1999.

12) R. Wimmer, "Ethische Aspekte des Personbegriffs", in: E.-M. Engels(Hg.), *Biologie und Ethik*, Stuttgart, 1999, 329-345면.

내용이 곧 인격체성의 징표 내지 조건이 된다. 일반적으로 시간의식, 자아의식, 사고능력, 언어능력, 이성성 들이 인지적 능력에, 자율성, 도덕적 능력, 책임귀속성, 권리-의무 귀속성 들이 규범적 능력에 속하며, 이로부터 인격체 개념은 기술성(Deskriptivität, 記述性)과 동시에 지시규범성(Präskriptivität)을 지닌다고 할 수 있다.

이런 인격체 개념에서 출발하여 생명 윤리의 핵심문제인 '누가 인격체인가'의 문제로 넘어갈 때, 개념범위상 '인간(Mensch)'과 '인격체(Person)'는 일치한다고 보는 견해, 즉 모든 생물학적 '인간'을 곧 '인격체'로 보는 견해(등가성 이론/Äquivalenz-Doktrin)와 '인간'과 '인격체'는 개념범위상 겹치지 않는다는 견해, 즉 일정한 능력(인격적 정체성)을 지닌 존재만을 인격체로 보는 견해(비등가성 이론/Nichtäquivalenz-Doktrin)가 대립됨을 알 수 있다.[13)]

전자의 견해로는, 일정한 생물학적 종의 징표 내지는 인간보편의 불변적 본성만으로 이미 모든 생물학적 인간은 인격체로서의 지위를 가지며, 자연히 인격체에 귀속되는 도덕적 권리를 누리게 된다. 즉, 인격체성이란 개개인이 지닌 일정한 능력의 현재적 완성을 통해 구성되는 것이 아니라, 인간종의 실체적 본성 내지는 객관적인 현존 상태에 이미 내재한 것이다(실체주의-존재론적 전통). 반면, 후자의 견해는 단순한 육체성과 인격체성을 분리하고 일정한 주관적 능력의 현재적 완성을 인격체성의 기준으로 삼아, 이런 능력을 실제로 지닌 존재에게만 도덕적 지위를 부여하려 한다(주관주의-현재주의/Aktualismus). 주관주의적 견해는 인격적 정체성과 현재성이라는 기준으로 인해 인격체성의 한계지점에 놓인 인간 생명체(인간배아, 코마, 치매의 경우 등)에 대해 배타적일 수밖에 없으며, 오히려 동물윤리의 관점에서는 의식성과 고통지각능력(Empfindungsfähigkeit)을 기준으로 하여 유인원류의 인격성을 인정하려 한다(고통감각 중심주의/Pathozentrismus). 이들은 능력의 현재성 아닌 생물학적 인간종의 징표를 기준으로 하여 현실적으로 인격체라고 볼 수 없는 한계적 인간들에게까지 도덕적 권리를 부여하는 반면 '지금, 여기' 고통을 지각할 수 있는 동물의 인격성은 부인하는 실체주의의 인간중심주의(Anthropozentrismus)적 태도를 종족주의(Speziesismus)라고 비판하는 데까지 나

13) D. Birnbacher, "Das Dilemma des Personenbegriffs", in: P. Strasser/E. Starz(Hg.), *Personsein aus bioethischer Sicht*, ARSP Beiheft 73, Stuttgart, 1997, 9-25면.

아간다.[14)]

두 견해를 비교해보자면, 생물학적 속성을 기준으로 하여 모든 인간을 곧 인격체로 동일시하는 실체주의는, 마치 어떤 인격적 능력에 대한 소질조차 없는 존재에게 동일한 종에 속하는 타인들의 능력을 근거로 하여 인격체의 지위와 종의 존엄을 부여하려는 것과 같다. 이는 사실적으로 존재하는, 인간종과 인격체간의 간극을 형이상학적으로 메꾸려는 것일 뿐이다. 이에 비하면, 주관주의-현재주의는 인간종과 인격체간의 사실적 간극을 윤색함 없이 인정하고 개개인의 주관적-사실적 능력과 이해(Interesse)를 기준으로 하여 인격체의 지위에 관해 일관된 결과를 도출시키지만, 극단적인 경우 오히려 같은 종에 속하는 '비정상적인' 한계적 존재들보다 '정상적인' 동물에게 더 큰 동질감과 연대성을 보이는, 동물의 과도한 인격화 내지 인간화(Vermenschlichung)로 치우치는 경향이 있다.

이제 이런 인격체성 관념을 기초로, 이종이식은 인격체의 인격성을 침해하는가 내지는 피이식자의 인격성은 부인되어야 하는가의 문제에 접하게 될 때, 이종이식이 이미 현존하는 인격체의 육체적 동일성이나 인지적-규범적 정체성을 침해한다고 보기는 어렵다. 즉, 뇌 이식이 아닌 한, 피이식자가 생물학적으로 더 이상 이식 이전의 인간이 아니라거나, 피이식자 스스로 '나는 여전히 나'라는 자의식의 확인이 불가능하다거나, 그는 더 이상 자율적으로 판단하고 도덕적으로 행위할 수 없으리라는 것을, 일반화된 결론으로서 주장할 수는 없다. 오히려 무리한 보편의 관점보다는 구체적 개별성의 관점이 이식 이전의 결정과정이나 이식 이후의 평가과정 모두에 긴요할 수 있다. 이런 구체적-개별적 판단에서의 고려요소가 아마도 자기 삶의 질(Lebensqualität), 자율성, 존엄, 자유 등일 것이다.

IV. 평가적 고려의 요소들: 삶의 질, 자율성, 인간의 존엄과 자유

1. 삶의 질과 자율성의 문제

'이제 개인의 관점에서 이 생명과학은 인간에게 무엇인가'라는 질문을 던져

14) K. R. Blumer, "Xenotransplantation unter tierethischen Gesichtspunkten", in: H. Grimm (Hg.), *Xenotransplantation. Grundlagen-Chancen-Risiken*, Stuttgart, 2003, 300-303면.

볼 때, 평가적-규범적 차원의 문제 개념들, 즉 삶의 질, 인격적 자율성, 인간의 존엄 및 자유의 개념들에 이르게 된다.

본래 삶의 질이라는 개념은 좋은 삶(gutes Leben)에 속하는 실질적인 규범적 전제들, 즉 경제-사회복지-실천도덕의 측면에서 좋은 삶을 가능케 하는 요소들을 염두에 둔 사회정책적 구상에 기초해 있다. 이는 무엇보다 삶의 질을 규정하고 보장하는 요소들은 보편적으로 확인되고 집단적으로 추구될 수 있음을 전제로 한다. 이렇게 사회정책적 맥락에서 이해되던 삶의 질이라는 개념은 의료기술의 급속한 발전 속에서 의료상의 결정을 가능케 하거나 뒷받침하는 판단기준으로서도 작동하게 되었다.[15]

질병의 진단과 치료기술이 급속히 발전되어 가면서 그만큼 삶과 죽음의 한계상태로까지 이어지는 긴급하고 중대한 의료적 판단 및 결정이 요구되는 상황이 빈번해지게 된다. 또한 고도의 의료기술이 확산되는 이면으로 의료재원의 희소화 현상도 두드러지게 된다. 이런 상황들로 인해 자연히 의료상의 이익과 손실, 위험, 성공전망 및 실패부담에 대한 이익교량적 평가가 불가피해진다.[16] 그러나 오늘날처럼 사회적, 개인적 가치의 다원화가 두드러진 사회에서는 사회적으로 공유되는 윤리적 지침도, 보편적으로 적용될 만한 이익교량의 기준도 실제로 존재하기 어렵다. 결국 치료자의 일정 수준의 전문적 조언을 넘어서서는 피치료자 개개인이 자기 '삶의 질'을 고려하여, 즉 치료(이식)로 인해 연장되는 수명뿐 아니라 삶의 충족도까지 고려하여 의료적 판단을 떠맡을 수밖에 없으며, 이런 경향은 피치료자의 자율성에 대한 과도한 강조로 표현이 되곤 한다. 세속화, 다원화된 사회일수록 의료적 판단을 위한 보편적 기준은 부재하며, 그에 따라 자기 '삶의 질'이라는 구상을 빌어 피치료자 개인이 자율적으로 결정할 수밖에 없는 상황은, 다소 비판적으로 표현하자면, '자율성으로의 강제' 상황이라고 할 수 있으며, (장기이식의 실태에서 드러나듯이) 사회적, 정책적으로 해소해야 할 개개인의 건강-질병 상의 위험(Risiko) 요소들을 개인화시키는(privatisieren) 경향으로도 볼 수 있다. 결국 의료기술적 맥락에서 빈번히 강조되는 '삶의 질' 관념은 보편윤리적 판단기준이 부재한 '다원주의'적 상황, 그리고 그 상황 속에서 제기되는 '효율

15) J. S. Ach/M. Anderheiden/M. Quante, *Ethik der Organtransplantation*, Erlangen, 2000, 123-136면.

16) 위의 책, 123-124면.

성'의 요구를 반영하는 것이면서, 이러한 다원주의하에서의 효율성 요구를 '사적, 자율적'으로 극복하는 방식으로서 구상된 것이다. 첨단의료기술의 발달-피치료자들에게 요구되는 의료적 판단에서의 자율성-그 자율적 판단에서 평가기준으로 작동하는 다양한 변수들의 총체로서의 각자의 '삶의 질' 관념들의 연관관계에 비추어볼 때, 오늘날 첨단 생명과학이 제공하는 의료기술이 개인과 접촉하게 되는 지점 내지 매개로서 '삶의 질' 관념에 관심이 증대되어 감은 자연스러운 것이지만, 다른 한편으로 정작 삶의 질이라는 이 형식에 담길 수 있는 내용은 무엇이며, 그러한 각각의 삶의 질은 어떻게 측정할 것인가의 문제와 관련해서는 이 불확실한 개념구상에 회의적일 수밖에 없나. 결국 관심은 이런 '삶의 질'을 현실적으로 규정하는 '주체'의 문제로, 즉 보다 포괄적이며 근본적인 개념인 '인격적 자율성'으로 되돌아가기에 이른나.

개인들의 인격적 정체성의 핵심을 이루는 자율성이란, 의지의 자기결정의 의미로서 적극적인 자유개념에 가깝다. 루소에게서 의미부여 받은 이 자율성 개념은 칸트에 이르러 '도덕적' 자율성으로 자리잡히게 되었다. 칸트에게서 자율성이란, 의지결정에 있어 모든 주관적, 경험적 요소로부터 벗어나 오로지 자기의 실천이성에 의해서만 규정됨을 뜻한다. 도덕적인 자는 도덕법칙에 복종하는 동시에 자기입법자로서 이 법칙을 스스로 제정하는 자이다. 이는 '도덕적이기 위해서 무엇을 하라'의 차원으로부터 '도덕적이기 위해서는 어떻게("자율적으로") 하라'의 차원으로의 이행, 즉 실체존재론적 도덕관념으로부터 주관적 도덕성의 차원으로의 이행을 의미한다. 정언명령(kategorischer Imperativ)의 정식으로도 표현되는 이 자율성 관념은, 그러나 그것이 최고의 보편적 도덕격률이라는 것 이면으로, '최종적으로 늘 도덕적이기만 한 자율성'이라는 문제를 안고 있다. 즉 인간의 완벽한 도덕성 —가장 주관적이면서도 가장 보편적일 수 있는 도덕성— 을 보장하는 격률이지만, 인간의 자의성, 욕구, 충동까지 포괄하는 자유로운 자기결정의 차원이 아니라는 탈도덕에로의 항변이 있을 수 있다. 이로부터 오늘날에는 자율성을 (목적자체성만을 남긴 채) 보편적 실천이성과 분리시키고 오히려 개개인의 주관적인 의욕 및 선호(Präferenz)와 연결시키려는 경향이 두드러지게 되었다. 즉, 자율성 개념을 '자명성(Authentizität)'에 가깝게 의미변화시킴으로써, 이제 인간들의 의지결정 및 판단에서는 보편적 도덕성 대신 '이차적 선호' 내지 '이차적 욕구(Präferenz zweiter Stufe/Wunsch zweiter Stufe)'라는 관념이 기준으로 등장하게 된 것이다. 일차적 욕구가 '이러저러한 행위를 하고 싶어 하거나 하고 싶어 하지 않음'에 대한 것이라면, 이차적인 욕구는 '일정한 일차적 욕구를 가지고 싶어 하거나 가지고 싶어 하지 않음'에 대한 것이다. 이는 '무엇인가를 하고 싶음 혹은 하기 싫음'을 넘어 '그 하고 싶거나 하기 싫은 나의 선호를 나는 정말 원하는가(그런 것을 하고 싶어 하거나 하기 싫어하는, 그런 나이기를 나는 정말 원하는가)' 라는 의미에서, 즉 '무엇을 선호함, 무엇을 원함'의 차원을 넘어 '그 선호에 대한 선호' 내지 '그 의지로의 의지'라는 의미에서, 주관적인 선호와 욕구에 대한 보다 근본적인 자기확인의 시도라고 할 수 있다.[17)]

생명과학과 관련된 개개인의 실제적 판단 과정에서는 이런 보편적 - 도덕적 자율성의 관점 대 자명성 내지 이차적 선호의 관점간의 대립과 공존이 불가피하다.[18)] 이는 보편성의 관점에서 객관적으로 좋은 삶, 더 나은 삶의 질을 선택케 하는 '도덕적' 자율성 —극단적으로는 윤리적 가부장주의(Paternalismus)로 흐를 수도 있는— 대 인격체로서 개인의 관점에서 자기 삶의 방식을 자유로이 선택케 하는 '자유주의적' 자율성의 문제라고도 할 수 있다. 이런 자율성의 이원화 경향 앞에서, 적어도 이종이식의 문제에서는 자명성 내지 선호의 관점을 지향해야 할 것이다. 이는 '늘 새로운' 생명과학 기술(이종이식)에 대해 '늘 여전한' 집단적, 공식적 도덕으로 답하는 대신 자기에게만(은) 자명한 선호성을 기초로 접근하게 될 때, 그 누구에 대해서보다도 자기 자신에게 가장 자유로운 선택이 가능하겠기 때문이다. 이런 관점에서 출발, 이종이식에 대한 규범적 평가의 또 다른 기준으로서, 개인적 자율성에 대응되는 '보편적인 인간의 존엄' 논거에 대한 고찰이 요구된다.

2. 인간의 존엄의 문제

이종이식은 인간의 존엄에 반하는가라는 다소 포괄적이고 추상적인 질문이 제기될 때, 그리고 이에 대해 이종이식은 인간존엄에 반한다고 주장될 때, 무엇

17) H. G. Frankfurt, *Freiheit und Selbstbestimmung. Ausgewählte Texte*, Berlin, 2001, 65-83면.

P. Baumann, *Die Autonomie der Person*, Paderborn, 2000, 135-165면.

18) M. Charlesworth, *Bioethics in a Liberal Society*, Cambridge, 1993, 1-29면.

보다 '인간존엄에 반함'의 구체적인 의미 내지 근거가 검토되어야 할 것이다. 일반적으로 이종이식이 인간존엄에 반한다는 주장은, 이종이식이 우연(Zufall)에 의해 지배되는 인간 삶의 자연적인 구조에 반하는 것이고 그럼으로써 종(種)으로서의 인간의 존엄을 손상시키며 더 나아가 인간의 인격적 정체성과 자유까지도 침해하게 된다는 데에 기초해 있다. 즉, 생명체의 자연성의 유지가 그의 존엄과 자유 및 인격적 정체성에 핵심적이며, 이종이식은 이러한 생명의 자연적 우연성에 대한 인위적인 개입으로서 인간의 존엄을 침해한다는 것이다. 달리 표현하면, 인간이 존엄하고 자유롭기 위해서는 그 전제로서 자연적 삶의 우연성과 불변성, 신성성이 보장되어야 한다는 주장이다. 이 주장은 마치 그 누구도 '우연히 타고난' 장기를 동물로부터 '생산해낸' 그것으로 대체하지 않을 때 인간종(인류)의 존엄과 자유가 보장될 것이라는 주장처럼, 생물학적 속성에 대한 과도한 의미부여에 기대고 있다. 이런 인간존엄의 논거에 대해서는 비판적 숙고가 요구된다.

우선 이런 생물학적 사실성에서 인간존엄이라는 규범적 요구의 전제를 찾고 이를 다시금 이종이식에 대한 금지요구의 근거로 삼는 것은 일종의 자연주의적 오류(naturalistischer Fehlschluss)라는 비판을 피하기 어렵다. 또한 생명현상에서 우연성의 지배란, 인간의 관점에서 보면 우연을 넘어 운명이 되는 면이 있다. 결국 이 논거는 생명체의 개체화 과정 전후의 우연과 운명이 종(種)으로서의 생명체를 존엄하게 한다는 논거와 같다. 이로부터 인간종의 (자연성이 갖는) 존엄과 개별 인격체의 존엄이 성급히 결합, 동일시된 것은 아닌가라는 반문이 있을 수 있다. 즉, 이 논거에서의 존엄은 우연성과 불변적 자연성의 징표 하에 신성화된 인간종(種)이 누리는 존엄에 가까운 것으로서, 실제로 '종(인류)으로서의 인간상(人間像/ Menschenbild)'이 누리는 존엄이라고 할 수 있다.

이와는 구별되는 차원의 문제제기로서, 우연과 운명이 지배하는 생명체의 자연적 삶을, 인간에게서 개시되는 인과필연적인 과정(이식)과 합리적인 선택으로 보충함이 개인의 자유와 존엄에 대한 손상인가 하는 점이다. 아마도 이 문제는 자유개념에 대한 우리의 이해와 연관되어 있으며, 인간존엄의 논거에는, 생물학적인 우연성—실은 자연적 운명이기도 한—의 영역을 오히려 인간적 자유의 가능조건으로 환원시켜 이해하는 오류가 있지는 않은가 반문해볼 수 있다. 즉, 신에 의한 피조물성, 자연적인 우연성, 필연적인 운명성 등 그것을 무엇이라고 이름붙이든, 인간을 초월해 있는 이런 영역 '이후'에야 (그 '아래'에서야) 비로소 인간 차원의 자유(자기결정성과 자유로운 자기형성)의 영역이 가능함을 전제하고 있지는 않은가 하는 점이다.[19] 그런 전제하에서라면, 이종이식은 결국 이 인간적 자유의 초월적, 형이상학적 전제(가능조건)에 대한 타격일 수 있다. 이종이식에 의해 '종으로서의 인간' 관념과 결부된 생명질서의 자연성과 우연성, 신성성은 사라지고, 인간의 생명현상 자체가 합리적으로 선택-계획-회귀(생명연장) 가능한 것이 될 때, 이를 인간이 개시하는 인과적 필연성(내지는 타인의 의지)에의 종속으로 해석할 수 있고, 이로부터 인간의 존엄과 자유가 손상되었다고 볼 수도 있기 때문이다. 그러나 엄밀히 보면, 인간의 의지결정에 관한 실천적 자유가 실제로 침해되었다기보다는 인간적 자유의 형이상학적 존립근거 내지 의미의 전제가 사라진 것에 가까울 것이다. 이로부터 문제는 자유개념으로 넘어간다. 이종이식에 의한 자유의 침해가능성이 이종이식 반대의 논거로 설득력을 얻는 상황에서, '그럼에도 불구하고 인간의 자유는 침해되지 않음'을 주장할 때, 그 인간의 자유는 어떤 의미인가의 숙고가 요구되기 때문이다.

3. 자유의 문제 —결론을 대신하여

인지과학의 발달이 두드러진 오늘날, 우리가 '인간은 정말 자유로운가'라는 질문을 제기할 때, 그것은 자유의 인간학적, 규범적 조건에 대한 해명 못지않게 자유개념 자체의 의미(변화)에 대한 해명을 요구한다. 종래의 소극적인 자유개념이 '필연적-강제적이지 않음'을, 즉 비결정성(Indeterminiertheit, Unbestimmtheit)을 자유와 연결시켰다면, 신경생물학의 발달과 더불어 이런 비규정성이라는 의미에서의 자유의 현실성은 의문시되고 있다. 모든 것을 뇌신경의 인과적 과정으로 환원시키는 결정론이 자유의지의 가능성을 압도하는 상황에서, 오히려 자유는 보다 적극적인 의미에서의 자유로, 즉 자기능력의 사용여부에 대한 처분성으로 해석될 수 있다.[20]

종래의 소극적인 자유개념으로는 인간이 그 무엇에도 —그것이 타인의 주관

---

19) 아마도 칸트라면, 이 초월적 우연-운명의 영역을 선험적 자유의 이념(transzen- dentale Idee der Freiheit)으로 이름붙여 요청(전제)하고 그 이후에 인간의 이성적 의지결정에 관련된 자유로서의 실천적 자유를 이야기하려 했을 것이다.

20) M. Seel, "Freiheit als Skandal", Zeit-Rezension, 51/2004.

적 의지이든, 자기의 일시적 충동이든, 자기를 둘러싼 불가피한 상황이든— 의존치 않을 때, 그런 의지의 독립성 내지 비결정성이 곧 자유이다. 그렇게 보면, 생명체로서의 인간의 자연적 삶은, 물론 미지의 우연, 운명, 운에 의해 규정되는 면이 있고 또 인간은 그것에 대해 그저 모르는 것일 뿐이지만, 적어도 인간의 세속적인 생사의 차원에서 볼 때 자유롭다고 할 수 있다. 즉, 인간의 생사는 동류의(동급의) 인간들의 인위적 의지에 좌우되는 문제가 아닌 것이다. 그러나 이종이식은 생명체의 자연적 삶에 인간의 의지가 개입되고, 타인의 능력과 수단화된 다른 생명체에 자기 삶이 의존케 된다는 점에서, 부자유의 전형이 된다.

한편 이와는 다른 차원의, 적극적인 자유개념으로 보면, 자유란 '그 무엇에 의해서도 규정되지 않음'보다 숙고를 통해 자기의 능력(가능성)을 사용하거나 하지 않을 가능성(자기 가능성에 대한 가능성), '할 수 있음'에 대한 처분성 등으로 표현될 수 있다. 즉 자유는 자기가능성에 대한 의식 내지 의식되는 가능성의 차원이지, 그 자체 현존하는 것이 아니다.

이런 자유개념으로 보면, 이종이식은 자기생명의 연장 가능성에 대한 의욕-처분 가능성을 부여한다는 점에서, 오히려 자기의 (의욕-처분) 가능성에 대한 의식으로서의 자유를 부여한다고 볼 수 있다. 즉, 내 삶이 타인의 의지나 다른 동물의 장기에 의해 연장-단축되지 않음(내 삶에 이들이 개입치 않음)의 의미에서 비결정성의 사실적 상태로서 '나는 자유롭다'는 의미보다는, 내 삶의 연장가능성(능력)에 대해, 그리고 타인의 의지나 타 동물의 장기가 내 삶에 개입할 가능성에 대해 처분할 수 있음의 의미에서 '나는 자유롭다'는 것에 가깝다. '뭔가를 할 수 있음'에서 더 거슬러 올라가, '(이 가능성을) 원하거나 원하지 않을 수 있음' 차원의 자유의식과 접촉케 한다는 점에서, 이종이식은 적어도 적극적인 자유관념하에서는 개별 인격체로서의 인간의 자유를 침해하지 않는다.

같은 맥락에서, 이종이식은 더 이상 생명을 연장치 않을 개개인의 가능성(권리)을 침해한다는 논거 또한 설득력이 없어 보인다. 이종이식의 여부에 관해 자기 삶의 질을 고려한 개인의 자율적 판단을 강조하지만 본질적으로는 자율성으로의 강제이자 의존성(부자유)에로의 강요일 뿐이라는 비판은, 오히려 이종이식에 의해 여지가 주어진 자유에 대해 느끼는 부담으로 들린다. 즉, 이종이식으로 인해 개개인이 직면케 되는 어려움은, 숙고의 여지도 없이 외부의 의지에 좌우되는 것은 아닌가, 그럼으로써 부자유스러워지지는 않는가 하는 소극적인 자유에 관한 것이라기보다는, 적극적인 자유 내지 선호로서의 자율성의 관점에서 나는 나 자신의, 또는 그의 죽음을 진정 피하고자, 미루고자 하는가라는 자기의 진정성(Wahrhaftigkeit)에 관한 것일 수 있다.

결국 이종이식이 인간존엄을 침해한다는 논거는 인간의 생물학적 자연성과 동일성을 인간존엄의 근거로 삼아 생물학적 본성에의 개입을 곧 인간존엄의 침해로 보는, 인간존엄의 생물학화(Biologisierung)[21]를 반영할 뿐이다. 이 때 실제로 침해된 것은 개별 인격체의 존엄과 목적자체성, 자율성이기보다는 인간종(인류)의 집단적인 존엄이라는 점에서 이는 자연의 형이상학화 내지 윤리화 경향이라고도 할 수 있다. 그러나 인간존엄의 관념에 이런 생물학적 속성이 근거로 작동할 경우, '이차적 선호로서의 자율성'과 '능력에 대한 처분가능성으로서의 자유'가 침해됨 없이 자율적 판단에 의해 이종이식을 받은 자가 인간존엄의 생물학적 징표가 변질되었다는 이유로 오히려 개별 인격체로서의 존엄성을 인정받지 못하게 되는 역설이 성립한다. 결국 이종이식이 종으로서의 인간존엄을 침해하는가의 문제는, 인격체로서의 피이식자 개개인의 손상된 자의식과 거부되는 사회적 승인은 어떻게 회복될 수 있으며 최종적으로 이들의 인간존엄은 어떻게 보장되어야 하는가의 문제로 옮겨가야 할 것이다. 이는 인간종(種) 전체에 비하면 지극히 사소하고 진부한, '환자'로서 다루어지는 개개인들에게서 최고의 '목적 자체성'을 읽어내야 하는 일이기도 하다.

---

21) U. Neumann, "Die Menschenwürde als Menschenbürde-oder wie man ein Recht gegen den Berechtigten wendet", in: M. Kettner(Hg.), *Biomedizin und Menschenwürde*, Frankfurt, 2004, 42-62면.

성 결정에 관한 법리적 담론
―최근 트렌스젠더 판례와 관련하여―

손 영 수*

Ⅰ. 서 론

인간의 생물학적 및 유전학적 성은 수정되는 순간 결정된다. 단일한 성염색체의 유전적 조성을 지니는 난자와 달리, 감수분열에 따라 생성되는 정자는 Y 염색체를 지니는 정자와 X 염색체를 지니는 두 종류가 나타나며, X 염색체를 지니는 정자와 난자가 결합하면 여성형의 결합자(46, XX 배아)가 만들어 지고, Y 염색체를 지니는 정자와 난자가 결합하면 남성형의 결합자(46, XY 배아)가 만들어 진다는 사실은 기본 상식이 되었다.

완전한 성의 표현형을 이루기 위해서는 개체 발생의 과정에서 복잡하고 다양한 분자생물학적 및 형태학적 경과가 적절한 시기에 정확한 순서에 따라 제대로 이루어 져야 한다. 남성형 표현형의 발현에 필수적인 요소는 이와 같은 성분화과정은 Y 염색체의 짧은 팔에 암호화되어 있는 SRY 유전인자에 의해 생성되는 고환결정인자(testicular determining factor, TDF)의 존재이다. 이 고환결정인자가 미분화 생식샘의 속질에 영향을 주어 고환으로의 분화를 유도하고, 그에 따라 고환에서 방출되는 남성호르몬에 의해 남성의 성적 표현형이 결정되어 진다.[1] 외부생식기의 형태는 임신 제7주까지는 남성과 여성에서 공통적으로 일정한 양

* 제주대학교 의학전문대학원 교수.

1) 대한산부인과학회, 「부인과학(제4판)」(서울: 고려의학, 2007), 49-51면.

식으로 발달하다가, 그 이후부터 성에 따라 각자 특징적으로 분화되는데, 외부 생식기 형태의 외견상 확연히 차이는 임신 12주가 지나서야 나타난다.[2)]

그러나 수정된 배아가 전부 다 유전적으로 온전한 염기서열과 유전자를 갖춘 암수의 표준형 성염색체 조합을 가지고 있는 것은 아니며, 설혹 온전한 염기서열과 유전자를 갖춘 암수의 표준형 성염색체 조합을 가지고 있다 하더라도 배아의 발생 및 발육 과정에서 다양한 종류의 인자에 의하여 그 표현형의 발현은 다양한 종류의 장애와 변이를 겪게 된다. 그로 인하여 출생시 나타나는 일차 성징에 있어서도 다양한 형태의 변이가 나타나게 되며, 외견상 암수 간 한쪽의 표준적 특성을 온전히 나타내지 못하는 경우뿐만 아니라, 암수 양성의 특성을 한 몸에 지니는 경우도 나타나게 된다.

또한, 성선의 발생에 따른 남성호르몬의 존재는 태아기의 형태적 성분화에 결정적 역할을 담당할 뿐만 아니라, 태아기의 성호르몬 환경, 즉 남성호르몬에의 노출이 출생 후의 인간의 성심리적 행동양상에 영향을 미치는 것으로 보고되어 있다. 즉, 남녀에서의 성행동의 차이는 호르몬 및 그에 생화학적으로 일정하게 반응하도록 태아기에 조작되어 있는 뇌의 구조 때문이라고 한다. 발생학적으로 관찰해 볼 때, 임신 6-7주에 태아의 뇌는 이미 남성 혹은 여성의 형태를 갖추기 시작한다. 남성 호르몬은 성 행동을 관장하는 시상하부의 신경 세포망의 구조를 변형시키는데, 남성호르몬이 있는 경우에는 남성의 형태를 갖게 되고, 남성 호르몬이 없는 경우에는 여성의 형태를 갖게 된다.[3)] 따라서 신생아는 성적으로 순수한 중성이라는 생각과 모호한 성기를 가지고 태어난 신생아의 경우에 여성의 성적 품성(sexuality, 이하 성성[性性]이라고 표현함)[4)]을 갖도록 키우기 위해서 시행하

2) 대한산부인과학회, 위의 책(주 2), 57면.

3) 결정적 시기에 성장 중인 수컷 쥐에게서 남성 호르몬을 박탈하면 시상하부가 암컷의 형태를 갖게 되고, 암컷 쥐에게 남성 호르몬을 투여하면 시상하부가 수컷의 형태를 갖게 된다: 앤 무어 · 데이비드 제슬 저(곽윤정 역), 「Brain Sex」(서울: 북스넛, 2009), 52-53면.

4) 성과 관련된 많은 주장과 연구에서 사용되고 있는 성(sex)과 젠더(gender)라는 용어는 당해 학문영역의 종류, 주장하는 사람의 입장이나 연구의 내용에 따라서 다양하게 정의되고 상당 부분에서 다르게 사용되고 있어, 일반인들에게 혹은 때로는 타 연구자들에게 혼돈과 논란을 초래하고 있다. 본 글에서는 논문의 주제와 관련하여 성성(sexuality)이라는 용어를 사용하였는데 이는 성(sex)과 젠더(gender)라는 용어의 의미를 아우르는 개념으로 이해하면 될 것으로 판단된다. 성과 젠더의 개념과 그 구분에 관하여는 다음의 저서를 참조하기를 바란다: 윤진숙, 「페미니스트 법이론」(한국학술정보, 2007), 69-80면.

는 고환제거 수술은 이미 형성된 뇌신경학적 성성의 기초를 바꾸지는 못하는 것으로서 의학적 설득력을 많이 잃어 가고 있다.

한편으로는, 사회적인 성 역할(gender role)[5]은 태아기의 성호르몬 환경뿐만 아니라, 성기의 외관, 양육시 배정된 성 및 2차 성징의 발달 등을 기반으로 형성되는 사회적 상호작용에 의해 크게 좌우되는 것이 사실이다.[6]

이와 같이, 인간의 일차 성징의 발현, 성의 발육과정 및 성심리적 행동 양상의 결정과정에는 생물학적, 유전학적 및 발생학적 요인들이 가장 중요한 결정인자가 된다. 여기에 후천적, 사회규범적, 문화적, 역사적 및 정치적 요인들이 복합적으로 관계함으로써 인간사의 어떤 문제보다 더 복잡하고 미묘한 갈등을 만들어 내고 있는 것이다.

오늘날 성성의 결정에 관해서, 개인적 및 사회적 성성의 결정권을 개인의 자유와 권리의 보호라는 차원에서 일신 전속적 권한으로 적극적으로 보장해야 한다는 목소리가 커지고 있으며,[7] 우리의 판례도 이러한 경향을 수용하고 있는 것이 현실이다.

그러나 트렌스젠더[8]에 관련된 최근 판례를 바라보면서, 저자는 다음과 같은 법철학적인 의문을 가져 본다.

---

5) 성적 정체성 형성에 관한 논란은 1995년 제4차 세계여성회의에서 '성별'이라는 말 대신 '젠더'라는 말의 사용을 주장함으로써 강하게 제기되었다. 그것은 다양한 문화안에서 여성적 특질에 비추어 평등 개념을 재구성하려는 사회적 · 정치적 운동으로서 개인은 삶의 방식에서 뿐만 아니라 본성과 성적 성향도 자유롭게 선택해야 한다고 한다: 마리아 루이사 디 피에트로 저(정재우 신부 역), 「생명윤리(교육 그리고 가정)」(서울: 가톨릭출판사, 2010), 138면.

6) L. Speroff, RH. Glass & NG. Kase, *Clinical Gynecologic Endocrinology & Infertility(7th edition)* (Lippincott Williams & Wilkins, 2005), 329면.

7) 조여울, "국가인권정책기본계획 수립을 위한 성적 소수자 인권 기초현황조사(2005년도 국가인권위원회 인권상황실태 연구용역보고서)," 국가인권위원회, 2005; 국가인권위원회, 「2007-2011 국가인권정책기본계획 권고안」(국가인권위원회, 2006.1), 92-97면; 대한민국 정부, 「2007-2011 국가인권정책기본계획」(대한민국 정부, 2007.5), 204-207면; 최현숙, "동성 파트너십 제도화의 해외동향: 다양한 가족 형태에 대한 차별과 편견 해소를 위한 국제적 움직임," 젠더리뷰, 2007 여름, 한국여성정책연구원, 51-54면.

8) '트렌스젠더'라는 단어는 일반적으로 성전환자('트렌스섹슈얼')를 지칭하는 말로 사용되고 있지만, 트렌스섹슈얼보다는 넓은 의미를 가지는 개념의 용어이다. 즉, 자신의 젠더 정체성을 반대로 느끼고 있는 사람을 총칭하는 말이다: 최재희, "페미니즘 시각으로 본 트랜스젠더 여성의 구성성에 관한 연구," 계명대학교여성학대학원 석사학위논문, 2002.6, 16면.

첫째, 과연 개인적 및 사회적 성성의 표현형의 결정을 전적으로 개인의 의사에 맡기는 것이 타당한 것일까?

둘째, 법제도가 개인의 결정의사와 선택의 권리만을 옹호하여 양자 택일의 방법으로 대사회적 성적 선언을 명명백백하게 해야만 하는 것일까?

셋째, 변이의 spectrum이 지극히 넓은 개인의 성적 본성의 내용을 가정과 가족의 평화 및 공공도덕과 사회의 질서 유지를 목적으로 하는 성정치학적 입장과 암수구별주의에 입각하여 남성과 여성이라는 이분법적 법률관계로 획정하는 것[9]이 과연 진정한 의미에서 개인의 기본권을 지켜 주는 것일까?

인간의 성성을 이해하는 입장에는 다양한 이해관계와 당사자들의 관심의 초점 영역에 따라서 다양한 여러 가지 이론이 제시되어 있다. 졸고의 저자는 생물학적 · 유전적 · 발생학적 본질론의 입장을 근간으로 하고, 부수적으로는 정체성의 해체와 재구성을 모색하는 포스트모더니즘의 입장에서 주장하는 횡단성(transversality)의 개념과 인류학적 상대주의의 입장에서 주장하는 젠더변이(gender variance)의 개념을 원용하여 최근 트렌스젠더 관련 판례의 내용을 평석함으로써 법리적 담론을 전개해 보려고 한다.

II. 인간의 성성 발현에 관한 이론적 고찰

인간의 성성을 이해하고 설명하려는 많은 노력들이 오랫동안 경주되어 왔으며, 오늘날에도 다양한 학문적 관점에서, 다양한 이념과 철학의 입장에서, 그리고 다양한 정치적 집단의 이해관계에서 출발하여 새로운 해석과 이해를 위한 연

9) 법철학적으로 볼 때, 성과 생명에 관한 가톨릭교회의 교리는 우리가 살아가는 사회의 가장 보수적인 하나의 주장이라고 평가할 수 있다. 그러나 오늘날과 같이 상대주의 관점에서의 모든 주장들이 우열의 차이 없이 난무하는 혼돈의 시대에는 한번 쯤 그 의미를 되새겨 볼 가치를 지닌 사회 지도이념의 하나라고 평가할 수도 있을 것이다. 가톨릭교회는 한 개인이 완성되는 일은 일치와 심리적 · 신체적 상호보완성 안에서 오직 성이 다른 두 사람의 결합안에서만 가능한 것으로서 동성간 결합에 부부의 지위를 부여하는 일은 지극히 부당하며, 오늘날의 혼란과 어려움의 원인은 남녀의 차이를 무효화하고, 성성을 단순히 개인적 선택의 대상으로 축소하려하기 때문이라고 비판한다: 마리아 루이사 디 피에트로 저(정재우 신부 역), 「생명윤리(교육 그리고 가정)」(서울: 가톨릭출판사, 2010), 127-128면.

구와 시도들이 여전히 지속되고 있다.

그 이유로는 여러 가지를 거론할 수 있겠지만, 가장 뚜렷하고 중요한 두 가지를 든다면, 하나는 그만큼 인간의 성성은 쉽사리 이해되기 어려운 인간의 본성적 특성이기 때문일 것이고, 다른 하나는, 정치한 이론적 구성이나 설득력있는 강력한 과학적 근거에도 불구하고 어떠한 이론도 독자적으로는 인간의 성성에 관한 설명을 통합적인 시각으로 충분하게 해 낼 수 가 없기 때문일 것이다.

1. 생물학적 · 유전적 · 발생학적 본질론

생물학적 특성이나 유전적 조성의 차이에 따라 인간의 성성의 기본 틀이 결정되고, 발생학적 과정에서 성성 발현에 관련되는 유전자 발현의 다양한 변이 요소에 따라 출생시에 다양한 spectrum으로 발현된다는 생각이다.

출생시 성성의 발현과 관련되는 spectrum의 내용은, 앞에서 언급한 바와 같이, 외부 생식기의 형태에만 국한되는 것이 아니고, 뇌신경학적 구조와 기능면에서도 마찬가지로 적용되는 것이다. 또한, 이러한 생물학적 특성이나 유전적 조성의 차이에 따라 나타나는 특수한 영향은 출생 후의 성성 발현의 과정에 있어서도 마찬가지이다. 그와 같은 유전자 발현의 기전은, 해부학적 형태와 구조의 측면에서 뿐만 아니라 기능적인 측면에서도 공히, 배아의 발생과정과 태아의 발달과정에서만 나타나는 것은 아니다. 다시 말해, 출생 이후에도 성 발육과 사춘기의 발현 및 생식 기능의 발현 등 인간 성성과 관련되는 모든 과정에서 유전자 발현의 기전이 작동하며, 성성 발현에 결정적인 영향력을 발휘하게 된다. 특히, 한 인간의 많은 유전자들은 발현과정에서 서로 상호작용하여 개별 유전자의 속성이 전혀 다르게 발현될 수 있는 가능성을 가지고 있을 뿐만 아니라, 끊임없이 유입되는 외부 환경요인의 정보에 따라서 또 다른 새롭고 다양한 모습을 창조해 낼 수도 있다.10)

생물학적 결정론은 유전학의 발전과 국제적 컨소시움으로 진행된 최근의 인간유전체연구사업(Human Genome Project)11)의 결과에 의해 새로운 지지를 추가

10) 김향미 · 손영수, 「의 · 생명과학의 법 · 윤리적 이해」(제주대학교출판부, 2006), 74면.

11) 손영수, "위기의 생명을 위한 통합적 정의," 한국외국어대학교대학원 법학과 박사학위논문, 2001.8, 118-121면.

적으로 받고 있다.

반면, 트렌스젠더의 젠더 정체성을 "생물학적 차이에 상관없이 다양한 젠더가 존재할 수 있음을 입증하는 것이고, 가부장적 지배질서에서 우월한 성으로 '규정된 남성성'에 대한 문제제기"라고 보는 페미니즘의 입장에서의 주장[12]이 있다.

그와 같은 주장을 하는 근저에는, 인간의 성성 발현의 과정에서 생물학적 특성이나 유전적 조성의 차이와 발생학적 과정의 변이 요소에 따라서 형태학적 및 정신심리적 기능을 포함하는 기능적 측면에서의 다양한 변이(흔히, 이상 혹은 장애라고 표현하는 극단적 변이를 포함하여)가 나타난다는 과학적 사실을 지나치게 경시한 점이 있는 것으로 생각된다. 여성의 생식기 기형은 상대적으로 흔한 질환이며 대다수의 경우에는 특별한 증상이 없어서 우연히 발견되지만, 경우에 따라서는 성적 능력이나 가임능력에 치명적인 손상을 가져 오기도 한다. 또한, 생식기 기형이 단독으로 존재할 수도 있지만 복합적 증후군의 형태로 나타날 수도 있으며, 발현 시기와 관련해서는 출생시 혹은 어린 시절에 나타 나기도 하지만 일부는 성인기에 가서야 비로소 나타나기도 한다.[13] 성의 이상발육 기전에 대한 연구가 많이 진행되어 있지만, 불완전한 성의 분화를 보이는 경우에 있어서 적절한 성의 결정을 하기 위해서는 환자에 대한 잠재적인 해부학적, 성적 기능의 평가가 반드시 있어야 하며, 해부학, 유전학 및 발생학(특히, 반음양증[14]에 대한) 분야의 충분한 지식을 필요로 한다.[15]

물론 인간의 성성의 발현에 사회적, 문화적, 역사적, 정치적 및 이념적 영향이 없다는 말은 결코 아니지만, 이러한 종류의 페미니즘 입장에서의 주장은 형태적 및 기능적 양면에서의 생물학적 성성의 차이를 그야 말로 외부 성기 중심의 논의에 한정하고 환원하려는 집단적 · 정치적 의도를 담고 있는 것으로 보인다.

저자가 주장하는 생물학적 · 유전적 · 발생학적 본질론의 입장에서 보면, 트

---

12) 최재희, 위의 글(주 9), 4-5면.

13) 대한산부인과학회, 위의 책(주 2), 1029-1037면.

14) 성 결정의 7 요소, 즉, 첫째, 성염색질과 성염색체, 둘째, 생식샘(gonad)의 구조, 셋째, 호르몬의 분비 양상, 넷째, 외부 생식기의 구조, 다섯째, 내부 생식기의 구조, 여섯째, 양육 성(sex of rearing), 일곱째, 성 역할(gender role) 중 어느 하나라도 애매하고 모호하여 확실한 성의 결정이 불가능한 경우를 반음양증(hermaphroditism) 또는 중성체(intersex)라고 한다: 대한산부인과학회, 위의 책(주 2), 1037면.

15) 대한산부인과학회, 위의 책(주 2), 1037-1051면.

렌스젠더는 기본적으로 남성성과 여성성을 양극단으로 하는 성성의 다양한 spectrum 내부에 존재하는 생물학적 성성발현 변이의 한 형태이고, 트렌스젠더라고 하여 일률적으로 한데 모아 얘기할 수 없을 만큼의 다양한 하위범주의 행태를 보이고 있다는 점은 앞에서 예로 든 페미니즘적 주장보다는 오히려 생물학적·유전적·발생학적 본질론의 입장을 지지해 주는 근거가 될 수 있다고 생각된다.

그러나 한편으로, 극단적으로 유전자결정론(genetic determinism)을 지지하는 사람들은 유전자가 인간을 비롯한 모든 생물의 모든 것을 결정한다고 믿는다.[16] 따라서 인간의 유전자를 해독해 내면 인간에 관한 모든 숨겨 진 비밀을 알아낼 수 있을 것이며, 유전자 재조합의 방법을 통하면 질병의 치료 뿐만 아니라 인간의 육체적 및 정신적 특성까지도 마음대로 조정 혹은 조작할 수 있다고 생각한다. 생물학적 유전자 조성의 차이 혹은 발현 과정에서의 변이가 인간의 성성발현에서의 모든 것을 결정한다는 기계론적 사고방식은 지나치게 단순하고, 위험하며, 지혜롭지 못한 발상이다.

2. 횡단성(transversality)

정체성의 해체와 재구성을 담론의 핵심적 방법론으로 제시하는 포스트모더니즘은 남녀의 심리적 속성은 물론 생물학적 정체성 역시 구성되며, 계속 변화한다고 보고 있으며, 비위계적·수평적·복수성 주체개념을 제시한다. 횡단성의 개념은 기존의 수직적 관계에 있는 요소들 사이에서 소통을 이루고, 궁극적으로는 그 상호관계를 수평적 관계로 변화시켜 다양한 요소들이 횡적으로 연결되는 망을 구성하는 것을 가리키며, 이와 같은 횡단성을 가진 주체는 다양한 방향으로 열려 있기 때문에 자신의 내부에 존재하는 다양한 요소들을 하나로 통합하지 않고 외부의 요소들과 접속할 수 있는 가능성을 또한 열어 놓고 있는 주체이다. 이러한 주체들의 다양한 접속을 극대화하는 것이 인간의 본성의 내용과 성성 발현의 자연스러운 모습에 어울린다는 시각에서 보면, 이성애(heterosexuality)라는 성성의 양태는 복수의 성성이 존재할 수 있다는 본래적 다양성을 인정하지 않는

16) 김향미·손영수, 위의 책(주 12), 71-75면.

'사회에 의해 강요된 폭력'의 한 양태가 되는 것이다.[17)]

횡단성의 주체인 인간에게는 남성 혹은 여성이라는 하나의 극성을 지닌 성 성만이 존재하는 것이 아니라 복수의 성성이 존재하고 있으며, 이들이 말하는 횡단성애(transversal sexuality, 橫斷性愛)의 개념은 남성과 여성 속에 존재하는 다양한 요소들이 서로 만남으로써 결과적으로 남성인가 여성인가의 구분이 무의미한 상태를 가리킨다. 요컨대, 횡단성의 주체인 인간에게는 복수의 성이 존재하고 그 속에서 상호간에 횡단하는 것이 가능하므로 인간의 성성을 문제로 삼을 필요가 없다는 것이다.[18)]

3. 젠더변이(gender variance)

트렌스젠더에 대한 인류학적 연구들은 젠더변이와 젠더문화를 근거로 하여 현대의 이분법적 성성의 문화적 허구라는 것을 보여 주려고 한다. 간단히 말해, 이들의 주장은 남성 혹은 여성이라는 이분법적 성성의 구별은 현대사회의 문화적 산물이라는 것이다. 이를 증명하기 위하여 인류학자들은 이분법적 성성에서 벗어 난 인물들을 광범위하게 신화, 역사, 예술 속에서 찾아내어 소개하고 있으며, 다양한 문화권에서 젠더변이의 사례를 찾아 보여 주고 있으며, 제3 혹은 제4의 성성의 모습을 보여 주려는 노력을 하고 있다.[19)]

예를 들면, 북아메리카 원주민의 문화권에서는 성기의 형태나 성관계의 대상에 관계없이 어떤 사람이 다른 성별의 역할에 속하는 활동에 뚜렷한 관심을 보이는 징후를 같은 공동체에 속한 사람들이 인지함으로써 그에 의해 성성을 구분하였는데, 남자, 여자, 남자-여자, 여자-남자의 네 가지 성성의 모습을 만들어 구분하였다. 또한, 그렇게 하여 생성된 성성의 구분은 불변의 것이 아니라, 개인의 성적 관심 행동 여하에 따라서 개인이 사는 동안에 젠더 역할과 정체성을 바꿀 수 있는 기회가 있었다. 이와 같은, '다수의 젠더의 문화적 표현과 개인이 일생동안 젠더역할과 정체성을 바꿀 수 있는 기회'를 가지고 있는 것을 "젠더변이

17) 최재희, 위의 글(주 9), 14-15면.

18) 조미나, "사이버 공간에서 동성애자 집단의 소수문화적 특성에 대한 연구," 전남대학교대학원 신문방송학과 석사학위논문, 2001.8, 16면.

19) 최재희, 위의 글(주 9), 19-23면.

(gender variance)”[20]라고 지칭하였다.

이러한 사회에서는, 트랜스젠더들은 성성의 발현이나 결정과 관련되는 육체적 및 심리적(개인적 및 사회적) 갈등 없이 자연스러우 트렌스젠더의 정체성을 유지할 수 있게 될 것으로 생각된다.

Ⅲ. 트렌스젠더 관련 판례에 대한 평석

본 절에서는, 서론에서 제시한 바와 같이, 인간의 성성에 관한 다양한 이론적 배경 중에서 생물학적 · 유전적 · 발생학적 본질론의 입장을 근간으로 하고, 정체성의 해체와 재구성을 모색하는 포스트모더니즘의 입장에서 주장하는 횡단성(transversality)의 개념과 인류학적 상대주의의 입장에서 주장하는 젠더변이(gender variance)의 개념을 부수적으로 원용하는 입장에서 최근 우리나라의 대표적인 트렌스젠더 관련 대법원 판례의 내용에 대하여 평석해 보려고 한다.

1. 트렌스섹슈얼[21] 여성에 대한 강간의 객체 성립 부정(대법원)[22]

(1) 사실관계

피고인 1은 1992.7.23. 서울형사지방법원에서 특수절도죄로 징역 1년 6월의 형을 선고받고 전주교도소에서 복역하던 중 1993.11.29. 위 형의 집행을 종료한 외에도 같은 죄명 등의 전력이 4회 더 있는 자, 같은 피고인 2는 1992.9.8. 같은 법원에서 도로교통법위반으로 징역 8월의 형을 선고받고 춘천교도소에서 복역하던 중 1992.11.19. 위 형의 집행을 종료한 외에도 강간치상죄 등의 전력이 6회 더 있는 자인바, 공소 외인과 공모합동하여, 1995.4.24. 00:30경 위 공소외인

20) 최재희, 위의 글(주 9), 20면.

21) ‘트렌스젠더’라는 단어는 일반적으로 성전환자(‘트렌스섹슈얼’)를 지칭하는 말로 사용되고 있지만, 트렌스섹슈얼보다는 넓은 의미를 가지는 개념의 용어이다. 즉, 자신의 젠더 정체성을 반대로 느끼고 있는 사람을 총칭하는 말이다. 여기서 말하는 ‘트렌스섹슈얼’은 좁은 의미에서 성전환 수술을 받은 ‘트렌스젠더’를 지칭한다(주 9).

22) 대법원 2006.6.22. 자 2004스42 전원합의체 결정 【개명 · 호적정정】 [집54(1)가, 290;공 2006.8.1.(255), 1341].

과 함께 (차량번호 생략) 스쿠프승용차를 타고 서울 용산구 한남동 산 10의 136 소재 하얏트호텔 주변을 배회하던 중 여자를 납치하여 함께 강간하기로 서로 결의하고 피고인 2 및 위 공소외인은 서울 중구 장충동 2가 산 5 소재 한국자유총연맹 건물부근 으슥한 골목길에 내려서 기다리고 피고인 1은 위 승용차를 운전하여 다시 위 하얏트호텔 입구로 돌아가 성전환수술을 받은 피해자[36세, 일명(성명 생략)]가 그 곳에 혼자 서 있는 것을 발견하고 같이 놀자는 식으로 위 피해자를 유인하여 위 승용차에 태운 후 발로 차문을 차면서 내려달라는 위 피해자를 위 한국자유총연맹 건물 부근으로 강제로 데리고 옴으로써 위 피해자를 위 승용차에 감금하고, 이어 겁에 질린 위 피해자가 "사람 살려"하고 소리치면서 도망가자 피고인 2는 망을 보고 피고인 1은 손으로 위 피해자의 입을 틀어막고 위 공소외인은 위 피해자의 머리채와 팔을 잡고 위 승용차 뒷자석으로 밀어넣어 항거불능케 한 다음 위 피해자로 하여금 옷을 전부 벗게 한 후 피고인 1, 위 공소외인, 피고인 2의 순으로 성기를 위 피해자의 음부에 삽입하여 각 강제추행하고, 그 과정에서 위 피해자로 하여금 약 1주간의 치료를 요하는 안면부 타박상 등을 입게 한 것이다.

(2) 결정요지

1) 형법 제297조는 '폭행 또는 협박으로 부녀를 강간한 자'라고 하여 객체를 부녀에 한정하고 있고 위 규정에서 부녀라 함은 성년이든 미성년이든, 기혼이든 미혼이든 불문하며 곧 여자를 가리키는 것이다. 무릇 사람에 있어서 남자, 여자라는 성(성)의 분화는 정자와 난자가 수정된 후 태아의 형성 초기에 성염색체의 구성(정상적인 경우 남성은 xy, 여성은 xx)에 의하여 이루어지고, 발생과정이 진행됨에 따라 각 성염색체의 구성에 맞추어 내부생식기인 고환 또는 난소 등의 해당 성선(성선)이 형성되고, 이어서 호르몬의 분비와 함께 음경 또는 질, 음순 등의 외부성기가 발달하며, 출생 후에는 타고난 성선과 외부성기 및 교육 등에 의하여 심리적, 정신적인 성이 형성되는 것이다. 그러므로 형법 제297조에서 말하는 부녀, 즉 여자에 해당하는지 여부도 위 발생학적인 성인 성염색체의 구성을 기본적인 요소로 하여 성선, 외부성기를 비롯한 신체의 외관은 물론이고 심리적, 정신적인 성, 그리고 사회생활에서 수행하는 주관적, 개인적인 성역할(성전환의 경우에는 그 전후를 포함하여) 및 이에 대한 일반인의 평가나 태도 등 모든 요소를 종

합적으로 고려하여 사회통념에 따라 결정하여야 한다.

2) 피고인이 어릴 때부터 정신적으로 여성에의 성귀속감을 느껴 왔고 성전환 수술로 인하여 남성으로서의 내·외부성기의 특징을 더 이상 보이지 않게 되었으며 남성으로서의 성격도 대부분 상실하여 외견상 여성으로서의 체형을 갖추고 성격도 여성화되어 개인적으로 여성으로서의 생활을 영위해 가고 있다 할지라도, 기본적인 요소인 성염색체의 구성이나 본래의 내·외부성기의 구조, 정상적인 남자로서 생활한 기간, 성전환 수술을 한 경위, 시기 및 수술 후에도 여성으로서의 생식능력은 없는 점, 그리고 이에 대한 사회 일반인의 평가와 태도 등 여러 요소를 종합적으로 고려하여 보면 사회통념상 여자로 볼 수는 없다고 본 사례.

(3) 결정이유

1) 원심은 이 사건 주위적 공소사실, 즉 "피고인들이 공소외 인과 합동하여, 1995.4.24. 00:30경 서울 용산구 한남동 산 10의 136 하얏트호텔 부근에서 호객행위를 하던 피해자 길종필(36세)을 승용차에 납치하여 서울 중구 장충동 2가 산 5에 있는 한국자유총연맹 건물 부근의 골목길로 끌고 간 후 폭행과 협박을 가하여 피해자의 반항을 억압한 다음 차 안에서 피고인 1, 위 공소외인, 피고인 2 순서로 성기를 위 피해자의 음부에 삽입하여 여성으로 성전환 수술을 받은 위 피해자를 각 강간하고 이로 인하여 위 피해자로 하여금 전치 1주를 요하는 안면부타박상 등을 입게 하였다"는 성폭력범죄의처벌및피해자보호등에관한법률 제9조, 제6조 제1항, 형법 제297조 위반의 점에 대하여 위 피해자 길종필은 형법 제297조의 객체가 되는 부녀라고 할 수 없다는 이유에서 이를 무죄라고 판단한 제1심 판결을 그대로 유지하였다.

2) 형법 제297조는 '폭행 또는 협박으로 부녀를 강간한 자'라고 하여 객체를 부녀에 한정하고 있다. 위 규정에서 부녀라 함은 성년이든 미성년이든, 기혼이든 미혼이든 불문하며 곧 여자를 가리키는 것이라 할 것이다.

무릇 사람에 있어서 남자, 여자라는 성(성)의 분화는 정자와 난자가 수정된 후 태아의 형성 초기에 성염색체의 구성(정상적인 경우 남성은 xy, 여성은 xx)에 의하여 이루어지고, 발생과정이 진행됨에 따라 각 성염색체의 구성에 맞추어 내부생식기인 고환 또는 난소 등의 해당 성선(성선)이 형성되고, 이어서 호르몬의 분비와 함께 음경 또는 질, 음순 등의 외부성기가 발달하며, 출생 후에는 타고난 성선과 외부성기 및 교육 등에 의하여 심리적, 정신적인 성이 형성되는 것이다. 그러므로 형법 제297조에서 말하는 부녀, 즉 여자에 해당하는지의 여부도 위 발생학적인 성인 성염색체의 구성을 기본적인 요소로 하여 성선, 외부성기를 비롯한 신체의 외관은 물론이고 심리적, 정신적인 성, 그리고 사회생활에서 수행하는 주관적, 개인적인 성역할(성전환의 경우에는 그 전후를 포함하여) 및 이에 대한 일반인의 평가나 태도 등 모든 요소를 종합적으로 고려하여 사회통념에 따라 결정하여야 할 것이다.

그런데 원심판결 이유와 기록에 의하면, 위 피해자은 1958.8.3.생이고 남성으로서의 성기구조를 갖춘 남자로 태어나 남자 중학교까지 졸업하였으나 어릴 때부터 여자옷을 즐겨 입거나 고무줄 놀이와 같이 여자가 주로 하는 놀이를 즐겨 하는 등 여성으로서의 생활을 동경하고 여성으로서의 성에 귀속감을 느낀 나머지 1989년경부터 수 년간 여장남자로서의 행세를 하여 오다가 1991년과 1992년 일본에 있는 병원에서 자신의 음경과 고환을 제거하고 그 곳에 질(질)을 만들어 넣는 방법으로 여성으로의 성전환 수술을 받음으로써 여성으로서의 질 구조를 갖추고 있고 유방이 발달하는 등 외관상으로는 여성적인 신체구조를 갖추게 되어 보통의 여자와 같이 남자와 성생활을 할 수 있으며 성적쾌감까지 느끼고 있으나 여성의 내부성기인 난소와 자궁이 없기 때문에 임신 및 출산은 불가능한 상태라는 것이다. 그리고 위 피해자는 본래 남성으로서, 달리 여성의 성염색체 구조를 갖추고 있다거나, 성염색체는 남자이면서 생식선의 분화가 비정상적으로 되어 고환과 난소를 겸비한 진성반음양, 또는 고환이나 난소의 발육이 불완전한 가성반음양이라고는 인정되지 아니한다.

그렇다면 위 피해자이 비록 어릴 때부터 정신적으로 여성에의 성귀속감을 느껴 왔고 위의 성전환 수술로 인하여 남성으로서의 내·외부성기의 특징을 더 이상 보이지 않게 되었으며 남성으로서의 성격도 대부분 상실하여 외견상 여성으로서의 체형을 갖추고 성격도 여성화되어 개인적으로 여성으로서의 생활을 영위해 가고 있다 할지라도, 기본적인 요소인 성염색체의 구성이나 본래의 내·외부성기의 구조, 정상적인 남자로서 생활한 기간, 성전환 수술을 한 경위, 시기 및 수술 후에도 여성으로서의 생식능력은 없는 점, 그리고 이에 대한 사회 일반인의 평가와 태도 등 여러 요소를 종합적으로 고려하여 보면 위 피해자를 사회통념상 여자로 볼 수는 없다 할 것이다.

원심판결은 그 이유 설시에서 강간죄의 보호법익 등에 관하여 선뜻 납득할 수 없는 근거들을 내세우는 등 흠이 없지 아니하나, 위와 같은 취지에서 판단한 결론은 정당한 것으로 수긍이 가고 거기에 상고이유로 내세운 바와 같은 부녀의 개념이나 강간죄의 법리를 오해한 위법이 있다 할 수 없다.

(4) 평 석

본 판례는, 피고인이 어릴 때부터 정신적으로 여성에의 성귀속감을 느껴 왔고 성전환 수술로 인하여 남성으로서의 내 · 외부성기의 특징을 더 이상 보이지 않게 되었으며 남성으로서의 성격도 대부분 상실하여 외견상 여성으로서의 체형을 갖추고 성격도 여성화되어 개인적으로 여성으로서의 생활을 영위해 가고 있다 할지라도, 기본적인 요소인 성염색체의 구성이나 본래의 내 · 외부성기의 구조, 정상적인 남자로서 생활한 기간, 성전환 수술을 한 경위, 시기 및 수술 후에도 여성으로서의 생식능력은 없는 점, 그리고 이에 대한 사회 일반인의 평가와 태도 등 여러 요소를 종합적으로 고려하여 보면 사회통념상 여자로 볼 수는 없다고 결정요지를 통해서 밝히고 있다.

또한, 결정이유에서 피해자는 본래 남성으로서, 달리 여성의 성염색체 구조를 갖추고 있다거나, 성염색체는 남자이면서 생식선의 분화가 비정상적으로 되어 고환과 난소를 겸비한 진성반음양, 또는 고환이나 난소의 발육이 불완전한 가성반음양이라고는 인정되지 않으므로 트렌스젠더로 볼 수 없고, 성전환 수술을 통하여 여성으로 인정될 수 있는 요건이 되지 않는다고 하고 있다.

이러한 판례의 태도는, 출생시 염색체의 형태학적 구조, 거시적 성선의 형태 및 외부 성기의 형태에 초점을 맞추어 출생시의 성을 결정하려는 태도로서, 그러한 기준에 따라서 반음양증(hermaphroditism) 또는 중성체(intersex)를 트렌스젠더의 조건으로 제시하고 있으며, 이러한 트렌스젠더가 성전환수술을 하는 경우에 한하여 여성으로 인정할 수 있다고 지나친 제한을 설정하고 있다고 보여진다. 반음양증(hermaphroditism) 또는 중성체(intersex)라고 하는 의학적 정의도 성 결정의 7 요소 즉, 첫째, 성염색질과 성염색체, 둘째, 생식샘(gonad)의 구조, 셋째, 호르몬의 분비 양상, 넷째, 외부 생식기의 구조, 다섯째, 내부 생식기의 구조, 여섯째, 양육 성(sex of rearing), 일곱째, 성 역할(gender role) 중 어느 하나라도 애매하고 모호하여 확실한 성의 결정이 불가능한 모든 경우를 말하는 것으로서 이 또한 판례는 지나치게 좁은 의미로 해석하고 있다. 또한, 피해자가 성전환수술을 받아 외견상으로 여성적인 신체구조를 갖춘 사실을 인정하였고, 실제 이 피해자가 가해자에게는 여성으로 인식되어 범죄가 저질러졌다는 점을 인정하였음에도 불구하고 이에 대한 보다 적극적인 이해를 갖고자 하지 않았다는 점도 문제점으로 지적될 수 있을 것이다.

그리고 인간의 성성 발현의 과정에서 생물학적 특성이나 유전적 조성의 차이와 발생학적 과정의 거시적 및 미시적 변이 요소에 따라서 형태학적 및 정신·심리적 기능을 포함하는 기능적 측면에서의 다양한 변이(흔히, 이상 혹은 장애라고 표현하는 극단적 변이를 포함하여)가 나타날 수 있고, 여성의 생식기 기형은 상대적으로 흔한 질환이며 대다수의 경우에는 특별한 증상이 없어서 우연히 발견되지만, 경우에 따라서는 성적 능력이나 가임능력에 치명적인 손상을 가져 오기도 하며, 생식기 기형은 단독으로 존재할 수도 있지만 복합적 증후군의 형태로 나타날 수도 있으며, 발현 시기와 관련해서는 출생시 혹은 어린 시절에 나타나기도 하지만 일부는 성인기에 가서야 비로소 나타나기도 한다는 과학적 사실을 적절히 수용하지 못하고 있다고 평가된다.

요컨대, 생물학적·유전적·발생학적 본질론의 입장만을 견지 하더라도 다양한 젠더변이와 횡단성애의 존재를 인정할 수 있음에도 판례는 이분법적 암수구별주의 시각에서 트렌스젠더의 존재를 양극단의 어느 곳에도 속하지 못하는 국외자로 취급하여 특정한 조건하에서만 암수의 한 범주에 편입시킬 수 있다고 하고 있는 점은 발상의 전환이 요구되는 부분이라고 생각된다.

2. 트렌스섹슈얼 여성에 대한 강간의 객체 성립 인정(대법원)[23]

(1) 판결요지

1) 강간죄의 객체는 부녀로서 여자를 가리키는 것이므로, 강간죄의 성립을 인정하기 위하여는 피해자를 법률상 여자로 인정할 수 있어야 한다. 종래에는 사람의 성을 성염색체와 이에 따른 생식기·성기 등 생물학적인 요소에 따라 결정

23) 대법원 2009.9.10.선고 2009도3580 판결【특수강도(인정된 죄명: 절도)·성폭력 범죄의 처벌 및 피해자 보호 등에 관한 법률위반(주거침입강간 등)】[공2009하,1701].

하여 왔으나, 근래에 와서는 생물학적인 요소뿐 아니라 개인이 스스로 인식하는 남성 또는 여성으로의 귀속감 및 개인이 남성 또는 여성으로서 적합하다고 사회적으로 승인된 행동 · 태도 · 성격적 특징 등의 성역할을 수행하는 측면, 즉 정신적 · 사회적 요소들 역시 사람의 성을 결정하는 요소 중의 하나로 인정받게 되었으므로, 성의 결정에 있어 생물학적 요소와 정신적 · 사회적 요소를 종합적으로 고려하여야 한다.

2) 성전환증을 가진 사람의 경우에도 남성 또는 여성 중 어느 한쪽의 성염색체를 보유하고 있고 그 염색체와 일치하는 생식기와 성기가 형성 · 발달되어 출생하지만, 출생 당시에는 아직 그 사람의 정신적 · 사회적인 의미에서의 성을 인지할 수 없으므로, 사회통념상 그 출생 당시에는 생물학적인 신체적 성징에 따라 법률적인 성이 평가된다. 그러나 출생 후의 성장에 따라 일관되게 출생 당시의 생물학적인 성에 대한 불일치감 및 위화감 · 혐오감을 갖고 반대의 성에 귀속감을 느끼면서 반대의 성으로서의 역할을 수행하며 성기를 포함한 신체 외관 역시 반대의 성으로서 형성하기를 강력히 원하여, 정신과적으로 성전환증의 진단을 받고 상당기간 정신과적 치료나 호르몬치료 등을 실시하여도 여전히 위 증세가 치유되지 않고 반대의 성에 대한 정신적 · 사회적 적응이 이루어짐에 따라, 일반적인 의학적 기준에 의하여 성전환수술을 받고 반대 성으로서의 외부 성기를 비롯한 신체를 갖추고, 나아가 전환된 신체에 따른 성을 가진 사람으로서 만족감을 느끼며 공고한 성정체성의 인식 아래 그 성에 맞춘 의복, 두발 등의 외관을 하고 성관계 등 개인적인 영역 및 직업 등 사회적인 영역에서 모두 전환된 성으로서의 역할을 수행함으로써 주위 사람들로부터도 그 성으로서 인식되고 있으며, 전환된 성을 그 사람의 성이라고 보더라도 다른 사람들과의 신분관계에 중대한 변동을 초래하거나 사회에 부정적인 영향을 주지 아니하여 사회적으로 허용된다고 볼 수 있다면, 이러한 여러 사정을 종합적으로 고려하여 사람의 성에 대한 평가기준에 비추어 사회통념상 신체적으로 전환된 성을 갖추고 있다고 인정될 수 있는 경우가 있다. 이와 같은 성전환자는 출생시와는 달리 전환된 성이 법률적으로도 그 성전환자의 성이라고 평가받을 수 있다.

3) 성전환자를 여성으로 인식하여 강간한 사안에서, 피해자가 성장기부터 남성에 대한 불일치감과 여성으로의 성귀속감을 나타냈고, 성전환 수술로 인하여 여성으로서의 신체와 외관을 갖추었으며, 수술 이후 30여 년간 개인적 · 사회

적으로 여성으로서의 생활을 영위해 가고 있는 점 등을 고려할 때, 사회통념상 여성으로 평가되는 성전환자로서 강간죄의 객체인 '부녀'에 해당한다고 한 사례.

(2) 판결이유

1) 성전환자가 강간죄의 객체가 될 수 있는지 여부: 강간죄의 객체는 부녀로서 여자를 가리키는 것이므로(대법원 1996.6.11.선고 96도791 판결 참조), 강간죄의 성립을 인정하기 위하여는 피해자를 법률상 여자로 인정할 수 있어야 한다.

종래에는 사람의 성을 성염색체와 이에 따른 생식기 · 성기 등 생물학적인 요소에 따라 결정하여 왔으나 근래에 와서는 생물학적인 요소뿐 아니라 개인이 스스로 인식하는 남성 또는 여성으로의 귀속감 및 개인이 남성 또는 여성으로서 적합하다고 사회적으로 승인된 행동 · 태도 · 성격적 특징 등의 성역할을 수행하는 측면, 즉 정신적 · 사회적 요소들 역시 사람의 성을 결정하는 요소 중의 하나로 인정받게 되었으므로, 성의 결정에 있어 생물학적 요소와 정신적 · 사회적 요소를 종합적으로 고려하여야 한다(대법원 2006.6.22.자 2004스42 전원합의체 결정, 1996.6.11.선고 96도791 판결 참조).

위와 같이 사람의 성을 결정하는 데에 여러 가지 요소가 존재한다는 것은 위 각 요소들이 일치하지 않는 경우가 발생할 수 있다는 의미이고, 특히 생물학적 측면의 성은 출생시 곧바로 확인될 수 있지만 정신적 · 사회적 측면에서의 성이 생물학적 측면의 성과 일치하는지 여부는 출생 당시에는 쉽사리 알 수 없다가 출생 후 성장하면서 비로소 개인이 인식하는 성귀속감과 수행하는 성역할이 생물학적인 성과는 전혀 다른 것으로 확인되기도 한다. 성전환증을 가진 사람의 경우에도, 남성 또는 여성 중 어느 한쪽의 성염색체를 보유하고 있고 그 염색체와 일치하는 생식기와 성기가 형성 · 발달되어 출생하지만 출생 당시에는 아직 그 사람의 정신적 · 사회적인 의미에서의 성을 인지할 수 없으므로, 사회통념상 그 출생 당시에는 생물학적인 신체적 성징에 따라 법률적인 성이 평가될 것이다. 그러나 출생 후의 성장에 따라 일관되게 출생 당시의 생물학적인 성에 대한 불일치감 및 위화감 · 혐오감을 갖고 반대의 성에 귀속감을 느끼면서 반대의 성으로서의 역할을 수행하며 성기를 포함한 신체 외관 역시 반대의 성으로서 형성하기를 강력히 원하여, 정신과적으로 성전환증의 진단을 받고 상당기간 정신과적 치료나 호르몬치료 등을 실시하여도 여전히 위 증세가 치유되지 않고 반대의 성에 대한 정신적 · 사회적 적응이 이루어짐에 따라 일반적인 의학적 기준에 의하여 성전환수술을 받고 반대 성으로서의 외부 성기를 비롯한 신체를 갖추고, 나아가 전환된 신체에 따른 성을 가진 사람으로서 만족감을 느끼며 공고한 성정체성의 인식 아래 그 성에 맞춘 의복, 두발 등의 외관을 하고 성관계 등 개인적인 영역 및 직업 등 사회적인 영역에서 모두 전환된 성으로서의 역할을 수행함으로써 주위 사람들로부터도 그 성으로서 인식되고 있으며, 전환된 성을 그 사람의 성이라고 보더라도 다른 사람들과의 신분관계에 중대한 변동을 초래하거나 사회에 부정적인 영향을 주지 아니하여 사회적으로 허용된다고 볼 수 있다면, 이러한 여러 사정을 종합적으로 고려하여 사람의 성에 대한 평가 기준에 비추어 사회통념상 신체적으로 전환된 성을 갖추고 있다고 인정될 수 있는 경우가 있다 할 것이며, 이와 같은 성전환자는 출생시와는 달리 전환된 성이 법률적으로도 그 성전환자의 성이라고 평가받을 수 있을 것이다(대법원 2006.6.22.자 2004스42 전원합의체 결정 참조).

원심이 유지한 제1심판결의 이유에 의하면, 남성으로 태어난 피해자는 성장기부터 남성에 대한 불일치감과 여성으로서의 귀속감을 나타내면서 따돌림을 당하였고, 사춘기에 이르러 여성으로서의 분명한 성정체성이 형성되기 시작하면서 이를 감당하지 못하여 집을 떠나게 된 사실, 피해자는 24세이던 1974년경 성전환수술을 결심하고 정신과 병원에서 정밀진단과 심리치료, 관찰을 거쳐 성전환증이라는 확진을 받은 다음, 성형외과에서 남성의 성기와 음낭을 제거하고 여성의 질 등 외부성기를 형성하는 수술을 받고 이후 상당기간 호르몬 요법의 시술을 받았으며, 2차로 일본 오사카현 이마사토에 있는 한 성형외과병원에서 가슴형성수술을 받은 바 있고, 3차로는 1998.2. 부산에 있는 (명칭 생략) 성형외과에서, 2000년경에 이르러 태국의 한 병원에서 각 가슴보강수술과 질확장술을 받은 사실, 피해자는 남성 또는 여성으로서 자녀를 출산한 경험이 없고 생식기능 또한 존재하지 아니하나, 성전환수술 후 여성으로서의 성생활에 전혀 지장이 없으며, 특히 피해자의 사정을 이해하는 남성과 과거 10여 년간 동거하며 지속적으로 성관계를 영위함에 아무런 문제가 없었고, 성적 만족도 또한 이상이 없는 사실, 피해자는 여성으로서의 신체와 외관을 갖추고 있을 뿐만 아니라 여성으로서의 성적 정체성도 확고하고 자신이 여성임에 만족하고 있으며, 피해자의 가족들과도 가출 후 10년이 지나면서부터 소식을 주고받으며 관계가 유지되어 왔고, 현재 살아 있는 가족들이 피해자의 처지와 사정을 잘 이해하여 관계가 개선된 사실, 피해자는 성전환수술 후 30여 년간 여성 무용수로서 국내와 국외를 오가며 활동하여 왔는데, 피해자가 국내에 거주할 때는 주로 부산시 소재 일정 지역에 30년 가까이 주거를 정하여 살면서 주민들과는 여성으로서 오랜 세월 동안 친분을 유지하여 온 사실을 각 알 수 있는바, 위와 같은 사정을 종합하여 보면, 피해자는 성장기부터 남성에 대한 불일치감과 여성으로의 귀속감을 나타내었고, 성인이 된 후 의사의 진단 아래 성전환수술을 받아 여성의 외부 성기와 신체 외관을 갖추었고, 수술 이후 30여 년간 여성으로 살아오면서 현재도 여성으로서의 성정체성이 확고하여 남성으로 재전환할 가능성이 현저히 낮고, 개인생활이나 사회생활에서도 여성으로 인식되어, 결국 사회통념상 여성으로 평가되는 성전환자에 해당한다고 봄이 상당하고, 이 사건 피고인도 피해자를 여성으로 인식하여 강간범행을 저질렀다.

따라서 위와 같은 제반사정을 고려하여 성전환자인 이 사건 피해자를 법률상 여성으로 보고 강간죄의 객체가 된다고 한 제1심판결을 유지한 원심의 판단은 적법하고, 거기에 강간죄의 객체인 부녀의 해석에 관한 법리오해의 위법이 없다.

2) 특수강도죄에 관한 채증법칙 위반 여부: 원심은 제1심판결이 인정한 사실관계 및 정황 등을 인용하면서 그에 비추어 보면 특수강도의 점에 대하여 범죄의 증명이 없다고 판단하였는바, 상고이유는 원심의 적법한 증거취사 및 사실인정을 다투는 것으로서 받아들일 수 없을 뿐만 아니라, 원심에 상고이유에서 주장하는 바와 같은 채증법칙 위반의 위법도 없다.

(3) 평 석

본 판례는 특히, 성성의 결정 기준에 있어서 생물학적 요소뿐만 아니라, 정신적 · 사회적 요소를 종합적으로 고려하여야 한다는 점을 명백히 한 점, 강간죄의 객체를 법률상의 여자라고 확실히 하고, 성전환자의 성성에 법률적인 평가를 하였다는 점에서 그 독자적 의미를 지닌다.

판례에서는 비록 선천적인 생물학적 요소에 더하여 후천적인 요소로서 정신적 · 사회적 요소를 종합적으로 고려하여 성성을 결정하여야 한다고 하고 있으나, "출생 당시에는 아직 그 사람의 정신적 · 사회적인 의미에서의 성을 인지할 수 없으므로, 사회통념상 그 출생 당시에는 생물학적인 신체적 성징에 따라 법률적인 성이 평가된다"라고 하면서 출생 당시에 이미 뇌신경 기능해부학(functional anatomy)적으로 결정되어 존재하고 있는 인간의 성성에 관련되는 정신 · 심리적 요소를 현실적으로 인지하기 어려운 제한점이 있다고 하여 그 존재성을 부정하고 있는 점이 문제로 지적될 수 있다. 그에 더하여, 판례는 법률상 여성의 성을 인정하는데 있어서 후천적인 정신적 · 사회적 변이 요인에 지나치게 비중을 두고 평가하고 있음을 지적하고 싶다.

그리고 판례는 판결요지를 통해 "이와 같은 성전환자는 출생시와는 달리 전환된 성이 법률적으로도 그 성전환자의 성이라고 평가받을 수 있다"라고 하고 있지만, 저자가 주장하는 이론적 배경에 따르면, 실은 출생시와는 달리 전환되었다기 보다는 오히려 태생기부터 트랜스젠더 개체 속에 잠재해 있던 개인적 고유한 성성이 다양한 환경적 요인과 결합하여 발현되었다고 보는 것이 타당하다고 생각된다.

판례를 통해 법률적으로는 여성이라는 성을 인정받았다는 의미가 있지만 성성의 본성과 젠더변이와 관련하여 생각해 볼 때에는 그 사람의 본래적 위상의 성성에 가까운 이분법적 성 중 하나를 선택한 것일 뿐이라고 평가할 수 있다. 부연하면, 출생시 신체적 특성에 따라 법률적인 성이 평가되지만, 이는 특히 트렌스젠더의 경우에는 잠정적 성의 결정으로 보아야 하며, 언제든지 조건이 갖추어 지면 자신의 선택에 따라 법률적 성뿐 아니라 제3 혹은 제4의 젠더로 확장하여 결정할 수 있는 길을 열어 놓아야 할 것이다.

3. 트렌스섹슈얼 남성에 대한 호적상 성별 기재의 정정(대법원)[24]

(1) 사실관계(신청인의 주장)

1) 신청인은 1951.7.12. 부 신청외 2, 모 신청외 3 사이의 맏딸로 태어나, 신청외 2의 출생신고에 따라 호적상 이름은 "ㅇㅇ"으로, 성별은 '여(女)'로 기재되어 있으며, 신청외 2가 1979.10.18. 사망한 후 맏아들인 이제욱이 호주를 상속하여 현재 호적등본상 호주와의 관계란에는 '호주의 누이'로 기재되어 있다

2) 신청인은 어려서부터 자신의 성(性)이 여성이 아니라 남성이라는 성주체

24) 대법원 2006.6.22. 자 2004스42 전원합의체 결정: 재항고 【개명 · 호적정정】 [집54(1)가, 290;공 2006.8.1.(255), 1341].

성이 형성되면서, 남성처럼 행동하고 주변의 여러 사람들에게 남성으로서 인정을 받을 때 행복감을 느꼈는데, 이와 같이 실제생활은 남성과 같이 하면서 호적 등 공적인 면에서는 여성으로서 취급받게 되어 정신적 고통이 극심하여 1992.경에는 주변사람들의 도움으로서 서울백병원에서 성전환수술을 마쳐 정신적으로나 육체적으로 남성으로 거듭 태어나게 되었고 그 후 신청인을 정신적으로 이해하는 여성을 만나 결혼까지 생각하게 되었다.

3) 이에 신청인은 가정이나 사회에서 완전한 남성으로 인정받고 살아갈 수 있도록 성별란의 "여(女)"를 "남(男)"으로, 호주와의 관계란 "누이"를 "형"으로 각 정정함의 허가를 구하고, 더불어 이름도 여성적인 이름 "○○"에서 남성적인 이름 "○○"으로 개명함의 허가를 구한다.

(2) 판결요지

1) 종래에는 사람의 성을 성염색체와 이에 따른 생식기 · 성기 등 생물학적인 요소에 따라 결정하여 왔으나 근래에 와서는 생물학적인 요소뿐 아니라 개인이 스스로 인식하는 남성 또는 여성으로의 귀속감 및 개인이 남성 또는 여성으로서 적합하다고 사회적으로 승인된 행동 · 태도 · 성격적 특징 등의 성 역할을 수행하는 측면, 즉 정신적 · 사회적 요소들 역시 사람의 성을 결정하는 요소 중의 하나로 인정받게 되었으므로, 성의 결정에 있어 생물학적 요소와 정신적 · 사회적 요소를 종합적으로 고려하여야 한다.

2) 성전환증을 가진 사람의 경우에도, 남성 또는 여성 중 어느 한쪽의 성염색체를 보유하고 있고 그 염색체와 일치하는 생식기와 성기가 형성 · 발달되어 출생하지만 출생 당시에는 아직 그 사람의 정신적 · 사회적인 의미에서의 성을 인지할 수 없으므로, 사회통념상 그 출생 당시에는 생물학적인 신체적 성징에 따라 법률적인 성이 평가될 것이다. 그러나 출생 후의 성장에 따라 일관되게 출생 당시의 생물학적인 성에 대한 불일치감 및 위화감 · 혐오감을 갖고 반대의 성에 귀속감을 느끼면서 반대의 성으로서의 역할을 수행하며 성기를 포함한 신체 외관 역시 반대의 성으로서 형성하기를 강력히 원하여, 정신과적으로 성전환증의 진단을 받고 상당기간 정신과적 치료나 호르몬 치료 등을 실시하여도 여전히 위 증세가 치유되지 않고 반대의 성에 대한 정신적 · 사회적 적응이 이루어짐에 따라 일반적인 의학적 기준에 의하여 성전환수술을 받고 반대 성으로서의 외부 성

기를 비롯한 신체를 갖추고, 나아가 전환된 신체에 따른 성을 가진 사람으로서 만족감을 느끼고 공고한 성정체성의 인식 아래 그 성에 맞춘 의복, 두발 등의 외관을 하고 성관계 등 개인적인 영역 및 직업 등 사회적인 영역에서 모두 전환된 성으로서의 역할을 수행함으로써 주위 사람들로부터도 그 성으로서 인식되고 있으며, 전환된 성을 그 사람의 성이라고 보더라도 다른 사람들과의 신분관계에 중대한 변동을 초래하거나 사회에 부정적인 영향을 주지 아니하여 사회적으로 허용된다고 볼 수 있다면, 이러한 여러 사정을 종합적으로 고려하여 사람의 성에 대한 평가 기준에 비추어 사회통념상 신체적으로 전환된 성을 갖추고 있다고 인정될 수 있는 경우가 있다 할 것이며, 이와 같은 성전환자는 출생시와는 달리 전환된 성이 법률적으로도 그 성전환자의 성이라고 평가받을 수 있을 것이다.

3) 다수의견: 성전환자의 경우에는 출생시의 성과 현재 법률적으로 평가되는 성이 달라, 성에 관한 호적의 기재가 현재의 진정한 신분관계를 공시하지 못하게 되므로, 현재 법률적으로 평가되는 성이 호적에 반영되어야 한다. 현행 호적법에는 출생시 호적에 기재된 성별란의 기재를 위와 같이 전환된 성에 따라 수정하기 위한 절차 규정이 따로 마련되어 있지 않다. 그러나 진정한 신분관계가 호적에 기재되어야 한다는 호적의 기본원칙과 아울러, 첫째 성전환자도 인간으로서의 존엄과 가치를 향유하며 행복을 추구할 권리와 인간다운 생활을 할 권리가 있고 이러한 권리들은 질서유지나 공공복리에 반하지 아니하는 한 마땅히 보호받아야 한다는 점, 둘째 호적법이 성전환자의 호적상 성별란 기재를 수정하는 절차규정을 두지 않은 이유는 입법자가 이를 허용하지 않기 때문이 아니라 입법 당시에는 미처 그 가능성과 필요성을 상정하지 못하였기 때문이라는 점, 셋째 호적법 제120조에 의한 호적정정사유 중 호적의 기재가 법률상 허용될 수 없는 경우를 해석함에 있어서 호적 기재 후의 법령의 변경 등 사정의 변경에 의하여 법률상 허용될 수 없음이 명백하게 된 경우를 반드시 배제하여야 할 필요가 있다고 보기 어려울 뿐 아니라, 호적법 제120조에 의한 호적정정 절차를 둔 근본적인 취지가 호적의 기재가 부적법하거나 진실에 반하는 것이 명백한 경우에 그 기재 내용을 판결에 의하지 아니하고 간이한 절차에 의하여 사실에 부합하도록 수정할 수 있도록 함에 있다는 점을 함께 참작하여 볼 때, 구체적인 사안을 심리한 결과 성전환자에 해당함이 명백하다고 증명되는 경우에는 호적법 제120조의 절차에 따라 그 전환된 성과 호적의 성별란 기재를 일치시킴으로써 호적기재가 진정한

신분관계를 반영할 수 있도록 하는 것이 호적법 제120조의 입법 취지에 합치되는 합리적인 해석이라는 점을 종합하여 보면, 성전환자에 해당함이 명백한 사람에 대하여는 호적정정에 관한 호적법 제120조의 절차에 따라 호적의 성별란 기재의 성을 전환된 성에 부합하도록 수정할 수 있도록 허용함이 상당하다. 성전환자에 해당함이 명백한 사람에 대하여 호적법 제120조에서 정한 절차에 따라 성별을 정정하는 호적정정이 허가되고 그에 따라 전환된 성이 호적에 기재되는 경우에, 위 호적정정 허가는 성전환에 따라 법률적으로 새로이 평가받게 된 현재의 진정한 성별을 확인하는 취지의 결정이므로 호적정정허가 결정이나 이에 기초한 호적상 성별란 정정의 효과는 기존의 신분관계 및 권리의무에 영향을 미치지 않는다고 해석함이 상당하다.

4) 대법관 손지열, 박재윤의 반대의견: 성전환자의 경우는 선천적으로 불완전한 성적 특징을 가진 자에 대하여 착오나 출생신고 당시 오인으로 인하여 호적에 잘못된 성별로 기재한 경우와 달리, 처음부터 잘못 기재된 호적을 출생시에 소급하여 정정하기 위한 호적법 제120조가 그대로 적용될 수 없는 사안이다. 호적법 제120조에 규정된 '착오', '호적의 정정'이라는 문구 등은 그 객관적 의미와 내용이 명확하여 해석상 의문의 여지가 없고, 호적법을 제정할 당시의 입법 취지도 그 내용이 처음 호적에 기재된 시점부터 존재하는 착오나 유루를 정정하고자 하는 것으로서 만일 호적기재가 기재 당시의 진정한 신분관계에 부합되게 적법하게 이루어졌다면 정정의 대상이 될 수 없는 것이었음이 명백하므로, 다수의견의 견해는 호적법 제120조에 대한 문리해석이나 입법 취지 등과는 관계없이, 객관적으로 명백한 호적법 제120조의 규정내용에 일부 내용을 추가 · 제거 또는 변경하는 것과 동일한 효과를 가져 오는 것으로서 정당한 유추해석의 한계를 벗어나는 것이다. 사람이 출생 신고 당시에 어떠한 성을 가지고 있었는지 여부를 확인하는 호적정정과는 달리, 출생 신고 이후의 사정변경을 이유로 하여 다른 성으로의 실질적 변경을 허용하는 문제는 새로운 신분관계의 창설 내지 변경과 이에 따른 법률관계의 변동을 수반하므로 성의 변경이 허용되는지 여부 및 그 요건과 절차는 호적법이 아닌 다른 법률에서 합목적적인 고려에 따라 상세하게 정하여야 하고, 그 요건과 절차 등에 따라 성 변경의 효력이 발생된 경우에 비로소 이를 대외적으로 확인하고 공시하는 취지에서 신고절차를 거쳐 호적에 기재되어야 한다. 이와 달리, 성의 변경의 요건이나 절차 등에 관한 근거 법률이 전혀 없는 상

태에서 단순히 호적정정절차를 통하여 성의 변경을 허용한다는 것은 신분관계를 공시하는 기능만이 부여된 호적제도 본래의 목적과 기능을 크게 벗어나는 것이다. 한편, 다수의견과 같이 해석을 하는 것이 과연 새로운 사회현상으로 대두된 성전환증에 관한 문제의 해결이나 그와 같은 문제로 고통 받는 당사자들의 구제를 위하여 적절하고, 효과적인 것이라고 볼 수도 없다. 현 단계에서 법원으로서는 이 사건과 같은 사안에서 당사자의 성을 적절한 기준에 따라서 변경할 수 있는 법적 · 제도적인 보완이 절실하다는 점을 충분히 지적하면서, 현행 호적법 제120조의 호적정정의 방법으로는 이 문제를 해결할 수 없다는 점을 선언하고, 국민의 대의기관인 국회가 사회적 여론을 수렴하여 구체적인 요건과 절차, 효과 등을 담은 입법조치를 하기를 강력히 촉구함으로써 당사자들에게 근본적이고 효과적인 구제가 가능한 여건을 조성하는 데에 일조하는 것이 더욱 중요하다. 결론적으로 성전환자에 대하여 호적법 제120조의 호적정정절차에 따라 호적상 성별란을 정정하는 것은 허용될 수 없다.

5) 다수의견에 대한 대법관 김지형의 보충의견: 합헌적 법률해석이라는 법리에 비추어 볼 때 성전환자에게 출생 당시 확인되어 신고된 성이 출생 후 그 개인의 성적 귀속감의 발현에 따른 일련의 과정을 거쳐 최종적으로 사회통념상 확인된 성과 부합하지 않는다고 인정할 수 있다면 그와 같이 확인된 성에 맞추어 성별을 바꾸는 것은 호적법 제120조가 말하는 '정정'의 개념에 포함된다고 풀이하는 것이 옳다고 본다. 성전환자에 대하여 출생 당시에는 달리 정신적 · 사회적 성 결정 요소를 확인할 수 없어 생물학적 요소 만에 의하여 출생시 신고된 성이 그의 성인 것으로 알고 있었으나, 성장한 후 일정 시점에서 사회통념상 인정되는 성은 출생시 신고된 성과 반대의 성인 것으로 사후에 비로소 확인될 수밖에 없다는 점에 성전환자에게 특유한 문제가 존재하고 이를 해결하기 위하여 호적정정의 필요성이 제기되는 것이다. 성전환자의 성별 정정에 관한 절차적 규정을 입법적으로 신설하는 것이 이상적이지만, 아직까지 어떠한 형태로든 그에 관한 가시적인 입법조치를 예상하기 힘든 현재의 시점에서는 입법 공백에 따른 위헌적인 상황이 계속되는 것보다는 법원이 구제적 · 개별적 사안의 심리를 거쳐 성전환자로 확인된 사람에 대해서는 호적법상 정정의 의미에 대한 헌법합치적 법률해석을 통하여 성별 정정을 허용하는 사법적 구제수단의 길을 터놓는 것이 미흡하나마 성전환자의 고통을 덜어 줄 수 있는 최선의 선택이다.

6) 호적상 여성으로 등재되어 있으나, 성장기부터 여성에 대한 불일치감과 남성으로의 귀속감을 나타내면서 성인이 된 후에는 오랜 기간 동안 남성으로서 살다가 성전환수술을 받아 남성의 외부 성기와 신체 외관을 갖춘 사람이 호적정정 및 개명 신청을 한 사안에서, 사회통념상 남성으로 평가될 수 있는 성전환자에 해당함이 명백하므로 호적정정 및 개명을 허가할 여지가 충분히 있다고 보아, 성전환자에 대한 호적정정을 허용할 근거가 없다는 등의 이유로 이를 불허한 원심결정을 파기한 사례.

(3) 판결이유

1) 성(性)의 결정과 성전환자의 성

① 호적법을 포함하여 현행법체계는 모든 사람이 남성 또는 여성 중의 하나에 포함되는 것을 전제로 하면서도 남성과 여성의 구분, 즉 성의 결정 기준에 관하여 별도의 규정을 두지 않고 있다.

일반적으로 모체에서 정자와 난자가 수정되어 태아는 남성과 여성별로 각기 다른 성염색체를 갖고, 각 성염색체의 구성에 맞추어 내부 생식기와 이어서 외부 성기가 형성·발달하여 출생하며 출생 후 성장 과정에서 심리적·정신적인 성이 출생시 확인될 수 있는 성염색체 및 내부 생식기·외부 성기와 일치하여 남성 또는 여성 중의 하나를 나타내므로, 이 경우 개인의 성염색체를 기준으로 성을 결정하더라도 아무런 문제가 발생하지 않고 실제로도 종래에는 사람의 성을 성염색체와 이에 따른 생식기·성기 등 생물학적인 요소에 따라 결정하여 왔다. 그러나 근래에 와서는 생물학적인 요소뿐 아니라 개인이 스스로 인식하는 남성 또는 여성으로의 귀속감 및 개인이 남성 또는 여성으로서 적합하다고 사회적으로 승인된 행동·태도·성격적 특징 등의 성 역할을 수행하는 측면, 즉 정신적·사회적 요소들 역시 사람의 성을 결정하는 요소 중의 하나로 인정받게 되었다.

대법원은 이미 '사람의 성은 성염색체의 구성을 기본적인 요소로 하여 내부 생식기와 외부 성기를 비롯한 신체의 외관은 물론이고 심리적·정신적인 성과 이에 대한 일반인의 평가나 태도 등 모든 요소를 종합적으로 고려하여 사회통념에 따라 결정하여야 한다'고 판시함으로써(대법원 1996.6.11. 선고 96도791 판결 참조) 성의 결정에 있어 생물학적 요소와 정신적·사회적 요소를 종합적으로 고려하여야 한다는 점을 명백히 하였다.

② 위와 같이 사람의 성을 결정하는 데에 여러 가지 요소가 존재한다는 것은 위 각 요소들이 일치하지 않는 경우가 발생할 수 있다는 의미이고, 특히 생물학적 측면의 성은 출생시 곧바로 확인될 수 있지만 정신적 · 사회적 측면에서의 성이 생물학적 측면의 성과 일치하는지 여부는 출생 당시에는 쉽사리 알 수 없다가 출생 후 성장하면서 비로소 개인이 인식하는 성귀속감과 수행하는 성역할이 생물학적인 성과는 전혀 다른 것으로 확인되기도 한다.

성전환증(Transsexualism)은 1950년대 이후 비로소 의학계에서 학문적인 관심을 받게 되어 국제보건기구(WHO)는 제10차 국제질환분류(ICD-10, 1994년)에서 성전환증을 성정체성(성적 동일성) 장애(Gender Identity Disorder)의 하나로 분류하여 자신의 해부학적 성에 대한 불편함이나 부적절감을 가지고 있으면서, 자신과 반대되는 성으로 살고 인정받고 싶은 욕망, 그리고 자신의 신체를 선호하는 성의 신체에 가능한 일치되도록 호르몬 치료와 수술을 받고자 하는 욕구라고 정의하면서 성전환증으로 진단되려면 전환된 성으로서의 정체성이 최소한 2년 이상 지속되어야 하고, 다른 정신장애증상 또는 성염색체 이상이 존재하지 아니하여야 한다고 하였다. 한편, 미국 정신과 학회가 마련한 정신장애의 진단 및 통계편람 제3판(DSM-Ⅲ, 1980년)에서는 성전환증을 사춘기 이상의 환자가 자신의 선천적 성에 대하여 지속적으로 불편함과 부적절함을 느끼며 일차 및 이차적 성징을 제거하고 반대 성징을 획득하려는 집착에 2년 이상 사로잡혀 있는 상태라고 정의하였고 위 편람 제4판(DSM-Ⅳ, 1994년)에서는 성전환증이라는 용어를 별도로 사용하지 아니하고 성정체성 장애에 포함시켜 분류하였으나, 현재 많은 임상가들은 성전환증이라는 진단용어를 사용하고 있다.

성전환증의 원인이 유전적인 영향 등 선천적인 것인지, 아니면 사회적인 학습 등 후천적인 것인지 아직 규명되지 아니하였으나, 의학계에서는 대체로 성전환증이 진단을 받고 치료를 계속하여도 위 증세가 치유되지 않는 사람은 궁극적으로 성전환 수술로서 자신이 귀속되고자 원하는 성에 일치하는 외부 성기와 외관을 형성시켜 줄 수밖에 없되, 성기 수술은 복원이 불가능하므로 정신과 진단 및 호르몬 치료를 받고 반대의 성으로 정신적 · 사회적 적응이 이루어진 사람에 한하여 엄격한 진단 아래 최후의 방법으로 시술하여야 한다는 연구 · 임상결과가 집적되어 있다.

③ 성전환증을 가진 사람의 경우에도, 남성 또는 여성 중 어느 한쪽의 성염

색체를 보유하고 있고 그 염색체와 일치하는 생식기와 성기가 형성·발달되어 출생하지만 출생 당시에는 아직 그 사람의 정신적·사회적인 의미에서의 성을 인지할 수 없으므로, 사회통념상 그 출생 당시에는 생물학적인 신체적 성징에 따라 법률적인 성이 평가될 것이다. 그러나 출생 후의 성장에 따라 일관되게 출생 당시의 생물학적인 성에 대한 불일치감 및 위화감·혐오감을 갖고 반대의 성에 귀속감을 느끼면서 반대의 성으로서의 역할을 수행하며 성기를 포함한 신체 외관 역시 반대의 성으로서 형성하기를 강력히 원하여, 정신과적으로 성전환증의 진단을 받고 상당기간 정신과적 치료나 호르몬 치료 등을 실시하여도 여전히 위증세가 치유되지 않고 반대의 성에 대한 정신적·사회적 적응이 이루어짐에 따라 일반적인 의학적 기준에 의하여 성전환수술을 받고 반대 성으로서의 외부 성기를 비롯한 신체를 갖추고, 나아가 전환된 신체에 따른 성을 가진 사람으로서 만족감을 느끼고 공고한 성정체성의 인식 아래 그 성에 맞춘 의복, 두발 등의 외관을 하고 성관계 등 개인적인 영역 및 직업 등 사회적인 영역에서 모두 전환된 성으로서의 역할을 수행함으로써 주위 사람들로부터도 그 성으로서 인식되고 있으며, 전환된 성을 그 사람의 성이라고 보더라도 다른 사람들과의 신분관계에 중대한 변동을 초래하거나 사회에 부정적인 영향을 주지 아니하여 사회적으로 허용된다고 볼 수 있다면, 이러한 여러 사정을 종합적으로 고려하여 앞서 본 사람의 성에 대한 평가 기준에 비추어 사회통념상 신체적으로 전환된 성을 갖추고 있다고 인정될 수 있는 경우가 있다 할 것이며, 이와 같은 성전환자(아래에서 말하는 성전환자는 이러한 성전환자를 뜻한다)는 출생시와는 달리 전환된 성이 법률적으로도 그 성전환자의 성이라고 평가받을 수 있을 것이다.

2) 성전환자에 대한 호적상 성별 기재의 정정

① 호적제도는 우리나라 국민 개인의 신분관계를 법이 정한 절차에 따라 호적에 등록하여 이를 공시하는 제도이다. 호적이 그 사명을 제대로 수행하기 위해서는 국민의 신분관계가 빠짐없이 호적에 기재되어야 하고, 그 기재된 사항이 진정한 신분관계에 부합하여야 한다. 따라서 어떠한 신분관계가 호적에 기재되어 있다고 하더라도, 그 기재 사항이 진실에 부합하지 않는다고 인정할 만한 명백한 증거가 있는 경우에는, 그 기재 사항을 진정한 신분관계에 맞추어 수정함으로써, 호적이 진정한 신분관계를 공시하도록 하여야 한다.

이러한 필요에 따라 호적법은 호적 기재사항의 수정을 위하여 호적 정정과 경정 절차를 규정하고 있다. 호적법 제22조는 호적의 기재가 법률상 무효인 것이거나 그 기재에 착오나 유루(유루) 있음을 안 때에 시 · 읍 · 면의 장이 일정한 절차에 따라 호적을 직권으로 정정할 수 있도록 하는 한편, 이에 대응하여 호적법 제120조는 호적의 기재가 법률상 허용될 수 없는 것 또는 그 기재에 착오나 유루가 있다고 인정한 때에는 이해관계인이 법원의 허가를 얻어 호적의 정정을 신청할 수 있도록 하고 있다. 한편, 호적법 제23조는 호적기재 후 행정구역이나 토지의 명칭, 지번이 변경된 경우에 호적기재를 경정하도록 규정하고 있으나, 호적법상으로 본적 이외의 호적기재 경정이 허용되는 범위에 관한 규정이나 당사자가 그 변경에 따른 경정을 신청할 수 있는 절차 규정을 두고 있지 않다.

② 호적법 제15조 제4호는 호적에 기재할 사항으로 성별을 규정하고, 제49조 제2항 제1호는 출생신고서에 자(자)의 성별을 기재하여야 한다고 규정하고 있어, 출생시의 개인의 성별이 호적에 기재되도록 하고 있다. 성전환자의 경우에는 출생시의 성과 현재 법률적으로 평가되는 성이 달라, 성에 관한 호적의 기재가 현재의 진정한 신분관계를 공시하지 못하게 되므로, 현재 법률적으로 평가되는 성이 호적에 반영되어야 한다.

현행 호적법에는 출생시 호적에 기재된 성별란의 기재를 위와 같이 전환된 성에 따라 수정하기 위한 절차 규정이 따로 마련되어 있지 않다. 그러나 진정한 신분관계가 호적에 기재되어야 한다는 호적의 기본원칙과 아울러 아래에서 보는 여러 사정을 종합하여 보면, 위와 같이 성전환자에 해당함이 명백한 사람에 대하여는 호적정정에 관한 호적법 제120조의 절차에 따라 호적의 성별란 기재의 성을 전환된 성에 부합하도록 수정할 수 있도록 허용함이 상당하다.

②-1. 성전환자도 인간으로서의 존엄과 가치를 향유하며 행복을 추구할 권리와 인간다운 생활을 할 권리가 있고 이러한 권리들은 질서유지나 공공복리에 반하지 아니하는 한 마땅히 보호받아야 한다(헌법 제10조, 제34조 제1항, 제37조 제2항). 지속적인 성적 귀속감의 형성, 의학적 치료와 나아가 수술을 통하여 전환된 성에 부합하는 성기와 신체 및 외관을 갖추고 사회적인 역할도 그와 동일하게 수행하고 있어 사회통념상 전환된 성을 가진 자로 인식되어 법률적으로 전환된 성으로 평가될 수 있는 성전환자임이 명백함에도 불구하고, 막상 호적의 성별란 기재는 물론 이에 따라 부여된 주민등록번호가 여전히 종전의 성을 따라야 한다면 사회적으로 비정상적인 사람으로 취급되고 취업이 제한됨으로써 결국, 이들의

헌법상 기본권이 침해될 우려가 있다고 할 것이다. 한편, 성전환자의 호적이 정정됨으로써 그 개인이 주변의 멸시 및 신분상의 불이익에서 벗어나서 정상적인 사회구성원으로 받아들여지고 전환된 성에 따라 법률적인 지위를 인정받고 사회적인 활동을 할 수 있는 등 장래에 향유하게 될 이익은 사회적 혼란의 방지 등 호적정정을 불허함으로써 얻어지는 공공의 이익에 비하여 현저히 크다고 할 것이다. 그런데도 법령상 절차규정의 미비를 이유로 성전환자임이 명백한 사람에 대한 호적의 정정을 허용하지 않는다면 위 헌법정신을 온전히 구현할 수 없게 된다고 할 것이다.

②-2. 호적법은 1960.1.1. 법률 제535호로 제정된 후 실체법규나 관장기관의 변동에 수반한 절차규정의 개정 외에는 근본적인 변화 없이 현재에 이르렀으며, 특히 성별의 기재와 호적정정 사유에 관한 기본적 내용은 전혀 변경되지 아니하였음에 비하여 그동안 성의 결정 기준이나 성전환증에 관한 의학적 연구 성과의 집적으로 성염색체를 출발점으로 하는 성의 이분법과 불가변성의 기본 전제가 수정의 필요성을 맞게 되었다는 점에 비추어 볼 때, 호적법이 성전환자의 호적상 성별란 기재를 수정하는 절차규정을 두지 않은 이유는 입법자가 이를 허용하지 않기 때문이 아니라 입법 당시에는 미처 그 가능성과 필요성을 상정하지 못하였기 때문이라고 할 것이다.

②-3. 호적법 제120조에 의한 호적정정사유 중 호적의 기재가 법률상 허용될 수 없는 경우는 호적의 기재사항이 아닌 내용에 관한 기재 및 호적기재 자체로 보아 당연 무효의 기재 등을 말하고(대법원 1978.3.7.자 77스12 결정 등 참조), 호적기재의 착오 · 유루 역시 신고나 기재의 착오 또는 누락으로 호적에 기재된 내용이 진실과 다르게 된 경우를 말한다고 하여, 일반적으로 호적법 제120조에 의한 호적정정 절차는 경정 절차와는 달리 호적 기재 당시부터 존재하는 잘못을 시정하기 위한 절차로 이해되고 있다. 그렇지만 위 호적정정사유 중 호적의 기재가 법률상 허용될 수 없는 경우를 해석함에 있어서 호적 기재 후의 법령의 변경 등 사정의 변경에 의하여 법률상 허용될 수 없음이 명백하게 된 경우를 반드시 배제하여야 할 필요가 있다고 보기 어려울 뿐 아니라, 호적법 제120조에 의한 호적정정 절차를 둔 근본적인 취지가 호적의 기재가 부적법하거나 진실에 반하는 것이 명백한 경우에 그 기재 내용을 판결에 의하지 아니하고 간이한 절차에 의하여 사실에 부합하도록 수정할 수 있도록 함에 있다는 점을 함께 참작하여 보면,

구체적인 사안을 심리한 결과 성전환자에 해당함이 명백하다고 증명되는 경우에는 호적법 제120조의 절차에 따라 그 전환된 성과 호적의 성별란 기재를 일치시킴으로써 호적기재가 진정한 신분관계를 반영할 수 있도록 하는 것이 호적법 제120조의 입법 취지에 합치되는 합리적인 해석이라 할 것이다.

③ 성전환자에 해당함이 명백한 사람에 대하여 호적법 제120조에서 정한 절차에 따라 성별을 정정하는 호적정정이 허가되고 그에 따라 전환된 성이 호적에 기재되는 경우에, 위 호적정정 허가는 성전환에 따라 법률적으로 새로이 평가받게 된 현재의 진정한 성별을 확인하는 취지의 결정이므로 호적정정허가 결정이나 이에 기초한 호적상 성별란 정정의 효과는 기존의 신분관계 및 권리의무에 영향을 미치지 않는다고 해석함이 상당하다.

한편, 사회통념상 이름이 성별 구분의 기초가 되는 경우가 많으므로, 이 사건 성전환자가 호적정정과 더불어 개명 허가 신청을 하여 법원이 호적정정을 허가하는 경우에는 그의 이름이 정정된 성에 부합하도록 하는 개명 역시 허가할 수 있다.

3) 이 사건의 검토: 원심결정 이유와 기록에 의하면, 신청인은 1951.(월일 생략) 출생하여 호적상 여성으로 등재되어 있는데, 신청인은 성장기부터 남성적 기질과 외관을 뚜렷이 보이고 남자 옷을 입어야 마음이 편해지는 등 일상생활에서 여성에 대한 불일치감과 남성으로의 귀속감으로 혼란을 겪어 왔으며 20대에 이르러 타지로 나가 공사인부 등 주로 육체노동에 종사하는 등 남성으로서 생활하면서 계속적으로 성전환수술을 받기를 원하였으나 경제사정이 여의치 못하여 실현하지 못하다가 41세 때인 1992년 7월 (대학교명 생략)대학교 (병원명 생략)병원에서 성전환증의 진단 하에 유방 · 자궁 및 난소제거술과 이어서 음낭성형 및 인공고환 삽입술을 받아 남성 성기 및 음낭을 갖게 되었고 그 후 계속 남성호르몬을 투여받음으로써 남성의 신체와 외관을 갖추게 되었을 뿐 아니라 정신과적 검사 결과 남성으로서의 성적 정체감이 확고한 사실, 신청인은 법률상 혼인한 경력이 없고 여성으로서 자녀를 출산한 경험도 없으며 성전환수술 후 비로소 그의 처지를 이해하는 여성을 만나 현재까지 동거하고 있지만 남성으로서의 생식기능은 존재하지 않고, 나아가 신청인은 도로교통법 위반죄로 벌금형을 1회 선고받은 외에는 전과가 없고 신용불량전력도 없어 신청인이 성별란의 정정 및 개명으로 범죄 또는 탈법행위를 할 개연성 또한 엿보이지 아니하는 사실을 알 수 있다.

위와 같은 사정을 종합하여 보면, 신청인은 미혼으로 자녀가 없으며 성장기부터 여성에 대한 불일치감과 남성으로의 귀속감을 나타내면서 성인이 된 후에는 오랜 기간 동안 남성으로서 살다가 의사의 진단 아래 성전환수술을 받아 남성의 외부 성기와 신체 외관을 갖추었고, 현재 남성으로서의 성정체성이 확고하여 여성으로 재전환할 가능성이 현저히 낮고 개인생활이나 사회생활에서도 남성으로서 인식되어, 결국 사회통념상 남성으로 평가될 수 있는 성전환자에 해당함이 명백하다고 볼 수 있으므로 신청인에 대한 이 사건 호적정정 및 개명을 허가할 여지가 충분히 있다. 그런데도 원심은 성전환자에 대한 호적정정을 허용할 근거가 없다는 등의 이유로 이 사건 신청을 배척하였는바, 이러한 원심결정에는 헌법과 호적법의 관계규정을 위반하여 재판에 영향을 미친 위법이 있다고 할 것이다.

4) 결론: 그러므로 원심결정을 파기하고, 사건을 다시 심리 · 판단하도록 하게 하기 위하여 원심법원에 환송하기로 하여 주문과 같이 결정한다. 이 결정에 대하여는 호적정정 부분에 관하여 대법관 손지열, 대법관 박재윤의 반대의견이 있는 외에는 관여 법관들의 의견이 일치되었다.

5) 대법관 손지열, 대법관 박재윤의 반대의견은 다음과 같다.

① 다수의견이 정의하고 있는 이른바 성전환자가 헌법상 보장된 인간으로서의 존엄과 가치를 가지고 행복을 추구할 권리와 인간다운 생활을 할 권리를 향유할 수 있도록 하기 위하여, 전환된 성으로 활동할 수 있는 법적 · 제도적 장치를 보완하는 등의 배려가 필요하다는 점에 관하여는 다수의견과 견해를 같이 한다.

그러나 성의 변경에 관한 입법적 조치가 이루어지지 아니하더라도 호적정정에 관한 호적법 제120조에 따라서 성전환자에 대하여 변경된 성으로의 호적 정정을 허가함으로써 실질적으로 새로운 성으로의 변경을 허용한다는 취지의 다수의견의 결론에는 찬성할 수 없다.

② 대법원은 그동안 발생학적인 성(성)인 성염색체의 구성을 기본적인 요소로 하여 성선, 외부성기를 비롯한 신체의 외관은 물론이고 심리적, 정신적인 성, 그리고 사회생활에서 수행하는 주관적, 개인적인 성역할(성전환의 경우에는 그 전후를 포함하여) 및 이에 대한 일반인의 평가나 태도 등 모든 요소를 종합적으로 고려하여 사회통념에 따라 결정하여야 한다고 판단하여 왔는데(대법원 1996.6. 11.선고 96도791 판결 참조), 그 취지에 따를 때, 출생신고에 의하여 남자 또는 여자로 호적에 기재되었다고 하더라도, 출생 후 성장하는 과정에서 그와 반대되는

성의 특징이 드러났고 위와 같은 판단 기준에 근거하여 사회통념에 따라 판단한 결과 그 반대의 성이었음이 확인된다면, 출생신고 당시에 성을 잘못 신고한 것이고 따라서 그 호적 기재는 진실에 반하는 것으로서 그 최초의 기재 당시부터 진실에 부합하지 아니한 경우이므로 호적법 제120조에 의한 호적정정의 대상이 될 수 있을 것이다(예컨대, 진성반음양자, 가성반음양자 등에 관한 사례).

③ 그러나 이 사건에서 문제로 되는 것은 성염색체와 내부 생식기 · 외부 성기가 일치하여 생물학적으로나 전통적인 사회통념에 의하면 출생신고 당시 완전한 남자 또는 여자였으나, 그 성장과정에서 선천적인 성에 위화감과 불일치감을 느끼고 오히려 반대의 성에 귀속감을 느낌으로써 반대의 성으로서 삶을 영위하고 또 타인에게 인식되기를 원하며 나아가 자신의 신체 역시 이에 부합하게 형성하기를 원하는 증세, 즉 '성전환증'에 관한 것이다.

다수의견은 호적법이 성전환자의 호적상 성별란 기재 변경에 관한 절차규정을 두지 않은 이유는 입법자가 이를 허용하지 않기 때문이 아니라 입법 당시에는 미처 그 가능성과 필요성을 상정하지 못하였기 때문임을 전제로, 비록 호적법 제120조에 따른 호적정정제도가 일반적으로는 호적 기재 당시부터 존재하는 잘못을 시정하기 위한 절차이기는 하지만, 그 근본취지는 호적의 기재가 부적법하거나 진실에 반하는 것이 명백한 경우에 그 기재 내용을 판결에 의하지 아니하고 간이한 절차에 의하여 사실에 부합하도록 수정할 수 있도록 하는 것이므로, 구체적인 사안을 심리한 결과 성전환자에 해당함이 명백하다고 증명되는 경우에는 호적법 제120조의 절차에 따라 성전환자에 대한 호적의 정정을 허용하여야 한다고 설명하고 있다.

그런데 성전환자의 경우는 선천적으로 불완전한 성적 특징을 가진 자에 대하여 착오나 출생신고 당시 오인으로 인하여 호적에 잘못된 성별로 기재한 경우와 달리, ① 출생신고 당시 성별의 판정이 잘못된 것이 아니고 따라서 최초의 호적 기재도 착오라고 할 수 없고, ② 성의 판별이 생물학적으로 명백하게 결정되는 것이 아니고 다수 의사의 진단과 상당한 기간 동안(다수의견에서 인용한 국제보건기구의 견해 등에 의하면 최소한 2년 이상)의 선행 치료과정이 있어야 하며, 그 밖에도 신분관계 및 사회생활에 중대한 변동이나 부정적 영향을 야기하지 아니하는 등의 일정한 요건에 대한 복잡하고 정교한 판단절차를 필요로 하며, ③ 성의 변경이 허용되더라도 종전까지의 법률적 성결정 나아가 호적기재가 정당한 것으로 인정되고 오로지 장래를 향하여 그 변경의 효력이 발생하게 되는(이 점은 다수의견도 인정하고 있다) 등의 점에서, 처음부터 잘못 기재된 호적을 출생시에 소급하여 정정하기 위한 호적법 제120조가 그대로 적용될 수 없는 사안인 것이다.

④ 호적법 제120조는 "호적의 기재가 법률상 허용될 수 없는 것 또는 그 기재에 착오나 유루가 있다고 인정한 때에는 이해관계인은 그 호적이 있는 지(지)를 관할하는 가정법원의 허가를 얻어 호적의 정정(정정)을 신청할 수 있다"라고 규정하고 있고, 다수의견도 인정하고 있는 것처럼 위 법조에 의한 호적정정은 신고 그 자체가 진실에 반하거나 또는 신고는 정당하지만 호적 기재 과정에서 잘못이 있어 호적에 기재된 내용이 그 최초 기재 당시부터 진실에 부합하지 아니한 경우를 전제로 하여 이를 시정하는 것으로 이해되어 왔다. 호적법 제120조에 규정된 '착오', '호적의 정정'이라는 문구 등은 그 객관적 의미와 내용이 명확하여 해석상 의문의 여지가 없고, 호적법을 제정할 당시의 입법 취지도 그 내용이 처음 호적에 기재된 시점부터 존재하는 착오나 유루를 정정하고자 하는 것으로서 만일 호적기재가 기재 당시의 진정한 신분관계에 부합되게 적법하게 이루어졌다면 정정의 대상이 될 수 없는 것이었음이 명백하므로, 이러한 해석이 확고하게 정착된 것은 법리적으로 당연한 것이다.

⑤ 다수의견은 호적 기재 당시를 기준으로 하면 그 기재 내용이 진실에 부합하더라도 사후에 다른 사정에 의하여 기재사항이 변경되었다면 그 변경된 내용에 따라 호적기재를 정정하여야 한다면서, 성전환자의 경우에 호적법 제120조의 직접 적용에 의하여 호적정정이 가능한 것으로 설명하고 있으나, 우리의 견해로는 이러한 경우에 호적법 제120조가 직접 적용될 수 없음이 명백하다고 보므로, 다수의견은 결국 성전환자의 경우에 호적법 제120조를 유추해석하여 호적에 기재된 사항의 '변경'을 허용하자는 취지로 이해할 수밖에 없다.

그런데 이러한 다수의견의 견해는 호적법 제120조에 대한 문리해석이나 입법 취지 등과는 관계없이, 객관적으로 명백한 호적법 제120조의 규정내용에 일부 내용을 추가 · 제거 또는 변경하는 것과 동일한 효과를 가져 오는 것으로서 정당한 유추해석의 한계를 벗어나는 것이므로, 이러한 다수의견의 해석에 찬성할 수 없는 것이다.

⑤-1. 법률 규정의 해석에 있어서는 법률에 정하여진 문구의 문리적 의미가 해석의 출발점이며 법문의 가능한 의미를 벗어나 그 의미를 창출하는 것은 유추

해석으로서 원칙적으로 허용되지 않는다. 형벌법규나 조세법규에서는 유추해석이 금지되고 있고, 그 밖의 사법적 영역에 속하는 법규의 해석에 있어서 실정법 조항의 문리해석 또는 논리해석만으로는 사회적 정의관념에 현저히 반하게 되는 결과가 초래되는 경우에 실정법의 입법정신을 살려 유추해석이나 확장해석을 할 여지가 있지만 이는 입법 취지의 범위 내에서 예외적으로 이루어져야 한다.

사법적극주의의 입장에서 입법목적에 충실한 결과를 이룰 수 있도록 목적론적인 해석을 하여야 할 경우도 있지만, 유추해석 등에는 입법에 의하여 설정된 한계를 넘어설 수 없다는 기본적인 한계가 있으며, 만약 이와 같은 한계를 넘는다면 이는 법해석이 아니라 새로운 법률의 형성으로서 헌법상의 입법권 침해 문제를 야기하게 된다. 뿐만 아니라, 일정한 법적인 문제를 해결하기 위하여 목적론적인 해석이 필요한 경우에도 그 해석이 문제의 해결을 위하여 유효적절하고 법체계상 아무런 문제점이 없어서 만일 입법자가 그와 같은 문제를 인식하였다면 그와 같은 해석과 궤를 같이 하는 입법을 하였으리라고 상정할 수 있는 경우에 한하여 유추해석 등을 하게 되는 것이고, 그 해석이 문제해결에 유효적절한 수단이 되지 못하고 오히려 다른 문제점을 낳을 우려마저 있다면, 위와 같은 유추해석 등은 허용되지 아니한다.

⑤-2. 헌법 제36조는 "혼인과 가족생활은 개인의 존엄과 양성의 평등을 기초로 성립되고 유지되어야 하며, 국가는 이를 보장한다(제1항). 국가는 모성의 보호를 위하여 노력하여야 한다(제2항)"라고 규정하고 있는바, 이는 양성의 구별을 전제로 구분되는 양성 간의 평등을 기초로 하는 혼인과 가족제도가 인간사회의 가장 기본적인 단위로서 모든 영역에서 공동생활의 근간이 됨을 보여주는 것이고, 헌법은 그 밖에도 남자와 여자를 나누어 여자에 대하여 일정한 범위 내에서 특별히 보호하도록 하는 규정을 두고 있으며(헌법 제32조 제4항, 제34조 제3항), 민법을 비롯한 각종 법률에 있어서도 남자 · 여자라는 성에 따라 헌법에서 정한 양성평등이 보장되는 범위 내에서 법률적인 지위를 달리 정하고 있는 경우가 많은 등, 남자 · 여자의 구분은 사회생활에 있어서 뿐만 아니라 각종 법률관계에 있어서도 핵심적인 기초가 되고 있다. 그리고 우리 헌법이나 관련 법률의 규정들이 전통적인 생물학 지식과 사회통념에 따라 출생에 의하여 남녀의 성이 결정되는 것을 전제로 하고 있음은 구태여 논증할 필요조차 없을 것이다.

그런데 다수의견에서 정의한 '성전환자'에 대한 성의 인정 및 이에 따른 법률상 성의 변경은, 우리 헌법이나 관련 법률에서 전제로 하고 있던 남녀의 성 결정과는 전혀 다른 기준과 방법을 따르는 것으로서 실질적으로는 남자로부터 여자, 여자로부터 남자로의 성 변경을 의미하는 것이다.

이와 같은 성전환자에 대한 성 변경의 문제는 우리 헌법이나 관련 법률의 제정 당시에 전혀 예상하거나 고려하지 아니한 새로운 문제로서 우리 법체계가 이에 대하여 아무런 제도적 장치를 마련하지 않은 것은 어쩌면 당연하다고 할 수 있다. 따라서 호적법 제120조의 호적정정제도가 이러한 문제 또는 이와 유사한 문제에 대처하기 위하여 마련된 것이 아님은 분명하다. 성전환자와 같이 의학과 생물학의 발전 및 이를 토대로 한 사회학적 연구 등을 배경으로 하여 비로소 발생한 새로운 문제에 대해서는 이를 적절하게 규율하고자 하는 입법목적을 가지고 제정된 새로운 입법을 통하여 새로운 방식에 따라서 대처해야 할 것이다. 더욱이 남녀 간 성의 결정은 개인적 삶의 기본요소가 될 뿐만 아니라, 정치 · 경제 · 사회 · 문화의 모든 영역에서의 공동생활의 근간이 되는 핵심적 요소이며, 윤리적, 철학적, 종교적 사고와도 밀접한 관련을 가지는 것이기 때문에, 이러한 본질적인 문제를 어떻게 해결할 것인가는 일반 국민의 의견수렴, 신중한 토론과 심사숙고의 과정을 거쳐 국민의 대의기관인 국회가 입법적 결단을 통하여 결정해야 한다. 이는 애당초 명백한 호적기재의 오류를 정정하기 위하여 마련된 제도인 호적정정절차에 대한 새로운 해석 내지 유추해석을 통하여 해결할 수 있는 단순한 문제가 아닌 것이다.

⑤-3. 우리 법제상 신분관계의 창설 · 변경은 호적법이 아닌 민법 등 다른 법률에 의하여 이루어지며, 호적법에 의한 호적은 그와 같이 창설 · 변경된 신분관계를 공시하는 제도에 불과하다. 다수의견과 같이 남녀 간의 성 변경을 호적정정절차에 의하여 허용하는 것은 호적의 단순공시적, 기술적 성격에 걸맞지 않는 것이다.

위에서 본 바와 같이 남자 · 여자로서의 성의 구분은 개인적 · 가족적 · 사회적 · 국가적인 측면에서 중요한 의미를 가지는바, 사람이 출생 신고 당시에 어떠한 성을 가지고 있었는지 여부를 확인하는 호적정정과는 달리, 출생 신고 이후의 사정변경을 이유로 하여 다른 성으로의 실질적 변경을 허용하는 문제는 새로운 신분관계의 창설 내지 변경과 이에 따른 법률관계의 변동을 수반한다. 따라서 성의 변경이 허용되는지 여부 및 그 요건과 절차는 호적법이 아닌 다른 법률에서 합목적적인 고려에 따라 상세하게 정하여야 하고, 그 요건과 절차 등에 따라 성 변경의 효력이 발생된 경우에 비로소 이를 대외적으로 확인하고 공시하는 취지에서 신고절차를 거쳐 호적에 기재되어야 한다. 이와 달리, 성의 변경의 요건이나 절차 등에 관한 근거 법률이 전혀 없는 상태에서 단순히 호적정정절차를 통하여 성의 변경을 허용한다는 것은 신분관계를 공시하는 기능만이 부여된 호적제도 본래의 목적과 기능을 크게 벗어나는 것이다.

⑤-4. 호적법은 제120조에서 가정법원의 허가에 의한 호적기재의 정정신청에 관하여 규정하는 한편, 제123조에서는 확정판결에 의한 호적정정의 신청에 관하여 규정하고 있는바, 법원의 허가에 의한 호적기재의 정정은 그 절차의 간이성에 비추어 정정할 사항이 경미한 경우에 한하여 허용되는 것이고, 친족법상 또는 상속법상 중대한 영향을 미칠 수 있는 사항에 대하여는 호적법 제123주에 따리 확정판결에 의하여만 호적정정의 신청을 할 수 있다(대법원 1981.10.10.자 81스15 전원합의체 결정 등 참조). 그리고 친족법상 또는 상속법상 중대한 영향을 미칠 수 있는 사항인지 여부는, 정정하려고 하는 호적기재사항과 관련된 신분관계의 존부에 관하여 직접적인 쟁송방법이 가사소송법 제2조에 규정되어 있는지의 여부를 기준으로 하여 결정되며, 위 법조에서 가사소송사건으로 판결을 받게 되어 있는 사항은 친족법상 또는 상속법상 중대한 영향을 미치는 것으로 보아 호적법 제123조에 따라 확정판결에 의하여서만 호적정정의 신청을 할 수 있고, 가사소송법 제2조에 의하여 판결을 받을 수 없는 사항에 관한 호적기재의 정정은 호적법 제120조에 따라 법원의 허가를 얻어 정정을 신청할 수 있다(대법원 1993.5.22.자 93스14, 15, 16 전원합의체 결정 참조).

위에서 본 바와 같이 어느 사람이 남자인가 여자인가를 결정하거나 남자·여자의 성을 실질적으로 변경하는 문제는 단순히 개인적인 문제가 아니라 가족·친족관계 등에 직접적 영향을 미치는 것이고, 나아가 사회적·국가적으로 상당한 영향을 미칠 수 있는 본질적 문제이다. 따라서 성의 변경문제는 가사소송법 제2조에 규정된 재판 대상 사항과 비교하여 볼 때에 그 중요성이 결코 뒤떨어진다고 할 수 없다. 한편, 호적법 제120조에 근거하여 신청인이 그 호적기재 정정을 위하여 법원의 허가를 얻는 절차는 상대방이 존재하지 않는 비송사건으로서 법원은 신청인을 비롯한 사건관계인을 심문하지 아니하고 허가결정을 할 수 있고, 실제로 실무상 신청인이 제출한 각종 서면자료만을 토대로 하여 허부결정을 하는 경우가 대부분이다. 호적법 제120조가 속한 호적비송절차의 특성으로 인하여, 설령 그 호적정정에 관하여 신청인 이외에 다른 이해관계인이 존재한다고 하더라도 그 이해관계인에게 해당 절차에 참여할 수 있는 기회는 사실상 제공되지 아니하고, 나아가 일단 법원이 호적정정을 허가하는 경우 호적법상 불복절차가 없기 때문에 바로 확정되며, 이해관계인들이나 공익의 대표자인 검사로서도 이에 대하여 불복할 수 있는 방법이 없는 등 호적법 제123조의 경우와 비교하여 상대적으로 그 절차적 신중성 등이 취약하다.

위에서 언급한 대법원 전원합의체 결정들은 호적법 제120조 소정 호적기재 정정절차의 상대적 간이성 등에 비추어 그 법조에 의한 호적정정은 친족법상 또는 상속법상 중대한 영향을 미칠 수 있는 사항이 아닌 경미한 경우에 한하여 허용된다고 판시한 것인데, 다수의견은 호적법 제123조도 아닌 호적법 제120조의 매우 간이한 절차를 통하여 성전환자에 대하여 실질적으로 남녀 간의 성 변경을 허용한다는 것으로서, 성의 변경이 가지는 국가적 · 사회적인 중요성과 가족 · 친족관계에 미치는 직접적 영향 등을 고려할 때 이와 같은 간이한 절차에 의하여 남녀 간의 성 변경을 허용한다는 견해에는 도저히 찬동할 수 없다.

⑤-5. 따라서 호적상 성별란의 단순한 기재 착오를 시정하기 위한 호적정정 제도를 성전환자에 대한 실질적인 성변경의 경우에 확대 적용하는 방법은 법문의 가능한 의미에서 현저히 벗어나고 그 입법 취지에도 반하는 유추해석으로서 허용될 수 없음이 명백하다.

⑥ 한편, 다수의견과 같이 해석을 하는 것이 과연 새로운 사회현상으로 대두된 성전환증에 관한 문제의 해결이나 그와 같은 문제로 고통 받는 당사자들의 구제를 위하여 적절한 것이고 또한 효과적인 것인가? 아니라고 본다.

⑥-1. 위에서 본 바와 같이 남자 · 여자로서의 성의 구분은 개인적 · 가족적 · 사회적 · 국가적으로 중요한 의미를 가지며, 출생 당시와는 다른 성으로의 변경을 허용하는 것은 실질적으로 새로운 신분관계로의 변경을 의미하므로, 성의 변경을 허용할 것인지 여부에 대하여 신중한 접근을 요하는 것이지만, 성의 변경을 허용하는 경우에도 그 요건과 절차 및 효과 등이 명확하게 규정되어야 한다. 특히, 위와 같은 성변경을 구하는 호적정정신청을 하기 위해서는 당사자가 먼저 외과적인 성전환수술을 받아야 한다는 점을 고려한다면, 그 요건과 절차 등이 불명확한 경우에 당사자에게 발생할 수 있는 문제나 사회적 부작용은 대단히

심각한 것이 될 수 있다.

⑥-2. 다수의견은 이 사건에서 실질적인 성변경이 허용되는 성전환자의 기준 내지 요건 등에 관하여 나름대로 설시하고 있다. 그러나 위와 같은 설시가 실질적인 성의 변경에 관한 기준 내지 요건을 충분하게 제시하고 있는지 의문이고, 나아가 이러한 기준 등이 실무적으로 제대로 반영될 수 있을지도 의문이다.

먼저, 사실상 성전환수술을 받은 사람에 대한 성변경의 허용요건 등은 당사자 본인의 행복추구권과 인간으로서의 존엄성뿐 아니라 우리의 전통적 혼인과 가족관계 및 이에 대한 국민들의 의식 등 사회전반적인 문제를 종합적으로 고려하여 입법자의 정책적 판단에 따라서 설정되어야 한다는 점은 위에서 살펴본 바와 같다. 그리고 국회가 그와 같은 법률을 제정함에 있어서는 구체적 요건으로서 출생 당시와 다른 성의 역할을 수행한 최소 기간, 성의 재전환 가능성 여부에 관한 검증 및 정신과 의사의 진단이나 신분법상 영향을 받게 되는 가족들의 의사확인 등에 관하여 상세하게 규정하여야 할 것이고, 아울러 성전환자가 가족 등을 포함한 타인의 의사가 아니라 바로 자기 자신의 자발적 의사에 의하여 성전환수술의 실시 내지는 성의 변경을 결정하는 것을 보장하기 위한 제도적 장치(예컨대 당사자에게 이를 결정할 수 있는 충분한 의사능력과 책임능력을 요구하거나, 같은 맥락에서 신청인의 연령을 일정한 연령 이상으로 제한하는 방법 등)가 반드시 규정되어야 할 것인데, 다수의견의 경우 이러한 중요 요소 등에 관하여 충분한 설시를 하였다고 보기는 어렵고, 실제로 법원의 재판에 의한 해석으로써 이와 같은 요건과 기준을 충분하고도 명확하게 정한다는 것은 사실상 불가능한 일이다.

또한, 다수의견에서는 '성전환자'를 정의함에 있어서 성전환이 다른 사람들의 신분관계에 중대한 변동을 초래하거나 사회에 부정적인 영향을 미치는 등의 경우에는 성변경이 허용되는 '성전환자'의 개념에 애당초 포함되지 않는 것으로 설시하고 있다. 이러한 다수의견의 견해는 상당한 합리성을 가진 것으로서 수긍할 수 있지만, 문제는 다수의견을 자세히 살펴보아도 어떠한 경우가 성의 변경이 애당초 허용되지 않는 '신분관계에 중대한 변동' 내지 '사회에 부정적 영향'에 해당하는지에 관한 기준이 명확하지 않다는 것이다. 예컨대, 혼인을 하였거나 자녀를 출생한 당사자나 성전환을 악용할 우려가 있는 당사자가 호적정정신청을 하는 경우, 법원은 '신분관계에 중대한 변동' 내지 '사회에 부정적 영향'을 초래한다는 이유로 그 신청을 기각하여야 할 것으로 보이는데, 그 요건의 불명확성으로 인하여 당사자가 이러한 결과를 예견하지 못한 채 성전환수술을 먼저 받은 경우라면 그 당사자로서는 신체적 · 정신적으로 엄청난 타격을 감수할 수밖에 없다는 점은 굳이 상세하게 설명할 필요가 없을 것이다(이 점은 적극적 요건에 관련해서도 마찬가지이며, 이러한 측면에서 입법론으로는 성전환수술을 실시하기 전에 법원에서 일정한 절차에 따라서 예비심사를 하는 방안 등도 적극적으로 검토할 필요가 있다).

위와 같이 성전환수술을 받은 사람들에 대한 성의 변경을 결정함에 있어서 구비해야 하는 적극적, 소극적 요건 및 기준 등에 관한 구체적 입법조치가 없는 상태에서 법원이 호적법 제120조에 근거하여 개별사건에서 그 성 변경 여부를 결정하는 것은 관련 당사자들과 일선 법원에 대하여 객관적 · 일률적인 기준을 제시할 수 없고, 오히려 법적 · 사회적 혼란을 초래하게 될 뿐이라는 점을 지적하지 않을 수 없는 것이다.

⑥-3. 한편, 성전환자에 대한 성변경이 가지는 법적 의미의 중대성에 비추어 호적법 제120조의 호적정정절차는 성변경 허가절차로서 미흡하기 이를 데 없다. 위에서 본 바와 같이 호적법 제120조는 호적정정절차 중에서도 비교적 경미한 사항의 정정에 관한 것으로서, 가정법원의 허가를 받는다는 것 이외에는 그 증명의 방법과 절차, 이해관계인들의 참가, 의견청취 및 불복방법, 관계기관에 대한 사실조회 등에 관하여 아무런 규정이 없고, 실무적으로 대부분의 호적정정사건의 경우 신청인이 제출한 신청서 및 증거서류 등을 검토하고 심문절차 없이 허부결정을 하고 있는 실정이다. 그런데 다수의견도 그 판시와 같은 적극적 · 소극적 요건(비록 불명확하기는 하지만)의 충족 여부를 심사하기 위하여 엄정한 사실조사 이외에도 정신과 및 외과 의사들, 가족이나 친족 등을 비롯한 가까운 주위 사람들의 의견 내지 의사를 청취하고, 관계기관에 필요한 사항을 조회하는 절차 등이 반드시 필요함을 시사하고 있다. 그리고 사안의 중요성에 비추어 이해관계인의 절차참가와 불복방법 등도 보장되어야 하며, 이러한 절차는 통일적이고 강제성을 가져야 할 것이다. 그런데 개별사건의 재판을 통한 법률해석만으로 이러한 구체적인 절차를 일일이 규정할 수 없음은 자명하다. 따라서 다수의견을 따르는 경우, 우선 법원에서 어떠한 절차에 따라서 성전환자의 요건을 심리하고 판정하여야 할 것인지 혼란스러울 뿐만 아니라, 법원마다 각기 다른 절차에 따라서 심리가 진행되는 경우 당사자들에게 상당한 곤란을 야기함은 물론이고 더 나아가서 법원 내지 재판의 신뢰와 권위를 실추시키는 결과까지 초래하게 될 것이다.

⑥-4. 뿐만 아니라, 성전환자에 대한 성 변경을 허용하는 경우, 그 효력이 발생하는 시기 및 효과, 공시방법 등에 관하여도 법률에 명확히 규정하여야 한다. 다수의견에 의하더라도 성전환자에 대한 호적정정의 효과가 기존의 신분관계에는 영향을 미치지 않는다고 하는데, 이는 본래 호적정정절차가 예정하는 법적 효과의 범위를 벗어나는 것이어서 이와 같은 장래적 효력을 호적에 공시할 방법이 없다. 따라서 호적의 기재만으로는 호적법 제120조에 근거한 성별 기재의 정정이 그 출생신고 시점까지 소급적 효력을 가지는 통상적인 호적정정인지 이 사건과 같이 장래적 효력만을 가지는 호적정정인지를 확인할 방법이 없다. 이렇게 되어서는 호적상 기재를 신뢰하는 제3자에게 상당한 오해를 일으키는 것은 물론이고, 당사자 본인도 어느 시점부터 남자(혹은 여자)였는지를 제3자에게 증명하기 위해서 호적등본을 제시하는 외에 재판의 내용과 그 확정사실까지 함께 제시해야 하는 불편을 감수해야 한다.

⑥-5. 한편, 성전환자에 대하여 호적상 성별의 기재를 고쳐주고 주민등록번호를 고쳐주는 것만으로 성변경에 따른 법적 배려가 충분하다고 할 수 없다. 다수의견의 취지가 분명하지는 않지만, 호적상의 성별기재의 정정만으로 성별에 따른 법률상의 지위 내지 권리의무가 한꺼번에 변경되는 것을 전제로 하는 것으로 이해되는데, 호적정정에 그와 같은 일반효(일반효)를 부여하는 법적인 근거 자체가 불분명하다. 그리고 성변경의 효력이 소급하지 않는다고 보는 경우, 과거의 가족관계를 비롯한 기존 법률관계의 정리에 관한 특별한 법률규정 없이 이에 대하여 어떻게 적절하게 법적 규율을 할 수 있을지도 의문이다. 나아가 성의 변경에 따라 국가기관 등을 비롯한 공공기관들이 관리하고 있는 각종 공부(공부)나 서류 등의 경정의무 및 그 절차, 새로운 성으로 시작하는 사회생활에 대한 국가적, 사회적 배려의무 등에 관하여도 일정한 법적 조치가 반드시 필요하다고 생각한다.

⑥-6. 이와 같이 성 변경에 관한 사회적 의견수렴과정을 거치지도 아니하고 의학적·법률적 요건이나 절차 및 효과 등을 구체적으로 규정하는 입법조치도 선행되지 아니한 상태에서 법원이 개별사건에서 호적법 제120조를 적용하여 성전환수술을 받은 사람의 호적정정허가신청을 선별적으로 인용한다면, 성변경 허가재판의 적법성, 타당성에 관한 보장이 미흡하고 법원마다 재판결과가 구구해질 가능성이 있을 뿐만 아니라, 신청인에게 충분하고 적절한 배려가 되는 것인지

여부도 의문이며, 당사자 본인이나 이해관계인들의 법률관계에 미치는 영향도 불분명하여 법적 안정성을 크게 해치게 된다. 또한, 개별사건에 관한 법원의 재판만으로 객관적이고 일률적인 요건과 절차를 제시할 수 없는 결과, 이 사건 신청인과 유사한 처지에 있는 다른 성전환자들이 구체적으로 성변경 허가를 받을 수 있을 것인지, 성변경 허가를 받으려면 어떠한 절차를 밟아야 하는지에 관하여 예측가능성이 없어서 법적 지위의 불안을 겪게 된다.

다른 한편으로 성전환자의 성 변경 문제와 같은 중요하고 민감한 문제를 근본적이고 합리적인 대처방법인 입법이 아니라 미봉책에 불과한 호적법 제120조의 적용 내지 유추적용 방식을 활용하는 경우, 자칫하면 추가적인 입법조치의 필요성에 대한 사회적 관심을 약화시킴으로써 오히려 유사한 처지에 있는 당사자들의 문제를 근본적으로 해결할 수 없도록 하는 부작용을 야기할 수도 있다. 따라서 현 단계에서 법원으로서는 이 사건과 같은 사안에서 당사자의 성을 적절한 기준에 따라서 변경할 수 있는 법적·제도적인 보완이 절실하다는 점을 충분히 지적하면서, 현행 호적법 제120조의 호적정정의 방법으로는 이 문제를 해결할 수 없다는 점을 선언하고, 국민의 대의기관인 국회가 사회적 여론을 수렴하여 구체적인 요건과 절차, 효과 등을 담은 입법조치를 하기를 강력히 촉구함으로써 당사자들에게 근본적이고 효과적인 구제가 가능한 여건을 조성하는 데에 일조하는 것이 더욱 중요하다(이러한 입법과정에서는 성전환자의 성변경에 관한 부정적 견해까지도 함께 논의됨으로써 진정한 의미에서 사회적 통합을 모색할 수 있으리라고 생각한다).

이러한 방법을 따르는 경우 이 사건 신청인이나 다른 성전환자의 입장에서 바로 호적상의 성에 관한 기재를 바꾸지 못한다는 점이 아쉽게 느껴질 수도 있을 것이다. 그러나 신속할 수는 있으나 당사자에게 법적·제도적으로 매우 미흡한 구제방법만 제공하면서 법적 안정성을 크게 해치는 미봉책을 취하는 것보다는, 다소 시간이 걸리더라도 이와 같이 중요하고 본질적인 문제를 우리 헌정질서에 부합하는 방식에 따라서 근본적으로 해결하는 것이 타당하고, 이러한 근본적인 해결만이 이 사건 신청인을 비롯한 성전환자들을 진심으로 배려하는 결과를 가져올 수 있다고 생각한다.

⑦ 결론적으로 성전환자에 대하여 호적법 제120조의 호적정정절차에 따라 호적상 성별란을 정정하는 것은 허용될 수 없고, 같은 취지에서 이 사건 신청을

기각한 제1심결정을 유지한 원심의 결론은 정당하여 신청인의 재항고를 기각하여야 할 것인바, 이와 다른 다수의견의 견해에는 찬성할 수 없어 위와 같이 반대의견을 표시한다.

6) 대법관 김지형의 다수의견에 대한 보충의견은 다음과 같다.

① 구체적 사건의 재판에서 법령을 해석 · 적용하는 것은 법원에 주어진 권한이자 사명에 속하므로, 법원이 재판규범으로서 그 법률규정을 해석 · 적용함에 있어서는 마땅히 헌법합치적인 해석에 따라야 한다.

이러한 헌법합치적 법률해석은 국가의 최고규범인 헌법을 법률해석의 기준으로 삼아 법질서의 통일을 기하여야 한다는 법원리에 그 기초를 두고 있는 것으로서, 어느 법률규정에 대하여 합헌적 법률해석이라는 이름 아래 그 법률규정의 문언이 갖는 일반적인 의미를 뛰어 넘어서거나 그 법률규정의 입법목적에 비추어 입법자가 금지하고 있는 방향으로까지 무리하게 해석하거나 헌법의 의미를 지나치게 확대함으로써 입법자의 입법형성권의 범주에 속하는 사항 등에 이르기까지 함부로 간섭해서는 아니되겠지만, 이러한 한계를 벗어나지 않는 이상, 합헌적 법률해석은 민주적 정당성을 가진 입법자가 제정한 법률을 헌법에 합치되도록 해석함으로써 법률의 효력을 유지하려는 것이므로 입법권을 최대한 존중하는 것이고 국민주권의 원리에도 부합한다. 따라서 만약 어떤 법률규정에 대해 합헌적 법률해석의 가능성이 열려 있음에도 불구하고, 법원이 그러한 해석을 단념하여 버린다면 합헌적 법률이 제정될 때까지는 위헌적인 법률공백 상태가 계속되는 것을 그대로 방치하는 셈이 되고, 이는 법원에게 주어진 사법권 행사의 권한과 사명을 동시에 저버리는 결과를 낳게 된다.

그러므로 합헌적 법률해석을 무조건 유추해서 또는 확장해석이라는 이름으로 경계할 것은 아니고 법규의 문언적 의미가 갖는 내포와 외연을 모두 고려하여 헌법질서의 테두리 안에서 이루어질 수 있는 합리적인 해석방법이라면 이를 받아들이는 것이 온당하다.

② 호적법 제120조의 '정정'의 의미와 범위에 관하여 반대의견과 같이 해석할 여지도 없지 아니하나, 앞서 본 합헌적 법률해석이라는 법리에 비추어 볼 때 성전환자에게 출생 당시 확인되어 신고된 성이 출생 후 그 개인의 성적 귀속감의 발현에 따른 일련의 과정을 거쳐 최종적으로 사회통념상 확인된 성과 부합하지 않는다고 인정할 수 있다면 그와 같이 확인된 성에 맞추어 성별을 바꾸는 것은 호적법

제120조가 말하는 '정정'의 개념에 포함된다고 풀이하는 것이 옳다고 본다.

이러한 해석방법이 호적 기재가 진정한 신분관계를 반영할 수 있도록 하기 위하여 마련된 호적정정제도의 취지와 어긋난다고 볼 아무런 이유가 없을 뿐더러 앞서 다수의견에서 자세히 지적한 것처럼 호적법 제120조의 입법목적에 비추어 보더라도 입법자가 이러한 해석을 처음부터 금지하였던 것은 아니라고 보이고, 나아가 호적법 제120조가 규정하는 '정정'이라는 문언의 의미에 성전환자의 성별 전환을 포함시키지 않는 해석을 한다면 성전환자에게 헌법상 보장되는 기본권의 침해상태가 초래되는 위헌의 소지를 남기게 된다는 점까지 고려할 때 성전환자의 성별 전환을 호적정정의 개념에 포함시키는 것이 입법자의 입법형성권의 범주에 속하는 사항에 함부로 개입하는 경우에도 해당하지 않는 것임을 여기서 다시 한 번 강조하고 싶다.

③ 반대의견은 성전환자에 대한 성별 정정을 특정한 성에서 반대 성으로의 '변경'이라고 단정짓고 다수의견이 이러한 의미의 성변경을 허용하고 있다는 전제 아래 논의를 시작함으로써 혼란을 야기하고 있다. 즉, 반대의견의 주요 논거는 성전환자는 종전의 성에서 반대의 성으로 성을 변경한 자이고 따라서 성전환자의 호적상 성별은 기재 당시를 기준으로 하면 진실에 부합하였으나 사후에 다른 사정에 의하여 변경되었으니 이는 호적기재의 변경에 해당하여 호적정정의 범위를 벗어난다는 것으로 이해된다.

그러나 대법원 1996.6.11.선고 96도791 판결은 이미 성 결정에 있어서 생물학적인 요소와 정신적·사회적 요소를 모두 고려하여 최종적으로는 사회통념에 따라야 한다고 판시하였는데, 성전환자는 그 개념상 출생 당시에는 위의 두 가지 요소 중 생물학적인 요소만이 확인되었다가 그 개인의 성장과정을 거치면서 성적 귀속감이나 성 역할의 수행 등 정신적·사회적 요소가 생물학적인 요소와 달리 발현되어 일정 시점에 이르러서는 출생신고된 성과 반대의 성을 가지는 것으로 사회통념상 인정되는 사람이다. 따라서 성전환자에 대하여 출생 당시에는 달리 정신적·사회적 성 결정 요소를 확인할 수 없어 생물학적 요소 만에 의하여 출생시 신고된 성이 그의 성인 것으로 알고 있었으나, 성장한 후 일정 시점에서 사회통념상 인정되는 성은 출생시 신고된 성과 반대의 성인 것으로 사후에 비로소 확인될 수밖에 없다는 점에 성전환자에게 특유한 문제가 존재하고 이를 해결하기 위하여 호적정정의 필요성이 제기되는 것이다. 성전환자의 성 결정에 관한 위의 역동적 과정을 사상한 채 단지 성전환자가 성기수술을 통하여 성을 변경한 사람이라고 해석하는 방법은 문제의 핵심을 지나치게 단순화한 데에서 나온 것으로 옳지 않다.

④ 성의 구분은 사회생활과 법률관계의 기초로서 어느 사람이 남자인가 여자인가를 결정하는 문제는 가족 · 친족관계와 나아가 사회적 · 국가적으로 상당한 영향을 미칠 수 있다는 반대의견의 지적에는 전적으로 동의하나, 성별 기재가 중요한 사항이므로 호적법 제120조에 의한 호적정정절차에 따라 호적을 정정할 수 없다는 부분에는 동의할 수 없다.

대법원이 '친족법상 또는 상속법상 중대한 영향을 미칠 수 있는 사항에 대하여는 호적법 제123조에 따라 확정판결에 의하여만 호적정정의 신청을 할 수 있다'는 원칙을 거듭 판시하였지만 그 구체적인 사안에 들어가 살펴볼 때 반대의견이 적시한 대법원 1993.5.22.자 93스14, 15, 16 전원합의체 결정은 '사망일시에 관하여 직접적인 쟁송방법이 가사소송법은 물론 다른 법률이나 대법원규칙에도 정하여진 바가 없으므로 이에 관한 호적기재의 정정은 호적법 제120조에 따라서 처리되어야 한다'고 판시하였고, 대법원 1981.10.10.자 81스15 전원합의체 결정은 '이중호적을 단일화하기 위한 호적정정은 신분관계에 어떠한 영향을 미치지 않는 한 가능하다'고 판시함으로써 모두 호적법 제120조에 의한 호적정정을 허용하였다.

이 사건으로 돌아와 보면, 성전환자의 성을 결정하는 재판이 가사소송법 제2조에서 열거한 가사소송사건 중에 포함되어 있지 않을 뿐만 아니라 앞서 다수의견에서 밝힌 바와 같이 소급효가 배제되어 기존의 법률관계에 영향을 미치지 않으므로 호적법 제120조에 의한 호적정정의 대상으로 삼는 데에 호적정정의 범위에 관한 기존의 대법원판례와 모순될 여지가 없다.

⑤ 나아가 호적정정허가의 재판이 호적비송사건으로 처리되므로 성전환자의 성별란 기재 변경을 호적정정의 형태로 허용할 수 없다는 반대의견의 지적에도 동의하기 어렵다.

성전환자에 대한 호적상 성별란의 기재를 고치는 것은 그 성질상 대립당사자에 의한 대심구조를 취하는 소송절차보다는 비대심구조를 취하는 비송절차에 적합하다. 뒤에서 보는 바와 같이 성전환자에 대한 성별 변경에 관한 입법을 두고 있는 나라 중의 하나인 일본의 경우 '성 동일성 장해자의 성별 취급의 특례에 관한 법률' 제5조는 성전환자에 대한 성별 변경의 재판을 일본 가사심판법상 갑류 사건으로 취급하는바, 이에 상응하는 우리 가사소송법 제2조의 분류는 라류 가사비송사건으로서 위 유형의 사건에 대하여는 원칙적으로 비송사건절차법이 준용되고 이해관계인의 참가와 심문에 관한 특칙을 두고 있을 뿐이다(가사소송법 제34조, 제37조, 제38조). 한편, 호적정정사건에 준용되는 비송사건절차법은 직권탐지주의를 채택하여 법원은 직권으로 사실의 탐지와 필요하다고 인정되는 증거조사를 하여야 할 뿐 아니라 민사소송법에 따른 증인신문 · 감정을 실시할 수도 있다(호적법 시행규칙 제97조 제1항 제3호, 비송사건절차법 제10조, 제11조). 반대의견이 지적하는 것처럼 그동안 법원이 호적정정사건에서 신청인이 제출한 자료만을 토대로 허부결정을 하였다면 오히려 이러한 실무 관행을 개선하여야 하지 이를 이유로 호적정정에 의한 구제를 막을 수는 없는 것이다.

⑥ 반대의견은, 성전환자에 대한 성별 정정을 허용할 수 있는 기준과 요건 등을 명확하게 규정한 입법적 조치가 없는 현상태에서 법원이 호적법 제120조에 근거하여 개별사건에서 성별 정정 여부를 결정하는 것은 관련 당사자 등에게 객관적 · 일률적 기준을 제시할 수 없고 오히려 법적 · 사회적 혼란을 초래하게 될 뿐이라고 하면서, 그 한 가지 사례로 종전의 성에 따른 혼인을 하였거나 자녀를 두었던 성전환자에 대하여는 다수의견에 의하더라도 그 성별 정정이 허용되지 않아야 할 것인데도 그 요건이 불명확하여 당사자가 그러한 결과를 예측하지 못한 채 성전환수술을 먼저 받은 경우라면 그 당사자로서는 신체적 · 정신적으로 엄청난 타격을 받을 수밖에 없는 부작용 등이 예상되고, 따라서 현재로서는 성전환자에 대해서는 어떠한 경우에도 성별에 관한 호적정정을 허가해서는 안 된다는 견해를 제시하고 있으나, 이 역시 선뜻 납득하기 어렵다.

우선, 반대의견이 들고 있는 구체적 사례만을 놓고 본다면, 종전의 성에 따른 혼인 여부나 자녀 유무는 그 성전환자가 사회통념상 전환된 성을 가진 자로서 인식될 수 있는지 여부를 결정하는 여러 가지 요소들의 일부로 포섭하여 법원은 다른 사정들까지 모두 고려한 후 호적정정의 허가 여부를 결정하여야 할 것으로 본다. 뒤에서 보는 것처럼 성전환자의 성별 정정에 관하여 입법적 해결을 꾀하고 있는 나라의 입법례를 보더라도, 예컨대 독일의 '성전환법' 제8조 제1항 제2호는 성별변경 신청 당시 신청자가 혼인하지 않은 상태일 것을 요구할 뿐 신청자가 종전의 성에 따른 자녀를 갖고 있는지 여부를 문제삼지 않는 데에 비하여, 일본의

'성 동일성 장해자의 성별 취급의 특례에 관한 법률' 제3조 제1항은 신청 당시 혼인관계 및 자녀가 존재하지 않을 것을 요구하고 있음을 알 수 있어 혼인 여부나 자녀 유무에 따라 성전환자의 성별 정정을 허용할 것인지 여부는 입법재량의 범위 안에 있는 것이다.

따라서 이에 관한 명확한 입법이 없는 현재로서는 혼인을 하였다거나 자녀를 두었다는 사정이 반대의견이 지적하는 것처럼 성전환자의 호적정정을 허용할 수 없는 사유가 된다고 일률적으로 단정할 수는 없고, 그러한 경우에도 다른 여러 사정들과 종합하여 볼 때 진정한 의미의 성전환자라고 볼 수 있는 경우에는 호적정정이 허가될 수도 있고 반대로 그렇지 않은 경우에는 호적정정이 허가되지 않을 수도 있다(혹시 반대의견의 위와 같은 견해가, 다수의견이 '성전환자가 사회통념상 이미 성전환수술을 받은 후의 성으로 인식되고 있을 뿐만 아니라 전환된 성을 그 사람의 성으로 보더라도 다른 사람들과의 신분관계에 변동을 초래하거나 사회에 부정적인 영향을 주지 않는다고 볼 수 있다면 그 전환된 성으로의 성별 정정을 허용할 수 있다'고 판시한 부분을 성전환자에 대한 호적정정을 허가함에 있어서는 '그 성전환자가 다른 사람들과의 신분관계에 변동을 초래하거나 사회에 부정적인 영향을 미치지 않을 것'을 소극적 요건으로 설정한 것으로 이해한 데에서 나온 것이라면, 그 취지가 잘못 전달된 것이다. 다수의견의 견해는 이를 소극적 요건으로 설정하려는 것이 아니라 진정한 의미에서의 성전환자로 확인되고 더 나아가 그에 따라 호적정정을 하더라도 그 효력이 소급하여 기존의 신분관계 등에 중대한 영향을 주지 않아 제한적인 범위 안에서만 그 효력이 미친다고 볼 수 있다면 호적정정을 허용할 수 있다는 의미로 이해되어야 할 것이다).

나아가 누구나 성전환수술을 받기만 하면 아무런 제한 없이 호적정정을 허용하여야 한다는 것은 더더구나 아니므로, 중요한 것은 성전환수술을 받은 사람이 진정한 의미에서 성전환자라고 볼 수 있는지 여부일 것이고, 따라서 만약 어떠한 사람이 자신이 성전환증을 갖고 있지 않음에도 갖고 있는 것으로 잘못 판단하여 성전환수술까지 받았으나 법원에 의하여 진정한 의미에서의 성전환자가 아니라고 판단되어 호적정정을 허가받지 못하는 경우가 생긴다면, 이것은 오히려 법원이 내린 정당한 법적 판단의 결과라고 볼 것이지 그러한 결과가 성전환수술을 받은 자에게 타격이 될 수 있다는 이유로 진정한 의미의 성전환자로 판단되는 사람에 대한 호적정정조차 아예 거부하여야 할 합리적인 사유가 된다고는 생각하지 않는다.

⑦ 일반적으로 성전환자의 호적상 성별 기재를 정정하려면 성전환증이 지속된 기간이나 성전환수술의 적정성, 향후 종전의 성으로 재전환할 개연성 유무 등 의학적 기준과 함께 종전의 성에 의한 법률상 혼인관계 및 자녀가 존재하는지 여부, 신청가능 나이 등 법률적 기준을 명확히 정하여 적용할 필요가 있고, 따라서 성전환자의 성별 정정의 의학적·법률적 요건, 절차·효과 등에 관한 모든 사항은 궁극적으로는 법률의 제·개정을 통하여 입법적으로 해결하는 것이 가장 바람직하며, 이러한 입법적인 조치가 없는 상태에서 법원이 개별 사건을 통하여 성전환자에 대한 성별 정정의 허부를 결정하는 것이 성전환자에 대한 보호를 위해 충분하지 않다는 점 자체에 있어서는 다수의견도 반대의견과 그 뜻을 달리하지 않음은 물론이다.

외국의 사례를 보더라도, 유럽의 경우 초기에는 성전환자의 성 변경을 인정하지 않았으나 현재 유럽의 거의 모든 국가에서는 입법이나 판례를 통하여 이를 허용하고 있고, 특히 독일은 1978년에 선고된 연방헌법재판소의 판례가 나온 후 1981년에 성전환자의 성 변경을 인정하는 입법이 마련되었으며, 유럽인권재판소가 2002년 만장일치로 성별 변경을 인정하는 판례를 남긴 것은 특히 주목할 일이다. 미국의 경우에도 상당수의 주에서 이를 허용하는 입법을 두고 있으며, 일본의 경우에도 종래 하급심에서 서로 엇갈리는 판결을 하다가 현재는 입법(2003년 제정되어 2004.7.16.부터 시행 중인 '성 동일성 장해자의 성별 취급의 특례에 관한 법률')을 통하여 허용하고 있는 실정이다.

결국, 성전환자의 법률적 성을 출생시와 다르게 고치는 것을 허용하는 것이 세계적인 대세이고 법리적으로도 설득력을 얻고 있음을 충분히 확인할 수 있다.

이제 우리의 경우에도 성적 소수자인 성전환자에 대한 권리구제가 법적 안정성의 틀 안에서 이루어질 수 있도록 하루속히 입법적인 조치가 이어졌으면 하는 것은 비단 이 결정에 덧붙이는 우리 법원만의 기대와 바람은 아니라고 확신한다.

그러나 그렇다고 하여 반대의견이 지적하는 것처럼 지금과 같이 호적상 성별란의 정정을 위한 절차규정이 없는 상태에서 성전환자에 대한 호적정정을 허용하는 결정을 하는 것이 성전환자의 구제에 적절하지 아니하고 오히려 부작용을 야기할 우려가 있으므로 법원은 호적의 기재로 인하여 고통받는 성전환자를 보호하기 위하여 어떠한 구제수단도 모색하지 말고 입법적인 조치가 있을 때까지 기다려야만 할 것이라는 취지의 견해에는 커다란 의문을 제기하지 않을 수 없다.

성전환자의 성별 정정에 관한 절차적 규정을 입법적으로 신설하는 것이 이상적임은 두말할 필요도 없지만, 아직까지 어떠한 형태로든 그에 관한 가시적인 입법조치를 예상하기 힘든 현재의 시점에서 본다면 완전한 입법 공백에 따른 위헌적인 상황이 계속되는 것보다는 법원이 구체적·개별적 사안의 심리를 거쳐 성전환자로 확인된 사람에 대해서는 호적법상 정정의 의미에 대한 헌법합치적 법률해석을 통하여 성별 정정을 허용하는 사법적 구제수단의 길을 터놓는 것이 미흡하나마 성전환자의 고통을 덜어 줄 수 있는 최선의 선택일 것이라고 믿어 의심치 않기 때문이다.

⑧ 결론적으로 성전환자로서 사회통념상 남성이라고 보아야 할 신청인의 이 사건 호적정정신청은 허가되어야 할 것이므로, 이상과 같이 다수의견에 대한 보충의견을 밝힌다.

(4) 평 석

본 판례는 호적상 성별 기재의 정정 허용 여부와 정정의 효과 및 성전환자의 법률적 성의 결정에 관하여 기준을 제시해 주고 있다는 점에서 의미를 지닌다. 당해 사건의 성전환자의 경우에는, 기존의 성에 관한 호적의 기재가 현재의 진정한 신분관계를 공시하지 못하고 있으므로, 현재 법률적으로 평가되는 성이 호적에 반영되어야 한다고 하고 있다.

1) 판례는 성전환자의 사회적인 성과 관련하여, 의학적 진료절차와 적응 기준에 따라 성전환수술을 받고 반대 성의 이부 성기 및 신체적 외양을 갖추고, 또한 전환된 성을 가진 사람으로서 만족감을 느끼고 공고한 성정체성의 인식 아래 그 성에 맞춘 의복, 두발 등의 외관을 하고 성관계 등 개인적인 영역 및 직업 등 사회적인 영역에서 모두 전환된 성으로서의 역할을 수행함으로써 주위 사람들로부터도 그 성으로서 인식되고 있으며, 전환된 성을 그 사람의 성이라고 보더라도 다른 사람들과의 신분관계에 중대한 변동을 초래하거나 사회에 부정적인 영향을 주지 않는 경우에는 본인의 의사에 따른 성을 인정될 수 있다고 하고 있다. 그와 같은 기준과 과정을 거친 사회적인 성정체성을 인정할 수 있는 성전환자에게는 출생시의 생물학적·유전학적 성과는 다른 전환된 성을 법률적인 성으로 인정할

수 있다고 하여, 성전환자도 자신의 성적 자기 결정의 자유를 포함하는 기본권을 마땅히 보호받아야 한다고 하고 있다

그러나 성전환증(transsexualism) 혹은 트렌스젠더의 경우에 원하는 성에 일치하는 외부 성기와 외관을 만들어 주기 위하여 시행하는 성전환수술은 복원이 어렵기 때문에 정신과 진단 및 호르몬 치료를 받고 반대의 성으로 정신적 · 사회적 적응이 이루어진 사람에 한하여 엄격한 진단하에 최후의 방법으로 시술하여야 한다는 의학적 원칙을 판례는 천명하고 있다.

이는 성전환수술 자체의 난이도가 그만큼 높기 때문이기도 하지만, 트렌스젠더의 모두가 반대 성을 향한 지향성만을 가지고 있는 것이 아니기 때문이다. 젠더변이와 횡단성애의 정도에 따라서는 성전환수술로 여전히 불만족한 또 다른 인위적 이분법적 성성을 얻을 뿐이고, 개인의 본성에 따른 원하는 만족을 충분히 얻지 못할 수도 있기 때문이다.

2) 다수의견은 환자에 해당함이 명백한 사람에 대하여는 호적정정에 관한 호적법 제120조의 절차에 따라 호적의 성별란 기재의 성을 전환된 성에 부합하도록 수정할 수 있도록 수정할 수 있도록 허용하여 진정한 신분관계를 반영할 수 있도록 하는 것이 호적법 제120조의 입법 취지에 합치되는 합리적 해석이라고 하였다. 호적정정 허가는 성전환에 따라 법률적으로 새로이 평가받게 된 현재의 진정한 성별을 확인하는 취지의 결정이므로 호적정정허가 결정이나, 이에 기초한 호적상 성별란 정정의 효과는 기존의 신분관계 및 권리의무에 영향을 미치지 않는다고 해석함이 상당하다고 하여 신분관계와 가족관계에서 법적 안정성을 보호하려는 노력을 보였는데 이는 적절한 결정이라고 생각된다.

이에 대해서, 반대의견은 이 사건에서 문제로 되는 것은 성염색체와 내부 생식기 · 외부 성기가 일치하여 생물학적으로나 전통적인 사회통념에 의하면 출생신고 당시 완전한 남자 또는 여자였으나, 그 성장과정에서 선천적인 성에 위화감과 불일치감을 느끼고 오히려 반대의 성에 귀속감을 느낌으로써 반대의 성으로서 삶을 영위하고 또 타인에게 인식되기를 원하며 나아가 자신의 신체 역시 이에 부합하게 형성하기를 원하는 증세, 즉 '성전환증'에 관한 것이므로, 처음부터 잘못 기재된 호적을 출생시에 소급하여 정정하기 위한 호적법 제120조가 그대로 적용될 수 없는 사안이라고 하고 있다.

생물학적 · 유전적 · 발생학적 본질론의 입장을 근간으로 하고, 횡단성

(transversality)의 개념과 젠더변이(gender variance)의 개념을 부수적으로 원용하는 저자의 입장에서 보면, 트렌스젠더는 출생시에, 심지어 태생기부터, 이미 뇌신경 기능해부학(functional anatomy)적으로 결정되어 존재하고 있는 인간의 성성에 관련되는 정신 · 심리적 요소를 성성의 변이요인으로 가지고 있었다는 점을 상정하고 있으므로, 이 사건 성전환자의 경우는 출생신고 당시에 성을 잘못 신고한 것에 해당될 수 있다. 따라서 애초의 호적 기재는 진실에 반하는 것으로서 그 기재 당시부터 진실에 부합하지 아니한 경우이므로 호적법 제120조에 의한 호적정정의 대상이 될 수 있다고 생각된다.

저자의 이러한 취지는 김지형 대법관의 다수의견에 대한 보충의견에서 유사한 결론을 취하는 논지로 제기되고 있으나, 단지 출생 당시에는 후천적으로 사후에 나타날 수 있는 정신적 · 사회적 성 결정 요소를 달리 확인할 수 없기 때문에 생물학적 요소 만에 의하여 출생시 신고된 성이 그의 성인지 알고 있을 수 밖에 없었다고 하는 점에서 차이가 있다.

3) 다른 한편, 반대의견은 남녀 간 성의 결정은 개인적 삶의 기본요소가 될 뿐만 아니라, 정치 · 경제 · 사회 · 문화의 모든 영역에서의 공동생활의 근간이 되는 핵심적 요소이며, 윤리적, 철학적, 종교적 사고와도 밀접한 관련을 가지는 것이기 때문에, 이러한 본질적인 문제를 어떻게 해결할 것인가는 일반 국민의 의견 수렴, 신중한 토론과 심사숙고의 과정을 거쳐 국민의 대의기관인 국회가 입법적 결단을 통하여 결정해야 한다고 주장한다.

이에 대한 저자의 사견으로는, 가능한 한, 인간의 성성과 관련하여 그 사람의 있는 그대로의 모습을 그대로 인정하는 사회제도와 법제도를 만드는 것이 바람직할 것으로 생각된다 다시 말해 예를 들면, 동성애사 관계에 있는 두 사람의 삶을 결정함에 있어서 극단적 원수구별주의에 몰입하여 법적인 관점에서 남성과 여성이라는 이성간의 관계로 획정하여 감수성을 잃은 윤리의 틀과 기존의 결혼제도에 포섭하려는 강박적 노력보다는 이성간의 결혼에서 얻을 수 있는 법적, 제도적 혜택과 이익을 그들 동성애 couple에게도 동등하게 보장해 주는 열린 제도를 구축하는 것이 진정 그들의 인권과 삶을 보장해 주는 것이 아닐까 하는 생각을 갖는다. 또한, 정의되기 어려운 인간의 본성과 본질에 관한 문제가 사회적 · 정치적 · 철학적 담론에 의해 지나치게 영향을 받게 되는 것은 염려스러운 일이라고 생각된다.

4) 성전환자의 호적상 성별 기재를 정정하려면 성전환증이 지속된 기간이나 성전환수술의 적정성, 향후 종전의 성으로 재전환할 개연성 유무 등 의학적 기준과 함께 종전의 성에 의한 법률상 혼인관계 및 자녀가 존재하는지 여부, 신청가능 나이 등 법률적 기준을 명확히 정하여 적용할 필요가 있고, 따라서 성전환자의 성별 정정의 의학적 · 법률적 요건, 절차 · 효과 등에 관한 모든 사항은 궁극적으로는 법률의 제 · 개정을 통하여 입법적으로 해결하는 것이 가장 바람직하며, 이러한 입법적인 조치가 없는 상태에서 법원이 개별 사건을 통하여 성전환자에 대한 성별 정정의 허부를 결정하는 것이 성전환자에 대한 보호를 위해 충분하지 않다는 점 자체에 있어서는 다수의견도 반대의견과 그 뜻을 같이 하고 있으며, 본 저자 역시 전적으로 동감한 바이다.

4. 트렌스섹슈얼이 혼인 중에 있거나 미성년자인 자녀가 있는 경우 성별 정정 불허(대법원)[25]

(1) 결정요지

1) 다수의견: 성전환수술에 의하여 출생 시의 성과 다른 반대의 성으로 성전환이 이미 이루어졌고, 정신과 등 의학적 측면에서도 이미 전환된 성으로 인식되고 있다면, 전환된 성으로 개인적 행동과 사회적 활동을 하는 데에까지 법이 관여할 방법은 없다. 그러나 성전환자가 혼인 중에 있거나 미성년자인 자녀가 있는 경우에는, 가족관계등록부에 기재된 성별을 정정하여, 배우자나 미성년자인 자녀의 법적 지위와 그에 대한 사회적 인식에 곤란을 초래하는 것까지 허용할 수는 없으므로, 현재 혼인 중에 있거나 미성년자인 자녀를 둔 성전환자의 성별정정은 허용되지 않는다.

2) 대법관 양창수, 대법관 이인복의 반대의견: 미성년자인 자녀가 있다는 사정은 이와 더불어 그 자녀의 연령과 취학 여부, 부모의 성별정정에 대한 자녀의 이해나 동의 여부, 자녀에 대한 보호 · 교양 · 부양의 모습과 정도, 기타 가정환경 등 제반사정과 함께 그 성전환자가 사회통념상 전환된 성을 가진 자로서 인식될 수 있는지 여부를 결정하는 여러 가지 요소들의 일부로 포섭하여 법원이 구체적

25) 대법원 2011.9.2. 자 2009스117 전원합의체 결정 【등록부정정】 [공2011하,2087].

사안에 따라 성별정정의 허가 여부를 결정하면 충분하고, 미성년자인 자녀가 있다는 사정을 성별정정의 독자적인 소극적 요건으로 설정할 것이 아니다.

3) 대법관 박시환, 대법관 김지형, 대법관 전수안의 반대의견: 미성년자인 자녀가 있는 성전환자의 경우 성별정정을 허용할 것인지는 입법정책의 문제에 속하는 것이고, 나아가 이미 부모의 전환된 성에 따라 자연스러운 가족관계가 형성된 경우 등에서는 성별정정을 허용하지 않는 것이 오히려 미성년자의 복리에 장애가 될 수 있다. 한편 다수의견이 과거의 혼인사실을 이유로 성별정정이 제한되는 것은 아니라고 본 점에 대하여는 견해를 같이 하나, 현재 혼인 중에 있다는 사정을 성별정정의 독자적인 소극적 요건으로 보는 데에는 찬성할 수 없다. 혼인 중에 있다고 하더라도, 성별정정신청 당시 그 혼인관계의 실질적 해소 여부와 그 사유, 혼인관계의 실질적 해소로부터 경과한 기간, 실질적으로 해소된 혼인관계의 부활가능성 등 제반사정을 종합적으로 고려하여 가족관계등록부상의 성별란 정정이 신분관계에 혼란을 줄 염려가 있는지를 가리고 그에 따라 성별정정 여부를 결정하면 충분하다.

4) 가족관계등록부상 남성으로 등재되어 있는 갑이 을과 혼인을 하여 미성년자인 자녀 병을 두고 있었는데 심한 성정체성 장애 때문에 수차례 정신과 치료를 받아오다가 결국 성전환수술 등을 받았고 이에 가족관계등록부상의 성별란 정정을 신청한 사안에서, 성전환자가 혼인 중에 있거나 미성년자인 자녀가 있는 경우에는 가족관계등록부에 기재된 성별을 정정하여 배우자나 미성년자인 자녀의 법적 지위와 그에 대한 사회적 인식에 곤란을 초래하는 것까지 허용할 수는 없으므로, 현재 혼인 중에 있거나 미성년자인 자녀를 둔 성전환자의 성별정정은 허용되지 않는다고 하며, 성전환자 갑의 성별정정을 불허한 원심판단을 수긍한 사례.

(2) 결정이유

1) 성전환자의 성(성)의 결정과 성전환자에 대한 가족관계등록부상 성별 기재의 정정

① 가족관계의 등록 등에 관한 법률을 포함하여 현행법 체계는 모든 사람이 남성 또는 여성 중의 하나에 속하는 것을 전제로 하면서도 남성과 여성의 구분, 즉 성의 결정 기준에 관하여 별도의 규정을 두지 않고 있다.

② 종전에는 사람의 성을 성염색체와 이에 따른 성기 등 생물학적인 요소에 따라 결정하여 왔다. 그러나 근래에 와서는 생물학적인 요소뿐 아니라 개인이 스스로 인식하는 남성 또는 여성으로의 귀속감 및 개인이 남성 또는 여성으로서 적합하다고 사회적으로 승인된 행동 · 태도 · 성격적 특징 등의 성 역할을 수행하는 측면, 즉 정신적 · 사회적 요소들 역시 사람의 성을 결정하는 요소 중의 하나로 인정받게 되었다.

③ 성전환증(Transsexualism)을 가진 사람의 경우에도, 남성 또는 여성 중 어느 한쪽의 성염색체를 보유하고 있고 그 염색체와 일치하는 성기가 형성 · 발달되어 출생하지만, 출생 당시에는 아직 그 사람의 정신적 · 사회적인 의미에서의 성을 인지할 수 없으므로, 생물학적인 신체적 성징(성징)에 따라 법률적인 성이 평가될 것이다.

④ 그러나 출생 후 성장과정에서 일관되게 출생 당시의 생물학적인 성에 대한 불일치감 및 위화감 · 혐오감을 갖고 반대의 성에 귀속감을 느끼면서, 반대의 성으로서의 역할을 수행하며 성기를 포함한 신체 외관 역시 반대의 성으로 형성된 사람들에 대해서는 일정한 경우 법률적인 성의 평가도 달라질 수 있다고 할 것이다. 특히 의학적으로 성전환증의 진단을 받고 상당기간 정신과적 치료나 호르몬 치료 등을 실시하여도 여전히 위 증세가 치유되지 않고 반대의 성에 대한 정신적 · 사회적 적응이 이루어졌고, 나아가 일반적인 의학적 기준에 의하여 성전환수술을 받아 외부 성기를 비롯한 신체적 성징도 반대의 성으로 변경되었을 뿐 아니라 전환된 성을 가진 사람으로서 만족감을 느끼고 공고한 성정체성의 인식 아래 그 성에 맞춘 의복, 두발 등의 외관을 하고 성관계 등 개인적인 영역 및 직업 등 사회적인 영역에서 모두 전환된 성으로서의 역할을 수행하여 주위 사람들로부터도 그 성으로 인식되는 정도에 이르러 사회통념상으로 볼 때 전환된 성을 갖추고 있다고 인정되고, 또한 전환된 성을 그 사람의 성이라고 보더라도 다른 사람들과의 신분관계에 중대한 변동을 초래하지 아니하는 등 사회규범적으로도 허용될 수 있는 경우라면 그러한 성전환자(아래에서 말하는 성전환자는 이러한 성전환자를 뜻한다)에 대하여는 법률적으로도 출생 시의 성이 아닌 전환된 성을 그 사람의 성이라고 평가할 수 있을 것이다.

⑤ 그리고 성전환자의 경우에는 출생 시의 성과 현재 법률적으로 평가되는 성이 달라, 성에 관한 가족관계등록부의 기재가 현재의 진정한 신분관계를 공시

하지 못하게 되므로, 가족관계의 등록 등에 관한 법률 제104조의 절차에 따라 가족관계등록부의 성별란 기재의 성을 전환된 성에 부합하게 수정하는 것을 허용함이 상당하다. 한편 이러한 가족관계등록부 정정허가는 성전환에 따라 법률적으로 새로이 평가받게 된 현재의 진정한 성별을 확인하는 취지의 결정이므로, 그 정정허가 결정이나 이에 기초한 가족관계등록부상 성별란 정정의 효과는 기존의 신분관계 및 권리의무에 영향을 미치지 않는다고 해석하여야 한다.

대법원은 이미 대법원 2006.6.22.자 2004스42 전원합의체 결정에서 이러한 법리를 선언한 바 있다.

2) 혼인 중에 있거나 미성년자인 자녀가 있는 경우 성별정정을 허가할 것인지 여부

① 성전환수술 등으로 신체적 특성이나 사회적 활동을 함에 있어서는 전환된 성이 그 사람의 성으로 인식되더라도, 가족관계등록부상의 성별 표시에 대한 정정을 허가하기 위해서는, 다른 사람들과의 신분관계에 변동을 초래하거나 사회에 부정적인 영향을 주지 아니하여 사회적으로 허용된다고 볼 수 있는 등 여러 사정을 종합적으로 고려하여야 하므로, 성별정정으로 배우자나 자녀와의 신분관계에 중대한 변경을 초래하거나 사회에 미치는 부정적 영향이 현저한 경우 등 특별한 사정이 있다면, 성별정정을 허용하여서는 아니 된다.

② 성전환자가 혼인 중에 있는 경우: 헌법 제36조 제1항은 "혼인과 가족생활은 개인의 존엄과 양성의 평등을 기초로 성립되고 유지되어야 하며, 국가는 이를 보장한다"라고 선언하고 있는바, 무릇 혼인이란 남녀 간의 육체적, 정신적 결합으로 성립하는 것으로서, 우리 민법은 이성(이성) 간의 혼인만을 허용하고 동성(동성) 간의 혼인은 허용하지 않고 있다. 그런데 만약 현재 혼인 중에 있는 성전환자에 대하여 성별정정을 허용할 경우 법이 허용하지 않는 동성혼의 외관을 현출시켜 결과적으로 동성혼을 인정하는 셈이 되고, 이는 상대방 배우자의 신분관계 등 법적·사회적 지위에 중대한 영향을 미치게 된다. 따라서 현행 민법 규정과 오늘날의 사회통념상 현재 혼인 중에 있는 성전환자는 전환된 성을 법률적으로 그 사람의 성이라고 평가할 수 없고, 그 결과 가족관계등록부의 성별정정도 허용되지 아니한다고 할 것이나. 다만 현재 혼인 중이 아니라면 과거 혼인한 사실이 있다고 하더라도 위와 같은 혼란을 야기하거나 사회에 부정적인 영향을 미칠 우려가 크지 않으므로 성별정정을 불허할 사유가 되지 아니한다.

③ 성전환자에게 미성년자인 자녀가 있는 경우: 우리 민법에 부모는 미성년자인 자의 친권자가 되고(제909조 제1항), 친권자는 자를 보호하고 교양할 권리의무가 있으며(제913조), 친권을 행사함에 있어서는 자의 복리를 우선적으로 고려하여야 한다(제912조)라고 규정하고 있는바, 미성년자인 자녀가 있는 경우에는 친권자의 성(성)을 법률적으로 평가함에 있어서도 미성년자인 자녀의 복리를 우선적으로 고려하지 않으면 안 된다. 그런데 성전환자에게 미성년자인 자녀가 있음에도 성별정정을 허용한다면 미성년자인 자녀의 입장에서는 법률적인 평가라는 이유로 부(부)가 남성에서 여성으로, 또는 모(모)가 여성에서 남성으로 뒤바뀌는 상황을 일방적으로 감내해야 하므로, 이로 인한 정신적 혼란과 충격에 노출될 수 있음을 쉽게 짐작할 수 있다. 그리고 성별정정을 허용하게 되면 가족관계증명서의 '부(부)'란에 기재된 사람의 성별이 '여(녀)'로, 또는 '모(모)'란에 기재된 사람의 성별이 '남(남)'으로 표시됨으로써 동성혼의 외관이 현출될 수밖에 없고, 미성년자인 자녀는 취학 등을 위해 가족관계증명서가 요구될 때마다 동성혼의 외관이 현출된 가족관계증명서를 제출할 수밖에 없다. 동성혼에 대한 찬반양론을 떠나 이에 대한 사회적 차별과 편견은 엄연한 현실이고, 이러한 현실에 대한 적응능력이 성숙되지 아니하고 감수성이 예민한 미성년자인 자녀를 이러한 사회적 차별과 편견에 무방비하게 노출되도록 방치하는 것은 친권자로서 또는 사회구성원으로서의 기본적인 책무를 도외시하는 것이다. 그와 같은 친권자와 미성년자인 자녀 사이의 특별한 신분관계와 미성년자인 자녀의 복리에 미치는 현저한 부정적인 영향, 그리고 가족관계등록부상 성별란 정정의 효과가 '기존의' 친자관계 등 법률관계에 영향을 미치지 않는다는 것만으로는 그 이후 새롭게 생겨나는 미성년 자녀의 생활관계상의 곤란이 다 해결된다고 보기는 어려운 점 등을 고려하면, 성전환자에게 미성년자인 자녀가 있는 경우에는 성별정정이 허용되지 않는다고 할 것이다. 나아가 가족 간의 유대와 배려를 특별히 중요하게 생각하는 우리 사회의 가족관에 비추어 볼 때, 미성년자인 자녀의 복리를 위하여 친권자의 성별정정을 허용하지 않는 것은, 현재의 우리 사회가, 스스로의 선택에 의하여 이성과 혼인하고 자녀를 출생시켜 가족을 이룬 사람에게 요구할 수 있는 최소한의 배려요청이다.

④ 소결론: 성전환수술에 의하여 출생 시의 성과 다른 반대의 성으로 성전환은 이미 이루어졌고, 정신과 등 의학적 측면에서도 이미 그 전환된 성으로 인식

되고 있다면, 전환된 성으로 개인적 행동과 사회적 활동을 하는 데에까지 법이 관여할 방법은 없다. 그러나 성전환자가 혼인 중에 있거나 미성년자인 자녀가 있는 경우에는, 가족관계등록부에 기재된 성별을 정정하여, 그 배우자나 미성년자인 자녀의 법적 지위와 그에 대한 사회적 인식에 곤란을 초래하는 것까지 허용할 수는 없으므로, 현재 혼인 중에 있거나 미성년자인 자녀를 둔 성전환자의 성별정정은 허용되지 않는다고 할 것이다.

3) 원심은, 신청인이 가족관계등록부상 남성으로 등재되어 있으나 학창시절부터 여성복을 즐겨 입고, 여성을 동성처럼 여기는 등 여성적 성향을 보이며 심한 성정체성 장애를 겪어 왔으며, 그 때문에 수차례 정신과 치료를 받아오다가 2006.8.8. 태국에서 성전환수술과 유방성형수술을 받아 여성의 외부 성기와 신체 외관을 갖추게 되었고, 그 후 현재까지 계속하여 여성호르몬제를 투약해 온 점 등의 사정에 의하면 신청인을 여성으로 볼 여지가 있다고 하면서도, 신청인이 1992.10.21. 혼인을 한 적이 있고, 당시 부인과 사이에 1994.11.8.에 태어난 아들을 둔 사정을 들어 신청인의 가족관계등록부상 성별을 남성에서 여성으로 정정하는 것은 신분관계에 중대한 변동을 초래한다고 하여, 이 사건 신청을 기각한 제1심 결정을 유지하였다.

앞에서 본 법리에 비추어 보면, 원심이 과거의 혼인경력을 들어 성별정정을 불허한 것처럼 판시한 것은 잘못이라고 할 것이지만, 미성년자인 자녀가 있는 신청인의 성별정정신청을 기각한 제1심 결정을 유지한 조치는 그 결론에 있어 정당하고, 거기에 재항고이유에서 주장하는 바와 같은 잘못이 없다.

4) 결론: 그러므로 재항고를 기각하기로 하여 주문과 같이 결정한다. 이 결정에 대하여는 미성년자인 자녀가 있다는 사정을 성별정정의 독자적인 소극적 요건으로 볼 것인지에 관하여 대법관 양창수, 대법관 이인복의 반대의견, 미성년자인 자녀가 있다는 사정과 혼인 중에 있다는 사정을 성별정정의 독자적인 소극적 요건으로 볼 것인지에 관하여 대법관 박시환, 대법관 김지형, 대법관 전수안의 반대의견이 있는 외에는 관여 법관들의 의견이 일치되었다.

5) 대법관 양창수, 대법관 이인복의 반대의견은 다음과 같다.

① 법의 역할은 무엇보다도 사람의 자유와 권리를 보호하는 데 있다. 그리하여 이 사회의 소수자에 해당하는 성전환자들에게도 새로운 성에 대한 법적 보호가 필요하고, 각자가 자신이 원하는 성을 법적으로 인정받고 이를 기본으로 하여

삶을 영위하는 것은 자신의 행복 추구에 있어서 본질적인 의미를 가지는 것이다. 이러한 취지에서 대법원 2006.6.22.자 2004스42 전원합의체 결정은 이들의 성별 정정을 법적으로 승인한 것이다.

그리고 어느 한 사람의 성적 정체성은 근본적으로 개인적 영역에 속하는 자신의 존재양식 또는 삶의 기본양상에 관한 결단으로서의 성격을 지니므로 이는 법적으로도 그에 상응한 존중을 받아야 하는 것이나, 다른 한편으로 성전환자들 역시 사회의 한 구성원으로서 공동체 내에서 생활을 영위하는 이상 그의 행위가 갖는 사회적 의미를 전적으로 도외시할 수는 없다. 위 대법원 전원합의체 결정이 판시하는 바와 같이 가족관계등록부에 기재된 성별의 정정을 어느 범위에서 허용할 것인지를 판단함에 있어서 성별의 정정이 다른 사람의 신분관계에 미치는 영향이나 그에 따른 사회적 결과도 함께 고려하여야 함은 충분히 수긍할 수 있다.

그러나 성적 정체성에 관한 태도 결정이나 성적 지향은 개인의 존재 그 자체를 구성하는 것으로서 이를 법적으로 인정받지 못하는 것은 인간의 존엄을 유지하고 스스로 선택한 가치관에 따라 행복을 추구한다는 가장 기본적인 권리를 부정당하는 것이나 다름없다. 따라서 사회적 인식이나 통념 등을 이유로 사회 내의 소수자인 성전환자의 성별 정정을 제약하는 데에는 극히 신중한 태도를 가질 필요가 있다. 성전환자의 성별정정은 우리 사회의 주류로부터 오히려 지지 · 동의될 수 없는 것을 아마도 그들의 뜻에 반하여 성전환자에게도 이 사회에서 인간으로서 누릴 수 있는 행복의 추구를 가능하게 하기 위한 기반으로서 시인하는 것이다. 따라서 이 맥락에서 윤리적 또는 종교적 신념 등에 기반한 사회적 통념 또는 인식을 앞세워서는 성전환자의 성별정정이 가지는 법적 의미는 현저히 퇴색할 수밖에 없는 것이다. 특히 법원이 가족관계등록부에 기재된 성별의 정정을 허가할 것인지 여부를 결정함에 있어서 일정한 기준을 세우고 그에 따라 일관된 처리를 함으로써 법적 안정성을 유지하는 것이 중요한 가치임은 부인할 수 없다고 하더라도, 어떠한 소극적 요건을 절대적 기준으로 설정함으로써 경우에 따라 성전환자의 인간으로서의 존엄성이나 행복추구권의 본질적 부분이 침해되는 결과에 이를 수 있음에도 이를 감수하면서까지 법적 안정성을 추구하는 것이 정당하다고 말할 수 없다.

② 성전환은 법원이 가족관계등록부상의 성별란 정정을 허용할 것인지 여부에 대한 재판을 통하여 공적으로 확인된다. '성(성)'의 결정은 단순한 사실의 확인

이 아니라, '성'이라는 법개념의 내용 및 판단기준에 비추어 어떠한 사람의 성이 어디에 속하는가를 정하는 법적 판단이다.

성전환자의 미성년 자녀가 부 또는 모의 성전환으로 가혹한 사회적 차별과 편견을 받게 되는 상황이 우려되는 경우에는, 법원이 성별정정 허가 여부를 재판하면서 이러한 사정을 하나의 중요한 요소로 고려하면 충분하고, 미성년자인 자녀가 있다는 사정을 당연히 성별정정을 허용하지 않는 절대적인 소극적 요건으로 설정할 것은 아니다. 요컨대 이는 성전환에 대한 법적 승인으로 인한 성전환자의 이익과 그 미성년자인 자녀의 불이익 사이의 구체적 형량문제이고, 이를 어느 경우에나 일률적으로 후자 우선으로 결정할 일이 아닌 것이다.

대법관 박시환, 대법관 김지형, 대법관 전수안의 반대의견에서도 밝히고 있는 바와 같이 성전환자의 미성년 자녀가 성전환자를 성전환 전과 마찬가지로 자신의 어버이로 여기는 경우를 얼마든지 상정할 수 있다. 그러한 경우에는 미성년 자녀의 불이익보다 성전환에 대한 법적 승인으로 인한 성전환자의 이익이 현저히 크다고 할 것이다.

또한 성적 정체성의 혼란을 겪다가 자녀를 둔 후에 비로소 명백한 성전환자가 된 경우 그 시점에 미성년 자녀가 있다는 이유만으로 스스로 어찌할 수 없는 상태에서 자녀가 성년에 이를 때까지 종전의 성에 따른 삶을 살도록 강요하는 것이 이러한 제약이 없는 성전환자와 비교하여 그 차별을 정당화할 만한 이유가 있다고 볼 수 없다.

다수의견은 "성별정정을 허용하게 되면 가족관계증명서의 '부(부)'란에 기재된 사람의 성별이 '여(녀)'로, 또는 '모(모)'란에 기재된 사람의 성별이 '남(남)'으로 표시됨으로써 동성혼의 외관이 현출될 수밖에 없다"고 한다. 그러나 가족관계증명서의 부 또는 모의 기재는 어떤 사람의 부 또는 모가 누구인가를 말하는 것일 뿐이고, 그들 사이에 혼인관계가 있다는 것을 의미하는 것이 아니다. 한편 현재 동성혼이 허용되지 아니한다는 것은 누구나 알고 있는 사실이므로, 가족관계등록부의 기재를 통하여 '동성혼의 외관'은 애초 성립할 여지가 없는 것이다. 다만 위와 같은 가족관계증명서의 기재는 부 또는 모가 성전환을 하였다는 것을 말하여주는 것일 뿐이다.

결국 미성년자인 자녀가 있다는 사정은 이와 더불어 그 자녀의 연령과 취학 여부, 부모의 성별정정에 대한 자녀의 이해나 동의 여부, 자녀에 대한 보호·교양 · 부양의 모습과 정도, 기타 가정환경 등 제반사정과 함께 그 성전환자가 사회통념상 전환된 성을 가진 자로서 인식될 수 있는지 여부를 결정하는 여러 가지 요소들의 일부로 포섭하여 법원이 구체적 사안에 따라 성별정정의 허가 여부를 결정하면 충분하고, 미성년자인 자녀가 있다는 사정을 성별정정의 독자적인 소극적 요건으로 설정할 것이 아니다.

한편 이 문제에 관하여 혼인 중에 있는 사람과 미성년 자녀가 있는 사람을 같은 차원에서 논의할 수는 없다. 혼인 중에 있는 사람에게 성전환을 인정하는 것은 다수의견이 말하는 대로 직접적으로 동성혼을 인정하는 것이 되고, 이는 혼인제도의 근간을 뒤흔들게 된다. 동성혼은, 혼인제도가 어떻게 이를 포섭할 수 있도록 바뀌어야 하는가 하는 문제는 별론으로 하고, 현재 효력 있는 법에서는 부인되고 있다고 하지 않을 수 없다.

외국의 예를 보더라도 미성년 자녀가 있다는 사정을 성별정정의 독자적인 소극적 요건으로 취급하지 않는 반면에, 현재 혼인 중인 경우에는 성별정정을 허용하지 않는 것이 현 시점에서의 일반적인 경향임을 알 수 있다.

이상과 같은 법리에 의하면, 미성년자인 자녀가 있다는 사정은 성별정정을 허가할 것인가에 있어서의 개별적인 고려요소에 지나지 않는다고 할 것임에도, 원심이 미성년자인 자녀가 있다는 사정을 성별정정의 독자적인 소극적 요소로 보고 그러한 사정의 존재만으로 나머지 제반사정에 관하여 나아가 살펴보지 아니한 채 이 사건 성별정정신청을 기각한 제1심 결정을 그대로 유지한 데에는 성별정정에 관한 법리를 오해함으로써 재판 결과에 영향을 미친 위법이 있다. 따라서 원심결정은 파기되어야 한다.

6) 대법관 박시환, 대법관 김지형, 대법관 전수안의 반대의견은 다음과 같다.

다수의견은, 성전환자의 경우 가족관계등록부의 성별에 관한 기재가 현재의 진정한 신분관계를 공시하지 못하게 되므로 가족관계등록부의 성별란 기재의 성(성)을 현재의 전환된 성에 부합하도록 수정을 허용하여야 하고, 이러한 가족관계등록부 정정허가는 성전환에 따라 법률적으로 새로이 평가받게 된 현재의 진정한 성별을 확인하는 취지의 결정이라고 하면서도, 그 소극적 요건으로 성별정정으로 신분관계에 중대한 변경을 초래하거나 사회에 미치는 부정적 영향이 현저한 경우 등의 사정이 없어야 한다고 하면서 구체적으로는 현재 법률상 혼인 상태에 있지 아니할 것과 미성년자인 자녀가 없어야 한다는 점을 요구하고 있다.

그러나 이러한 다수의견에는 다음과 같은 이유로 찬성할 수 없다.

① 헌법 전문과 헌법 제10조는 모든 국민은 인간의 존엄과 가치, 행복추구권 및 능력을 최고도로 발휘할 권리를 가진다고 선언하고 있다. 국민 각자가 현재의 생물학적 · 법률적 성(성)에 부합하도록 자신의 성별을 공적으로 확인받아 공시하는 것은 이러한 기본적 권리를 실현하는데 있어 필수적 요소라 할 수 있다. 성전환자의 경우 자신의 성정체성에 따른 법률적 성을 진정한 성으로 확정 또는 확인받는 것 자체로써 다른 사회 구성원들에게 직접 위해를 가할 여지가 있는 것은 아니고, 오히려 자신의 성정체성에 따라 확인된 진정한 성이 있음에도 그 성과 가족관계등록부에 등록된 성이 일치하지 않는 상태가 방치되고 있다면 그로 인하여 다른 사회구성원들 사이에서 혼란과 착오가 발생할 가능성이 더욱 클 것이다. 그럼에도 사회에 대한 부정적 영향이 없어야만 가족관계등록부 정정을 허용하겠다는 다수의견은, 결과적으로 성전환자에 대한 사회구성원 다수의 인식을 궁극적 판단기준으로 설정하는 것일 뿐 아니라 소수자인 성전환자도 성정체성의 문제로 인하여 차별받지 않고 대다수 사람들과 동등한 권리와 행복을 누려야 한다는 기본권적 가치를 외면하고 있는 것이어서 동의할 수 없다.

유엔인권이사회는 2011.6.16. 제17차 회의에서 '성적 지향 및 성정체성에 대한 결의안'을 통과시켰고 우리 정부도 유엔인권이사회 이사국으로서 위 결의안에 찬성하였는데, 위 결의안은 각국의 성적 지향과 성정체성에 대한 차별적 법률과 관행 등을 조사, 공개하도록 요구하고 있다. 다수의견의 견해는 성전환자, 동성애자 등의 이른바 성소수자에 대한 차별을 금지하는 입법과 제도적 보완이 요구되는 이러한 시대흐름에도 반하는 것이다.

② 다수의견은 성전환자가 현재 혼인 중에 있거나 미성년자인 자녀를 두고 있는 경우에는 가족관계등록부의 성별정정이 허용되지 않는다고 함으로써 이를 그 성별정정 허가의 소극적 요건으로 파악하고 있으나, 이는 다수의견이 들고 있는 대법원 2006.6.22.자 2004스42 전원합의체 결정에서 판시한 의견에 배치되는 것이다.

위 전원합의체 결정에서의 다수의견에 대한 보충의견은, 혼인 여부나 자녀 유무에 따라 성전환자의 성별정정을 허용할 것인지 여부는 입법재량의 범위 안에 있는 것이고, 이에 관한 명확한 입법이 없는 현재로서는 혼인을 하였다거나 자녀를 두었다는 사정이 성전환자의 호적정정을 허용할 수 없는 사유가 된다고 일률적으로 단정할 수는 없으며, 다수의견의 견해는 이를 소극적 요건으로 설정하려는 것이 아니라 진정한 의미에서의 성전환자로 확인되고 더 나아가 그에 따라 호적정정을 하더라도 그 효력이 소급하여 기존의 신분관계 등에 중대한 영향을 주지 않아 제한적인 범위 안에서만 그 효력이 미친다고 볼 수 있다면 호적정정을 허용할 수 있다는 의미로 이해되어야 할 것임을 명시적으로 밝힌 바 있다.

그런데 이 사건에서 다수의견이, 미성년자인 자녀를 둔 자라는 사정만으로도 성별정정을 불허할 사유가 되고 특히 신청인이 현재 혼인상태에 있지 아니함에도 굳이 혼인 중에 있는 자라는 사정만으로도 성별정정을 불허할 사유가 된다는 견해를 밝히고 있는 것은 위 전원합의체 결정과 달리 '그 성전환자가 다른 사람들과의 신분관계에 변동을 초래하거나 사회에 부적정인 영향을 미치지 않을 것'을 소극적 요건으로 설정한 것이라고 볼 수밖에 없다. 이러한 다수의견에 따를 경우 위 전원합의체 결정에서 판시된 의견은 변경되어야 하는 결과에 이른다는 점을 다수의견은 신중히 고려하였어야 할 것이다.

③ 다수의견은, 미성년자인 자녀를 둔 성전환자에게 성별정정을 허가하게 되면 가족관계등록부에 동성혼의 외관이 현출될 수밖에 없고 현실적인 사회적 차별과 편견에 미성년자를 무방비하게 노출되도록 방치하는 결과가 되어 미성년자인 자녀의 복리에 부정적 영향을 미치게 되므로 미성년자인 자녀가 있는 경우에는 성별정정이 허용되어서는 안 된다고 한다.

그러나 다수의견의 위와 같은 견해는, 미성년자인 자녀가 있는 성전환자의 경우 그 성별정정을 허용할 것인지 여부는 입법정책의 문제에 속하는 것이며, 나아가 이미 부모의 전환된 성에 따라 자연스러운 가족관계가 형성된 경우 등에서는 그 성별정정을 허용하지 않는 것이 오히려 미성년자의 복리에 장애가 될 수 있다는 점에서 동의하기 어렵다.

우선 각국의 입법례를 보더라도 일본의 '성 동일성 장해자의 성별취급의 특례에 관한 법률' 제3조 제1항이 미성년자인 자녀가 존재하지 않을 것 등을 성별정정의 요건으로 규정하고 있으나, 독일, 영국 등에서는 성년 또는 미성년의 자녀 여부를 성별변경의 요건으로 삼고 있지 않다. 우리나라에서는 아직까지 이에 관한 입법이 이루어지지 않고 있으니, 앞서 본 대법원 2004스42 전원합의체 결정 이후로는 성별정정이 허가되고 있고, 성전환자가 성년 또는 미성년자인 자녀를 둔 경우에 있어서 다수의견이 지적하는 우려는 성별정정에도 불구하고 성전환자와 자녀 사이의 법률관계는 변경되지 않는다는 등의 해석론으로 대부분 해결될 수 있는 문제에 지나지 않는다.

또한 다수의견은 성전환자의 미성년자인 자녀가 성년이 될 때까지는 일률적으로 성별정정을 허가하지 않는 것이 그 자녀의 복리에 도움이 된다고 하며, 심지어 우리 사회 가족관에 비추어 볼 때 미성년자인 자녀를 둔 성전환자의 성별정정을 허용하지 않는 것은 스스로의 선택에 의하여 이성과 혼인하고 자녀를 출생시켜 가족을 이룬 사람에게 요구할 수 있는 최소한의 배려요청이라고 한다.

하지만 성전환자가 혼인 중 또는 사실혼 관계에서 자녀를 출산한 후 성전환하여 혼자서 오랜 기간 동안 그 전환된 성으로서 자녀를 양육해 온 경우 또는 혼인관계 없이 부(부) 또는 모(모)로서 미성년자인 자녀를 입양한 후 성전환하거나 이미 성전환하고서도 성별정정을 하지 못한 채 미성년자인 자녀를 입양하여 혼자서 그 전환된 성으로 자녀를 양육해 온 경우에 있어서 그 성전환자와 미성년자인 자녀 사이에 이미 가족관계등록부의 성(성)과는 다른 실질적 가족관계가 형성되어 있다면, 법원이 단지 미성년자인 자녀가 있다는 이유만으로 성별정정을 허용하지 않는 것이 미성년자인 자녀의 복리를 위한 것이며 우리 사회가 요구할 수 있는 최소한의 배려요청이라고 할 수 있는지 의문이다. 다수의견의 견해는, 성별정정을 통해 인간으로서의 최소한의 기본적 권리를 보호받고자 하는 성전환자들에게, 사회 구성원 다수의 인식에 비추어 관용하고 수용할 만한 경우에만 성별정정을 허용하겠다는 것과 다르지 않으며, 우리 사회 구성원의 다수가 성적 소수자를 충분히 이해하거나 포용하는 입장으로 돌아서지 않는 한, 성전환자로 하여금 법률적으로 성전환 전의 다른 성으로 살아가도록 강요하는 것에 지나지 않는다.

그러므로 원심이 미성년자인 자녀가 있다는 사정을 성별정정의 독자적인 소극적 요소로 판단하여 앞서 본 바와 같은 사정에 관하여는 살펴보지 아니한 채 이 사건 성별정정신청을 기각한 제1심 결정을 그대로 유지한 데에는 성별정정에 관한 법리를 오해한 잘못이 있다. 원심결정은 파기되어야 한다.

④ 한편 다수의견이 과거의 혼인사실을 이유로 성별정정이 제한되는 것은 아니라고 본 점에 대하여는 견해를 같이 하나, 현재 혼인 중에 있다는 사정은 성별정정의 독자적인 소극적 요건으로 보는 데에는 찬성할 수 없다.

성전환자에 대한 우리 사회의 평균적인 이해의 정도가 높아지고 그에 따라 이들을 바라보는 시각이 보다 관대하게 바뀌어 가고 있으며 사회통념상의 부정적인 요소도 시대의 변화와 인식의 변화 속에서 달라지게 마련이다. 그런데도 혼인 중에 있다는 사정을 성별정정의 독자적이고 절대적인 소극적 요건으로 보는 것은 바람직하지 않다.

혼인 중에 있다고 하더라도 사실상 별거를 하고 있거나 이혼 소송 중에 있는 등 성별정정을 허용하더라도 배우자와의 신분관계에 실질적인 변동을 초래할 우려가 크지 않은 경우도 있을 터인데, 성별정정을 필요로 하는 다른 사정은 고려하지 않은 채 혼인 중에 있다는 사정만을 내세워 성별정정을 불가능하게 하는 것은 합리적인 접근방식이라고 볼 수 없다.

결국 혼인 중에 있다고 하더라도, 성별정정신청 당시 그 혼인관계의 실질적 해소 여부와 그 사유, 혼인관계의 실질적 해소로부터 경과한 기간, 실질적으로 해소된 혼인관계의 부활가능성 등 제반사정을 종합적으로 고려하여 가족관계등록부상의 성별란 정정이 신분관계에 혼란을 줄 염려가 있는지를 가리고 그에 따라 성별정정 여부를 결정하면 충분하다.

이 사건 신청인은 혼인 중에 있지 아니하므로 다수의견에 의하더라도 이 사건 결론에는 영향이 없을 것이나, 현재 혼인 중에 있지 아니할 것을 성별정정의 독자적인 소극적 요건으로 보는 다수의견과는 그 견해를 달리하므로 이 점을 아울러 밝혀둔다.

(3) 평 석

판례는 가족관계등록부에 기재된 성별을 정정하여, 배우자나 미성년자인 자녀의 법적 지위와 그에 대한 사회적 인식에 곤란을 초래하는 것까지 허용할 수는 없으므로, 현재 혼인 중에 있거나 미성년자인 자녀를 둔 성전환자의 성별정정은 허용되지 않는다고 판시하고 있다.

그러나 트렌스젠더의 성성의 결정이나 성적 지향은 인간의 존엄과 행복 추구의 기본권에 해당하므로, 윤리적 및 종교적 신념 혹은 사회적 통념을 앞세워서 성전환자의 성별정정을 제한하는 것은 기본권의 본질적 부분을 침해하는 것이 되기 때문에, 법적 안정성의 확보를 이유로 정당화될 수는 없을 것이다. 따라서 성전환자에게 미성년자인 자녀가 있다는 사정이나 그가 현재 혼인 중에 있다는 사정을 성별정정의 독자적인 소극적 요건으로 설정하는 것은 정당하지 못하다고 생각한다. 물론, 성별정정으로 배우자나 자녀와의 신분관계에 중대한 변경을 초래하거나 사회에 미치는 부정적 영향이 현저한 경우 등 특별한 사정이 있다면 성별정정은 허용되지 않는 것이 당연하다고 하겠다.

IV. 결 론

흔히 성의 역할을 크게 세 가지 범주로 나누어 이야기한다. 첫째, 생식(reproduction)과 출산(procreation)의 기능으로서 모든 생명체의 특성이라고 할 수 있다. 둘째, 성이라는 방법론을 통하여 인간관계의 외연을 확장하는 사회적 역할이다. 셋째, 인간이 누릴 수 있는 최고의 기쁨과 즐거움의 한 가지를 성을 통하여 얻을 수 있다고 하였다.

생명의 특성에 대한 정의에 의하면, 생명을 지닌 지구상의 모든 생물은 일부 virus를 제외하고는 모두 DNA를 유전정보로 이용하여 자기복제를 실행하고 있다. DNA에는 한 생명체를 만드는 모든 유전적 정보가 들어 있고, 그것은 다양한 형태로 다음 세대로 이어진다. 생식(reproduction)이라는 관점에서 본다면, 생명의 본질은 복제라는 과정을 통하여 세대를 넘어서 이어지는 유전정보라고 할 수가 있으며, 생명은 유전정보가 생물의 몸을 통해서 전달되도록 하기 위한 체계라고 할 수 있다.[26)]

인간을 생물학적으로 볼 때, 남녀는 다른 고등동물의 암수와 마찬가지로 각각 자신의 생식세포(정자와 난자)를 만들어 내어 다음 세대의 개체를 만들어 내는 한 종의 구성원이다. 무성생식을 하는 생물의 집단과는 달리 유성생식을 하는 생물들의 집단은 유전학적으로 훨씬 더 많은 다양성을 보이며, 그러한 유전적 다양성은 환경변화에 더 잘 적응해 나갈 수 있는 이점을 준다.[27)]

그러나 다른 동물의 세대적 생식과는 달리, 인간에게 자녀의 출산은 인간이 추구하는 행복감의 중요한 부분을 차지하고 있는 것은 분명하다. 또한, 성관계를 통하여 인간이 얻을 수 있는 육체적 · 정신적 기쁨과 즐거움은 인간이 향유할 수 있는 통합적 쾌락의 최고의 단계라고 할 수 있으며, 상이한 성이 갖는 다양한 특

26) 폴 데이비스 저(고문주 역), 「제5의 기적: 생명의 기원」(서울: 북스힐, 2000), 15-16면.
27) 권영명 · 박순직, 「생물과학」(서울: 한국방송통신대학교출판부, 2001), 257-258면.

성을 재인식과 긍정을 통하여 상호 보완적, 생산적 및 발전적인 문화와 통합적인 인간관계를 형성함으로써 새로운 사회적 맥락과 미래를 지향해 나갈 수 있도록 하는 잠재력이 인간의 성에는 무한히 담겨 있다.

성 의식과 성 행동은 그리 길지 않은 인류의 역사를 거치면서 많은 변화를 겪으며, 다양한 모습으로 표현되고, 때로는 왜곡되고 억압되기도하며, 오늘날에 이르고 있다. 지난 100년의 역사를 성적 관점에서 바라보면, 그야 말로 혁명적 변화를 겪었음을 알 수 있다.

그 중 가장 혁명적이라고 평가되는 두 가지 사건은 1960년 전후에 밀어 닥친 여성 경구피임약의 개발과 여권주의의 정치적 등장으로서, 두 사건은 전통적 성도덕 관념과 성의식의 기조를 뿌리채 흔들어 놓았으며, 특히 사회적 성 역할의 면에서 커다란 시대적 변화를 초래하였다.

그리하여 인간의 성은 이제 남녀를 불문하고 본능적인 목적이외에 적극적인 통합적 쾌락의 추구수단이 되었고, 이러한 쾌락의 획득과 본능적인 목적달성을 동시에 추구하는 현상이 때로는 명백하게, 때로는 은밀하게 인류문명의 발전에 중대한 영향을 미치고 있는 것은 분명하다.

그러한 결과로, 오늘날 인간의 성행동은, 성공적 생식이 더 이상 근원적 목적이 아니라 하더라도, 그 옛날 성공적 생식을 위하여 전략적으로 선택하였던 무의식적 및 본능적 동인에 의하여 보다 더 강한 지배를 오히려 더 받을 수 있는 환경에 놓이게 되었다고 볼 수 있다.[28]

인간의 성행동은 다른 동물과는 다른 차원에서 복합적인 요인에 의해 이루어진다. 성 의식과 성 행동은 인류의 역사를 거치면서 많은 변화를 겪어 왔다. 특히 1960년대 전후의 성공적인 여성피임과 여권주의의 정치 · 사회적 등장은 특히 사회적 성 역할의 면에서 커다란 시대적 변화를 초래하였다.

---

28) 사람들은 흔히 자신들의 배우자 선택기준이 대단히 사적이고 개별적이라고 생각한다. 그러나, 진화심리학자들은 이상적인 배우자를 향한 선호도와 갈망은 진화의 힘, 즉 성공적 번식을 이루기 위하여 그들의 유전자가 원하는 바에 따라 나타난다고 한다. 즉, 남성은 번식가치와 출산 능력이 높은 여성을 짝으로 삼으려고 한다는 것이다. 서구를 대상으로 한 연구의 예를 들면, 젊은 여성, 금발, 푸른 눈동자, 긴 머리카락, 가는 허리, 풍만한 가슴 등이 성공적인 생식을 보장해 주는 유전적 요소라고 하고 있으며, 이런 요소들이 남성을 무의식적으로 유혹하는 여성의 본능적 섹시함의 원천이라고 한다: 앨런 S. 밀러 · 가나자와 사토시 저 (박완신 역), 「진화심리학」(서울: 웅진지식하우스, 2008), 78면.

그러나 다른 동물의 계대적 생식과는 달리, 인간에게 자녀의 출산은 인간이 추구하는 특별한 행복감의 중요한 부분을 차지하고 있는 것은 분명하며, 유성생식을 하는 다른 모든 생물 종들이 성공적인 생식을 위하여 사용하는 전략적 방법론이 인간의 특유의 성행동의 이면에서도, 강력한 무의식적인 동인으로서 여전히 함께 자리하고 있다.

개인의 자유와 권리의 신장을 지상 목표로 하는 자유주의가 성적인 측면에서도 그 영향력을 발휘하여 오늘날에는 인간의 성은 이제 남녀를 불문하고 본능적인 목적 이외에 적극적인 통합적 쾌락의 추구수단이 되어 가고 있으며, 사회의 진화와 소수자의 인권의식의 발전에 따라 성정체성의 법적 인정과 성의 결정과 관련하여 복잡한 논란과 다양한 의견이 제기되고 있다. 결국, 성전환자의 법률적 성을 출생시와 다르게 고치는 것을 허용하는 것이 세계적인 추세이고 판례를 통하여 법리적으로 설득력을 얻고 있음을 충분히 확인할 수 있다.

모호한 생물학적 성과 모호한 성적 정체성을 지닌 경우에 인간의 자유와 권리의 보장과 소수자의 권리 보호라는 명분으로 법적 성 결정을 당사자 개인의 자기결정권에 전적으로 맡기는 것은 적절하지 못하다고 생각된다. 사물의 소여가 본질적으로 모호하고 불명확한 경우에 이를 무리한 방법을 통하여 명료하고 명확하게 만들려는 의도는 사물의 본성을 그르치는 것이 될 수 있기 때문이다. 왜냐하면, 인간의 신체적 장애가 있다 하더라도 한 인간으로서 결함이 되지 않는 것과 마찬가지로, 성적 표현형 혹은 성적 취향에 차이가 있어도 그것은 한 인간으로서 가지고 있는 결함이 되지 않는 내밀한 성적 본성일 뿐이다.

따라서 사회공동체의 안정적 유지와 결속을 위하여 법적 개입이 불가피한 경우가 있을 수밖에 없다 하더라도 그 개입은 필요한 최소한에 그쳐야 하며, 본질적으로 성의 결정은 개인의 성적 본성이 철저하게 존중되는 개인의 내밀한 영역에 온전하게 맡겨야 할 것이며, 굳이 드러내야만 하는 것이 아니라고 생각된다.

요컨대 인간의 성성이라는 것은 인간의 지식체계와 인식체계가 그렇게 쉽사리 전체의 모습을 파악할 수 있는 대상이 결코 아니다. 굳이 Sigmund Freud를 거론하지 않더라도, 빙산의 물위 부분만을 보고 전체를 속단하는 우를 범하지 않아야 할 것이다.

앞서 살펴 본 판례에서는, 성전환수술을 받고 여성의 외견을 획득한 여성이 법률적으로 여성이라는 성을 부여받았다는 의미가 있지만, 성성의 본성과 젠더변이와 관련하여 생각해 볼 때에는 그 사람의 본래적 위상의 성성에 가까운 이분법적 성 중 하나를 선택한 것일 뿐이라고 평가할 수 있다. 부연하면, 출생시 신체적 특성에 따라 법률적인 성이 평가되지만, 이는 특히 트렌스젠더의 경우에는 잠정적 성의 결정으로 보아야 하며, 언제든지 조건이 갖추어 지면 자신의 선택에 따라 법률적 성뿐 아니라 제3 혹은 제4의 젠더로 확장하여 결정할 수 있는 길을 열어 놓아야 할 것이다.

인간의 성성과 관련하여 생각해 볼 때, 가능한 한 그 사람의 있는 그대로의 모습을 그대로 인정하는 사회제도와 법제도를 만드는 것이 바람직할 것으로 생각된다. 다시 말해, 예를 들면, 동성애자 관계에 있는 두 사람의 삶을 결정함에 있어서 극단적 암수구별주의에 몰입하여 법적인 관점에서 남성과 여성이라는 이성간의 관계로 획정하여 감수성을 잃은 윤리의 틀과 기존의 결혼제도에 포섭하려는 강박적 노력보다는 이성간의 결혼에서 얻을 수 있는 법적, 제도적 혜택과 이익을 그들 동성애 couple에게도 동등하게 보장해 주는 열린 제도를 구축하는 것이 진정 그들의 인권과 삶을 보장해 주는 것이 아닐까 하는 생각을 갖게 된다.

요컨대, 인위적으로 정의되기 어려운 인간의 본성과 본질에 관한 문제가 사회적 · 정치적 · 철학적 담론에 의해 지나치게 영향을 받게 되는 것은 오히려 염려스러운 일을 초래할 수도 있다고 생각된다.

동의능력이 없는 어린이 피험자 중심으로 살펴본 임상실험의 윤리적 · 법적 문제

구 인 회*

Ⅰ. 들어가는 말

연구자들은 임상실험을 통해 의료 행위에 관한 안전한 지식에 도달하고자 한다. 인간을 대상으로 하는 의학연구의 필요성은 불가피한 것으로 보이며, 그러한 연구 없이는 의학발전은 있을 수 없다. 왜냐하면 그것을 통해서만 효능이 뛰어난 치료방법을 효과가 없거나 해로운 것과 구분하고 새로운 치료방법을 개발할 수 있기 때문이다. 그럼에도 불구하고 인간을 대상으로 하는 연구는 개별 환자들의 행복을 위해 일해야 하는 의사의 의무를 경우에 따라 위반하게 만들기 때문에 환자와 의사의 관계에 심각한 부담을 줄 수 있다. 또한 인간실험은 남용의 위험이 크기 때문에 오늘날 많은 나라에서 엄격히 규제된다. 역사에서 드물지 않게 환자들이 실험대상으로 이용되었다는 사실이 드러났다. 연구자의 야심이나 제약산업의 이익은 과학 발전의 강력한 원동력이지만, 환자나 피험자의 법적 보호 없이는 비인간적 결과를 초래할 것이다. 그러므로 모든 인간실험에 대한 의사의 특별한 의무는 유용성과 위험을 평가하여 환자에게 포괄적으로 설명하는 일이다.

현재 사용되는 의학의 역량이 아직도 포괄적으로 검토되지 않았음에도 불구하고 다시금 검증되어야 하는 새로운 치료 및 진단 방법이 더 빠른 속도로 개발

* 가톨릭대학교 생명대학원 교수.

되기 때문에, 현재와 미래의 의학에서 인간을 대상으로 하는 연구는 급속도로 확산될 것이다.

확실한 지식을 획득하기 위해 피험자와 환자들의 위험을 어느 정도까지 허용할 수 있는가 하는 문제는 언제나 다시금 제기되며, 그에 대한 답변은 쉽지 않은 것이 현실이다. 그럼에도 불구하고 피할 수 없는 위험 때문에 임상 실험을 아주 포기하자는 선택은 결코 동의를 얻지 못할 것이다. 왜냐하면 연구의 포기는 임상의학에서 지식성장을 상당히 제한할 것이기 때문이다.

II. 의학연구에 있어 윤리적 가치의 존속과 변천

과학의 진보는 항시 긍정적 결과뿐만 아니라, 부정적 결과와도 연관된다. 연구자는 연구를 위해 자유를 요구하는 동시에 자연과 사회와 개인에 대한 책임을 위임받는다.

자연과학과 의학의 연구는 이미 고대에도 있었으며, 다양한 문화에서 그러한 활동을 관찰할 수 있다. 히포크라테스 학파와 다른 고대 의학학파의 추종자들은 건강한 생명과 병약한 생명의 현상을 관찰하여 때로는 일정한 목적을 가지고 실험하기도 했다. 고대 그리스의 명의 갈레노스는 실험과 해부학적 검사를 남겼다: 그의 동물해부는 잘 알려져 있다. 헬레네 시대의 의사들 사이에서는 범죄자들에 대한 생체해부가 실시되었으며, 의사들은 그러한 생체해부를 비판하는 사람들에게 개별적 악한 인간은 선한 다수의 인간에 비해 중요하지 않다는 논변으로 대항했다.

기독교적 중세에는 자연과학이나 의학연구가 거의 없었다. 그 시기에는 기본원칙의 추론과 경험에서 정해지는 의사의 행위가 결정적이었다. 신시대의 세속화와 결합된 가운데 유대-그리스도교 전통은 현대 자연과학 연구와 의학의 발전에 중요한 요인이 되었으며, 자연과 인간의 몸을 다루는 기술적-실제적 방법이 되었다. 자연에 대한 지배(dominium terrae)라는 구약의 표현은 결코 자연의 착취나 남용을 의미하지 않는다. 근원적 의미에서 지배의 개념은 오히려 자연을 돌보는 책임을 의미하며, 마찬가지로 육신을 영혼의 그릇으로서 돌보도록 인간에게 맡겨졌다.

대상의 본질과 인과적 연관에 방향을 둔 경험적이며 계획된 인식추구로서의 연구는 근대 과학발전의 특징이다.[1] 연구는 중세의 대학들보다는 아카데미와 학술협회에서 사적으로 이루어지고 사적인 재정 후원을 받았다.

연구는 관찰과 실험을 통해 이루어진다. 근대초기에 공학자들은 자신들을 창조자로 생각했다. 자연과학자와 의사는 자연의 정복을 목표로 세웠다. 공학자, 자연과학자, 의사들의 이러한 '창조적' 태도와 입장에 대한 비판은 르네상스 시대에도 있었으며, 뒤이은 시대와 현재까지 지속된다.

통계의 의미는 18세기부터 점차로 비중을 두어 파악되었으며, 자연과학적 의학적 인식의 방법, 관찰, 설명, 법칙과 이론의 연관도 그 당대의 의사는 물론 자연과학자의 관심을 끌었다. 자연의 연구에 관한 윤리적 반성도 현대에 비로소 생긴 것이 아니다.

기초연구와 응용연구의 선택에 관한 논의는 언제나 있었다. 의학 연구는 인간, 게다가 환자와 관련된다. 의사는 일반적인 생명체나 동물을 위한 의사가 아니라, 개별 인간의 의사이며 더 나아가 특정한 병리적 조건하에 있는 개인을 위한 의사이다.

Ⅲ. 치료목적의 실험과 순수한 과학적 실험

의학에서 치료목적의 연구와 치료목적이 아닌 연구의 구별은 임상적, 윤리적, 법적으로 커다란 의미를 준다. 이러한 구별은 임상실험에서 커다란 역할을 할 뿐만 아니라, 여러 가지 법과 국제적 지침과 선언에서도 나타나지만, 의학적인 측면이나 윤리적 측면에서 문제가 있다. 환자들은 치료목적의 연구라는 개념을 통해 조작될 수 있다. 그리하여 사전동의 과정에서 유용성과 위험에 대한 적절한 고려가 어려워진다.

실험은 잠재적으로 실험대상자에게 직접적인 이익을 제공하는 실험과 그렇

---

1) Brieger, G. H., "Human experimentation. History," in: *Encyclopaedia of bioethics*, Bd. 1, Reich W.T., Hrsg. New York: The Free Press, 1982; 684-692면; Elkeles B., Der *moralisches Diskurs über das medizinische Menschenexperiment im 19. Jahrhundert*, Stuttgart, 1996.

지 않은 실험으로 구분되기도 하며, 때로는 치료목적의 실험과 순수한 과학적 실험으로 명명되기도 한다. 순수한 과학적 실험은 전적으로 과학적 인식을 위한 것이기 때문에 특히 철저하게 정당화될 수 있어야 한다. 이러한 실험은 예를 들자면 인간의 생리적 메커니즘을 근본적으로 탐구하기 위한 것, 신약의 효력과 독성을 정의하거나 새로운 진단방법의 신뢰성을 검토하기 위한 것이다. 순수한 과학적 실험들은 체계적인 동물실험 결과를 통해 인간에게 위험이 적을 것으로 평가되어야만 허용된다. 순수한 과학적 약품연구를 1단계 연구라고 한다. 여기에는 보통 건강한 사람만 참여하며, 참여에 대해 금전적 보상을 받는다.

반면 소위 치료목적의 실험인 경우에는 최소한 실험대상자를 위해 직접적 이득이 예상된다. 이런 이득은 예를 들어 아직까지 치료가 불가능한 병을 앓고 있는 환자가 신약의 시험에 참여하는 데 있다. 약품은 이미 동물실험에서 원하는 특성을 보였어야 하며, 인간의 경우 그 독성에 대해 실험되었어야 한다. 환자를 대상으로 하는 2단계 실험에서는 이제 인간에게 있어 어느 정도의 복용량에서 치료 효과가 있는지, 부작용은 용납할 수 있는 정도인지에 대해 연구한다. 실험에 참여하는 환자들을 위한 이득은 염려되는 손상과 대비해 신중히 숙고되어야 한다. 3단계와 4단계 연구에서는 엄격한 지시를 줄이는 가운데 보다 확대된 환자 집단에게 신약 검사를 한다.

순수한 과학적 연구와 치료목적의 연구를 구별하는 것은 실험이득의 평가에 도움이 되며, 예전의 헬싱키선언문에 그 근원을 둔다. 임상실험은 흔히 실험대상자의 이득 유무와 무관하게 실험배당을 할 뿐만 아니라 명백히 분류할 수 없기 때문에 비판받았다. 부가적인 위험평가 없이 단지 실험의 잠재적 이득만을 지향하는 것 또한 잘못된 안전의식을 양산할 수 있다. 왜냐하면 심리테스트와 같이 미미한 위험뿐인 순수한 과학적 실험이나 실험대상자에게 아주 높은 위험이 있는 이식실험과 같은 치료목적의 실험이 있기 때문이다. 최신의 헬싱키선언은 더 이상 그런 구별을 하고 있지 않다.

※ 의학연구의 2가지 유형의 분류

유형 1: 치료목적의 연구(치료실험)

유형 2: 치료목적이 아닌 연구(인간실험)

※ 1964년의 헬싱키선언(1996년의 형태)

유형 1: 환자에게 중요한 이익이 되는 실험
　　의사의 관리하에 이루어지는 의학 연구(임상실험)

유형 2: 피험자를 위해 진단이나 치료의 직접적 가치가 없는 순수한
　　과학적 목적의 실험
　　인간을 대상으로 하는 치료목적이 아닌 생명의료 연구

이러한 근본적인 두 가지 유형의 의학연구 구분은 전세계적으로 법률, 선언, 지침 등에서 수용되었으며 환자들을 임상실험의 위험에서 보호한다. 의사의 입장에서도 환자가 얻을 수 있는 유용성에 따라 연구 유형을 구분하는 것은 설득력 있어 보인다. 상세히 관찰해보면 임상실무에서 인간대상의 의학 연구는 치료행위, 치료실험, 인간실험의 3가지 유형으로 구별된다.

첫 번째 유형의 치료행위에 대해서는 보충이 필요하다. 왜냐하면 병원에서 개별적 환자를 치료하는 경우, 예를 들어 약품의 조제는 흔히 일반적 표준으로부터 벗어나며 그런 경험을 통해 임상행위를 위한 지식의 확대가 가능하기 때문이다. 개별적 환자의 치료가 일반적인 치료표준에서 벗어나는 것은 의사의 진료자유에 속하며, 치료행위뿐 아니라 치료실험에도 속한다. 그로부터 의도했든 의도하지 않았든 정식의 치료실험이 없이 과학적 지식의 증대가 발생할 수 있다.

더 나아가 병원에서의 치료행위, 치료실험, 인간실험의 3가지 유형은 서로 정확히 경계가 구분되지 않는다. 무작위로 하는 임상 치료실험과 진행중인 치료에서 치료와 관련되지만 환자를 위해 직접 치료목적의 이득은 없는 과학적 검사가 행해지는 인간실험 사이에는 경계설정의 문제가 제기된다. 이를 위한 실례는 부가적 채혈, 혹은 환자 자신이 고통받으나 그 연구결과로부터 스스로 직접 치료상의 이득을 기대할 수 없는 질병의 연구를 위해 기기를 사용하는 검사들이다. 치료실험(유형 1)과 인간실험(유형 2) 사이의 이렇게 경계설정이 어려움은 통일되지 않은 개념적 표현을 발생시킨다.

IV. 해명과 동의

확립된 치료방법에 대한 환자의 해명과 동의에 비해 임상실험에서 설명을 들은 후에 동의하는 경우는 부가적인 윤리 문제들에 유의해야 한다. 임상과학 실험들을 병행한 환자들의 치료는 의사와 환자 관계를 변화시킨다. 확립되고 검증된 치료방법의 응용에서는 의사가 개별환자의 건강을 위해서만 조처를 취하는 한편, 임상실험에서는 어떤 것이 개별 환자의 진료에 원하지 않은 영향을 미칠 수 있는지에 대한 과학적 의문이 추가로 제기된다. 특히 오늘날 방법론적인 이유에서 요구되어 무작위로 분배되며 동일한 모양의 위약으로 조절되는 연구에 있어 진료하는 의사나 환자 모두 개별의 경우 실험되는 약 혹은 위약(placebo) 중 어떤 것이 분배되는지 알지 못한다. 그러므로 환자의 해명과 동의에의 요구는 치료목적의 실시에서보다 임상연구에서 일반적으로 더 높다. 각각의 경우에 연구의 필요성과 의사의 손상방지원칙이 동시에 고려되어야 한다. 이러한 숙고에서 환자의 건강이 우선되어야 한다.

다양한 조치를 통해 의학연구에서 환자의 건강과 이익이 보호된다. 환자의 동의를 구하기 전에 설명해야 하는 의사의 의무를 통해 윤리적 가치로 간주되는 환자의 자기결정권이 존중된다. 또한 사전정보제공 후의 동의를 통해 상당히 위험하고 모험적인 의학적 시술로부터 환자가 보호되며, 이 경우 환자는 시술을 받아들일 것인지 거부할 것인지 스스로 결정한다. 임상연구에서 환자에게 있을 수 있는 손상은 과학적 표준과 질의 보증을 통해 방지되어야 한다. 또한 오늘날 인간을 대상으로 하는 모든 의학 연구계획은 학문적 자체검열 기구인 윤리위원회를 통해 평가된다. 이러한 방법은 보통 약품법을 통해 규정되고 전 세계적으로 세계의사연합의 헬싱키선언을 통해 권장된다. 여기에서 치료목적의 연구와 치료목적이 아닌 연구, 이를테면 임상연구와 치료목적이 아닌 순수한 과학적 연구가 구별된다. 의료법학자들은 이러한 근본적인 구분을 유지하자고[2] 주장하는 한편, 세계의사협회의 회의에서 미국 의사들은 이러한 구별을 포기해야 한다며, 헬싱

---

2) Ergebnisse des Internationalen Symposiums Forschungsfreiheit und Forschungskontrolle in der Medizin - zur geplanten Revision der Deklaration von Helsinki-, Göttingen, 7.-11.4.1999.

키 선언의 수정제안을 하였다.[3] 새롭게 구성된 협의회가 현재의 구조를 유지하면서 헬싱키선언의 수정제안을 위해 작업하고 있으나, 치료목적의 연구와 치료목적이 아닌 연구의 구별이 의학적으로 정당화되는지, 다음 번에는 무엇을 검토할 것인지에 대해서는 결정하지 않았다.

무엇보다도 실험에 참여하는 환자의 광범위한 해명과 동의가 필요하다. 실험대상자의 해명에 대한 높은 요구권은 1946/1947년 나치 의사들과 그들이 행했던 집단수용소에서의 인간실험에 관해 판결했던 미군사재판(뉘른베르그 의사재판)에서 제기되었다. 이 뉘른베르그 강령은 1964년 헬싱키에서 열린 세계의사연합 회의에서 더욱 세분화되었다(헬싱키선언). 그 당시 그리고 후속의 모임에서 기록된 지침들은 인간실험의 국제적 표준으로서 유효하다. 그에 따르면 모든 인간을 대상으로 하는 실험에서 다음과 같은 사항들에 관해 실험 참여자들은 포괄적인 설명을 들어야한다: 1) 실험이 위험과 이득에 관해, 2) 치료적 대안에 관해, 그리고 3) 참여의 절대적 자유에 관해, 더 나아가 피험자는 4) 실험의 정확한 진행경과에 관해, 그리고 5) 언제든 개인적 손해 없이 실험을 중단할 수 있는 권리에 관해 정보를 제공받아야 한다. 실험참여에의 동의는 피험자의 동의능력을 전제로 한다. 피험자는 실험의 특성, 의미, 파급효과 등을 인식하고 그에 따라 행동을 결정할 수 있는 처지에 있어야 한다. 예를 들어 가임연령의 여성들을 대상으로 하는 실험은 특히 문제가 있다. 어떤 신약이 임산부나 태아에게 해로울지 흔히 잘 알려져 있지 않다. 이 때문에 실험에 참여하는 여성들은 있을 수 있는 위험들에 관해 자세히 설명을 들어야 한다. 그리고 철저히 피임에 유념할 수 있는 상황에 있어야 한다. 실제로 언제나 실용적인 것만은 아닌 이러한 제약은 몇몇 커다란 신약 연구들을 대체로 혹은 아주 전적으로 남성들 대상으로 실시하게 만들었다. 그리하여 때로는 여성에 대한 신약의 작용이 잘못 연구되기도 했다. 임산부가 병에 걸리면 신약을 통한 치료의 위험은 잘 알려져 있지 않다. 따라서 여성과 아이들은 치료와 보호조치에서 간접적인 불이익을 당하기 때문에 윤리적인 딜레마가 발생한다.

3) Tagungsbericht im Deutschen Ärzteblatt vom 28.5.1999.

V. 동의 무능력

몇몇 인간집단은 부분적으로 혹은 전혀 동의능력이 없다. 어린이들과 일시적으로 혹은 지속적으로 정신적 능력이 제한된 성인들이 이 부류에 속한다. 동의능력이 없는 경우는 아니지만 자유의지가 제한될 수 있는 사람들, 예를 들어 연구보조원, 박사과정생 같이 실험책임자에게 의존되어 있는 사람들, 혹은 군인이나 수감자들도 자유로운 동의를 하기 어려운 입장에 있으므로 주의가 요청된다.

동의능력이 없어서 실험에 동의할 수 없는 사람들이 의학실험에 참여하는 경우에는 특별히 이득과 위험에 대한 조심스러운 평가가 필요하다. 법적 대리인은 대리 동의를 해야 하며 이를 위해 실험대상자에게 어떤 일이 일어날 수 있는지 포괄적인 설명을 들어야 한다. 결정적인 것은 개연적인 환자의 의지이다. 최근에는 동의능력이 없는 소아와 같은 실험대상자들도 실험의 실시에 대해 발언권을 인정받을 수 있으며 그들이 실험 참여에 명백히 거부하는 경우 존중되어야 한다는 견해가 관철되고 있다.

미성년자[4]의 실험에서 부모와 같은 법적 대리인은 보호판정을 받은 이에게 이로운 조치에만 동의할 수 있다. 그러나 순수한 과학적 실험은 당사자 개인에게는 도움이 되지 않고 단지 과학발전에 기여할 뿐이다. 다른 한편 순수한 과학 연구의 엄격한 금지는 소아과, 응급의학, 혹은 정신과를 위한 새로운 진단 방법이나 치료방법의 개발이 지체되거나 어쩌면 불가능하게 만들 수도 있다. 그리하여 몇몇 윤리학자들은 이러한 인간집단의 경우에 적어도 최소한의 위험만 있는 순수 과학연구는 허용해야 한다는 견해이다. 예를 들어 필요한 검사 범위 내에서의 부가적인 정맥채혈이나 단순한 방사선촬영을 요하는 실험들이 여기에 속한다. 그러한 실험에 참여하는 환자들은 될 수 있으면 그 어떤 손상도 입어서는 안 되지만, 스스로 그 성과에서 이득을 얻을 수 있다거나 혹은 적어도 동일한 형태의

---

4) 우리나라 민법 제4조에서는 "만 20세로 성년이 된다"고 규정하고 있다. 또한 제5조에 의하면 미성년자가 법률행위를 함에는 법정대리인의 동의를 얻어야 한다. 그러나 투표연령은 만 20세 이상이며, 장기 등 이식에 관한 법률에서는 만 16세 이상의 미성년자도 예외적인 경우 장기적출을 허용하며, 미성년자 의제강간(강제추행)의 경우에는 만 13세가 미성년의 기준이다. 이와 같이 개별적인 행위 유형에 따라 법적으로 미성년의 기준 연령은 다양하다.

질병을 앓고 있는 환자집단이 이 실험 결과를 통해 미래에 이득을 얻을 수 있다고 한다. 이러한 제안을 반대하는 사람들은 다시금 '최소한의 위험'의 개념이 불명확하며 분명히 정의될 수 없다는 의구심을 제기한다.

치료실험과 인간실험 사이의 경계설정의 어려움은 알츠하이머 유형의 치매의 임상실험의 경우에 나타난다. 전염병학적 그리고 사회의학적 검사들은 개별 환자에게 직접 개인적 이득을 가져오지는 않지만 알츠하이머 환자들의 보다 나은 치료를 위해 요청된다. 많은 치매환자들이 치매로 인해 동의능력이 없거나 동의능력을 지니고 있는지 불확실하므로, 구체적 연구계획에서 사전 정보에 의한 동의 모델에 따른 동의능력 한계의 확인을 위해 유용성과 위험의 고려는 결정적인 의의를 지닌다.

의학연구에서 동의능력이 없는 사람들을 보호하기 위해 독일의 연방의사협회의 '중앙 윤리위원회'는 1997년 치료실험과 인간실험 사이에 사각지대를 좀더 정확히 구분하는 4단계의 분류를 제안했다:

1) 치료실험
2) 적어도 환자를 위한 간접적 이득이 있는 연구
3) 당사자는 아니지만 같은 연령층이나 같은 질환을 앓고 있는 환자집단에 속한 다른 사람들에게 도움이 되는 연구
4) 단지 다른 사람에게만 이득이 되는 연구[5)]

1) 피험자를 위해 실제의 잠재적인 개인 유익이 있는 치료실험으로 예를 들어 의약품의 임상실험이 있는데 이 경우 환자는 이제까지 복용할 수 있었던 약품보다 효과가 더 있거나 부작용이 적으리라 기대되는 새로운 약품을 받는다. 윤리적으로 가장 문제가 없는 것은 실제의 잠재적인 개인 이득이 있는 치료실험이다. 왜냐하면 잠재적으로 더 나은 새로운 약품을 통해 환자가 실제로 이득을 얻을 수 있는 추가의 치료기회가 주어지기 때문이다. 반면

2) 환자 자신이 앓고 있는 질병의 연구결과가 아직 실제적 · 직접적 이득을

5) Zentrale Ethikkommission bei der Bundesärztekammer (1997) Stellungnahme "Zum Schutz nicht-einwilligungsfähiger Personen in der medizinischen Forschung," *Deutsches Ärzteblatt 94*, 15면: C-759-C-760, S. C-760.

피험자에게 주리라고 기대할 수 없는 의학 검사들이지만, 피험자를 위해서도 미래의 잠재적 개인 이득이 있는 의학적 시술이다.

3) 피험자 자신에게는 직접적 · 잠재적 개인 이득이 없지만, 동일한 질병을 앓고 있는 환자나 동일한 연령집단을 위해 잠재적 이득이 있는 연구검사의 경우가 있다. 이 경우 자발적 환자집단에 국한되어야 한다.

4) 지금까지 말했던 유형과 달리 이 유형에서는 인간을 대상으로 피험자가 앓고 있는 질병과 관련이 없는 비임상 생의학적 연구가 실시된다. 이러한 집단은 위에서 언급한 의학 연구의 분류에서 유형 2(인간실험)에 해당한다. 그리고 헬싱키선언의 '비치료 인간연구'와 관계있다.

마지막으로 언급된 단지 타인의 이득을 위한 연구는 윤리적 관점에서 정당화될 수 없으나, 2)와 3)에서 언급된 연구는 다음과 같은 전제하에서는 허용된다고 한다: 승인능력이 있는 사람들이지만 실행능력이 부재하는 경우; 질병의 인식, 설명, 방지 혹은 치료를 위해 이득이 기대되는 경우; 당사자의 거부가 없는 경우 법적 대리인의 승인; 관할 윤리위원회의 동의; 기대되는 이득에 비례하여 '정당화될 수 있는 위험'; 3)의 사례들의 경우 기껏해야 '최소한의 위험들'.

부분적으로 불분명하고 모순되는 구성 때문에 이러한 설명은 흡족하지 않아 보인다. 연구 범주 3)과 4)의 경계는 분명하지 않은데, 이는 두 가지 모두 근본적으로 타인에게만 유용하기 때문이다. 그 밖에 비판할 수 있는 것은 그 불명확성과 다양한 주관적인 해석가능성 때문에 너무 많은 해석의 여지를 제공하는 '정당화될 수 있는 위험들'이라는 개념이다. 그 외에도 '최소한의 위험'이라는 개념은 '더 이상의 추가적인 위험이 없음'과 동일시될 것이다. 진단목적으로 실시되는 정맥채혈의 테두리 안에서 연구목적으로 소량의 혈액을 채취하는 것이 아무런 추가의 의학적 위험을 내포하지 않는 한편, 단지 연구 목적을 위한 정맥채혈은 최소한의 의학적 위험을 의미한다. 긍정적으로 보아야 할 것은 '최소한의 위험' 이라는 개념 외에 '최소한의 부담'이라는 개념을 고려한 점이다. 여기서는 피험자에 대한 객관적 위험 외에 주관적 부담도 고려된다.

VI. 미성년을 대상으로 하는 연구의 문제

동의능력이 없는 사람들에 대한 연구는 여러 면에서 윤리적 문제를 제기함에도 불구하고 국내에서는 충분한 비중을 두어 논의되지 않은 것이 사실이다. 우리 나라는 이러한 윤리적 문제에 대한 법적 규제나 지침도 제대로 마련되어 있지 않은 상황이며, 체계적으로 이 문제를 다룬 생명의료윤리에 관한 문헌도 거의 없는 현실이므로,[6] 필자는 동의능력이 없는 사람들의 집단에서 특히 어린이를 대상으로 하는 연구에 대해 검토하고자 한다.[7] 왜냐하면 어린이와 청소년은 성인으로 성장하는 도상에 있으며 연구로 인한 위험이 어른보다 더 심하고 오랜 동안 영향을 미칠 수 있기 때문이다. 일반적으로 미성년은 완전한 동의능력을 가지고 있지 않으며 연령에 따라 제한적으로 동의능력을 가질 뿐이다. 어린이와 청소년은 보통 부모를 법적 대리인으로 한다. 그러나 대리인의 동의는 특수한 문제를 야기할 수 있다. 미성년을 대상으로 하는 연구의 윤리적 평가는 국가에 따라 다소 차이가 있으나 주로 약품법과 의료제품법, 헬싱키 선언의 지침에 따라 이루어진다. 이 경우 치료목적의 연구와 그렇지 않은 연구의 구별이 결정적 역할을 한다. 그것은 법적으로 허용되는 것과 허용되지 않는 것의 경계를 표시한다. 그러나 이러한 구분은 의학연구의 실상을 간과하고 장기적으로 볼 때 어린이들에게 불이익을 초래하기 때문에 때로는 비판을 받는다. 오늘날 소아과에 투입되는 약품 중 대략 80% 가량이 어린이들의 복용이 허용되지 않은 것이라는 사실은 약품연구의 문제점을 암시해주며 필요한 조처가 시급함을 시사한다.[8] 진정한 보호기

---

6) 이 문제를 다룬 국내 문헌으로는 박은정, 「생명공학과 연구윤리」, [유네스코한국위원회 편 (2001) 『과학연구윤리』]를 참조할 수 있다.

7) 필자는 『생명윤리의 철학』(철학과현실사, 2002, 134-135쪽)에서 어린이 등 동의 능력이 제한된 사람들에 대한 실험은 금지되어야 하며, 단지 본인의 이익에 직접 관계되는 경우에는 보호자나 가족의 동의가 있어야 한다고 주장한 바 있다.

8) 영국의 조사에 따르면 중환자실에 입원해 있는 조산아와 신생아의 90%가 이 연령집단에 대해 허용되지 않은 약품으로 치료받고 있음이 밝혀졌다. (Conroy S, Choonara I, 1999 "Unlicensed off label drug use in neonates", *Arch Dis Child Fetal Neonatal Ed*, 80면: F142-F145.)
독일에서도 1998년 시중에 유통되고 있는 약품의 대략 20%만이 소아의 처방전을 위해 허용된 것이었다. (Deutsche Gesellschaft für Kinderheilkunde und Jugendmedizin, 1999,

준과 연구남용의 위험에 주의를 소홀히 해서는 안 된다. 타인을 위한 어떤 종류의 연구인가가 문제이다. 유용성과 위험의 평가는 어떠한 척도에 따라야 하는가? 개개의 경우 연구참여에 대해 누가 결정하는가? 어린이를 대상으로 하는 연구가 현실적으로 어떻게 규정되어야 할 것인지 논의되어야 한다.

동의능력이 없는 사람들을 대상으로 하는 연구에 관한 현재의 논의는 각국의 전통에 따라 다양하다. 전통적으로 미국에서는 연구 범주의 경계를 예상되는 위험에 둔다. 동의능력이 없는 사람들에 대한 연구는 기대되는 위험이 최소한일 경우에만 허용된다. 그 결과 '최소한의 위험'이라는 개념에 대한 폭넓은 논의가 벌어졌다. 반면 유럽에서는 연구에서 얻는 개인적 유익이 논의의 중심에 선다. 논거는 헬싱키선언의 원칙들을 따른다. 그리하여 각국의 특성을 구별하여 다루는 것이 의미 있을 것으로 사료된다. 아직까지 우리 나라에서는 이에 대한 논의나 연구가 미비한 상황이므로 본 논문에 반영할 수 없는 안타까움이 있지만, 다른 나라들의 활발한 연구에 대해 소개할 수 있는 것으로 위안을 삼고자 한다.

1. 미국의 상황

법규의 불확실성과 윤리적 고려 때문에 어린이들에 대한 약품실험이 미국에서는 1962년 이후 거의 시행되지 않았다. 식약청으로부터 허가를 받은 거의 모든 신약들이 어린이 사용에 부적절하다는 부연설명이 있다. 따라서 어린이에 대한 약품실험이 상당히 불리하게 되어 1968년 헤리 셔키라는 미국의 소아 약물학자는 '치료의 고아들'이라는 개념을 강조하였는데, 이는 오늘날에도 유효한 표현이다.[9] 미국 윤리학자 로버트 리바인은 그 결과로 발생하는 윤리적 딜레마를 다음과 같이 요약했다: 어린이들을 의학연구에서 완전히 배제시키면, 특히 이러한 환자집단에 대해 충분한 실험을 하지 않은 약품들로 치료하게 되어 어린이들을 더욱 커다란 위험에 몰아넣게 된다. 그러나 어린이들을 실험대상에 넣으면 '고지

"Memorandum zu der arzneimittelrechtlich nicht zugelassenen Arzneimittelanwendung in der Pädiatrie," *Monatsschrift Kinderheilkunde* 2-99, 155면.)

9) Shirkey H (1999) "Editorial Comment: Therapeutic Orphans," Pediatrics, *Supplement, 104*, 3, 583-584면.

된 동의 원칙'에 어긋난다. 하나의 타협은 법정 대리인(부모)과 경우에 따라서는 어린이 당사자의 동의를 통해 보완될 수 있을 것이다.[10)]

이러한 논란에서 70년대 초에 신학자 폴 렘지는 극단적인 입장을 취했는데 그는 어린이에 대한 연구를 위험여부에 상관없이 모두 거부했다. 그의 견해에 의하면 사전 동의 없이 행해지는 시술은 어떤 형태이든지 모두 허용되지 않는다. 그와 달리 신학자이며 윤리학자인 리차드 맥코믹은 연구의 허용성은 어린이들이 할 수 있으면, 동의할 것인지 여부에 좌우된다고 주장한다. 대리 동의는 어린이들의 인격적 총체성을 훼손시키지 않는다. 게다가 맥코믹은 일반의 행복을 위해 상당히 유용하고 해당 어린이들에게 인지할 수 있는 정도의 위험을 초래하지 않을 경우 어린이들을 비치료 연구에 참여시키도록 요청한다. 이 경우 일반의 행복에 기여하는 실험에 참여하는 것은 도덕적 의무일 수도 있다. 철학자이며 윤리학자인 벤자민 프리드만의 견해에 의하면 어린이들에게는 맥코믹이 선동하는 이러한 사회적 의무가 존재하지 않는다. 다른 한편 프리드만은 어린이는 그 의존성 때문에 배려받을 권리를 가지며 따라서 어린이들을 연구에 참여시킬 의무가 부모들에게 커진다고 주장한다.[11)] 버지니아 대학의 철학자이며 종교학자인 로버트 레드몬은 어린이가 실험의 목적과 결부되고 예상되는 실험위험이 최소로 머물 때 어린이에 대한 치료목적이 아닌 연구를 옹호할 수 있다는 입장을 취한다.[12)]

철학자이며 윤리학자인 덴 브록은 어린이 대상의 연구를 정당화할 수 있는 세 종류의 이익을 구분한다: 그는 어린이가 얻는 직접적인 치료상의 이득을 비의학적인 이득과 구분한다. 예를 들자면, 이타적인 동기에서 참여하는 실험이 책임감의 발달에 기여하여 사회화의 요인이 되는 것과 같은 비의학적인 이득과 구분한다; 결국 획득한 실험결과는 다른 어린이들을 위해 도움이 된다. 타인에게 유익한 실험에 어린이가 참여하는 것은 사회화의 가능성이며, 이것이 바로 비의학

10) Levine R J (1989) "Children as research subjects", In: Kopelman L M, Moskop J C (Hrsg.) Children and health care, Kluwer Academic Publishers, Dordrecht Boston London.

11) 같은 곳.

12) Redmon, R B (1986) "How children can be respected as 'ends' yet still be used as subjects in non-therapeutic research", J Med Ethics 12: 77-82.

적인 이득이라고 브록은 이해한다. 그는 여기에서 어린이가 사회적 행동에 민감해지는 하나의 교육적인 측면을 본다. 어린이들이 예전의 연구성과에서 이익을 얻으므로 어린이들 자신들도 타인을 위한 연구에 참여하는 것이 윤리적 의무라는 결론에 도달한다. 이를 위한 전제는 물론 예상되는 이득이 실험의 실시로 인해 발생되는 부담보다 커야 한다는 것이다. 브록은 결정을 내림에 있어 부모의 권위가 중심 역할을 한다는 점을 인정하며, 이것을 어린이의 결정능력이 부족함과 교육에 있어서의 부모의 자율성으로 설명한다.[13)]

많은 학자들의 견해에 의하면 특히 민감한 영역은 위약 실험이다. 베데스다(Bethesda) 모자연구센터의 섬너 예프의 견해에 의하면 어린이의 경우 위약은 신약의 효과 및 안전성 검사에 있어 아무런 표준치료가 알려져 있지 않거나 효과와 안전성이 질병의 자연적 경과와 비교할 수 없을 경우 복용될 수 있다. 그 밖의 요건은 효과가 의문시되는 이미 사용되고 있는 약품들을 검사하는 경우이거나 혹은 수용할 수 없는 잦은 부작용이 있는 경우이다.[14)]

위약연구는 환자에게 필요하고 효과 있는 그 어떤 치료도 생략되지 않을 것이라는 조건에서만 허용된다. 제기되는 윤리적 문제로는 감독되는 임상실험에서 중요한 무작위화를 들 수 있다. 치료가 무작위로 우연에 의해 결정된다는 것이 아주 이해하기 힘들기 때문에 무작위화 혹은 위약의 사용에 관해 실험참여자들은 명확히 설명을 들어야 한다.

치료목적의 연구와 치료목적이 아닌 연구를 대비시켜 주로 유용성 지향적인 연구 평가를 하고 있는 수정된 헬싱키선언과 달리 미국의 논의는 위험에 기준을 둔 연구 평가가 지배적이다. 실험 허용을 위한 지배적인 평가기준은 실험참여자들에게 요구되는 위험의 종류와 범위이다.

1983년 미국 보건복지부(U.S. Department of Health and Human Services: DHHS)는 "연구 대상으로 포함된 어린이들의 추가적 보호"에서 미성년을 대상으로 할 수 있는 적절한 실험을 5가지 범주로 구분했다.

---

13) Brock D W (1994) "Ethical Issues in Exposing Children to Risks in Research", In: Grodin M A, Glanz L H (Hrsg.) Children as research subjects; science, ethics, and law, New York Oxford, pp.81-101.

14) Yaffe S J (1983) "Problems of Drug Testing in Children in the United States", Ped Pharmacol, 3: 339-348.

1) 정상적인 교육방법에 관한 연구를 포함해, 이미 존재하는 데이터에 관한 공공의 태도, 교육검사, 연구의 관찰 등 DHHS-요구에 해당되지 않은 연구

2) 최소한의 위험을 가진 연구

3) 고도의 위험을 내포하지만 당사자에게 직접적 이득이 예상되는 연구

4) 적은 위험이 있으며 당사자에게 아무런 이득이 없으나 환자가 앓고 있는 질병의 형태를 이해하는 데 중대한 의미가 있는 연구

5) 언급된 범주 이외에 일반적으로 어린이들에 대한 의학적 질문을 다루고, 질병의 이해와 어린 연령에서의 심각한 발병을 예방하거나 줄이는 데 기여하는 연구

이러한 범주들에 관해서는 특히 마지막에 언급된 두 가지가 쟁점으로 논의된다. '최소한의 위험'이라는 표현은 미국의 논의에서 열쇄가 되는 개념이다.[15] DHHS의 지침에서 '최소한의 위험'은 다음과 같이 정의되어 있다: "최소한의 위험은 실험으로 인해 발생되리라 예상되는 손상과 불쾌함의 개연성과 크기가 일상생활의 위험이나 정기신체검진과 정신검사의 위험보다 크지 않은 것을 의미한다."[16] 이러한 정의에는 객관적인 의학적 위험 이외에 주관적으로 감지되는 부담이나 불쾌감도 고려된다.

윤리학자 로레타 코펠만은 '최소한의 위험'라는 개념을 너무 애매한 표현이라고 비판하며 최소한의 위험이란 다음과 같은 세 가지의 의미로 해석할 수 있다고 한다.

1) 인간이 일상적으로 접하는 모든 위험들; 혹은

2) 모든 인간들이 보통 접하는 위험들; 혹은

3) 모든 일상적인 인간들이 보통으로 접하는 최소한의 위험[17]

첫 번째 개념해석은 자동차 타기, 축구시합, 낙하산 타고 뛰어내리기, 항공

---

15) Kopelman L M (1989) "When is the risk minimal enough for children to be research subjects?" In: Kopelman L M, Moskop J C (Hrsg.) Children and health care. Kluwer Academic Publishers, Dordrecht Boston London.

16) Grodin M A, Glantz L H, Hrsg.(1994) Children as research subjects: science, ethics, and law. Oxford University Press, New York Oxford. p.228.

17) Kopelman L M., 1989.

여행과 같은 일들을 포함하며 부적합하다. 왜냐하면 그러한 일들은 결국 아주 높은 위험이 있는 실험을 허용할 것이기 때문이다.

코펠만의 견해에 의하면 두 번째 정의는 대부분의 사람들이 자동차를 타고, 신작로를 건너며, 항공여행을 하고 핵무기가 있는 세계에 살고 있다는 사실을 포괄한다. 코펠만은 이러한 위험의 개연성과 크기를 어떻게 가늠해야 하는지를 논한다.

세 번째 정의도 마찬가지로 그렇게 명백하지 않으며, 의학적 일반검진을 포함한다. 코펠만은 많은 환자들을 두렵게 만들 수 있는 특정한 의학적 검사에 대한 주관적 체험을 지적한다. 이러한 관점은 정의에 고려되지 않는다고 한다. 또한 분명히 높은 위험을 불러일으킬 수 있는 렌트겐 촬영이나 심장카테터 검사가 정규검진에 속했다.

코펠만이 설명한 '최소한의 위험'이라는 개념은 그 정확한 규정이 이론적으로 문제 있음을 보여준다.

어린이들에 대한 의학연구의 시행에서 중심 문제는 동의할 수 있는 결정능력에 관한 것이다. 서구의 대부분의 나라와 마찬가지로 미국에서도 성인의 경우 의학적 검사나 인간실험에서 '설명을 들은 후에 하는 동의'가 윤리적 표준으로서 자리잡았다. 이러한 '고지된 동의'는 당사자 자신만이 할 수 있는 것이다. 결정능력을 위한 전제를 충족시키지 못하는 연령층, 다시 말해 미국에서는 14세 미만의 어린이들과 청소년들에게 문제가 발생한다.[18] 이 경우 부모가 동의를 해야만 한다. 그런데 허용의 개념과 대리인의 승인이라는 개념이 자리를 잡았다. 대리인으로서 부모가 갖는 승인권은 1983년 국민연구법(National Research Act)으로 제정되었다. 더 나아가 어린이들에게도 동의권 혹은 거부권을 인정한다.[19] 이러한 규정에서 예외는 승인능력을 가지고 있다고 인정되는 소위 '성숙한 미성년들'이다. 결혼을 통해, 부모가 됨을 통해 혹은 법적으로 독립적이라고 인정받았거나 부모로부터 독립성을 인정받은 미성년들이 여기에 속한다.[20]

---

18) Alderson P (1993) Children's consent to surgery, Open University Press, Buckingham.

19) Everson-Bates S (1988) "Research Involving Children: Ethical Concerns and Dilemmas", J Pediatric Health Care, 2, 5: 234-238.

20) American Academy of Pediatrics (1995) "Guidelines for the Ethical Conduct of Studies to Evaluate Drugs in Pediatric Populations", Pediatrics, 2: 286-294.

1981년 발표된 소아과병원장들에게 실시된 조사에서 그들이 일하는 병원에서 검사에 대한 어린이의 동의가 원칙적으로 고려되는가라는 물음에 94%가 그렇다고 대답했다. 상이한 평가가 있었는데, 설문자의 73%가 어린이의 정신적 성숙을, 20%가 생물학적 연령을 알맞은 기준이라고 하였다.21) 어린이들을 원칙적으로 결정에 참여시킨다는 데는 분명 합의가 이루어져 있지만, 어떻게 언제 경계를 그어야 할 것인지에 대해서는 의견이 일치하지 않는다. IRB를 위해서는 어린이의 연령, 성숙, 정신적 상태 등의 기준들이 동의에 적합해야 한다고 한다.22)

샌포드 레이킨의 견해에 의하면 어린이와 청소년은 실험 참여권과 거부권을 알아야 할 뿐만 아니라 말로 명확히 표현할 수 있어야 한다. 레이킨은 발표된 연구들을 근거로 하여 대부분의 어린이와 청소년이 실험과 관련된 그들의 역할과 기능에 대해서 충분히 알지 못하고 있음을 지적한다. 예를 들면 언제든 참여를 거부하거나 중단할 수 있다는 사실이 대부분의 실험참여자들에게 알려져 있지 않다. 레이킨은 실험에 대한 이해와 사고능력은 동의를 위한 중요한 전제조건이라고 지적한다. 조사한 바에 의하면 이러한 사고력은 대략 9세 이상의 어린이들에게 갖추어져 있다.23)

연령 이외에 자기조절, 소심한 성격과 같은 정서적 요인들도 승인능력에 커다란 영향을 미칠 수 있다. 또 다른 한 연구에 의하면 이러한 요인들의 영향이 연령이나 인식력의 발달보다 더 중요하다.24) 검사받은 어린이들은 언제든 질문할 수 있는 가능성을 알고 있었다. 게다가 시간의 경과와 실험참여로 인해 나타나는 장점도 알고 있었다. 그리하여 중요한 사전 설명의 기준이 충족되었다. 어린이들에게는 학문적인 검사와 치료적 검사의 차이가 덜 알려져 있었다. 1972년 예일대학의 심리학자 슈워르츠가 수행했던 연구에 의하면 아픈 어린이들은 건상한 어린이들보다 연구에 동의할 수 있는 능력이 훨씬 적었다: 11세 이하의 어린이는 한 명도 그러한 능력이 없었으며, 11세 이상의 질문을 받은 어린이들 중 단지

21) Janofsky J, Starfield B., 같은 곳.

22) Leikin, S (1993) "Minors' Assent, Consent, or Dissent to Medical Research", IRB - A Review of Human Subjects Research, 15, 2: 1-7.

23) Leikin, S (1993), 같은 곳.

24) Dorn L D, Susman E J, Fletcher, J C (1995) "Informed Consent in Children and Adolescents: Age, Maturation and Psychological State", J of Adolesc Health 16: 185-190.

1/3만이 동의할 능력이 있었다.[25)]

미국에서 30년 전부터 이어져 왔던 이러한 논쟁을 평가해보면, 논의가 매우 세분화되고 세부적인 정확성을 가지고 이루어졌음을 알 수 있다. 허용할 만한 연구의 범주에 관한 주장은 특히 위험의 개념에 초점을 두었음이 눈에 띈다. 그러나 위험 평가에 있어서는 커다란 괴리가 있다. 게다가 잠재적 위험에만 초점을 맞추는 것은 다른 중요한 판단기준을 차단한다. 그 점에서는 논의에 부족한 점이 있으며, 무비판적으로 주장들을 받아들이는 것은 문제가 있을 것이다.

2. 영국의 상황

1982년 영국에서는 어린이에 대한 실험문제를 다루는 연구회가 구성되었다. 이 연구단체의 목표는 허용되는 위험과 동의능력에 관한 표준을 발전시키는 일이었다. 연구회는 치료목적이 아닌 연구에서도 최소한의 위험만이 정당화될 수 있다고 했다. 이러한 최소한의 위험을 일상생활의 위험에 비유했다. 1973년에 이미 왕립의과대학은 치료목적이 아닌 연구를 수행함에 있어 피험자는 단지 '무시해도 될 정도의 위험(negligible risk)'에만 노출되어야 한다는 인간을 대상으로 하는 연구 지침을 발표했다. 그러나 '무시해도 될 정도의 위험'의 개념정의는 하지 않았다.[26)] 영국 소아과협회의 정의에 의하면 '무시해도 될 정도의 위험'은 일상생활의 위험보다 미미하다. '최소한의 위험'은 '무시할 정도보다 더 큰지 불확실하다'고 한다. 최소한의 위험이 있는 조처의 실례로 흔히 정맥채혈을 든다. 여기서 어린이와 부모에게 정신적 부담이 있을 수 있음은 고려되지 않는다.

또 다른 대립적인 논쟁의 동기는 동의능력을 갖추는 연령에 관한 물음이다. 의학윤리학자 리챠드 니콜슨은 영국과 웨일즈에 있는 윤리위원회를 대상으로 조사한 설문결과를 소개한다. 위원회 구성원들이 실험에 동의하기에 적당하다고

25) Schwartz A H (1972) "Children's concepts of research hospitalization", N Engl J Med, 287, 12: 589-592.

26) Nicolson R (1991) "The Ethics of Research with Children". In: Brazier M, Lobjoit M (Hrsg.) Protecting the Vulnerable. Autonomy and consent in health care. Routledge, London, New York.

생각한 연령은 10-16세였으나, 승낙을 위해 적당한 연령은 14-18세로 보았다. 니콜슨 자신은 동의는 7세부터, 승낙은 14세부터 적절하다고 주장한다.[27]

어린이의 결정능력의 평가에 큰 의미를 둔 사람은 영국 사회학자인 알더슨(Priscilla Alderson)이다. 알더슨은 아픈 아이들과 수술 전에 대화를 했으며, 여기에서 그는 만성질환의 경험이 있는 어린이들이 6-7세에 이미 스스로 결정을 내릴 수 있음을 확인했다.[28] 물론 이것은 치료 조치에 관련된 것이지, 의학 연구에 참여하는 데 대한 것이 아니다.

1990년 "런던 왕립의과대학"에서 환자를 대상으로 하는 실험의 일반 지침을 발표했다. 그것에 따르면 일정한 상황에서는 비치료 연구의 위험이 최소한의 위험보다 커도 된다:

1) 환자가 고통 받고 있는 질병의 위험에 비해 연구위험은 아주 사소해야 한다.

2) 진성한 질병에 관한 것이어야 한다.

3) 획득한 성과로부터 커다란 잠재적 유용성이 기대된다.

4) 지식을 얻으려면 다른 방법이 없다.

5) 당사자가 설명을 들은 후 참여에 동의하였다.

이러한 지침은 일반적으로 성인 피험자들과 승인능력이 없는 아이들도 포함한다. 어린이에 대한 연구는 어른들에게 실시되어서는 안되며, 어린이들을 상담한 후, 16세 이하의 청소년들의 경우에는 비록 검사자가 그 어린이 자신이 승인할 능력을 갖추고 있다고 믿더라도 특별히 부모의 승인을 받아야 한다.[29] 이러한 지침의 판단에서 눈에 띄는 것은 세분화된 방법으로 지침들이 작성되었으나 의문이 제기되는 실험에 대한 구체적 사례들이 결여되어 있다는 점이다.

반면 어린이들에 대한 의학연구의 실용성을 위해 올바른 방향을 제시하는 것은 1992년에 발행된 "영국 소아과협회"의 지침이다. 그것은 6원칙에 기초한다.

---

27) Nicolson R, 같은 곳.

28) Alderson P (1993) 같은 곳.

29) Royal College of Physicians of London (1990) "Research involving patients. Summary and Recommendations of a Report of the Royal College of Physicians", in: Journal of the Royal College of Physicians of London, 24, 1: 10-14.

1) 어린이를 대상으로 하는 연구는 모든 어린이들의 복지를 위해 중요하며 보조받아야 한다;

2) 어린이는 단지 작은 어른이 아니라, 자신의 이익을 대표하는 유일무이한 개체이다;

3) 어른들을 대상으로 하여서는 결코 비교할 만한 성과를 예측할 수 없는 경우에는, 어린이들에게만 연구를 실시해야 한다;

4) 해당 어린이에게 직접적인 이익을 기대할 수 없는 연구도 반드시 불법이거나 비윤리적인 것만은 아니다;

5) 어린이를 대상으로 하는 연구계획은 먼저 지역 윤리위원회의 허가를 받아야 한다;

6) 승인은 어린이, 부모 중 한 사람, 혹은 법적 대리인으로부터 받아야 한다. 부모가 승인한 경우라도 어린이가 학령에 있으면, 부가적으로 어린이의 동의를 받아야 한다.

개별 기준들은 매우 세분화되어 상술된다. 이익과 잠재적 손상이나 부담들에 대해 상세히 검토된다. 그밖에 위험의 범주화가 실시된다. "최소한의 위험"은 조심스런 방법으로 진행되며, 승인이 있는 경우에 어린이의 위험에 대해 질문, 관찰, 측정을 실시할 수 있다고 묘사한다. 연구목적으로 소변 검사를 하거나 이미 채혈된 혈액을 사용하는 것을 실례로 든다. 어린이에게 직접적인 이익을 주지 않거나 이익이 미미하거나 아주 불확실할 경우임에도 불구하고 어린이를 최소한의 위험보다 높은 위험에 노출시키는 것은 비윤리적이라고 한다. 위험의 형태는 낮은 그리고 높은 위험으로 분류된다. 전자는 짧은 고통, 작은 멍, 작은 놀람에 비유할 수 있는 조치를 포함하며, 후자는 허파나 간의 조직검사, 동맥채혈 혹은 심장카테터 검사를 포함한다. 높은 위험이 있는 이러한 검사는 치료목적의 지시인 경우 실시될 수 있다. 사전 설명을 거친 후의 동의는 아주 상세히 다루어진다. 원칙적으로 모든 연구를 위해 먼저 부모의 승인이 있어야 한다. 관찰 혹은 치료목적으로 획득한 숫자나 실험과 같은 정보의 비교처럼 직접적인 신체접촉이 없이 이루어지는 조처들만 예외이다. 어린이가 실험의 경과를 평가할 수 있는 통찰력과 이성을 지닌 경우에는 어린이 스스로 승인을 해야 한다. 가능한 연령제한은 언급하지 않았다. 만일 어린이가 실험참여를 거부하면 이전에 부모로부터 얻은 승인도 무효화한다.[30] 1999년 이 중요한 지침은 "왕립 소아과 및 어린이 건강 대학"이라 개명한 협회로부터 약간 수정되고 현실화되었다. 중요한 보충은 치료 목적이 아닌 연구용 혈액채취이다. 어린이들이 승인할 수 있는 상황에 있지 못한 경우에는 부모가 결정해야 한다. 주사를 맞는 것이 두려움에도 불구하고 많은 어린이들이 상세한 설명을 들은 후에 채혈에 동의했다. 분명히 거부하는 경우에는 채혈이 적절치 않다. 더 나아가 특히 멀티센터연구를 위해 구성된 윤리위원회의 권한이 새롭게 제시되었다. 멀티센터연구 윤리위원회의 판정은 지방 윤리위원회로부터 무효화되어서는 안 된다.[31]

최근 영국에서 개발된 방안은 윤리적 관점에서 미성년에 대한 연구를 바람직하고 실질적으로 적용할 수 있으리라는 희망을 준다.

3. 독일의 상황

독일에서는 승인능력이 없는 피험자에게 잠재적인 직접적 이득이 없는 연구를 허용하는 것이 상당한 논쟁거리가 되고 있다. 승인능력이 없는 사람들을 대상으로 하는 치료목적이 아닌 연구를 한정된 범위 내에서 허용하는 유럽의회의 "생의학 협정"에 관한 공공 토론에서도 그러한 논쟁을 볼 수 있다. 치료목적의 연구 외에 이러한 집단에 대해 위험이 최소한이며, 같은 연령층의 다른 사람들이나 동일한 유전요인을 가진 사람에게 건강상의 이득을 줄 수 있으리라 기대되는 예외적인 경우에는 치료목적이 아닌 연구도 허용한다. 이러한 성명은 그 사이 1996년 11월 19일 유럽의회에서 통과되었으며, 몇몇 나라가 이미 서명했다. 특히 독일에서는 이 규정이 첨예한 대립 논쟁을 불러일으켰다. 독일 연방의회의 정원위원회도 1998년 3월 25일 개최된 회의에서 생의학 협정을 거부했다. 특히 승인능력이 없는 사람들의 연구에 대한 규정이 저급한 윤리 수준에 머물러 있기 때문에 비판했다.[32]

30) Britisch Paediatric Association (1992) "Guidelines for the ethical conduct of medical research involving children", London.

31) Royal College of Paediatrics and Child Health (2000) "Guidelines for the ethical conduct of medical research involving children", Arch Dis Child 82: 177-182.

32) Fröhlich U (1999) Forschung wider Willen? Rechtsprobleme biomedizinischer

독일에서는 인간에 대한 의약품의 임상실험을 위한 전제조건이 1994년 10월 19일의 의약품법(AMG)과 1994년 8월 2일에 제정된 의료제품법(MPG)에서 실제적 형식으로 규정되었다. 두 가지 법률은 헬싱키선언을 표본으로 했다. 그 법조문은 상당히 복잡하여 그 해석에 언제나 문제가 있었다. 게어프리트 피셔에 의하면 어린이를 대상으로 하는 학문적 실험은 "단지 미미한 불쾌감과 고통만이 있고 건강의 위험이 없으면" 실시되어야 한다.[33] 실례로 피셔는 채혈을 든다. 위험은 "거의 모든 행위와 연관되는 일반적 생명위험"을 넘어서는 안 된다.[34] 더 나아가 미성년자의 의지는 존중되어야 한다.

VII. 인간대상 연구의 심의를 위한 윤리위원회들

인간을 대상으로 실험을 실시하려는 의사는 의사의 직업법과 다른 법규들을 통해, 먼저 법에 따라 구성된 윤리위원회로부터 인간실험에 대해 자문을 받아야 할 의무가 있다. 그러한 윤리위원회는 보통 병원과 의사협회에 설치되어 있다. 인간실험의 실시를 위한 윤리적 · 법률적 지침이 구체적인 경우 존중되는지 그리고 실험참여자들이 충분한 설명을 듣도록 배려되는지 여부를 윤리위원회는 심의절차에서 확인한다. 윤리위원회는 연구실시의 허가를 거부할 수 있다. 긍정적 표결의 경우에도 역시 실험의 실시를 위한 책임은 전적으로 실험 지휘자 자신에게 남는다. 윤리위원회는 체계적인 과학적 인간실험의 실시를 위한 결정권이 있다. 개인적 치료실험, 말하자면 아직 충분히 실험되지 않은 개별적 방법의 사용이 검토되는 것은 아니다.

윤리위원회들의 구성은 거의 의사 집단 자체에 맡겨져 있다. 구성원은 대부분 의사들이며, 보통 자문역으로 법률가, 때로는 신학자, 간호사 혹은 생명윤리학자, 드물게 학생 혹은 시민대표가 참여한다. 이렇듯 의사들이 윤리위원회를 지배하는 것에 대한 비판이 빈번하다. 문외한 구성원으로서 일반대중이 보다 강력

Forschung mit nichteinwilligungsfähigen Personen, Springer, Berlin Heidelberg New York.

33) Fischer G (1979) Medizinische Versuche am Menschen, Schwartz, Göttingen. S. 38.

34) 같은 곳.

히 참여해야 한다는 요구도 크다. 또한 윤리위원회들의 활동에 대한 감독이 이루어지지 않고 있으며, 윤리위원회의 지시가 실제로 연구자들로부터 준수되는지 제대로 감독되지 않고 있는 점도 문제이다.

VIII. 맺는 말

우리나라의 의사윤리지침에서도 인체대상 연구지침에 대해 언급되고 있으나, 상당히 피상적인 수준에 머물고 있을 뿐, 실제 상황에서 어떻게 처리해야 할지 구체적 방안을 제시하기에는 부족한 실정이다. 또한 피험자들을 유형에 따라 분류하여 세부적으로 그 윤리문제를 분석하고 다룬 연구물도 거의 없는 형편이다.

위에서 살펴보았듯이 어린이를 대상으로 하는 연구처럼 동의능력이 부족하거나 전혀 없는 상황에 있는 사람들을 피험자로 해서 본인이나 타인에게 유용한 연구를 하려 할 때, 어떤 종류의 것을 허용해도 되는지 결정하는 일은 참으로 어려우며, 많은 문제를 안고 있다.

이에 비해 그 규정은 미비한 현실이므로, 필자는 어린이나 청소년과 같이 동의능력을 제대로 갖추지 못한 대상의 연구를 위해 필요한 최소한의 윤리적 · 법적 표준 규정을 제안하며 논고를 맺고자 한다:

1) 등급과 부담정도에 따라 의학 연구의 이득과 위험 혹은 부담을 분류해야 할 것이다.

연구의 이득과 위험을 분류하는 것은 일차원서 개념에 따른 것이 아니라, 빈도, 곤란정도, 기대에 따라 구분해야 한다.

2) 예를 들어 서구의 윤리선언이나 지침에서 볼 수 있는 "최소한의 위험"과 "최소한의 부담"이라는 개념과 같이 애매한 표현들에 대해서는 명확한 정의와 내용상의 규정을 제시해야 한다. 가능한 한 정확하고 실제와 가깝게 정의되어야 하며 실례를 통해 명시되어야 한다.

3) 관용할 수 있는 위험과 부담의 평가는 해당 피험자의 연령과 질환 형태에 좌우된다. 이 때 실례를 근거로 해서 관용할 수 있는 위험이나 부담을 설명해야

한다.

4) 어린이와 청소년의 경우 부모와 어린이의 승인 혹은 동의를 위한 명문상의 규정을 갖추어야 한다. 의학 조치의 파급효과를 판단하는 통찰력이 어린이에게 결여되어 있을지라도, 어린이들은 개별 검사에 동의 혹은 거부를 분명히 표시할 수 있다. 따라서 어린이의 동의와 거부는 상황에 따라 적절하게 판단되어야 한다. 어떻게 어린이의 동의를 구하고, 언제 어린이의 거부가 고려되어야 하는지에 대해 구속력 있는 행동지침이 개발되어야 한다.

5) 연구센터에 있는 위원회에 피험자를 참여시키는 방안도 생각해 볼 수 있다. 연구계획에 피험 당사자를 참여시키는 것은 연구계획을 개선하고, 투명성을 높이며, 연구에 대한 보편적인 수락률을 높이는 데 기여할 것이다.

의료행위에서의 온정적 간섭주의와 자율성 존중

정 규 원*

Ⅰ. 들어가며

전통적으로 의료행위는 의료인들의 특권적 영역이었다. 의료인은 자신의 전문가적 지식과 경험에 근거한 판단에 기초하여 환자에 대한 처치를 행하면 의무를 다한 것으로 생각하였다. 이와 같이 전통적으로 의료행위는 온정적 간섭주의(paternalism)에 근거하여 이루어져 왔다. 하지만 최근에 서구를 중심으로 발달한 의사의 설명과 환자의 동의라는 개념은 의료행위가 환자의 자율성을 존중하는 방향으로 나아가야 함을 역설하고 있다. 이러한 변화는 이제 이론적으로는 상당한 설득력을 획득한 것으로 보이며 우리나라 의료법 체계와 의료분쟁 관련 판례들도 적어도 외면적으로는 이와 같은 변화를 따르고 있는 것으로 생각된다. 하지만 이와 같은 자율성 존중의 원칙에 대한 강조가 모든 의료행위에 있어서 적절한 것이며 현실적인 타당성을 획득하는 것인가에 대해서는 제고의 필요성이 존재한다고 생각된다.

환자의 자율성을 인정하기 위하여 지나치게 엄격한 기준을 적용한다면 이는 결국 실제적으로는 자율성 존중의 원칙을 지킬 수 없는 결과를 야기하게 될 것이다.[1] 반면에 자율성의 요건을 지나치게 완화할 경우 이는 강한 의미의 온정적 간

* 한양대학교 법학전문대학원 교수.

1) 가령 지금 학설들에서 요구하는 유효한 동의의 요건들은 실제로는 동의의 필요성을 무용하게 만들 우려가 있다. 특히 자기결정권 내지 자율성의 요건으로 합리성을 요구할 경우 이

섭주의마저 허용할 가능성도 있게 될 것이다. 현행 의료관련법규들은 구체적인 사안에서 충돌하는 온정적 간섭주의와 자율성 존중의 원칙간의 갈등을 적절하게 해결하는 규정을 두고 있지 못한 것으로 생각된다. 따라서 의료인의 행위규범으로서의 역할을 충분히 하고 있지도 못하며 분쟁이 발생한 경우 분쟁을 해결하기 위한 수단으로서의 역할도 다하지 못하고 있다고 생각된다.

이하에서는 이와 같은 문제점들을 염두에 두면서 온정적 간섭주의와 자율성 존중의 원칙에 대하여 간략하게 살펴보고 현행 의료관계법률들에서 양자에 대한 규정들을 살펴본 후 의료행위의 정당화 근거에 대한 해결방안을 모색해 보고자 한다.

II. 의료윤리와 의료법

1. 의료윤리

의료윤리는 윤리학 혹은 도덕철학의 응용 분야로써 의료 영역에서 발생하는 다양한 사안들에 대하여 철학적 분석을 통하여 옳고 그름에 대해 판단하고자 하는 학문 분야이다.[2] 하지만 의료윤리는 정적인 개념이 아니고 의료행위가 규율되는 방식에 따라서, 의료행위가 이루어지는 시 · 공간의 차이와 문화적 차이에 따라 상이한 개념으로 사용되고 있다.

일반적으로 의료윤리에서는 다음과 같은 네 가지의 원칙이 제시되고 있다.[3] 첫 번째 원칙은 "악행금지의 원칙"으로 의사는 환자의 건강에 해가 되는 행위를 하여서는 안 된다는 원칙을 말한다. 두 번째 원칙은 "선행의 원칙"으로 의사는 환자의 건강에 이익이 되는 가능한 모든 행위를 하여야 한다는 원칙을 의미한

는 실질적으로는 개인의 자율성을 부정하는 결과가 될 수 있을 것이다.

2) Alastair Campbell/Max Charlesworth/Grant Gillett/Gareth Jones, *Medical Ethics*, Oxford University Press, 1997, p.2.

3) 이와 같은 의료윤리에서의 네 가지 원칙은 F. Childress가 1979년 *Principles of Biomedical Ethics*라는 저서에서 제시한 이후 널리 받아들여지고 있다(Tom L. Beauchamp/James F. Chidress, *Principles of Biomedical Ethics*, Oxford University Press, 1979, pp.56-200).

다. 세 번째 원칙은 "자율성 존중의 원칙"으로서 의사는 의료행위에 관한 결정을 하는 경우에 환자의 자율적인 의사를 존중하여야 한다는 원칙을 말한다. 네 번째 원칙은 의사가 모든 환자들을 공평하게 대하여야 한다는 "정의의 원칙"이다.

"악행금지의 원칙"은 의료행위에 있어서의 가장 오래된 원칙 중의 하나이다. 히포크라테스 선서도 "나는 의술을 나의 능력과 판단에 따라 환자를 돕는 데 사용할 것이며 환자에게 해를 입히거나 환자의 상태를 악화시키는 데 사용하지 않겠노라"고 기술하여 악행금지의 원칙을 선언하고 있다. 하지만 이 원칙이 지켜지기 위해서는 먼저 악행이 무엇인가, 환자의 건강에 해를 주는 행위는 무엇인가에 대한 명확한 개념을 정의할 필요가 있다. 또한 무엇이 환자의 건강에 해를 주는 행위인가를 결정함에 있어서 우리는 어떠한 것들을 고려하여야 할 것인가의 문제도 먼저 결정되어야 할 것이다. 또한 의료행위의 경우에는 어느 정도의 해를 환자에게 야기하는 상황이 발생할 가능성이 높기 때문에 —예를 들어 다른 사람에게 신장을 이식하기 위하여 기증자의 신장을 적출하는 행위— 허용되는 해악의 한계는 어디까지인가에 대한 논의도 필요하게 될 것이다.[4]

"선행의 원칙"은 "악행금지의 원칙"과 명확하게 구분하기는 쉽지 않지만, 환자의 건강에 해악을 주는 행위를 하지 말아야 한다는 것을 넘어서서 해악의 예방과 제거 및 적극적인 선의 실행을 할 것이 의사에게 요구된다는 원칙이다.[5] "선행의 원칙"의 경우에는 "악행금지의 원칙"의 경우와는 달리 적극적인 선의 실행을 요구하기 때문에 공평의 원칙이 지켜지지 않는다.[6] 따라서 "선행의 원칙"에 의하면 특정한 관계에 따른 차별이 허용될 수 있게 된다. 의료행위는 의사가 타인의 질병을 치료하고 건강을 증진시키기 위한 행위이기 때문에 의료행위에 있어서 "선행의 원칙"에 대한 고려는 대단히 중요한 부분이라고 할 수 있을 것이다. 장기나 조직의 기증과 같은 행위는 "선행의 원칙"에 의하여 정당화될 수 있을 것이다. "선행의 원칙"은 환자의 선을 적극적으로 증진시키라는 원칙이므로 의료행위에

4) 치료를 하기 위하여 수술을 하거나 주사를 놓는 경우, 혹은 침습적 진단의 경우가 악행금지의 원칙에서 문제가 되는 예로 제시되고 있으나(예를 들어 김일순, "생명의료윤리의 원리와 영역": 서울대학교 의과대학 의학교육연수원(편), 임상윤리학, 서울대학교 출판부, 1999, 38면), 이와 같은 사례는 개별적인 행위만을 판단하는 경우에는 문제가 될 수 있겠지만 환자의 건강이라는 전체적인 관점에서 볼 때 해악을 주는 행위라고 판단할 수는 없을 것이다.

5) 선행의 원칙이 도덕적 의무인가에 대해서는 논란이 있다.

6) 구영모, "생명 의료 윤리란 무엇인가": 구영모(편), 『생명의료윤리』, 동녘, 1999, 40면.

있어서 온정적 간섭주의와 연관되어 있다. 즉, "선행의 원칙"에 의하면 의사는 환자의 건강을 증진시키려는 목적으로 환자의 의사와는 무관하게 자신의 전문가적 판단에 의하여 의료행위를 하여야 한다는 것이 요구된다. 하지만 이와 같은 온정적 간섭주의가 정당화되기 위해서는 무엇이 환자에게 선이 되는 것인지를 의사가 잘 알고 있다는 전제가 충족되어야 할 것이다. 또한 무엇이 선이며, 그것을 어떠한 기준에 의하여 판단할 수 있는지에 대한 문제도 선결되어야 할 것이다.

"자율성 존중의 원칙"은 의료윤리에서는 비교적 최근에 발달한 원칙이다. 이에 의하면 의사는 환자에 대한 의료행위를 행함에 있어서 자신의 전문가적 판단에만 의존하여 의료행위를 시행할 것이 아니라 환자의 자율적 의사에 따라 의료행위를 시행하여야 한다. 이와 같은 "자율성 존중의 원칙"은 의료행위에 있어서 소위 informed consent, 의사의 설명의무, 환자의 동의라는 개념 등에서 잘 나타나고 있다.[7)]

"정의의 원칙"은 주로 의료의 분배에 관한 원칙이다. 정의는 "각자에게 각자의 몫을 돌려주는 것"으로 정의된다.[8)] 의료행위는 그 자체가 이미 분배의 문제를 포함하고 있기 때문에 의료윤리를 논함에 있어서 정의의 원칙이 거론되는 것은 그리 놀랄 만한 일은 아니다. 의료행위에 있어서의 정의 원칙은 두 가지의 차원을 가지고 있다. 첫 번째는 거시적 관점에서의 정의의 문제로 의료자원을 어떻게 할당할 것인가 라는 의료제도와 관련된 문제이다. 예를 들어 국가 예산 가운데 보건의료 예산을 어느 정도 할당할 것인가의 문제, 그에 소요되는 비용은 누구에게 부담시킬 것인가의 문제 등이 거시적 차원에서의 의료행위에 있어서의 정의의 원칙과 관련하여 고려되어야 할 문제들이다. 미시적 차원의 정의의 문제는 의료의 수혜자를 어떠한 기준에 의하여 결정할 것인가 하는 의료행위와 관련된 정의의 문제이다. 예를 들어 제한된 중환자실의 사용을 어떠한 기준에 의하여 결정할 것인가의 문제, 제한된 조직 내지 장기의 이식을 어떠한 기준에 의하여 누구에게 이식할 것인가의 문제 등이 그것이다.

---

7) informed consent나 의사의 설명과 환자의 동의라는 개념은 윤리학에서 발달한 개념이 아니라 법학에서 먼저 발달하여 의학이나 윤리학으로 전파된 개념이다.

8) 하지만 어떠한 기준에 따라 분배되는 것이 정의로운 것인가에 대해서는 여러 견해들이 있다. 대표적으로 능력에 따른 분배, 성과에 따른 분배, 투여된 노력에 따른 분배, 필요에 따른 분배 등으로 견해가 나뉘고 있다.

이상에서 살펴본 바와 같이 어떠한 의료행위가 윤리적이냐 아니냐의 문제를 판단하는 기준으로 대략 네 가지 정도의 원칙이 제시되고 있다. 하지만 구체적인 사안을 해결하는 데에 이와 같은 원칙들이 실질적인 기여를 하고 있는지에 대해서는 의문이 있다. 가령 치료를 받지 아니하면 사망함이 분명한 환자의 의사에 반하여 치료를 할 수 있는가 라는 사안에서 선행의 원칙과 자율성 존중의 원칙 중 어느 원칙을 우선하여야 하는가의 문제가 대두되게 된다. 결국 우리는 구체적인 사안을 해결함에 있어서는 이상의 원칙들의 우선순위를 결정하여야 하며 이러한 우선순위의 결정에 있어서는 판단하는 자의 개인적인 가치관이 중요한 역할을 함을 부인할 수는 없을 것이다. 의료윤리의 원칙들은 그 자체가 의료영역에서의 윤리적 갈등 상황을 직접적으로 해결하는 기준이라기보다는 윤리적 갈등상황을 해결하는 데에 있어서 도움을 주는 고려사항이라고 보아야 할 것이다.

2. 의 료 법

학문적 · 실무적 의미에서의 의료법이라 함은 1973년 법률 제2533호로 제정되어 수차례의 개정을 거쳐온 「의료법」만을 의미하는 것이 아니라 보건 · 의료행위와 관련된 모든 법률을 의미한다. 따라서 의료법에는 2000년 1월 12일 법률 제6150호로 제정된 「보건의료기본법」을 비롯하여 「모자보건법」, 「국민건강증진법」, 「응급의료에 관한 법률」, 「정신보건법」, 「감염병의 예방 및 관리에 관한 법률」,[9] 「약사법」, 「지역보건법」, 「보건범죄단속에 관한 특별조치법」, 「국민건강보험법」, 「마약류관리에 관한 법률」, 「의료기사 등에 관한 법률」, 「시체해부 및 보전에 관한 법률」, 「장기 등 이식에 관한 법률」, 「장애인복지법」, 「의료보호법」, 「혈액관리법」 등 그 수를 헤아릴 수 없을 정도로 많은 의료관련 법규들을 포함하는 개념이다. 또한 「형법」 제269조 이하의 낙태에 관한 규정들, 「형법」 제317조의 업무상비밀누설에 관한 규정 등도 실질적인 의료법의 개념에 포함되는 것으로 볼 수 있을 것이다. 나아가 최근의 생명공학의 발달로 인하여 이를 규율하기 위한 법규들도 통상 의료법의 영역에 속한다고 판단되어지고 있다.

---

9) 본 논문을 작성 시에 존재하였던 「전염병예방법」이 2010년에 「감염병의 예방 및 관리에 관한 법률」으로 변경되었다.

윤리와 법은 규범적 판단이라는 면에서는 동일한 특성을 가지고 있지만 근본적으로는 구분하여 논하여야 할 영역이다. 따라서 의료적 영역에서 발생하는 문제에 대한 윤리적 논의와 법적 논의도 동일한 선상에서 논의되는 것은 아니라고 할 것이다. 의료적 문제에 대한 법적 논의를 함에 있어서는 실정법의 범위 내에서 논의가 이루어져야 하며 실정법의 해석에 관한 부분이나 새로운 입법에 대한 논의가 이루어지는 경우에는 윤리적 논의가 상당한 의미를 가진다고 할 것이다. 하지만 의료 분야 —생명공학 분야를 포함하여— 의 경우에는 다른 분야에 비하여 윤리적 논의와 법적 논의가 혼재되어 나타나는 것이 일반적이며 이는 의료라는 특성을 고려할 때 피할 수 없는 현상이기도 한 것이 사실이다. 의료는 지속적으로 발달하고 있는 분야이며 새로운 기술과 지식이 끊임없이 생성되는 분야이다. 게다가 의료행위는 구체적인 환자에 대한 행위인 것이지 일반적이고 추상적인 사람에 대한 행위는 아닌 것이다. 따라서 실정법이 아무리 노력을 하여도 예상하지 못한 기술과 지식에 대한 규율을 예정하여 미리 규정하여 놓을 수는 없으며 모든 개개의 구체적인 환자의 사정을 다 고려할 수도 없는 것이다. 게다가 의료적 지식은 매우 전문적인 지식이기 때문에 법적 규율에 적합하지 않은 측면도 있는 것이다. 따라서 의료적 영역에서 발생하는 문제에 대한 논의에 있어서는 법적 문제와 윤리적 문제가 혼합되어 논의될 필요가 있는 측면이 존재한다. 그럼에도 불구하고 의료적 영역에 대한 법적 논의에 있어서는 실정법의 규정들에 대한 검토가 먼저 이루어져야 함은 당연한 사실이다.

Ⅲ. 의료행위에서의 온정적 간섭주의

온정적 간섭주의는, 개인의 선(good)을 증진시키거나 개인에 대한 해악을 예방하기 위한 목적으로, 타인의 자율성이나 자유에 대하여 간섭하는 것을 말한다.[10] 따라서 ① A가 B에 대한 해악을 방지하거나 B의 이익을 증진시키려는 의도로 행위를 하며, ② A가 B가 현재 선호하는 바(preferences), 바라는 바(desires),

10) Robert Audi(ed.), *The Cambridge Dictionary of Philosophy*, Cambridge University Press, 1997, p.564.

혹은 가치 있다고 생각하는 바(values)에 반하여(혹은 무관하게) 행위를 하며, ③ A의 행위가 B의 자율성이나 자유에 대한 제한을 가하는 경우에 A는 온정적 간섭주의에 입각하여 행위를 하고 있는 것이라고 말할 수 있는 것이다.

이와 같은 온정적 간섭주의는 전통적으로 의료행위를 정당화하는 근거로 여겨졌다. 하지만 오늘날에는 개인의 이익이 위협을 받고 있는 상황에서 개인의 자율성에 대한 반성(reflection)이라는 맥락에서 온정적 간섭주의가 논의되고 있다.[11)]

온정적 간섭주의의 표현이라고 생각할 수 있는 사례들로는 여호와의 증인의 의사에 반하여 그에게 수혈을 하도록 하는 것,[12)] 환자가 지나치게 흥분하여 치료에 방해가 되는 것을 예방하기 위하여 의사가 환자를 속이거나 환자의 상태에 대한 설명을 하지 아니하는 경우,[13)] 오도바이 운전을 할 때에 헬멧을 쓰도록 강제하거나 자동차 운전자가 안전벨트를 매도록 강제하는 경우 등이 대표적일 것이다.

온정적 간섭주의는 통상 약한 의미의 온정적 간섭주의[soft(weak) paternalism]와 강한 의미의 온정적 간섭주의[hard(strong) paternalism]로 구분되어지고 있다.[14)] 약한 의미의 온정적 간섭주의는 어떤 개인이 비자의적으로(nonvoluntarily) 행동하고 있거나, 그 개인이 자의적으로 행동하고 있는지 아닌지를 판단하

---

11) Francesc Torralba Rosselló, "The Limits of the Autonomy Principle. Philosophical Considerations," In: *Centre for Ethics and Law, Basic Ethical Principles in European Bioethics and Biolaw*, Vol. II, Institut Borja de Bioètica, 2000, p.225.

12) 대판 1980.9.24, 79도1387은 "피고인이 믿는 종교인 여호와의 증인의 교리에 어긋난다는 이유로 최선의 치료방법인 수술을 거부함으로써 딸을 사망케 하였다면 유기치사죄를 구성한다"라고 판시하고 있다. 이 사례는 여호와의 증인 본인이 아니라 그의 자식에 대한 수술 거부이기 때문에 엄밀한 의미에서의 온정적 간섭주의의 사례라고 할 수는 없을 것이다.

13) 환자가 응급상태에 있는 경우와 의사의 치료적 특권이 인정되는 경우에는 의사의 설명의무와 환자의 동의 없이 행하는 의료행위가 허용되는 예외상황이 있다. 치료적 특권에 의한 설명의무의 예외적 사정들은 다시 몇 가지로 구분되는바, 의사가 환자의 상태에 대하여 설명을 할 경우 환자의 치료에 방해가 될 것이라고 예상되는 경우는 치료적 특권에 의한 설명의무의 예외 상황으로 분류되고 있다. 이에 대한 보다 자세한 논의는 정규원, "피검자의 동의에 관한 법적 고찰": 생명과학관련 국민보건안전 윤리 확보를 위한 정책개발 및 인프라 구축 방안 연구, 보건사회연구원, 2001, 207-209면을 참조하기 바란다.

14) 이와 같은 구분은 Joel Feinberg에 의하여 구체화되었으며 이후 온정적 간섭주의에 대한 논의에 많은 영향을 주고 있다. 이와 같은 구분에 대한 자세한 설명은 Joel Feinberg, *Harm to Self*, Oxford University Press, 1986, pp.12-16을 참조하기 바란다.

는 데에 시간이 필요한 경우에만 온정적 간섭주의에 의한 개인의 자율성이나 자유에 대한 제한이 정당화된다는 관점이다. 이러한 의미에서의 온정적 간섭주의는 실질적으로 비자율적인(혹은 비자의적인) 행위에 대하여서만 자율성에 대한 제한을 허용하려는 관점이다. 예를 들어 교통사고가 발생하여 심하게 상해를 입은 자가 흥분상태에서 치료를 받기 위하여 병원에 입원하는 것을 거부하는 경우에 그를 강제적으로 병원에 입원시켜 치료를 받도록 하거나 정신병자의 의사에 반하여 그를 강제적으로 치료하는 경우가 대표적인 예이다. 이와 같은 약한 의미의 온정적 간섭주의에 근거한 개입이 정당화될 가능성이 있는 의료적 상황들은 향정신성약물에 의한 영향을 받고 있는 환자의 경우, 출산 중에 그로 인하여 심한 고통을 받고 있는 산모의 경우, 뇌에 손상을 입어 기억력과 판단력에 장애가 있는 환자의 경우 등이 될 것이다. 이와 같은 경우에는 환자의 자율성이 약해지면 약해질수록 의료진에게 의존하는 경향이 강해질 것이며 따라서 의료진의 온정적 간섭주의에 근거한 개입이 정당화되는 영역이 늘어나게 될 수 있을 것이다. 이와 같은 약한 의미의 온정적 간섭주의는 법률, 의학, 그리고 도덕철학에서 널리 받아들여지고 있다.

강한 의미의 온정적 간섭주의는 어느 개인이 자의적으로 행위하고 있는 경우에도 때로는 온정적 간섭주의에 의한 개입이 정당화될 수 있다는 주장이다. 즉 강한 의미의 온정적 간섭주의에 의하면 설령 그 개인이 충분한 정보를 가지고 있으며 자율적으로 판단하여 행동한다고 할지라도 그 개인의 이익을 위하여 개입하는 것이 허용될 수 있다는 것이다. 이러한 자율성의 침해는 그 개인에게 제공되는 정보를 제한하거나 그 개인의 충분한 정보에 기인한 자의적인 선택을 무시함으로써 이루어질 수 있다. 강한 의미의 온정적 간섭주의의 예로는 자살을 야기할 수도 있는 진단적 정보를 환자에게 제공하지 않음으로써 환자의 자율적인 선택을 막는 경우를 생각할 수 있다. 이와 같은 사례의 경우에 강한 의미의 온정적 간섭주의에 의하면, 약한 의미의 온정적 간섭주의의 경우와는 달리, 환자의 능력이 판단능력 등 자율성과 관련된 능력이 감소하여 있을 것 혹은 무능력 상태에 있을 것 등의 자율성을 제한하기 위한 특별한 근거들이 요구되지 않게 된다.

온정적 간섭주의가 정당화될 수 있는 근거로는 대개 합리적 동의의 원칙(principle of rational consent)과 선행의 원칙이 거론되고 있다. G. Dworkin은 온정적 간섭주의를 충분히 이성적인 사람들이 자신을 보호하기 위하여 가입하는 사회보험정책이라고 주장한다.[15] 즉 어떤 사람이 잠재적인 위험성을 가지고 있으며 되돌이킬 수 없는 행위를 할지 여부에 대한 결정을 하는 경우에 그가 편견 없고 합리적인 사람이라면 받아들일 조건들에 의하여 온정적 간섭주이가 정당화 된다고 한다. 예를 들어 운전 중 안전벨트를 메도록 의무화하는 것은 이와 같은 관점에 의하여 정당화되어질 수 있다. 또한 Dworkin은 어느 개인의 일시적인 자유를 제한하는 온정적 간섭주의는 역설적으로 그 개인의 진정한 자율성을 보호할 수도 있다고 주장한다. 예를 들어 의사가 자살을 방지하기 위하여 환자에게 거짓말을 하는 경우, 설령 환자 자신은 그와 같은 사실을 지금은 인식하고 있지 못하다고 할지라도 의사가 그 환자가 진정으로 살기를 원하고 있으며 지금의 흥분상태가 가라앉고 나면 자살을 하지 않으리라는 것을 알고 있다면, 그와 같은 거짓말은 비록 일시적으로는 개인의 자율성에 대한 침해가 될 수도 있겠지만 궁극적으로 그 환자의 자율성에 합당한 행위라는 것이다.

전통적인 의료의 관점에서 볼 때 온정적 간섭주의는 의료행위에 적합한 이론이다. 전통적으로 의료행위의 정당화 근거는 적합한 의료 지식에 근거한 의료 전문가들의 판단이었다. 고대 의학에서의 가장 중요한 문헌 중 하나인 히포크라테스 선서에 의하면 의사는 환자의 이익을 위하여 의료를 행하고 환자에게 해를 주지 아니할 의무를 지고 있었다.[16] 또한 1786년에 출판된 Ruth의 저서에서도 결과가 대단치 않은 경우에는 환자에게 양보할 수 있지만 생명을 지키는 데에 핵심적인 문제에 있어서는 확고한 권위를 유지하도록 의사들에게 권고하고 있다.[17] 의료윤리에서 획기적인 저작으로 인정받고 있는 Medical Ethics의 저자인 Percival도 환자의 진실을 알 권리와 환자에게 이익을 줄 것이라는 의무가 충돌

15) Gerald Dworkin, "Paternalism," Monist 56 no. 1, 1972, p.65.

16) 이와 같은 취지의 문상들로는 다음과 같은 것들 있다. "나는 양심과 품위를 가지고 의술을 베풀겠노라," "나는 환자의 건강과 생명을 첫째로 생각하겠노라," "나는 인종 · 종교 · 국적, 정당관계 또는 사회적 지위 여하를 초월하여 오직 환자에 대한 나의 의무를 지키겠노라."[본 논문에서 인용된 히포크라테스 선서의 번역은 서울대학교 의과대학 의학연수원(편), 임상윤리학, 서울대학교 출판부, 1995를 참조하였다].

17) Benjamin Ruth, An Oration—Containing an Enquiry into the Influence of Physical Causes upon the Moral Faculty, Charles Cist, 1786, p.323[Tom L. Beauchamp/Faden Ruth R., "History of Informed Consent," In: Warren Thomas Reich(ed.), *Encyclopeadia of Bioethics*, 1995, p.1233에서 재인용].

하는 경우 환자에게 이익을 줄 것이라는 의무가 환자의 알 권리에 우선한다고 보고 있다.[18] 따라서 경우에 따라서는 선의로 환자를 기망할 것을 권하였다. 즉 환자 자신이 처한 상황을 정확히 알고자 하는 경우에 그 내용이 환자에게 치명적이라고 생각된다면 의사가 환자에게 진실을 말하는 것은 옳지 못한 행동이라고 생각하였으며, 오히려 진실을 말하는 것이 환자의 권리를 침해하는 것이라고 그는 보았다.

자율성의 존중과 관련하여 중요한 인물로 평가받고 있는 Hume조차도 의료영역에 있어서는 환자의 자율성보다는 의사의 온정적 간섭주의를 선호하는 듯한 인상을 주고 있다. Hume은 도덕을 감정의 문제로 파악하고 있다. 이러한 Hume의 견해에 의하면 의료윤리는 건전한 의견을 보유하고 있는 품위있고 친절한 의사라는 이미지에 적합한 용어이다.[19] 이와 같은 의사는 자신이 최선이라고 느끼는 의료행위를 시행하는데, 그와 같은 의료행위는 환자 자신은 선호하지 아니하는 의료행위일 수도 있는바, 왜냐하면 환자 자신은 자신이 처한 상황을 이해하지 못하거나 의사와 견해를 같이하지 못할 수 있기 때문이다.

이상과 같은 논의에 따르면 온정적 간섭주의를 채택하고 있는 의사는 자신의 의료적 전문 지식과 자신의 의학적 가치관에 따라 환자를 위한 의사결정을 하는 의사인바, 환자 자신은 그와 같은 의사의 가치관을 공유하지 않을 수도 있는 것이다. 따라서 온정적 간섭주의에 따라 의료행위를 시행하는 의사들은 만일 오판을 한 경우에는 환자의 의사에 반하여 환자에게 해를 줄 수도 있는 것이다.

IV. 의료행위에서의 자율성 존중

자율성이라는 용어가 개인적인 차원에서 사용되기 시작한 것은 그리 오래된 일이 아니며,[20][21] 특히 의료행위와 관련하여 자율성이라는 용어가 사용된 것은

18) Thomas Percival, *Medical Ethics*, 1803, pp.165-166(Tom L. Beauchamp/Faden Ruth R., *Ibid.*, p.1233에서 재인용.).

19) Alastair Campbell/Max Charlesworth/Grant Gillett/Gareth Jones, *Ibid.*, p.3.

20) David A. J. Richards, "Rights and Autonomy," *Ethics* 1981 Oct., p.7.

21) 자율성이라는 용어의 사용에 대한 개관은 정규원, 피해자의 승낙에 대한 연구 ―의료행위

극히 최근의 일이다. 예를 들어 자율성 존중의 원칙의 대표적인 사례인 의사의 설명과 환자의 동의라는 개념은 서구에서도 최근까지지도 확립된 개념이 아니었으며, 의학으로부터 발달한 개념도 아니었다.[22] 하지만 현재는 의료행위에서 자율성 존중의 원칙은 그 위치를 확고히 굳혀가고 있으며 의료행위에 대한 법적 판단에 있어서도 종래의 의사의 전문적 지식에 의한 의료행위의 정당화로부터 환자의 동의라는 자율성의 표현에 의한 의료행위의 정당화로 그 논의가 넘어가는 경향을 보이고 있다.[23]

자율성(autonomy)이라는 용어는 그리스어의 autos(self)와 nomos(rule of law)에서 유래한 것이다.[24] 자율성은 철학에 있어서 중심적 개념 중 하나인데, 소극적으로는 자연적 · 사회적 · 정치적인 결정론과 관련하여 독립적인 것을 의미하며, 적극직 의미로는 자신의 행위를 스스로 확립할 수 있음을 의미한다.[25] 이 용어는 개인이 "자신의 고유한 법을 보유하거나 창조할 수 있음"을 의미한다. 따라서 자율성이라는 용어는 "자기법칙(self-law)," "자기결정(self-determination)" 등과 같은 의미를 가지는 용어로 이해되고 있다.[26] 따라서 자율성이라는 용어는 ① 외부적 구속이 없는 것, ② 선택의 자유, ③ informed consent의 합리성(rationality)에 근거한 선택, ④ 스스로 선택한 특정한 도덕적 가치들에 대한 승인에 근거한 선택 등으로 정의될 수 있다.[27] 한편 Rawls는 "자율적으로 행동하는 것은 이성적이고 자유롭고 평등한 존재로써 우리가 받아들이는 원칙에 따라 행

를 중심으로—, 서울대학교 대학원 법학과(박사), 1999, 6-10면을 참조하기 바란다.

22) 대표적으로 "informed consent"라는 용어는 1957년에야 처음으로 발견되기 시작하고 있으며, 1972년 정도가 되어서야 영 · 미에서 이 개념에 대한 진지한 논의가 시작되었다. 이에 대한 좀 더 자세한 논의는 Faden, Ruth R./Beauchamp, Tom L./King, Nancy M. P., *A History and Theory of Informed Consent*, Oxford University Press, 1986을 참조하기 바란다.

23) 예를 들어 형법에서 의료행위의 정당화에 대한 이론적 근거가 형법 제20조의 정당행위로부터 형법 제24조의 피해자의 승낙으로 옮겨가고 있는 상황, 의료관련 소송에서 의료과실에 대한 판단으로부터 의사의 설명의무 위반에 대한 판단으로 중심이 옮겨가는 상황 등이 이와 같은 경향을 잘 나타내주고 있다.

24) Gerald Dworkin, *The Theory and Practice of Autonomy*, Cambridge University Press, 1988, p.12-13.

25) Francesc Torralba Rosselló, *Ibid.*, p.217.

26) Joel Feinberg, *Ibid.*, p.27.

27) Francesc Torralba Rosselló, *Ibid.*, p.217.

동하는 것"[28]이라고 정의하고 있다. 어떠한 정의에 의하든 자율적으로 행동하는 사람은, 그 자신의 사고이든 타인이나 다른 집단으로부터 받아들인 사고이든, 자신이 가지고 있는 사고들에 일치하게 행동하는 사람들인 것이다.[29]

자율성에 대한 존중의 근거는 대개 세 가지 정도의 논의방향으로 발전하여 왔다. 첫째는 자율성을 도덕에 있어서 가장 근본적인 것으로 파악하여 권리를 귀속시키는 필요조건이고 나아가 충분조건일 수도 있다는 것으로 이해하는 입장이다. 이와 같은 견해는 필연적인 것은 아니지만, Kant의 논의와 연관되어 있는 것으로 받아들여지고 있다. 이 견해에 의하면 A라는 존재가 X라는 권리에 의하여 보호되는 T라는 이익을 보유하고 있는 경우에만, A는 X라는 구체적인 권리를 보유하고 있다고 한다. 이러한 논의의 가장 일반적인 주장은 인간은 누구나 자기 자신의 인생을 형성하여 나갈 기본적인 이익을 보유하고 있으며, 자율성이라는 개념과 개인이 보유하고 있는 자율성에 대한 존중은 이와 같은 이익을 실현시키기 위한 필요조건이라는 주장이다.

두 번째 견해는 기본적으로는 결과주의적 논증인바, Mill의 자율성에 대한 논의와 연관되어 있다. 이와 같은 견해에 의하면 자율성은 원래 선이고 또한 그 자체로 선이라고 주장되거나 혹은 자율성은 개인의 인생에 있어서 선을 증진시키기 때문에 선한 것이며 존중되어야 한다고 주장한다. 따라서 자율성은 본질적인 가치(예를 들어 행복 등)를 창조하는 수단으로 매우 중요한 가치를 지닌 것이라고 한다.

세 번째 견해는 인간은 누구나 도덕적으로 타인이라는 전제에서 출발하고 있는바, 인간은 누구나 자신만의 생활방식을 가지고 있으며 자신만의 도덕원칙들을 가지고 있다고 주장한다. 어느 누구도 자신의 생활방식을 타인에게 강요할 수 있는 권리를 가지고 있지는 않으며, 타인에게 해를 끼치지 않는 한 어느 누구도 타인이 자신의 인생을 영위하면서 표출하는 행동에 대한 제한을 가할 수는 없다는 견해이다. 이 견해에 의하면 어떤 특정한 도덕적 관점을 공동체적 차원에서

---

28) J. Rawls, *A Theory of Justice*, Oxford, 1971, p.516.

29) 한편 자율적인 사람과 자율적인 행동은 서로 구별되는 개념이다. 인간의 매일 매일의 행위들은 때로는 자율적이고 때로는 타율적일 수 있다. 즉 자율적인 인간이 때로는 타율적으로 행동할 수도 있는 것이다. 이에 대한 좀 더 자세한 논의는 Francesc Torralba Rosselló, *Ibid.*, pp.217-219, p.224를 참조하기 바란다.

받아들이지는 않기 때문에, 자율성이 가치 있는 것인지 여부에 대해서는 말할 수 없지만 그럼에도 불구하고 절차상의 제약으로서 타인의 선택을 존중하여야 한다고 한다. 이러한 견해는 Robert Nozick[30]에 의하여 주장되고 있는 자유지상주의적 정치철학(libertarian political theory)이 채택하고 있는 견해이며, 생의료윤리학에서는 H. Tristram Engelhardt[31]가 채택하고 있는 견해이다.

어느 견해에 의하든 자율성이라는 개념은 현대의 규범철학에서 매우 중요한 위치를 점하고 있는 개념이며, 특히 의료윤리 분야에서는 중심적 위치를 점하고 있는 개념이다.[32] 의료행위와 관련하여 자율성 존중의 원칙은 개인의 사생활 보호 문제, 의사의 비밀유지 의무,[33] 환자의 치료거부권, 소위 informed consent 등에서 중요한 역할을 하고 있다.[34] 개인의 사생활보호권(privacy)은 법적으로 두 가지 요소를 포함하고 있다. 자신의 정보를 관리할 수 있는 권리는 의사들이 신료 중 획득한 환자에 대한 비밀을 누설하지 아니하고 지켜야 할 것을 요구한다. 의사결정을 함에 있어서 다른 사람으로부터 간섭을 받지 아니할 권리는 치료를 거부하는 것을 정당화시켜 주는 역할을 할 수도 있으며 의사가 환자에 대한 의료행위를 함에 있어서 충분한 정보를 제공하고 그에 따른 동의를 얻을 것을 요구하는 소위 informed consent의 법적 근거가 되기도 한다. 또한 자율성 존중의 원칙은 의료진이 환자에게 그의 상태에 대하여 진실을 말할 것을 요구한다. 개인을 존중하는 의미에서의 자율성 존중의 원칙은 U. S. Commission for the Protection of Human Subjects of Biomedical and Behavioral Research의 견해에 의하면 적어도 두 가지의 기본적 윤리원칙들이 결합한 것이라고 한다. 즉 "첫 번째, 개인들은 자율적 존재로 취급되어져야 하며, 두 번째 자율성이 감소되어

---

30) 이에 대한 자세한 내용은 Robert Nozick, *Anarchy, State, and Utopia*, 1974를 참조하기 바란다.

31) 이에 대한 자세한 내용은 H. Tristam Engelhardt, Jr., *The Foundation of Bioethics*, 2nd ed., Oxford University Press, 1996을 참조하기 바란다.

32) Gerald Dworkin, *Ibid.*, pp.4-5.

33) 의사의 비밀 유지 의무는 이미 히포크라테스 선서에도 나타나고 있다. "나는 환자가 나에게 일러 준 모든 것에 대하여 비밀을 지키겠노라."

34) Beauchamp는 개인의 자율성의 조건으로 지식, 이해, 내적 강제의 부재, 외적 강제의 부재 등을 제시하고 있다(T. L. Beauchamp/L. B. McCullough, *Medical Ethics*, New Jersey, 1984, p.116).

있어서 보호가 필요한 사람의 경우에는 그와 같은 보호를 받을 권리를 가지는 것"[35]이라는 두 가지의 원칙을 포함하고 있다고 한다.

이와 같은 자율성 존중의 원칙을 의료윤리의 중심적 개념으로 위치지우는 것에 대하여 몇몇 학자들은 반대를 하고 있는바, 그 이유는 다음과 같다.[36] 첫 번째 비판은 의료진의 가장 핵심적인 의무는 환자의 건강을 유지하고 회복하는 것이라는 전제에 근거한 주장이다. 만일 환자의 자율성이 의료진의 이와 같은 의무에 우선한다면 의료진들은 환자의 건강을 유지하고 회복시켜야 한다는 자신들의 의무를 위반할 수도 있는 것이다. 예를 들어 환자가 치료를 거부하여 생명을 잃을 위험이 있는 경우에도 의료진은 치료를 할 수 없게 된다는 것이다. 이와 같은 환자의 자율성 존중의 원칙과 선행의 원칙의 충돌은 종종 의료 현실에서 발생하는 문제이다. 두 번째 비판은 비록 말기환자의 생명유지적 치료를 계속할 것인지에 대한 판단에 있어서는 환자의 자율성이 중심적 위치를 점한다고 할지라도 여타의 의미 있는 생명을 구하는 치료의 경우에는 환자의 자율성이 중심적 위치를 점할 수는 없다는 주장이다.

또한 자율성은 언제나 충분히 발현될 수 있는 것이 아니고 자율성에 대한 제약이 허용될 수밖에 없는 사정들이 존재한다고 주장되고 있는바, 개인이 처한 상황, 정보의 빈약, 공동체로부터의 영향, 전통으로부터의 영향 등이 자율성을 제한하는 사정들로 거론되고 있다.[37] 먼저 개인이 처한 상황은 자율성에 대한 제약으로 기능할 수 있다. 예를 들어 환자는 통증, 불안감, 장래에 대한 염려 등으로 인하여 자율적으로 행동하지 못할 수 있다. 또한 의료 영역에서의 개인의 자율성 존중은 환자가 획득하는 정보와 밀접한 관련을 가지고 있다. 만일 정보를 제공하

---

35) Joseph Goldstein, "On the Right of the 'institutionalized Mentally Infirm' to Consent to or Refuse to Participate as Subjects in Biomedical and Behavioral Research," In: U. S. National Commission for the Protection of Human Subjects of Biomedical and Behavioral Research, 1978, p.4.

36) 이에 대한 자세한 논의는 Daniel Callahan, "Autonomy: A Model Good, Not a Moral Obsession," Hastings Center Report 14, no. 5, 1984, pp.40-42; David C. Thomasma, "Freedom, Dependency, and the Care of the Very Old," *Journal of the American Geriatrics Society* 32, no. 12, 1984, pp.906-914를 참조하기 바란다.

37) 이에 대한 좀 더 자세한 논의는 Francesc Torralba Rossellò, *Ibid.*, pp.225-232를 참조하기 바란다.

는 의료인이 특정한 의도를 가지고 환자에게 정보를 제공한다면 환자는 자율적으로 결정할 수 없는 상황에 처할 수 있을 것이다. 하지만 완전히 중립적인 정보제공은 이상적이기는 하지만 현실적으로 가능하지 않다고 보아야 할 것이다. 정보를 제공하는 의료진은 자신이 보유한 지식과 경험에 근거하여 정보를 제공할 수밖에 없고 또한 의료진 자신이 특정한 가치체계를 보유하고 있기 때문에 정보의 제공이 중립적으로 이루어지리라는 것은 현실적으로 기대하기 어렵다고 할 것이다. 또한 정보의 획득은 정보수용자의 정보에 대한 이해능력과도 밀접한 연관을 가지고 있는바, 일반적으로 환자가 의학 지식과 관련된 정보를 충분히 이해한다는 것은 기대하기 어렵다고 생각된다. 나아가 인간은 사회적 존재이기 때문에 자율성의 발현에 있어서도 공동체나 전통에 의한 영향을 받을 수밖에 없을 것이다. 즉 개인의 자율성의 발현은 타인에게 해를 주지 않는 한도에서 허용된다는 사회적 제약이 수반되며, 개인의 자율적 의사결정에는 공동체나 전통으로부터 습득한 가치체계가 지대한 영향을 미칠 것이라고 생각된다.

V. 현행 의료법에 있어서의 온정적 간섭주의와 자율성 존중

현행 의료관련법규들은 기본적으로 온정적 간섭주의적 경향이 더 강한 것으로 보인다. 보건의료관계법규들의 기본법적 성격을 가지고 있는 「보건의료기본법」은 제1항의 목적 규정과 제2항의 기본이념 규정에서 주로 국가 및 지방자치단체의 의무를 강조하고 있으며 이러한 태도는 「보건의료기본법」의 체계가 환자와 의사의 관계에 대한 입장보다는 국가나 공공단체의 입장에서 기술되어 있는 점에서도 잘 드러나고 있다. 하지만 최근의 경향인 의료행위에서의 자율성 존중의 원칙이 의료관련법규들에서 새로이 모습을 드러내거나 강화되고 있음은 주지의 사실이다. 이하에서는 특히 온정적 간섭주의와 자율성 존중의 원칙간의 충돌이 문제가 되는 사례들을 중심으로 현행 의료관련법규들의 태도를 살펴보고자 한다.

먼저 동의 일반에 대한 규정은 여러 의료관련법규들에서 찾아볼 수 있다. 「보건의료기본법」 제12조는 "모든 국민은 보건의료인으로부터 자신의 질병에 대한 치료방법, 의학적 연구대상 여부, 장기이식 여부 등에 관하여 충분한 설명을 들은 후 이에 관한 동의 여부를 결정할 권리를 가진다"라고 규정하여 보건의료서비스에 대한 자기결정권을 명문으로 보호하고 있으며 동법 제11조는 국민이 보건의료에 관한 내용의 공개를 청구할 수 있는 알권리도 보장하고 있다. 「응급의료에 관한 법률」도 제4조에서 국민의 응급의료에 관한 알권리를 규정하고 있으며 동법 제9조는 응급의료의 설명과 동의에 대한 규정을 두어 응급의료 상황에서도 원칙적으로 동의를 요구하고 있다. 또한 「장기 등 이식에 관한 법률」 제2조 제2항은 "장기 등을 기증하고자 하는 자가 자신의 장기 등의 기증에 관하여 표시한 의사는 존중되어야 한다. 이 경우 장기 등을 기증하고자 하는 자의 의사는 자발적인 것이어야 한다"라고 규정하여 자발적 의사에 의한 장기기증은 법적으로 허용됨을 명시적으로 규정하고 있다. 나아가 동법 제12조는 장기 등의 기증에 관한 동의에 대한 규정을 두고 있다.[38] 또한 「시체해부 및 보존에 관한 법률」 제4조 제1항은 "시체를 해부하고자 할 때에는 그 유족의 승낙을 받아야 한다"라고 규정하여 유족의 의사로 시체를 해부할 수 있도록 하고 있다. 하지만 "시체의 해부에 관하여 민법 제1060조의 규정에 의한 유언이 있는 때"(동법 제4조 제1항 제1호)에는 해부할 수 없도록 규정하여 사자의 의사에 반한 해부는 할 수 없도록 하고 있다. 이와 같은 동의에 관한 여러 일반적인 규정에도 불구하고 구체적으로 온정적 간섭주의와 자율성 존중의 원칙이 충돌하는 상황을 해결할 수 있는 법규정들은 찾아보기 어렵다.

특히 최근에 많은 주목을 받고 있는 사안 중 하나가 환자의 진지한 의사에 의한 치료거부의 문제이다. 어떤 환자가 치료를 받지 아니하면 생명을 잃을 수도 있는 상황에서 자신의 가치관에 근거하여 진지하게 치료거부의 의사표시를 하였을 때 의료진은 치료를 하지 않거나 혹은 현재 진행 중인 치료를 중단하여야 하는가의 문제가 그것이다. 강한 의미의 온정적 간섭주의에 의하면 이와 같은 경우 의료진은 환자의 생명을 구한다는 이익을 위하여 환자의 치료거부 의사에도 불

38) 하지만 「장기 등 이식에 관한 법률」 제22조 제3항 제1호(과거 제18조 제2항 제1호에서 개정)는 본인이 뇌사 또는 사망 전에 장기 등의 적출에 동의를 한 경우에도 그 가족이나 유족이 장기 등의 적출을 명시적으로 거부하는 경우에는 장기 등을 적출할 수 없도록 하고 있으며, 동법 제18조 제2항 제2호에서는 그 가족이나 유족이 장기 등의 적출에 동의하는 경우에는 본인이 뇌사 또는 사망 전에 장기 등의 적출에 동의 또는 반대하였다는 사실이 확인되지 아니하였으면 장기 등을 적출할 수 있도록 규정함으로써 장기적출에 관한 현행 규정이 엄격한 의미에서의 자율성 존중의 원칙을 견지하고 있다고 할 수는 없다고 생각된다.

구하고 치료를 하여야 할 것이다. 하지만 자율성 존중의 원칙을 따른다면 이와 같은 경우에는 치료를 하지 아니하거나 진행 중인 치료를 중단하여야 할 것이다. 현행 의료관련법규들은 이와 같은 상황에서 의료진이 어떠한 결정을 내려야 하는지에 대한 특별한 규정을 두고 있지 않은 것으로 생각된다. 다만 「응급의료에 관한 법률」 제9조 제1항 제2호는 "설명 및 동의절차로 인하여 응급의료가 지체되어 환자의 생명에 위험 또는 심신상의 중대한 장애를 초래하는 경우"에는 설명이나 동의 없이 치료를 할 수 있도록 하고 있다. 따라서 응급의료 상황의 경우라면 환자의 의사와 무관하게 의료진이 치료를 하여야 할 것이다. 하지만 환자가 응급의료 상황도 아니고 이미 설명을 충분히 듣고 자유롭고 진지한 상황에서 의사결정을 한 경우에는 어떻게 하여야 하는가의 문제가 여전히 남는다. 특히 자의적 안락사나 존엄사의 경우가 문제가 된다. 현행 「형법」은 제252조 제1항에서 촉탁·승낙에 의한 살인죄를 규정하고 있으며 동법 제252조 제2항에서는 자살관여죄를 규정하고 있는바, 이와 같은 상황에 대한 특별한 규정이 없는 한 적어도 현행법 체계 하에서는 이상의 규정들이 적용될 여지가 있다고 생각된다.

치료 중단과 대비되는 또 하나의 문제는 이미 의학적으로는 더 이상의 치료가 의미가 없거나 아무런 치료도 필요하지 아니한 경우임에도 환자가 치료를 요구하면 그와 같은 환자의 의사를 존중하여야 하는가의 문제이다. 이를 치료 요구의 문제라고 한다. 자율성 존중의 원칙에 충실한다면 이와 같은 경우에도 환자에 대한 치료가 진행되어야 할 것이다. 하지만 온정적 간섭주의에 의한다면 이와 같은 치료는 환자에게 아무런 이익을 주지 아니하며 오히려 환자에게 해를 줄 수도 있는 것이므로 의료진이 의학적 판단에 따라 치료를 하지 않는 것이 허용될 수 있을 것이다. 현행 의료관련법규는 이 문제에 대해서도 별 다른 규정을 하고 있지 아니한 것으로 보인다. 다만 「의료법」 제15조 제1항[39]이 진료거부에 대한 규정을 하면서 "의료인은 의료 또는 조산의 요구를 받은 때에는 정당한 이유 없이 이를 거부하지 못한다"라고 규정하고 있는바, 치료 요구에 대한 거부가 진료거부에 해당될 수 있는가의 문제가 검토될 필요는 있을 것으로 생각된다. 이 문제의 핵심은 의학적 적응증에 해당하지 아니하는 경우가 정당한 이유에 해당하는가 여부일 것인바, 「의료법」 제15조 제1항의 "정당한 이유"의 판단은 결국 의학적

39) 과거 제16조 제1항이 개정되어 15조 제1항으로.

전문 지식에 비추어 판단되어야 할 것으로 생각된다.

동의에 선행하여 행하여지는 의사의 설명의 경우에도 문제가 될 수 있는 사안이 존재한다. 원칙적으로 환자의 유효한 동의를 받기 위해서는 충분한 정보를 제공하여야 한다. 하지만 환자의 상태와 예후 등에 대한 내용을 환자에게 설명하는 경우 오히려 환자의 치료에 해가 되는 경우가 발생할 수도 있다. 따라서 의료진이 판단하기에 환자에게 해가 된다고 생각되는 경우 의료진은 환자에게 정보공개를 하지 아니하거나 부분적인 정보만을 제공하는 것이 허용될 수 있는가의 문제가 대두된다. 자율성 존중의 원칙에 충실한다면 이와 같은 상황에서도 환자에게 모든 정보를 제공하는 것이 요구된다고 할 수 있을 것이다. 하지만 온정적 간섭주의에 의하면 이와 같은 상황에서는 환자의 이익을 위하여 정보를 제한하는 것이 요구된다고 할 것이다. 현재 의사의 설명의무에 대한 논의에서도 의료적 특권에 기한 예외 상황이 일반적으로 인정되고 있는바 이 이론에 의하면 환자에게 해악을 야기할 수 있는 사정이 존재한다면 정보의 제공에 제한을 두는 것이 허용된다. 「응급의료에 관한 법률」 제9조 제1항 제2호는 설명 등에 의하여 환자에게 해를 주는 경우 환자의 동의를 구하지 아니하고 치료를 할 수 있는 예외를 인정하고 있는바, 이에 의하여 적어도 응급환자의 경우에는 정보를 제한하는 것이 법적으로 허용된다고 할 것이다.

흡연이나 음주, 마약 등 국민의 건강에 중대한 위험을 야기할 수 있는 행위에 대하여 국가가 통제권을 행사할 수 있는가의 문제는 의료정책적 차원에서 온정적 간섭주의와 자율성 존중의 원칙이 충돌하는 경우이다. 흡연이나 음주, 마약 등에 의하여 타인에게 해를 야기한다면 그 경우에는 자율성 존중의 원칙에 의하여 정당화될 여지가 없겠지만 행위자 자신에게만 해악이 돌아가는 경우 행위자 자신이 스스로 위험을 감수하면서도 그와 같은 행위를 하겠다고 하는 경우 국가가 이를 막을 권리 내지 의무를 보유하는 것인가? 현재 마약 등에 대해서는 「마약류관리에 관한 법률」 및 「형법」 제198조 이하의 아편에 관한 죄 등에서 법적으로 규율하고 있으며, 「국민건강증진법」 제8조는 국가나 지방자치단체가 국민에게 담배의 흡연과 음주가 건강에 해롭다는 것을 교육 · 홍보하도록 규정하고 있다.[40]

40) 「감염병의 예방 및 관리에 관한 법률」과 「모자보건법」에서는 특정 전염병에 대하여 국민

또 다른 문제는 환자의 의사에 반하여 환자를 시설에 수용할 수 있는가의 문제이다. 특히 문제가 되는 경우는 정신질환자의 경우이다. 정신질환자가 타인에게 해를 가하는 경우라면 자율성의 원칙에 의할 경우에도 강제 입원이 정당화될 여지가 있겠지만, 그가 타인에게 해를 가하지 아니하는 경우에도 강제 입원이 가능한가의 문제는 논의를 필요로 한다. 「정신보건법」은 제2조 제5항에서 자의에 의한 입원을 권장하고 있으며 동법 제23조는 자의입원에 대한 규정을 두고 있다. 하지만 동법 제24조 이하에서는 환자의 의사에 반하는 입원도 가능하도록 규정하고 있다. 특히 동법 제26조 제1항은 "정신질환자로 추정되는 자로서 자신 … 을 해할 위험이 큰 자"는 응급입원을 시킬 수 있도록 규정하고 있다. 이와 같은 자의에 반하는 입원의 경우에 환자가 타인에게 해를 가할 위험이 있는가가 판단의 기준이라기보다는 환자의 질병에 대한 치료에 판단의 기준이 맞추어져 있는 점을 볼 때[41] 「정신보건법」의 규정들은 온정적 간섭주의에 기인한 규정에 가깝다고 생각된다.

Ⅵ. 결 론

의료행위는 고도의 전문 지식과 기술을 필요로 하는 분야이다. 따라서 의료행위는 누구나 할 수 있는 것이 아니라 특정한 교육을 거치고 특정한 자격과 면허를 보유한 사람들에 의하여 행하여지는 행위인 것이다.[42] 또한 이와 같은 의료행위의 특성 때문에 의료인에게는 지속적으로 자신의 지식과 기술을 계발하기 위한 의무가 부과되는 것이다.[43] 이러한 의료행위의 특수성 때문에 의료행위는

이 예방접종을 받도록 실질적으로 강제하고 있는바, 이와 같은 규정을 온정적 간섭주의에 기한 규정이라고 파악하기에는 어려움이 있을 것으로 보인다. 전염병의 경우에는 이에 이환될 경우 타인에게 전파 가능성이 있기 때문에 순수한 개인의 영역에 속하는 것은 아니라고 생각되기 때문이다.

41) 「정신보건법」은 제1조에서 "이 법은 정신질환의 예방과 정신질환자의 의료 및 사회복귀에 관하여 필요한 사항을 규정함으로써 국민의 정신건강증진에 이바지함을 목적으로 한다"라고 규정하고 있다.

42) 의료인의 자격과 면허에 대해서는 「의료법」 제5조 이하가 규정하고 있다.

43) 「의료법」 제30조 제2항(개정 전에는 제28조 제2항)이 의사회 등에 보수교육 실시 의무를

전통적으로 환자의 건강 증진을 목적으로 의료인의 전문적 판단에 의하여 행하여지는 행위로 받아들여져 왔다. 하지만 개인의 권리에 대한 사고가 증대되고 의료행위도 시혜적 관점으로부터 계약적 관점[44]으로 변화함에 따라 환자 개인의 자율성에 대한 존중 내지 환자의 자기결정권에 대한 고려가 중요한 요소로 떠오르게 되었다. 따라서 개별적인 의료행위의 적법성 여부를 파악함에 있어서도 전통적인 온정적 간섭주의에 근거한 기준과 자율성 존중의 원칙에 따른 기준의 충돌이 발생하게 된다. 하지만 현행 의료법 체계는 절충적인 형태의 규율을 하고 있는 것으로 생각되며 실제로는 문제되는 사안을 해결할 수 있는 기준들을 구비하지 못한 경우가 많은 것으로 생각된다.

의료행위는 필연적으로 환자의 생명 · 신체에 대한 외부적인 개입이 동반된다는 점을 생각할 때 의료행위의 적법성 판단에 있어서 환자의 자율성 존중이 가장 중요한 원칙임에는 틀림없다고 할 것이다. 하지만 실질적으로 환자의 자율성이 적용 가능한 영역은 매우 좁다고 생각된다. 또한 인간의 자아형성과 판단에는 여러 가지 다른 요소들이 개입되기 때문에 순수한 자율적인 인간은 현실에서는 존재하지 않는다고 생각된다.[45] 자의적 안락사나 진지한 의사에 의한 치료 중단과 같은 극한적인 상황이나 환자를 대상으로 하는 임상실험과 같은 경우에는 환자의 의사의 진정성이 확인될 수 있다면 그에 따르는 것이 타당하겠지만, 의료행위가 전문적인 지식과 경험을 요구한다는 점을 고려할 때 환자의 자율성이 모든 의료행위의 영역에 적용된다고 하는 것은 허구에 불과한 이론이라고 생각된다. 자율성의 표현인 환자의 동의가 유효하기 위해서는 환자가 자신이 처한 상황에 대한 정확한 지식에 기초한 자기결정이 있어야 하는바,[46] 일반인인 환자가 의학

부과하고 있으며 동조 제3항은 의료인의 보수교육 의무를 부과하고 있다. 또한 「의료법시행규칙」 제20조(개정 전에는 제21조의2) 이하는 보수교육 실시에 대한 자세한 세부 규정들을 두고 있다.

44) 우리나라의 현재의 의료법 체계가 과연 계약적 모델인지는 의문이 있다. 우리나라의 경우에는 전 국민 개보험의 형태로 건강보험을 운영하고 있으며 국민의 건강보험에의 가입이 강제될 뿐만 아니라 의료기관의 가입도 강제되고 있고 건강보험에서의 지급 기준에 따라 의료비가 지급되고 있기 때문에 엄밀한 의미에서의 환자와 의사간의 계약관계로 파악하는 데에는 문제가 있는 것으로 생각된다.

45) 같은 견해로는 Francesc Torralba Rossellò, *Ibid.*, p.219.

46) 의료행위에서의 유효한 동의의 요건에 대해서는 정규원, 전게논문, 116-161면을 참조하기 바란다.

적 전문 지식에 대한 충분한 이해를 기초로 자기결정을 한다는 것은 현실적으로 기대하기 어려운 일로 생각되기 때문이다. 따라서 대부분의 의료행위의 경우에 있어서 환자는 유효한 동의를 하지 못하고 있다고 보는 것이 타당할 것이며 환자의 유효하며 명시적인 반대 의사가 확인되지 아니하는 한 의료진의 의학적 판단에 의한 의료행위가 적법한 것으로 평가된다고 보아야 할 것이다.

하지만 이와 같은 주장은 환자의 동의가 무의미하다는 주장은 아니다. 적법한 의료행위는 원칙적으로 의학법칙에 합치할 것과 환자의 동의가 존재할 것이라는 두 가지 요건이 모두 충족되어야 성립할 것이다. 그러나 환자의 유효한 동의가 없다고 하여 의료행위가 불법이라고 판단되어지는 것은 아니다. 환자의 동의는 의료진에 의한 환자의 부당한 대우를 제어하는 기능을 가지는 것이며 극단적인 경우에 환자의 생명에 대한 자기결정을 확인하는 역할을 하는 기능을 한다. 따라서 의료행위가 투명하게 이루어지기 위한 절차로써 의사의 설명과 환자의 동의는 여전히 요구되는 것이다. 다만, 환자의 동의에 모든 권능을 부여함으로써 환자의 동의가 존재하지 아니하는 경우는 모두 불법적 의료행위로 간주하는 것은 타당하지 않다는 것이다. 최근에 나타나고 있는 의료행위의 형법적 판단을 피해자의 승낙이론으로만 해결하려는 시도나 의료분쟁에 대한 법적 판단에 있어서 과실 여부를 판단하지 아니한 채 설명의무만으로 사안을 해결하려는 태도[47]는 이론적인 측면과 의료 현실의 측면에서 모두 타당하지 않은 견해로 생각된다. 자율성 존중의 원칙에는 그에 합당한 정도의 무게만이 부과되어야 하며 온정적 간섭주의에 근거한 의료행위도 그에 합당한 정도의 대접을 받아야 할 것이다. 적법한 의료행위의 요건으로 자율성 존중의 원칙의 표현인 환자의 동의와 더불어 의료법칙에 합치할 것이라는 요건이 받아들여지고 있다면 양자의 적절한 조화가 필요하다. 하지만 이와 같은 조화를 추상적으로 형성할 수 있는 것이 아니라 구체적인 의료행위가 이루어지는 상황에서 형성될 수밖에 없을 것이다.

의료행위에서 온정적 간섭주의를 인정한다고 할 경우 강한 의미의 온정적 간섭주의를 받아들이기는 어려울 것으로 생각된다. 약한 의미의 온정적 간섭주

47) 설명의무나 informed consent는 의료행위에 있어서 과실 판단의 어려움을 우회하기 위하여 고안된 법적 개념이다. 우리나라에서도 대판 1979.8.14, 78다488이 설명의무이론을 적용한 이후 지금까지 설명의무 위반을 이유로 의료진에게 손해배상을 인정하는 판결들이 지속적으로 증가하고 있다.

의가 의료행위를 정당화하는 이론으로 적합할 것으로 생각되지만 약한 의미의 온정적 간섭주의가 진정한 의미에서의 온정적 간섭주의인가에는 의문이 있다. 약한 의미의 온정적 간섭주의는 ① 어느 개인의 실질적으로 비자의적 의사결정으로부터 그 개인을 보호하기 위하여 개입하는 경우에 허용된다는 점, ② 어느 개인의 실질적으로 자의적인 의사결정으로부터 그 개인을 보호하기 위한 개입의 경우에는 정당화되지 않는다는 점에서 온정적 간섭주의를 부정하는 견해와 같은 입장을 취하고 있다. 따라서 약한 의미의 온정적 간섭주의는 진정한 의미에서의 온정적 간섭주의라기보다는 자율성 존중의 원칙이 기능하지 못하는 경우에 이를 보충하기 위한 이론이라고 파악하는 것이 타당할 것이다.[48] 따라서 의료행위의 경우에 아주 좁은 영역에서는 자율성 존중의 원칙이 엄격하게 적용되지만 대부분의 영역에서는 약한 의미의 온정적 간섭주의에 근거한 의료행위가 허용된다고 할 것이다.

---

48) 약한 의미의 온정적 간섭주의는 진정한 의미에서의 온정적 간섭주의가 아니라는 주장에 대해서는 Joel Feinberg, *Ibid.*, pp.12-15를 참조하기 바란다.

저자 약력

_ 강희원
변호사, 독일 프라이부르크대학교 법학박사
경희대학교 법학전문대학원 교수

_ 고봉진
독일 프랑크푸르트대학교 법학박사
제주대학교 법학전문대학원 교수

_ 구인회
독일 괴팅엔대학교 철학박사
가톨릭대학교 생명대학원 교수

_ 김나경
독일 프랑크푸르트대학교 법학박사
성신여자대학교 법과대학 교수

_ 김영환
독일 뮌헨대학교 법학박사
한양대학교 법학전문대학원 교수

_ 김은애
이화여자대학교 법학박사
이화여자대학교 연구처 특임교수

_ 김학태
독일 자르브뤼켄대학교 법학박사
한국외국어대학교 법학전문대학원 교수

_ 김향미
의사, 이화여자대학교 의학박사, 고려대학교 법학박사
한국외국어대학교 생명윤리법 담당교수

_ 박은정
독일 프라이부르크대학교 법학박사
서울대학교 법학전문대학원 교수

_ 박준석
서울대학교 법학박사
전북대학교 법학전문대학원 교수

_ 손영수
의사, 서울대학교 의학박사, 한국외국어대학교 법학박사
제주대학교 의학전문대학원 교수

_ 이상돈
독일 프랑크푸르트대학교 법학박사
고려대학교 법학전문대학원 교수

_ 이준형
서울대학교 법학박사
한양대학교 법학전문대학원 교수

_ 임미원
독일 함부르크대학교 법학박사
한양대학교 법학전문대학원 교수

_ 정규원
의사, 서울대학교 법학박사
한양대학교 법학전문대학원 교수

_ 최경석
미국 미시건대학교 철학박사
이화여자대학교 법학전문대학원 교수

_ 홍승희
독일 콘스탄츠대학교 법학박사
원광대학교 법학전문대학원 교수

_ Eric Hilgendorf
Würzburg University in Germany, Faculty of Law

생명윤리와 법

2013년 11 월 25일 초판 인쇄
2013년 12월 5일 초판 발행

편 자 한국법철학회 고봉진
발행인 이 방 원
발행처 세창출판사
서울 서대문구 경기대로 88 냉천빌딩 4층
전화 723 - 8660 팩스 720 - 4579
E-mail: sc1992@empal.com
Homepage: www.sechangpub.co.kr
신고번호 제300-1990-63호

정가 31,000 원

ISBN 978-89-8411-440-1 93360